日本史

［美国］詹姆斯·L. 麦克莱恩 / 著
王翔　朱慧颖　王瞻瞻 / 译

海南出版社
·海口·

Japan: A Modern History
By James L. McClain

版权合同登记号：图字：30-2024-085 号
图书在版编目 (CIP) 数据

日本史 / (美) 麦克莱恩 (McClain,J.L.) 著；王翔，朱慧颖，王瞻瞻译 . -- 海口：海南出版社，2014. 7 (2025. 7 重印).
书名原文：Japan:a modern history
ISBN 978-7-5443-4441-8

Ⅰ . ①日… Ⅱ . ①麦… ②王… ③朱… ④王… Ⅲ . ①日本－历史 Ⅳ . ① K313

中国版本图书馆 CIP 数据核字 (2014) 第 059560 号

日本史

RIBEN SHI

作　　者：[美国] 詹姆斯·L. 麦克莱恩 (James L. McClain)
译　　者：王　翔　朱慧颖　王瞻瞻
策划编辑：黄宪萍
责任编辑：张　雪
执行编辑：尹　淙
责任印制：郄亚喃
印刷装订：三河市祥达印刷包装有限公司
读者服务：张西贝佳
出版发行：海南出版社
总社地址：海口市金盘开发区建设三横路 2 号　邮编：570216
北京地址：北京市朝阳区黄厂路 3 号院 7 号楼 101 室
电　　话：0898-66812392　010-87336670
电子邮箱：hnbook@263.net
经　　销：全国新华书店
出版日期：2014 年 7 月第 1 版　2025 年 7 月第 15 次印刷
开　　本：787mm × 1092mm　1/16
印　　张：42.5
字　　数：650 千
书　　号：ISBN 978-7-5443-4441-8
审 图 号：GS (2020) 505 号
定　　价：98.00 元

‖ 编者序 ‖

历史的镜面，倒转的回声

在这本书开篇的1600年到来之际，中日之间刚刚结束了他们在历史上的第三次战争，这场战争在中国被称为“万历朝鲜战争”，日本方面称“文禄·庆长之役”，朝鲜称“壬辰卫国战争”。

在这场战争的前夜：

* 明朝刚刚施行了张居正改革，充实了国家财政、提高了国防力量。

* 朝鲜正处于李氏王朝时期，国内承平日久，武力松弛，朝堂上党政林立、相互倾轧。

* 日本经历了自1467年“应仁之乱”起长达一百多年的战国时代，丰臣秀吉用武力统一了日本，基本结束了战国各藩林立的局面，使日本战国以来延续百年的分裂局面重获统一。

中日韩（此处现是韩国和朝鲜两个国家）三国各自的选择，从来不是只关乎自身的命运，大多数时候，会以一种曲折而迂回的方式影响另外两个国家的进程。

1600年，明万历二十八年 ，也是一个庚子年。这年八月，明朝“罢戍朝鲜陆兵，留水兵八千”，基本上说明这场战争已经结束。但这场战争的结束开启的是东亚历史上一个崭新的时代，它实际上重新整合了东亚的政治军事力量，奠定了亚洲之后三百年和平稳定的局面。这场战争是明朝对外战争最后的辉煌，镇辽的精锐力量损失殆尽，只能眼看着后金势力壮大，努尔哈赤最终对明朝形成了致命的威胁。在丰臣秀吉战败的1598年，病重的丰臣秀吉和被这场战争严重削弱力量的丰臣秀吉的政治集团都走向了垂危的末路，这直接导致了日本德川幕府的崛起。本书的开篇就是1603年德川家的第一位将军德川家康在伏见城的城堡中被天皇委任为幕府将军。而此时的朝鲜则因人口的大量死亡和被掳掠，百业萧条，社会处于崩溃边缘。

值得注意的一点是，丰臣秀吉在1591年战争开始前给朝鲜国王的信中有这样一句:“吾欲假道贵国,超越山海,直入于明,使其四百州尽化我俗,以施王政于亿万斯年,是秀吉宿志也。”历史总是反复不断地重现,只要某种引发过重大历史事件的思想在后来没有被充分地认识、没有得到反复的批判论证,它就会蛰伏在历史的角落里伺机而动,以一种新的外壳重见天日,以新瓶装旧酒的方式成为一个国家面对新问题时的解决方案,而这种未经批评、违背规律和正义的思想也会为了解决一时的矛盾和困难给这个国家带来更为深重的灾难。丰臣秀吉的征服梦想和成为强国的思维路径是一颗种子,在日本文化的土壤里存续、演化、裂变了三百多年后重发新芽。

思想的力量之无形和凶险,是在日常琐碎细节和绵延生活之海中的人们所难以想象的,正因如此,我们才有不断对历史做出新解读的必要。正如著名历史学家斯塔夫里阿诺斯在他的《全球通史》中说的:“每个时代都要编写它自己的历史。不是因为早先的历史编写得不对,而是因为每个时代都会面对新的问题,产生新的疑问,探求新的答案。”

“叶底藏花一度,梦里踏雪几回。”
——王家卫《一代宗师》

17 ~ 19世纪,日本实行“锁国”政策,同一时代的大清国和朝鲜也实施了这一政策,而日本实施得最为严格。“大清国允许国民出国前往长崎,同时规定外国人只能访问有限的几个港口……朝鲜允许基督教传教士入境。日本与此不同,锁国甚至适用于官员的出入境。一直到十九世纪的初期,日本是全世界最为封闭的国家,但其国内的知识分子对西方试图控制全球的动向保持着高度的关注。”在美国黑船停靠在日本的港口这一事件的应对上,日本并不像我们想象的那样毫无准备和预期,“这并非是一个突发事件,日本政府官员、民间知识分子以及一部分日本人在那之前的六十多年就已经担心着这一天的到来……十九世纪中期日本的这一段经历是一步步走出重重隘路与困境的典型事例”。(三谷博,《黑船来航》,2017)为什么当时的日本能避免沉沦,走出一条有别于当时中国和朝鲜的挣脱之路?其中有许多原因,在不同史观下的人们看到的都不尽相同,但要认识这些原因我们必得重新观察当时社会情境的全貌,从诸多角度抽丝剥茧,了解当时日本各阶层人民的生活状况与所思所想。詹姆斯·L.

麦克莱恩的这本《日本史》正是能展现这样一幅宏大画面的著作，他描绘了从德川幕府时期到现代日本社会的一幅浮世百景，视角可谓全面生动。

在这部著作中，武士阶层从荣耀辉煌到飘零跌落、商人阶层紧紧握住国家发展的每一个时机成长起来、知识分子对国家前途命运的思考与追索、边缘群体（特别是女性、少数民族、无产阶级）对时代主流的反抗与顺从，都让我们重新回到那个时代跳动的脉搏里去，回到历史的滚滚洪流里去，重新认识那些说不定可以不犯的错误、重新做出那些可能会更好的选择。

这本书立足于这样一种史观，即我们每一个人在历史的棋盘上都同等重要，我们的思想、态度，我们的生活、选择，我们的急流勇进，甚至我们的无奈与落败，我们写下的每一个笔画，都将会是历史的一种声音。是每一个“我”构成了“我们”。麦克莱恩用全景式、多视角的写作手法，让我们看到1600年之后日本社会的思想与实践。他从宏观与微观相结合的视角，以政治家、商人、思想家、作家、法学家甚至是演员、女工、战俘们的个人成长的经验和当时国内国际局势相映衬的手法，展现了众多引领日本社会从微末到崛起、从疯狂到败落、从绝望到重建的强有力的思想与政策，描绘了那些数次从失败与绝望的处境中打起精神、参与到日本社会波澜壮阔的建设历程中的芸芸众生。

叶底藏花一度，是居安思危，在平静中孕育积蓄喷薄而出的变革力量，即使是在德川幕府统治的两百多年和平的岁月中，武士、町人、农民也在不断适应着新的生存与发展的规则，积极地建设着自身的生活与传奇；哪怕是锁国政策把整个国家都锁在近代化前夜停滞不前的黑暗里，但却锁不住知识分子们探寻知识与思想、渴求看到世界先进国家的发展理念、不甘沉沦而向强国学习的心跳与脚步。正是因为这样强劲的精神，才铸就了日本近代的年轻政治家们带领国家从一无所有的状态中挣扎而出，将日本改造成第一个与西方列强废除不平等条约的亚洲国家。

梦里踏雪几回，是知自身之不足，理性地承认和接受自身发展中存在的问题，用诚恳的态度去接受事实，不盲目狂妄，也不逃避现实忽略问题，更不自欺欺人掩耳盗铃，努力克服现有条件和局势的困难，即使在梦中也几度踏雪寻梅、追求真知。医学家杉田玄白和他的小组在翻译荷兰医学著作时，“有时面面相觑，一行都翻译不出；有时用一个漫长的春日苦苦思考‘眉毛是眼睛上面的毛发’这样简单的句子”，但终于在1774年翻译完整本《解体新书》，给整个国家的思想界强烈的震撼；教育家吉田松阴1854年试图藏匿到佩里的舰船上偷渡到美国，以期探究西方强盛的秘密，这在当时是足以斩首的罪行。但这一次他幸运地未被处刑，得以回到家乡长州，在当地藩学授课。他的课堂培养出了明治维新时代掌握国家方针政策、引领国家前进的年轻政治家们，包括后来出任首相的伊藤博文和山县有朋、“维新三杰”之一的木户孝允、海军司令高杉晋作等一大批国家的舵手。他虽二十九岁就被斩首，但他为即将到来的新时代奠定了精神基础。思想家福泽谕吉，为了顺利与西方人沟通、理解西方思想而努力学习荷兰语，在他熟练掌握荷兰语之后，却发现英语是西方世界使用更为广泛的语言。他不气馁、重新鼓起勇气学习英语，在出使美国之前熟练地掌握了两门外语。能够以最深刻方式震撼我们的，往往不是宏大的叙事，而是这些历史缝隙处个人命运随着社会而辗转跌宕的故事，时代的浪潮拍打在我们每个人心上，我们终于跨越漫长岁月理解了他们当时当日的所思所想。

“残暴的欢愉终将迎来残暴的结局。”

——莎士比亚《罗密欧与朱丽叶》

当我们深入日本去理解这个国家的思维和逻辑，很容易得出这样的结论，即让日本富国强兵，走上强国之路的原因和使其发动对外侵略战争的思想核心是相同的，它们都源于一种强烈的想象——对自己民族的优越感和对在以西方为主导的话语体系中“落后”的憎恶和鄙视。奠定日本明治维新精神的吉田松阴就是一个“征韩论”者，而建立了明治新政府的年轻的政治家们，例如西乡隆盛、木户孝允、板垣退助等极具话语权的领导者也理所当然地把对外侵略视作一种强国的手段，加之日本国内一直把三个世纪前丰臣秀吉两次侵朝的失败作为“民族的耻辱”，故日本武士阶层时刻以“征韩”“复仇”为己任。一个在展开的最初阶段中所犯的错误，是很难被纠正的。

在本书中我们可以清楚地看到，日本是如何一步步滑向战争的道路的，“战争是政府在密室里策划的，一开始是冷冰冰地计算好要提高日本在国际政治棋盘中地位的策略，但是它变成了人民的战争，注入了人民的热情和情感”。在中日甲午战争和日俄战争中的胜利使战争越来越成为一种扫清国家发展障碍的可选择方案。决策的权力甚至逐渐脱离了政府的控制范围，被军队所挟持。当战争的气氛在民众之中愈演愈烈之时，日本的知识分子也并没有对战争行为产生多少负罪感，“（日本）没有流亡作家和艺术家返回故乡，拷问那些留下来的人的良知。日本没有自己的托马斯·曼或阿尔弗雷德·德布林。在日本，所有人都留了下来，不少原左派人士在1930年代正式放弃了他们的政治立场，过程颇为壮观，被称为‘转向’……有的作家，比如永井荷风，曾在私底下表达过对日本战时状态的震惊，并在日记里嘲讽军国主义的粗鄙拙略。然而‘内心移民’差不多算是任何日本作家……所能做出的最大程度的抗议了”（伊恩·布鲁玛，《罪孽的报应：德国和日本的战争记忆》，2015）。“那些对战争心存疑虑的人用沉默的蔑视来逃避，调换职业或者继续工作，仿佛没有战争这回事。”在战争期间，谷崎润一郎写下了以家庭生活为中心主题的《细雪》，创办日本最著名文学杂志《文艺春秋》的主编菊池宽积极参与到侵略活动中，继福泽谕吉之后被誉为“日本第二大思想家”的德富苏峰极力鼓吹极具侵略性的皇室中心主义，写出反战诗篇《请君勿死》的与谢野晶子后来也转变立场鼓吹战争……而那些“在那场战争之后一边背负着战争的创伤、一边向往未来的作家们……他们为日本军队的非人行径做出了痛苦的精神承担”（大江健三郎，《我在暧昧的日本》，2005）。

同时，日本的历史也告诉我们，倘若在国家面临新境况、新问题时不能从内部得到合理地处理，那很有可能会被不理智的情绪绑架，为解决眼下的问题而走上歧路。战争爆发除了有其自身的思想根源之外，更与世界经济危机所带来的萧条、国内自明治时代以来的变革带来的积弊与腐败、不断扩大的贫富差距与明显社会阶层区隔、严峻的劳资对立矛盾、西方现代文化与本国传统文化的冲突等社会现代化转型期所出现的问题有密切关系。这些问题使国家疲敝日深、积重难返，最终寄希望于通过战争的方法解决问题。

在战争过程中，我们看到了一个不理智的、极权主义的政治体制为人民和整个国家带来怎样的伤害。它把新闻媒体作为宣传机器，禁止那些与官方言论有抵触的文章的发表；管制电台，使得官僚们拥有了批准节目时间表和新闻内容的最终决定权，以致新闻大肆报道军人的“勇猛善战”和在战场上取得的胜利，但严密的政府审查网络使得战场上无辜降临在平民身上的灾难和暴行不为人所知，使整个国家陷入了没有限制和反省的狂热；政府加强对企业的控制、竭尽全力想要达成统制经济；政党政治家的影响力一落千丈，许多政府官员利用政府的强制力量党同伐异，以达到“爱国”前提下的举国一致……这些行为磨灭了政治的多元化和社会多样性，强调忠诚于国家和毫不犹豫地为国捐躯，培育出一种近乎盲目的民族主义，造成了比以往更武断、更专制的统治方式，引导日本人越来越深陷战争的泥沼而不能自拔。这些政策和举动极大地伤害了从明治以来确立的宪政原则和民主精神。虽然短期内，日本成为第一个走出大萧条的国家，但却也走上了一条注定会失败的道路。当公权力侵犯个体权利到了无以复加的程度，必然会导致其崩溃。一个拥有无限权力的政府或个人，同时也意味着他有无限的责任和义务。越是看起来强大到可以肆意而为的力量，就越是脆弱、越是处于危险的境地，因为它的狂妄是无所限制的，而它事实拥有的力量却十分有限：因为它不能承担失败带来的悬崖勒马、也无法在漫长的岁月里蒙蔽真实和社会的多种声音。当谎言成为国家的支柱，秩序的大厦必将坍塌。“对于始于 1937 年的日中战争，日本政府在早期已经意识到应该和谈与撤兵，但却未能付诸实施，而是把战线扩大至全中国，最终陷于无法收拾的境地。”（三谷博，《黑船来航》，2017）

“残暴的欢愉终将迎来残暴的结局。”天皇的“玉音放送”象征着终结，它是核弹的直接结果，与毁灭牢牢联系在一起。战败，意味着毁灭的城市、毁灭的人、毁灭的理想，同时也意味着被占领、政治重心的转移和国家体制的重新确立。只有停止战争，才能重启经济发展、走上国家前进的正轨。战争的历史是以人为代价的，而人之渺小，是很难想象超出自己生命长度的长时段危机的。一个国家的进步和理想的实现，往往需要数代人的积累与持续不断努力，脚踏实地地认清自身的状况，任何想要走捷径、抄小路、用便宜的方法解决复杂问题的思想终将会在未来付出惨重的代价。

残暴的欢愉结束了，“玉音放送”的梦醒时分，人们可能会想起在明治时代被抛诸脑后的德川家康的遗训中的两句诗：“人生有如负重致远，不可急躁。”（人の一生は、重き荷を負うて远き路を行くが如し。急ぐべからず。）“只知胜而不知败，必害其身。”（胜つことばかり知りて負くるを知らざれば、害その身に至る。）

“山川异域，风月同天。”

——长屋《绣袈裟衣缘》

这句诗在这个庚子年初占据了中文网络的视线。这首诗是公元 7 世纪时，日本长屋王仰慕佛法，制作了 1000 件袈裟，派人送给唐朝的僧人时所作。鉴真大师用六次东渡日本传播佛法和“是为法事也，何惜身命”给出了回答。在 2020 年初，新型冠状病毒的肆虐让中国的医疗物资储备承担着不小的压力，日本汉语水平考试事务所在捐赠给湖北的物资包装箱上写着的这句诗，让不少中国的网民为之感动。这句诗在一千多年前漂洋过海来到中国，当它又一次吸引了中国的注意，两国之间却已经经历了千年的沧海桑田。我们之间相隔的不仅是一片海，我们之间隔着千年的战争与和平、隔着两个民族内心中最深刻的耻辱与骄傲、隔着彼此之间崇拜与嫉恨交织的复杂心态。

面对这种情境时，我们比平时更加有了解对方心态与历史的需求和必要。《日本史》的改版正是出于这样的一种愿望。日本比我们更早地面对现代化国家发展中的种种问题，两国都曾受到儒学的影响，在处理问题的方式上也有着许多相似的文化惯性。我们彼此在对方身上“看到了自己的‘分身’，看到了另外一个自我……这是一种自我确证的欲望”（李永晶，《分身：新日本论》，2020）。我们在对方身上寻找自己的前世今生，以一种隐蔽但却深远的方式相互成全。在日本的历史中，我们寻找自己的处境。“怀旧是流行的一种方法，它用昨天的实际经历来为明朝不确定的生活做好准备。”（詹姆斯·L. 麦克莱恩）

伊恩·布鲁玛说：“只有当社会在面对过去时变得充分公开和自由——不是从受害者的角度，也不是从施害者的角度，而是从批评者的角度——阴影才会淡去。”只有这样，我们才能充分理性地认识到历史带给我们的财富，面向未来，继往开来。

谨祝读者们怀抱理性、心向未来、开卷有益！

‖序（一）‖

预测未来：如何阅读日本的历史？

一

为什么要读日本史，这并不是有意义的问题。培根“读史使人明智”的隽语为读史提供了功利主义的下限，而司马迁“究天人之际，通古今之变”的高远目标则为这种精神活动设定了人们的智慧可抵达的上限。不过，这些说法有迷惑性：司马迁的历史认识格调太高，似乎遥不可及，而培根所言的下限又显得卑近，让人觉得唾手可得。但事实并非如此。

问题的要害其实在于如何读史。我们的阅读过程通常由问题意识所驱动，这一点在日本史阅读上体现得尤其显著。对中日两国历史上曾有过的“同文同种”关系的潜在认知与想象，是一种激发我们阅读日本历史的心理能量，但却并不保证我们可以借此“明智”。如何读日本史，读者各自的问题意识——既包括直白的功利意图，也包括隐微的心理动机——实则决定了各自获得的认知的成色，自然无法一概而论。

兹举一例。麦克莱恩在《日本史》的结尾留下了这样一句评论：“历史本身告诉我们，时间的流动也会遭遇瀑布和间断，因此把过去和现在割裂，使未来总是无法预测。”一般而言，通史通常给人以强烈的时间流的连续性，读者会从中获得一种观看历史剧的愉悦感。麦克莱恩的这句话让我们感到错愕；在历史叙述即将结束时，作者仿佛动用了禅宗的教学方法，以棒喝的方式突然间将我们思考逻辑的前提拆掉，让我们有瞬间踏空之感。

但我们的疑虑旋即又转化为感叹：这句突如其来的说法仿佛是为当下而写的一般，因为时间的“间断”并不是这位历史学家彼时的认知与洞察，而是我们此刻遭遇的真实情境——2020 年 1 月突如其来的新冠病毒引发的灾难，给世界各地的时间流动按下了暂停键。我们所熟悉的昨日世界已经一去不复返，全新的体验让人们开始了重估价值与重建心灵的历程。

不过，当麦克莱恩说“未来总是无法预测”时，他并不是要自我消解历史撰写与历史阅读的意义。其字里行间的意思仍然取决于我们如何阅读历史。在当下这个时间停止的历史节点，为了理解事件的意义和寻求未来的确定性，我们只能转向历史。换言之，历史在本质上是我们重建心灵秩序的方法；实证主义史学的成功与功利主义阅读在现时代的胜利，联手遮蔽了人们对历史事物的认知。

这并不是对本书的批评。作为一部通史，麦克莱恩的历史叙事可谓中规中矩：他在有限的篇幅内给读者提供了最大量的历史事实，以求还原历史的真相。不错，追求历史的真相，这是所有历史学家都心照不宣的目标。作者在本书历史叙事的多数时刻不动声色，让上至王侯将相、下至贩夫走卒在近代以来日本的政治、经济、社会等舞台上纷纷登场，让他们共同绘制近代日本惊醒、奋斗、失败，以及第二次世界大战后再次崛起的历史画卷。在这个意义上，本书是一部出色的通史。

二

不过，如前所述，中国读者注定不会满足于对日本历史知识的了解。这并非因为任何一位历史学家提供的事实都注定是不完全的，而是因为我们对“日本”通常都有一种额外的情感负担：我们要在日本史中寻找自己的身影，寻求自我确证。这种心理机制在我们阅读小说时通常会显露无疑：带入和移情左右着我们的感受和认知。

因此，历史学家们给我们提供的历史“事实”并不如它们所显现的那样客观；事实并非不言自明，而是我们事先已经存在的某种心智结构——某种认知和理解的框架——让“事实”得到了认知，我们由此获得阅读的愉悦与意义。在这个“意义”设定的认知格局下，1853 年 7 月 8 日美国佩里舰队制造的“黑船来航”事件，就不再仅仅是美国逼迫日本开国的历史关口，而是东亚世界史与文明史的一个节点——它直接激活了江户封建体制孕育的精神能量，将日本从此前近乎隐士之国的状态强行拉到了由近代西方社会达尔文主义支配的世界大舞台。奉实证主义为圭臬的现代历史学家不愿或者无法提供超越事实的认知，而后者才是我们的历史之眼所要紧盯的地方。

在这个认知格局下，明治维新也不再是不平的下级武士发动的“下克上”的革命或叛乱行为，而是“志士”在天下国家的华夏文明体系中自我确证、自我实现的政治行动。很多历史学家习惯于为明治维新的成功寻找制度的、经济的、社会的要因，这本身无可厚非；这些以客观标榜的要素就像舞台上的道具一样，虽然有助于我们还原历史的现场，但还是无法让我们看到戏剧的主角——他们还未登场。以所谓的客观条件解释所谓的主体行动，无疑是将这些人物等同于那些舞台道具的傀儡，很多历史叙事对此都浑然不觉。

我们只有理解了人们的行为方式，才能获得超越朴素的客观事实的历史认知与洞察。历史的真相，实则取决于人们的心智结构。现代主义的历史学家往往不能或者不愿指出这一点，这倒成了我们判断历史叙事成功与否的一个标准：作者在何种程度上能将读者带到历史的现场，感受到舞台上演员的呼吸与心跳。在这一点上，麦克莱恩的历史叙事往往有出彩之处。

我们再看一个事例。在 1941 年 9 月 6 日召开的一次以是否对美国开战为主题的御前会议上，昭和天皇自知自己将在其中扮演性命攸关的角色。这时，作者让天皇登场了，但天皇只是朗诵了他的祖父明治天皇写的一首诗：“四海之内，皆兄弟；当今世界，为何浪涌风急？”此刻舞台上的其他角色，即首相、外相、陆相、海相等要人，自然瞬间就捕获到来自历史的讯息，从而获得了驱动他们行动的心理能量。

明治天皇汉学教养极为丰富，对儒家孔门弟子语录耳熟能详，深知华夏文明之真谛。1894 年，当伊藤博文、陆奥宗光这些政治家们决定对华开战时，史载他因有不忍向文化父母之邦干戈相向的感受，内心颇为踌躇。但这个感受随即让位于纯粹的政治判断——为了这场必胜的战争，日本上下已经准备了十年。19 世纪末，荒谬的人种主义与险恶的生存空间理论开始大流行，就如同病毒一样，将人们隔离开来。战争爆发后，明治天皇到广岛前线设置行营，国民舆论为之一变。这些活在人们记忆中的历史，构成了人们心智结构的一部分。至于 1894 年中日两国战列舰数量的对比、两国在朝鲜半岛上的积怨、英法德俄等西方列强的立场等，它们只是历史学家们关注的事实。

从 1853 年 7 月“黑船来航”开始，到 1941 年 9 月日本被迫选择是否对美国开战，日本政治家在东亚世界史舞台上演的剧本其实早已经大白于天下。1945 年

8月15日昭和天皇发布《终战诏书》，为近代日本历史时间的流动按下了暂停键，这一剧本方才戛然而止。

那么，这是历史的偶然还是必然？或者说，人们是否可以预测未来？其实，问题的答案在本质上依然取决于读者的心智结构。晋人索靖预见洛阳宫门铜驼于荆棘丛中，因他对随后即将展开的历史画卷已经心如明镜；历史学家陈寅恪一再咏叹“读史早知今日事”，对东亚世界史大舞台上的变局早已洞若观火。

我们只能在如下的意义上理解麦克莱恩“未来总是不可预测”这句断语的含义：作为一位现代的历史学家，尤其是一位通史作者，他有义务在读者面前保持矜持；至于如何阅读这部日本史，那是读者自己的事情。但他一定非常清楚：人们与书中多少历史事实发生了心灵上的共振，又在多少历史事实面前完全无感，这些从根本上决定了人们对历史事实的认知、理解以及对未来生活的想象和建构。

李永晶

2020年4月8日

于江苏省昆山市花桥镇寓所

‖序（二）‖

日本历史有它自己残酷的迂回曲折

近代以来日本跳跃式的发展轨迹，引起国际学术界的浓厚兴趣，研究成果层出不穷。美国布朗大学历史教授詹姆斯·L.麦克莱恩的《日本史》(以下简称“詹著”)，堪称近年来颇有特色的最新成果。

詹著共分“传统日本”、“革命年代的日本”、“新世纪的日本”、“战争中的日本”、“当代日本”等五篇，论述了自近世至20世纪90年代的日本史，其主要内容与我国史学界通常理解的日本近代史大致相当。对于中国的日本史研究者或读者来说，美国学者的不同视角和表述，还是令人感兴趣的。

首先，为了说明现在和过去之间联系的重要性，作者强调近世早期(1603～1868)在日本史中的分量。另外他还认为正是18和19世纪早期商业的发展和原初工业化，才使日本1868年后迅速工业化成为可能。

其次，在宏观上作者没有把日本社会或它的历史视为一部成功史。作者认为有时日本的选择产生出大多数人都认为有价值的结果，有时他们选择的道路却导致了几乎每个人都承认的悲剧。詹姆斯认为，只须把20世纪20年代社会和思想的活力与30年代末40年代初战争期间的压抑气氛相比较，就能发现日本历史有它自己残酷的迂回曲折。

第三，詹姆斯教授对日本近代史发展过程中某些关键点的解析颇有新意。例如，在阐释明治维新之所以成功的外部原因时，詹著的看法是：早在佩理来航的数十年前，西方已经走上了工业化的道路，作为一个后发展的国家，这个刚开放的岛国可以学习欧美的经验，利用他们的技术创新。另外，詹著还认为新的市场网络在全球范围内的出现也对刚刚开始其发展旅程的日本有利。19世纪下半叶，交通和通信的革命把世界变为一个全球性的市场。而日本早已发展了制造业，能生产从茶叶、生丝到金箔、纽扣和棉纺织品等多种外国人需要的商品。

第四，作为一位严肃的史学家，詹姆斯教授以史实为据，对日本近代史上许多有争议的问题，明确地表明了自己的立场。例如，他认为南京大屠杀是最为臭名昭著的战争暴行。同样，对美国对日采取绥靖政策的事实，作者也进行了如实的披露：1929 年到 1932 年间，日本从美国购买了 163 500 吨废铁（占其进口量的 36%），用来冶炼钢铁、制造军火和舰船；到 1938 年，日本购自美国的废铁增加为 1 006 700 吨，占其进口量的 74%。同样，1938 年，日本从美国得到了超过 60% 的进口机床，以及诸如钒、钼等几乎所有的稀有合金。1939 年，日本从本国矿产中提炼出 90 000 吨铜，但由于需要大量的铜制造雷管和炮弹，当年不得不进口了 105 000 吨铜，其中 93% 是从美国进口的。日本燃油几乎 80% 依赖于从美国进口，高级燃油的依存度更是超过 90%。

对 20 世纪 70 年代风行一时的“日本人论”，詹著也进行了客观的评价。一方面，作者认为在 20 年的瞬息变迁之后，一些知识分子和社会评论家以“日本人论”为题创作了大量作品，再次开始探索独特的日本文化的本质特征和民族性格。一些分析家撰写了严肃、富有洞察力的作品。另一方面，作者也看到了昭和晚期“日本人论”变得稀奇古怪和自我陶醉的冷峻现实。他列举了有位主管农业的大臣主张，日本不应该进口澳大利亚的牛肉，因为他的同胞肠子比西方人的短，故而无法消化牛肉及其他西方食品。

第五，詹著还涉及若干中国对日本近代史研究空缺或者很少涉足的一些领域。例如，关于旅日朝鲜人、日本部落民、阿伊努人在近现代日本的悲欢离合等。在我国的研究中，对于阿伊努人的贡献，除了把他们描绘为早期探险者的向导和苦力之外，并没有在新建的开发先驱村或发展博物馆里给他们留下一席之地。但詹著对这些问题尤其是阿伊努人的问题作了比较详细的探讨。

当然，在詹著中，也有值得商榷之处。例如，在记述古代日本文化发展的过程中，对中国儒学、道教、汉传佛教、汉字、文学艺术对日本的影响，特别是对大化改新之前日本的影响，强调得不够，有的中国文化要素的东传，甚至只字未提，这是令人遗憾的。

然而，通篇看来，詹著还是一部值得一阅，体味开卷有益读书之乐的学术著作。当读者阅读其流畅的中文表达时，应该想起译者王翔教授所做出的贡献，原著英文版的学术质量和中文版译作的文字流畅相得益彰。

本人与詹姆斯教授和王翔教授未曾谋面，受出版社编辑部黄宪萍女士委托，拜读詹著中文版译稿，先睹为快，颇受启发，因此不揣冒昧地发表了以上议论。

新著问世，可喜可贺。

是为序。

宋成有

于北京海淀区蓝旗营

‖ 译者序（一）‖

历史意识与理性精神

说不清是什么原因，当海南出版社黄宪萍女士将三部英文版日本史著作送到我面前，叮嘱我选择其中一本介绍给中国读者的时候，尽管三本著作各有千秋，委实难作抉择，我权衡再三之后，还是选定了詹姆斯·L.麦克莱恩教授写作的这部《日本史》。而这个选择正与海南出版社不谋而合。

也许是由于曾有过与作者在同一座日本城市工作与生活的经历，本书令我油然而生一种亲切感。1992年到1994年，我曾经在日本北陆地区的金泽市的一所大学担任教授。金泽市是石川县的首府，濒临日本海，恬静而美丽，气候四季分明，文化积淀丰饶，人民纯朴热情。直到今天，我仍然一直思念和牵挂着那里的友人。

詹姆斯教授第一次去到日本是1966年，当时他只有22岁。本来只是旅游观光，谁知受到了日本文化的强烈吸引，从此进入了日本历史文化研究的领域。他也曾长期在金泽工作和生活，并写出了《金泽：17世纪的日本城下町》，成为英语世界研究日本历史的名著。

当然，促使我选择译介詹姆斯教授《日本史》的真正原因，主要还是基于作者本人的学术声誉，及本书难以抗拒的巨大魅力。美国的日本史研究界群星璀璨，尽管本书作者没有赖肖尔、费正清等人的鼎鼎大名，但也称得上是日本研究领域里引人注目的后起之秀。他接连推出过《金泽：17世纪的日本城下町》《江户与巴黎：近代早期的都市生活》《大阪：近代早期日本的商业之都》三部研究日本历史文化的学术专著，其中的《金泽：17世纪的日本城下町》一书还赢得了美国历史学会的大奖。呈现在我们面前的这本《日本史》，则是他于2002年出版的更为重要的一部代表作。

本书全面叙述了从德川家康就任征夷大将军直到当今时代的400余年日本历史，将政治、经济、社会、文化等各个方面熔为一炉。美国的《图书馆学刊》评论说：“这一全景式研究是一项重要成果，几乎涉及日本近现代历史的各个方面，胜过同类的其他所有著作。”《出版者周刊》则称赞道：“这是一项卓越的成果，天皇的文告、芭蕉的俳句，以及劳工领袖的吁求等，这一切都在历史上留有自己的空间。”

作为一部大跨度的历史著作，《日本史》显示出了深厚的历史意识与理性精神。在对待历史的态度上，不是将历史作为可以任意揉捏的泥巴，而是将其作为史实、文化、道德以及人性的存在过程与载体，从而使作品具有厚重的历史感。本书以时间架构纵向的轴线，配以空间的横向流动，使厚重的历史感和历史情怀尽情呈现在读者面前。在这时空交织的历史场景中，我们可以感受到由客观史实的诗性描写所带来的强烈的历史意识。

为了更加真实、深刻地再现这段历史，作者查阅了大量的文献资料，从日本历史上各个重要关头错综复杂的国内环境到波谲云诡的世界局势，从国内各派政治力量的纵横捭阖到体现着历史意志的各色人等的政策权谋，甚至从不同时期的风土人情到各界人士的服饰语言和音容笑貌，都考察得有根有据，刻画得颇为传神。也许，《日本史》中仍有一些不尽如人意和值得商榷之处，但它所呈现出的作者态度之真诚、著述资料之真实是毋庸置疑的。

詹姆斯教授所著《日本史》的又一个魅力在于，它以一种理性激活历史的叙事方式复活了历史，从而使其具有值得称道的哲学意味和人性深度。作者在其历史叙事的显形式下，蕴藏着立足于人性的内在形态与精神立场，这也成为文本建构的内驱动力。纵览全书，我们不难发现，在进行宏大历史叙事的同时，作者始终不忘从人性的立场来表现特定历史时空下人们的生存状态，从而使本书具有一种深切的人文关怀。

近数十年来，历史著述的一个新特点是写作者越来越重视历史中的社会和文化方面，并力图更多地再现普通人的生活。《日本史》对这些问题也给予了特别优先的关注，在描述重大政治经济事件及其进展之外，尽量收集有关社会文化的动向以及普通人日常生活的内容——工人、农民、工匠、家庭、士兵、妇女的日常生活得到了详细描述。给我留下深刻印象的是，作者在重点关注主流社会和时代主题的同时，并没有忽视“部落民”、“少数族裔”等社会边缘群体，并没有遮掩经济发展和社会进步所带来的新的矛盾，诸如阶级冲突的加剧、环境污染的危害等等，再现了近代以来日本历史发展的多维立体生活空间。

《日本史》一书还有一个吸引我的地方，就是“大事件”与“小故事”相结合的叙事手法，以及全书写作的“茶座”风格。

在400余年间的日本历史叙事中，作者既没有遗漏任何一个重要的“大事件”，同时又为我们揭示了许多鲜为人知的“小故事”。无论“大事件”还是“小故事”，都写得有声有色，引人入胜。作者从许多具体的方面切入问题，进行多维度、多层次的论述，书中还添加了大量地图、插图、年表，以及有助于理解历史人物、事件和专门术语的词汇表，使清晰的叙事更加易解。在这样的观照下，历史就不再是一些抽象的教条，而成为具有丰富层面和细节的历史场景，当时当地的林林总总在这样的描述中显得生动、直观而易于辨识。这种新颖的体例和言说方式一改学术研究和历史撰述的刻板面孔，带有一种难以抗拒的亲和力，使我相信本书将会在中国拥有很好的读者缘。

作者的文风也应当对我们有所启迪。其实许多著名的历史学家都不会故作高深，把东西写得叫人不知所云。他们往往开门见山平铺直叙，却又娓娓道来，鞭辟入里，把枯燥的研究、复杂的史实写得令人兴味盎然。这种写作风格是我们应当学习和效法的。那种把原本丰富多彩的历史写得僵硬呆板甚至面目可憎的文风，实在应该引起人文社科研究者的警惕。《日本史》的行文为我们提供了一种范例，它会使很多人感到惊讶：原来，严肃的史学著作也能这么写！

本书的翻译出版，得到了来自多方面的无私帮助：南开大学的朱慧颖博士提供了很大部分高质量的译文初稿，在此基础上的修改、补充和校译，变得颇为轻松而令人愉快；海南出版社黄宪萍、蒋华蔚女士，尹响林先生对本书的编辑出版倾注心血，认真负责地对待每一项事务；日本北陆大学的阎红生教授惠寄来日本史年表、地图及一系列历史、文化著作，为本书的翻译提供了极大的方便；翻译过程中一次又一次碰到的疑难问题，得到了日本信州大学久保亨教授不厌其烦的耐心解答；日本青山学院大学的云大津博士毫无保留地提供手中保存的各种资料……凡此种种。特利用本书即将付梓之际，表示诚挚的谢意。最后，我要把我的感激之情给予我的家人：没有他们多年来的深深理解和默默支持，我是无法坚持潜心学问，本书的问世也是不可想象的。

王翔

2009年10月1日

于浙江财经学院　学涯湖畔

‖ 译者序（二）‖

2014 年版序言

正当东海上空波谲云诡，中日两国围绕钓鱼岛的争端持续发酵之际，海南出版社推出了改版重做的《日本史》，其现实意义不言而喻。

在这个世界上，中国大概是最早记述和研究日本的国家了。古往今来，有关日本的著述可谓洋洋洒洒。时至今日，中国发表的有关日本的学术著作和普及读物肯定在世界上名列前茅，许多大学和科研院所还设有阵容强大的日本研究中心。然而不幸的是，就国民整体而言，我们对日本是不太了解的，而且这种不了解的程度显然比世界上许多国家更甚。历史经验告诉我们，要是继续对日本这个国家懵然无知，那将只会削弱我们的力量。如果我们真想作为一个负责任的大国在当代世界、至少是在东亚世界扮演举足轻重的角色，那就必须对我们这个一衣带水的近邻有足够多的了解。

对于拥有悠久而独特的历史却又对自己的历史常常表现出惊人的迷惘症状的日本来说，我们如果不了解它的过去，也就不可能了解它的现在，预测它的未来。原因在于，任何国家的历史演变过程，其制度走向或许都摆脱不了所谓“路径依赖”（path dependence）的理论假设。在本书中，我们已经看到有关日本地理的、社会的、经济的、文化的，以及政治的一些历史特征，这些如今依然或隐或显地存在，而且很有可能还会以这样或那样的方式继续发挥作用。正如德川时期的日本将其遗产留给了明治维新后的日本一样，昭和时期的日本同样也有遗产留给了第二次世界大战后的日本，凡此种种，纠结缠绕，在当今日本呈现出了各种新的组合与可能性。也许，过往不会全面再现，但谁又知道，其坍塌大厦的碎片会不会被用来缔造一个新结构呢？虽然我们现在还无法准确预言日本的未来走向，但有一点很清楚，那就是日本的现在和未来仍将受到它的过去的持续影响。因此，我们需要更多地关注它、了解它，而要了解它的现在和未来，最佳的途径或许就是学习它的历史。

根据读者的建议，本书新版订正了老版中的疏漏和误植，补充了一些新材料，特别是对“延伸读物”和“词汇索引”两部分做了较大分量的增补，基本恢复了原著的本来面目。书末列出的许多推荐给读者的延伸读物，主要选自有关日本史各个领域的最新学术成果，也有一些是经典的或标准的史学论著。不言而喻，这些补充读物通常都反映了不同的学术观点，不仅为历史学家们提供了用于研究的文献样本，对于初学者来说也可以成为一道可资循序渐进的深造阶梯。至于词汇索引，则提供了按图索骥的阅读便利，从而尽可能地使本书的阅读过程成为令人愉悦的学习体验。

应该指出，我们学习和了解日本的历史，其意义并不仅仅是，甚至并不主要是出于知己知彼、克敌制胜的需要，而是一次必不可少的求知和发蒙。说到底，了解任何东西的最强有力的理由，端在其能够丰富我们对世界的认知从而愉悦我们的精神，提升我们的生活质量。日本的历史属于人类的知识库藏。我们这个世界需要更加广泛和更加深入地认识日本。这不仅是因为人们具有认知的权利和必要性，同时也因为这是一个充满兴味的研究领域。正如本书作者詹姆斯·L.麦克莱恩教授所说：“在最深层的本质上，研究历史是一门艺术：猜测人们的动机，评价他们行为的意义，估量我们的观察，然后从我们更深的洞察中得出结论。在这个意义上，无论对于入门者还是有经验的学者而言，探索日本历史并扩大我们的知识范围都是很值得的。”

信哉斯言。

王翔

2014年3月19日

于浙江财经大学　学涯湖畔

‖前　言‖

1966年10月一个宜人的秋日早晨，当美国轮船“威尔逊总统”号驶进东京湾时，我从甲板上第一次看到了日本。轮船航行了数小时后抵达横滨。向外望着富士山和草木茂盛、秋果累累的乡村，我一遍又一遍地问自己：我到日本究竟要做什么？那时我刚从密歇根大学毕业，主修的是美国历史，并没有学过有关日本的任何知识，而且我也从来没有离开过美国。我之所以到这个遥远而陌生的国度，只是因为一个同班同学对我说，如果我想到他的祖国旅游，他在东京的家人会给我帮助。我是来日本游玩的，但使我感到意外的是，这次游历改变了我的人生道路，最后使我成为一名研究日本历史的学者。

当我第一次踏上日本的土地时，我对日本几乎一无所知；但是我的脑子里确实装了些陈词滥调，比如“日本是个高度一致的社会”，日本的人口属于同一民族；他们看上去很像，想法也相像，而且很容易就任何问题形成全国一致的意见。然而不久，我就认识到这种想法多么不正确。我发现我周围的人们因为年龄、性别、教育和经济状况的不同而各成一体。他们对几乎所有事情——例如妇女应该属于家庭还是工作场所，日本应该和美国结盟还是实行中立路线，以及应该称赞大企业为战后国家的富裕做出了贡献，还是应该谴责它们造成了各地的污染，等等。——都表达了迥然相异的看法。我发现，和谐与一致无疑是人们渴望的理想，但实际上，日本人对他们面临的主要问题的看法有很大分歧。

我第一次在日本逗留期间的见闻影响了我对该国历史的看法。如果说激烈的争论和不同的意见在现代日本社会是司空见惯的，那么理所当然，这个国家的历史是其人民在相互冲突的观点之下促使所有事情向前发展的历史。与任何社会中的情形一样，大趋势无疑是很重要的。在此我只列举过去两个世纪里的三个重大肇因：城市化、工业化和全球化。显然，它们通过影响个体认知自己和世界以及明确可能与不可能的界限而影响了日本历史的进程。然而，在宏大的历史潮流中，日本人民在他们巨大的多样性中创造了自己的历史。因此，本书的叙述基于这样的前提，即我们的首要责任是了解不同的个体和社会团体如何明确什么是他们所需要的，然后又如何努力地构建起既符合他们的道德标准和信仰，又能实现他们的梦想和抱负的具有意义的生活方式。

我在与新朋友以及多年的老同事交谈时，还逐渐认识到，大多数日本人比我所认识的大多数美国人要更接近他们的过去。也许，这在一个一千多年来一直是一个统一的政治实体的国度里是很自然的。日本也是这样一个国家，你可以从容地走出现代地铁，然后躲进古老庙宇的静谧之中，或者坐在咖啡店里，一边享受法式烘焙的咖啡，一边听着最新的爵士音乐，从窗户向外看时，又会发现有身穿传统和服，手提三味线（这种三根琴弦的琵琶在日本近世早期城市中的戏院、妓院等风月场所的“浮世”中处处可见。——译注）的老妇人经过。本书给予日本近世（日本学界常将日本的前近代时期称为“近世”，这是日本封建社会高度发展和成熟的时期，同时也是孕育着从根本上颠覆封建统治体制的社会经济关系和思想意识萌芽的时期。——译注）早期（1603 ~ 1868）的分量反映了日本的现在和过去之间联系的重要性。除此之外，本书还考察了一种允许普通日本人参与乡村和城市自治的政治文化如何促进了近代公民的成长，使公民相信自己有权批评政府的政策，有权组织政治运动和政党。这种政治文化在明治时期（1868 ~ 1912）确立议会制方面发挥了重要作用。本书还关注 18 世纪和 19 世纪早期商业的发展和原初工业化如何在 1868 年后使迅速工业化成为可能，关于家庭和性别的传统思维方式如何影响到整个现代的行为模式。

我在日本的经历也使我不愿将这个社会或它的历史视为一部成功史。当我于 20 世纪 60 年代末期第一次到东京时，触目所及，人民富裕，高楼林立，街道整洁，所有事情都似乎有条不紊，这一切很难不给我留下深刻印象。但是，报纸社论和电视纪录片敏锐地指出了日本现代化努力中的缺陷和失败的事实：太多的人依然居住在不合格的住宅里；教育体制强调死记硬背，而不是发展每个学生的天赋与能力；大公司的中层管理人员工作时间太长，以致几乎没有家庭生活的时间。

20 世纪后半叶折磨着日本社会的问题，使得甚至像我这样刚接触日本历史的人也很清楚这一点，即不能把日本历史解释为一连串简单的必然通向更加美好和光明的未来的事件。实际上，我的许多日本朋友都不愿说起某些带有历史连续性的让人不快的方面，例如，近世早期对本国下层群体的偏见以及对毗邻的阿伊努人和朝鲜人的轻蔑态度。这样的偏见和轻蔑发展成持续至今的歧视。而且，在过去，当国家处于生死攸关的历史十字路口时，日本人不得不做出使他们的国家和社会走向新方向的决定。如今回想起来，有时他们的选择产生出大多数人都认为有价值的结果，但有时他们选择的道路却导致了几乎每个人都承认的悲剧。我们只需把20世纪20年代的社会和思想的活力与30年代末、40年代初战争期间的压抑气氛相比较，就能发现日本历史有着它自己的残酷的迂回和曲折。

各个国家的文化和历史尽管存在着某些共性，但却互不相同。从这个意义上来说，日本无疑是独一无二的。相应的，无论过去还是现在，当日本人以自己的独特方式行事时，只要我们了解形成那些行为模式的价值，它们就不过和其他民族的行为模式一样是可以理解的。换句话说，不寻常和神秘莫测并不是一回事。当我结束第一次日本之行，进入耶鲁大学的研究生院之后，我阅读了人类学家克利福德·格尔茨的一篇文章〔“Thick Description: Toward an Interpretational Theory of Culture”, in his The Interpretation of Cultures（New York: Basic Books,1973）,pp3–30〕，它帮我把对文化独特性的想法汇集了起来。格尔茨写道，他研究了摩洛哥人，而且对他们理解得越多，就越觉得摩洛哥人既合乎情理又富有独特性。他得出结论：“理解一个民族的文化，即是在不削弱其特殊性的情况下，昭示其常态。”

在我作为一名历史学家工作时，上述汇集起来的想法为我提供了一系列指导：摒弃陈见，尝试理解激励日本人去行动的价值观念和思维方式；正确评价过去的遗产，同时时刻不忘，历史会不断迫使人们做出决定，使他们的未来走向全新的方向；重视那些经历了历史波折的人们的判断，借此评价过去行为的后果；时刻牢记没有唯一的行为模式，其他民族可以从与我们截然不同的方式中得到满足，找到生活中的价值。

理解另一个民族的文化和历史并不容易，当格尔茨引用一个英国人的故事时也认识到了这一点。有人告诉这个英国人，世界是在一个平台上，平台放在大象的背上，大象站在海龟的背上，然后，这个英国人就问：“那么那头海龟站在什么上面？”他的印度朋友回答说：“另一头海龟。”“又一头海龟？”“哦，从那以后一直在下面的就是海龟。”（印度教认为地球由四只大象支撑，而大象站在海龟的背上。——译注）与此相似，我们可能永远不能看透日本历史的所有深层的东西，我也很少像我所想的那样完全理解某件事情。不过，格尔茨有另外一个想法可以安慰我们大家，即没有必要“为了理解某事而了解所有的事”。在我对日本的研究上，我用这句话来表达这样的意思，即在最深层的本质上，研究历史是一种艺术：猜测人们的动机，评价他们行为的意义，估量我们的观察，然后从我们更深的洞察中得出结论。在这个意义上，无论对于入门者还是有经验的学者而言，探索日本历史并且扩大我们的知识范围都是很值得的。

詹姆斯·L. 麦克莱恩

目 录

第五篇 当代日本 / 487

附录 / 599

第一篇

传统的日本

Traditional JAPAN

年 表

◎ 646 年

元旦，据称大和家族领袖颁布“大化改新”诏书，最终建立起天授皇权的世袭权威。

◎ 712 年

大和政权的史官编纂完成《古事记》。

◎ 794 年

天皇朝廷建都于平安京（京都）。

◎ 1192 年

源赖朝被任命为“征夷大将军”，镰仓幕府建立。

◎ 1274 年和 1281 年

被称为“神风”的两场台风摧毁了蒙古舰队，使日本免遭入侵。

◎ 1333 ~ 1338 年

足利尊氏推翻镰仓幕府，被任命为“征夷大将军”。

◎ 1467 ~ 1477 年

“应仁之乱”导致进入“战国”时代。在长达一个世纪里，日本成为一个“战乱中的国家”。

◎ 1543 年

葡萄牙商人在九州南部的种子岛登陆。

◎ 1549 年

弗朗西斯·扎比埃尔将基督教义传入日本。

◎ 1571 年

大名大村纯忠向葡萄牙船只开放长崎港。

◎ 1573 年
军阀织田信长放逐足利将军，焚毁京都城大部。

◎ 16 世纪 80 年代
随着 1581 年织田信长死去，丰臣秀吉迫使各地大名效忠。

◎ 1590 年
德川家康将领地迁至关东地区，开始建造江户城堡。

◎ 1592 年
丰臣秀吉的军队登陆朝鲜釜山。

◎ 1598 年
丰臣秀吉死，日本军队从朝鲜撤回。

◎ 1600 年
德川家康在关原之战中获胜。

◎ 1603 年
2 月 12 日，德川家康被任命为“征夷大将军”。

◎ 1604 年
幕府承认松前家族为北海道南部沿海领地的大名，授权其与虾夷地的阿伊努人进行贸易。

◎ 1607 年
日本与朝鲜恢复正常关系。

◎ 1611 年
琉球群岛成为萨摩藩的属地，但名义上还保有自己的主权。

◎ 1615 年
5 月，德川幕府的军队制服了大阪城堡里忠于丰臣秀赖的人。

7 月 7 日，德川家康颁布《武家诸法度》（13 条）。

7 月 7 日，德川家康及德川秀忠颁布《禁中并公家诸法度》（17 条）。

◎ 1617 年
德川家康的遗体下葬于日光，被奉为“东照大权现”，即“东方日神，佛陀高贵而威严的化身”。

◎ 1620 年

德川家康孙女与后水尾天皇成亲。

◎ 1622 年

8 月 5 日，德川幕府开始迫害基督教徒，在长崎处死了 55 名基督教徒。

◎ 1623 年

德川幕府开始任命结盟的大名为“老中”。

◎ 1633 ~ 1639 年

德川幕府颁布《隐遁法令》，正式禁止基督教，不准日本人出国旅行，并控制对外贸易。

◎ 1634 年

7 月 11 日到 8 月 5 日，德川家光隆重拜访京都。

◎ 1635 年

德川幕府着手对《武家诸法度》加以重大修订。

◎ 1643 年

第一本用来指导平民日常饮食的《料理物语》刊行。

据说宫本武藏此年退隐于一个洞穴中写作《五轮书》。

◎ 1649 年

2 月 26 日，德川幕府颁布《庆安御触书》（即“劝农规定 31 条”——译者）。

◎ 1656 年

山鹿素行出版《圣教要录》，阐释其对武士道的认识。

◎ 1669 年

阿伊努人攻击日本人在虾夷地的移民点。

◎ 1673 年

三井家族在江户开办“越后屋”杂货店。

◎ 1689 年

松尾芭蕉完成《奥之细道》俳句集。

◎ 1700 年

此时的江户可能为世界上最大的城市。

◎ 1702 年

第一本关于蚕桑生产的手抄本问世。

◎ 1716 年

《女子大学》刊行。

◎ 1729 年

石田梅岩开始公开宣讲“心学”基本知识。

◎ 1785 年

幕府在长崎设立卸载商品批发行。

◎ 1802 年

十返舍一九开始连续发表《东海道中膝栗毛》。

◎ 1832 年

安藤广重在江户至京都间往返旅行，开始创作系列版画《东海道五十三次》。

◎ 1839 年

到此时，至少已有 300 家私人学塾和 3000 家寺子屋开办。

◎ 1842 年

幕府聘请二宫尊德设计乡村复兴计划。

第一章

德川政权

1603年2月12日下午，京都南部德川家的伏见城。德川家康身披猩红礼袍，安坐在城堡平台上。不一会儿，一位侍者出现，深深地鞠了个躬，摇了摇两个木铃铛，禀报说日本天皇派遣的高级特使驾到。皇室代表从马车上下来，伴随着乐队精妙的演奏，在庄重的仪式中走向平台，呈递给德川家康一个委任令，任命他为日本的幕府将军，即维持整个国家秩序的军事将领。德川家康设宴款待特使们以示感谢，并送上几袋金银和一匹骏马，让他们带回京都。骏马身上挂着一具加高的金马鞍，鞍上还印着德川家康的纹章。

任命德川家康为将军是日本历史上具有创新性的事件。把他擢升为全国最高军事首领的隆重仪式，反映了16世纪末和17世纪初武士阶层的权势与荣耀。那时候日本各地大约有250位有势力的大名统治着各自的自治领地。他们富丽堂皇的城堡有许多比中世纪欧洲建造的最大的城堡还要大。这些城堡雄踞在乡村，象征着大名们令人敬畏的强大力量。但是，没有一个大名可以和德川家族相提并论，德川家的伏见城是这片国土上最宏伟的要塞之一。伏见城的石墙和城壕由同时期的另一位军阀建于1592年至1596年间。这些坚固的石墙和宽阔的城壕保护着城中高耸的主楼，还有2000名驻防武士的住所、公署，以及粮食和武器库。这些设施散布在六个宽广的城郭之间，每一个城郭都还有各自的内墙和设防的城门。

和其他大名的要塞相似，伏见城堡也既是一座宫殿，又是一个军事堡垒。日本的统治者们不会忘记，仪式和象征物能够不可估量地增添权力的内容，因此他们设计出的城堡既展现了他们不可一世的力量，又闪耀着财富的光芒和他们的审美情趣。德川家族征集了全国的人力和物力来修建伏见城。通过这件事，德川家康向世人夸示了他的财富和文化抱负。当结盟的大名们造访时，德川家康在一间宽敞的、长宽各约 30 米的接待室里招待他们。在那里商讨时政要务时，他会把客人们惊羡的目光引向雕满了古代圣君的雅致的木横梁，以及装饰着由当时著名艺术家们所创作的吉祥花鸟图案的活动隔门。室外，高级武士们在景致优美的花园里消磨闲暇，甚至在城堡里的舞台上观赏古典能剧。

伏见城展现出的富丽辉煌让人回想起京都昔日的荣光。几个世纪前，一个新千年开端之时，京都是世界上最伟大的城市之一。它追随东亚帝国城市生活的理想，城内街道精确地按照几何形状分布，把整个城市分隔成为棋盘状，其中呈长方形的居民区可容纳十多万人口。一条壮观的大道从主入口即著名的罗生门通向年代久远的皇宫。它贯通城市正中，两旁柳树成荫，南北绵延约 5 公里。京都的居民偶尔会看见天皇在数百名着装整齐严肃的侍从的护卫下，端坐在华丽的牛车上，从这条大道驶向京城附近宜人的乡间胜地。不过，大多数时候，天皇都待在巨大的宫殿里。那是他举行庄严的仪式来纪念保护日本的神祇，同时确认自己作为道德和政治权威的终极之源的地方。在那个神宫里还有一个回廊庭园，它是天皇的私人寝宫，一个令人难以置信的简朴的地方。那里未经油漆的木料、凹凸不平的木质地板和优雅的木屋顶，既是日本建筑取向的缩影，也微妙地反映了天皇陛下的喜好。

在 11 世纪早期京都最繁华时，大约有 2000 个贵族家庭像项链般拱卫在皇宫的东面和南面。大贵族的庄园占地 4000 平方米左右或者更多，一般包括一个主楼、一个栽满了精挑细选的树木和开花植物的大花园、一个人工湖，还有佣人的住房、众多的储藏室和服务性场所。朝臣们身穿带有精美刺绣的丝绸服饰，欣赏京都工匠作坊里制造的最精美的手工艺品。叙事性的画卷描绘了当时的日常生活，从中可以发现木地板上已经开始铺设榻榻米，以便人们就座。活动隔门上绘有精美的四季风物和反映人类生命历程的图案。在那种优雅的氛围中，京都的贵族创造了超越时空的精深的文化传统。紫式部虚构宫廷恋情和阴谋的著名小说《源氏物语》就产生于那个时代。那时，傲慢的贵族认为他们才是短歌、宫廷雅乐和其他贵族艺术的唯一合法的资助者和参与者。对他们来说，这些艺术形式代表了日本文化成就的最高水平。

1603 年，把将军职衔授予德川家康的天皇特使回到了京都。在京城，天皇和许多沮丧的贵族正生活在贫困之中。几个世纪以来，天皇和朝臣们发现他们的财富日渐损耗。在15世纪70年代的战争中，京城惨遭蹂躏。这场战争又触发了一场漫长的内战，而内战的唯一结果是德川家康被任命为幕府将军。16世纪初的一位天皇陷于贫困之中，宫殿也无力修缮，不得不把他的加冕典礼推迟了将近20年。许多曾经十分骄傲的贵族搬到了简陋的后街住房，或者栖身寺庙。京都的商人和工匠们也面临着不稳定的时局：战争毁坏了他们的街区，盗贼在街上横行；而且在1573年，一位大名在京都纵火，再一次破坏了这座城市城区较好的部分。这是让人悲伤的十年，无论贵族还是平民都会记得那部有名的《战记物语》（又译《军物语》）的卷首语：

> 祇园精舍之钟声，奏诸行无常之响；
> 沙罗双树之花色，表盛者必衰之兆。
> 骄者难久，正如春宵一梦；
> 猛者遂灭，恰似风前之尘。①

对绝大多数在自给自足的小村落里度过一生的日本人民来说，16世纪中期的生活也充满了苦难。对那些家庭而言，外面的世界不过是沿乡村小道走下去的几步之遥，无论身在何方，生活的重心都是自给自足。有些家庭拥有足够的土地，可以过上舒适的生活；但大多数男女却是日复一日长时间地劳作。他们自己耕种，自己做衣服，自己制造和修补生存所必需的工具。他们住着用茅草和泥巴筑成的房子，穿着用麻和其他当地所产纤维制作的粗糙服装。在他们看来，生命短暂，不过勉求生存而已。季节性的节日——春耕时求神保佑和秋收时谢神赐福——打破了岁月的静静流逝。偶尔也会有小贩来到村子，带来关于遥远的京都的神奇故事，同时还提供用于出售或交换的海藻、盐以及其他村民们自己无法种植或生产的贵重商品。

尽管战争造成了普遍的绝望，但是在16世纪和17世纪之交的几十年中，

---

① Helen Craig McCullough,tr., *Genji and Heike: Selections from The Tale of Genji and The Tale of the Heike* (Stanford： Stanford University Press,1994), p.265,and A. L. Sadler,tr., *The Ten Foot Square Hut and Tales of the Heike* (Rutland, Vt.： Charles E.Tuttle,1972), p.22.

▲ 日本著名宫廷小说《源氏物语》绘卷

欧洲人首次航行到日本列岛时，复兴的胚芽还是极力破土而出。葡萄牙商人若热·阿尔瓦雷斯在 1546 年访问日本后，发表了欧洲人的第一份亲历报告。报告中称他所发现的日本是“一个美丽宜人的国家，树木繁多，有诸如松树、杉树、李子树、樱桃树、月桂树、栗子树、胡桃树、橡树和更古老的树种，还有许多我们国家没有的水果。我们葡萄牙种植的蔬菜，除了莴苣、甘蓝、胡荽和薄荷之外，他们也都会种植。他们也养玫瑰、康乃馨和其他许多芳香的花，还种又酸又甜的橘子、香橼、石榴和梨”[①]。半个世纪后，佛罗伦萨人弗朗西斯科·卡莱蒂对此表示赞同，说日本“这个国家景色迷人，盛产水稻、玉米和其他各种各样的谷物以及蔬菜和水果”。而出生于尼泊尔的耶稣会会士范礼安曾经于 1579 ～ 1582 年和 1590 ～ 1592 年两次造访日本。“他们非常聪明能干，”范礼安写道，“而且，他们很有教养，甚至普通人和农民都很有教养，彬彬有礼，以至于给人一种印象，好像他们接受过宫廷训练。在这方面他们不仅超过了其他东方民族，也超过了欧洲人。”

---

① Michael Cooper, S. J.,ed., *They Came to Japan: An Anthology of European Reports on Japan*, 1543-1640 (Berkeley: University of California Press, 1965), pp.4-7(modified)

到了德川家康接受委任令时，不仅乡村，京都的商业区也已开始复苏。一幅精心描绘在屏风上的世态画《洛中洛外图卷》(一幅描绘京都及其郊外著名场所的名画，由幕府的御用画师住吉具庆创作。——译注)，展现出16世纪末和17世纪初一种丰裕、活泼的城市风貌。其中一个画面上，男女老少——贵族、武士、僧侣、商人、工匠、乞丐，蜂拥到京都的街道上，观赏呈现日本历史和神话中重大事件的绚丽多彩的花车队伍。花车游行是祇园祭的重头戏。每当这个纪念一位保护京都城免遭瘟疫的神祇的节日来临，花车队伍所到之处的每个角落都会挤满人群。画面上贺茂川的两岸，一些武士、绅士开始用户外午餐；大街上，一个商人家庭——父亲、母亲、三个步履不稳的小孩和祖父——正从他们位于街边的商店里欣赏花车游行的盛况；稍远处，高雅的贵妇人在她们庄园考究的大门口观望游行队伍。在整个城市的图景中，人们或驻足和朋友、邻居闲聊，或者享受食物，野餐的武士从小贩手中买几个西瓜，仆人跪着把茶和小吃献给寺院僧侣的客人们，只在腰间系块布的男人把肥肥的鳊鱼切成薄片，一副自得其乐的样子。

京都的复兴让人想起日本过去的坚韧。正如城市从16世纪的战火中幸存下来一样，天皇世系也一直是政权永恒不变的正统。1603年，皇室把恢复国家和平的责任交给了德川家族，也授予他们协同统治国家的特权。不过，虽然历史的影响具有持续性，过去的模式却不只是简单的重复，因为德川家康及其后任幕府将军统治的是一个时人称为“太平”的和平盛世，它使后来的经济、社会、文化改革成为可能。起初，德川家康只是松散地掌握着权力，但是17世纪期间德川幕府决定加强统治、规范秩序，并且创设了复杂的统治机制，在促使国家繁盛的同时也给予自己难以匹敌的权力。在这一过程中，他们创造了一种环境，使每个社会阶层的日本人都能为国家前所未有的变化做出贡献。到1868年德川幕府最后一位将军退职时，日本已经成为一个和1603年时截然不同的国家。在两个半世纪的时间里，农产品产量翻了几番，数百个城市在乡村涌现，新的社会阶层逐渐形成，商业兴旺发达，日本人民开始享受世界上最高水平的生活。与此同时，学者们和教师们制定了成文的社会行为准则，城市中心的商人和手工业者推广了新的娱乐活动和艺术形式——歌舞伎、俳句以及木刻浮世绘，它们现在已被誉为日本文化的精髓。

日本国家的起源和武士的出现

日本武士阶层的逐渐兴起是 7 世纪末和 8 世纪初中央集权形成过程中始料未及的副产品。在此之前，由许多小村落组成且受氏姓贵族统治的领地遍布本州岛中西部的大多数地方，还延伸到了九州岛和四国。这些氏族领地具有高度独立性，每一个都是自治实体，自行决定行为准则，自行保卫家园以免落入周边贪婪的氏族之手，而且自己生产粮食和手工艺品以便生存繁衍。此外，每个领主还组织祭祀仪式，祭奠传说中本氏族的祖神，由此把宗教和世俗的领导权合而为一。

到 5 世纪末，一个势力强大的家族已经在他们位于内陆海东岸的根据地建立了尽管脆弱却被公认的霸权，控制了周围若干领地。这个家族被称为大和系，也因其祖神为天照大帝（太阳女神）而被称为天照系。他们后来采取外交、联姻、赏赐等手段——偶尔也用暴力——来巩固其在日本中部的权势，然后又在一定程度上把势力推进到南部和西部的其他氏族。到 7 世纪初，天照系已经在同辈豪族中占据首位，不太稳固地统治着附属的氏族联盟和周边领地。

雄心勃勃的大和首领不满足于尚不完整的权力，力图寻找新时机以增大他们的力量和影响。公元 645 年 6 月，皇室权力核心最为大胆的人物摆下盛宴招待几个主要对手，然后趁夜深他们喝得醉醺醺之际残杀了他们。据传统史书记载，几个月之后的 646 年元旦，大和首领宣布推行划时代的“大化改新”。改革受到了日本遣唐使所观察到的中国唐朝精妙治国方法的影响，其措施在以后几十年中逐步实行。改革目标在于消灭残余氏族首领的势力，使天照系成为强有力的君主，拥有对日本列岛人民和资源的无上且直接的控制权。

大和的首领成为国家的“天王”，预示了即将发生的重大变革。历史学家对这个新创词组的典型翻译是“皇帝”，以此表示天皇意图行使绝对权力的雄心。然而，更字面化的译文“天上的皇帝”却更准确地抓住了大和家族的用意，即宣扬天皇是传说中太阳女神的后裔，他作为王朝中“神圣不可侵犯”的帝王，将“万世一系”地永远统治下去。《古事记》即由大化革新派授意编纂、并成书于 712 年的传奇性的“古代事件记录”。其中的传说把天照描述为

▲ 8 世纪时一面装饰着蝴蝶图案和花边的铜镜。
它与另两件东西即剑和勾玉一起，构成古代日本皇权与神权的一种象征

一位特别有影响的女神，在含混不清的史前史深处，当她派遣她的孙子琼琼杵尊从高天原下来平定日本列岛时，给了他三件宝物：神镜、八尺勾玉和草雉之剑。据神代史的说法，琼琼杵尊的玄孙神武，这个神人结合所生之子，于公元前 660 年征服了日本“这个稻田遍布的国家”。神代史把神武假定为日本列岛的第一位统治者。这样，大和统治者们虚构出带有宗教色彩的古老传说，从而借助所谓的神力，来满足他们对于世俗王权新的膨胀的要求。

更具体地说，大化革新派制定了详尽的中央和地方官制，来代表天皇管理国家事务。在这个新管理体系顶端的是太政官。在太政大臣领导下，太政官要监管委派到 8 个省（中务省、民部省、式部省、治部省、兵部省、刑部省、大藏省、宫内省）的 7000 多名官吏的活动。为了把新政权的权力扩展到日本各岛，大化革新派进一步把全国划分为 66 个“国”，每一“国”委派一名“国司”及其辅助官员。为了使原豪族反对者归顺，同时也为了能有更多的人充实新的政府组织，大和统治者把原先的氏族变为世袭贵族，选派其中那些社会等级最高的人出任比较重要的政府职位。一系列的法律和行政命令通过强化“权

力只能来自天皇”的主张，以及详细规定职官的职责，把新的君主政体固定了下来。这些政令中最值得注意的是702年的《大宝令》和757年的《养老令》。

大化改新的努力还通过其他一些举措来完成。羽翼未丰的君主政体意识到建立稳固的财政基础的必要性，于是宣布日本的所有农田属于国家，同时详细说明把稻田授予农户的办法，而且下令所有的农户每年向政府纳税。为了给自己及追随左右的贵族们提供一个家园，大和系接连营建了几个都城。710年，朝廷占据平城京（现在的奈良）为都。到了794年，王公贵族永久地迁居新建成的平安京，意为“和平安静的京城”，即现在的京都。

随着国家机器的正常运转，天皇渐渐不再参与日常决策，而是忙于举行被认为关系着国家安康的神圣仪式和祭祀活动。每年春天的播种季节之前，天皇都会指示他的祭祀人员把祭品分发给各“国”的下属僧侣，而后者则会主持一场固定的祈祷：“晨光明亮辉煌之际，我们携神圣天皇御赐之祭品，在雄踞高天原的诸祖先巨神前，谦卑地颂扬诸神的伟大。在司农作物的众神前，谦卑地祈求赐予粮食丰收。”① 就这样，日本天皇开始逐渐被视为宗教与道德的化身、政权正统的源泉，以及半神半人的统治者，而贵族官僚们则负责以他的名义管理国家事务。

从日本的长远发展来看，大化改新确立了哲学规范、法律准则以及基本的组织机构。所有这些贯穿了近代以前的日本历史，意义深远地构建了统治方式的特征，也展现了一个王室和贵族繁荣发展的稳定时代。贵族们例行日常公务之余，还攫取了许多私有土地或者说“庄园”的产权，这为他们带来了巨额收入。有幸掌握了财富和权势的京都贵族们建造华丽的大厦，资助艺术活动，创造了为许多人所赞誉的日本高雅文化的黄金时代。

尽管新君主政体有它最有成效的一面，但并不是所有的改革都如设想的那样行之有效。这方面的一个明显例证是原先企图通过征募建立一支永久性的军队，结果计划胎死腹中的事件。8世纪初期，新政府宣布有权征召贵族子弟之外的所有男子到各地的军团服役，天皇可以征调他们轮流戍守各“国”都城或京都。但是许多青年男子都不愿离开家乡，妇女们眼看着自己的儿子

---

① Joan R. Piggott, *The Emergence of Japanese Kingship* (Stanford: Stanford University Press,1997), p.210(modified).

地图 1.1　日本传统政区

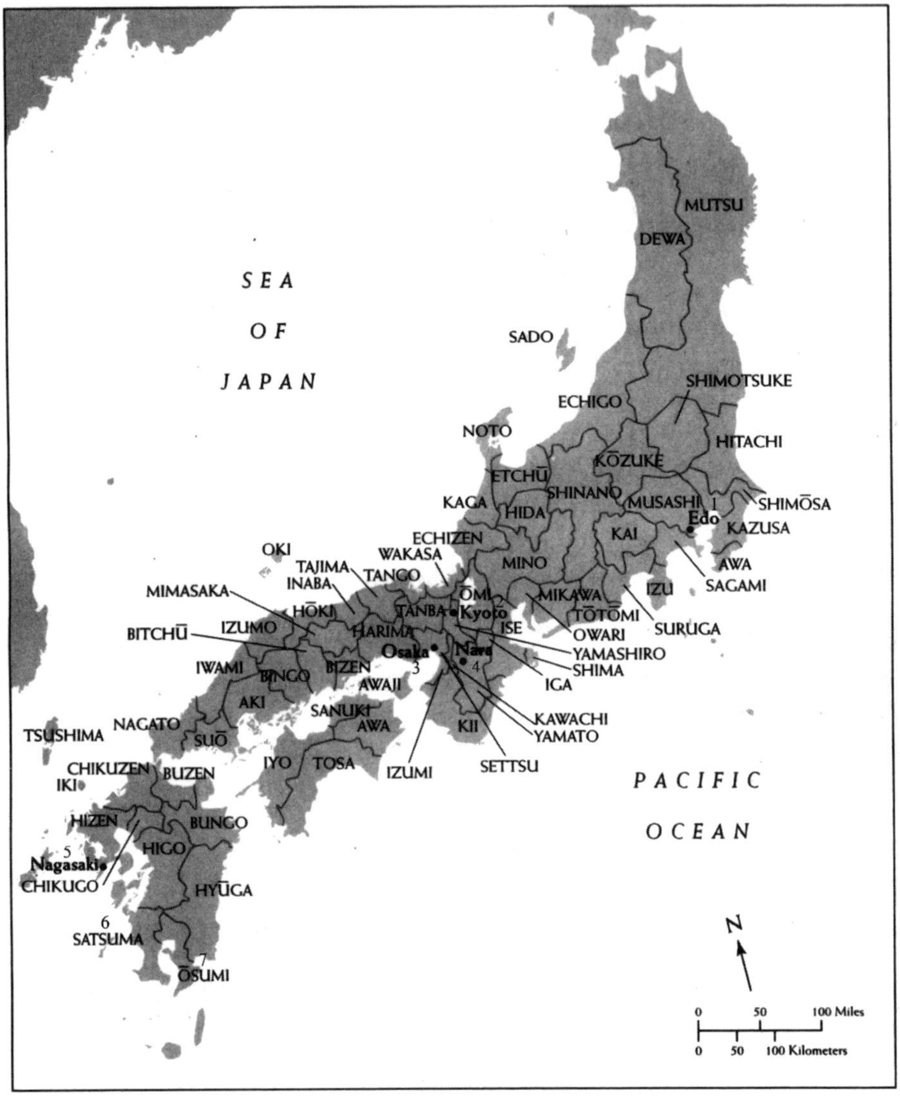

1. 江户　　2. 京都　　3. 大阪　　4. 奈良　　5. 长崎　　6. 萨摩
7. 大隅

或丈夫离去也很悲伤，正如日本最古老的诗歌选集《万叶集》中的两首诗抒写的那样：

身为防人，拂晓出家门；
牵手惜别离，
哭泣阿妹心。
夕雾笼苇叶，闻鸭啼；
在此凄寒夜，
思妹难将息。①

由于农民不断弃地逃亡，年轻的政权已经不可能再通过征兵制来组建一支可靠的军队，于是开始招募一些当地人，这些人已经把自己训练成战士来维护当地的法律和秩序。他们集结成团，被称为“武士”或“侍”。起初并不脱离家庭，只是在京都的官员委派他们维持“国”都的和平以及平定乡村贼党时，才拿起剑、弓作战。但是到了 11 世纪，“武士团”已经演变为大规模长期性的武装组织，分别在源氏和平氏家族的羽翼下结成同盟。这两个家族其实是不同天皇的后裔，但在长子继承制还没有普遍实施的时代，为了减少因继嗣问题而产生争端的可能性，嗣子以外的诸子都被排除在皇室世系之外。为了补偿那些不得不离开京都而迁移他处的皇室旁系，就分给了他们土地，并委以地方官职，这使他们得以继续发展并吸引拥护者聚集到他们的旗帜之下。到了 12 世纪，源氏（有时也被称为清河源氏）已经在日本东部关东地区建立了根据地，而平氏（或称平家）则沿着京都以西的内陆海扎下了根。

德川家康和将军职位

12 世纪后半叶，为了皇位的归属问题，长期不和的派系把武士召集到了京都，最终把源氏家族推上了统治国家的精英阶层。12 世纪 50 年代，京城

① The Man.yōshū: *The Nippon Gakujutsu Shinkōkai Translation of One Thousand Poems* (New York: Columbia University Press,1969), pp.282-83.

两个对立集团之间的紧张关系不断深化，其中一方向平氏家族寻求支持，另一方则请求源氏家族率领武士进京。1160年双方经过一场激战之后，平清盛领导的军队占了上风，而源氏则败退回日本东部。取得和平后，朝廷希望平氏返回自己在内陆海的家，但是让贵族们懊恼的是，平氏在京都定居了下来，把自己和许多同族人都任命为高官，且霸占了几百处贵族的庄园，还把自己的女儿嫁进了皇室，在1180年，甚至让他刚出生的外孙即位为天皇。不满的大臣们对平清盛的弄权越来越反感，最后请求恢复了元气的源氏重新介入这场纷争。在1180年至1185年血腥的“源平战争”中，源赖朝及其部将给了他们的老对手狠狠一击，实际上铲除了平氏。

朝廷前所未有地感觉到需要可靠的武力支持，于是在1192年任命源赖朝为“征夷大将军”。这是一个古老的职位，可以上溯到8世纪后半叶。那时，名为“虾夷”的民族（从字面看意思是“东方的野蛮人”）在北海道持续不断地反抗大和强制推行的统治，于是京都政府不得不委任一些贵族为“征夷大将军”，指示他们召集军队去征服这些顽抗的边界居民。尽管9世纪早期京都正式宣布遥远的北方地区已经安全之后，这个头衔已经被废弃，但在源氏取得“源平战争”的胜利之后，朝廷又恢复使用了。不过，天皇不是要求源赖朝去征服“野蛮人”，而是从此把一个“幕府”（幕营政府）交给将军和他的后人去领导。幕府行使军事和警察权力以完善日本各地的行政机构。

除了其他职责，天皇还给予幕府随时动用武力镇压任何威胁君主政体者的权力。此外，因源氏过去常在日本东部的海滨小城镰仓活动而得名的镰仓幕府，还有义务维持武士阶层的纪律，裁决有关土地所有权的纠纷，确保公共税收和庄园地租流入国库和京都贵族的金库。为了使幕府将军这个新的政权代理人能圆满地履行职责，朝廷还授意他有权任命他的高级武士为军事守护，和各“国”的传统地方长官一起处理事务，还可以任命家臣为全国各地的地头。

虽然镰仓幕府和京都当地的官僚机构共同维持了一个多世纪的国内和平，但是后来某些有势力的军事统领在越来越多心怀不满的地头的支持下，开始认为镰仓幕府对他们的效力没有给予应有的回报。1274年和1281年，忽必烈可汗先后两次企图入侵日本，后一次他派出了4000多艘战船和近14万大军，要求日本承认他的宗主权。驻扎在九州岛沿岸的武士挡住了进攻，但是幕府的赏赐却很少。这进一步加重了武士们认为自己遭受不公的感觉。蒙古军在两次进犯中都登上了日本的陆地，但每次登陆的时候，都被一阵被认为是由日本的保护神刮起的“神风”所摧毁，蒙古人被迫退回到他们在本土大陆上的据点。尽管这两次飓风的出现对武士们而言非常幸运，但是修筑防御工事和此后二十年保持警戒的巨大开支，还是给他们带来了很大的经济压力。随着不满情绪的增长，1333 年源氏的一个远房族人，任守护的足利尊氏举起反抗旗帜，消灭了镰仓幕府。

1338 年，天皇任命尊氏为将军，足利家族在京都建立了幕府。然而，尽管足利家族出身名门又得到皇室认可，但他们一直未能积聚起足够的财富和声望吸引其他主要的武士家族追随其后。地方守护们开始拥有越来越多的土地所有权，他们自行其是，服从还是不理会京都的指令，全凭自己的兴致。15 世纪中期，围绕将军的继嗣问题发生的派系斗争，打破了足利家族和地方守护之间的微妙平衡。那些野心勃勃的竞争对手们乘机以此为借口，为了争取军事优势而相互混战。在被称作“应仁之乱”的发生在 1467 年至 1477 年的毁灭性战争中，几乎所有地方守护都没落了，京都也在战火中慢慢地燃成灰烬。“应仁之乱”开启了长达一个世纪的混乱。这在日本史上被称为“战国时代”，即日本成为“战争中的国家”的时代。

表 1.1　日本的三个幕府

幕府家庭	根据地	统治时期
源氏	镰仓	1192 ~ 1333 年
足利氏	京都（室町地区）	1338 ~ 1573 年
德川氏	江户	1603 ~ 1868 年

虽然皇室和幕府在“应仁之乱”中幸存下来，但它们只剩下一个徒有其名的空壳，影响力只能局限于残破的京城及周围地区。在京都之外，地方的守护大名把武士纠集在他们周围，牢牢地控制着自己的领地，在那里实行完全独立的统治。大名们先是修建简单的堡垒，然后逐步营造华丽的城堡。他们向在他们地盘里的农民征税，并且在进攻邻近大名企图扩张自己领地的同时，也抵挡别的大名前来劫掠。16 世纪中期，上百个大名的领地遍布日本列

▲ 织田信长像

岛，政治上的混乱达到了顶点。

不过，虽然“战国时代”的日本四分五裂，极度混乱，但是中央集权的君主政体的理想依然存在。16 世纪后半叶，三位有势力的大名逐步完成了日本的统一大业。第一位梦想国家重新统一的大名是织田信长，弱小的尾张大名之子。1560 年，织田信长在率军打败了相邻的一个力量比他强大得多的大名之后，势力突然崛起。八年后，他率领武士进入京都，立足利义昭为傀儡将军。1573 年，平时意志薄弱的足利义昭居然莽撞到想要反对织田信长，于是织田信长一把火烧了京都许多地方，把倒霉的足利义昭逐出京都，由此正式结束了足利幕府的统治。

织田信长是一位机智的战略家和不知疲倦的军人。他不时地让他的军队作战，前所未有地扩大了自己的权势。他也是最早意识到火枪的潜在威力的人之一。火枪是由 1543 年在九州岛南部种子岛登陆的葡萄牙商人传入的。几年之内日本商人就进口了这种新式武器，工匠们都忙于制造“种子岛的火枪”。1575 年初夏，织田信长新组建的 3000 人的火枪队为他赢得了长筱会战的辉煌胜利，使他进一步控制了京都的南部和北部。截至 1582 年，织田信长已经占领了日本中部和东部的大约 22 个“国”，但就在这时，一个叛变的家臣在京都的本能寺伏击了他。受伤的织田信长退守到主神殿里面，当火苗吞噬着整个建筑时，他选择了剖腹自杀而不愿落入别人之手以免没有尊严地死去。

丰臣秀吉立即为他的主人的死报了仇，然后开始痛击残余大名，直到他们归顺。根据最可靠的记载，丰臣秀吉出身低微，他的父亲曾当过织田氏的足轻（日本古代军队中的低级步兵，平时务农，战时打仗。——译注），他一步步得到提升直到成为织田信长的得力部将之一。当 1582 年继承织田信长的衣钵时，丰臣秀吉的麾下已经有了 25 万多名武士、火枪手、枪兵、射手和足轻，这是当时世界上规模最大的军队之一。丰臣秀吉果断地率领大军挺进到

▲ 丰臣秀吉像

四国和九州岛，歼灭了一些大名，又通过恫吓和劝说降服了另外一些。1587年，丰臣秀吉确立了在这两地的霸权后，又挥师北上，于1590年秋占领了关东各国，之后不久又接受了本州岛最北部大名的投降。日本的武力统一至此完成了。丰臣秀吉直接控制这些领土，或者交给幸存的大名。后者则向这位日本的新霸主宣誓效忠，作为获得领地授予文书的回报。

1598年，丰臣秀吉的逝世为德川家康打开了机遇之门。德川家康本人也是一个坚毅的军人，出身武士家庭。到了16世纪早期，德川家族已经通过征战控制了日本中部三河的部分地区。德川家康继承了家族的领导权之后，继续和临近的大名作战，有时和织田信长结盟。到1582年底，他已经成为全国十几个最大的大名之一，牢固地掌握着三河及四个邻"国"。从16世纪80年代中期开始，德川家康和丰臣秀吉结成联盟。1590年，为数大约3万的德川军队进入关东地区。丰臣秀吉对其支持者的赏赐很优厚，把德川家康的财产扩大了不止两倍，富饶的关东平原的大部分都封给了德川家族，那里是日本最大的产粮区和历史上武士阶层的发源地。德川家康很快把他的武士转变为新的领主，到了1590年的夏秋之交，德川家康开始在小村庄江户沿着江户湾上游营建一个新的大型城堡根据地。

▲ 德川家康像

1598年，丰臣秀吉临死前，让“五大老”发誓代表丰臣家族处理政务，直到他的小孩，居住在大阪城堡的丰臣秀赖长大成人，德川家康也是“五大老”之一。但是，在雄心壮志的推动和全国霸权的诱惑下，德川家康和其他强大的大名很快陷入纷争，最终由德川家康及其追随者与日本西部的大名联盟竞胜争雄。双方的冲突在1600年9月中旬的关原会战中达到了顶点。德川方面7万人的军队迅速击溃了对手，获胜的当天中午，德川家康头戴一顶特别的参加仪式用的头盔，巡视成千个从阵亡的敌军身上割下来的头颅。接下来的一个月，获胜的德川家康开始接受全国各地大名的宣誓效忠。之后还不到三年，1603年的第二个月，天皇承认了德川家康的功绩，把他擢升为幕府将军。

巩固统治

德川家康被委任为将军之后，德川家族建立了一个比以往任何幕府都要有力得多的新政权。和历代将军一样，德川将军也肩负监督武士阶层和维护国内安宁的责任。但是德川家康和紧接着继位的德川秀忠、德川家光，还维护了幕府公布法令、征收税收、裁决争端的无上权力。当17世纪下半叶政权完全建立起来时，德川幕府规定了一整套新职能，使幕府成为国家的统治中心。

德川家族把权力的上层建筑奠定在两个孪生的基础之上：攻不可破的武装力量和毋庸置疑的将军独裁。1605年德川家康正式离职，做出安排让天皇确认他的儿子德川秀忠为新任将军，从而确立了将军的职位要由德川家族世袭的原则。十年后的1614年至1615年，德川家康和德川秀忠率领军队，与丰臣秀赖以及近10万名藏在大阪城堡的忠于丰臣氏的人进行了最后一战。历史早就见识了德川军队无坚不摧的一面，在几场比那一时代所常见的毫无节制的暴力还要惨烈和血腥的战役中，德川军队把大阪城和周围的商业区变为废墟，把丰臣氏的守护者赶尽杀绝，最终迫使不幸的丰臣秀赖绝望自杀。第二年，德川家康安详地走进坟墓，心满意足于自己已经为一个长久的政权奠定了基础。

所获取的财富也有助于德川氏将军们握紧权力。战场上的胜利使他们得以没收反对者的财产，到第三代将军，即德川家光时期，德川家族已经拥有全日本约四分之一的农田。属于将军的农田里的水稻年产量总计约为6 800 000石（“石”为计量单位，理论上一石未去壳的稻谷足够一个成年男子吃上一年）。幕府依靠根据田地产量征收的税收维持运转，每年发放俸禄给大约22 000名直参，即5000名旗本和17 000多名御家人，他们负责监督成千上万个下级武士。此外，幕府官员还直接管理重要港口和新兴城市，如长崎和大阪，他们也掌管用来为国家铸币的金、银、铜矿。

表 1.2 德川氏历代将军

家康	1603 ~ 1605年	家重	1745 ~ 1760年
秀忠	1605 ~ 1623年	家治	1760 ~ 1786年
家光	1623 ~ 1651年	家齐	1787 ~ 1837年
家纲	1651 ~ 1680年	家庆	1837 ~ 1853年
纲吉	1680 ~ 1709年	家定	1853 ~ 1858年
家宣	1709 ~ 1712年	家茂①	1859 ~ 1866年
家继	1713 ~ 1716年	庆喜②	1867 ~ 1868年
吉宗	1716 ~ 1745年		

为了确保家族的至高地位，德川氏将军想方设法将他们的权威凌驾于其他社会中坚分子——君主、朝臣、佛教僧侣和大名之上，而他们的合作对于新生政权的生存非常关键。虽然京都的崇高地位在漫长的“战国时期”遭受重创，但是半神半人的天皇依然是政权正统的源头。德川氏将军领悟到，他

① 安政五年十二月一日被任命为将军（公历1859年1月4日）。

② 庆应二年十二月五日被任命为将军（公历1867年1月10日）；庆应三年十二月九日（公历1868年1月3日）退职。

们可以通过让皇室及其贵族的声望重现光彩来提高自己的声望。为了达到这一目的，德川幕府重新修建已被长期忽略的宫室大厦，并且划拨给皇室、朝臣可以维持生计的领地。

虽然德川家康给了他们优厚的待遇，但同时也束缚了他们。1615 年 7 月，就在刚刚攻陷丰臣氏最后的阵地大阪城堡不久，德川家康和德川秀忠宣布了《禁中并公家诸法度》，其中的 17 项条款表明军事霸主大胆地试图规定、限制天皇和朝臣的行动，并且把他们与其他中坚分子隔绝开来。有几项条款明确教导贵族何谓优雅合宜的礼貌，规定了一种一心讲究仪式的生活方式，使贵族们能像被期望的那样，言谈举止像个威严的传统文化的保管人。法度的第一条甚至教导天皇如何打发时间："天皇以才艺，特别是学问为第一要事。"① 为了避免皇室误以为他们可以不顺从军事霸主，德川将军早就在京都安置了一个军事代表，并派武士驻守城中心新造的规模很大的二条城。

恩威并用也是德川幕府在处理与佛教组织关系时的特征。佛教经亚洲大陆传入中国和朝鲜后，早在 6 世纪就已经传播到了日本列岛。7 世纪的日本遣唐使可以看到佛教具有广泛吸引力的外在表征：庄严的寺院庙宇遍布各地，一册册的经卷指引着通向救赎的道路，精妙的艺术和肖像画荟萃云集。此外，日本的大化革新派发现，中国的皇帝们利用了佛教僧侣的影响，大肆捐助各个宗派，作为交换，他们让僧人们念诵经文、举行仪式，以宣扬皇帝的正统性和伟大。所以并不奇怪的是，当 8 世纪初日本天皇定都奈良时，也支持几个主要宗派建造寺院，使新都城成为世界上主要的佛教中心。

虽然朝廷迁往京都之后，皇室对佛教的捐助有所下降，但 9 世纪初开创的两个宗派，成了宗教修行和研究的领导中心。其一是天台宗，在京都东北角的比睿山建造了总寺延历寺，另一个则是真言宗，他们的中心寺院坐落在纪伊的高野山。不久，镰仓幕府支持禅宗传入日本。13 世纪，一些流行宗派如净土宗、净土真宗的传教僧人离开京都，到日本各地的山村和市集发展新的皈依者。许多武士成为禅宗信徒，普通平民在聆听了简单教义之后也纷纷

① Lee A. Butler, "Court and Bakufu in Early 17th Century Japan" (Ph.D.dissertation, Princeton University,1991), pp.113-14.

接受禅宗。

渐渐地某些佛教宗派获取了世俗权力，甚至在源赖朝建立镰仓幕府之前，天台宗僧人就已经利用他们在朝廷中的影响，占有了大量庄园，而且还组织了一支凶暴的僧兵队伍以保护自己的经济利益。15 世纪末至 16 世纪初，净土真宗的支派本愿寺派控制了日本海沿岸和日本中部的几个地方。本愿寺派住持坐镇在类似要塞的石山本愿寺里——靠近现在的大阪市中心——在那里统治着一个有钱有势的广泛的宗教联盟。

织田信长把佛教大宗派看成他统一日本的重大障碍。延历寺僧人反对织田信长进驻京都，织田信长遂于 1571 年发动武士攻打比睿山的天台宗寺院，纵火焚毁了 3000 多座建筑，屠杀了数千名僧人。随后他又把矛头指向本愿寺，经过将近十年野蛮残忍的战争，夺走了几万条生命之后，织田信长于 1580 年接受了本愿寺的投降。随着几个主要宗派的世俗权力被剥夺，德川家康及其继任者迅速巩固了对佛教组织的政治和经济的控制。1610 年至 1614 年，新政权颁布了一系列指令，确立对主要宗派的管理权，把僧人的活动严格限定在研究宗教学说、维持寺院纪律的范围内，与此同时，也赐予一些大寺院足够的土地，使它们得以继续充当宗教信仰和修习的中心。

德川家族也极力把他们的意志凌驾于从重新统一国家的战争中幸存下来的 200 个左右的大名之上。德川秀忠从丰臣秀吉的遭遇中吸取了教训。1617 年他规定任何一位大名都必须宣誓效忠于德川家族，作为回报，德川秀忠发给大名授权文书，规定他们的财产额，授权他们进行统治。由此，以前的“国”在名义上虽然继续存在，地方行政的有效单位却变成了大名的领地（藩）。同时，幕府宣布有权将大名转封他处，有权减少大名的封地，甚至没收惹是生非或无能的大名的领地，对有功劳的部属则奖励新领地或加封。前五代德川将军都气焰逼人，他们以或真或假的过错剥夺了 213 个大名的全部或部分领地，把 172 位部属提拔为大名，又把 281 个大名转封到别的领地。结果在日本近世早期，约有 540 个武士家族被提升为大名，大名的总数在任何时候都维持在大致 250 个至 280 个之间。

幕府根据大名和德川家族关系的亲疏，把大名分成不同类别。最接近德川氏首脑的是 23 位德川家康的直系或养子的后裔，名为亲藩（兄弟家族）。

其中纪伊、水户、尾张三地的藩主组成“御三家”，他们的后人在将军死后没有合适的直系继承人时，可以出任将军。幕府对于他们的绝对忠诚确信无疑，把关东地区和其他军事要地赐封给他们。亲藩大名统治着富裕的领地，他们的村庄每年生产总计约5万石的水稻，而御三家掌管着更大的领地，估计年产水稻分别为619 000石（尾张）、555 000石（纪伊）、350 000石（水户）。

地位次于亲藩的是谱代大名，150人左右。他们由德川家族分封，是德川家族的家臣或结盟大名，其中大多数人曾经在关原之战中同德川家康并肩作战。谱代大名的领地年产水稻量大部分介于10 000石和100 000石之间。幕府把值得信赖的结盟大名安置在全国各个重要地方，以消除任何侵害幕府利益的潜在威胁。而一百多个外藩（外面的）大名取得地位有些是靠自己，有些则是因为曾托庇于织田信长或者丰臣秀吉，他们中的大多数直到1600年之后才向德川家族宣誓效忠。德川幕府估计，最好的可能是他们保持中立，最坏的结果是他们对德川的权威怀有敌意，因此一般把他们留置在他们在日本列岛的偏远的老家。

无论大名处于何种地位，他们都必须臣服于幕府的各种权力。幕府不直接向大名征税，但他们可以要求各类大名服军役，而且可以让大名出人力、物力、财力兴修德川氏的城堡，或者从事公共工程的建设，如筑路或修路。除了加于贵族、僧人的那些规定措施之外，1615年幕府还颁布了《武家诸法度》，规定“法律为社会秩序之基础”，大名的婚姻和继承，以及新造或修补城堡都必须经过幕府批准。① 其他的法令限定大名只能拥有一座城堡，并详细规定了每位大名属下武士和其他军队的确切数目。

尽管幕府咄咄逼人地逐步确立了对大名的控制权，但是大名在各自的领地内还是最大限度地保留了管理内部事务的特权。实际上，大多数大名都喜欢把他们的领地想象为自治公国：他们可以傲慢地对忠诚的武士团发号施令，他们守卫各自的边界，监视宗教机构，随心所欲地向农民和商人征税，随时发布自己的法令，只要他们自己认为有必要就施行严刑峻法，他们鼓励

① David J. Lu,ed.,“Laws of Military Households (Buke Shohatto),1615”in *Japan: A Documentary History* (Armonk, N.Y.:M.E.Sharpe,1997), pp.206-8(modified).

有益于当地经济的商业企业，为了维护和平可随意干预领地内居民的私人生活。在领地内，每个大名都拥有单方面的权力，可以禁止人们外出旅行、迁离故乡，甚至不准举办他出于任何理由认为无法接受的节日或宗教庆典。

大名是有相当身份的人物，但是正如某位学者指出的，他们的“自由决定权只是某种程度上的自由”。① 通过要求大名宣誓效忠、没收或改封大名领地、颁布法令规范大名行为，以及限制大名军队的规模和使用，前三代德川将军已经非常清晰地表明：大名只能在他们的许可之下存在。而且，无论大名能在多大程度上自由统治自己的领地，德川家族都希望他们的统治方式能和幕府保持一致。1635 年修订后的第二个《武家诸法度》要求大名“诸事唯江户法令是从”。结果，虽然大名自治在近世早期依然是政治体制重要的合法组成部分，但是到了 17 世纪中期，大名“已不再是他们自己家的绝对主人”。

大名们没有理由不明白德川幕府的意思。他们通过效忠和听命于将军，得到了幕府对他们的存在和领地范围的认可，德川家族的统治也保证了他们的安全——经历了几代人的战争之后，大名们无须再害怕邻居的侵略，而且当他们的领地遭受台风、地震和其他自然灾害袭击时，幕府通常会为他们提供粮食、借贷和其他援助。显而易见，近世早期幕府也得益于这种双重的统治体制。首先，如果没有领地占全国将近四分之三土地的大名的合作，江户政权的统治就不可能成功。与此相似，武力支持的保证也使幕府得以维持和平，正如财政上大名的贡物使幕府能够兴修城堡和其他公共工程。最终形成的一荣俱荣、一损俱损的利害纠结，巩固了纷繁复杂的将军与大名之间的关系。

幕府和朝廷及僧人的互惠互利构成了双方互动的一个方面。任何幕府将军都会因为显而易见的风险，而打消恣意妄为的，甚至是把日本的其他社会中坚分子赶出历史舞台的念头。正如大名们几乎毫无疑问地会联合起来反对任何想废除他们这个阶级的企图，如果进一步压制早已拥有数百万来自社会

---

① Harold Bolitho, “The Han” in John W. Hall et al., gen.eds., *The Cambridge History of Japan*,vol.4. Hall, ed., *Early Modern Japan* (Cambridge: Cambridge University Press,1991), p.200.

地图 1.2　1660 年前后的主要大名及城堡

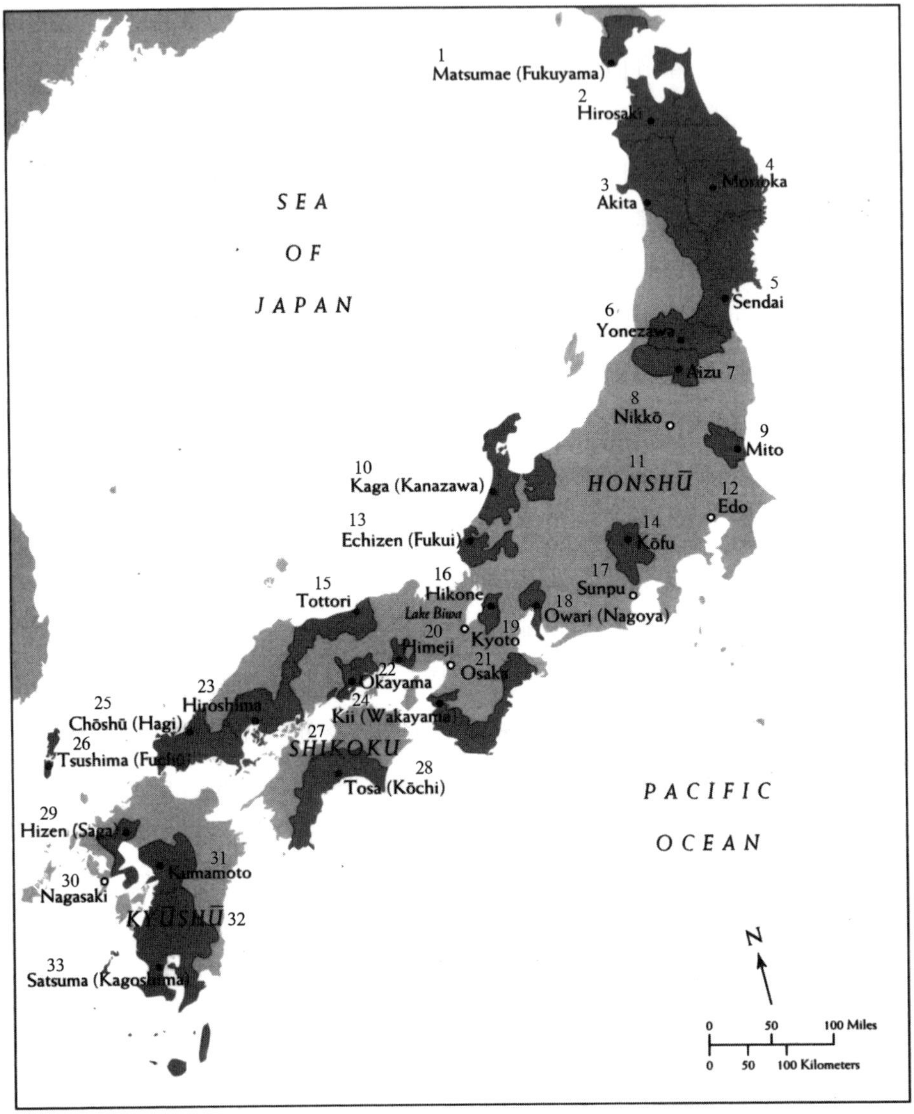

1. 松前（福山）	2. 弘前	3. 秋田	4. 盛冈	5. 仙台
6. 米泽	7. 会津	8. 日光	9. 水户	10. 加贺（金沢）
11. 本州	12. 江户	13. 越前（福井）	14. 甲府	15. 岛取
16. 彦根	17 骏府	18. 尾张（名古屋）	19. 京都	20. 姬路
21. 大阪	22. 冈山	23. 广岛	24. 纪伊（和歌山）	25. 长州（萩）
26. 对马（府中）	27. 四国	28. 土佐（高知）	29. 肥前（佐贺）	30. 长崎
31. 熊本	32. 九州	33. 萨摩（鹿儿岛）		

各阶层信徒的佛教宗派，也会引发广泛反对。不过，除了害怕遭到反对之外，德川家康和他的继任者也预见到了选择和其他社会中坚力量和谐共生的益处。毕竟只有天皇才能任命将军，幕府有了将军的全部特权，在这样的基础上加上合适的诱导，就有望把佛教僧侣引回到为国家及其领导者祈求神灵支持的传统作用上去。

权力的纵向延伸

17 世纪前数十年期间，将军和大名统治的互相补充和互相依赖变得更为明显了。因为政府的这两个组成部分都制定了渗透到社会下层的政策，以便在各自的地盘维护对人民和资源的控制权。大名们主要关注的是形成一种独立的征税方式，使他们拥有水稻年产量的一定份额。结果，幕府和大名仔细地制定出一个旨在把征税额最大化的征税法：由官吏进行人口统计，派员丈量田亩，估算产量，强制推行把收成的三分之一或更多上缴政府的征税制度。

幕府和地方大名还发布了一系列道德训诫、实用建议和法律公告，作为领地内人民日常生活的指导。1649 年德川秀忠发布的《庆安告示》就是对这类法令的较为著名的汇编。它专门针对农民，32 项条款告诫农民“事事皆须遵守幕府法令”，称赞节俭、自立的美德，倡导农户勤勉劳动，并且明确规定人人都必须及时地全额缴纳年贡。“只要纳税，”《告示》称，“没有人的生活会如农民那般无忧无虑。”①

除了把权威建立在军事力量和法令尊严之上，新政权还设立复杂的官僚机构来维护和平，指导发展农业和其他形式的经济活动，以便更为有效地进行统治。在决策过程中，幕府将军向两个主要的顾问部门寻求建议和协助。“老中”最早设立于 1623 年，由中高级谱代大名担任，任职期间在江户集会议事。作为将军的首要顾问，老中有权参与国家各项事务，包括防御外国袭击、监视京都的朝廷，以及控制将军直辖领地内的人民、土地、村庄和城镇。“若年寄”一职的设立始于 1633 年，由地位较低的谱代大名担任。他们也驻

① Herman Ooms, *Tokugawa Village Practice: Class, Status, Power, and Law* (Berkeley: University of California Press,1996), pp.363-73,and Maruyama Masao, *Studies in the Intellectual History of Tokugawa Japan*, tr.Mikiso Hane (Princeton: Princeton University Press,1974), p.127.

扎在江户，处理和将军的生活有关的内部事务，同时负责和平时期警卫部门的训练和调派。有关内容参见示意图 1.1。

示意图 1.1　德川幕府职官择要

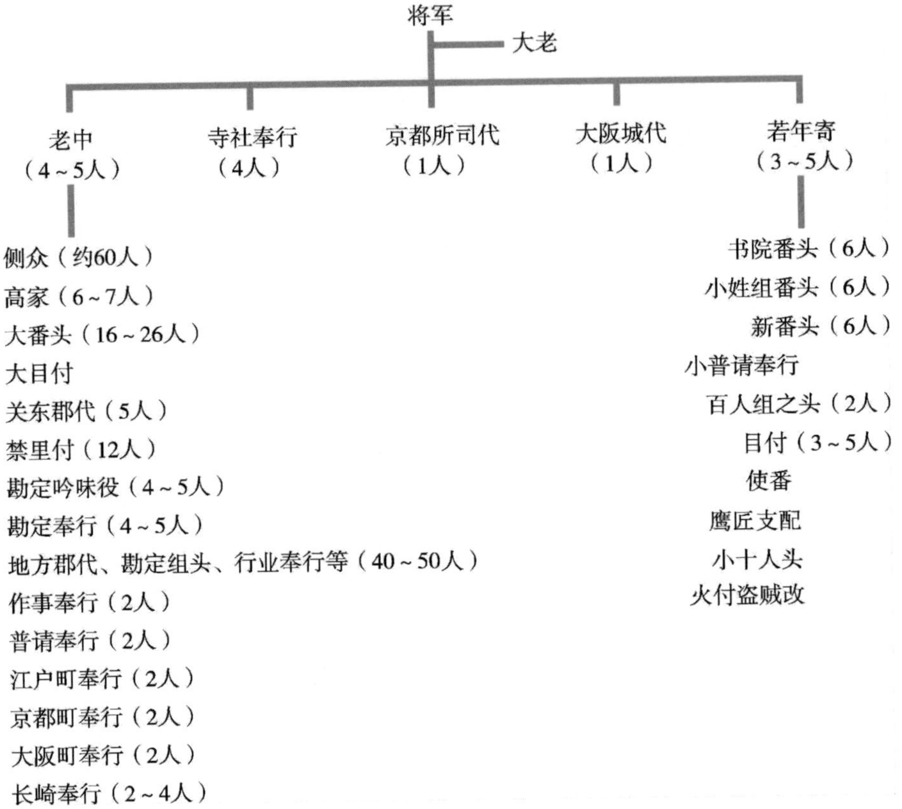

还有其他一些官吏也可以直接向将军汇报。“寺社奉行”从中等结盟大名中选拔，始设于 17 世纪 30 年代。他们的职责是监督各种宗教组织，维护关东地区以外幕府领地的法律和秩序。1619 年首次出现的“大阪城代”也由中等谱代大名充当，尤其是领地在 5 万石至 6 万石之间的大名。在任期内，每位大阪城代都居住在德川氏将军于 1614 年至 1615 年战胜了丰臣秀赖的军队后重建的大阪城堡内，发挥着将军安排在日本中部的高级武官的作用，防备可能会制造麻烦的大名。与此相比较，“大老”则是一个荣誉性的虚职，而且并不常设。

幕府的下属官僚中，不同城市的“町奉行”和“勘定奉行”尤其值得注意。幕府将军通常任命两名谱代大名或有名的旗本（在将军直属的家臣中，俸禄不足一万石，但有参见将军资格者。——译注）为奉行，负责监视幕府直接管辖的几个较大城市中商人和手工业者的活动。勘定奉行（和町奉行一样，也向老中汇报）监督赋税的征收，以及将军直辖领地内村庄的民事管理。协助勘定奉行的是几十个从将军的旗本中选派的监督官，他们通常住在江户，定期到他们权限范围内的村庄巡视，确保一切秩序井然。

虽然各地条件不一，地区差异很大，但大名们一般都建立了与幕府机构性质相近的官僚机构，也有可信的高级家臣为他们出谋划策，次一级的则充任负责征税、警卫和日常事务管理的职官。这种新型官僚政治传统的普遍深入具有重大意义。令人惊奇的是，在17世纪的一二代人里，不仅武士们完成了从凶猛的战士向有学问、有能力的民政管理者的转换，而且那些通过暴力和征服攫取权力的将军和大名，也开始把他们的统治建立在法律、规章、判例、理性，最后甚至是公众利益的基础之上。

权力的正统化

德川将军们不遗余力地塑造一种正统的意识形态，以确认他们新的统治方式。据记录前十代将军辉煌成就的汇编《德川实纪》记载，“家康马背上得国，以其开化睿智，已察不可马背上治国。必先求知，方能治国，遵循正道”。[①] 德川家康及其后任远不止走学究式的道路，他们追求社会地位，利用宗教形象，甚至借助一套外来的伦理和哲学学说，来劝说大名、武士和普通人民毫无疑问或者毫无保留地接受他们强加给国家的控制机制和管理手段。

德川家族开始通过不断加强和天皇的密切关系，来编织一张正统性的网络。前三代将军都亲自前往伏见城堡受封为“征夷大将军”。此外，1617年德川秀忠在无数大名的陪同下造访京都；1619年秋又朝觐当朝天皇后水尾。之后不到一年，德川秀忠把女儿和子嫁给了后水尾；1629年后水尾天皇退位时，朝廷和幕府结合而生的后人登上了皇位，这就是明正天皇，8世纪以来的

---

① Herman Ooms, “Neo-Confucianism and the Formation of Early Tokugawa Ideology: Contours of a Problem” in Pether Nosco, ed., *Confucianism and Tokugawa Culture* (Princeton: Princeton University Press,1984), pp.28-29(modified).

▲ 这幅青色屏风上描绘了和子嫁给后水尾的情景

首位女皇。

1634 年 6 月，德川家光率领一支将近 4 万人的队伍，浩浩荡荡地进入京都。许多大名都带着各自人数众多的家属和武士家臣随行，涌向京都观看的人数超过了 30 万。队伍壮观隆重，将军醉心于明正天皇登基所形成的正统形象中，他夸耀着自己的财富，还抓住每个机会提醒朝廷和汇集的大名，国家的命运和德川家的命运是不可分割的。虽然德川家光的难忘之旅是将军亲自造访京都惯例的最后一次，但每个未来的将军都通过和皇室及高级贵族通婚，来保证德川家族的贵族血统。

然而，和帝系的接近并不意味着牢不可破地保证了德川世系可以永远占据幕府将军的职位。源氏和足利氏在丧失了军事统治权之后就衰落了，如果德川氏的根基有几分不稳，帝王也有可能垂青其他能够提供稳定统治的武士家族。德川家康及其继任者意识到了自己的脆弱性，于是以宗教作为一种掩饰。据前将军的精神指导者——一位天台宗僧人天海的说法，1607 年德川家康引退，居住在三浦（如今的静冈）的城堡之后，开始对佛教产生了浓厚的兴趣。某天中午，德川家康在附近山区散步时和随从走失了，夜幕降临时，无意中听到一位隐士低语："今日已逝，吾生又短。我辈如浅水之鱼，何乐之有？"[①] 德川家康顿悟生命之虚无。天海的记载里说，1614 年，他指导德川家康皈依了天台宗。

德川家康死于 1616 年 4 月。死前不久，他托付自己的僧人良友道："吾死后先归葬三浦山中，一年期满，移葬日光。吾之灵魂将常驻，永远庇佑国家及子孙。"[②] 日光坐落在德川幕府的江户根据地以北大约 120 公里的山中。因相传居住着一些慈善的神祇而闻名，此前天台宗曾经在那里建造过一座小寺庙。1617 年春，遵从德川家康的遗愿，把他的遗体从原来的墓中移出，在精心组织的队列护送下穿过关东各地，运送到事先准备好的位于日光的陵墓中。德川家康死后一周年，天海主持了一个庄严肃穆的祭祀仪式。京都的天皇宣布将德川家康供奉为神，赐他谥号为"东照大权现"（东方的照明者，威严的佛的化身）。

日本的佛教宗派声称佛表现为不同形态：历史上著名的乔达摩·悉达多（释迦牟尼），大概生活在公元前 563 年至公元前 483 年，他在他的祖国印度创立了佛教；日语里的"神"就是宇宙中永恒的无所不包的佛；还有"如来"，他们是超然的佛，例如阿弥陀即西方极乐世界的佛，药师如来即治疗之佛。等级仅次于佛的是菩萨，他们具有高尚的美德和无涯的悲悯之心，他们已经得道，但是为了超度他人而放弃升入天堂。作为"东照大权现"，死后被尊崇为神的德川家康，成了药师佛的化身，为日本列岛的人民照亮得道之路。

德川家康转化为"东照大权现"，也使他被奉为神灵，得以位列于本土的神道教众神之中。神道教常被称为日本的本土宗教，公元 6 至 7 世纪正当佛教输入日本时，神道教各种信仰开始围绕一整套有组织的活动融和起来。不过，构成"神的道路"的核心价值要古老得多，它以对"神明"的深切尊崇

---

① W. J. Boot, "The Religious Background of the Deification of Tokugawa Ieyasu" in Andriana Boscaro, Franco Gatti, and Massimo Raveri,eds., *Rethinking Japan*, vol.2：Social Sciences, Ideology and Thought (Sandgate, Folkestone, Kent: Japan Library,1990), p.335.

② Naomi Okawa, *Edo Architecture: Katsura and Nikko*, tr.Alan Woodhull and Akito Miyamoto (New York: Weatherhill/Heibonsha,1975), p.16(modified).

为中心，所谓“神明”，即一切居住在自然界中的“精灵”或“神”。8世纪时的一位著名学者在他的书里对“神明”作了以下的注释：“从古代典籍（如《古事记》）中所见的诸神开始，不仅人类，鸟兽、草木、山海等等，凡不平凡者均称为迦微（日本人称一切神明为迦微。——译注）。不仅单称优秀者、善良者、有功者，凡凶恶者、奇怪者、极可怕者亦都称为神。”①

神在日本列岛无所不在，而且拥有干预物质世界诸事的能力，不过干预的范围和神力则有很大差异。像天照大神那样的大女神，拥有波及全国的神力，能影响每个人的生活；而在当地神社供奉的小神，只能在一个村庄或城市街区“显灵”。而且，由于每位神祇除了祥和助人的一面，还有潜在的邪恶一面，人们不得不设计出引导他们用神力造福人类社会的仪式典礼。因此，天皇把日常政务管理交给了别人，以便集中精力举行祭祀天照大神和其他重要神祇的隆重仪式。与此相似，农民在村庄神社定期庆祝节日，他们献上特殊的食物，摆出一桶桶清酒，并安排歌舞表演，祈求当地神祇赐予他们一个好收成，为他们祛病消灾，或者帮助他们减轻日常生活的辛劳。

如果说，神道教的教义建立在只要人们正确地尊崇神，今生就会幸福甚至成功的假定基础之上，那么，佛教教义则认为世界充满了不可避免的悲伤和深重的痛苦。所有佛教宗派的学说都毫不动摇地认为，人类存在的痛苦和困惑来自对他人和物质财产的占有欲。但是万事万物，包括情感、物质世界，甚至存在本身都是无常、短暂、流动不息的。人所想望的非常难以获取，而且人所想要拥有的实际上也不可能拥有：美丽会凋零，财富会消散，死亡在等待。此外，因果说（因缘与结果）指出，前世的行为把人紧紧束缚在欲望和苦恼的网中，使人遭受重生和痛苦不断轮回的折磨。为了破解这个让人悲哀的谕示，佛教提出最后的希望：通过压制欲望和个人意识，接受事物的短暂性，承认宇宙才是终极的唯一，人就有可能从欲望和苦恼的羁绊以及因果报应中解脱出来，享受涅槃的永恒至福。天台宗信徒认为，通过研习据称为乔达摩最后一次宣讲的《妙法莲华经》，就可以悟道；而禅宗则强调通过坐禅抑制自我，克服贪念；一些流行的信条还劝告信徒依靠阿弥陀佛的慈悲获得

① Shigeru Matsumoto, *Motoori Norinaga*, 1730-1801 (Cambridge: Harvard University Press,1970), p.84(modified).

救赎。

无论二者在形而上学和宇宙论上有何区别，在日本近代以前的各个历史时期，神道教和佛教一直和平共处。原因之一或许是和两种宗教体系的互补性有关。神道教的仪式大体上强调直接向神祈求现世的帮助，而佛教则关心人死之后灵魂的命运。一个人可以同时接受两种信仰，而且，正如协调“神”“佛”两种不同宗教传统的企图所揭示的那样，大多数日本人对于不同宗教信仰的选择似乎抱有不受约束的宽容态度。佛教传入日本后的几个世纪里，宗教权威和信徒都把日本的神看作特定的佛和菩萨的化身。在这样的观念中，天照大神，即太阳女神和神道教众神的中心人物，就成了宇宙中的佛、神，梵文名为“摩诃毗卢遮那”，即“大日”如来的化身。早在德川时期，许多主要的宗教机构就已经同时包含了佛教的寺院和神道教的神社。

德川家康在日光接受供奉，他从世俗的军阀转化为一个有力量的神灵，他的光芒从东面照射过来，洒遍并保护着日本列岛。作为药师如来的化身，他是一个要为超度日本同胞而尽力的首要的神。他最后的栖息地让人想起这两者之间的联系，因为日光是一个经常出现在药师如来身旁的重要菩萨的名字。说到神道教信仰，德川家康也被尊为“神君”。这个词由表意的“神”和“主人”或“君主”两部分构成，意味着日本的神赐予了德川家族现世的权力，德川家康的神道教灵魂将会保佑他的后人、天皇、朝廷、武士阶层以及整个国家。在一种认为名字的含义非常重要的文化中，“东照大权现”的封号把难得的多面联系糅合在了一起：德川家康既是“神君”，又是佛的化身、东方的照明者。这个头衔额外包含了一个“照”字，这个字也出现在“天照”这个词里。

德川氏的政治精英也借助儒学来进一步使自己对权力的要求合法化。孔子是和印度的乔达摩·悉达多同时代的中国人。他创立了一套伦理体系，在他看来，它会使人们在世上过着稳定的井井有条的怡然生活。后世对儒学本来的构想所作的重新解释和修正，产生出两种基本主张，后来引起了日本学者的注意。

第一种主张是：社会分为统治者、农民、手工业者和商人等不同等级，每个人不论其地位高低，都处在基本的“五伦”——君臣、夫妻、父子、长幼、朋友中的一种或更多种的伦理关系中，而且只有每个人都完成既定的社会职责（君主治国，农民和手工业者生产货物，商人把商品带往市场）和忠实履行伦理关系中所固有的义务（臣子服从君主，妻子尊敬丈夫，儿子孝顺父亲等等），社会才能普遍和谐。因此，每个个体都有责任通过学习礼仪、诗歌、音乐，以培养道德意识，发展智力，从而成为通过认识并履行自己的责任来造福社会全体的“有道德的人”。

第二种主张是：宋朝时期，中国的哲学家开始强调某些对儒学传统的实用道德规范进行详细阐述的形而上学概念。新学说被称为“新儒学”，特别强调理、气二元论。“气”是“以太”或物质力量，是一种可以自我转变为五种元素（木、火、土、金、水）的气体。而且，“气”可以和“理”相结合，一旦结合，“气”会变得稠密，产生出生命和物体；而“气”和“理”一旦分开，万物就会停止存在。“气”是产生生命的力量，“理”是永恒的原则，一个难懂的包含着自然法则和社会规范的抽象概念。“理”赋予人本性，决定事物的属性，控制世事的发展方向。

近世早期，日本知识分子开始密切关注新儒学。新政权的建立和太平之世的开始，加深了他们对政府和社会的本质以及两者之间最合适的关系等问题的兴趣，如藤原惺窝，一位京都僧人和有修养的隐士，通常被誉为第一位把儒学作为独立的哲学公开讲授的日本人，还有他的学生林罗山，为德川家康解释了儒学学说。

17世纪到18世纪期间，新儒学的思想赢得了日本政治精英的大力推崇。1605年林罗山首次为德川家康侍讲，两年后他成为幕府的长期顾问。随着林罗山逐渐接近政务的核心，他开始起草官方文件，和将军一起商讨礼节，参与编史，1635年还修订了《武家诸法度》。作为酬谢，德川家光帮他在江户建立了一所研究新儒学的学校。1797年，学校重新组织，从此成为吸收将军的直参即旗本和御家人子弟的官学。同时，多数大名也设立了藩学，为他们的武士提供以儒学为基础的教育。到19世纪，全国已有200多个这样的机构，几乎所有武士的儿子都要花几年时间学习儒学的基础知识，以及骑、射等军事技巧。

新儒学对日本幕府将军和大名的吸引力似乎是不言而喻的。经过一个世纪的战争和纷乱，儒家学说对于秩序、服从、责任和为家庭、社会、国家效力的强调，还有要树立普遍的道德秩序及所有臣民必须忠于他们的统治者的主张，作为受欢迎的观念输入到日本。而且，在中国，受过儒家经典熏陶的学者都在政府为官，属于统治者，社会阶层的最高级。武士转化为贵族之后，得以使自己等同于中国为国家效命的儒官。他们享有阶级特权，有资格顺应万物天性，实行简单统治。

然而，新儒学也是一把双刃剑，也会使良好的统治成为一种期盼。如果臣民必须恭顺，他们也就有权要求官员必须具备很高的道德水准。正如孔子本人曾经宣布的“君使臣以礼，臣事君以忠”。相应的，将军和大名也有责任成为代表国民行使各种权力的公正、有德、仁爱的统治者。任何行为通不过道德测试的大名，其领地都有可能被减少甚或没收。延伸开来，将军的统治如果不能增进人民的福利，他就有被免职的风险。这样一轮论证的必然结论是：堪为楷模的统治者才值得人们始终不渝地效忠。通过这样的阐述，新儒学为德川政权的正统性增添了另一个支柱。它与作为天皇代表的道德上的权威，以及宗教上已获得认可的德川家康的神化结合在一起，共同缔造了让人无话可说的意识形态结构，否则就只能依靠站不住脚的说法了。

权力的象征及其实质

德川氏将军利用实在的可见物，来作为其政权正统性的象征。经过深思熟虑后，新政权发明了纪念其创始人以及增强京都和江户之间联系的各种仪式、典礼，开展让朝廷和大名都明白德川家族显赫地位的活动。权力的标记使他们对权力的要求物化和具体化了，否则就依然是抽象和理论上的。他们还提出无可辩驳的证据，说明幕府将军统治的永恒性。在那种情况下，正统性的新象征不再仅仅是一种装饰或者点缀，相反，仪式、典礼成了统治本身一个不可或缺的实践部分。

1634 年到 1636 年之间，德川家光重修并扩建了其祖父在日光的陵墓。为德川家康 20 周年祭而兴建的土木工程，成为近世早期耗费最多的建筑工程之一，消耗了国家金、银矿大约四年的产量。只有那些受德川家族邀请的人才能参观日光。他们要先穿过神道教中的“门”，然后沿着小径漫步而上，观赏神厩舍和三间收藏了神社最珍贵宝物的陈列室。欣赏完这些之后，客人们接着穿过第二道门，在药师堂即供奉德川家康在佛界的化身药师如来的拜殿内，停步祭拜。

前方若隐若现的就是庞大的装饰奢华的阳明门，是去日光参拜的必到之处。那里刻满了吉祥的花鸟、威严的神龙和起保护作用的滴水嘴，而且都饰以金叶和亮闪闪的金属制品。阳明门使日本有了一句著名的谚语："不见到日光，不知啥是好。"游客们把目光转向阳明门主门的门楣时，映入眼帘的是22个在赞赏儒家士绅的绘画、书法、音乐和其他成就的人物，还有30幅中国儿童在玩耍的且带有道德教化寓意的图景。任何客人，无论其等级和声望多高，都必须在阳明门前止步。只有陵墓的僧人和德川家族成员享有入内的特权，不过他们可以看一眼内门。那里被孔子誉为德治典范的周公的雕塑很有特色。内门外就是供奉德川家康神灵的神殿，右边的小径则通向山上他的坟墓。

德川家光在日光耗费巨资，众所周知是出于对他祖父的孝敬，但这种孝敬也有利于他取得政治上的优势。从1636年的祭祀典礼开始，幕府定期要求大名加入前往日光的庞大队伍，还要在阳明门前恭恭敬敬地鞠躬。此外，1645年，京都朝廷承认日光享有和伊势神宫同等的地位。日光位于江户以北，伊势神宫位于京都东南。伊势是天照大神的居住地，派往京都的幕府特使每年都会在伊势停留，拜祭太阳女神。作为酬答，从17世纪40年代后期开始，天皇也派遣使者到江户和日光。每年当天皇的代表团聚集在阳明门前的石阶上时，僧人们就会在庄严的进一步神化德川家康和重申德川幕府统治神圣性的仪式中诵经、焚香、祈祷。

仪式化的活动，比如在对日光的朝拜中所看到的，在日本近世前期具有重要的象征意义。当德川家光制定"交替侍从"的参觐交代制度时，这种活动的意义就更加突出了。从德川幕府的早期开始，就有些大名不时到江户向德川家族致意，到17世纪的前十年为止，其中一些甚至已经在江户城堡附近营造了自己的住处，在那儿寄居。不过，1635年修订的《武家诸法度》要求，外样大名（关原会战前与德川家康同为大名的人，或战时曾经忠于丰臣氏而战后归降的大名。——译注）每隔一年来江户居住。1642年幕府又把要求的范围扩大到所有大名。后来，幕府把大名分为不同的组别，这样任何一年都有大约一半的外样大名和差不多比例的谱代大名居住在江户。

地方藩主带着大队人马来回往返于江户和领地之间，他们充分利用这个机会夸耀自己的财富和地位。曾经有个大名带了1000个武士和仆人随行。典型的情况是旗手和枪兵举着饰有奇异动物毛皮的长戟走在队伍前列，后面跟随着骑马的武士和手捧镶嵌着大名纹章的漂亮漆盒的杂役，以及领地的高级官员，大名则坐在自己的肩舆里，由贴身男仆和其他私人随从伺候，殿后的是护卫及仆人。由于每年4月有外样大名进出江户，2月和8月有不同组别的结盟大名络绎于途，普通日本人民得以饱览曾有旁观者描述的大名队伍的“盛大和辉煌”。①

无论大名多么自我满足于壮观的穿越日本之旅，他们规律性的往返穿梭最终肯定的是江户的政治中心地位，因为人人皆知是幕府命令他们这样做的。而且，幕府还要求大名在江户期间，包括对江户城堡或城南不远处的德川秀忠陵墓进行周期性拜访时，必须听从幕府差遣来完成各种仪式化的活动。大名还必须进献礼物。一到江户，他们就要为获得领地和享有太平之世的好处，而向将军送上良种马匹、稀有宝剑、制作精良的成套盔甲，以及其他谢仪。最后，作为参觐交代制的一部分，每个地方藩主都不得不在江户修造一座豪华的府第，安排一些人员长期留守，并把原配夫人和一些儿女留在那里作为人质。

日本和世界

德川氏将军把持了决定日本对外关系的特权，在这样做的同时，他们又把这种特权的象征性和进一步增强自身政权正统性的做法掺杂在了一起。日本最源远流长的对外联系，是其与大陆邻邦中国及朝鲜的关系。大化改新时期，日本人就从中国学到了治国的主要原则，后来几代京都贵族对于中国艺术和诗歌都非常喜爱。日本文化从朝鲜也受惠很大，甚至在645年的大化政变之前，朝

---

① Engelbert Kaempfer, *The History of Japan, Together with a Description of the Kingdom of Siam*, 1690-1692, tr. J. G. Scheuchzer,F.R.S.,vol.2(Glasgow: James MacLehose and Sons,1906), p.331.

鲜人就帮助把佛教传入日本。5至6世纪时，许多书吏、陶工、织工和金属制造工从朝鲜半岛迁居到日本。这些移民带来了先进技术和新的文化知识，而且在大和系确立对其他氏族的霸权时，其中一些人成为支持大和系的豪族的头领。事实上，这些移民对于大和政权的形成做出了重要贡献，或许三分之一居住在奈良和京都的新兴贵族家庭，其根源都可以回溯到朝鲜半岛。

日本和它最近的邻居和平共处了一千年，直到丰臣秀吉决心将其权力扩张到日本的疆域之外。至今没有人了解丰臣秀吉扩张的动机，或许是想攫取额外的土地分封给效忠于他的大名，或许只是贪得无厌的权力欲和自大症发作了。总之，在一封致朝鲜国王的信中，丰臣秀吉说他自己于投胎之时，慈母曾梦日入怀。这个异象清楚表明丰臣秀吉名字的荣耀将照亮四海，正如日光照彻寰宇。他已经平定日本，证明了自己的无敌。最后丰臣秀吉写道，现在他将侵入朝鲜、中国，甚至印度，把日本的风俗和价值观念传播到那些国家。

1592年4月12日，丰臣秀吉近16万人的远征军在朝鲜南部的釜山登陆，当天就占领了釜山。日军迅速席卷朝鲜半岛，三周内即兵临汉城（今首尔）城下，夏末又进抵图们江。但是侵略军越深入北部，发现困难也越多。朝鲜舰队在黄海切断了日军的补给船只，迫使丰臣秀吉的军需部队不得不由人和马背负着武器、粮食，沿着危机四伏的道路，由南向北穿越半岛境内一个又一个充满了敌意的村庄。朝鲜义军使得日军每走一步都困难重重，他们破坏了日军恢复补给线的努力，迫使日军退回到设兵防守的城镇。到了年底，丰臣秀吉的军队陷入困境，300个人结队才敢冒险外出；据说在汉城北部，为了安全，必须500人结成一队。1593年1月，入朝干预的中国大军击溃日本军队，迫使日军退守釜山周围的据点。1597年7月，丰臣秀吉再次发动战争，新远征军一直打到距离汉城不到72公里的地方。但是，在陆战中遭受惨重损失且海战中也士气受挫之后，日本军队再次退回到釜山的堡垒中。1598年8月丰臣秀吉死后，日军撤回日本。

战争几乎没有带来任何好处。劫掠来的书籍流落日本，刺激了日本人对新儒学的兴趣。被俘虏的朝鲜手工业者在日本定居下来，开始制造至今依然著名的伊万里陶瓷器皿。但是，更主要的是，战争给双方都造成了持久的痛苦。日本近16万人的大军有将近三分之一死于1592年至1593年的严冬，其他有的死于义军之手，有的死于劳累、饥饿和疾病。朝鲜人的损失更是难以想象。1593年日军把汉城付之一炬；1597年丰臣秀吉再次入侵时，命令士兵杀死任何反抗者，无论战士还是平民，无论男人、女人还是儿童，并且把他们的鼻子割下来腌制后用船运回日本。在京都，丰臣秀吉把好几万那些令人毛骨悚然的战利品堆积在他的陵庙建筑旁，成为一座面积可观的小山。这个被叫作"耳朵山"的地方栽种着樱花树，现在仍然是春季野餐和赏花的好去处。

一位曾陪伴其大名主人前往朝鲜的佛教僧人和医生景年，在他的日记里证实了16世纪90年代这场战争的恐怖。景年在他的《朝鲜日志》里描写了许多被他所称的"三毒"，即贪婪、愤怒、不明是非，影响而神志错乱的士兵。某日他写道，"田地被焚，遑论塞防。人或为剑胁迫，或被缚以链条、竹管，足以扼其颈项。父母儿女，泣而相寻——其状之惨，闻所未闻。"在这段见闻之后，他还附了一首诗：

山野火燎，
士兵狂叫，
纵火取乐——
战场成魔域。

几天后，景年又看到另一场惨景：人贩子把五六万名被强行掳往日本的朝鲜人中的部分"男女老幼"带上来，他们"以绳系其颈，互为连结，驱其前；不能行者，以棒戳击，令其奔跑"。此后不久，僧人又目睹了对南原的残酷进攻，悲伤地记录下："城中人皆被戮，男女无一幸免。无一人被俘。"类似情景烙刻在景年的记忆中，最后，他断言道："此处即地狱。"①

16世纪后半叶，大批西方人趁着欧洲海上大探险的最后一波浪潮，开始来到日本。1543年，葡萄牙人踏上种子岛6年之后，耶稣会传教士法朗

---

① Jurgis Elisonas, "The Regime of the Unifiers" in Wm. Theodore de Bary et al.comp., *Sources of the Japanese Tradition*, vol.1：From Earliest Times to 1600 (New York: Columbia University Press,2001,2nd. ed.), pp.468-69 and 471, and "The Inseparable Trinity: Japan' s Relations with China and Korea" in *The Cambridge History of Japan*, vol.4, p.293.

士·方济格首先来到日本传播基督教。到德川家康成为幕府将军时，葡萄牙、西班牙、意大利、荷兰以及英国的商人和冒险家，在日本中部和西部的一些港口城镇已经较为常见，许多日本人对他们的体貌差异印象深刻，往往把其中的英国人和荷兰人叫作“红毛”。因为伊比利亚人（西班牙人和葡萄牙人）是从南方，特别是从日本南面的澳门、菲律宾来到日本，日本人就把他们混在一起称作“南蛮”。这个词有时也用来指称所有欧洲人及其风俗和产品。

起初，大多数日本人对欧洲人热情招待。当然，有些人只是因为对遥远的不同文明的外在方面，例如对西方人异国情调的服饰和奇怪而有趣的食物感到好奇。实际上，这时的日本人已经开始食用陌生的水果和蔬菜，如西瓜、甘薯，据说还从葡萄牙人那里学会了做面包和天妇罗。西方人掌握的有关地理、绘图、造船、航海的新知识吸引了其他一些人。因为大名们正在相互交战，为了在即将到来的政治秩序中争得一席之地，获取枪支和军事技术就成为他们热情欢迎欧洲军火商的理由。最后，一些大胆的日本商人自己走出国门去闯荡，在远离家乡的菲律宾、柬埔寨、暹罗建立了贸易前哨和小型的“日本城”。他们也很乐意为了获利而与欧洲同行开展相互贸易。

日本人也专心聆听法朗士·方济格和其他基督教传教士让他们改宗的劝导。截至1600年，耶稣会、方济各会和多明我会的传教士声称他们已经让30万日本人改变了信仰。毫无疑问，许多日本人真诚地相信基督的训示，但是信仰和贸易也是紧密交织在一起的。一些葡萄牙海船只在当地大名欢迎基督教的港口停泊，这种做法传递的信息非常清楚，因此有几个大名为了招徕葡萄牙船只，就让他们领地内的每个人都信奉基督教。也许最突出的基督教大名是大村纯忠。1563年，大村纯忠接受了洗礼，取教名为多·巴尔托洛梅乌，1571年他把长崎作为贸易港口向葡萄牙人开放。

然而不久以后，日本的统治者就开始对外国宗教抱怀疑态度，因为它的第一戒条就要求只能忠于上帝。早在1587年，丰臣秀吉就曾下令所有耶稣会传教士须于“20日之内”离开。虽然他并没有立即执行命令，但十年之后，他控告6名方济各会修道士，3名耶稣会士和17名皈依者企图进行颠覆活动，并把他们绑在长崎的十字架上公开处死。关于他的反基督徒态度，丰臣秀吉在写给菲律宾总督的信中这样解释：他不能允许传教士在他的国度内传播外国的信条，正如葡萄牙和西班牙国王也不会容忍神道教或佛教僧人在他们国家四处传教一样。

虽然对26位殉道者的遭遇记忆犹新，罗马天主教徒还是继续传播信仰，直到德川氏将军加紧了对基督徒的迫害。1614年，德川家康再次命令所有传教士离开日本。法令宣称，基督教的“有害教条”只是教唆人民“反忤政令，嫌疑神道，诽谤正法，残义损善”。[①] 许多外国传教士置将军的震怒于不顾，继续隐蔽地劝导人们改宗。于是幕府发动了一场无情的迫害，1622年在长崎处死了55名基督徒，在全国各地对天主教士及其信徒穷追不舍。到17世纪30年代后期结束对“危险的天主教”的进攻时，已有多达4000名信徒因此而死，基督教只能在九州岛一些与世隔绝的远离幕府官吏虎视眈眈视线的小村庄里幸存下来。

德川家光把对基督教的迫害，作为在日本全面禁绝欧洲人行动的一部分。在这位幕府第三代将军的头脑中，西方等于基督教，异国信仰的传播不仅对德川氏在神、佛二教信条中树立其正统地位的企图构成了威胁，而且正如其祖父的禁令中所指出的，也是对本国传统的侮辱。此外，关于贸易还有一个值得考虑的问题：幕府的谋士们都还记得，过去日本西南的大名曾经把对外贸易作为培植自己势力的一个手段，他们把幕府对贸易问题的失察视为可乘之机。另外，毫无限制的对外贸易，也会耗竭国家宝贵的金银矿产资源。17世纪初，日本的银产量相当可观，约为世界年产量的三分之一。不过与此同时，来到日本的葡萄牙商人每年也把多达20吨的白银装在大帆船上，运回其在澳门的据点。“如果葡萄牙人再享有20年的对日贸易，”后来一位外国观察者写道，“金银就会从‘俄斐’(《圣经·列王记》中盛产黄金和宝石的地方——译注）运送到澳门，这个小镇将会有丰富的金银流量，并成为一份神圣的文书中提到的所罗门时代的耶路撒冷。”[②]

结果，从1633年到1639年，德川幕府先后颁布了五个所谓的“锁国

① Jurgis Elisonas, “Christianity and the Daimyo” in *The Cambridge History of Japan*, vol.4, p.367.

② Charles MacFarlane, *Japan: An Account, Geographical and Historical* (New York: George P. Putnam,1852), p.18(modified).

令”，完全取缔了基督教，不准日本人出国，禁止葡萄牙船只来航，严格控制对外贸易。当葡萄牙人从澳门遣使企图恢复贸易特权时，幕府将军下令说：“应烧毁船只，处死主要使节及其随从，让这个邪恶的先遣队荡然无存。”[①]1641 年颁布的第六个条令把荷兰人限制在长崎港中部的人造岛屿——出岛，并且只允许荷兰人和中国人来日本经商。

除了中国人和荷兰人之外，德川时期获准来日本的外国人里还有朝鲜国王以及统治着琉球群岛的半独立的琉球国定期派遣的外交使节。1607 年，德川家康赞成恢复和朝鲜的正常关系，朝鲜国王也签约同意在适当的情况下派遣使团造访江户。此外，在近世前期，琉球群岛成为一个“藩属国”。14 世纪以来，琉球一直处于尚氏王朝的统治之下，但是 1609 年萨摩藩的大名率领 1500 名武士攻占并肆意蹂躏琉球，1611 年签订的条约，名义上保留了王国的自治权，但实际上把琉球变成了萨摩藩大名岛津家族的属地。从 1634 年到 1806 年，尚氏国王共遣使 15 次赴江户，以确认岛津大名和德川幕府的宗主权。

锁国令的颁布以及和朝鲜、琉球群岛缔结的条约，扩大了幕府权力的武库。源氏和足利将军已被指定为国家的保护者，而德川统治者更进一步，他们索取了制定国家对外政策的权力。幕府采用象征性的活动和仪式，来体现他们已经登上管理国家事务的权力巅峰。意味深长的是，外国使节的扈从人员大多不在京都停留去谒见天皇，而是急忙赶往江户。这些人员抵达江户是件大事，幕府待以盛大的仪式，演奏古典管弦乐，表演马上射箭和其他军事技能；他们也向幕府赠送数量可观的具有象征性的礼物。从朝鲜使节那里，将军可以收到大量丝绸、人参、精制蜂蜜，还有从朝鲜崎岖不平的山区猎获的虎皮。

而且，从 1636 年到 1655 年，朝鲜和琉球的使团屡次到日光拜谒，意味着德川家康的权威已经越出日本海岸，成为宇宙之神。1643 年，朝鲜国王把一个大铜钟用船运送到日光，形象地表达了这种观念。铜钟上的铭文歌颂了德川家康的伟大：“日光东照宫为东照大权现、佛陀化身而建。德行无边，

① Cooper,ed., *They Came to Japan: An Anthology of European Reports on Japan, 1543-1640* (University of California Press,1965), p.401.

众生感念。后嗣神祇承继伟业，且弘扬光大。吾王闻之，喜甚悦甚，敕造是钟。”[①] 幕府官员在阳明门右侧造了一座钟楼，每位前来日光朝拜的大名和皇室特使都能看到这段称道德川幕府不可一世的威严的颂词。

从 1633 年开始，长崎荷兰商馆的代表也开始每年造访江户。然而，有时幕府对那些商人很倨傲，喜欢用露骨的粗鲁来显示幕府的显赫。1691 年荷兰代表团的一个成员回忆，“等了接近一个小时，而将军就坐在接见厅里”。[②] 最后，一个管家引导客人来到将军跟前。在那儿，据其中一人说，“为了表示谦恭，我们都不得不用日本人的方式，头着地爬向”最高统治者。确立好等级次序后，“一场闹剧上演了”，将军先是提了“一些毫无意义的问题”，然后让客人“脱掉外套或礼服，笔挺地坐着以便他审视我们；一会儿让我们站起来走动，互相致意，一会儿又让我们跳舞、跳跃、扮酒鬼、说日语和荷兰语、画画、唱歌，让我们穿上外套，然后又让我们脱掉”。最后，一位年轻人愤慨地说，“我在一首用高地德语演唱的情歌声中跳了一支舞”。

对外交政策的控制使德川幕府不断增长的统治特权又多了一项。17 世纪上半叶，江户的新政权使天皇及其朝臣只能仰其鼻息，使佛教组织只能屈从于世俗的政律，而且还驯服了大名。当德川幕府强迫地方大名执行参觐交代制，以及要求代表日本人民处理对外事务时，它已跃升为日本中央统治的焦点，而且，它左右其他社会中坚和制定影响整个国家的政策的才干，令从前京都的天皇和太政官，以及早期的镰仓和足利幕府都黯然失色。

起初，德川家族依靠暴力、武装力量及物质财富的高压，来推进对国家统治权的诉求。但是到了德川家光去世的 1651 年，马背统治者的形象已经让位于一个崭新的意识形态上的正统形象，它从佛教和神道教获得了道德权威，另外又从新儒学中汲取了哲学支持。与此同时，新的权力结构和统治权术涌现出来。到 17 世纪中期，不是德川将军个人，而是训练有素的官员组织——幕府，依据法令、官僚体制和有据可查的先例管理着各种事务。

---

① Ronald P. Toby, S *tate and Diplomacy in Early Modern Japan* (Princeton: Princeton University Press,1984), p.101.

② Engelbert Kaempfer, *Kaempfer's Japan: Tokugawa Culture Observed*, ed.,tr.,and annot. by Beatrice M. Bodart-Bailey (Honolulu: University of Hawaii Press,1999), pp.360-68, and Kaempfer, *The History of Japan*, pp.85-94.

17世纪上半叶，地方大名也设法握紧自己领地内的大权。大名没有像德川家康似的被神化，但他们也通过捐助地方宗教机构和宣传新儒学的学校来扩大自己的权力。而且，因为亲历了德川幕府统治的仪式，如轮流居住在江户和领地以及作为获得授权文书的交换向幕府宣誓效忠，大名宣布他们也处于一个正统性最终来源于天皇的全国范围的体系之内。当大名转变为强大的地方长官时，他们开始更为明显地侵入藩内居民的生活。正如幕府将军在其直辖领地的做法那样，大名也在他们领属的藩内颁布法令，征收赋税，制定使他们的权威流布每村每户的管理体系。就这方面而言，17世纪早期是日本历史上的一个重要时期，国家的控制——无论是政治中心江户控制其他社会中坚的能力，还是将军、大名把他们的意志强加于其他臣民的能力，都比日本历史上以往任何时候更明显、更深入。

然而，不管德川将军和地方大名的势力多么强大，他们都不是独裁者。就他们对权力的要求来说，他们并没有无限的对策，有时他们也会发现自己有所不能。看起来似乎难以理解，平时武士贵族对于独立掌控经济和社会发展并没有兴趣。表面上看起来这就是个武士的时代，但是在很多重要方面，近世早期最后也变成了普通人的时代。在这个时代，日本的普通男女——农民、商人，还有手工业者，塑造了日本商业、社会和文化生活的特征。

第二章

城市、商业和生活方式

大约就在德川家康成为日本幕府将军的同时，三井家族决定弃武从商。几代以来，三井屋的首领一直在为近江的佐佐木大名尽忠，到16世纪中叶，三井高安，因其荣誉封号“越后阁下”而闻名，在琵琶湖附近的一个城堡安顿了下来。16世纪60年代晚期，织田信长在发动战争巩固其在日本中部的控制权时，消灭了佐佐木家族，三井高安迅速撤退到伊势的小商业中心松坂。在那里，三井高安的儿子及家族的继任首领三井高俊，目睹了德川家族崛起为新的军事领袖。据此后很久官方编撰的一部家族史介绍，三井高俊不久敏锐地断定，日本将出现一个长期和平的时代，他进一步断言，三井家族当店主比当武士的前途更为光辉灿烂。在凑齐了必需的资金之后，他开了一家酒屋，命名为“越后殿酒屋”。

三井高俊幸运地选对了时机，因为酒屋的生意为这位年轻人赚足了成亲和养家糊口的钱。更幸运的是他娶了同行商人的女儿为妻，她12岁就嫁给了三井高俊，最后一共为他生了12个孩子，而且还有时间为家族生意的成功献策献力。除了照看酿酒的生意谋取更多的收入，妻子还劝说丈夫用部分积蓄兼营典当和借贷的生意。结果从这个生意中赚取的利润很快超过了越后殿酒屋的收益，三井家族开始成为伊势国主要的商人家族之一。

1633年三井高俊去世后，遗孀派其长子带上足够的资金到江户开了一家分店。两年后她又派幼子三井高利前去协助。之后不久，三井高利就从兄长手中接管了江户的业务。三井高利是个机敏的商人，他也充当稻米买卖的中间人，并且把三井各项事业的利润积攒为一大笔钱。1673年，他最终决定在江户开设一家吴服店，并命名为“越后屋”。一开始，这只是个雇用了六七名店员的小生意，由店员把精美丝绸的货样送到富裕武士的家里让他们挑选，根据顾客的不同财力商议价格，也接受赊账订货。

1673年的一场大火烧毁了他的吴服店后，三井高利在日本桥重开了一家越后屋。直到今天，作为越后屋直接传承的三越百货商店依然屹立在那里。三井高利对吴服店的布料零售进行了一番改革，他在店里挂出一块著名的布告牌，宣布“只收现金，谢绝还价”。这块布告牌至今仍保留在三井博物馆。也就是说，三井高利开始销售的各种纺织品，不仅富裕的武士，连普通商人和手工业者家庭都能买得起；同时他希望顾客直接到他的店里付现金选购对

▲ 越后屋的招牌及店内情景

每个人都一视同仁的明码标价的商品。随着销售额急遽上升，三井高利通过在下雨天把装饰着商店商标的精美油纸伞借给顾客使用，以及接近剧作家和诗人，让他们在作品中进一步宣扬三井商店的公众形象等做法，扩大了越后屋的声誉。到1700年，越后屋已经成为日本最大的商店，在京都和大阪也都开设了分店。

三井夫妇不是典型的商人，但没有多少人能和他们的成功相提并论，也没有多少家族史会给予家族的女性像三井高俊的妻子曾获得的那么多的嘉许。三井高俊只不过是近世早期选择弃武从商的成千个武士之一，对一位母亲和妻子来说，分担经营家族生意的责任也并非不同寻常，即便丈夫和父亲仍是正式的一家之长。在近世早期，许多家庭和三井家族一起经历了席卷日本的三次伟大变革。当德川家康接受天皇任命成为幕府将军时，日本还是一个以农村和自给自足性很强的农户为主的国家。在一个世纪之内，它就转变成为高度城市化的国家。无数农民子女，还有前武士的后裔，为了寻求更好的生活搬迁到新兴城市里经商或从事手工业。在城市里，他们为了养活自己而努力奋斗，甚至希望获得成功，由此创造出一种商品经济，其中纺织品大商店如越后屋的出现就是一个例证。相应的，由于以城市为中心的经济集聚了各种动力，使各种各样的新商品流向市场，全国大量的家庭得以享受稳定提高的生活水平——更优质的住房、食品和服装。

城市革命

16世纪末至17世纪初，许多城堡小镇的出现点燃了日本城市革命之火。在那期间，各地大名为了巩固日益扩大的领地，开始仿照伏见城堡的样式营造巨大的城壕和塔式堡垒，作为军事和行政根据地。通常，地方藩主会把他们的新根据地建在战略要地，从那里他们可以控制向他们缴纳税收和粮食必需品的周围农村。当大名要求他们的武士在巨大的石头堡垒周围建造住宅，商人和手工业者为了谋生移居到新兴小镇，为武士阶层提供各种日常用品和服务时，新的街市几乎立即开始以城堡为中心萌芽发展。

日本戏剧性地突然成为一个耀眼的城市国家。如今日本的大城市中，几乎有一半在1580年至1610年之间就作为城堡小镇开始存在，从日本北部的仙台、福岛，到中部的金泽、甲府、静冈、名古屋，再到南部和西部的广岛、冈山、高知和熊本。城堡小镇的面积和它们的数量一样让人印象深刻。一般情况下，聚居在新町的人口会占到藩内全部人口的10%左右。全国大约共计有140个城堡小镇，每个小镇的人口至少为5 000，其中的大镇金泽和名古屋人口多达10万。

城堡小镇的布局紧紧围绕着大名及其武士家臣的需要。大名一般都把城堡造在军事防御要地，例如鹿儿岛的城堡就是沿海岸而建，或者如金泽和广岛把城堡造在两河之间的高地。大名一家居住在城堡中心，由高耸的围墙和纵横交错的城壕以及运河安全地拱卫着。大名把他的主要家臣安置在毗邻城堡的地方。那里代表着很高的声望和安全性，同时也是个很方便的地方，因为那些高级武士可以把越来越多的工作时间花费在城堡围墙之内的行政事务所里。接下来的是商人和手工业者的居住带，他们在大多数城堡小镇占到人口的一半左右。足轻和其他低级武士家庭离得更远，住在处于外围的兵营风格的住宅内。最后，多数大名还指示佛教宗派把寺院建造在城市四周的战略通道，万一敌人来犯，大名可以派兵在宽阔的佛殿里把守，墓地的空旷也使敌人只有冒着风险才能穿越过去。

京都、大阪、江户——幕府直辖的三个全国性城市，盘踞在地方城堡小镇网络的顶端。近世早期，大名、上层武士和其他有产者已开始珍藏手工业者制造的奢侈手工艺品，这在有着几百年文化成就和皇室贵族所在地的城市——京都的形象中增添了商业的维度。一份1685年的人口登记文件反映了京都居民的多样性和富裕程度。除了内科、儿科医师，牙医、诗人、作家以及茶道、插花和能剧表演的大师们之外，文件还罗列了数百家著名商店，其店主因为制作和销售精美的丝绸、瓷器、折扇、书写纸以及家用佛教祭坛的支架而享誉国内。截至登记完毕的那天，京都的总人口大大超过了30万，其中许多人靠在日本各地制造和出售高质量的手工艺品谋生。

附近的大阪有着历史上有名的、有时甚至是悲惨的往事。早在六七世纪，一个位于宏伟的大阪湾海岸的据点，就已经成为从大陆经由濑户内海到日本的使团和商队的终点站。645年大化改新之后，新的君主制国家暂时定都在那里。在随后的几个世纪里，一个兴旺的港口和市场区在从京都流向大海的淀川两岸稍微向内的地方发展起来。16世纪，净土真宗的支派本愿寺派的高级僧侣在该地建造了他们的要塞寺庙石山本愿寺后，一个更大的商人町形成了。16世纪70年代当织田信长攻破这个要塞寺庙时，那里的家庭遭受了巨大的苦难。尽管丰臣秀吉于1584年建造了壮观的大阪城堡后，商人町得以复兴；但是在1614年和1615年的残酷战争中，它几乎再度湮没。

德川家族察觉到大阪地区在军事和政治上的重要性，于是重建大阪城堡作为他们在日本西部的防御基地。到17世纪末，大阪周围町的商人和手工业者已经剧增到大约365 000人，几乎淹没了大约1 000名驻扎在城堡的武士。大阪经历了从军事堡垒到商业活动据点的蜕变，开始成为全国许多日常用品的制造中心。到1700年为止，大阪的手工业者已经因为把油菜籽榨成灯油，把原棉制成成品布，把干沙丁鱼捣烂做农田的肥料而著称。住友家族和其他冶铜业业主已经成为城市中最大的雇主之一；城市里共有17家精炼厂，约有10 000个家庭靠冶铜业维持生计。

作为众多制造业的所在地，大阪理所当然地成为一个主要的航运和集散中心，以及因靠近内陆海而发展起来的转运港口。到了18世纪头10年，住在城里的船匠就有2 000多名，此外还有成千上万的批发商、销售商、临时工和运输商。稍晚的一位受人尊敬的城市官员写道，大阪“位于全国主要航线的交汇处，货物云集，交通繁忙，因此人们通常称它为‘国家的厨房’，即全日本的食品仓库。的确，街道两旁富人和富商家的房屋相沿成行，港口总是停泊着来自许多地方的船只。所有的一切，包括日常生活的必需品稻米，甚至是海外的商品，都运到大阪出售。人们什么都不缺”。[①]

将军的直参，即旗本和御家人，是江户城市成长的核心。大约20 000个直参家庭中的大多数都雇用了随从、贴身男仆、家庭佣人，吸引了成千上万的农村移民来到幕府都城。17世纪30年代德川家光把参觐交代制度化以后，定居在江户的大名家庭成员及其众多的随从，为城市100万的人口又增加了

① James L. McClain, “Space, Power, Wealth, and Status in Seventeenth Century Osaka” in McClain and Wakita Osamu，eds., *Osaka: The Merchants'Capital of Early Modern Japan* (Ithaca:Cornell University Press,1999), pp.55-56(modified).

▲ 繁华热闹的江户日本桥

大约三分之一，使武士的总数达 50 万人。像罗马一样，江户也是建造在七座小山之上。精英大名把他们的庄园建造在蜿蜒通向城堡以南的青翠的山坡上。幕府把亲信旗本及其家庭安置在城堡以西的麹町。这个决定是基于军事上的考虑，因为那个地区面向袭击城堡的天然通道——武藏平原。起伏不平的山顶对多数武士来说也是个理想的位置，因为他们可以找到阳光明媚的地方，把住宅和花园建造在那里。

在整个 17 世纪，建筑工、手艺人和各种货物的经销商川流不息地涌入江户，迎合新兴的幕府统治者的需要。商业城市江户的心脏地带是日本桥，大致为江户湾海滨到江户城堡主要入口之间的中点。以此为中心，工匠町和商人町向外扩展，分布在山谷之中，山谷迤逦穿越了布满大名庄园和武士府邸的向阳山坡。截至 18 世纪 20 年代，居住在江户的手工业者、商人和武士一样多，总人口远远超过了 100 万。江户已成为世界上最大的城市。

有了江户的领先，日本成为世界上城市化程度最高的国家之一。近世早期之初，京都是日本唯一一个拥有 10 万多居民的城市。到 1700 年为止，江户、大阪、名古屋和金泽的人口也都超过了 10 万，而且 5% ~ 7% 的日本人都生活在类似的大都市里。在这一方面，欧洲的数据是 2%，并且只有 14 个城市和日本的一样大，只有荷兰以及英格兰、威尔士拥有比日本还大的城市聚居区。在世界历史上这是无与伦比的城市建设时期，日本城市非同寻常的百年成长，深刻地影响了国家的经济和社会发展。

城市和商业

“三都”——江户、大阪、京都显而易见的充沛活力，诱发了一场席卷全国的伟大商业革命。虽然大名和将军的原意是把地方的城堡小镇以及江户、大阪作为防御性的据点，但是商人和手工业者的大量移入，把这些地方转变成了消费和制造的脉动处，最终它们的商业意义超越了原来的军事目的。相应的，按几何级数增长的手工艺品产量和贸易额，有赖于一个全国性的高度完整的市场体系的发展和可靠的交通设施的完善，以及银行业、保险业和其他服务业等基础设施的创立。日本作为一个农业社会步入了近世早期，但是到了 19 世纪，几乎每个日本家庭都在某种程度上参与了立足于城市的商品经济，而且都受到了这一结果的影响。

具有讽刺性的是，太平盛世中获得的超乎寻常的商业发展，起源于 16 世纪战争的严酷考验。甚至在普遍的毁灭和混乱之中，军队也需要供给，农民也希望通过改进工具、培育新品系的种子和使用更丰裕的肥料来提高农作物产量。与此同时，革新的工程技术使大型的灌溉、防洪以及垦荒工程得到发展，耕地的数量在 1550 年到 1650 年间几乎增加了一倍。国家生产力的提高有助于人口的加速增长。结果 1550 年后的一个半世纪，日本的人口总数从一千万或一千两百万跃升至三千一百万；同时也使许多年轻人有可能脱离土地，到城里当商人或手工业者，寻找自己的出路。

迅速增长的城市人口对食物、服装和建材的永无止境的消费需求，刺激了区域贸易的快速增长和全国市场体系的发展。很清楚，没有一个领地能生产出本地居民所消耗的所有不同的商品和食物，只有穷一国之力才能满足江户和大阪的男人、妇女、儿童的近乎不知餍足的胃口。响应城市市场的召唤，不同地区的生产商开始因某些特产而著称：九州岛南部的樟脑和香菇，土佐藩的木材和木炭，富山的药物，以及甲府的葡萄。这些仅仅是那些能在三大都市卖出好价钱的商品中的很小一部分。

大名的政策促进了全国范围内商品交换的扩大。地方大名需要大笔现金以修缮城堡，开展藩内的灌溉和垦荒工程，定期向幕府纳税，负担每年往返江户的开支，支付维持庄园所需的费用，供养在城里定居的亲戚和家臣的扈从。由于大名收入的绝大部分得自用稻米支付的农业税，因此他们必须把征收上来的稻米转换成现金来偿付面临的各种账单。17 世纪 20 年代，日本中西部的大名就开始把年贡米载运到大阪，再由那里的稻米买卖中间人安排销售到各市中心。一开始大概每年有 100 万石的稻米从大阪的仓库流出，到 18 世纪 20 年代这个数字就增长了不止 4 倍。人民的主食——数额如此之大的谷物在大阪的流进流出，有助于城市转化为日本的经济中心，用那时的说法就是“国家的厨房”。

为了保证收入，许多大名最后制定了政策，谋求促进经济作物和土特产的发展，以在诸如江户、大阪之类的消费中心出售。他们采取了多种方式来实施这种计划。前田大名付给京都一位著名陶工丰厚的津贴，让他在多雪的加贺藩留住一年，在村庄的陶窑里培训当地的手艺人。在更往北的米泽藩，藩主上杉屋从国家的其他地方延聘专家，开办了靛青种植园用来制造很受日本人喜爱的一种染料，并向当地农民传授织造棉布的新技术。18 世纪的最后几十年里，米泽藩的官吏再次邀请外面的专家过来。这次是指导农民植桑造林，桑树柔嫩的叶子可以用来喂蚕。米泽藩藩主还出资成立了 12 个培育桑树树苗的苗圃，并且出版手册向农户教授养蚕和在市场上买卖桑蚕的秘诀。

各地大名采用了多种方法希望能从藩政资助的事业中牟利。在某些情况下，官员只授权给某些商人或村庄，让他们参与到新举措中来，然后每年向他们收取专营费。另外有些时候，地方藩主会征收新税，例如向种植的每一棵桑树或者运出领地的每一包陶瓷制品抽取固定的税金。在另外一些情况之下，官吏则强迫生产商把他们的产品卖给指定的批发商，然后由后者用船把货物运给大阪的经销商，最后再把一部分收益交到领地的金库。除了增加藩内的收入之外，大多数藩主也希望成功的经济干预能够有利于普通人民，使他们感受到藩主统治的仁慈。正如 19 世纪早期一本养蚕手册所解释的那样，“丝绸业带给社会的直接效益是，使河岸、山区、海边的空地都种上了桑树，通过纺丝织绸走向繁荣。更不必说地方产品外销到其他地区后，人民会富裕，藩国会兴旺发达。”①

① Tessa Morris-Suzuki, *The Technological Transformation of Japan: From the Seventeenth to the Twenty-first Century* (Cambridge: Cambridge University Press,1994), p.29.

幕府通过统一度量衡，建立国家的货币制度，进一步推动了全国的商品流通。由于国家的绝大多数矿山已经为幕府所控制，幕府开始在几个城市铸造货币。其中江户的银币铸造处即“银座”极为著名，以致这个词最后被用作铸币处所在地的地名。将军铸造的钱币很快成为国家的通货，而大名大多发行在各藩内流通的交易用的纸币。商人要根据幕府发行的金币、银币和铜钱，计算跨越各藩界的商品以及在江户、大阪和其他中心市场达成交易的付款额。

幕府支持了交通和通信设施的发展。因为陆路交通在多山的日本很困难，多数商人宁愿把自己的货物委托给远洋航行的驳船和货船。为了帮助水运业，幕府委托江户一位富裕的木材商川村瑞贤制定减少海上航船现存危险的措施。川村瑞贤立即着手把危险的水域制成图，建立信标和灯塔，提供从江户到北太平洋沿海各港口的救生和救援设备。随后他又把同样的措施推行到穿越马关海峡，经濑户内海直到大阪的沿日本海的整条海岸线。17 世纪 70 年代，所谓的“东西环形线”已经把日本最偏远的地区和主要消费中心连接了起来。

幕府也实行了改进道路的系统规划，重点是从江户的商业中心日本桥向外辐射的五条干道。东海道是其中交通最繁忙的干道，它沿太平洋连接江户和京都，长达近 482. 8 公里，支线则延伸到大阪。东海道分级的路基上先铺上一层厚厚的碎砾石，再用沙子压实，平均宽度约为 6. 1 米。里程碑安放在种着松树的土墩上，告诉行人他们从日本桥过来已经行进了多远，或者还有几里路待走。石制路标避免了行人在十字路口走错方向。53 个驿

▲ 画家歌川广重所绘《江户名胜百景》之“月光下的街道”

站沿东海道排成一列，疲惫的行人可以在那里换便鞋，吃小吃，喝茶，或者在客栈吃顿晚餐并住上一宿。

由于大批量货物大多走海路，东海道上熙熙攘攘的大名队伍只能遇到一些腿部裹着稻草，由马夫牵着的驮马，马夫看上去通常不像他们的马那样卑下。此外，还有许多递送急件的信使，在路上来回疾行。17 世纪一开始，幕府就派遣官方信使每月三次往返于江户和大阪之间。1664 年，江户、大阪和京都的商人开创了面向私人的速递服务，几乎每天都有“飞脚”携带着小件包裹、商业文书和现金从各个城市起程。起初，飞脚在江户和大阪之间来回一次需要六天，但是到 19 世纪初，昂贵的特快业务已经把时间缩短为两天。这时信使们已经把通信网络扩展到了长崎、金泽和仙台等城市。

日本几个首要的商人屋创设了其他许多服务于商业，促使经济继续发展的业务。在大阪，鸿池屋和其他富商开始开办相当于银行的钱庄。为人们所熟知的一个“十组问屋”组合有时提供大额贷款给大名，让他们填补眼前的预算赤字，支付履行参觐交代义务以及施行藩政发展计划所需的各种费用。

▲ 江户时期拥挤的歌舞伎剧院

有时金融商还贷款给个别批发商，这些人再把钱借给农户，他们需要资金作为种植经济作物，或者制造出售给城市顾客的纺织品和手工艺品的本钱。此外，大阪和其他地方的钱庄主还为托运人提供保险，吸收现金存款，发行以房地产作担保的期票，发行信用证及兑换券，以加快不同城市商人之间的交易速度。

日本的商业革命改变了城市的面貌。如果说开始时城堡小镇和大都市江户、大阪只是大名和武士的城市，那么到了近世早期的最后阶段，它们就已经成为普通人的领地。这一转变在赞美商人町生活的木刻浮世绘中清晰可见。常被誉为日本最出色的浮世绘画家的歌川广重，创作了《江户名胜百景》(又译《名所江户百景》)，而且当时他从江户商业中心日本桥的风景入手已经开始创作他最著名的作品《东海道五十三驿站》。一些通俗的旅行指南，如《难波雀》和《插图本江户名所指南》，用类似手法描绘了在大阪和江户人头攒动的商店里，顾客们面对琳琅满目的商品，仔细考虑着如何取舍。

旅行指南也会指点好奇者前往三大都市中活跃的歌舞伎剧院，还有从17世纪末一直到18世纪在大阪非常流行的偶人戏剧院。因为当局禁止武士去剧院，他们认为武士应该欣赏更优雅、更有益的能剧作品，所以为大众化剧院写作的剧作家把创作集中于能激发富裕商人和手工业者想象的题材。其中一种类型的作品被称为“世话物”，或者叫家庭伦理剧，多半叙述一些半虚构的凶杀事件或者其他让人惊叹的丑闻。例如一个妓女和她经商的情人双双自杀，因为后者没钱帮她从妓院赎身。相反，时代剧或者说“时代物”，记述的是历史事件，尤其是12世纪平氏和源氏的英勇奋斗，以及有武士参加的较近期的重新统一的战争。他们的事迹树立了诸如忠诚、英勇等人人都珍视的价值典范。

农业商品化和原初工业化

日本的商业革命也改变了农村农业生产的模式。全国每个地区的农民家庭都转向种植出售给新兴城市人口的茶叶、烟草、水果和蔬菜。在某些情况下，经济作物在不适合种水稻的隙地长势良好；也有些地方的农民在收割完水稻后种上第二茬作物。例如，17世纪早期大阪商人发现了一个从油菜籽中榨取灯油的便宜办法，全国的城里人都开始享受可靠的油灯带来的舒适，它的光亮让人安心、着迷，正如它能打消小偷和其他不怀好意者的念头而增强安全感。随着需求的增长，大阪周围村庄里的农民种了很多第二茬的油菜，以至于早春的田野仿佛染上了一层金黄色。

整个德川时期，乡村工业的数量不断增加。到19世纪初，全国的手工场坊生产出种类繁多的商品：从丝棉织品到草帽、纸张、榻榻米的贴边、木炭、钉子、工具、漆器和陶器，还有各种食品如盐、糖、醋、酱油以及味噌。有些地方，藩地官吏带头在农村开辟事业，例如加贺藩的陶器、瓦器生产。更多情况下，已经因经营商品化农业而积累了一笔储蓄的富有商人和农户，为这类事业提供资本和组织的诀窍。不过，这种立足于农村且适合市场销售的商品生产的蔓延，代表了日本经济的原初工业化。也就是说，新兴的乡村工业折射了一种初生的企业精神：个体怀着从投资中获利的希望，冒险投入资本，创办为远方市场生产产品的企业。在这个意义上，原初工业化既不同于每家每户为自己制造日常生活所需的衣服及工具的普通家庭生产，也不同于传统的手工业贸易，即手艺人制作在当地销售的产品，很少考虑扩大业务或者赚多于养家糊口的钱。

乡村的新企业规模差别很大。极端的例子是一个雇用了多达六七百人，酿造酱油或冶铁锻造工具的大工场。生产木炭、糖、盐、茶叶及纺织品的乡村小作坊则普遍雇用5至20名工人。有的甚至可能根本没有集中的作坊。日本的很多地方都有乡村妇女晚上在家织布，织好后交给已经把钱预付给她们买织机和纱线的包买商。

像那些从农忙中抽出几个小时或几天时间织布的农村妇女一样，有些工人也是不定期工作。还有一些工人大部分时间都不在家里。日本西部的长州藩，村庄沿多山的半岛分布，村里的妇女夏天的几个月通常在海边的盐场干活，只有当制盐季节结束后才回到家里，重新开始妻子和母亲的角色。在日本北部，下雪的冬季整个村子的男人都在遥远的酿酒厂或酱油酿制厂做工，这在当地是件很普通的事情。然而无论哪一种情况，工人们都已经开始出卖劳动力换取某种形式的工资。这是原初工业化定义的另一个特征。

丝绸制造业在近世早期日本原初工业化活动中特别突出。丝绸的制造是个复杂的过程。它始于蚕的孵化和饲养，农户把蚕养在房子里的所有平地上。

把最后结成的蚕茧煮沸后，工人们抽出又轻又细的蚕丝纤维，把它们捻成长长的几股细丝，接着把细丝缠绕到卷轴上。然后工人把几股细丝按各种式样编在一起，制成不同种类和级别的丝线，这一过程叫作“捻丝”。到这时，染工和织工就可以把丝线织造成成品面料，预备裁剪并缝制成和服或其他式样的衣服了。

近世早期之始，只有少数日本家庭生产数量有限的低档丝绸面料，供自己使用或在当地出售。唯一一个主要的丝绸制造中心位于京都的西阵区，那里的织工为贵族和富裕大名生产高质量的丝绸。从17世纪中叶开始，有经济头脑的商人开始鼓励养蚕，把丝绸制造过程合理化，提高成品面料的质量，并且开始针对全国市场进行大规模生产。革新者首先关注丝绸制造过程的最早阶段，即蚕种的孵化。那些蚕种很容易得病，甚至对温度的轻微变化也很敏感。经过几十年的选择育种试验后，农民培育出了更顽强的品种。到18世纪早期，日本北部福岛地区的珍贵蚕种行销全国。与此同时，其他农民发现了培育杂交蚕的方法，这种蚕的纤维的颜色和光泽刚好符合当时的流行趋势。1702年印行的第一本关于这些试验者的繁忙和成功的养蚕手册描写了5种蚕，而19世纪60年代中期出版的一部百科全书则列举了将近200种。而且，对丝绸生产的不同教本的比较表明，每个蚕茧可用纤维的数量已经增加了大约25%。

最显著的技术进步之一是水力捻丝机的应用。18世纪后半叶，大约在英国成立首家丝厂的6年之后，一位日本轮匠发明了用水力带动捻丝用的多锭丝车的方法。虽然没有多少人采用这项突破性技术，但是这使得他的家乡，位于江户西北上野国一个崎岖不平之地的桐生，成为领先的丝绸制造中心。还有些革新者改进了缫丝方法。起初丝绸制造商依靠的是简易的设备，它要求缫丝工用手把丝线捻在一起，然后卷绕在木头轴子或框架上。然而到了18世纪中叶，使用齿轮和传动皮带的缫丝设备开始在全国不同地方出现。在一些地方，新缫丝机已经靠水力而不是人力驱动。

缫丝和捻丝技术的进步大大提高了生产力，推动了大型纺织工场的发展。18世纪60年代，当地织工掌握了京都西阵著名纺织品生产场坊以前作为家族秘密来保护的精妙染色技术后，桐生和周围街区崛起成为全国的丝绸制造中心。桐生丝绸由于质量精良而誉满全国后，其他熟练织工也搬到那里，另外购买一些织机，雇用工人进行生产，多者一人雇用上百名工人。据 1835 年的一份文件记载，“来谋生的织户雇用女工纺纱织布，人们从其他藩国涌入小镇，在那里甚至周边小村租赁房屋”。①

生产过程的专业化分工，使销往地方和全国市场的产品产量最大化，计酬劳力和基本机器的使用也开始成为棉布制造业的典型特征。日本人从远古时期就种植了大麻及其相关纤维作物，如亚麻和苎麻，为普通民众提供最重要的衣料，直到一些士兵从丰臣秀吉侵略朝鲜的战场上回来，带回了特别适合在大阪地区种植的一种棉株。棉布经久耐用，冬天穿舒适，夏天穿凉爽，因此到 19 世纪上半叶，很快成为大多数普通日本人的上选衣料。棉布广为流行，以至于大阪周围各藩国的农户把多达 70% 的田地都种上了棉花，与水稻实行一年一季或两年一季的轮作。

日本中部以种植业为主，而更远地区的一些包买商则购买原棉或棉纱，交给织布能手织成棉布。许多地方的农妇空闲时在家织布，按件领取报酬。但是，随着顾客需求和生产规模的扩大，织布能手开始全天候织布。其中一些人仍然是独立的生产者，但其他一些熟练织工开始雇用计酬的人手，在拥有二三十架甚至更多架织机的作坊干活。和制丝业的情形一样，革新者也采用了一些改进技术的方法：选择育种增加了棉株的种类，新纺纱机能纺出更坚固的棉纱，更高效的织机提高了生产力，织染工艺的发展最后生产出一批批式样、质地和色彩都让人惊叹的棉布。

由于商品化农业和乡村工业遍及农村，许多村庄成长为作为工业、贸易、交通交汇处的农村集镇。桐生的规模在 1757 年到 1855 年之间增至原来的三倍，在此期间几乎所有家庭都从事与丝绸贸易有关的行业。与此相似，1843 年在大阪腹地的一个村子，277 户农户中只有 14% 还在务农，而 46% 为棉布产业工作。两年后对尾张一个村庄所做的统计表明，该村 262 户农户中，20% 在经营农业，31% 从事棉花生产，还有 22% 的职业与交通业有关。从极

① Thomas C. Smith, “Premodern Economic Growth: Japan and the West” in *Native Sources of Japanese Industrialization*, 1750-1920 (Berkeley: University of California Press,1988), p.29.

小的不起眼的村庄到有几千户居民熙来攘往的城镇的转变，丰富了日本的城市层级。在把农村的穷乡僻壤和日本的港口、驿站、城堡小镇及三大都市相连的生产和销售网络中，形成了新的联结。

对外贸易

17 世纪 30 年代幕府颁布所谓的“锁国令”，目的在于确认自己主导日本对外关系的特权，控制对外贸易，铲除它视为“危险的宗教”的基督教。只要这些目标实现，江户政府并不打算终止和外面世界的所有关系。相反，整个近世早期，幕府一直接待朝鲜和琉球群岛的使团。在驻守长崎的幕府官员的全面监视下，和中国以及荷兰商人的贸易有时也很兴旺。此外，幕府允许萨摩、对马、松前诸藩的大名、商人与琉球群岛、朝鲜及日本北部领土进行贸易。

一个获幕府许可并受其管制的半官方商人组织“长崎会所”，组织并管理长崎的贸易。长崎会所成立于 1604 年，“锁国令”颁布后被授予垄断外贸的权利。长崎会所接受外商订购各种国内商品，购买在出岛卸载的中国和荷兰商船带来的商品。出岛是个位于长崎港的人工岛屿，荷兰东印度公司的官员常年居住此地，维持常设的荷兰商馆。日本商人特别喜欢进口丝线、纤维、药草、香料、糖和药物。外运船只满载的则是日本商人的出口商品：铜、樟脑、硫黄、剑、陶器和漆器。

17 世纪晚期长崎的贸易总额上下起伏不定，但日本人常常买进比卖出多。17 世纪 30 年代和葡萄牙关系的中断，暂时停止了曾经让德川家光及其谋士担忧不已的贵金属的流出。但是 17 世纪末至 18 世纪初，为了平衡贸易逆差，金银的重新外流再次使幕府警觉。1715 年幕府发布了《海舶互市新令》。新令的条款限定进入长崎港的中国商船每年只能有 30 艘，贸易额为白银 22. 5 吨；荷兰商船为 2 艘，贸易额为白银 11. 3 吨。

萨摩藩 1611 年攫取了琉球群岛的宗主权后，幕府允许萨摩藩主继续维持和琉球群岛，以及通过琉球群岛和中国沿海私商建立的早已有利可图的贸易关系。直到 17 世纪 80 年代幕府限制萨摩藩的白银出口量为止，萨摩和琉球之间的贸易繁盛了几十年之久。但从那以后，贸易量明显减少，不过琉球群

地图 2.1 日本及其邻居

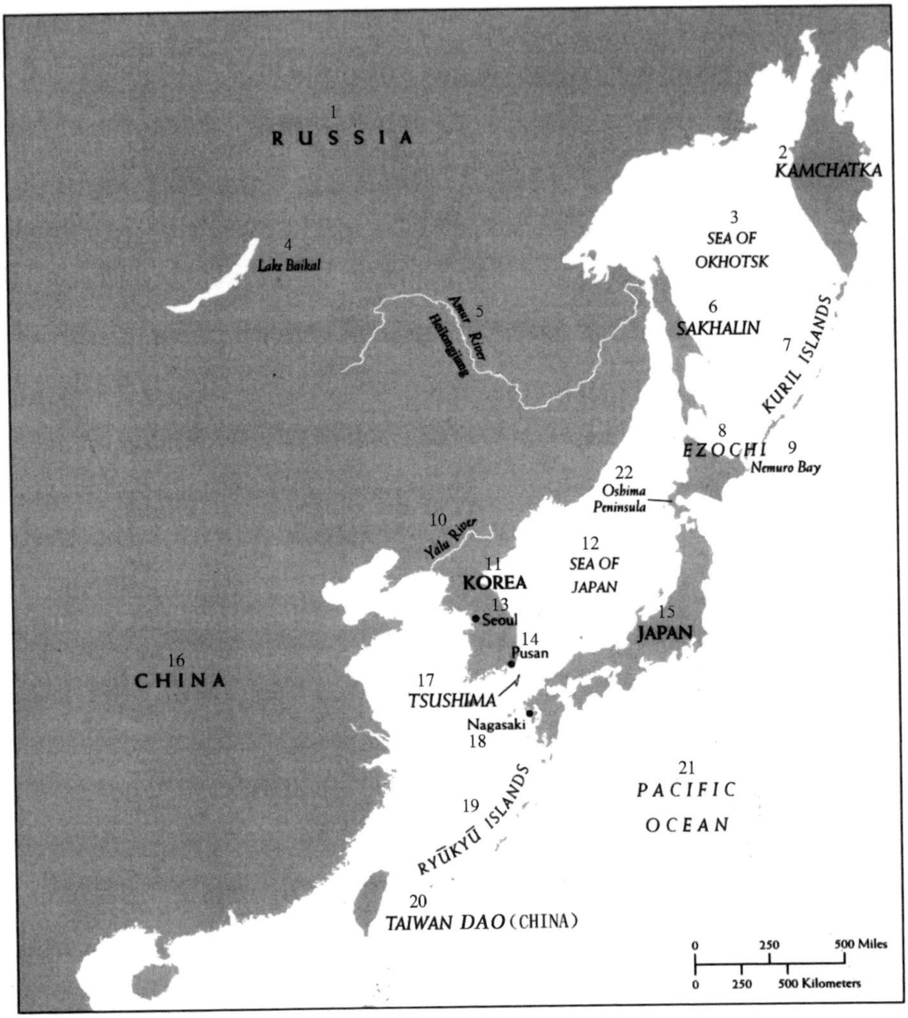

1. 俄国	2. 勘察加	3. 鄂霍茨克海	4. 贝加尔湖	5. 黑龙江	6. 库页岛
7. 千岛群岛	8. 虾夷地	9. 根室湾	10. 鸭绿江	11 朝鲜	12. 日本海
13. 汉城	14. 釜山	15. 日本	16. 中国	17. 对马	18 长崎
19. 琉球群岛	20. 台湾	21. 太平洋	22. 渡岛半岛		

岛依然是甘蔗和精制糖的重要来源，萨摩藩从那里进口后再运到大阪和其他主要城市的市场出售。

在日本九州岛和朝鲜之间的海面上，宗氏大名统治着对马岛。他们长期盘踞在崎岖的对马岛上。从15世纪以来一直和朝鲜保持着友好关系，定期派遣商团前往朝鲜半岛。经宗义朝的斡旋，1607年江户和汉城重修和平后，幕府同意恢复两国的贸易关系。贸易协定允许宗氏每年派出20艘满载出售给朝鲜政府商品的船只，也允许日本人派员在釜山设立贸易据点，在那里他们可以和朝鲜商人进行私人买卖。最后，双方的贸易额达到了相当比重，日本人主要用金银购买朝鲜的丝绸和人参，还有数额较小的马口铁、牛角、胡椒、苏木，以及如陶瓷器、水墨画之类的艺术品。然而到19世纪中叶，白银外流的老问题又迫使幕府采取限制措施，削弱对马和朝鲜之间的贸易。

在北方，日本人也和阿伊努人进行贸易。语言文化独特的阿伊努人的起源已经遗失在时间的迷雾中，不过到9世纪为止，两种不同的文化在现在的北海道已经繁荣兴旺。其一是占据了岛屿大部分的擦文人的文化（从8世纪到13世纪北海道原住民的文化。在以河川渔业和农业为主的初期发展阶段，他们日用的陶瓷制品表面有了纹样，好像用木刀或刷子按上的，独特的学者称之为“擦纹”，以“文”通用为“纹”，因此叫“擦文文化”。——译注），其二是居住在北海道东北海岸沿线及附近的千岛群岛和南部库页岛的鄂霍次克人的文化。到13世纪时，一种脱胎于擦文文化传统的范围更广泛的阿伊努文化已经发展起来，当地人包括为躲避日本人统治而逃到北方的前东夷人。因为日本人逐渐把东夷称为“虾夷”（“东夷”意思是“东方的野蛮人”，“虾夷”是对“东夷”的另一种称呼），所以他们也就自然地把阿伊努人的家园叫作“虾夷地”，即“虾夷人的地方”。

德川家康接受幕府将军的任命时，阿伊努人大概有三四万。虽然他们说不同的方言，显现出地区间的文化差异，但他们有着共同的生活方式和物质文化。他们生活在世代居住的通常只有十来个家庭的村子里，通过共同猎捕鹿、熊和其他动物，在虾夷地的河流捕鱼，在海边捞海藻和大海的其他恩赐，采集水果蔬菜，

在河边园子培植蜀黍、粟和多种可吃的植物来养活自己。阿伊努人还以

▲ 阿伊努人风俗画，表现的是他们在一头用栅栏围着的、作为牺牲用的熊前面宴饮的场面

听丰富的以史诗为主的口头传说为乐，他们也崇拜自然界的各种现象，认为万物都是“神”。

虾夷地丰富的渔猎场所使得阿伊努人自给有余，有时他们经库页岛和千岛群岛，把剩余的毛皮和海产品用船运到亚洲大陆。16 世纪期间贸易量扩大，于是日本人沿着北海道最西南的大岛半岛海岸成立了一些贸易团体。最后蛎崎武士家族成为大岛日本人的首领，1599 年他们改姓松前。五年之后，幕府承认松前家族的头领为半岛南半部一块领地的领主，并确认他有权控制和阿伊努人的贸易。

松前氏武士从他们位于大岛半岛一端的城堡小镇根据地，沿着虾夷地海岸建立了一连串贸易场所。在那儿他们用稻米、清酒、海藻、烟草、衣服、铁器和其他家用器具，交换大马哈鱼、鲑鱼、海藻和一些奇特的东西如熊胆、海中动物的毛皮、打猎用的活猎鹰。许多阿伊努人都怨恨日本武士、商人的入侵，因为他们被剥夺了政治自治权和以往随心所欲自由贸易的特权。阿伊努人的歌谣表达了这种日益增长的认为他们的邻居出卖了他们的感觉。一句歌词写道："我听到日本人被称为可敬的人们，真正好心的人们，但你们的心肯定十分邪恶！"[①] 这种怨恨于1669年转变为暴动，当时一支由当地头领夏顾夏因指挥的大军袭击了虾夷地的日本人居住区，并且准备向松前藩进军。

震惊的幕府调集武士，并从本州岛北部几个藩国征调火枪手前去镇压，几百个日本殖民者和大概更多的阿伊努人死于双方的对抗之中。夏顾夏因的战争失败后，阿伊努人遭受了更沉重的经济剥削。1717年，日本大陆的商人开始向松前大名缴纳固定年费，作为特许他们经管特定贸易前站的交换。到18世纪末，新贸易区已经拓展到地势较低的千岛群岛和库页岛。当它们进一步推进到虾夷地时，一些日本商人建立了"商业帝国"，控制北部物产丰富的海上捕渔业。到后来，把鲱鱼粉加工成肥料成为该地区获利最丰的行业。日本商人町富于冒险精神的商人们充当了肥料制造业的先锋，他们引进大大提高了鲱鱼捕获量的先进捕捞方法，建造加工厂和阿伊努工人居住的木板房（阿伊努人通常工资微薄，生活贫困），把鲱鱼粉肥饼载运到日本几个主要岛屿上种水稻的村庄。

18世纪中叶，幕府开始卷入北部贸易。长崎的日本官员在寻找替代银、铜的出口产品时，欣喜地发现中国存在着一个鱼翅、干鲍鱼、海带、海参和其他烹饪用海货的需求市场。因为那些在虾夷地经管贸易前站的商人把这些商品装在草袋里，所以这些商品一般被称为"俵物"。1785年幕府在长崎成立了"俵物会所"，向虾夷地和本州岛北部的商人收购海中美味，然后卖给中国商人。

根据估算，经长崎一地和阿伊努、琉球、朝鲜、荷兰及中国进行贸易的总额，在近世早期的任何时期都没有在日本经济中占据重要比重。虽然如此，出口的机会还是为许多日本人提供了工作，包括九州岛的陶工，他们的陶器畅销荷兰；大阪的住友家族和其他铜业商人、手工业者，到18世纪初几乎把他们的所有产品都运往长崎。而且，一些进口商品也有助于农业产量的提高。截至1740年，虾夷地的鲱鱼粉肥饼施用于日本西部将近一半的稻田。其他的

① Tessa Morris-Suzuki，*Re-Inventing Japan: Time, Space, Nation* (Armonk, N.Y.:M.E.Sharpe 1998), p.13.

进口商品丰富了生活，提高了生活水准。富裕阶层珍爱朝鲜的艺术品和中国的华贵丝绸。许多日本人得以享有更健康的生活，因为长崎会所把从亚洲进口的所有药物都交给大阪的一个药剂师协会，由他们测定药物成分，用日语重新命名，包装成大小便于携带的样子，然后出售给全国各地的药商。

阶级、身份和生活水平

鱿鱼、鳗鱼、章鱼；沙丁鱼、鲭鱼；大米、大麦；糖、盐、醋、酱油；牛蒡、芜箐、莲藕；橘子、柿子；茶、清酒；精美丝绸、耐穿棉布；鞋类、雨伞；雨具；头饰和各种个人小饰品；建造和维修房子的工具；书籍、木版画；罐、锅、涂漆碗筷。即便对日本中等城市的旅行指南和描绘不同城堡小镇商人町的装饰屏风匆匆一瞥，也能发现 17 世纪末日本城市市场上食品和其他商品的丰富多彩。

经济上隶属于不同阶层的家庭从不断发展的商品经济中获取的“利益”形成了反差。在一些主要城市，常常能看到上层武士和像鸿池屋那样的富商家庭的仆人，用手戳一戳海鲷验证它是否新鲜，闻一闻茶叶判断它质量是否优良，或者为了讨好他们的主人只选择最上乘的织锦缎。而另一个相反的极端是，技艺生疏的工匠、散工和佃农生活在另一个世界：他们从豆腐而不是鱼肉中汲取蛋白质，佐餐的是白开水，而且只买得起最便宜的棉织品，经常从商人那里淘取二手服装。

社会地位也是个值得考虑的问题。整个 17 世纪，幕府和地方大名政府都在寻求新方法，在构成新儒学社会秩序的士、农、工、商这“四民”之间制造更具深意、更显而易见的区别。有些人提倡实行身份制的统治体系。在其他方面，官吏们相信只要把人民相互隔离，他们就不可能联合起来向统治秩序挑战。而且，严格划分社会等级的过程，为政府提供了充足的机会向人民说教：每个具有特定社会地位的人都必须履行合乎他身份的义务。在这一点上，官吏们似乎尤其想要让日本的普通人——农民、手工业者和商人明白，他们必须遵守法律，缴纳赋税，通过少花钱多生产促使社会繁荣。最后，国家统治者通过赋予武士作为社会中坚分子的特权，希望武士们永远对他们感恩戴德，保证作为国家权力的忠诚、坚定的执行者为他们效命。

幕府和大名政权通过多种方法实行身份制的统治。在16世纪末到17世纪初建造的城堡小镇创建了地理分区，农民散居在乡村，而在新兴的城下町，武士住在和商人、手工业者相隔离而自成一体的区域。此外，由丰臣秀吉首倡，德川氏将军充实的一系列法令，教导人们继承父母的职业，禁止武士的后人和其他阶层通婚，并且给予武士独一无二的携带武器的权利。新政权形成后，幕府和大名授予武士担任决策者和政府重要职官的特权。还有，只有武士可以称姓；农民通常只有自己的名字，商人则习惯上被冠以职业或店名。

从17世纪中期开始，幕府将军和各藩发布了一连串规定消费模式的条令，作为进一步强化身份差异的手段。本着这种精神，1660年，加贺藩前田大名公布了一个法令，规定上层武士可以穿13种丝绸，并对此做了准确细致的说明，限定低级武士只能穿4种品级稍低的丝绸，例如府绸。这个法令还把商人和手工业者合并为一个单一阶层“町人”（即市民），规定他们只能穿普通丝绸和棉布。全国各地普遍颁布了这种法令。与此相似，1683年，幕府的一个法令要求江户的町人只能拿府绸、棉布、麻布当衣料。官吏们也不会放过农民。1649年的《庆安告示》告诫农民只能穿棉布衣服，这个规定在11年后加贺藩通行的禁令以及日本各地大名颁行的类似法令中又被重申。

历史记载对于人民如何遵守规定的叙述互相矛盾。很清楚，不服从是普遍的。加贺藩首府金泽的奏报表明，富有的町人通常无视关于衣着的规定，他们乐于付一小笔罚金，或者满足于向艳羡的邻居炫耀他们最好的衣服。作为代价，他们得耐着性子听完官员关于社会责任的说教。据19世纪初一位生活在江户的敏锐观察者记载，甚至在江户，“将军的公告和法令也被称为‘三日法’。没有人畏惧，也没有人注意它们。三日之后它们就无人理睬。人人皆知政府只是在它自己觉得需要时颁布法律，所以难怪下层人民不学习、不遵守法律”。①

虽然有各种冷嘲热讽，但还是有其他证据表明，有关身份的规定和经济实力的制约互相结合，的确在很大程度上框定了各个家庭的生活方式。富人

① Takeuchi Makoto, “Festivals and Fights: The Law and the People of Edo” in James L. McClain, John M. Merriman and Ugawa Kaoru, eds., *Edo and Paris: Urban Life and the State in the Early Modern Era* (Ithaca: Cornell University Press,1994), pp.404-05(modified).

不仅吃新鲜海鲷，也品尝鹤、鹅、雉鸡、野猪、鹿肉等美味。金泽的一些武士成为美食者，以致大名害怕他们会因此丧失尚武精神。结果1663年加贺藩颁布一项法令，开门见山地说“近多有奏报武士设盛筵”，然后限制节日和正式场合的饮食为两个汤、一条鱼、五道蔬菜附加菜（即正菜之外的附加菜）、两长颈瓶清酒、米饭、腌菜、糕点和绿茶。[①]前田大名接着规定，商人家庭的餐饮应该更有节制，符合他们的身份，即为一个汤、三道附加菜、两圆酒瓶清酒、米饭、腌菜、茶和甜点。

正如我们可以从金泽的规定中猜到的，蒸米饭配汤、附加菜、茶正成为近世早期许多人偏爱的食物。不过，经济状况中等，也就是和同时代人相比不富也不穷的人的日常费用，由于地区、时节和个人自我感觉的不同，还是有很大的差异。1837年，加贺藩一个中等武士日记里的相关记载表明，他每天吃鱼，每餐都有蒸米饭；而日本西部另一个武士的日记则显示，19世纪三四十年代，他家经常吃掺杂了大麦的米饭，每顿一道蔬菜或豆腐，还有味噌汤，鱼只是每月稍许几次出现在餐桌上。在此之前好多年的1817年2月，一位沿东海道旅行的学者，在他的旅行日志里准确记录了他每天所吃的食物。19日中午，他在一家可以远眺琵琶湖的小客栈停留，享用了一顿有清汤、牛蒡、海藻炒细胡萝卜丝、白芝麻酱拌三叶草的午餐。傍晚大雪开始飘落时，他到草津驿站的一家旅店投宿，进食晚餐温暖身体。晚餐包括：豆腐干和蔬菜汤；醋熘萝卜、柿子和蔬菜；一小碗和熟鱼片一起上来的什锦蔬菜；烤腌鲭鱼。

不管他们喜欢还是不喜欢，农民们都不得不忍受一连串有关他们饮食的禁令。在17世纪40年代颁布的一系列法令中，幕府禁止农民饮酒喝茶，而且进一步规定农民少吃米饭，多吃小麦、土豆和粟米。这类法令的效果还不清楚，但确实有许多农户靠粗茶淡饭凑合着过活。“产稻区的农民，”18世纪20年代的某位官员写道，“有时吃米饭，但只是和其他可吃之物混在一起的稀饭。许多生活在山区或种植其他谷物的地区的农民，甚至新年的三天节日中也吃不到米饭。即使煮粟米或小麦饭时，他们也要掺入许多芜箐、土豆和

① James L. McClain, *Kanazawa: A Seventeenth-Century Japanese Castle Town* (New Haven: Yale University Press,1982), p.94.

豆叶，而且连这样的食物他们一天也只能吃上一顿，其他两顿就喝像水一样的稀粥。”①

正如前文所述，江户和日本城堡小镇的建筑外观上体现了潜藏于身份制统治观念中的主要原则，住宅风格因身份和经济地位而有所不同。富裕的武士雇用技艺娴熟的木匠，使用最好的建筑材料营造宽敞的住宅。典型的武士豪宅坐落在围墙和精巧的大门之内，门的大小和装饰用品与住宅主人在武士阶层内部的地位相符。住宅本身通常包括人们脱鞋进屋的正式入口和接待客人的起居室，还有家里人白天聚在一起聊天及晚上睡觉用的其他几个房间。榻榻米铺在大多数房间的地板上，房间之间用障子和拉阖门相隔，后者是一种在木质框架上糊上厚纸做成的活动门。在最好的房间里，常用画作来装饰拉阖门。起居室的特点是有一张摆放书本和陶瓷器的固定案桌和一个壁龛，即用来安放书画立轴、插花或一些珍贵艺术品的壁橱。等级稍低的武士住在结构相似但较小的房子里，随着武士收入和名望的逐级下降，他们的房间数量和装饰用品也相应减少。

典型的商人和手工业者的住房是前店后屋，店门面朝街道，在店里做生意，家人和雇工则住在后面的房子里。大多数这种商住两用的房子都很简陋，建筑物本身未经装饰，反映出室内也并不舒适。例如在近世早期之始，几乎所有家庭的坐卧都在粗陋的木地板上，只有几只塞满稻草的袋子减轻他们的不适。后来，仿照在富裕武士家中看到的装饰，有条件照做的町人也铺设了榻榻米。在本地法令许可的地方，町人还把房子加高到两层甚至三层。富商发现，如果想建造自己梦想中的住房，有必要玩弄诡计制造遁词。金泽和其他许多城市规定，町人住宅的正面不得超过一层半，这就促使一些町人造的房子，正面测量刚好达到这个高度，而后面屋顶却陡然斜着向上，使房子足足有两层高。在布置这样一个家时，人们往往采取种种手法来逾越例行的规矩；在对付禁止町人使用金银叶子装饰房屋，或者使用金漆镶嵌家用品的讨厌的规定时，一个成功的商人如果不用这样的手法来蒙混过关还能怎么样呢？

---

① Nishiyama Matsunosuke, *Edo Culture: Daily Life and Diversions in Urban Japan*, 1600-1868, tr.and ed. Gerald Groemer (Honolulu: University of Hawaii Press,1997), p.160(modified).

许多收入微薄的工匠和散工住在穷街陋巷叫作“长屋”的房子里。房子的前门通常通向泥土地板的逼仄的厨房，厨房里放着做饭用的泥炉、堆柴火的柴橱，墙面的钉子上还挂着罐子和锅，此外没有多少别的东西。个人或者全家生活在一个长宽大约各为 2.7 米的房间里，有时甚至还要在房间里干活。在日本潮湿闷热的夏季，长屋里的住户汗流浃背，冬天则靠做饭的火炉取暖。没有活水接到各个单元，所有人共享一口水井、一个厕所和一个垃圾箱。

虽然农舍的面积和设计差别很大，但大都明确分为居住区和工作区两个部分。农民在泥土地面的工作区干农活，有时也在那儿圈养动物。那种房间一般也有做饭的泥炉和饭后洗涮用的槽子。在最贫穷的农民家里，居住区有简陋的泥土地板，上面铺着装了稻草的袋子，并用低矮的分隔物与干活区隔开。收入较高的家庭会多造几间房，房间里放上垫高的木地板，一家人围坐在室内的炉膛边吃饭，冬天则取暖。可以猜想，乡村精英们自得于有若干房间的住宅，也享有许多在富裕商人和武士家里才能发现的舒适。

大体上，近世早期日本的物质福利和生活水平得到了可观的改善。虽然缺乏可靠的数据，但有足够的其他证据证明：19 世纪早期的商人和工匠家庭穿得更好，吃的食物更多样，住得比他们两百年前的先人更宽敞。随着人们越来越多地坐在榻榻米而不是木地板上，睡在塞满棉花的寝具上，把被褥存放在内置的壁橱里，把其他物品如备用的衣服、药品、书写用品、化妆品、工商业票据和现金等放在专为收纳这类东西而造的柜子里，房间也变得更加舒适。由于人们普遍能获得甘薯、马铃薯、南瓜、胡萝卜、青豆、西瓜以及其他从西方引进的食物，饮食有了很大改变。18 世纪，一些以天妇罗、烤鳗鱼和其他食品为特色的餐馆出现在江户、大阪和其他主要城市，这是城市不断繁荣的另一个标志。19 世纪初，江户的一个厨师发明了寿司后，这种食物开始风靡各地。

相似的趋势在农村也很明显。虽然农民在 17 世纪初以自给自足为主，但截至近世早期的中间阶段，即便是偏远小村的家庭也能购买不同的食物和衣服，有时还有小件奢侈品。起初，小贩们在乡村穿梭，兜售干鱼、厨房用具、锄头和其他农具。后来，对商品的需求扩大，以至于许多村民开始自己开设长期性的“杂货铺”，当地村民可以在那儿买到他们认为是日常必需品的全部商品：豆酱、豆腐、海藻、面条、仙贝（米饼）、灯油、蜡烛、针线、便鞋、木屐、草鞋、烟草、烟斗、笔、墨以及毛笔等等。正如19世纪早期一位观察者所言："农村零售业年复一年地增长。清酒、染料、干货、化妆用品、五金器具、漆器，所有你能想到的，都在农村出售。"①

当然，不是每个人或每个家庭都兴旺了。没有能力或时运不济的商人和手工业者沦于贫困，而那些没有做好准备利用商品化农业和原初工业化提供的时机的农户，则世代居住在劣等的房子里，喝大米粥度日。武士阶层面临着不同的问题：他们从大名那里领取固定年俸，其数额从17世纪初定下来后基本没有提高。由于关于身份的规定禁止他们投身于商品经济之中，大多数武士和其他日本人一样，没有从生活水平的普遍上升中受益。

不过，正如有例外就有规则，这类观察确定了当时存在一个普遍规则：对大多数日本人而言，1600年至1850年之间，生活方式和生活水平有了重大改变和提高。多少事物得到改善还不能确知，但是对住房风格和舒适度、服装、饮食的考察表明，19世纪中叶，大多数日本人家庭的生活条件可以和工业革命前夕的英美两国相比。在这方面值得一提的，还有出生于近世早期末叶的日本人的平均寿命大约和出生于1840年的西欧人（男性39.6岁，女性42.5岁）一样长，略高于1850年出生的美国人（男性37岁，女性39岁）。

坚毅的骑马环球旅行者伊莎贝拉·露西·伯德于1878年骑马从东京到本州岛北部旅行了近2 400公里后，在她的《日本僻径》里善意地比较了二十年前她在美国的经历。19世纪50年代当这位英国妇女游览芝加哥时，旅馆主人先把她安排到一个有四张床、五位妇女和一个生病小孩的房间里。在表示了强烈的不满后，伯德被安排到一个小房间，但她很快就惊慌地发现，狭窄的单人床上铺着一张"肮脏的水牛皮"，招引了"一大群活生物"。后来饭厅的污秽又吓坏了伯德，她没有胃口吃"几乎全生的煮羊腿、硬如吉他琴弦的很老的鸡腿肉"，或者"浸泡在油脂中的烤猪肉"。②

---

① Smith, "Premodern Economic Growth" ,p.27.

② Susan B. Hanley, *Everyday Things in Premodern Japan: The Hidden Legacy of Material Culture* (Berkeley: University of California Press, 1997), p.188;Isabella Lucy Bird, *Unbeaten Tracks in Japan* (Rutland, Vt.: Charles E. Tuttle, 1973, reprint edition), pp.49-53; and Bird, *The Englishwoman in America* (Madison: University of Wisconsin Press,1966, rep.ed.), pp.148-49.

相反，当她参观日光时，她住在让她“高兴”的“中等阶层”的乡村住宅里。“关于这幢房子，我不知该写些什么，”她这样写道，“它就像日本的田园风光，无一物不悦目。”赞叹完锃亮的楼梯和“如此美丽洁白，我几乎不敢从上面走过去”的榻榻米，以及一幅悬挂在壁龛中的“画在白色丝绸上的花朵盛开的樱桃树枝”图之后，她吐露说，“我几乎希望房间少几分雅致，因为我不断担心会撒上墨水，会使榻榻米凹陷，或者撕破纸窗户”。至于饮食，伯德对盛在“精美的加贺瓷器”里的鲑鱼、鸡蛋、米饭和茶，更是赞不绝口。

第三章

自我与社会

在 1802 年首次发表并且此后连续刊行的畅销小说《东海道徒步旅行记》中，主人公弥次和喜多从他们的家乡江户出发，沿东海道旅行。他们俩是随遇而安的工匠，过着江户下层平民那种花钱随便，很少为将来打算的一成不变的生活。这两个无忧无虑的光棍汉着迷于一路上遇见的各色人等，其中有些人抢劫时误抢到无法无天的无赖头上。在一系列调皮捣蛋的冒险中，他们诘问自大的武士，奚落出售偏方的僧人，嘲笑各地含混不清的方言，把在饭馆和客栈干活的乡下姑娘看作潜在的征服对象。

弥次和喜多一路上的行为，正如他们与同胞的冲突一样既滑稽又夸张，但其实是以当时的现实状况为基础而创作的。毕竟，许多日本人强烈地认同自己出生的村镇或藩地。另外，日本是个讲究身份的社会，武士、町人、农民生活在不同的聚落和街区，穿不同料子的衣服。而且近世早期不同的社会阶层形成了各自的“道”，即行为的伦理准则，它们在很大程度上互相叠合，但在某些方面也强调不同的标准和原则。最后，各种“道”都趋向于使女性从属于男性，因而对于弥次和喜多表现出来的猎艳态度都很宽容。

在二十年里先后发表的续篇中，弥次和喜多把行程延伸到日本的其他地方，最后远游到了四国岛上宏伟的金比罗神社。在四处游历的过程中，他们变得更加熟悉自己的祖国和同胞。他们发现妇女难以自行做决定，真正的浪漫建立在选择而不是强迫的基础上。除了学会容忍不同的事物，弥次和喜多也发现了一个基本的“日本性”。“自然，”他们写道，“一个人会对旅行的同路人感到好奇。”因为出门看世界的人“不像住在同一排房子时受习俗约束，他们可以互相打开心扉畅谈直到疲惫”。[1] 人们在客栈、饭馆和茶室聊天时，发现彼此有共同的历史，生活中经历了相似的事件，知道相同的神话和传说，尊崇同样的神祇，持有相近的是非观念，具有同样的情感和情绪，阅读相同的书籍，喜欢相同的浮世绘。友谊和“身为日本人”的同感由此产生，或者正如弥次和喜多所高兴看到的，“江户男人可以熟悉萨摩姑娘”。

“日本性”的集体感滋生了一种对自我、同胞和人人共享的自然环境的满意。“你可以像参加野餐似的出去，”弥次和喜多认为，“享受路上的所有欢乐。你可以坐在树荫下打开一小桶清酒，可以观看朝圣者摇着铃铛从身边经过。真正的旅游意味着洗涤烦恼的生活。穿上草鞋，绑上绑腿，你就可以随意漫游，享受天空和海洋带来的难以形容的乐趣。”

武士道和武士伦理

▲ 16 世纪一位上了年纪的、正准备战斗的日本勇士锅岛重直，他一直活到 80 岁，享受到德川和平的初步果实

中世纪的武士故事首先为武士们描绘了理想化的行为准则。战争时期，例如 12 世纪晚期的源平之战以及动荡不安的战国时代，人们期望武士是英勇、意志坚强、武艺娴熟的骑手和剑客，以自己的姓氏为荣，忠于主君，随时乐意赴死。在叙述 12 世纪晚期平氏和源氏两个家族之间战争的历史小说《平家物语》中，已经对这种精神作了一些最富有感染力的表述。其中最著名的情节之一是，一位为源氏家族效命的武士熊谷次郎发现有个孤身一

① Ikku Jippensha/Sadakazu Shigeta, *Shanks' Mare: Japan's Great Comic Novel of Travel & Ribaldry*, tr.Thomas Satchell (Rutland, Vt.: Charles E. Tuttle,1960), p.237(modified).

人的骑手。“临阵脱逃是不光彩的！”熊谷次郎喊道，“快回来。”那个骑手就是武士平敦盛，一个善吹笛子的美少年。平敦盛勒住马，转过身来，两个对手开始交锋。熊谷次郎很快把敌手掀翻在地，揪住平敦盛使他动弹不得，“揭下他的头盔正打算砍他首级时，却发现他只有十六七岁”。熊谷次郎想起了与平敦盛年岁相仿的自家儿子，决定放这个年轻人一条生路。但就在这时，50名源氏的武士出现在地平线上。“我本想放过你，”熊谷次郎叹息道，“但到处都是源家的武士，你不可能逃脱。由我来杀你会好一些，因为以后我会为你祭祀祈祷。”平敦盛回答说：“取走我的首级吧，别浪费时间。”①

▲ 日本武士工艺精纯的盔甲

在现实生活中，可以想象的是，许多武士并不总是能实现如此崇高的理想。当战争形势对他们不利时，有些武士临阵脱逃，许多武士只有在他们的主君保护他们，给予他们奖赏和恩宠时才保持忠诚。在其他情况下，有些武士卖身投靠出价最高的买主，甚至仅仅为了增进自己的私利在战争中改变立场。不过，以樱花作为他们的象征，还是表达了大多数武士借以衡量自己的理想的那套行为准则。因为正如樱花在绚烂盛开时，有可能突然被风吹走、驱散，武士也有可能在荣誉的巅峰丧失生命。

17世纪期间，武士见证了史诗般的战争岁月渐渐远去，成为遥远的历史。当武士从凶猛的勇士变异为暗淡无光的贵族，生活在繁荣的城市，为兴盛的城市消费所包围时，许多人开始认真思索在和平的新时代做一名武士意味着什么。严格强调义务和责任的新儒学为他们提供了一些行为的指导方针。1615年幕府颁布的《武家诸法度》开始关注在新政权中武士使命的双重性。法令这样开始，“修炼文武艺能，包括弓马之事，须专心致志”。

① Helen Craig McCullough, ed., *Genji and Heike: Selections from The Tale of Genji and The Tale of the Heike* (Stanford: Stanford University Press,1994), pp.394-95.

对新武士伦理最早的阐述之一，出现于宫本武藏的《五轮书》。宫本武藏1584年出生于日本中部，他后来声称自己首次杀人时年仅13岁。三年后他跟随自己的主君参加了关原之战，和那些主人因战败而丧命的其他武士一样，宫本武藏成了一名浪人（没有主人的武士）。浪迹全国时，他皈依了禅宗，并成为一位取得高度成就的书法家和画家，还练就了“二天一流”的新剑术（使用大小两刀，即一之太刀与二之太刀的剑术。——译注）。根据他自己的记载，在他游历全国期间参加的60多次剑术决斗中他皆获全胜。1640年，宫本成为日本西南熊本藩大名的剑术教习，1643年，他退隐于一个山洞，在那里写作《五轮书》。

尽管宫本武藏常与人决斗，他亮出的观点却谴责对死亡的崇拜，宣扬武士必须总是为了成功而奋斗。“武士之道是不屈不挠，决心向死的，”宫本武藏写道，“虽然不独武士，僧侣、妇女、农夫同样乐意为尽忠或者雪耻而死，但两者的意义其实是不一样的。武士学习兵法是基于超越人类的极限，由此为我们的主君和自己获取名望。”[①] 陈述了这个涵盖一切的原则后，宫本武藏继续解释武士战胜对手的方法。他的许多建议都是技术性的，包括如何握剑以及躲避和进攻时步法的重要性等等，但是他也非常强调精神准备。在某一章中他告诫说，要“研究对手的情况，观察对手的个性特点、优势和弱点、才能高下等等。要出乎对手的意料，把握攻守的节奏，先发制人，这是要点”。他敦促道，一旦你占据上风，便要乘胜追击，“主要是使敌人从心底认输。只要他们还抱有希望，他们就几乎不会溃败。但假如你让他们丧失信心，你就不必再理会他们”。[②]

《五轮书》总是周而复始地回到剑术的问题上来。最终，宫本武藏的书阐明了一个更普遍的观念，即武士之道是取胜之道，任何人都必须建立自己的生活秩序，以便实现为自己设定的任何目标。对宫本武藏来说，那是“武士道”的核心——一个人不能拥抱死亡，相反，作为完成人生任务的一个途径，

① *Kodansha Encyclopedia of Japan*, vol.2 (Tokyo:Kodansha,1983), S. V. Martin Collcutt, “Miyamoto Musashi”, p.222(modified).

② Miyamoto Musashi, *The Book Five Rings*, tr.Thomas Cleary (Boston: Shambhala,1993), pp.38 and 46(modified).

应该努力现时现世地实现征服，获取荣耀。这个目标反过来要求武士总要做好准备，了解敌人，明白自己，时机一现便果断行动。

山鹿素行对于武士应该采用的伦理标准持有不同观点。山鹿素行 1622 年出生于日本中部，青年时期前往江户拜儒学专家林罗山为师（一说他 6 岁或 9 岁已经随父亲迁居江户，如果是这样就没有“前往”之说。——译注）。为广岛附近的赤穗藩大名当了多年的学者顾问和军事教习后，山鹿素行返回江户，于 1660 年创办了他自己的研究儒学和兵法的学校。他写了有关儒学研究、兵法和日本历史的多部著作，但最不能让人忘记的是他推动了“武士道”的形成。

在他的《武教本论》和《士道》（山鹿素行的著作有《武教本论》《武家事纪》《武教全书》等，《士道》为《山鹿语类》中的一篇。——译注）里，山鹿素行力图解答一个问题：在一个人们不必再征战，但是也无补于生产和流通经济的社会里，武士该做些什么来证明自己存在的合理性。作为一名学者，山鹿素行曾经受到中国儒学传统的早期著作如《易经》《春秋》等的吸引，它们代表了对理想儒士的一种想象——饱读诗书，堪为国家效命，道德高尚到他的个人行为提高了大众的道德水准。随着国家进入太平盛世，山鹿素行在他的不同著述中主张日本武士应该效仿过去的儒家圣贤，致力于成为道德和政治的领袖。

为了担负起这种责任，山鹿素行继续道，武士应该致力于“钻研学问”，正如幕府的《武家诸法度》所申明的那样。他们有责任像往昔理想的中国儒士一般，精通音乐、诗歌和其他艺术。此外，他力劝武士们培养一种建立在“诚”这个概念基础之上的个人美德。在中国的儒教中，“诚”被认为不仅是支撑了所有其他形式的良善的主要美德，也是主宰人与人之间关系的原则。在神道教传统中，“诚”的概念有细微的差别，它有它自己的一些表示何为真实、真诚、纯洁和诚实的观念。

山鹿素行认为，武士信条最高尚的表现是，在作为主君的武士和职官的同时，闪耀道德楷模的光芒。“士之职，”他在《士道》中写道，“在于省其身，得主人而尽奉公之忠，交友笃信，慎独重义。”[①] 山鹿也没有忘记，武士对大名和将军应履行的义务中还有军事的成分。毕竟，近世早期的武士是绵延几个世纪的作战传统的承继者，而且天皇仍然委托他们保卫国家，因此，他们应该保持健康，练习军事技能，学习战术战略。不过，山鹿提醒武士，他们已经步入一个新的时代，他们作为文职的责任占据了主导地位，因此他们最应该关注的事情已经不一样了。

首先，武士必须行事以“诚”，也就是说，武士官吏不应该凭狭隘的私利行事，相反必须只能受“诚”“纯”意图的驱动，以符合道德理想和公众评价，实行仁善的管理。而且，山鹿素行号召武士重新确定他们效忠的对象。以前，武士都是对个别大名宣誓尽忠，但是在 17 世纪，大名不再仅仅是武士团的指挥者，同时也已经成为领地的统治者，肩负着随之而来的对领地内人民进行统治的责任。与此相应，武士也进入了一个更加非人格化的社会。因为在近世早期，武士的身份是终身的，所以他要向大名家族，而不是某个碰巧在某时成为大名的人宣誓效忠，从更抽象的意义看，甚至是对他服务于其中民众的领地尽忠。最后，因为每个武士家族首领担任的公职通常都是世代相传，所以要求他们的忠诚必须是绝对的、无条件的。

1700 年，就在山鹿素行重新修正了武士行为的伦理准则的几年之后，武士山本常朝在他的主人肥前国佐贺藩藩主锅岛光茂于 73 岁去世后，表达了强烈的几乎无法自制的仪典式自杀的愿望。虽然主君死时武士称为“自殉”的自我牺牲，从来没有成为特别普遍的现象，但是在日本中世纪，偶尔会有武士选择和主人一起死在战场上，或者在他们的领袖落入敌人之手时剖腹自杀，也有些家臣把这种忠诚的终极表现带入和平时期，在他们的大名正常死亡时也自杀殉主。17 世纪中叶，自我牺牲蔚然成风。那些蒙受主人特别恩宠的武士，似乎越来越多地认为以自殉结束生命是件自然的事情，其中一些当然是把传统的表现忠诚的必为之事付诸了行动。“主人死后切腹自尽是当今风尚，”

① Ryusaku Tsunoda, Wm. Theodore de Bary, and Donald Keene, comps., *Sources of Japanese Tradition* (New York: Columbia University Press,1958), p.395.

某大名在17世纪30年代写道，“他们认为这种行为值得称道。”① 不过，有些人比较会算计，他们牺牲自己是因为知道后人会因此得到丰厚奖赏。还有些人自杀是出于悲痛。大名和年轻家臣之间的同性私通在武士的生活方式中是正常的、被认可的。大名死后，他的前情人们常常因为悲伤，心甘情愿地追随他而去。

随着17世纪中叶自殉事件的增多，对这种风俗的批评也在增多。山鹿素行谴责了这种情绪化的自私行为，认为它破坏了建立一种理性且制度化地忠诚于领地及大名家族的新准则的努力。与此同时，幕府和许多大名政府都遗憾许多有才干的人物的不必要损失。锅岛光茂在26名武士为他的父亲殉死之后，于1661年在佐贺藩宣布禁止这种行为。三年后，幕府效法锅岛光茂，在《武家诸法度》中增补了禁止自殉的条文。因此，锅岛光茂死后，山本常朝只能打消自杀的念头，放弃武士的职责，退隐到佐贺城堡以北几公里处一个偏僻的小寺院里。

山本常朝从1710年到他死于疾病的1716年之间，把他对生命和责任的思考写进1300多则实情逸事里，结集为《叶隐》一书。这本书不加掩饰地否定统治阶级以及如山鹿素行那样的知识分子驯服武士的努力。山本常朝很少如幕府《武家诸法度》那样，提倡“钻研学问”。在某一点上他承认“学习是件好事，但它更经常地引向谬误”，而且，“在极大程度上，我们欣赏自己的观点，变得热衷于辩论”。和他的反智识主义相结合的还有他对艺术的蔑视。“精通艺术的人如同蠢人，”他宣布，“谚语说‘艺术有助身体’，它只适用于其他地区的武士。对锅岛家族的武士来说，艺术毁坏身体。在任何情况下，从事某种艺术的人是艺术家，而不是武士。”②

和现实社会的贫乏相比，山本常朝称赞了关于个人忠诚的古老理想。“要说如何做一名武士，”某个故事开篇就说，“其基础首先在全身心侍奉主君。”山本肯定大名和家臣之间的深厚情谊。他回忆起锅岛光茂曾经温言赞赏过他，

① Eiko Ikegami, *The Taming of the Samurai: Honorific Individualism and the Making of Modern Japan* (Cambridge: Harvard University Press,1995), p.218.

② Yamamoto Tsunetomo, *Hagakure: The Book of the Samurai*, tr.William Scott Wilson (New York: Avon,1979).

并把他自己的蒲团和夜便服送给他。“啊，”他慨叹道，“如果是古昔，我会在这个蒲团旁切腹自杀，披上这件夜便服，追随主人而去。”①

除了强调绝对忠诚，《叶隐》的许多篇章还赞美死亡。“武士之道，”这本书开宗明义地说，“即知死之道。”（对这句话的理解有很多种，如“所谓武士道，就是看透死亡”“武士道者，乃发现如何死得其所之道”“所谓武士道，就是对死的觉悟”等。——译注）在山本看来，做一名真正的武士的关键是学会体面地死：

> 人应该日日盼死，这样当死亡来临时就能死得平静，灾难发生时不会如担心的那般可怕。事前用徒然的想象折磨自己很愚蠢。每朝平定自己的情绪，想象自己被箭、枪、矛、剑击中撕裂，被巨浪卷走，被烈火焚烧，被雷电、地震击倒，坠落悬崖，不幸染病，或遭遇意外的那一刻。朝朝在脑中死一次，你就不会怕死。②

《叶隐》没有在偏远的佐贺藩之外广泛流传，山本常朝对死亡的痴迷也让他的大多数武士同道不安。不过，他的观点还是在许多武士中引起了共鸣，并作为武士阶级准则的一部分而幸存下来。武士最早使用“武士道”这个词是在17世纪，当时他们正沉思他们存在于一个瞬息变换的社会的意义问题。近世早期武士固守的传统观念如勇气、忠诚以及甘愿面对死亡的恐怖仍有意义，但是他们也在过去的思想基础上增添了新的理想，构建了当时的武士之道：争取成功是美德，人应该读书，而且要为终将降临的机会做好准备；动机的纯洁非常重要；一个人可以通过为藩地政府和人民效劳，履行自己的身份所固有的义务。

商人对新儒学的思考

在近世早期，平民也不得不决定他们应该重视哪种价值观，形成自我认

① Ikegami, *The Taming of the Samurai*, p.289.

② Ivan Morris, *The Nobility of Failure: Tragic Heroes in the History of Japan* (New York: New American Library,1975), p.316(modified).

▲ 正在寺子屋里学习的学生

同，为自己在社会上争取体面的位置。最后，町人和农民一样形成了指引他们的生活、着眼于他们对社会的贡献的伦理准则。和武士的情形一样，当代的经验以及从佛教和神道教传统中吸收的训诫，深刻地影响了商人、工匠、农民对他们自己的看法。新儒学也不无影响。平民在各种不同情况下了解了道德哲学，到 18 世纪中期为止，大多数普通日本人对其基本原则至少都有了粗略的认识。也是在那时，出生于商人家庭的道德家和学者，开始爬梳儒学教条，忙于搜寻各种线索，以形成迎合日本城市平民需要的伦理行为准则。

从 17 世纪中期开始，一些著名学者开始在三都和地方城堡小镇开办私塾，招收富裕市民和附近村庄富农的子女为全日制学生。另一类叫作“寺子屋（寺塾）”的学校则吸收本地或农村的孩子入学。一些寺子屋其实由佛教或神道教僧侣经营。不过，更多的是由单身教师或已婚夫妇在他们自己家开办所谓的寺子屋，靠向学生收取学费过活，学生则尽量每天来一个小时左右。

18 世纪末至 19 世纪初，私塾和地方寺子屋的数量急遽增加。据记载，甚至早在 1750 年，江户的“学费已经极低，办学手续也已经简化。教育费用低，结果，即便是下层人民也可以进寺子屋读书，‘无笔’即不会写字的‘无笔之人’很少”。① 到 19 世纪 30 年代，全国已至少有 300 所私塾和多达 3000 家的寺子屋在运转。根据一些人的估计，到近世早期的末叶，江户和日本其他主要城市几乎每个成年人都能读会写，而另一些人则估计 1850 年日本 40% ~ 50% 的男孩和 10% ~ 15% 的女孩都在这种或那种学校受过一些正规的学校教育。19 世纪中叶，日本总的识字率有可能高于世界上任何其他国家，也许只有英国和荷兰除外。

私塾的典型课程是向刚入学的学生介绍儒学经典，对已经读了若干年的学生则进行高级辅导。寺子屋教师采用的课本范围更广，例如《商业指导》和《百商教程》，向学生传授他们需要的语言和数学技巧，以便听懂官方公告、准备发票、记明细账、阅读农学手册、作缴税记录等等。不过，在大多数寺子屋，所有教学的重点是职责、义务、孝顺和社会责任这些居于儒家伦理准则中心的价值。

平民儿童学习新儒学的基础知识时，有时会读到污蔑他们远不如享有特权的武士精英有价值的课文。1719 年，曾经为将军侍讲的儒学道德家和天文学家西川如见刊行了被广为传阅的《町人囊》，这个题目说明西川有锦囊妙计要告诉町人。他这样劝告他们：“町人为四民之末。既为末，就不应逾上，不应嫉妒他人名望、威严，而应甘于简单平淡和目前的地位。只要安分守己，如同牛乐于混迹于牛群，就会一生快乐。” ②

随着商人变得更加富有，受到更好的教育，其中一些人开始重新思考新儒学的某些训诫，并且最终向知识分子把他们比作驮畜和把他们列入社会职

① Moriya Katsuhisa, “Urban Networks and Information Networks” tr.Ronald P. Toby, in Nakane Chie and Oishi Shinzaburō, eds., *Tokugawa Japan: The Social and Economic Antecedents of Modern Japan*, tr.ed.Conrad Totman (Tokyo: University of Tokyo Press,1990),p.120(modified).

② Donald H. Shively, “Popular Culture” in John W. Hall et al., gen.eds., *The Cambridge History of Japan*, vol.4: Early Modern Japan ,Hall,ed., (Cambridge: Cambridge University Press,1991), p.765.

业阶层结构底层的偏见提出挑战。大阪的私塾怀德堂的学者在改造旧观念的过程中，发挥了重要作用。怀德堂由五位大阪商人创办于1724年，招收了一些武士；但主要还是服务于大阪城富商家庭的年轻人，他们希望遍览中国经典著作，以便随意出入大阪上层社会。在那个社会，熟悉一些过去积淀下来的学问以及能用汉文作诗，被视为有用的资本和便利的社交润滑剂。而且，在怀德堂求学还有望学到能使他们经商致胜的实用课程，以及伦理道德行为方面的指导。

起初，怀德堂的创始人按照新儒学正统学说的标准安排课程。然而，当学生们孜孜不倦学习时，一些才华出众、主要来自商人家庭的教师，改造了儒家学说，肯定了武士还有商人的正直品质和价值。19世纪的前十年，当山片蟠桃完成他的《梦之代》时，重新诠释新儒学的漫长过程中的最高成就出现了。山片蟠桃出生于播磨国，13岁时就到大阪，在他叔叔的“升屋”里当店员。在接替叔叔担任番头之前，年轻的山片蟠桃在商人办的学校怀德堂学习了一段时间。作为一位非常精明的理财家，山片蟠桃把他叔叔的生意带向了新的繁荣。临近其成功的漫漫一生的尾声时，他撰写了著名的关于各种知识的概论的著作——《梦之代》，提出了如何认识历史和帮助普通人民的主张。

山片蟠桃认为所有的客观知识和人类的价值观来自科学的普遍性。围绕这一主张，他建立了自己的认识论。事实上，他受到从西方著作的中译本中了解到的天文学的影响，他的《梦之代》就是以这种观察开始。“宇宙先于一切而存在，地球其后，”他写道，“人类及道德准则又后之。怜悯、正义、礼节、孝道、忠诚皆为人类规范社会秩序之法的一部分，并非先于宇宙而存在。”① 接着，山片蟠桃又讨论了史前时期的地理、人民和生物，日本有文字记载的历史的前夕以及这段历史中政治秩序的形成，还有日本政治经济的现状。最后，在《梦之代》的综合结论中，山片蟠桃重申了所有现象的合理性，驳斥迷信即宗教、日本民族起源于神的臆想以及种种玄虚的传说，他把这一切都称为“梦”。

① Tetsuo Najita, *Visions of Virtue in Tokugawa Japan: The Kaitokudō Merchant Academy of Osaka* (Chicago: University of Chicago Press,1987), p.255.

山片蟠桃的不朽论说中贯穿了两个基本主题：首先，知识是客观的且能被证实的，因此所有愿意不辞辛劳研究周围世界的人都可以获取知识；其次是坚决主张“人类规范社会秩序之法”，实际上是认为人类所有经验奠定在宇宙本质的基础上。这个判断反过来导向一系列公理。山片蟠桃推导，如果哥白尼教导说地球不是宇宙中心，那么与此相似，没有一处是地球的中心。因此，随之而来的结论就是，作为自然和宇宙秩序不可分割部分的人类文化，并没有给予任何阶层的成员以凌驾于同胞之上的特权。

最后，山片蟠桃把没有社会阶层可以凌驾他人之上的信条，和任何人都可以经由考察身边环境里的事物来获取知识这一观念结合起来。从这一点出发，这位商人学者得出结论：每个阶层都具备某些相关的专门知识，使他们得以从总体上增进社会福利。武士“知道”政治，就能够统治他人；农民了解农业生产的复杂性，就可以供养全国；商人懂得经济，唯有他们抓住了货币本质、市场实况以及供求关系的普遍法则，因此，商人掌握的知识也有用处。在山片蟠桃看来，商人关于经济事务的智慧，对于改善日本同胞的生活，实际上和武士领导者的所谓政治智慧同样至关重要。

石田梅岩对于构建一整套承认市民阶层作用的伦理规范也做出了重要贡献。石田梅岩是丹波国一个农民的儿子，年轻时就到京都一户商人家当学徒，后来他开始研究新儒学。1729 年，就在怀德堂成立后不久，年届 45 岁的石田梅岩开始公开讲授被熟知为“心学”的道德哲学。他的观点立即博得京都商人和工匠的好感，随后迅速传遍全国。在 19 世纪早期的某个时候，他的门徒在许多城市开设心学讲席，在总计招收了 3 万多名弟子的 100 多所心学学校授课。

心学的核心信条是相信人类身上潜藏着完美道德。石田梅岩及其追随者都采纳了儒学的主张，即如果一个人想成为有道德的人，并帮助社会正常运转，他就必须领悟“理”，一种不易捉摸的包括自然法则和社会准则的“原则”。但是就在日本新儒学学者大多把“理”看作一些固有的不可更改的格言时，石田梅岩提出道德美德是内在的，活在每个人的内心。因此，他很少采用山片蟠桃所推崇的那种客观的学说。相反，这位石门心学的创始人断言，探索宇宙本质的最有效方法是领悟人的精神实质。而且，石田梅岩主张积极入世，尤其是投身于工作；他认为这是了解个人的内在自我和释放使人行为得体的良好一面的最直接途径。

后来，石田梅岩的门徒更加全面地吸收日本的宗教传统，以观察如何发掘关于个人“真心”的知识。他们借用了禅宗的静坐作为探视内心深处的一种方法。他们建议的另一种方法是像某些佛教以及神道教中的苦行者那样，通过苦行修道。心学领袖们的意思不是说普通人应该离开人类社会，站到瀑布底下悟道，不过他们的确鼓吹在日常生活中要遵从节俭原则。事实上，石田梅岩本人，或者如他自己所言，吃得很节俭，并且多年来自己做饭，以超越日常生活的需求，营造一种能让他洞察自己内心的平静。

商人和工匠成群结队地涌到心学的讲堂，因为它再次有力地肯定了他们的固有价值。对石田梅岩和山片蟠桃来说，“天”赋予了每个社会阶层推进个人福利的独特而且可敬的责任。“若无买卖，”石田梅岩为商人辩护道，“则买方无着，卖方难售。苟如此，则商人无以渡世，则改业而为农或工；若商人皆为农为工，天下无流通财宝者，则万民陷入难境。”[①]

而且，每个社会阶层都有互补作用。“士农工商者，助成天下之治也。”石田宣称，“四民有缺，则无以为助。”接下来他明确指出，“治理四民，乃君之职也。”他又说，“佐助君主，则四民之职分。士者，乃原本有位之臣也；农人，乃草莽之臣也；商工，乃市井之臣也。为臣者侍佐君主，乃为臣之道；商人买卖者”。他再一次重申，“乃佐助天下也”。此外，既然每个社会阶层都有助于国家的普遍福利，他们就有权要求同等的报酬。作为侍奉大名的回报，每个武士家臣都领取年俸，石田梅岩推导，与此相似，“工匠得工钱，乃工之禄也；农人耕作收获，亦同士之俸禄；商人之取卖货之利，与士之食禄相同”。

平行之“道”：　商家家训和农民圣人

山片蟠桃和石田梅岩等学者通过肯定商人的用处，重新诠释了新儒学，

---

① Robert N. Bellah, *Tokugawa Religion: The Values of Pre-Industrial Japan* (Boston: Beacon Press,1957), p.158; Ishikawa Ken, “Baigan Ishida’s Shingaku Doctrine” tr.Takeo Katow, *Philosophical Studies of Japan* (1965), pp.26-27; and Eiji Takemura, *The Perception of Work in Tokugawa Japan: A Study of Ishida Baigan and Ninomiya Sontoku* (Lanham, Md.: University Press of America,1997), p.65.

他们为此付出的努力成为后来被称为“町人道”的实用伦理准则发展的起点。“町人道”的意思是“市民道”，一般不仅用来指商人，也指工匠。但由于以著名商人为首促进了町人道的形成，因此它常被译为“商人道”。石田梅岩本人详细说明了町人道的核心价值，提出“知心”就能产生行为的独特的综合表现，如推崇完整的“五伦”，无限地投身于义务和职业。他劝告说，“首要谨敬自身，以义尊崇君主，以仁爱事父母，以信义交朋友，广爱人而悯恤贫穷之人。有功不自夸，衣类诸物，守俭约而戒华丽。不荒疏家业，财宝知量入为出”。①

家训在说明这些理想时，带有更鲜明的特征。在整个18世纪，越来越多的日本富商撰文叙述他们对生活的思考，公开他们成功的秘诀，有时还得到了心学和怀德堂学者的建议和指导。有些家训很简要，而18世纪20年代晚期完成的《三井家训》则多达几十页。这些家训主要是为后代提供经商的实用性建议，包含着许多长期积累起来的职业经验，而且经常评述商人的家庭义务和社会责任。总的看来，家训广泛论述了商人的正直，阐明了町人道的伦理规则。

根据大多数家训所言，辛勤工作绝对是成功的先决条件。博多（在现在的福冈）的著名酿酒商，也是最早为后继者留下家训的商人之一，岛井宗室忠告：“早起。于买卖及赚钱之营生，务比他人勤勉。”② 伊藤长次郎，其在名古屋的家庭纺织品店发展成为如今的松坂屋连锁百货店，也告诫伙计要起得“比世间任何人都早”。而且，他还警告说，“怠惰永无益处”，所以“纵以揉牛马粪为业，亦当热忱”。用词简洁的《三井家训》少了几分想象力，直接告诉家属和雇工“劳作不息者永不受穷”。③

此外，世间的成功还有赖于赢得顾客的欢心。据一位著名酿酒商的家训，

---

① Bellah, *Tokugawa Religion*, p.149.

② J. Mark Ramseyer, “Thrift and Diligence: House Codes of Tokugawa Merchant Families”, *Monumenta Nipponica* 34:2(Summer 1979).

③ E. Sydney Crawcour,“Some Observations on Merchants: A Translation of Mitsui Takafusa’s Chōnin Kōken Roku”*Transactions of the Asiatic Society of Japan*, 3d series, vol.8(December 1961) and Mitsui Takahara,“Chonin’s Life under Feudalism” *Cultural Nippon* 8:2(June 1940)as reprinted by Nippon Bunka Chūō Renmei (Tokyo:1940), pp.1-32.

一种方法是“务必事事诚实”。另一位商人也持类似看法，“商品售价须公平标准，勿虚抬价格”。礼貌也很紧要。一个商人家长写道：“礼遇所有进出店铺者，无论男女老幼。”三井家在江户的竞争对手，布料商白木屋的家长加以补充，“待大宗购货者自当有礼”，他继续说，但是留住客户最可靠的办法是“礼遇所有来客，无论其购货多寡”。

商界领袖对勤奋工作必要性的强调以及他们机敏的经商实践，不仅增加了他们的个人利润，而且也有利于他们的“家族”。按照近世早期的构想，“家”是几世同堂的家庭，包括祖辈、目前在世的一代以及尚未出生的后嗣。家庭成员努力争取成功，以守护从先辈继承下来的家业，并为了让未来的家人生活得更好而令财富增值。伊藤长次郎写道：“人皆有姓，人将有后。家必世代永存，此实不可忽。”因此，他警告说：“一朝失误，自身受穷，先人辛劳将付诸东流，非徒殃及妻室儿女，身且为人耻笑。”鸿池家的家训也表达了同样的观点：“欲永保祖业无损，必孝奉先人，念及后嗣生计。”

许多家长从个人经验知道，赚钱困难花钱容易。因此，他们劝导家人和店铺伙计要谨慎、节俭，以便为后代留下家业。三井的家训这样警告：“行事常求谨小慎微，不然，买卖将毁。”生性节俭的岛井宗室告诫后嗣不得外出作赏花游或沉迷于茶道，还教导他们要找出纸张、绳子、石膏碎屑的其他用途。三井的家训以江户的一些商人为例阐述自己的观点，他说他们“赏景或赴寺庙朝拜之时，着华衣美服”，他怀着不祥的预感写道：“其妻室女儿行不离轿，侍女男仆亦极尽风尚，争奇斗艳。忘乎所以之际，宅邸店铺分崩售罄，主人无仆，妻女步行，财物悉数变卖。”最后，三井带着几分自得说，他们沦落到“扎简陋之纸灯以度日”。

最后，大多数家训都认可幕府统治的合法性。三井的家训包含这样的命令：“上起主人，下至最低级佣工，须一律谨遵政令。”另一个著名商人也如此直陈：“恪守一切政令。”承认幕府权力合法性的必然结果是，商人接受他们在身份制统治体系中的地位。这是三井家训在编纂中汇集了一些故事的另一个原因。这些故事讲述了那些想效仿武士，或过着不适合他们身份生活的商人的悲惨结局。这类有警示意义的故事是基于对现实的恐惧：18 世纪初，当局曾经斥责大阪城最著名的商人淀屋辰五郎生活奢侈，把他逐出大阪，并没收了他的家产。

但是，如果商人遵守町人道的基本准则，诚实、勤勉，守住从先人那里继承的祖业，并为后代计而使其增值，与政府及同胞和谐共处，那么，他们就能为自身带来荣耀，并证明他们在社会秩序中所处位置的合理性。“武士习弓马之术，在官府为官。”某个附和心学说教者思想的家训这样写道，“农人耕种、缴税；工匠于作坊劳作，将家传手艺传诸儿女；商人以买卖为责。四民皆有‘道’，是为真道。”或者如三井家训所提出的，“使门庭兴盛，持家有方，享以永年，逝时且无愧于心，是为人世之佛”。

正如武士著述和商人家训所表明的，农民也肩负许多可以概括为“道”的义务和责任。对宫本武藏来说，这个“道”非常简单，就是“留意天象四时而作”（完整地说是“农夫之道，就是留意天象四时，早起晚睡，拿着锄头、犁等耕种工具，每天辛苦耕种，这样才能获得好收成”。——译注）。[①] 把农民勾画为“草莽之臣”的石田梅岩，概略地描述了一个本分的日本农民更加浪漫的形象：“黎明前出外，星辉中还家。春播、夏耨、秋收，未尝稍忘增益产出，竟至颗粒不遗。”[②] 按照石田梅岩的说法，就这样，农民像武士和町人一样为了他人“耗竭”了自己，因此他们也有美德，值得尊敬。

二宫尊德是这些理想的化身。二宫尊德出生于骏河国（一说二宫尊德出生于相模国。——译注）的一个富裕农家，一场洪水使他家失去了所有土地。1802 年他失去了双亲，当时年仅 15 岁。二宫尊德照顾两个年幼的弟弟，凭着不知疲倦的努力重振了家业。这位年轻人的事迹给当地大名留下深刻印象，于是请他制订一个计划，以提高一场毁灭性的饥荒之后该藩村庄的生产力。二宫尊德在那里的成功，使他又被委派到日本北部的其他领地。19 世纪 30 年代，寒冷和暴风雨交加的天气给那个地区造成了灾难性的饥荒，二宫尊德就是到那里监察灌溉设施、道路和房屋的建造。最后，二宫尊德誉满全国。1842 年，幕府聘请他拟订了几个农村复兴的计划。

终其漫长的一生，二宫尊德共撰写了 36 卷关于成功之道的实践经验和道

---

① Miyamoto, *The Book of Five Rings*, p.6.

② Bellah, *Tokugawa Religion*, p.157.

德训示。他认为人生的成功法则是“一匙神道，儒佛各半匙，合三味为一粒丸”（原文中没有后半句话，但补充进去意思更完整。——译注）。[①] 即便如此，他的信条仍奠基于简单、熟悉的主张之上：“美德源于劳动，失德来自懒惰。”二宫尊德相信，神道诸神赐予人类资源丰富的自然环境，人类最有价值的活动是劳动，因为它使希望结出现实的果实。无论自然界多么丰沃，他宣称，“没有农民，稻田耕地皆为无用之地”。

▲ 二宫尊德像

二宫尊德也强调计划的必要性。如果说大自然很和善，那它也有可能很冷酷，饥荒、歉收就是大地无情节律的一部分。如果人民想在正常年月繁荣发展，克服必定时有出现的灾难，就必须事先做好准备。因此，二宫尊德提倡一种科学化农业。他主张，农民需要计算灌溉多少水，施用多少肥，才能使产量最大化；而且他们应该研究种子类型，掌握哪一种在不同条件下长势最好；并且精确记录十年内的农作物产量，以便验证他们的假设。每家每户也都应该记录家庭开支，以免超支。他还教导农民通过把每个季节该做的日常事务制成表来安排时间。

二宫尊德后来被称为日本的“农圣”。他也号召村民联合起来开展自助。在他看来，个人和团体的福利是一起前进的，假如部分人受损害，最终全体都会受到负面影响；而假如每个家庭都向前发展，团体中每个人的利益也都会增加。19 世纪 40 年代，在二宫尊德及其门人的教诲下，一些村民开始组织帮助生病或残疾四邻的公共协会，每月集会讨论农事实践，农闲时修补道路及灌溉沟渠，甚至合伙筹集基金，低息或无息借给陷入困境的同村村民。

可以预见，勤奋工作、制订计划、互助合作的预期受惠者是几世同堂的家庭。“我们父母的财富仰仗于祖先的成功”，二宫尊德写道，正如“我们的

① Takemura, *The Perception of Work in Tokugawa Japan*, pp.129-31 and 120, and *Sources of the Japanese Tradition*, pp.585.

财富有赖于父母的积善”，所以“我们子孙的财富取决于我们的劳动和努力”。除此之外，二宫尊德相信每个人都应该“回报恩德”。换言之，每个个体、家庭都承蒙神灵和自然界的祝福，因此都有道德上的义务通过辛勤劳动，做个节俭诚实的人，以及帮助他人等方式来回报这种祝福。二宫尊德把“回报恩德”的行为称为“报德”，这一观念深入农民心田，以至于农村互助协会都自称为“报德社”。

性别与现实

许多武士思想家和家训作者的写作都主要针对男性读者，即他们认为那些领导家族，在官署当差，经营店铺，耕作家里农田的父亲和儿子。这种对女性的漠不关心体现于《叶隐》中的评论：女儿是“姓氏的污点、父母的耻辱。长女还算特别，不过最好别去理会其他女儿”。尽管山本常朝的语言中流露出对女性的轻视，但仍有一些作者密切关注着他们所期望的妇女在家庭和家族中所起的作用。可以料想的是，大多数道德家都透过性别化的眼镜看待生命，把妇女归入家庭的私有领域。不过，那个位置并不总是和现实相符。

妇女道德训练方面最广为流传的册子之一是1716年刊行的《女大学》。该书作者不详，不过学者们经常把它系于贝原益轩的名下。贝原益轩是一位著名的儒家学者，撰写了许多关于健康、医药的有影响的论说，还有针对社会特定群体的道德文章，其中也有一些思考集中在他的妻子身上。不管《女大学》的作者是谁，该书的19个篇章反映的是同一种思维模式，那就是使妇女附属于男性，并把她们拘囿在家庭里，她们在家中的主要任务是做家务、繁殖后代，还有抚养孩子。

《女大学》硬性灌输了这样一个观点：妇女一生都担负着无穷无尽的责任。该书写道，“未出嫁女孩的主要责任是孝敬父母”，一旦结婚，新婚妻子“必须视丈夫为主人，满怀崇拜地尊敬地侍奉他。丈夫发号施令时，妻子不得违背”。[①]《女大学》的某些章节把男性地位抬升得更高，声称“妇女应该把丈夫看作‘天’本

① Basil Hall Chamberlain, *Things Japanese* (London: Kegan Paul, Trench, Trübner & Co.,1890); Sakai Atsuharu, “Kaibara Ekken and ‘Onna Daigaku’”*Cultural Nippon* 7:4(1939); and Joyce Ackroyd, “Women in Feudal Japan”*Transactions of the Asiatic Society of Japan*, 3d series, vol.7(November 1959), p.53.

身”。孩子出世后，为人妻和为人母者的责任就更多了，要“准备一日三餐，洗衣服、叠衣服，打扫地板”，而且要不知疲倦地“织布、缝补、纺纱”。同时，模范妻子还应该“敬重公婆胜过自己的父母，做任何他们要求她做的事”。除了履行上述义务，该书继续说，妇女还必须“戒铺张戒奢侈”。妻子和媳妇还必须品行端正，举止“礼貌、谦卑、温和，从不暴躁难缠，从不粗鲁自大”。

尽管希望女孩长大后能成为有德行的妇人，《女大学》的作者仍然悲哀地预测她们“十之七八”是“不听话的、易怒的、爱搬弄是非的、善妒或者愚蠢的”。这些天生的本质缺陷使妇女“劣于男子”，而且有可能破坏婚姻。结果，《女大学》给予男子道德上的许可，只要出于下列七个原因中的任何一个，他们就可以休妻：不事公婆、无子、淫荡、妒忌、有恶疾、多口舌使家庭不睦、盗窃。

许多理论家宣扬相似的观点。有位著名学者先在江户自己的学塾里，后又在为米泽和尾张二藩武士讲学的过程中，一再重申自己于1783年在名古屋的一群平民中散播的观点：“女子年轻时，在家从父母；既嫁从丈夫；年老后从儿子。”① 心学学者也忽略身份和阶级差别，不管其出身武士、农民还是町人家庭，把所有妇女当作一个非常需要道德指导的单一群体。在专门面向女性听众的讨论和讲席中，心学教师严厉批评妇女“心胸狭窄，流于小气和虚骄”。② 因此，每个女人都应该探求本心，寻找儒家要求妇女具备的六种美德——顺从、贞洁、和善、节俭、谦虚和勤勉。所有这一切，她应在结婚后做得最好。

这种说教不无效果，一代又一代商人和农民的女儿成为本分的妻子。当大名开始挑选一些妇女作为举止适宜的模范时，他们通常可以从许多道德典范中进行选择。例如金泽的一位年轻女子为了照顾有病在身的鳏居的父亲而推迟了婚期，某天晚上还把一个夜盗推到外屋的厕所里，从而保住了全家毕生的积蓄。就在她父亲去世前，她心怀感激地嫁给了父亲择为女婿和下一任

① “A Sermon by Hosoi Heishū” in Michiko Y. Aoki and Margaret B. Dardess, comps. and eds., *As the Japanese See It: Past and Present* (Honolulu: University of Hawaii Press,1981), p.65.

② Jennifer Robertson, “The Shingaku Woman: Straight from the Heart” in Gail Lee Bernstein,ed., *Recreating Japanese Women,1600-1945*（Berkeley: University of California Press,1991), pp.97 and 94.

家长的男人为妻。20 世纪早期，一位知名社会主义者和女权主义者山川菊荣在编辑其曾为水户藩藩主家武士的先祖的文集时，曾经述及 19 世纪四五十年代的妇女。“她们不为人注意的生活局限在家庭的范围内”，她们“不得不应付很多困难，默默地尽最大努力维持家庭，抚养孩子”。[①] 当然，并不是所有妇女都认为这种以家庭为中心的生活令人讨厌。有位小说家写道：“我亲爱的母亲为人正直，从不和人口角。实际上她从不生气，而是为我父亲奉献她自己。他们一起干活，就像车子的两个轮子。”[②]

不过，有别于儒学理论家花言巧语的建议，商人和农民家庭妇女的生活经验和学者著述中提出的理想化行为准则有很大差异。首先，妇女不是像《女大学》和其他文本说的那样深居简出。商家妇女要帮丈夫照看店铺、记账；而且，在大阪和日本西部的其他一些城市，妇女甚至可以当家长，尽管认为由男人来当更好。在农村，男男女女挨在一起干活。妻子、女儿料理菜园，摘水果并把它们晒干，有时甚至在稻田里和男人一起苦干。春天，她们帮着把秧苗从苗圃移植到大田；秋天，则收割稻子，用锯齿状的农具切去稻穗，再把稻秆拔出来。

许多妇女外出工作，尤其是在婚前。17 世纪末至 18 世纪初出版的职业百科全书列举了一百多种妇女从事的工作，职业包括裁缝、农田帮工、下海捞贝人、洗衣工、木工、流动租书员、茶室招待、澡堂服务生、妓女、尼姑、按摩师、奶妈、厨师，还有卖线香、草鞋、显花植物和豆腐的小贩等等。人数最多的工作是在富有的武士或商人家当侍女和家仆，以及在新兴的纺织品行业当纺纱工、织工和染工。现在不可能知道当时劳动妇女的确切比例，不过一些统计表明，18 世纪初京都和大阪不同街区的 1/4 到一半的女性都是仆人。

而且，妇女并不总是如《女大学》的作者要求的那样“温柔、顺从、贞洁、安静”，有句俗话说，“脾气最暴躁的是马夫、船长和奶娘”。[③] 与雇主关

① Kate Wildman Nakai, “Introduction” in Yamakawa Kikue, *Women of Mito Domain: Recollection of Samurai Family Life*, tr.Nakai (Tokyo: University of Tokyo Press, 1992), p.23(modified).

② Anne Walthall, “The Life Cycle of Farm Women in Tokugawa Japan” in Bernstein, ed., *Recreating Japanese Women, 1600-1945* (Berkeley: University of California Press,1991), p.58.

③ Gary P. Leupp, *Servants, Shophands, and Laborers in the Cities of Tokugawa Japan* (Princeton:Princeton University Press,1992), p.85(modified).

系不和睦的仆人，或因公然抱怨受虐待，或因散布关于主人家的恶毒流言，或因偷盗主人家的东西，或因卷走贵重物品而声名狼藉。女仆纵火案频繁出现在大多数镇子的警察记录中。17 世纪 60 年代，金泽一名女仆先后在六户武士家干活，从每一家的账目上盗用钱款，并且为了掩盖自己的罪行放火烧他们的房子，最后警察将其抓获并用大锅烹了她。

婚姻不如意的妇女努力寻找活下去的办法。她们中有些人继续和配偶在一起，但却经常呵斥、谩骂他们，使生活变得一团糟；还有些人则筑起一道沉默的围墙，抑制自己的性欲。因为离婚本质上是男性的特权，武家妇女除这些办法之外无计可施。

想甩掉配偶的武士只要给妻子写一封带有休妻之意的书信就可以了。这种休书通常遵循简短标准的格式，“三行半”就是它的通称。被休的妇女拿着她带到夫家的嫁妆回自己的娘家，所有的孩子留给丈夫。正如反对寡妇再嫁，儒家的正统观念也反对离异妇女再婚。“嫁人又被休的女子，”《女大学》悲叹道，“已经离开了‘道’，蒙上了巨大耻辱。”

农民和商人家庭的妇女有较多的选择。有些人逃到“离婚寺”摆脱了麻烦的婚姻。女子在这种寺庙干满两年后，政府官员就宣布解除其一切婚姻瓜葛。没有统计数字显示有多少不堪忍受的妻子在离婚寺避难，但是最著名的镰仓东庆寺，在 18 世纪 20 年代到近世早期末叶期间，共收留了大约 2000 名妇女。更为普遍的是，商人或农家妇女直接走出夫家，并且常常带上孩子。19 世纪早期大阪附近的一些村子里，至少 15% 的婚姻都是那样结束的。此外离异的平民女子往往再婚，而再婚并没有让她们背上武士社会的那种污名。有位叫铃木的作家把他年轻的妻子休回到娘家，表面上看是因为她不很擅长持家，其后她又结了两次婚；作家继续关心前妻的幸福，在她的第二次婚礼上，他代表她热烈发言；在她第三次追求婚姻幸福而以失败告终后，他甚至想过再次娶她。

有些女子宁愿单身。山川菊荣回忆说，她的高曾祖父因妻子无法生育，曾娶附近一户富商家的年轻女儿作“第二个妻子”。当地是江户和虾夷地之间沿海贸易的中心，兴旺而繁华，人们把它叫作“小江户”。这位年轻女子一生下儿子（山川菊荣的曾祖父），就逃回到她自己的家，“恢复了町人女儿那种无忧无虑的生活”。对她们来说，“学习优雅才艺或者去剧院的快乐是理所当然的”。[①] 当山川菊荣的高曾祖父派人想把她接回去时，她率直地答道：“非常感谢您，不过我已经受够了武士家的生活。我走时就不想再回来，所以请让我自便吧。无论以后我儿子怎么考虑，我都宁愿像现在这样留在自己家里。”

这位年轻商家女子对生活的选择有力地提醒我们，所有的“道”都只是对理想行为的憧憬，而不是现实状况的描绘。正如从前某些武士是凶猛的勇士，而某些是驯顺的懦夫；近世早期一些武士转化为有知识的老练的管理者，而另一些人，则没有这样的能力。与此相似，有些农民把土地化为乌有，而能干的邻居却兴旺发达，凑足资金开创副业，使自己更为富有。一些店主建立了岩石般牢固的事业，但是也有许多生意失败，因此成功的商人发现有必要编写家训，为他们的继承人提供成功指南。假如子女不遵从他们的规定，各个社会阶层的父母还可以自我安慰：大多数年轻人都竭力遵循正“道”，其他人只不过选择了走他们自己的路。

自我和群体

“家”除了作为社会组织的基层单位，还把普通个体和地方行政组织，以及上级国家权力机关联系在一起。在日本城乡，最有影响的家庭是财富所有者，即享有由藩主或管辖那些领土的幕府将军批准的，占有、出租、售卖、遗赠特定田亩或某些生意及居住地等特权的家庭。作为承认他们财产所有权的交换，这些家庭要缴纳多种赋税，发挥许多旨在加强社会控制，确保城乡生活安宁有序的重要职能。

在每个城镇街区，政府官吏把拥有财产的家庭编成通常被称为“五人组”的组织。实际上，“五人组”由以家长为代表的家庭组成，家庭的数目从不足5个到12个或者更多不等。不管数量多少，“五人组”的成员代表高一级权力机关承担若干重要职责。首先，主管官员责成各家代表要绝对保证全体家庭成员和雇工，还有每个房客租户，了解并遵守官方法律、法令和命令。为了增强威慑力，官员还规定凡“五人组”中的任何一人有违反行为，其他人

---

① Yamakawa, *Women of Mito Domain*, pp.170-71.

都要负连带责任。

“五人组”还在街区范围内履行其他重要职责。各地的责任互有不同，但基本上“五人组”的成员家庭都互相扶危济难，负责除雪，检修本地街道桥梁，维护消防设施并随时准备扑灭威胁他们那个城市一角的火苗，以及解决扰乱街区平静的小冲突。此外，每个居住区内有财产的家庭还要出资在几个毗连街区的交叉口设立卫兵室，并选派人员值勤。每晚卫兵关上分隔各个街区的大门，以防夜盗和其他干坏事的人出入，然后上街巡逻，加意留心陌生人。冬天还要敲木梆子，提醒居民小心烧饭和取暖用火。

为了联络基层的“五人组”，幕府和藩地政府还委派一些有名望的商人，在武士担任的町奉行的监督下担任町年寄和町名主。町年寄（江户有 3 名）向下属町名主（江户约达 260 名）传达幕府或藩主颁布的法律文告，后者又监视着散布在若干居住区的许多“五人组”。町年寄和町名主协同工作，确保人们按时纳税，访查特别有孝行的居民，校验财产权的转让，保护户籍记录和其他重要文件。而且，他们还要帮着解决町人之间的非暴力纠纷，例如关于财产证书的异议，对所买商品质量和拖欠贷款的抱怨，等等。

农村也盛行类似的组织。近世早期日本共有 2000 多个村庄，各地区之间的实际操作差别很大。不过和城市的情形一样，也是趋向于采取一种把各家联结起来为上级权力机关履行义务的制度，后者则允许他们在当地事务上享有很大程度的自治。有财产的村民自发组成了“五人组”，各家家长要保证家里人和向他们租地的佃户都遵从统治者的法令。这些组织共同照顾生病的四邻，维护道路桥梁，互相帮忙翻盖屋顶，暴雨、地震过后重建稻田四周的堤堰。

村长有时世袭，有时经富裕家庭一致同意后产生。他们是连接“五人组”和大名或幕府属下的武士官吏的关键。在少数“组头”的协助下，村长保管户籍，帮助调停异议，等等。和町年寄不同，村长在分配税额中起着重要作用。在城市里，每个有产者一般交纳一笔根据其店铺占据街道面积大小而计算的年税；然而在农村，幕府和大名只是指定每个村庄的总税额，然后由村长在组头或许还有其他有影响的家长的建议下，按照大概在该村最有效的办法，在各个有财产的家庭之间分配税额。

近世早期的日本政府在允许“贱民”群体管理其内部事务的同时，也把权力之网笼罩在他们头上。用大化革新之后不久编写的官方文书中一个含义不甚明了的说法，“五种下等人”，他们从日本有文字记载的历史开始就饱受歧视。一般说来，这些人通常和“污秽”联系在一起。神道教的基本教义把良善、虔诚等同于纯洁、干净，而且进一步认为“不洁”会黏附在事物和人身上，令其邪恶或有罪。在日常生活中某些血污和其他不卫生的东西会黏附在每个人身上，因此每个人都必须定期举行正式的净化，祛除污秽。但如果一个人习惯于宰杀动物，或者犯下骇人听闻的破坏社会结构的罪行，例如乱伦或人兽淫乱，就会变得肮脏不堪。习俗最后判决把这种人从社会中驱逐出去，让他们到处流浪，通过乞讨或者四处卖唱、跳舞、扮小丑、表演杂技赚几个小钱生存下去。

近世早期，歧视成为国家政策的问题。大体上幕府和地方大名把流浪者分为“秽多”和“非人”。“秽多”（或“皮革工”，他们更愿意这样称呼自己）是那些剥取兽皮，晾晒后制成鞋子、马具、绑盔甲用的带子，以及其他武士装备的家庭。战国时代大名开始和秽多建立关系。16世纪末到17世纪初大名据有领地后，开始把秽多驱赶到通常位于城堡小镇郊区农田的特定区域隔离起来。秽多在那里耕种，在政府批准下垄断了动物制品的加工和生产。就像其他村社，大多数秽多聚居区也有自己的村长，享有处理内部事务的高度自治权；但是他们也遭到了一些把他们和其他日本同胞区分开来的限制。17世纪期间，幕府和地方大名政府规定身份世袭，禁止秽多脱离他们出身的群体。到19世纪50年代，秽多的总人口约达25万。

近世早期的统治者常把日本的其他流浪者群体叫作“非人”。“非人”是不同种类的乞丐、街头艺人和其他经济上处于边缘地位的“非人”类的集合，既包括世袭的“非人”，也包括那些因为犯下某种罪行，或陷于贫困不能再视为群体中可靠一员而被剥夺了普通人身份的人。无论哪种情况，官员都禁止“非人”从事商业、手工业或者农业劳动。政府指定他们干一些不太体面的活儿，如清扫执行死刑的场地，照料传染病患者。“非人”也可以任意乞讨，在街头表演逗大家开心，向围观的人群讨点儿赏。

当“非人”由上级权力机关管理的时候，幕府和大名政府照常规允许他们在很大程度上实行自治。在江户，在分布于城市四周的几百个流浪者住处的任何一处，“非人”都要按日或按月租房。每一个住处都由一名“流浪者头头”负责，他把“乞讨场地”分派给跟随他的流浪者，同时收取一定报酬（通常是一天收入的一部分）。与此相应，每个头头都要负责确保其房客遵守法律，并通过地区的头目向幕府官员汇报情况。这个官员由一个受幕府委托、监督江户所有流浪者活动的家族的世袭头领担任。

把个人和“家”与幕府、大名政府相连的责任制结构具有双重性。从上往下看，一个完整的行政管理系统，始于决策者，经町奉行和代官，到町年寄、村长，最后到“五人组”和有财产的家庭。这样的系统大大增强了幕府将军和地方大名把他们的意志施加于村庄、街区甚至家庭、个人的能力，甚至比日本历史上以往任何政权都更为果断有力。然而，从下往上观察权力组织时，同样也很清楚，普通人民在管理他们自己的聚落时发挥了重要作用。而且，17 世纪市民和村民担负起自己的责任时，开始觉察到一种社会契约把全体社会成员联结了起来。这种观念和新儒学学者提出的政府必须仁爱，必须为全体人民生活富足而行动的主张紧密地纠结在一起。社会是一个只有当所有组成部分一致行动才能发挥最大作用的完整有机体的观念，强化了这两种想法：普通人也可以在政府发挥作用；他们可以要求官吏高水准地履行他们的职责。

普通人民接受了关于政府本质和目的的假说后，一旦行政当局不能令人满意地履行义务，他们就毫不迟疑地表示责难。17 世纪到 18 世纪期间，平民经常抱怨官吏渎职，强行征收新税或者提高税额，还有国家的基本商品大米的价格突然上扬。一个人若心怀不平，标准程序是先向村长或町役人、町年寄递交书面声明，他们核实后，如果发现有充分的理由做此抱怨，就把事情转交武士官吏，如代官或町奉行，后者在有必要时会做进一步审理，然后做出相关决定。

行政当局能例行公事地解决大多数异议，但是，如果他们解决不了的话，平时温和的人们这时就会举行示威活动。在近世早期，全国不同地区大约有 3000 起这样的事件：人们放下手头工具和账册，参加某种形式的抗议活动。例如，1686 年在日本中部的松本藩，大名采用了新的征税法后，约有 2000 名农民聚集在城堡小镇抗议了5天。与此相似，1736年夏，当大米的零售价涨到令人们难以接受的程度时，大阪的町役人拿出一大堆不悦的商家的请愿书给大阪官员们看。最后，在6月6日那天，来自城市各居住区的近1200名町役人和代表汇集在町奉行的官署，抗议政府政策对米价的暴涨起了推波助澜的作用。这件事被大阪的官员轻松应付了过去。而在1783年，粮食歉收导致米价上涨，幕府和地方大名政府却没有立即实施赈济计划，结果大约三十个主要城市发生骚乱，包括甲府、三浦、奈良、广岛、长崎和江户，抗议者捣毁了近千个米商的店铺。

即便在暴力抗议活动的激情中，人们也没有对幕府和大名政权的合法性提出挑战。相反，抗议者指责政府官员工作没做好，要求他们担负起社会契约规定的责任。1736年递交给大阪町奉行的抗议书正是他们那种行事风格的典型。这封抗议书一开始就表现出一种恭顺（“我们满怀敬意，呈上书信”），然后指出构想不当的政策给普通百姓带来了困苦（“此时，城中百姓正饱受痛苦和贫穷”），建议政府采取专门措施解决问题，结尾处则再次肯定了统治者和官员明辨是非的能力（“如蒙惠赐仁德，将不胜感激”）。①

在17世纪期间，幕府将军和各地大名采取了一致的努力，劝说人民相信他们不是在马背上治理国家，相反，因为他们负责公正仁慈的社会秩序，他们有资格实行统治。町人和农民逐渐接受了统治者权力的正当性，并且创造出各种“道”，接受了各自在承认德川家霸权合法性的政治秩序中的位置。不过，与此同时，新兴的社会契约和新儒学对仁爱的强调也设定了政治权力运用的范围。米泽藩藩主上杉治宪1785年退职时，给继承人留下一封有关治国本领的简短书信。上杉治宪这样写道：“藩从祖先手中继承下来，要传给后人，不应为一己私利而治理。”他继续说：“人民属于藩，不应被人为一己私利而治理。”最后他下结论说：“藩主为藩地和人民而存在，藩地和人民却不为藩主而存在。”②

① Uchida Kusuo, “Protest and the Tactics of Direct Remonstration： Osaka’s Merchants Make Their Voices Heard” in James L. McClain and Wakita Osamu, *Osaka: The Merchants’Capital of Early Modern Japan* (Ithaca: Cornell University Press,1999), p.89.

② Mark Ravina, *Land and Lordship in Early Modern Japan* (Stanford: Stanford University Press,1999), p.1(modified).

“身为日本人”的共性

统治者和被统治者、穷人和富人、男人和女人、年轻人和老年人、商人和农民，近世早期的日本人在不同的藩地、村庄和城市街区经历各自的命运时，彼此之间在许多方面各不相同。社会区会非常明显，后来一位对本国历史有深刻见解的日本人写道：“那时，数百万的日本人封闭在数百万只盒子里。他们相互之间用墙隔开，几乎没有地方可以走动。士、农、工、商四个阶层的结构，把人与人之间的关系凝固在指定的界线内。”①

虽然因职业、性别、财富以及社会阶层方面的差别形成了各种不同的生活，一些重要的平民人物还是把人民联结在一起，创造了一种共同的文化身份和持久的“日本性”感觉。近世早期共同的政治地理也推动了文化的合成。德川霸权的强制推行划清了谁是日本人、谁不是日本人的界限。不管相互之间有多大区别，日本人都生活在将军的领地和大名的藩地内。这一事实使他们清晰地和从属于其他统治者的近邻中国人、朝鲜人区分开来。还有琉球群岛的各民族，他们享有一些和日本人相似的文化特征，但更愿意保持独立的政治地位。日本人也和虾夷地“野蛮”的土著相区分，这些土著似乎并不承认任何当时的至高权力。

生活在将军和大名统治下的人们也信仰共同的宗教，使用相互之间都能理解的语言。数千个供奉着无数尊神的地方神社在乡村星罗棋布。在每个地方，日本人都从独特的佛教和神道教信仰的混合体中汲取宗教的养分，他们还认为自己生活在“神国”。而且，人们还跨越了方言障碍。一位土佐藩的武士，作为藩主参觐交代扈从中的一员抵达江户后不久，参加了一场学者的会谈，他抱怨说：“我很难听懂江户方言。”②然而，正是在介绍江户语音特征的刊行本的帮助之下，他很快就适应了新的方言环境，一个月之内他就能“听明白”其他演说了。同样，即使人们说各种地方方言，当来自不同地区的人

---

① Fukuzawa Yukichi, *An Outline of A Theory of Civilization*, tr. David A. Dilworth and G. Cameron Hurst (Tokyo: Sophia University,1973), p.160.

② Constantine N. Vaporis, “To Edo and Back: Althenate Attendance and Japanese Culture in the Early Modern Period” *Journal of Japanese Studies* 23:1(Winthe 1997), p.39.

▲ 川崎万年屋是 19 世纪早期开始流行的一种江户食肆

相遇时，正如《东海道徒步旅行记》和其他游记小说表明的，他们可以“互相打开心扉畅谈，直到疲倦不堪”。如果凑巧空气中弥漫着浪漫气息，“江户男人”会发现“熟悉萨摩姑娘”没有什么障碍。

食物和物质文化加强了文化同一性的观念。各地的菜单上都有地方特产，但是所有日本人越来越多地享用，或者希望享用包括米饭、酱汤、小菜和海鱼的膳食。17 世纪中叶食谱开始出现后，膳食结构尤为如此。出版于 1643 年的第一本普通人日常食物指南《料理物语》，指导如何做大约 20 种不同的汤、多种醋泡物、烤鱼以及大量别的菜。而 1674 年刊印的六卷本《江户料理大全》，则把江户的菜肴介绍到全国各地。同样，人们越来越多地穿设计和花样相似的衣服。他们或许乐于看到各地建筑样式的丰富多彩，但自己却住在梁柱结构、以障子作为分隔物、有榻榻米地板和壁龛凹室的房子里。

旅行滋养了“日本性”这一观念。近世早期大名的参觐队伍和政府官吏越来越多地出现在东海道和其他道路上。行走于途的还有商人、流浪表演者的剧团、孤独的诗人、成群结队前往伊势神宫和日本西部著名佛寺的虔诚朝

▲ 19 世纪 30 年代早期旅行者在东海道小镇赤阪小酒店歇脚的情景

拜者、前去享受著名温泉的富有女人、动身前往国家遥远角落著名自然景点的江户人，以及去“三都”体验都市乐事的乡下人。截至 18 世纪早期，旅行已经成为全国性的热潮，每年当春天的温暖洒遍大地时，数百万的日本人便开始出游。客栈、饭馆、茶室的星罗棋布，提供指南服务的驿站的增多，以及高度完备的交通体系的发展，刺激了娱乐性旅游的发展。实际上到 19 世纪早期，人们就可以通过客栈的地区网络预付食宿费用，然后由客栈向游客提供在任何一家成员旅馆都有效，类似于把今天身份证和信用卡合二为一的凭证。

旅游文化的兴起对于国家认同的形成具有重要意义。当人们驾船经过薄雾弥漫的内陆海诸岛，凝视积雪覆顶的富士山，欣赏天桥立沙堤上瘤瘿突起的青松，漫步在熊谷次郎悲伤地砍下平敦盛头颅的海滩，穿越日本战国时代大名交战的战场，挤进伊势宫的神殿祭拜太阳女神天照，或者走过千余级台阶登上四国的金比罗神社时，如同开列了一张旅游地清单，具体反映了激发国家意识的传统、传奇以及历史经验。

▲ 葛饰北斋绘《富士三十六景》之《凯风快晴》

游客也用其他途径传播国家的文化。18 世纪时，流动的表演者逐村逐镇地游走，表演经过删改的最早受到“三都”观众欢迎的歌舞伎和偶人戏剧目。来江户或大阪游玩的农民及时带回在村子里业余演出用的剧本和戏服。同时，游客们也惊叹当地的特产——金泽的陶器、宇治的茶叶、天桥立的仙贝（米饼）、伊势的护符。游客们喜欢购买这类东西作为纪念品带回家，他们这样做等于把这些东西纳入了日本共同的物质文化的范围。最后，像弥次、喜多一样，游客在客栈一起吃饭睡觉时，不停地聊天。在聊的过程中他们发现了跨越地区、阶层、性别障碍的共同的价值观和生活体验。

最终，人们足不出户就能体验到旅游的快乐和知识的拓宽。19 世纪 30 年代，著名的浮世绘大师葛饰北斋完成了其名作《富士三十六景》。而在所有浮世绘艺术家中或许最出名的歌川广重，则很快把他创作的《东海道五十三驿站》销售一空。广重的版画颇受那些旅行者的欢迎，结果他又创作了另外 20 个系列的东海道风景画、多幅江户名景图和几套大阪、京都和近江名胜图。木刻浮世绘仅仅是繁荣的版画艺术的一部分。到 19 世纪初为止，江户和大阪共有几百个书店和收费图书馆，各藩的城镇还有它们的分部。为了满足勃兴的需求，出版商每年都要确定几百个新书题材，从严肃的学术著作、宗教册子到诗歌选集、戏剧作品评论、通俗小说、历史小说和旅游指南，应有尽有。书籍和木刻版画价格相对低廉，拥有包括武士、町人，还有农民在内的广大读者群。从整体来看，版画艺术包罗万象，涉及各种主题的风景、英雄和恶棍、伦理困境和精神解脱、近世早期日本人独特的价值观和信仰，以及社会各阶层大多数人所拥有的财产。

关于日本人和外国人接触的文字记载，提供了观察“日本性”的另一条途径。正如我们可以预计的，这些叙述频繁地突出刚到达的外来者的奇异特征。“后奈良天皇统治时期（1526 ~ 1557），一艘南蛮人的商船来到我们海岸，”一本写于 1639 年的匿名小册子写道，“船上出现了一个难以形容的生物，从形状上看有点像人，但更像个长鼻子的妖怪。走近一问，才知道是个叫作‘教士’的人。首先引起注意的是鼻子的长度：它看上去就像海螺壳吸在了脸上。他的头小小的，手脚都长着长长的爪子，牙齿比马齿还长。他的话根本没法听懂，声音就像猫头鹰的尖叫。所有人都跑出去看他，所有路上都挤满了人。”①

朝鲜人和琉球人也让大众的想象力活跃起来。每次外国使节的到来都是件吸引大群好奇看客的大事。“成千上万看热闹的人挤得密密麻麻，就像河堤上的蚂蚁，”一位朝鲜人 1682 年经过大阪时这样写道，“浮桥横跨水面，好几千人站在两旁观看我们。”② 日本艺术家的记录显示，使团人员的来来去去唤起了人们对于来访者有别于日本人的身体特征和服饰风格的注意。在他们的描绘下，朝鲜人的典型形象是留着胡子，头戴有羽毛的帽子，衣领饰有褶边，身着长裤，脚穿靴子。与此形成对比的是扬着脸部经过修饰的头，穿着正式的打着褶皱的裙子或简单的和服长袍，赤足或穿着便鞋四处行走的日本护卫队。

阿伊努人和日本人的区别，隐约表明了日本人的生活更为优雅和先进。

---

① George Elison, *Deus Destroyed: The Image of Christianity in Early Modern Japan* (Cambridge: Council on East Asian Studies, Harvard University, 1988, 2d. printing), p.321(modified).

② Ronald P. Toby, “The ‘Indianness’ of Iberia and Changing Japanese Iconographies of the Other” in Stuart B. Schwartz,ed., *Implicit Understandings: Observing, Reporting, and Reflecting on the Encounters between Europeans and Other Peoples in the Early modern Era* (Cambridge: Cambridge University Press,1994), p.342.

▲ 行进在江户市内的朝鲜使节

对阿伊努人的描写通常一开始就评论男人平滑的头发和胡子，以及阿伊努妇女中很普遍的脸部刺青，然后带着嘲弄态度，观察他们有许多野味和鱼却几乎没有米饭的饮食。这些常见的描述制造了一种印象：阿伊努人不仅生活在日本的社会秩序之外，甚至还在文明的范围之外。“他们不知何为道德，”某个日本人于 1710 年写道，“所以父亲和子女都胡乱结婚。他们没有五谷，吃鸟肉和鱼。他们绕着山飞奔，一头扎进大海，正如某种野兽。”[1]

普通日本人并不只是接受新的版画艺术中的形象，同时，不同背景的男男女女还联合起来，推广表达“日本性”的认同感的新的文学形式。松尾芭蕉，日本中部一名低级武士的儿子，是正统“俳谐”（现在的“俳句”）的先驱。1672 年迁往江户后，松尾芭蕉出版了几本记录他在列国著名地区游历时的思想和情感的诗歌体日志。这类作品中最著名的是他的《奥之细道》，它完成于 1689 年，在他结束了北至仙台，向西穿越群山抵达日本海，南到金泽，

---

① Richard Siddle, *Race, Resistance and the Ainu of Japan* (London: Routledge,1996), p.42.

返回江户前又回头穿过大山到琵琶湖的五个月的旅行之后。

《奥之细道》里有芭蕉最为人熟知的俳谐。[①] 他在遥远的北方看到一个荒废的城堡时写道：

遍地夏草
勇士们
空留梦痕地

几天后，他走近一个山口，黑暗笼罩着他，他不得不到一家小茅舍借宿。一场暴风雨来袭，把他困在那里三天，他抱怨道：

跳蚤虱子
马儿撒尿
枕头边

又过了几天，一位具有“真正诗人气质”的富商留宿芭蕉，他的境况改善了，他写道：

凉意怡然此宿
整日
贪睡不起

芭蕉恢复了精神后，游览坐落在山深处的一个安静的寺庙，此情此景，令他陷入沉思之中。“寂静幽远，”他对着自己的日记倾诉，“觉得心扉开启了。”他作诗云：

清寂透顶

① Ihara Saikaku, *Some Final Words of Advice* ,tr.Peter Nosco（Rutland, Vt.: Charles E. Tuttle,1980), p.128

蝉鸣声渗入
山岩中

俳谐表达的情感在全体日本人中产生了强烈的共鸣，到松尾芭蕉去世的1694年，各地人民都争先恐后地写作这种简短的只有17个音节，把巧妙的双关语、对古典文学的欣赏、朴实的诙谐和对自然美景不无伤感的喜爱结合在一起的诗歌。这种体裁如此流行，以至于17世纪末仅京都一地就有700多名俳谐教师。大阪一位文学界人士写道："从前，俳谐是那些退出纷繁活跃生活的人，或者神社看管者、武士阶层的消遣。然而，近来俳谐风靡社会，以致每个学徒和女帮厨都想试试。"正如这位观察者所言，社会各阶层的人都加入了俳谐社。1679年出版的《河内鉴名所记》就收录了生活在大阪地区89个不同城镇和村庄的约180名男女的作品。

当16世纪下半叶西方人首次踏上日本海岸时，他们看到的是一个战争频仍的国家，但是即便在激烈的战争和政治的极端分裂中，他们依然发现了复兴和发展的希望。无论西方商人和传教士走到哪里，他们都会遇到"有教养"的日本人，称赞因丰富的"水稻、蔬菜和水果"而显得欣欣向荣的"美丽宜人"的乡村。17世纪早期，德川氏将军为促进国内稳定进行了长期艰苦的努力，作为其中的一项政策，他们把除荷兰人之外的所有欧洲人都逐出日本。结果，大多数西方人对于随后的两个世纪中那些改变了日本生活的沧桑巨变，最多只有一个初步了解。

随着17世纪太平盛世的降临，日本社会各阶层的男女都贡献了他们的才能，把欧洲来访者感觉到的繁荣以及普遍福利的希望变成了现实。近世早期的许多时候，日本管理有效，农业兴旺，城市发展，而且繁荣的商业部门提高了全国各地的生活水平。同时，新儒学学者、武士思想家、商家哲人、农民圣贤制定了社会及伦理行为准则，深深地改变了日本人对他们自身、自己的职业、家庭和群体的认识。新思想呼吁统治者不仅要有威严也要仁爱，认为普通人在顺从的同时有权力要求公正的统治，从而重新定义了政治关系。与此同时，新的文化活动，从通俗戏剧到俳谐和娱乐性的旅游，生发了一种文化把大家凝聚在一起的大家都是日本人的感觉，缩小了地域、性别、身份和阶层的天然差异。

在 19 世纪的头几十年里，西方人重新来航。这时来到亚洲的多是军事将领、商人和政府官员，与 16 世纪时首先到达日本的欧洲人已经迥然不同。19 世纪的西方人是科学和工业革命的受益者，他们非常自豪，对其远胜过亚洲的军事和经济威力确信无比。闯入太平洋的美国人、英国人和俄国人对日本所知甚少，更谈不上尊敬，他们苛刻地挑剔亚洲人的“落后”，其中许多人表露出侵略野心：要把他们文明的所谓“祝福”带给地球上“迟钝”“野蛮”的那部分人。

欧洲裔美国人的好战态度使许多日本人惊慌，他们开始害怕像美国、英国、俄国这样的大国的确有能力从军事、经济、文化上摧毁他们的岛国。使情况复杂的是，正当幕府和大名努力解决几十年积累下来的经济和社会变化造成的一系列国内问题时，西方人来到了日本的门口。到 19 世纪中叶，国外的威胁和国内的麻烦互相纠结，产生了一种信心危机。许多日本人对自己的生存感到绝望，断言日本应该抛弃过去，在政治、经济和社会问题中采用西方的做法。对现代性的诉求似乎预示着一个事事皆新的截然不同的国家的出现，但是随着日本走向未来，日本人发现近世早期的遗产——从中央集权政体和职业化官僚机构的缔造，到高度商品化经济的发展和文化价值的形成，将对他们的生活继续产生深远的影响。

第二篇

JAPAN 革命年代的日本

in Revolutionary Times

年 表*

◎ 1774 年

杉田玄白及其同事完成《解体新书》。

◎ 1792 年

9 月 3 日，沙俄海军上尉亚当·拉克斯曼率船驶入根室湾。

◎ 1798 年

本居宣长完成《古事记传》。

◎ 1804 年

9 月 6 日，俄国船只到达长崎。

◎ 1808 年

8 月 15 日至 16 日，英国护卫舰“菲顿”号抵达长崎，要求开放通商。

◎ 1814 年

11 月 11 日，黑住宗忠自称秉承天照大神旨意，开始传播他的教义。

◎ 1823 年

5 月，大阪周围 1000 多名村民抗议开放皮棉和菜油贸易。

◎ 1825 年

2 月 28 日，幕府颁布《异国船只击退令》。

会泽正志斋完成《新论》。

---

* 本篇年表中 1872 年及之前的日期，除特别说明外，均表示日本阴历年中的年、月、日。——译注

* 本篇第一章至第五章中的日期，除特别说明外，均表示日本阴历年中的年、月、日；从第六章开始以后各篇章中的日期均表示公历中的年、月、日。——译注

◎ 1833 年
“天保饥馑”开始，导致 1836 年至 1938 年的骚乱。

◎ 1837 年
2 月 19 日，大盐平八郎在大阪举事。

◎ 1838 年
10 月 26 日，中山美伎经由神启，开创教义，成立天理教。

◎ 1841 年
5 月 5 日，幕府发起“天保革新”。

◎ 1842 年
7 月 24 日，开始于 1839 年的中英鸦片战争结束，双方签订条约，开始在中国形成条约口岸体系。

◎ 1844 年
9 月 22 日，幕府收到荷兰国王威廉二世来信，警示外患将要到来。

◎ 1853 年
6 月 3 日（公历 7 月 8 日），美国海军准将马修·C. 佩里率舰队抵达江户湾口，六天后登岸，呈递美国总统致德川幕府的国书。

◎ 1854 年
1 月 17 日（公历 2 月 14 日），佩里再度来航。

3 月 3 日（公历 3 月 31 日），佩里与德川幕府的代表签订《日美亲善条约》。

◎ 1858 年
6 月 19 日（公历 7 月 29 日），哈里斯与井伊直弼签订《日美修好通商条约》。

7 月 5 日，井伊直弼开始整肃行动，德川齐昭和一些大名被软禁（史称“安政大狱”——译注）。

◎ 1859 年
10 月 27 日，幕府处死吉田松阴。

◎ 1860 年
2 月 26 日，首位幕府使节前往美国。

3 月 3 日，自称“志士”的年轻武士刺死井伊直弼（史称“樱田门外之变”——译注）。

◎ 1862年

2月11日，皇女和宫与德川家茂在江户城堡成婚。

8月21日，萨摩藩武士杀死英国商人理查德森（史称“生麦事件”——译注）。

闰8月22日，幕府放宽参觐交代制（由一年一次变为三年一次——译注）。

◎ 1863年

2月25日，“志士”毁坏了京都的足利氏将军的塑像。

3月4日，幕府将军德川家茂的晋京队伍进入京都。

5月，长州藩激进分子炮击岸边的西方舰船。

7月2日至4日，英国舰船炮击鹿儿岛。

8月18日，忠于天皇的“志士”发动政变失败，被逐出京都。

◎ 1864年

7月11日，“志士”刺杀佐久间象山。

7月19日，忠于幕府的军队在“蛤御门之变”中击溃暴动的“志士”。

7月23日，幕府宣布长州藩为“朝敌”。

8月5日至6日，西方战舰炮击长州海岸炮台，派兵登陆。

11月，幕府征讨长州，长州藩谢罪。

◎ 1866年

1月21日，萨摩藩和长州藩缔结秘密同盟。

5月29日，江户市民暴动抢粮。

6月7日，幕府发动第二次征讨长州之役。

6月，大规模“世界新生”运动爆发，席卷全国。

◎ 1867年

1月9日，孝明天皇十几岁的儿子佑宫加冕，继承皇位。

7月，名古屋附近兴起“嘿，难道不行吗？”运动。

12月9日，讨幕军占领皇宫，天皇宣布“王政复古”。

◎ 1868年

3月14日，新政府发布“五条誓约”。

3月28日，新政府颁布《神佛分离令》（即命令神道教与佛教分离——译注）。

4月，福泽谕吉将他此前开办的学习“兰学”（德川幕府实行锁国体制，只许中国人和荷兰人进入日本。为了与荷兰人沟通，他们培养了一批通晓荷兰文的翻译官。

这些翻译官除了充当翻译，在与荷兰人交往过程中，也学得一些西方的学术知识，并传授给其他日本人。这种通过荷兰文学得的西方知识，称为“兰学”。——译注）的学校改称庆应义塾。

4月2日，忠于天皇的军队攻占江户。

闰4月21日，新政府公布1868年《政体书》。

7月17日，江户更名为东京。

9月8日，宣布新天皇年号为“明治”。

◎ 1869年

3月28日，宣布东京为日本首都。

5月18日，忠于幕府的军队最终投降，戊辰战争结束。

6月17日，天皇宣布接受诸藩“奉还版籍”，并任命大名为“藩知事”。

6月17日，政府宣布废除传统社会等级，重新将人口分类为华族、士族、平民三个阶层。

7月8日，政府设置北海道拓殖使（虾夷地改称北海道——译注）。

◎ 1870年

1月24日（阴历上年12月25日），东京和横滨间开通电报服务。

闰10月20日，设置工部省。

福泽谕吉完成《西洋事情》二编。

◎ 1871年

3月1日，东京和大阪间开通邮政服务。

5月10日，颁布《新货条令》，以日元作为国家通货。

7月14日，废藩置县。

7月18日，设立文部省。

8月28日，颁布解放宣言，将贱民阶层重新归类为普通公民。

11月12日，岩仓具视使节团前往美国。

中村正直翻译出版塞缪尔·斯迈尔斯（Samuel Smiles）的《自助论》（日译名为《西国立志篇》——译注）。

◎ 1872年

2月26日，大火焚毁银座地段，政府委派一名英国工程师，以西式砖瓦建筑进行重建（即东京银座赤炼瓦街——译注）。

8月3日，颁布《教育基本法》，将全国分为数个学区，并授权对所有儿童进行强制性四年义务教育。

9月13日，举行盛大公众庆典，庆祝从东京到横滨的铁路开通。

10月4日，富冈模范缫丝厂建成开工。

11月15日，公布《国家银行条例》。

采用公历，以本年阴历十二月三日为1873年元旦。

◎ 1873年

1月10日，颁布《征兵令》。

7月28日，颁布《地租改正条例》。

8月1日，政府开办第一国立银行。

9月13日，岩仓具视使节团回国。

10月24日至25日，明治天皇表明反对“征韩”，西乡隆盛及其他鼓吹“征韩论”者从政府中辞职。

12月10日，设立内务省。

◎ 1874年

1月，板垣退助组建共和爱国党，刊发《民选议院设立建白书》，要求速开国会。

2月1日，江藤新平发动“佐贺之乱”。

4月10日，板垣退助及其同志组建立志社。

◎ 1875年

2月11日，木户孝允、大久保利通召开大阪会议，讨论有关代议制政府的问题。

2月22日，板垣退助的立志社成员组成爱国社。

4月14日，天皇诏书宣布设立元老院，承诺逐步建立立宪政体。

6月28日，颁布《新闻纸条例》（其中《谗谤律》严格控制言论——译注）。

11月29日，新岛襄设立同志社英学校。

◎ 1876年

3月28日，取消武士随身佩刀的特权。

3月31日，批准成立三井银行，这是日本第一家私人商业银行。

7月29日，三井物产会社成立。

8月5日，公布取代前武士世袭薪饷的计划。

福泽谕吉完成《劝学》（共17编——译注）。

◎ 1877 年

1 月 4 日，政府宣布减少地租，7 月 1 日起施行。

2 月，萨摩叛乱开始（史称“西南之役”——译注）。

3 月，古河市兵卫取得足尾铜矿。

4 月 12 日，东京大学开办。

8 月 18 日，第一届内国劝业博览会在东京开幕。

9 月，西乡隆盛战败自杀。

◎ 1878 年

5 月 14 日，大久保利通遭暗杀。

◎ 1880 年

3 月 17 日，爱国社改组为大日本国会期成有志公会。

4 月，颁布《公共集会条例》。

◎ 1881 年

4 月 7 日，设立农商务省。

10 月 1 日至 2 日，板垣退助将大日本国会期成有志公会改组为自由党。

10 月 11 日，政府宣布暂停北海道拓殖使的资产出售计划，撤销大隈重信的职务。

10 月 12 日，天皇诏书宣布十年内召开国会。

10 月 21 日，松方正义就任大藏大臣，执行通货紧缩政策。

11 月 11 日，私人投资者结成日本铁道会社。

◎ 1882 年

1 月 4 日，天皇颁布《军人敕谕》。

3 月 14 日，伊藤博文起程赴欧洲，商请宪政专家； 大隈重信组建立宪改进党。

3 月 18 日，福地源一郎及其他新闻界知名人士组建立宪帝政党。

5 月 3 日，涩泽荣一开办大阪棉纺厂。

11 月 28 日，1000 多名抗议者前往福岛的一家警察所示威，史称“福岛事件”。

◎ 1884 年

7 月 7 日，颁布《华族令》。

9 月 23 日至 24 日，警察镇压了加波山暴动。

10 月 29 日，立宪自由党解散。

10月31日至11月10日，农民捣毁高利贷者家产，殴打凶暴的政府官员，史称“秩父事件”。

◎ 1885年

7月，《女学杂志》创刊。

9月29日，三菱会社兼并了竞争对手的轮船公司，建立日本邮船公司。

12月22日，废止太政官，实行新的内阁制度。

◎ 1887年

12月26日，颁布《治安维持法》。两天后，东京警察厅流放了500多名受到怀疑的政治积极分子。

◎ 1888年

4月30日，设立枢密院，伊藤博文为首任院长。

◎ 1889年

2月11日，天皇颁布《大日本帝国宪法》。

◎ 1890年

10月30日，天皇颁布《教育敕语》。

12月26日，东京和横滨间开通电话服务。

到此时，足尾铜矿已经成为亚洲最大的铜采掘和冶炼综合企业，造成严重的废水污染（史称“足尾矿毒”事件——译注）。

◎ 1896年

6月12日至16日，甲府雨宫的缫丝女工举行了日本历史上第一次工人罢工。

◎ 1897年

5月，政府命令足尾铜矿安装污染控制设备。

◎ 1898年

7月16日，《明治民法典》开始生效。

◎ 1899年

8月，菊池幽芳开始连续刊行《己之罪》。

◎ 1903年

4月13日，文部省颁布小学国定教科书制度，规定所有小学必须采用由文部省统一编撰和配发的教材。

第四章

明治维新

1860 年 3 月 3 日晨，幕府的首席决策人井伊直弼从家里出来，坐上轿子到江户城堡内离家不远的官署。一行人走到主城门樱田门外时，一群年轻武士，其中 17 人来自水户藩，一人来自萨摩藩，出现在飘落的雪花中。这些人恭顺地走近轿子，然后突然拔剑朝井伊直弼的卫队蜂拥而上。他们令人吃惊地杀向轿子，掀开轿门，刺中井伊直弼，并把他拖出来砍掉头颅。

暗杀者的激愤起因于他们认为井伊直弼及其前任对一系列国内危机和日益增长的国外威胁处理不当。“内忧外患”是东亚一个古老的成语，使用于国家的历史进程似乎急转直下到了一个重要分水岭的混乱时期。19 世纪上半叶，“内忧”似乎遍及日本各地：武士的贫困和尚武精神的衰退；生活水准超越了“他们身份和财力”的自大商人越来越多；饥荒和物质匮乏频仍；农民起义和城市骚乱；意识形态的骚动和神秘主义的宗教；失败的改革。与此同时，“外患”也大举而来：1853 年，美国海军准将马修·C. 佩里驶入江户湾，要求日本向西方世界全面开放。井伊直弼认为贸易有利于日本，而且日本也没有强大到可以拒绝佩里的最后通牒，因此 1858 年他打破传统签订了条约，和美国及一些欧洲国家建立了外交和贸易关系。

对水户和萨摩的年轻武士来说，井伊直弼是个温顺地屈服于外来压力的懦夫、卖国贼，“外夷”在日本国土的出现预示着日本传统文化的灭亡。井伊直弼对反对者的残酷镇压——软禁他们的良师，即水户藩的前藩主，给他们的悲愤火上浇油，引发了他们实施暗杀的决定。正如他们或许已经预料到的，几乎所有卷入袭击井伊直弼事件的人都死了，不是死于战斗中的重伤，就是被俘后遭处死。然而，他们的行为标志着日本历史上的一个重要转折点。在井伊直弼被暗杀后的几年里，其他自称“志士”的年轻武士，也以同样激烈的暴力行为反对他们所藐视的外国人，以及容忍蛮夷存在的幕府官吏。随着反对意见席卷全国，幕府逐渐丧失了对自己的信心和维护其特权的能力；而反对者及其不满情绪则犹如滚雪球般成倍增长，直到最后他们决定推翻这个统治了近两个半世纪的政权。

经济灾难和社会叛乱

在 19 世纪早期的金泽——加贺藩前田大名的相对繁荣的城堡小镇根据地，许多武士家庭砍掉花园里的灌木，种上可以在城里市场上出售的李子、苹果和杏子。城市里的其他武士开始创办家庭作坊，制造草鞋、雨伞、装饰性发带、灯油，还有庆祝新年用的节日用品，例如泥娃娃、纸老虎、自动玩具等，来增加自己的收入。金泽的武家转向追求商业利润，因为他们觉得生活水平在下降。金泽武士阶层经历的经济上的穷困并非独一无二。在日本各地的大多数城堡小镇，日益增多的武家从事类似的副业，或者在商人、手工业者的店铺兼差，有些地方占武家总数的 70%，有些地方甚至更多。许多曾经骄傲的武士当掉刀剑和盔甲，送女儿外出当家庭佣人，甚至不惜杀婴，以免陷于贫困。

武士觉得自己变穷了多少有几分心理作用。17 世纪早期，大名和将军把付给家臣的俸禄固定下来，从那以后罕有提高。由于俸禄通常是以稻米的形式支付，十七八世纪大米的价格上涨时，武士在市场上卖掉俸米后的收入可能有些许增加。但这种收入，假如当时的记载精确的话，并不足以让普通的武士家庭跟上更富有的工商业者邻居的步伐，后者的收入通常以更快的速度增长。而且，德川时期的商业革命使得许多新奇美妙的生活消费品都不难买到；但是，其中最令人想要的东西的价格却并非许多武士的荷包所能承受，这就加深了他们的想法：武家不能再享有与他们社会中坚的身份相适应的生活方式了。许多武士通过咒骂富商和富农发泄他们的挫败感。金泽的一个高级武士这样说："城市平民家庭，有许多已经不再遵守关于身份的规定，花钱太多，没有多少社会责任感。"他继续道，那些"厚颜无耻"的商人，购买华丽的衣服，"垂涎社会地位高的家庭的宅邸"，沉湎于"超越了他们身份和财力的奢侈婚筵"。[①]

---

① Nakai Nobuhiko and James L. McClain, "Commercial Change and Urban Growth in Early Modern Japan" in John W. Hall, et al., gen.eds., *The Cambridge History of Japan*, vol.4: Hall, ed., Early Modern Japan (Cambridge: Cambridge University Press,1991), p.594(modified).

一方面是妒忌和不满，另一方面也由于将军和大名有时削减武士的俸禄，19世纪早期武士的实际收入的确是下降了。19世纪20年代，金泽的前田大名把武士的俸禄减少了10%，到19世纪30年代竟令人惊讶地减少了一半。其他藩的大名也要求他们的家臣在经济上做出牺牲，因为正如前田大名一样，他们也在努力摆脱不断扩大的财政赤字的泥沼。到19世纪的前几十年，大多数大名都把收入的四分之三或者更多，用来维持履行参觐交代义务的开支。与此同时，他们还要承担不断上涨的婚礼、丧葬等社会费用，并遭受幕府冷酷无情的索取：出资维修道路桥梁，以及重建屡遭火灾的城市等。这些开支使得大多数大名陷入财政赤字，由于几乎别无选择，许多大名只能大幅度削减其家臣的俸禄。

许多武士都不喜欢这种做法。金泽的一个官员悲叹："近几年削减俸禄的政策给家臣，尤其是那些低级武士造成了苦难。许多人行为失当，拒绝遵守藩地法律。"[①] 长州藩的一名要员也发出了类似的感叹："多年以来，武士忍受贫困，一心只想着谋生。'买这个，卖那个'，'拆东墙，补西墙'，已经成为他们的全部生活。甚至那些恪尽职守的人也降低身份做些不光彩的事情。他们一天天苟活，早晚都只吃稀饭。他们的生命在虚耗，他们的精神和举止日渐卑劣可耻。他们已经成为满嘴谎言和善于行骗的人。"[②]

政治制度的僵化加剧了低级武士的不满。人人都说得很好听，在决定由谁担任某个职位时，"能力"应该是最重要的因素；但是实际上，家庭在武士阶层内部所处的等级决定了武士可以担任的职位，假如有职位的话。结果，到19世纪为止，高级武士占据了大多数重要官职，在许多藩，望族累世独占关键职位。理想和现实的差距使许多来自贫苦家庭的雄心勃勃的青年感到苦恼。在藩学里，那些低级武士的儿子常常和社会地位比他们高的同学比邻而坐，他们发现高贵的出身容易使人像孔雀般骄傲，正如平常使他们像驴子般愚蠢。一些低

---

① James L. McClain, "Failed Expectations: Kaga Domain on the Eve of the Meiji Restoration" *Journal of Japanese Studies* 14:2(Winter 1988), p.415.

② Kozo Yamamura, *A Study of Samurai Income and Entrepreneurship: Quantitative Analyses of Economic and Social Aspects of the Samurai in Tokugawa and Meiji Japan* (Cambridge: Harvard University Press,1974), p.132 (modified).

级武士把他们的上司蔑视为优柔寡断的无能之辈，用当时的常用语来说，他们甚至当不了箭术比赛的裁判。还有一些一心想被任用，以便解决他们家庭面临的经济问题的武士，开始呼吁任用“能人异士”，即那些不管其在武士阶层内的社会地位如何，但在政治上已经觉醒且才智过人的年轻人。

19 世纪早期，城市和农村的许多平民对于权威也变得不太恭顺，尤其是在连年歉收导致了破坏性的“天保大饥馑”之后。这场饥馑从 1833 年开始，一直延续到 1838 年，因为时值天保年间而得名。现在无法证实那几年死于饥饿和疾病的人数，但日本北部的官吏报告，仅 1836 年就有 10 万人死亡，到处都有荒芜恐怖的村庄、未被安葬的尸体，甚至出现人相食的惨况。“尸体被扔到井中，有妇人竟然吃掉自己的孩子，”有一个男人的日记记载，“饿殍满地，有些人宁愿用石头砸死孩子也不愿让他们饿死。抢劫、入室行窃、偷盗就是如今的秩序。浪人攻击老人和孩子，世界已经没有秩序。”①

任意欺负弱者的个体暴力行为，成为饥荒造成混乱的一部分。抗议的形式揭示出大多数民众在寻求危机的解决办法时，已经带有鲜明的政治意识。首先，平民没有仅仅把自己的不幸归咎于自然灾害，相反，他们组织抗议行动，要求政府当局推行减轻灾难的政策。本着这样的精神，农民恳求当局暂时停止征收粮税，打开大名的储库赈济百姓，禁止谷物运往城市。在市区，饥民要求幕府或当地藩主开仓放赈，禁止哄抬物价，强迫米商以“合理的价格”出售他们囤积居奇的全部谷物。如果官员不予理睬，示威者就会冲进大名的粮仓，劫掠米店，把稻谷扔到街上，卖给任何出价公道的人。其次，到 19 世纪早期，人们已经从以前的经验中认识到，有组织的集体行动会给当局留下印象：先前的几次生存危机中，反抗行动迫使政府采取了赈济措施。19 世纪 30 年代，有据可查的农民起义和城市骚乱总计约为 400 起，超过了整个 17 世纪。此外，愤怒的抗议者以空前的规模组织起来，使自己的力量最大化：1836 年，据估计一万名示威者使三河国陷于骚乱，富士山以北则有三万饥民愤然起义。

19 世纪 30 年代影响最大的叛乱由武士、前政府官吏大盐平八郎领导，他

① Susan B. Hanley and Kozo Yamamura, *Economic and Demographic Change in Preindustrial Japan 1600-1868* (Princeton: Princeton University Press,1977), p.147(modified).

▲ 大盐平八郎领导的叛乱及其“救民”旗号

动员大阪附近的村民起义，洗劫城市。大盐平八郎的起义重申了民众对公正的普遍要求。“我们必须首先惩治官吏，他们残酷地折磨人民，”他在 1837 年发布的檄文中说，“然后处死傲慢的大阪富商，散尽他们窖藏的金、银、铜和成包的稻米。”[1]1837 年 2 月 19 日，怀着激起大规模农民起义的希望，大盐平八郎率众袭击了官府，并烧毁了城市的部分地区。混战了两天之后，当局击溃了起义军，大盐平八郎自杀身亡，留下大阪贫民痛惜 3000 多个家庭，还有大约 5 万多石大米毁于大盐平八郎酿成的火灾之中。

19 世纪的前几十年还发生了其他一些斗争，其中许多与原初工业化有关。在许多地区，因从事贸易而发迹的农户组织抗议活动，反对现任村吏及其家族通过继承制世代把持当地的官职。偶尔，这种不满会像 19 世纪 30 年代长州藩所发生的那样，甚至引发暴力的示威运动，敦促统治当局废除职位的世袭制，实行使人们可以向上升迁的新方法。另外一些集体行动则动员了许多村庄的村民。1823 年，在大阪周围 1007 个村庄生产皮棉、榨植物油的农

---

① Harold Bolitho, “The Tempō Crisis”in Hall et al., *The Cambridge History of Japan*, vol.5: Marius B. Jansen, ed., The Nineteenth Century (Cambridge: Cambridge University Press,1989), p.230.

民和当地商人，利用一切可以利用的合法手段，抗议一项把那些商品的批发和销售权授予一批择定的大阪商人的长期性政府政策。这些生产商抱怨，这种垄断是不道德的，因为对市场的政治控制增进了一小部分特权者的利益，却威胁了许多人的生计。他们宣称："贸易应该是无限制的。"① 和其他地方的情况一样，抗议的声浪传到了感觉到新的不安全性的官员耳中，大阪当局最后同意了自由贸易。

新论说和新宗教

在 18 世纪末到 19 世纪初的过渡时期，广为传播的还有知识分子的新论说，以及新的宗教表现形式。曾有一段时间，国学学者回到了日本最古老的文本，以重新发现日本文化的独特性质。以他们的研究为基础，国学运动的主要人物逐渐认为，"古代"代表着黄金般的过去，是能够满足当代社会需要的价值和道德训示的宝库。最重要的国学学者之一，于 18 世纪中叶著书立说的贺茂真渊，注重研究大约编于一千年前的诗选《万叶集》。贺茂真渊崇敬那些诗歌，认为它们捕捉到了在被外来学说，例如佛教和新儒学的"诡辩"所掩盖甚至腐蚀以前形成的日本人最初本性的真髓。按照贺茂真渊的说法，把日本人和其他民族区分开来的美德，如《万叶集》所揭示的，是"诚实、率直、活力、刚毅和优雅"。②

继贺茂真渊之后成为国学运动领军人物的本居宣长，进一步宣示不仅日本的价值具有独特性，而且日本民族比其他民族尊奉的生活原则更值得称道。本居宣长数十年浸淫于《源氏物语》和《古事记》。从研究中他得出一个结论：古代日本人愉快地生活在天皇的统治之下。而且，他在用毕生心血凝结而成，完稿于 1798 年的《古事记传》中提出，天皇是在太阳女神天照和其他神道教神祇的启示之下实行统治的。对本居宣长而言，那种神圣的联系是理解值得赞赏的日本社会性质的关键。他曾经写道："天皇的大国是威严可畏的

① Anne Walthall, *Social Protest and Popular Culture in Eighteenth-Century Japan* (Tucson: University of Arizona Press,1986), pp.214-15.

② Pethe Nosco, *Remembering Paradise: Nativism and Nostalgia in Eighteenth-Century Japan* (Cambridge: Council on East Asian Studies, Harvard University,1990), pp.123 and 199-200(modified).

女祖神天照大神的家，这是我国优于他国的根本原因。”他认为，“其他国家不是天照大神的家，故而它们没有关于统治者地位的既定原则。那些国家的人们，人心邪恶，行为不羁”。

兰学学者则把他们的好奇心向外投放。1720年，幕府解除了对进口西方书籍的禁令，不过基督教方面的书除外，他们希望能用西方的科学技术知识提高国内的农业和商品生产。因此，西方书籍的中译本，还有数量较少的数学、天文学、植物学著作的荷兰语译本开始流入日本。日本医师渐渐对解剖学和药理学产生了非常浓厚的兴趣，他们当中大多数人都受过儒学传统的熏陶。在一个政府禁止尸体解剖且关于传统草药对特定器官的疗效知识还有缺陷的时代，他们对新知识的追求，实现了人应该利用知识帮助不幸者的儒家理想。当时的一位知识分子说：“医生的工作就是帮助他人，而不是提升自我。别闲下来考虑声名，必须放弃自我，一心拯救他人。”①

1771年，杉田玄白和几位好奇的同行医生学者一起观看了对一名在江户被处死的女囚的非法尸体解剖，此后他们对西医的敬仰显著增强了。杉田玄白及其同事对照了德国医生约翰·亚当·卡尔墨斯写于1722年的医书《解剖图谱》的荷兰文译本中的插图和解剖图表，对这本书的精确性留下了深刻印象，于是他们开始着手把这部解剖学杰作的荷兰语译本翻译成日语。不幸的是他们不懂荷兰语，当时也没有可以指点他们的字典或语言读本，他们只有一本论述把汉语翻译成日语的一般原则的手册。杉田玄白的小组历经艰辛，终于逐字逐句地把这本荷兰文著作翻译了出来。杉田玄白后来回忆说，“有时我们从早到晚面面相觑，一行都翻译不出”，有时“我们用一个漫长的春日苦苦思考如‘眉毛是眼睛上面的毛发’那般简单的句子”。②他接着说，大约一年之后，“我们掌握的词汇渐渐增多”。1774年，杉田玄白及其同事终于将该著作全部译出，并以“解体新书”为新书名。这是日本思想史上最伟大的功

---

① Tetsuo Najita, “Ambiguous Encounters: Ogata Kōan and International Studies in Late Tokugawa Japan”in James L. McClain and Wakita Osamu, eds., *Osaka: The Merchants' Capital of Early Modern Japan* (Ithaca: Cornell University Press,1999), p.221(modified).

② Hirakawa Sukehiro, “Japan’s Turn to the West” tr.Bob Tadashi Wakabayashi, in *The Cambridge History of Japan*, vol.5, pp.438(modified) and 437.

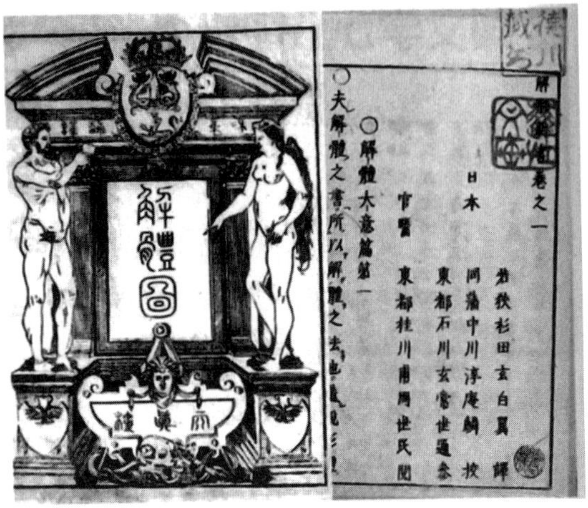

▲ 杉田玄白等翻译的《解体新书》插图

绩之一。

《解体新书》的出版不仅激发了人们对西医实践的兴趣，而且刺激了供翻译者用的荷日词典和其他参考用书的出现。结果，日本学者开始更广泛地涉猎西方的文理著作，尤其是在 1811 年幕府成立了翻译局后，一些大名也随后赞助兰学的学术机构，组织学者翻译西方的地理、制图学、物理、化学、博物学和军事学著作。1815 年杉田玄白回首往事时，对于每年都有新译作出现，对西方事物兴趣的传播犹如“一滴油滴在宽阔的池塘，很快扩散开来覆盖了整个池面”，感到由衷高兴。

国学和兰学学者并不希望自己的所作所为会对政治或社会起破坏作用。杉田玄白和其他探索西医奥秘的人不反对社会，相反，他们认为自己遵循了传统的道德规范：人应该为了推进同胞的福利竭尽所能地求知。关于这一点，即便把分析人类社会的《梦之代》建立在对哥白尼天文学的理解之上的山片蟠桃，也认同商人价值的政权的合法性。与这些人相似，虽然本居宣长盛赞由天皇而不是由幕府将军实行仁政，但本质上他是一位沉浸于对日本文化的起源做学术探索的学者。然而，到了 19 世纪中期，由兰学和国学的最早提倡者引起的思想上的骚动，激励了新一代日本人讨论以儒学为基础的社会等级制度的效用，用批判的眼光审视诱人的外国文化的潜在危险以及益处，质疑幕府在国家中的作用——这个国家现在“忧患”如此之多，对天皇直接统治的美好回忆又诱发了对另一种可供选择的政治制度的幻想。

对现行政治和社会制度更为直接的挑战来自千年宗教运动。备前国的神道教教士黑住宗忠在1814年的冬至那天凝视升起的红日时，和天照女神建立起“神圣的联系”，之后他就组织了所谓“新宗教”中最早的教派之一。黑住宗忠曾经得过传染性肺结核，这个病已经夺走了他父母亲的生命，但他却很快康复了。黑住宗忠相信自己受到了保佑，于是开始投身于改善病人和被蹂躏者命运的事业。新黑住教的核心教义是信仰太阳女神，认为她作为创造宇宙、化育万物的“大元灵”，不仅能赐福给人民，而且能马上为他们驱除邪恶。根据黑住宗忠的说法，只要信奉天照女神，每个人就能显露出本质中“善”的一面，创造和平与繁荣，就能治愈疾病、延年益寿、子孙满堂、收获丰硕、事业成功。

天理教也允诺建立一种新的道德秩序，把人民从官吏无能、政权腐败和政治经济不公平造成的苦难中解救出来。1838年，自13岁结婚后就备尝艰辛、横遭虐待的农妇中山美伎，得到神谕说她被“天理王明神”附体，认为自己是“从天而降拯救人类的真‘元神’”。[①] 从一阵恍惚中回过神后，中山美伎舍弃了家庭，开始宣传神的“天理”：信仰会清除产生自私行为的“八尘”，代之以倡导无私和互助的新伦理。

和黑住教和天理教一样，其他新宗教也关注19世纪早期的经济混乱和社会的不和谐，在饥荒和原初工业化引起的经济混乱很严重的地方大量吸收信徒。这些新宗教的倡导者宣称，信仰是从饥荒和现世的悲伤中解脱出来的唯一办法。用某个新宗教创始人的话来说，既然“人神相同”，只要有信仰，人就会成为尘世间的圣人。[②] 信徒们认为，信徒的自治新团体最后会战胜社会邪恶，“更新换代”，创造一个人人见多识广，没有痛苦、灾害和恐惧的人间天堂。

---

① Carmen Blacker, “Millenarian Aspects of New Religions” in Donald Shively, ed., *Tradition and Modernization in Japanese Culture* (Princeton: Princeton University Press,1971), p.575.

② H. D. Harootunian, “Late Tokugawa Culture and Thought” in *The Cambridge History of Japan*, vol.5, p.230.

失败的改革和落空的期望

当局没有遗忘19世纪早期的社会和经济混乱，19世纪三四十年代，幕府和几位大名都为此发动了改革。到1841年时已经跃居幕府首席决策人的水野忠邦，制订了一套详尽的，依靠重整道德、俭约、重农等传统做法推行改革的计划。他迅速处罚了一些有嫌疑的贪官污吏，削减政府开支，命令武士厉行节约、自我约束；并解散了某些行会，认为它们的垄断行为助长了通货膨胀。在农村，水野忠邦下令禁止商品化农业和村办工业，试图使农民专心种植庄稼。为了增加幕府的收入，他强令商人捐钱，计划征收新的农业税，还宣布了一个重大方案，企图把江户和大阪周围原本属于其他大名或将军旗本的全部可耕地收归幕府。

天保年间（1830 ~ 1844），许多藩也实行了改革。这些改革尝试形形色色：有一些藩像水野忠邦那样强调节省，道德上回归公正清廉；而另一些则闯出了新路子，创办了由领地赞助的企业，垄断了某些可以在江户和大阪市场上交易的产品，以便牟取利润，扭亏为盈。一些藩的改革取得了一定成效。例如在1838年开始改革的长州藩，当局通过减少官吏开支，赖掉大名对商人的债务，把盐、清酒、棉花等商品的专卖权出售给新成立的商人行会，使领地保持了多年的收支平衡。在平衡预算和积累财富方面，萨摩藩采取了不同的策略，却比长州藩更为成功。萨摩藩吏大胆地单方面宣布，在250年内每年以减少到5‰的利息偿还欠商人的巨额贷款，从而一举解决了该藩的债务危机。藩吏们还鼓励农民扩大蔗糖的生产，并引进新的经济作物，由农民出售给政府后，再行销到日本各地城市。

和长州、萨摩二藩相比，大多数大名的改革都不见成效。一个原因是那些推行改革的大名往往治标不治本，太多的大名依赖于传统“药方”：禁奢令、削减津贴、赖账。这些最多不过暂时解决领地的财政危机。而且，那些大胆干预政治经济以开创新垄断事业的改革者通常缺乏经验和专门知识。结果，他们的改革尝试常常助长了混乱、短缺和物价高涨，反而产生出他们原想解决的经济混乱。从幕政改革来看，水野忠邦和他们一样不成功。他的政策没有制止通货膨胀，没有永久性地减少赤字，也没有促进经济繁荣。他计划没收江户和大阪附近的大名领地，结果导致了一场直到1843年秋他下台才宣告结束的骚动。

天保改革留下了两个长期的后遗症。在大名当中，许多人开始不信任幕府。它看上去很无能，却威胁说要没收大名的财产，一味坚决地将其权威强加给他们。而大众心里普遍的“期望落空”之感表明平民开始对政府失去信心，不再相信幕府或大名能够解决遍及全国的社会和经济问题。经过一段时间之后，这些“内忧”会和“外患”交织在一起，加剧了日益增长的绝望情绪，为用更激进的办法解决19世纪的问题铺平了道路。

外患

俄国人自北而来。在18世纪里，俄国探险家和政府官员随着国家向东扩展而东进，占领了辽阔的西伯利亚，推进到千岛群岛，并沿着北美大陆的海岸散开，寻求皮毛、贸易和冒险。随着北太平洋沿线俄国人的增多，1799年圣彼得堡的官员特许俄美公司管理那些领土，开发那个地区的资源。截至那时为止，许多俄国人已经开始想象和日本通商会带来的巨额利润。凯瑟琳大帝委派海军上尉亚当·拉克斯曼率领海上远征队赴日本，要求建立正式的贸易关系。1792年6月，拉克斯曼抵达根室湾，但是直到次年的6月，首席老中、幕府执政松平定信才做出答复。在一封措辞率直的信里，松平定信声称，日本通常会摧毁或者扣押来自没有和它建立友好关系国家的船只，并关押其人员；不过，既然拉克斯曼“不懂日本法律”，他就宽宏大量允许俄国人回家。也许是因为这位老中想避免激烈的对峙，他做了额外的让步：批准一艘俄国船只在以后的某日进入长崎港。这就意味着以后有进一步谈判的可能。

由于专注于法国革命，直到1804年秋，俄国才派遣俄美公司的常务董事尼古拉·彼得维奇·雷扎诺夫进入长崎港，请求正式开始通商。幕府再次予以拒绝。官员们让雷扎诺夫等了6个月，禁止他离开船和岸上幽禁的住所。然后才告诉他，允许踏上日本领土的外国人只有中国和荷兰商人，以及受邀请的朝鲜和琉球群岛特使。照会郑重声明：“这是为保卫我国边境世代沿用之法，岂能因贵国而改变？”[①] 最后它生硬地说：“你须尽快出航回国。”雷扎诺

① George Alexander Lensen, *The Russian Push toward Japan: Russo-Japanese Relations 1697-1875* (Princeton: Princeton University Press,1959), pp.154-55(modified).

夫又恨又怒，不过他的确北上回到西伯利亚海岸的俄国前哨。但在1806年和1807年，在他的命令下，沮丧不满的船长们屡次袭击库页岛和千岛群岛南部的日本人殖民地。在一个余烬未熄的渔村废墟，他们在一个铜盘上镌刻了警告的话："如果日本人长期拒不同意通商的正当要求，俄国人将把日本北部夷为平地。"

"红毛"由南北进，预示着同样的可能性。1808年，英国军舰"菲顿"号大胆闯入长崎港搜寻荷兰商人。这些商人在荷兰被迫和英国的敌人即拿破仑统治下的法国结为战时同盟后，被英国视为敌人。虽然他们没有发现荷船停泊，但"菲顿"号的船员绑走了荷兰官员。当长崎奉行命令"菲顿"号立即离开时，年仅19岁的"菲顿"号船长厚颜无耻地要求供应食物、淡水和其他补给，否则将用50架大炮轰击港内的日本和中国船只。长崎奉行相信这个英国人会疯狂到把他的恫吓变为现实，因此不得不为"菲顿"号提供补给，然后他就为自己未能保护长崎自杀了。

"菲顿"号轻而易举地挑衅了幕府将军的地方官员，突破了港口的防御设施，使江户的官员感到羞耻。当他们听说英国将强行要求和日本通商的传闻后就更加不安了。由于荷兰人每年向幕府提交报告书，幕府完全掌握了英国人如何控制北印度的大部，在那里种植鸦片并运销广东，交换中国的茶叶、丝绸、瓷器的情况。英国在广东的贸易迅速发展，1800年到1832年之间，英国的鸦片销售额增长了5倍。许多英国商人都赞同英国外交大臣的扩张主义政策，后者曾于1834年扬言，想知道"是否不可能和日本建立通商关系"。①

中国官员试图禁止鸦片贸易，随之中英两国爆发了鸦片战争（1840～1842）。英国在战争中令人惊愕的胜利，使日本人更有理由为"红毛"的意图烦恼。结束中英战争的条约使香港成为英国的殖民地，并确立了条约口岸制度。根据条约规定，中国的5个口岸成为开放城市，英国人可以在那里居住和经商，而且享有治外法权，即英国人只遵守英国法律，接受英国领事裁判而不是由中国法官审判的权利。其他国家也很快和中国签订了相似的条约，每个条约都规定了最惠国待遇。由此，只要其中任何一国攫取了

① W. G. Beasley, *Great Britain and the Opening of Japan 1834-1858* (London: Luzac,1951), p.15.

新的特权，所有缔约国均可享受。荷兰人关于鸦片战争结局的说明，带给江户不祥的信息：西方的工业进步导致了对贸易贪得无厌的渴望。现在看来，英国或其他强国用炮舰外交把条约口岸制度扩展到整个东亚不过是时间问题。

许多知识分子被西方对亚洲的侵略所激怒。他们写文章并向幕府上条陈，主张对外国人敬而远之。其中会泽正志斋提出了一些最热情、最有影响的论点。会泽正志斋出生于水户藩，后来成为水户学派的主要成员。19 世纪早期，这个学派的学者在寻找解决不断出现的国内外危机的方法时，冲击了日本的哲学和宗教。在一系列写于 19 世纪 20 年代的政论著作中，会泽正志斋勾画出外国在文化和宗教上的威胁。在他看来，西方的力量来自精神源泉。他把基督教看作一种国家的邪教，聪明的西方领导人巧妙地利用它来赢得本民族和那些他们想拓殖的民族的归顺。会泽正志斋断言，欧洲列强“现在正竭力侵略世界上所有国家，耶稣的邪恶教条是其帮凶。在贸易或其他借口之下，他们接近各地区的人民并与之为友，暗地里则窥测谁为强国，谁为弱国。若一国守备空虚，他们就用武力夺取；倘若不能乘虚而入，他们就用（基督教）邪恶的教条把人民引入歧途，从而夺取之”。①

会泽正志斋继续说，由于文化上根深蒂固的弊病，日本现在已很脆弱。武士们生活在城市里，变得柔弱娇纵；商人一味耽于奢侈；商业的发展导致了社会各阶层间的不公；幕府和藩政府的统治不负责任；人人都已迷失道德方向，几个世纪以来被险恶的外来信条，如“佛教、腐儒的思想、琐碎的成规”所腐化。他警告，这种情况十分危险，“日本现在的境地和身患绝症几乎难逃一死的病人相似，因为它缺乏强健的内部构造，易受外界影响”。②

会泽正志斋脑中自有明确的对策：武士应该回到田里，改革行政机构，加强海防，把外国人逐出日本领土，然而最最重要的是，日本人应该重新发现他们自己的“国家本质”，即“国体”。会泽正志斋使用的这个词，和国学运动中一些学者表达的思想有共通之处。他所说的“国体”，指的是在所有

---

① Bob Tadashi Wakabayashi, *Anti-Foreignism and Western Learning in Early-Modern Japan* (Cambridge: Council on East Asian Studies, Harvard University,1991, 2nd. ed.).

② J. Victor Koschmann, *The Mito Ideology: Discourse, Reform, and Insurrection in Late Tokugawa Japan 1790-1864* (Berkeley: University of California Press,1987), p.57(modified).

那些使人衰弱的外来学说输入之前，大概在古代的黄金时期就已经注入日本政治生活和谐的政教合一体。会泽正志斋认为，在本国神的庇佑下，过去的天皇举行了统治的仪式，为人民提供食物和生活必需品，对他们施行伦理教化。他写道，作为回报，“王国内万民一心，他们爱戴君主，难以忍受和君主分离”。会泽正志斋认为，为了恢复那种团结和由此产生的力量，幕府必须使君主重新发挥领导国家宗教仪式的作用。这样日本才能打造一个比西方优越的政教合一体，政权才会赢得全体日本人的忠诚，国家才能抵御欧洲的威胁。在其完成于1825年的力作《新论》的结语中，会泽正志斋指出，“阐明‘国体’，论述万国大势，充分了解虏情，加强国防，制定长远之计——这些是尽忠尽孝的最佳形式，回报皇祖和天神的最佳方法，幕府和大名拯救子民、永施仁政的最佳途径”。(《新论》一书由“五论”组成，即“一曰国体，论以神圣、忠孝建国，而终于达到尚武与尊重民命之说。二曰形势，论四海万国之大势。三曰虏情，论夷狄觊觎之实情。四曰守御，论富国强兵之要务。五曰长计，论化民成俗之远图”。——译注）

幕府统治机构认真地担负起了保卫日本免遭暴力入侵的责任。一些观察者认为，要有效防御俄国的侵犯，日本必须把统治权扩展到虾夷地。在18世纪的最后一年，一位著名的地理学家、兰学学者考察了北方岛屿，对这种观点作了简明概括：“我们必须和其他国家接壤，修筑要塞抵御外敌。”[①] 紧接着拉克斯曼来访，江户派遣有1000名武士的探险队到达虾夷地。到1807年为止，幕府已经把辽阔的北方领土划归为自己的直辖领地，在港口小镇函馆建立了管理所，沿海岸驻扎了武装部队，并在俄国抢劫者恐吓库页岛和千岛群岛的村庄后加强了海防。

官吏们想方设法使“东夷人”日本化，以便虾夷地看起来是日本本土不可或缺的一部分。按照一项指令的说法，“把虾夷地置于中央政府管辖的原因是该岛尚未发达，夷人的衣食住条件恶劣，且不知道德。派往那里的官员可以开导、教化他们，逐渐使他们接受日本风俗，衷心归顺吾国，而不为别

---

① Tessa Morris-Suzuki, “The Frontiers of Japanese Identity” in Stein Tonnesson and Hans Antlöv, eds., *Asian Forms of the Nation* (Richmond, Surrey: Nordic Institute of Asian Studies in cooperation with Curzon Press,1996), p.54.

国笼络”。[1] 日本人对虾夷地的入侵的确具有仁慈的一面：函馆的行政长官派医生深入腹地为阿伊努人治病。但是同化的努力本质上是强制性的。为了把“文明”带到北部边界，幕府官吏废止当地的节日，责令阿伊努人参拜日本的神灵，强迫他们穿日本人的服装，力劝他们放弃吃肉的“不文明”习惯，命令男人们按照日本平民的样式刮胡子、剪头发。为了鼓励人们顺从，官员邀请合作的阿伊努人参加正式宴会，向他们赠送“同化勋章”。

为了增强势力，幕府采取了更为僵化的锁国政策。顽固的新政策始于1793年松平定信致拉克斯曼的信。该信告知俄国人，日本通常会摧毁它没有正式承认的国家的船只。不过，这位老中所述与历史事实不尽符合。因为17世纪30年代最初颁布的锁国令，只是专门针对罗马天主教传教士和伊比利亚商人而已；而且，17世纪晚期和18世纪期间，日本几乎从未袭击过进入日本水域的外国船只，相反，他们不是施展外交手腕让这些船只离开，就是护送它们到长崎，把船员遣返回国。很清楚，松平定信的用意是把传统改头换面，以支持自己把锁国规定推行到另一国家的决定，并证明使用武力的正当性。

幕府对雷扎诺夫的回应是一个新开端。1825年，在一艘英国舰只上的船员持械袭击了萨摩南部的一个小岛后，幕府发布了《无二念打拂令》（译成中文意为：“只要看到异国船只接近日本，二话不说，立即驱逐。”——译注），命令大名向任何未经许可靠近日本海岸的船只开火，监禁所有先头登陆人员。这个驱逐令几乎具有普遍适用性。虽然1842年幕府放宽了法令（该年幕府取消《无二念打拂令》，改行《薪、水给予令》。——译注），只要外国船只立即离开，就允许对其补充给养，但还是执意向西方世界关上日本的大门。1844年，荷兰国王威廉二世写信给幕府将军说，“如今灾难正威胁着日本帝国”。[2] 他解释说，汽船的发明使世界变小，欧洲各地工商业繁荣，西方国家希望能够互相通商。他警告，“当此联系日益增多之时，任何希望保持孤立的国家都难免招致多国的敌意”。最后，威廉二世提出愿意帮助日本人适应新的世界形

① Richard Siddle, *Race, Resistance and the Ainu of Japan* (London: Routledge,1996), p.40(modified).

② D. C. Greene, “Correspondence between William Ⅱ of Holland and the Shogun of Japan A.D.1844” in *Transactions of the Asiatic Society of Japan* 39(1907), pp.110-15.

势，作为拓展两国关系的交换。将军的顾问们彬彬有礼却坚定如昔地拒绝了国王的建议。他们回复道，“祖宗之法”禁止建立条约关系，“祖宗之法既定，后世必须遵从”。[①]

美国引发危机

美国人将强迫幕府改变主意。19 世纪 20 年代，从楠塔基特、新贝德福德以及新英格兰沿海其他港口起航的美国捕鲸船开始在日本近海出没。十年后已有 200 多艘船在北太平洋作业。在通常长达一年或者更长的出航中，这些船只把三维治（夏威夷）群岛作为基地，但是船长们也希望能在更接近白令海和鄂霍次克海捕鲸区的日本港口补充饮水和给养。19 世纪 40 年代，美国对幕府的锁国政策所造成的不便，以及对停留在日本海滨的失事船只的船员所遭受的虐待越来越不满。这促使一些美国政治家提议和日本建立正式关系。

贸易的诱惑使美国人更加迫切要求签订条约。19 世纪 40 年代美国得到加利福尼亚和俄勒冈海岸线，激发了人们对扩大和亚洲通商的想象。当时美国商人早已和广东开展大宗交易，但是从东海岸港口出发的船只能穿越大西洋和印度洋，这是一段漫长艰险的航程。1849 年金矿的发现使加利福尼亚的经济迅猛发展，商业界希望通过和中日两国贸易使其进一步增长。与此同时，随着横跨大陆的铁路不久竣工，旧金山将成为航运的终点，缩短了美国船只跨越太平洋的航线。在这种情况下，日本对美国的意义不仅是潜在的贸易伙伴，也是去往中国的船只停下来补充给养，给新汽船加煤的停泊港。

许多美国人不仅希望从亚洲获利，也想把他们所认为的西方文明的好处带给地球上那些他们觉得不太走运的民族。工业革命使西欧和北美国家难以想象地繁荣起来，因此那些请求和日本建立关系的商人们认为贸易是合乎道义的。因为这样一来，美国便可以与被禁锢在狭小岛屿上那么多年的生活水平低下的日本人共享新工业时代的奇迹。传教士对亚洲的看法与此相似，他们声称基督教的祝福是虔诚的西方应该馈赠给异教的东方的礼物。著名传教

① Centre for East Asian Cultural Studies, comp. and publ., *Meiji Japan through Contemporary Sources* , vol.2 (Tokyo: 1970), pp.6-8.

▲ “黑船来航”与佩里登岸

士和最早精通日本语的美国人之一塞缪尔·韦尔斯·威廉姆斯写了一段可能会使会泽正志斋心寒的话：打开日本的国门，将体现“上帝想让所有国家谛听福音的意旨。我完全相信东亚国家的锁国政策违背了上帝对这些民族的仁慈之心。他们的政府必须因敬畏或武力改变政策，人民将获得自由”。①

商人和宗教领袖的这种思想深深植根于美国人关于其天定命运的观念之中。在19世纪的前数十年，当美国横扫美洲大陆时，该观念为其占有新领土的行为作辩护。推进到西海岸后，19世纪40年代许多美国人热烈地想在文化、商业、领土方面在太平洋地区独占鳌头。这些人精力充沛，满怀信心，虽然他们当中没有人听说过会泽正志斋，却持有和会泽正志斋相同的假想：美国的威力建立在优越的政治、经济、科学和宗教制度之上。他们认为美国已经远远超过像日本这样的国家，毫不怀疑美国文化应该输出到世界各地。“商业是世界开化和基督教化的伟大动因，”加利福尼亚一家报纸的社论开宗明义地说，“完美文明的存在不能没有真正的自由原则。世界上最自由的政府是美国政府，因此它享有最高等的文明。立即和太平洋地区建立贸易关系，

① Arthur Walworth, *Black Ships off Japan: The Story of Commodore Perry's Expedition* (New York: Knopf,1946), p.39(modified).

不仅将使我们从经济上得利，也是履行我们的崇高天命——把美国的自由原则推向全世界的唯一手段。商业不仅使人类开化、基督教化，也使生活富足丰裕，在自由原则的协助下，它也推广了‘自由的区域’。”①

1852 年，美国总统米勒德·菲尔莫尔派遣一支海上远征队前赴日本，并修书一封递交给日本政府，说明美国的目的。尽管狂热地认为美国负有向全世界传播文明的使命，菲尔莫尔总统还是措辞谦逊，甚至有些天真。他一开始就说，他的全部希望不过是“日美两国在友谊中共存，彼此通商”。② 在此范围内，菲尔莫尔接着说，美国对日本有三个特殊请求：首先，如果日本能“改变古老的法律，允许两国间自由贸易”，对双方都会“极其有利”；其次，他请求日本人“和善”地对待失事船只的船员；最后，由于有许多美国船只往返于太平洋，他“希望我们的汽船和其他船只，得蒙允准在日本停留，补充煤炭、粮食和饮水”。

指挥美国使团的是骄傲、固执、冷酷的海军准将马修·C. 佩里——经受过墨西哥战争考验的老兵、美国最著名的海军世家之一的后人。绰号为“老熊先生”的佩里准将，指挥海军最好的四艘军舰从罗德岛的新港出发，口袋里揣着菲尔莫尔总统的信和国务院让他在和日本人交涉时要有耐心并预祝一切顺利的指令。给使团的指示也提到了如何对付日本人可能出现的固执：“若所有的争论和劝说无效，海军准将未能使日方政府放宽锁国体制，或得到人道地对待我国失事般只船员的保证，他可以改变态度，毫不含糊地告诉对方，他们将遭到严惩。”③ 非常清楚，美国乐于发动战争，以确保日本答应美国对和平和友谊的要求。

1853 年 6 月 3 日（公历 7 月 8 日），佩里率舰队抵达江户湾的入口。六天后，在大大地展示了一番舰队的威武壮观之后，“老熊先生”登陆，向几位幕府代表递交了菲尔莫尔总统的书信，还有两封他自己的把锁国政策形容为

---

① Allen Burnett Cole, “The Dynamics of American Expansion toward Japan,1791-1860” (Ph.D.dissertation, University of Chicago,1940), pp.143-44.

② Francis L. Hawks, comp., *Narrative of the Expedition of an American Squadron to the China Seas and Japan: Performed in the Years 1852,1853, and 1854*, under the Command of Commodore M. C. Perry, United States Navy, by Order of the Government of the United States (New York: D.Appleton,1856), pp.296-97.

③ Walworth, *Black Ships off Japan*, pp.240-46(modified).

“不明智、不现实”[①]的信。他说，因此他希望“日本政府能看到避免两国之间不友好冲突的必要性，积极响应现在满怀诚意提出的建立亲善关系的建议”。最后他说，无论如何他会立刻离开日本的水域，但是来年春天他会再来，假如有必要的话，还要和“大得多的舰队”一起来领教将军对菲尔莫尔总统的答复。

1854 ~ 1860：对外国人的让步和国内的强硬路线

佩里的来航使幕府陷入了难以自拔的困境。当时负责处理这场危机的是注重实效的阿部正弘。阿部正弘自1843年担任老中以来，一直监督日本海防的加强，完全了解日本的武备虚弱得让人悲哀。在他看来，日本除了屈服于美国的要求，没有多少选择的余地。然而他也知道，如果幕府放弃锁国政策，责难会从许多方面倾泻到幕府首脑的身上。为了摆脱困境，阿部正弘竭力取得一致意见。他把菲尔莫尔和佩里的来信翻译成日文寄给所有大名，征求他们对于日本应该签订还是拒签条约，是“战”还是“和”的意见。大名的回复没有提供多少指导，其中少数人赞成开国，还有小部分人宣布愿意冒开战的风险坚持锁国，但是大多数人不过是在胡扯，建议幕府拒绝贸易的要求，但又劝告它要设法避免战事。

佩里说到做到，1854年2月14日（公历）再次率领舰队驶进江户湾。阿部正弘这时依然没有得到指示，他很快就和佩里进行了谈判，而后者这次率领的舰队中共有8艘当时世界上最具杀伤力的军舰。随着谈判的进展，佩里向日本人赠送了意在证明现代工业奇思妙想的礼物，包括莫尔斯电报机、原型四分之一大小的蒸汽火车头——它能一次载动若干人，还能笨拙地穿过约120米长的微型铁道。日本人用相扑表演招待佩里一行，美国人则报之以化装成黑人乐队的演出。最后，在1854年的3月31日，两国于神奈川（后更名为横滨）签订了《日美亲善条约》。条约首先承诺两国永保和平，然后是细节：允许美国船只在下田和函馆两个港口停靠，补充给养；救援失事船只的船员；美国人可以在下田、函馆两处方圆约30公里的地区自由旅行；美国领

① Hawks, *Narrative of the Expedition of an American Squadron to the China Seas and Japan*, pp.299-301.

事进驻下田。佩里满意而归了，因为他已经争取到了菲尔莫尔总统希望的大多数权益，获得了通商特权，结束了日本的锁国政策。

在江户，阿部正弘也可以因为度过了危机，避免了战争而感到安慰，但是，新一轮的风暴很快便遮天蔽地。截至 1856 年底，俄国、法国和英国都要求并缔结和《日美亲善条约》相似的条约。该年秋，汤森·哈里斯作为美国第一任驻日总领事抵达下田。哈里斯是个嚣张、贪杯的纽约商人，曾在中国做过生意，经商失败后积极游说，为自己谋得了在亚洲的外交职位。尽管个人运气不佳，他却坚决支持国际贸易。一到下田，哈里斯立即向日本官员摇唇鼓舌，让他们签署商约，威胁他们最好和他解决问题，别等到炮舰再次出现。

首轮签署的条约和随后流传的江户将屈服于哈里斯高压战术的谣言，引起了关于幕府政策是非曲直的激烈争论。论战的一方是排外的大名，如有影响的亲藩水户藩已退职的藩主德川齐昭。在 1853 年回复阿部正弘的咨询时，这位顽固的政界元老咆哮说，选择战争比屈服于外敌的要求光荣。阿部正弘签订了《神奈川条约》(《日美亲善条约》的通称）后，德川齐昭提出，这些日本的谈判代表都该自杀，条约应该重新修订，以使之更有利于日本，而且他仍然完全不相信贸易会对日本有益。“用我国的珍贵物品如金、铜、铁交换他们毫无价值的呢绒或玻璃制品等，”他写道，“有百害而无一利。”[①] 德川齐昭在内心是个民族主义者，认为日本开国不仅将使文化和生活方式，而且也使领土、国家，还有经济和政治秩序都处于危险之中。

在知识分子对幕府的批评声音中，没有人比吉田松阴更强烈了。吉田松阴是长州藩年轻的低级武士，钻研过军事学。19 世纪 50 年代初，他到长崎、江户旅行，了解自己的祖国并拜见其他学者。1854 年，极富好奇心和冒险精神的吉田松阴企图藏匿在佩里的旗舰上偷渡到美国，直接探究西方强盛的秘密，结果被发觉并移交给日本当局。回到长州后，吉田松阴获准在当地的藩学授课。在那里他把自己关于国家政策的思想灌输给几名年轻人，包括伊藤博文和山县有朋。他们后来在明治维新中起了重要作用。吉田松阴坚决反对

① *Meiji Japan through Contemporary Sources*, vol.2, pp.18-19.

地图 4.1　19 世纪 60 年代的日本

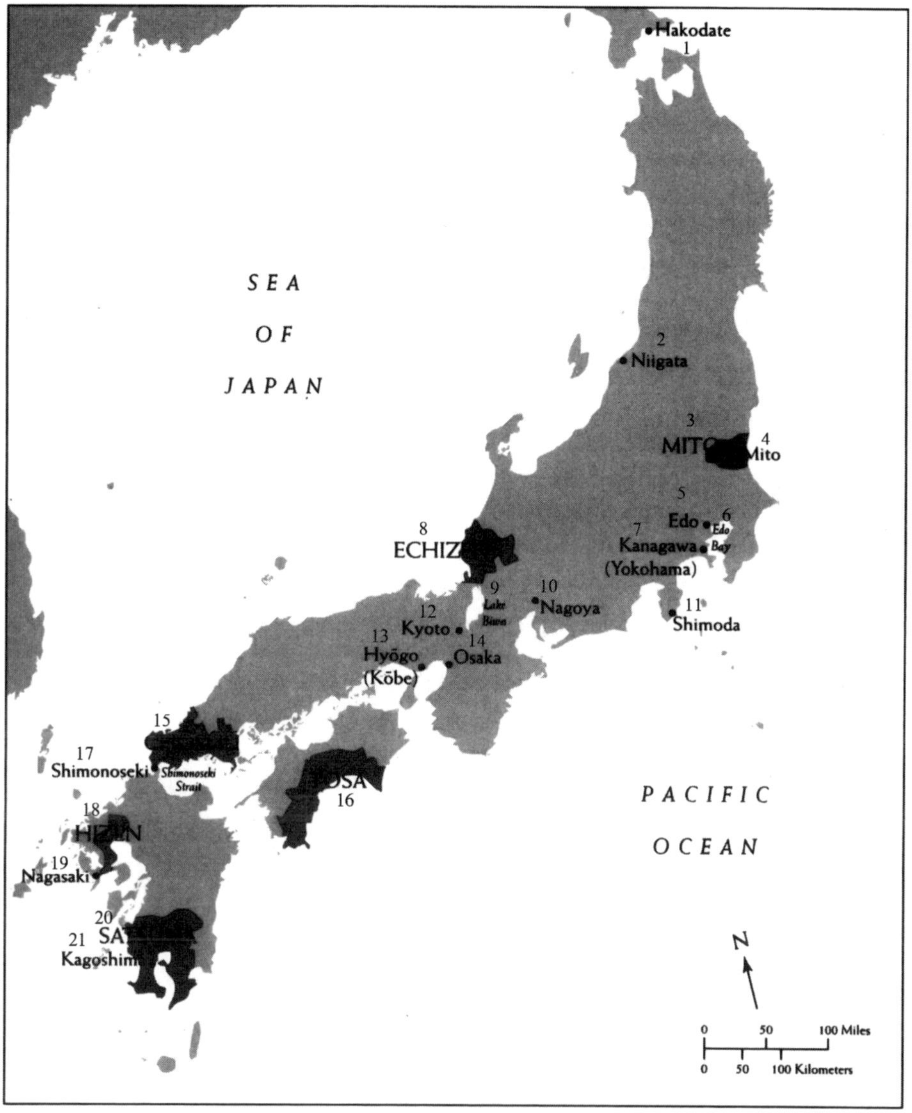

1. 箱根	2. 新潟	3. 水户	4. 水户	5. 江户
6. 江户湾	7. 神奈川(横滨)	8. 越前	9. 琵琶湖	10. 名古屋
11. 下田	12. 京都	13. 兵库(神户	14. 大阪	15. 长州
16. 土佐	17 下关、下关海峡	18. 肥前	19. 长崎	20. 萨摩
21. 鹿儿岛				

条约，因为它们破坏了日本国家组织的基本原则，即国体。“尊王攘夷”这个短语表达了这种思想。会泽正志斋和水户学派的其他成员早已解释过这个词。他们用“尊王”表示幕府应该感激天皇，而把“攘夷”等同于对基督教的禁止。吉田松阴对这种思想的阐释更为激进。他认为，“尊王”意味着天皇应该通过发表他对国家所面临问题的意见直接参与政事，所有人都必须绝对服从天皇；而“攘夷”则必须废除条约，把外国人驱逐出日本国土。因此，吉田松阴指控阿部正弘从两个方面来说行事不当：不仅他所签署的条约破坏了日本的文化和领土完整，而且他所做出的和外国人缔约的决定篡夺了天皇的特权。为了扭转事态，吉田松阴号召动机纯良的年轻人挺身而出，采取直接行动，反对腐败的官吏。

另有一些日本人希望找出更灵活的解决危机的办法。许多知识分子向幕府和大名呈递小册子、请愿书，支持“开国”，其中最有影响的人物之一是佐久间象山。佐久间象山是日本中部的武士，曾经师从几位兰学学者，是其藩主的军事学顾问。鸦片战争后，佐久间象山尖锐地提出了让许多日本人专注的问题：为什么中国，一个看上去不会被蛮夷征服的文化典范和强大巨人，居然会在战争中败给像英国这样突然冒出来的小国？他回答说，原因来自文化上的自大，也就是说中国遭难是因为其领导人夸大地认为自己的文化比其他文化优越，并因此污蔑西方科学和数学的崛起。在19世纪50年代撰写的一系列文章中，佐久间象山推广了“东洋道德，西洋艺术”的口号。他宣称，以儒学为基础的道德依然是私人领域的可行哲学，但它没有为如何迎接西方的挑战提供切实答案。他相信，日本如果想抵抗侵略成性的蛮夷，就必须采用西洋技艺中的有用元素并和东洋的道德相结合。

几个强藩藩主的想法与此类似。虽然他们怀着和德川齐昭一样的排外和民族主义情绪，但他们也相信，继续拒绝西方关于缔约和通商的建议没有意义，顽固只会招致西方对日本列岛的进攻和当时落到中国头上的那样的耻辱。1853年，井伊直弼还是彦根藩的藩主时这样写道：“如果我们坚持锁国政策，无法想象世界会和平，我国会安全。”他继续说，更可取的是开国，通过贸易积聚财富，而后“加强军备，提高我国在海内外诸国心目中的军事威望”。

把自己算在主张“开国”阵营的堀田正俊，接替生病的阿部正弘成为幕府首席决策人，着手与哈里斯进行关于商约的谈判。到 1858 年 2 月（公历），双方已就商约中应包括的基本条款达成了暂时的协议。堀田正俊唯恐人们指责幕府不够注意天皇的意愿，于是向他的对手采取迂回策略，请求朝廷的“敕许”，这是个严重的失策。自 17 世纪早期以来就一直昏睡的朝廷，日渐意识到自己也可以在解决国家面临的危机中发挥作用，而朝廷的嗜好就是断然排外。3 月下旬，孝明天皇告诉堀田正俊，朝廷不能接受条约草案，因为“变革（德川）家康时期传下来的善法，会扰乱民心，使国家不宁”。[①] 老中堀田正俊不知该如何解决与天皇的分歧，于是辞去职务。

接替堀田正俊的是果断的井伊直弼，家族中第六位担任幕府老中的人。他一就职，汤森·哈里斯就带着中国在第二次鸦片战争中遭受重创，已经同意和英国签订新条约的消息抵达日本。而且，哈里斯暗示，“红毛”夷将派遣军舰前来日本，强迫日本签署商约。井伊直弼确信哈里斯的恐吓会立即成为事实，于是在 1858 年 7 月 29 日（公历）签订了《日美友好通商条约》。该条约通常被称为《哈里斯条约》，提出了两国正式互派驻外代表，预定了将来神奈川、兵库（神户）、长崎和新潟开港，江户、大阪为开放城市，外商可以在那里筑房居住，享有治外法权，等等。此外，条约还规定日本的关税由日本与各国协商决定，并把进口税率限定在有利于外商的范围内。在随后的几周里，井伊直弼就又和荷兰、英国、法国、俄国缔结了商约，每个商约都包含了最惠国待遇的条款。

井伊直弼预料到会有人反对他的举动，尤其在他没有请求敕许的情况下就签署了新一轮的条约之后。在他的反对者还没有组织起来之前，井伊直弼无情地发难了。1858 年夏，幕府强迫反对条约的德川齐昭和其他大名引退，或将他们软禁。在江户，井伊直弼肃清了赞成对反对派大名采取调和政策的下属，命令排外的朝廷贵族离职。幕府逮捕了效力于反对派大名和贵族的百余人，并处决了其中的 8 人。同样的命运也在等着吉田松阴。为了实现自己的“直接行动”的理想，吉田松阴计划暗杀一名幕府要员。幕府警察发现他的密谋后，逮

---

① W. G. Beasley, tr. and ed., *Select Documents on Japanese Foreign Policy 1853-1868* (London: Oxford University Press,1955）, p.181.

捕了他并把他押送到江户。1859 年 10 月，吉田松阴被斩首于江户。

1860 ~ 1864： 公武合体

1860 年 3 月一个大雪纷飞的早晨，水户藩和萨摩藩的年轻刺客践履了吉田松阴“采取直接行动，反对走向歧途的官吏”的教诲，井伊直弼就此为他对反对者的残酷镇压付出了生命的代价。幕府因此受到强烈震动，开始改变方针，放弃了强硬路线，企图通过对朝廷和大藩主采取安抚的姿态来加强他们对自己的拥护。在“公武合体”（朝廷和幕府结合）的名目下，官员们安排新将军德川家茂迎娶孝明天皇的妹妹和宫公主，而且德川家茂同意亲自前往京都和朝廷商讨国事。1863 年春，在 3000 余名家臣的陪同下，德川家茂率领声势浩大的队伍进京，这是两百多年来幕府将军首度造访京都。沿东海道的朝觐之旅具有象征意义，印证了会泽正志斋、吉田松阴等人曾经说过的话：幕府再不能像德川家康、家光时期那样在政治上左右朝廷了。如果不公开借用天皇在文化上的声望和宗教上的权威，将军便不可能指望实行有效的统治。

幕府新的调和态度也促使他们向大藩主伸出橄榄枝：赦免了那些被井伊直弼处罚的人，甚至同意任命几个外样大名和德川旁支的头领作为“参与（顾问）”，后者在正常情况下原本是不能担任幕府任何职位的。像往常一样，大名们积极响应幕府的倡议，希望提倡政治统一不仅对他们自己，也对国家有利。也许态度最积极的是那些“能干”的大名，这是民间对那些在佩里来航后开展了自强活动的大名的称呼。萨摩藩的岛津齐彬被认为是比较能干的大名之一。岛津齐彬热情支持兰学，派遣家臣到长崎和江户向外国专家学习，资助西方科学和航海术著作的翻译，供藩学使用。1856 年他写道：“武士的急务是协力了解国外情形，以便用他们的长处弥补我们的不足，增强我国军事实力，反制夷邦。”① 依照这些原则，岛津齐彬引进了西法，训练自己的炮兵，组建了全新的步枪队和海军军官学校。他也对西方民用技术印象深刻，学会了摄影，在城堡内安装了煤气灯。他还雄心勃勃地在领地的城堡小镇鹿儿岛

① W. G. Beasley, *The Meiji Restoration* (Stanford: Stanford University Press,1972), p.121(modified).

的海港创办建造汽船的造船厂和生产现代大炮、步枪的冶炼所，以及制造火药、玻璃、陶瓷和农具的西式工厂。

其他一些有影响的藩如加贺、肥前、土佐，也都实行了类似的改革，虽然规模稍小。那些藩主从他们的亲身体验出发，认为当外敌入侵之时，幕府有责任在全国范围内推行相似的改革，以增强日本的实力和财富。1858 年，加贺藩的松平春岳向幕府上书，提出一系列具有代表性的建议："从全国征募能人；削减和平时期过分的用度，改变军事体制；停止使大名穷困的参觐交代制度；做好防御准备；维持全体人民的生计；创办各种工艺学校。"[①] 松平春岳在接受邀请担任幕府"参与（顾问）"之后，开始着手实现他的议事日程上的安排。为了节省正在进行藩政改革的藩主的不必要开销，使他们有更多的资金投入自强计划，松平春岳说服幕府放宽参觐交代的要求，允许藩主家的人质离开江户，允许多数藩主每三年只在江户住 100 天。

然而，也有几百名自称为"志士"的人坚决反对"公武合体"。他们当中绝大多数出身日本西部的中下级武士家庭，当佩里的舰队抵达江户大门时，他们大都还是十来岁的少年或 20 岁刚出头的青年。"不满"把这些志士联系在一起。他们的家庭都经历了削减俸禄和通货膨胀所造成的经济上的剥夺。许多年轻人发现，尽管他们在藩学受过教育并满怀改善本地状况的激情，但低微的身份成为自己被委以要职的障碍，他们因此尝到了受挫的滋味。佩里的炮舰外交和不平等条约的签订也把这些志士联系在一起。随着 19 世纪 50 年代西方威胁的加剧，关心祖国未来的年轻武士集中到京都和江户。在这两个充满着时代感的大都市，年轻人蜂拥到私塾和剑术学堂。在那里他们接受了会泽正志斋和吉田松阴推广的"尊王攘夷"论，并献身于采取直接行动反对日本敌人的"天诛"。

井伊直弼和西方列强签署商约并镇压内部反对派的决定刺激了"尊王攘夷"派志士。一种理想主义的浪漫的氛围笼罩了他们，主要原因是他们曾经宣誓绝对忠于天皇，他们有置后果和个人安危于度外的勇敢精神，还有对清酒、女人、午夜历险的不知餍足的沉迷。虚张声势有可能是志士们采取的战

---

① W. G. Beasley, tr. and ed., *Select Documents on Japanese Foreign Policy 1853-1868*, p.180(modified).

术，但他们也是政治上的实用主义者，而且非常认真地维护着日本文化的完整性。横滨的志士致力于攘夷，曾于1859年和1860年先后发动反对外国人的恐怖活动，杀死了几个欧洲商人和俄国海员、一个葡萄牙商人的中国佣人，还有一个荷兰船长。1861年，一个萨摩藩的极端主义分子杀死了汤森·哈里斯的秘书兼翻译亨利·修士肯，和他一起的志士则袭击了江户的英国公使馆，砍死两名使馆官员，重伤一名。

最重大的排外事件或许发生在从1862年至1863年的大约9个月内。1862年8月，四个英国平民在横滨附近游玩时，他们的坐骑误入了岛津久光的队列。岛津久光是1858年岛津齐彬死后萨摩的实际统治者。当时他正在从江户到京都的路上，打算进京促进“公武合体”的实现。岛津久光的武士卫队对他们所认为的外国人的傲慢极为愤怒，于是拔剑攻击。刹那间他们伤了两名外国人，并把商人查尔斯·理查森砍死在路上。1863年5月初，长州藩的年轻激进分子用海滨的大炮轰击穿过下关海峡前往上海的一艘美国货船。该月稍迟的时候，他们又向途经长州的荷兰和法国军舰开炮。

年轻志士也抨击那些国内仇敌，指责他们在19世纪50年代后期大肆排除异己，制定无视君主意愿的使日本易遭外敌侵略的政策。井伊直弼是倒下去的第一人。在1862年秋到1864年秋的两年时间内，志士中的极端分子，其中许多人来自长州、萨摩、土佐和肥前等藩，发动了70多次暗杀行动。遭人憎恨的警官和给他们通风报信的人名列暗杀名单之首。但是，“尊王攘夷”的鼓吹者们也杀死了宣传利用“西洋艺术”的佐久间象山，甚至砍掉了矗立在京都一座寺庙门口的三尊足利将军木雕像的头颅。后面的这个举动骤看很奇怪，其实传递了显而易见的带有象征性的信息。激进分子就在1863年德川家茂要进京都之前，砍掉了日本中世以专横出名的幕府将军的塑像头，然后放在德川家茂按计划要通过的大桥桥畔。他们还在那里张贴指责幕府的布告，其中一张这样写道：“今天许多人显然更甚于这些叛贼，若他们不立即悔改，捐弃旧恶，襄助朝廷，所有忠臣义士将群起攻之。”①

① Anne Wralthall, “Off with Their Heads!: The Hirata Disciples and the Ashikaga Shoguns” *Monumenta Nipponica* 50:2(Summer 1995), p.158(modified).

1863年，“尊王攘夷”派的积极分子策划了一场大胆的政变，即袭击皇宫，把天皇从占领京都的幕府军队手中解救出来，并计划让天皇担任一支义军的首领，起义反抗外国侵略者，没收日本西部德川家的所有领地。然而，就在起义者将要于8月中旬举事时，支持幕府将军的守卫部队起来反对他们，迫使其中许多人撤退到已经成为讨幕派庇护所的长州藩。第二年夏，在刚建立的长州藩军队和其他少数几个藩的“尊王”派的支持下，志士们又发动了一次袭击，结果导致了一场灾难。1864年7月19日拂晓，起义军冲进了京都，但是被聚集在宫殿周围的幕府先头部队击溃。这一被称作“蛤御门之变”（或“禁门之变”）的事件导致许多志士死亡，冲突中的大火毁坏了京都近三万所住宅。

1863年和1864年志士的过激行为，招来了幕府和西方列强的报复，萨摩藩首当其冲。1863年7月，为了替商人查尔斯·理查森报仇，英国舰队炮轰城堡小镇鹿儿港，烧毁了鹿儿港的大部分地方，以及岛津齐彬曾经满怀希望建造的西式工厂。1864年秋，共有17艘军舰的英、法、美、荷四国联合舰队炮轰长州藩的海防设施，并派兵登陆破坏了下关炮台的大炮，还向长州

▲ 1864年秋，英法美荷四国联合舰队炮击长州藩，并派兵破坏了下关炮台的大炮

藩勒索了一大笔赔款。就在遭到这次打击前的1864年7月23日，在幕府支持者的策划下，长州藩因为鼓动激进分子袭击京都皇宫而被扣上“朝廷之敌”的罪名。幕府号召21个藩把武士组织起来去征讨长州，截至11月初，已有约15万名士兵在长州边界蓄势待发。直到长州的保守派高级官员同意正式道歉，镇压“尊王攘夷”派党徒，处死三名煽动政变的核心人物，驱逐早已逃往京都的激进派朝臣，幕府才宣布胜利，撤回军队。

1864年对“尊王攘夷”派志士及其庇护所长州藩的进攻，使“尊王攘夷”运动发生了分裂，志士们分散开来回到了他们各自的家乡。虽然“志士”作为不理性的极端主义者有时不为人所注意，他们的暴力行为却有助于改变日本的历史进程。这些激进青年坚定的民族主义理想和对天皇的颂扬，限定了19世纪60年代能得到认可的言论的主要内容，他们也促进了君主及其朝臣的政治化。随着这些志士云集京都和其他主要城市，旧有的身份和地理的区分开始消融，在来自国内各个地方的武士中产生了大家联结在一起，怀有共同目的的新感觉。他们发动的暗杀、对外国船只的攻击和未遂的政变，促使将军反对大名，朝廷反对幕府，使“公武合体”政策最终瓦解。更重要的是，许多从1864年的战争中幸存下来的志士，回到自己的家乡后依然积极参与政事，促成了范围更广的武士和大名的联盟，终于在四年后推翻了幕府。

1864～1868：最后的较量

受到长州藩投降的鼓舞，幕府的一些主要官员开始奋力争取实行改革，以增强幕府的军事实力，恢复幕府对朝廷的权威，使幕府有可能没收对江户政权不友好的大名的领地。为此，幕府向1864年抵达江户的法国公使利昂·罗休求助。罗休决心和一个他认为能够作为中央政府的屹立不倒的政权建立关系，遂于1865年同意出资在横滨兴建铁厂，在江户南部的横须贺兴建现代造船厂。到那时为止，幕府已经通过横滨进口了一万多支步枪，开始把武士部队改组为骑兵队、炮兵队和步兵队，旨在建立一支配备现代武器的职业常备军。1865年4月19日，从自强的努力中拾取了信心的幕府宣布再次征讨长州。这时的长州藩在一次内战之后，已经再次由许多“尊王攘夷”派的激进分子掌握了藩的实权。

江户的军事组织制服不了长州的新领袖，也制服不了他们的萨摩同胞。在长州藩，伊藤博文、山县有朋和其他在内战后担任要职的前“尊王攘夷”派志士之前就认为幕府无能。在萨摩藩，1864 年和 1865 年的事件挫去了以前鼓吹“公武合体”的岛津久光的锐气。他开始越来越仰仗西乡隆盛、大久保利通和其他对幕府已经忍无可忍的年青一代中下级武士的建议。1863 年，伊藤博文和几位同仁曾潜行到英国，对西方的财富和力量印象深刻。萨摩和长州遭受的轰击也使每个人都见识到外国人的军事优势。萨、长二藩惊愕于幕府具有攻击性的部署，也感觉到最后的较量不可避免，于是和幕府展开竞赛，增加自身的“财富和力量”。各藩都通过长崎商人订购了数以千计的步枪和大炮。长州藩考虑向外商开放一个港口，萨摩藩则向英国订购了以蒸汽为动力的棉纺厂和糖厂使用的机器。

正当幕府和西南藩处于战争边缘时，对外贸易引起的经济问题开始折磨日本，加剧了许多普通人对幕府政策的不信任，并最终使大众质疑幕府存在的合法性。日本开港时，世界贸易总额正在呈指数上升。西方很快看中了日本的茶叶和生丝。总的看来，1860 年到 1865 年之间，日本的出口额是以前的 4 倍，进口额增长了 9 倍，对外贸易甚至超过了最乐观的预期。不断扩大的国外需求使种茶、养蚕的家庭兴旺发达，但是它也给其他许多人带来恶果。随着生丝成本的上升，京都和桐生的织工不得不提高卖给国内顾客的成品绸缎的价格，结果最后面临失业。在日本的某些地方，由于农民把稻田改种茶叶和桑树，1863 年到 1867 年间，米价竟上涨了至少 700%，城市居民发现自己要花更多的钱来购买食品。

货币危机给通货膨胀火上浇油。德川统治后期，幕府按照 1 ： 5 的金银比价铸造货币，但西方货币是以 1 ： 15 的金银比价为基础。这种差异引发了 1859 年至 1860 年冬的“淘金热”。当时外国人用白银换取日本的金币，然后出口再换取数量更多的白银。

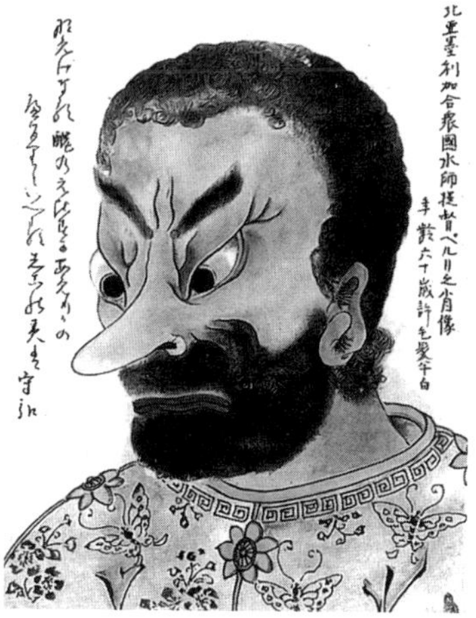

▲ 美国海军准将佩里在日本人笔下的形象——坐着喷火怪兽到访的异域妖魔

为了制止金币流出，日本改铸旧币，发行货币比价符合世界标准的新币。但是，幕府的这种做法使货币贬值，加剧了通货膨胀，使所有生活必需品，尤其是大米的价格进一步上涨。在佩里来航后的几年里，其他灾殃也加重了经济问题：1854 年，一场灾难性的地震袭击了江户，大约 10 万人丧生；1861 年，西方人把霍乱带到日本港口；1866 年，农作物严重歉收。

最初，日本平民对于来到他们国家的外国人既有天真的好奇，又掺杂了紧张的忧惧和民族主义的愤怒。在佩里来航之后的那一年，江户的小贩出售了大约 500 种不同的瓦版，总计达 100 多万份。“瓦版”是一种廉价粗糙的用一种有趣的方式传播当时新闻的印刷品。许多瓦版印有佩里的肖像、微型火车头和美国人赠送的其他礼物的图片、和外国人谈判的记述、远方国度的地图，还有关于欧洲、俄国、美国的风俗和生活方式的情景，以及一些想象之地如南美“巨人国”和北欧“女人国”的故事。另一些瓦版则较有敌意，把佩里描绘成佛教中的魔鬼，如某张瓦版的文章说，“老熊先生”的心里跳动着仇恨，这个邪恶的海军准将想要毁灭武士，破坏商人的生意，使农民穷困。还有一些瓦版提出赶走“外国狗”的方法，例如召唤当地神灵“以强光为武器杀死夷人”。[①]

19 世纪 60 年代，与西方人的到来有关的经济重压更加明显，日本平民开始把批评的矛头转向幕府。瓦版越来越多地抱怨维持生活的艰辛，因为通货膨胀和失业如此普遍。1865 年，江户张贴的一张布告谴责对外贸易给人们造成了苦难，号召人们除掉没有履行自己职责、已被夷人征服的幕府将军。1866 年，农作物歉收导致食品短缺，江户平民指责当局没有采取赈济措施，纵容米商囤积居奇，并发动了该城历史上的第三次骚乱。“官吏中恶人为数甚多，”其中一张布告一开始就指出，“勘定奉行及其同僚认为物价上涨无何不可。我们已了无生计，故而将攻其官署，杀其党羽，救民于水火。”[②] 骚乱的结

---

① M. William Steele, “Goemon’s New World View: Popular Re-presentations of the Opening of Japan” in *Asian Cultural Studies* (March 1989), p.80.

② Anne Walthall, “Edo Riots” in James L. McClain, John M. Merriman, and Ugawa Kaoru, eds., *Edo and Paris: Urban Life and the State in the Early Modern Period* (Ithaca: Cornell University Press, 1994), pp.425-27, for this and the following quote(modified).

果虽然是幕府高官毫发未损地逃脱了危机，但事情已经传开。“难知下层人民何时作乱，”一个高官写道，“但他们似已日渐不满，这着实令人惊惧。”

1866年农民起义的次数超过了德川幕府整个历史时期的任何一年。这些起义使社会更加混乱。1866年夏，在江户东北面的武藏平原，陆奥国信达地区的100多个村子里，好几万贫农、佃农、雇农起义，发泄共同的怨愤。“细察骚乱的缘由，”一位观察者说，“可知生丝、蚕纸已抽新税，利率上涨30%，物价上升，尤其是米价及其他谷物的价格。”① 愤怒的村民冲进征税所和剥削贫苦农民的富裕地主及放债人的家里，他们还要求降低米价，减免税收，归还典当物和抵押的土地。遭到拒绝后，暴动农民烧毁税册，哄抢仓库，洗劫富人住宅，拿走成袋的大米和桶装味噌，捣毁家具，踩踏衣服，甚至挖了他们最蔑视的那些人的家族坟地。19世纪60年代中期，许多人都为当时的艰难所迫而诉诸暴力。他们认为他们的行动是迈向美好明天的一步。日本各地的暴动者都在谈论“改世”。对大多数农民而言，这个词表达了对统治阶级的不满，展望了一个没有不公，农户辛勤劳动、互相帮助，丰收富足的乡村社会。

在民众的不满情绪不断高涨的背景下，当1866年夏德川家茂命令几位大名出兵第二次征讨长州时，江户政府和日本西部强藩之间的紧张状态达到了顶点。在幕府批评者的眼里，幕府企图惩治像长州这样受人尊敬的藩是件鲁莽的事。他们指责说，十多年来江户政府没有适当处理“内忧外患”，幕府搞砸了外交政策，国内政策也缺乏可信度，而且现在谋取个人私利似乎胜过办理国家大事。正如岛津久光在给朝廷的上书中指出的，幕府的外交政策“广招责难与异议”。② 到最后，“商人及贱民均藐视律法”，甚至由幕府直接管辖的城市也发生了暴动。岛津久光继续说，民间动荡不安，预示着国家分裂的危险，证明了幕府的统治令人不满。他声称，在这样的混乱中征讨长州藩，是在冒日本“被潮涌的争端彻底摧毁”的危险，给外国列强提供可以趁机扩大特权的条件。

德川家茂把指挥作战的总部设在大阪，但事事出乎他的预想。萨摩藩拒

---

① Stephen Vlastos, *Peasant Protests and Uprisings in Tokugawa Japan* (Berkeley: University of California Press,1986), p.114.

② Beasley, *The Meiji Restoration*, pp.258-59.

绝出兵。1866 年 1 月，萨摩藩和长州藩谈判后缔结秘密协议，保证假如幕府攻打其中任何一藩，另一藩必须加以援助。其他几个大名也同样无视德川家茂的出兵要求，而江户和大阪的骚动又迫使幕府抽调最靠得住的部队到那里防守。德川家茂召集军队的困难，向此前促成了“萨长同盟”的西乡隆盛预告了战争的前景。这位萨摩武士写道，将军率领远征军“不过意味着他将亲自接受报应。这场战役不会增强幕府的权威”。① 西乡隆盛是正确的。长州军队决意保卫家园，轻松地抵挡住了兵力不足、指挥不当的幕府军。1866 年 8 月，德川家茂突然死去，幕府军撤回了江户。

使那些和幕府意见不一的藩感到惊恐的是，1867 年秋，新任幕府将军宣布再次实施自强计划，包括改变管理方式，提高税收，利用法国的贷款和军事顾问恢复德川的军事实力。西南藩的人们开始制订计划推翻这个看来很危险的已失去控制而且抱定决心要消灭异己藩主的政权。对于和他的艺妓情人躲藏起来，从而在“蛤御门之变”后逃过一劫的长州藩的领导者木户孝允来说，这好像是“（德川）家康再生”。他认为日本“将坠入幕府和法国的罗网，除非政权尽快奉还朝廷”。② 京都一些讨幕派的朝臣，如有影响的岩仓具视，则公开鼓励人们起义。1867 年夏他写道：“天无二日，国靡二君。除非政出一门，否则没有国家能够幸存。因此我希望我们积极行动，推翻幕府。”

许多普通百姓也有同样的看法。1867 年初秋，名古屋附近的平民声称写有“伊势神宫”字样的护符从天而降，这是“明天会更加美好”的预兆。在接下来的几个月里，类似的护符降落在从广岛到江户太平洋沿岸村庄和市镇居民的身上。无数人走向街头庆祝，男女交换穿上异性的奇装异服，抛开烦恼和忧虑，狂吃痛饮。他们从街道的这头舞到那头，在小巷里男欢女爱，闯进饭馆强迫客人加入节日般的肆意狂欢。到处都能听见锣鼓声、钟声、口哨声，还有纵酒狂欢者的歌唱，歌词大胆狂放。

从某种程度上说，狂舞和寻欢作乐者吵闹、淫荡的行为象征了他们对瞬息变换、不可预测的经济和已经陷入混乱的政治的绝望。不过，拥向街头的

---

① Charles L. Yates, *ōTakamori: The Man behind the Myth* (London: Kegan Paul, 1995), p.81(modified).

② Beasley, *The Meiji Restoration*, pp.266-67(modified).

人群并不只是发泄他们的失败感，他们的歌词和小曲讽刺了幕府，嘲笑了它的政策，否认了它的合法性，有助于为它的垮台铺平道路。有首讽刺性的歌这样写道：

从西方，
长州蝴蝶飞进来；
从横滨港，
金钱涌出去。
有什么不可以呢？
好啊！
这样不好吗？
这样可好了！①

1867年11月，在横滨西部东海道的驿站藤泽，人们挤满街道，跳舞、畅饮，闯进富人的住宅索要东西，在那里一起吃吃喝喝，寻欢作乐。根据一幅描绘这些事件的画卷，在狂欢的最后一天的黄昏时分，队伍在静默中离开集镇，手抬棺材；黑旗飞扬，其中一面旗上写着“日光山，东照大权现神社”；心灰意冷的市镇居民为德川幕府举行了虚拟的葬礼。

德川幕府的真正葬礼已经为时不远。接近1867年年底时，萨摩和长州军队的先遣队向京都挺进。1868年1月3日（公历）晨，萨摩勇士冲进皇宫，受到了岩仓具视和其他讨幕派朝臣的欢迎。当天稍迟的时候，在孝明天皇死后登基已有一年的他15岁的儿子，宣布废除将军职位，政归天皇；设立新的政府官职，由朝廷贵族、藩主和其他“才德之士”担任；答应“百事一新”，以结束人民的不幸。

“尊王”派遭到一些反抗，但是西乡隆盛把萨摩、长州、土佐、肥前、加贺和其他一些藩的志愿者训练成一支精锐“天皇军”，把幕府军赶回江户。

① George M. Wilson, *Patriots and Redeemers in Japan: Motives in the Meiji Restoration* (Chicago: University of Chicago Press,1992), p.103.

1868年4月，江户投降。虽然新政府赦免了幕府将军及其支持者，但东北地区零星的反抗一直持续到秋天，那里的一些藩主不信任并害怕那些来自日本西南的大权在握的新领导。直到1869年春，德川幕府的海军残部在函馆投降，“戊辰战争”才最后结束。

明治“维新”概念的形成

领导推翻德川政权的西乡隆盛、伊藤博文、木户孝允通常并不被认为是领导世界上伟大革命之一的英雄。他们没有提出任何鼓舞全人类的激动人心的新价值观，如19世纪法国的“自由、平等、博爱”，也没有像20个世纪的俄国和中国革命那样，着手推进在经济和社会中处于边缘地位阶级的利益。夺权过程中的种种情况，使得1868年的革命没有出现非常具有戏剧性的场面。“讨幕派”打着恢复天皇统治的旗号掩护自己的行动，他们的胜利来得相对较快，恐怖行动相对不多，暴力持续时间不长。

1868年的年轻领袖们决定，不能只停留在发动一场恢复过去遗传下来的价值观，使自己祖国免于沦亡的政变上，他们还要做得更多。在19世纪的前几十年，日本的“内忧”对传统政府组织是否能够应对武士的贫困和士气，适应由原初工业化和农业商品化驱动的经济转型，处理社会动乱，回应知识分子的批评，为集体异议中显而易见的新的政治意识留出余地等提出了严肃的质问。始于佩里来航的“外患”，暴露了幕府组织上的缺陷和意识形态的破产，而且幕府屈服于外敌的签订条约的要求引起了志士的愤恨和忍受开国通商后果的城乡居民的憎恶。1868年夺取权力的人是不满日本当局的半殖民地地位的民族主义者，而且正如松平春岳和岛津齐彬的上书中指出的，他们是同情面临困难的同胞的日本人。19世纪五六十年代发生的事情使他们变得激进，充满愤怒和怨恨，对这个世界深为不满并想改变它。

1868年，当伊藤博文、西乡隆盛、岩仓具视等成为政权的掌舵人时，对于将来的变化并没有一幅明确的蓝图，不过，他们对于想要航行的新方向却有个大体感觉。1867年他们集中力量对付幕府时，他们之间的几次讨论已经指明，必须成立更为灵活的管理机构，使“才德之士”发挥才干，在天皇的佑护下促进全国统一，改善每个人的生活条件。日本西南一些藩实施的自强计划说明，人们已开始认识到工业化和对外贸易可以增强国家实力，创造国内繁荣。19 世纪 60 年代严重的经济和社会混乱使许多激进分子相信，只有最激烈的行动才能产生一个稳定安宁的新世纪，因此他们抛弃了过去的哲学，尝试重整社会秩序，重建意识形态的新思想。恐惧和愤怒、渴望和期盼，不信一个曾经辉煌的国家竟落到如此可悲的境地——所有这些混合在一起，使 1868 年的那些领导人和日本人民相信，只有富于革新精神的根本的改变，才能拨乱反正，拯救未来。

1868 年 1 月长驱直入京都的人用古老的象征证明推翻旧秩序的正当性和他们正在考虑的革命政策的合法性。19 世纪 60 年代中期，他们当中许多激进分子说起要“瞒天过海”，暗指他们并不想真的把直接统治的权力归还天皇。事虽如此，但是伊藤博文、西乡隆盛及其同仁对天皇的忠诚是真心诚意的。起义者所想的是使天皇回归到他的传统作用：主持国家的仪式和认可以他的名义进行统治的行动。在这个意义上，“忠诚”向日本人民解释了起义者之所以要除掉幕府，是因为它把朝廷变成了政治上的一潭死水。“忠诚”也驱使他们尝试彻底改革日本的政治、经济和社会制度。后来日本人从中国的古典著作中借用了一个很少使用的词“维新”来形容权力的夺取和 1868 年之后倡议的新政策。这个表意词翻译成英语是“restoration”，日语读音写作“ishin”，指迥然有异的事物：一种只有利用社会全体的能量才能实现的万事万物的更新，一个新的开端。这个词用得十分贴切，因为正如最近三个世纪里世界上任何国家所经历的一样，19 世纪七八十年代，新的开端带给了日本革命性的政治、经济和社会变化。

第五章
“新开端”

1868 年 3 月 14 日，日本的少年天皇把近 500 名官吏召集到京都皇宫，宣读了被称为《五条御誓文》的国策。誓文保证：

一、广兴会议，万机决于公论；

二、上下一心，大展经纶；

三、公卿与武家同心，以至于庶民，须使各遂其志，人心不倦；

四、破旧来之陋习，立基于天地之公道；

五、求知识于世界，大振皇基。①

9 月 8 日，上谕宣布年轻天皇的年号为“明治”（据称，这个年号取自《易经》的“圣人南面而听天下，向明而治”。——译注），即“向明而治”的时代，象征着誓文所表达的希望。

代表皇帝起草誓文的木户孝允和其他年轻革命者，头脑中带着急迫、现实的目标。1868 年春，新政府与其说是个现实，毋宁说是个梦想。天皇军队正向着江户前进，它和北方一些藩的内战有使国家分裂的危险；羽翼未丰的政府没有财政来源，入不敷出；西方列强让新的领导阶层明白，他们希望日本能够永远结束排外主义，维护政治稳定。誓文的制定者正是在这种背景下着手处理这些迫在眉睫的问题。誓文第一条通过表明革命者的小集团不会独断专行，反而会让其他有影响的人物和机构参与决策来吁求国家统一。接下

---

① Ishii Ryosuke, ed., *Japanese Legislation in the Meiji Era*, tr.William J. Chambliss (Tokyo: Pan-Pacific Press, 1958), p.145,and Robert M. Spaulding, Jr., “The Intent of the Charter Oath” in Richard K. Beasley, *Studies in Japanese History and Politics* (Ann Arbor: University of Michigan Press,1967), pp.6-26.

来的两条对第一条作了进一步阐发，为全体人民，不论其社会地位如何，提供了“各遂其志”的机会。而最后两条声明则向国外观察者表示，日本会成为国际社会一个稳定、负责的成员。

19 世纪 70 年代，明治新政权战胜了对手，在日本强制推行了为自己争取不容置疑的管理权、警察权和征税权的革命清算。随着 1868 年的新政府积聚了力量，被承认为日本的合法政府，它制定了另外的长远目标。一个常被提及的目标是捍卫日本的国家主权，防止外国的进一步侵略，正如长州藩的山县有朋所言：“确立国家的独立，维护国家在列强中的权益。”① 也许最常为人提起的目标是这个言简意赅的明确大胆的决心：成为与地球上最先进国家并驾齐驱的受尊敬的大国。1872 年，伊藤博文访问美国加州首府萨克拉曼多时，就表达了这样的想法。他向那些感到震惊的听众宣称：“敝国的政府和人民最热切希望的，就是与各先进国一样，达到文明的最高点。”②

这些压倒一切的追求国家独立和未来辉煌的目标，激励政府采取了许多行动：修订不平等条约使日本摆脱半殖民地地位，促进国家统一，清除过去的弊端以积聚力量和财富。这些目标集中在一起，赋予了誓文所表达的希望一种崭新开端的意义。到明治三十年左右，日本领导人已经行动起来，缔造立宪政体，召集国民大会，推行工业化和资本主义，改造社会基础和思想观念。在伊藤博文的回忆录中，他为这些成就感到骄傲，称日本已经实现了誓文的约定，为国家获取了“繁荣、力量、文化，并且此后在平等的基础上被认可为世界上最强大、最文明的国家之一”。③

革命清算

对那些把德川幕府赶下台的年轻人来说，比较紧迫的问题之一是创立能使他们在全国范围内有效行使权力的中央集权政治组织。因此，就在“五条

---

① Roger F. Hackett, “The Meiji Leaders and Modernization: The Case of Yamagata Aritomo” in Marius B. Jansen, ed., *Changing Japanese Attitudes toward Modernization* (Princeton: Princeton University Press, 1972, 3d. print.), p.244.

② Charles Lanman, ed., *The Japanese in America* (Tokyo: Japan Advertiser Press,1926, rep. ed.), p.22.

③ Itō Hirobumi, “Some Reminiscences of the Grant of the New Constitution”in Count Shigenobuōkuma, comp., *Fifty Years of New Japan*, vol.1, ed. Marcus B. Huish (London: Smith, Elder & Company, 1910), pp.125-26.

誓文”宣布之后不久，他们就商定公布了《政体书》——有时也被称作《1868年宪法》，把所有权力归于太政官。在7世纪和8世纪早期确立日本国家的改革中，太政官作为改革的一部分首次设立。在它的重要性衰退以前，曾是日本帝国早期首要的决策和行政机构。1868年恢复了太政官，设太政大臣、左右大臣及若干掌管不同部门的参议。萨摩和长州二藩的革命者联合朝廷的激进派同盟，几乎毫不迟疑地垄断了这个机构内所有的重要职位。19世纪60年代晚期和70年代，岩仓具视、大久保利通、木户孝允、伊藤博文和山县有朋等人几乎一直是行动的中心。大臣和参议频频会面，就所有重要的国策做出集体决定，再经天皇批准后颁布律令。太政官成为革命政府的一个非常有效的组织，它是传统的象征，同时又使少数人得以揽权，迅速通过他们的决定，然后由他们自己的部门贯彻执行。或许正是因为这个原因，在19世纪80年代中期开始实行近代内阁制之前，它一直是新政权的中央执行机构。

革命政府领导人也图谋扩大他们对将近280个仍然独立的大名领地的控制权。在最早认为用太政官直接控制的近代新县制代替旧藩制才能彻底解决政治分裂问题的人当中，有伊藤博文和木户孝允二人。但他们也意识到这种激烈举措可能带来的危险，因此，他们一步一步地行动，采取了胁迫和正面鼓励相结合的方法勉力前进。1868年的夏秋二季，新政权派遣官员到各藩讨论当地的行政问题。第二年初，新兴中央政府中来自萨摩、长州、土佐和肥前的首脑人物说服藩主向天皇上交领地授予文书，其他许多藩主也跟着照做。1869年6月17日，朝廷——那时已经迁往江户并把它改名为东京，宣布接受各藩“奉还版籍”（“版”指土地，“籍”指户籍）。在这个令人吃惊的行动中，新政府剥夺了藩主传统的自治权，大大提高了自己控制管理的能力，尽管它允许藩主留在领地任“藩知事”。

到1871年，木户孝允、大久保利通和他们在太政官的同僚已准备最后废除各藩。几年前，木户孝允和其他人曾经痛恨过幕府提出的类似计划，他们深切意识到自己也有可能遭到激烈的反抗，因此他们在东京召集了一万人的部队，以西乡隆盛为指挥。当年夏天，天皇传令数十名藩知事到东京，向他们宣读了简短的法令，废除各藩，改设3府302县（不久减少到72县，后又改为48县），每个府、县都在太政官委派的新任府知事或县令的管辖之下。

据一位国外观察者说，这个消息如“雷电”般激起了反响。英国驻日公使哈里·史密斯·派克斯爵士对于日本的新领导能如此迅速地把权力集中于中央也大为惊奇。他认为这是个“非人力所能及”的成就，在欧洲也许需要多年的流血牺牲。[①]新政权的成功可能是出于这样几个原因：一些前藩主厌倦了在这样的乱世实行统治；西乡隆盛的军队吓倒了一些人；还有一些则毫无疑问地受到了给予所有被免职藩主的丰厚俸禄和贵族头衔的吸引；也有许多藩主肯定已经认识到，如果日本想作为一个统一的国家存活于世，权力就必须集中于中央。

▲ 西乡隆盛像

为了强调自己破除过去的“陋习”，使所有人都能“各遂其志”和“大展经纶”的决心，明治新政府废除了建立在儒学基础上的旧有社会秩序，以及把士、农、工、商四个阶层区分开来的特权和限制。1869 年夏，东京政府接受大名“奉还版籍”时，也正式把全国人民重新划分为华族、士族、平民三类。当时大约有 427 户前藩主和旧朝廷贵族被封为华族。原来的高级武士改称士族，较为普通的武士改称卒，他们合计占日本 3000 多万总人口的 6% 左右。农民、商人和手工业者统称平民，占全国人口的大约 90%。在这些新等级之外的是流浪者和僧尼、神官等，大约各占人口的 1. 75% 和 1. 25%。在随后的几年里，新政权撤销了原来关于职业和社会交往的限制，例如 1871 年规定流浪者为平民，并允许所有平民使用姓。大约与此同时，新政权批准农田转让，废除了德川时期的行会和公会制度，准许各阶层之间相互通婚，互收养子。

大多数人民都觉得不同以往的身份制使他们获得了解放，但是新政策对

① William Elliot Griffis, *The Mikado's Empire* (New York: Harper & Brothers,1890), p.526, and Iwata Masakazu, *Ōkubo Toshimichi: The Bismarck of Japan* (Berkeley University of California Press, 1964), pp.143-44.

一些武士却造成了很大影响。旧武士不仅失去了称姓的特权，1876 年政府还剥夺了他们带刀的权力。最严重的是，新政权取消了他们的世袭俸禄。1871 年东京政府废藩置县时，承担了向武士发俸禄的责任，这笔费用立即占了中央政府支出的大约三分之一。大久保利通和其他人都被这个数额吓了一跳，迫切要求废除俸禄。然而不是所有的新领导都相信这是个好计划。木户孝允认为把那些几个世纪以来保护着国家的武士弃置不顾是不道德的，而且他和岩仓具视都害怕可能会招来反抗。最后，大久保利通出于财政考虑的主张占了上风。1873 年晚期，太政官把定期的有利息的政府公债发给没有俸禄的旧武士，三年后兑换。政府这样做有效地缓解了自己的预算压力，每年支付的公债利息总计只有俸禄数额的一半，而且通货膨胀不断降低了将来赎买公债的成本。

另一项不同凡响的新政策，即通过征兵建立新军队，使供养武士阶层的理由荡然无存，推动了取消俸禄的决定。明治政府的一些领导人想把以前的武士转变为职业军队；但是山县有朋提出了一套有说服力的论据，说明建立一支由来自社会各阶层的士兵组成的军队的好处。他的论断部分出自他的个人经历。作为长州藩“尊王攘夷”运动的领导人之一，1863 年山县有朋帮助组织了“骑兵队”。这是一支由出身社会各阶层的志愿者组成的民兵，大约有 400 名队员。1864 年下关被炮轰时，骑兵队血染战场；在 1866 年幕府征讨长州的战争和戊辰内战中，骑兵队又奋勇抗敌。这些战绩使山县有朋倾向于在全面征兵的基础上建立近代军队的观念。1869 年和 1870 年山县有朋访问欧洲时，目睹了俄、法两国军队的实力和现代性。这更加坚定了他建立类似的近代军队的决心。也许更重要的是，欧洲领导人告诉山县有朋，征兵能够调动政权背后人民的积极性，在政府和公民之间系上忠诚的纽带。

回到日本后，山县有朋被任命为兵部少辅，负责制定“征兵令”。1873 年 1 月 10 日（公历）颁布的征兵令反映了山县有朋的希望：“经此革新，治者与被治者将置于同一基础，人民权利平等，兵农合一。”[①] 新法令明确规定：年

① *Japanese Legislation in the Meiji Era*, pp.723- 24.

满 20 岁的男子必须服三年兵役、四年预备役。正如它所效仿的法国法规，该法令免除了户主、农庄及家族生意继承人的兵役，还规定缴纳代役金者也可以免役。由于海陆军都还继续接受武士志愿者入伍，因此由全面征募而来的平民组建成军队的理想并没有立即实现。尽管如此，开始征兵依然是一项里程碑式的措施：从社会意义上看，这是剥夺武士阶层特权和缔造一个以机会平等为基础的社会的又一步骤；从军事意义上看，它通过建立能够提供国内安全的军队，大大增强了新政权的权威。

因开展行政管理、支付俸禄和进行军事改革而产生的财政负担，需要一个稳定的可预测的收入基础来支撑。对大米和其他谷物征收的赋税显然仍是最可靠的税收来源，但是，从 19 世纪 70 年代初担任大藏卿的大久保利通，谋求采用新的征税原则。实际上，他想解决德川时代困扰着幕府和藩政府的每年税收波动问题。他的方法是把过去用实物缴纳的农业税改为用定额的货币支付，根据每个人拥有的土地价值计算税额，而不是根据假定的整个村庄的农作物产量。萨摩藩的前武士，进入东京大藏省前在九州当县令的松方正义，出于另一个原因赞成地租改革。在一份在太政官成员中传阅的重要备忘录中，松方正义指出地区之间的税率相差很大，为了避免在德川时期的最后几十年里到处蔓延的那种社会动荡，有必要使征收的手续标准化，使人民承担相同的税额。

1873 年 7 月 28 日（公历），天皇公布了《地租改革条例》，强调了“课税不偏不倚，使人民均分税负”[①] 的愿望。由此，政府把地契发给土地所有者，并且规定了地价，然后把税率固定为地价的 3%，由法定的土地所有者每年用货币缴纳。地租改革孕育了重大结果：它按计划建立了更为有效的制度，代替了德川时期复杂不公的征税法，使明治政权的税收稳定，其数额大致相当于幕府和各藩征收的全部地租。不过，改革的胜利也带有无心造成的截然相反的后果：在统一了税率标准，使一些农户的租税减少的同时，它也增加了其他人的负担。19 世纪 70 年代中期在一些地方，民众郁积的对租税的怨恨演变成暴力行动，成为对新政权的激烈反对的一部分，其时，新政权正图谋确

① *Japanese Legislation in the Meiji Era*, p.722.

地图 5.1 现代日本的县

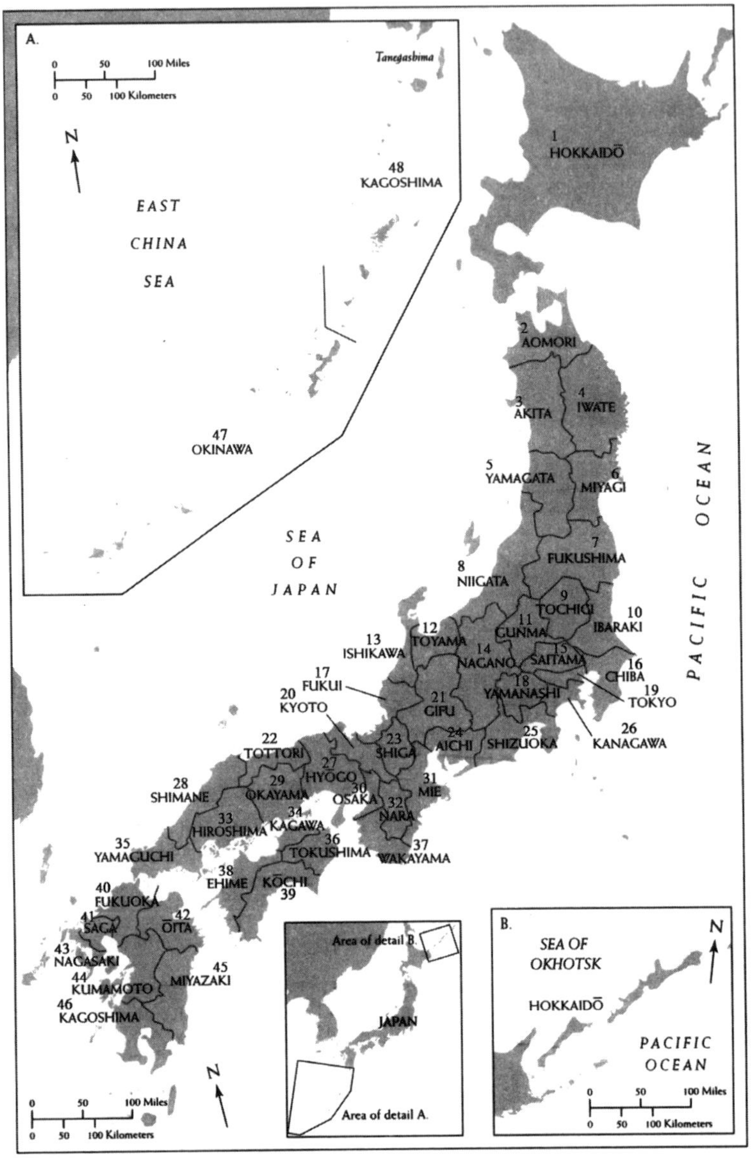

1. 北海道	2. 青森	3. 秋田	4. 岩手	5. 山形	6. 宫城
7. 福岛	8. 新潟	9. 栃木	10. 茨城	11. 群马	12. 富山
13. 石川	14. 长野	15. 崎玉	16. 千叶	17. 福井	18. 山梨
19. 东京	20. 京都	21. 岐阜	22. 鸟取	23. 滋贺	24. 爱知
25. 静冈	26. 神奈川	27. 兵库	28. 岛根	29. 冈山	30. 大阪
31. 三重	32. 奈良	33. 广岛	34. 香川	35. 山口	36. 德岛
37. 和歌山	38. 爱媛	39. 高知	40. 福冈	41. 佐贺	42. 大分
43. 长崎	44 熊本	45. 宫崎	46. 鹿儿岛	47. 冲绳	48. 鹿儿岛

立自己对行政、立法、征税、军事的不可抗衡的控制权。

击退反对党

19 世纪 70 年代早期，日本人站在历史的十字路口。明治政权强制推行的革命清算预示着要粉碎传统的政治和社会秩序，把国家命运的控制权转移到新政府手中。同时，“五条誓文”对“破旧来之陋习”和“求知识于世界”的保证，表明历史变革的其他浪潮很快将席卷全国。对所有日本人来说，这些事件预示了不得不做出选择的革命时刻的到来：人民可以反对新政权对权力的诉求及其改革，或者，他们也可以同意抛弃过去，支持新的领导阶层，接受对他们生活及劳动环境的根本改造。到第一个十年末为止，绝大多数普通日本人都已断定，怀抱追求美好明天的“明治梦”对自己较为有利。不过，在达成这个一致看法之前，一些人对于把他们的命运交给连名字都相对不为人知的领导人感到犹豫不决，对于改革的方向还心怀疑虑，他们选择了与新政权作对，拒绝遵守法律、纳税或者战斗。

在少数地区，拒不顺从的农民激烈反对解散当地官吏的计划、对税收制度的改革和征兵制的实行。例如，1871 年在冈山，3000 多个村民向城堡小镇进发，要求实行减税，让过去待他们很好的藩主复职；在山形县，民众举行示威，呈递请愿书，到东京上访，对明治政府的代表进行人身攻击。所有这一切都是为了反对新县令的任命，以及新县令对附加税的强行征收。1873 年至 1876 年间，东京政府决心消除税率的地区差异，结果却增加了一些村民的实物税负担，农民反对新地租的暴动达到了顶峰。另一些农户最嘲弄的则是所谓的“血税”，政府法令在宣布男子有服兵役的义务时，用了这个不恰当的词来表示作为公民的士兵应该时刻准备为保卫国家做最后的牺牲，然而一些农户却从字面来理解这个词语。1873 年春夏两季爆发的反对征兵的抗议活动不止 16 次。当时谣言四起，说带着巨大玻璃瓶的人在乡村游荡，从那些应该当兵的人身上抽血。最后，明治政权改变了又打又拉的政策，通过更清楚地解释自己的目的、1877 年把地租降低近 20%，以及必要时派警察弹压抗议活动等方式，熬过了农村中的反对浪潮的冲击。

对明治新政府来说，更棘手的是大规模的士族暴乱。新政权剥夺武士阶层传统特权的计划，遭到了许多集团的非难；但是驱使一些武士参与反对新政权的政变的，却是1873年太政官否决了非同寻常的“征韩”建议。在1869年至1873年间，日本曾屡次要求朝鲜正式承认明治政府，但朝鲜政府没有答应，这在很大程度上是因为“隐士之国”不希望危害到中国和它之间传统的主从关系。那些古老的外交协议要求朝鲜定期派遣使者到北京，在那里他们要以卑躬屈膝向中国皇帝磕头的方式承认中国在文化和政治上的宗主权。作为回报，中国政府则赐予朝鲜国王荣誉封号，允诺加以军事保护，并在礼节性地以厚礼答谢朝鲜的上贡之外，准许朝鲜商人开展虽然有限却非常有利可图的贸易。鉴于这个传统，1873年时朝鲜不想猝然改变和日本的关系，因为中国有可能为自己在亚洲大陆的作用减弱而感到不快，由此收起保护伞，让朝鲜独自面对19世纪70年代的无常局势。

西乡隆盛作为1868年的英雄之一，声望无与伦比，他认为朝鲜的回绝是对日本天皇及其国务大臣的严重侮辱。1873年，他领导了一个从太政官内部分裂出来的要求征讨朝鲜的小团体。西乡隆盛的信件和其他著述给人留下的印象是，他是个沉默寡言的，倾向于用简单和绝对的字眼来描述世界的人。作为一个坚定地信其所信的人，西乡隆盛谴责朝鲜朝廷缺乏“美德”，正如当东京的同僚建议取消武士一贯的特权和责任时，他谴责他们“道德腐化”一样。19世纪60年代时，这位萨摩武士竭尽其力去推翻德川幕府，但从来没有想过武士本身也会被抛进历史的垃圾堆。在反复考虑了这个问题之后，西乡隆盛开始把入侵朝鲜半岛视为释放被挫伤的武士雄心和精力的出口、使大久保利通等似乎一心想压制武士阶层的领导丢脸的方法，以及恢复武士将来在明治政府内地位的机会。受到这种想法的驱使，并本着对这种狂热行为的奉献精神，他甚至提议亲自出使朝鲜，他相信自己会在朝鲜遭到暗杀。这样就可以为日本的军事远征提供方便的借口。

对几位政要而言，西乡隆盛的诡计不在考虑的范围之内。大久保利通在东京极力游说太政官成员，认为日本在卷入国外阴谋之前，必须先打好国家的实力基础。四年后即因病过早逝世的木户孝允，此时也在病床上写下了强调同样观点的条陈。他认为日本的“财富和实力还不发达”，国家“缺乏文明”[①]，处于这种可悲的境地，国家领导人应该优先“处理财政和经济”事宜；同时他审慎地指出日本人应该“留心自己的事务”，推动革命政府，而不是在海外玩弄危险的诡计，拿日本的未来去冒险。1873 年 10 月（公历），年轻的天皇和岩仓具视进行了一场决定性的会谈，同意主和派的观点后，这件事才得以解决。

朝鲜事件使日本统治阶级的联盟出现了一道裂缝。就在天皇做出决定后的几天内，西乡隆盛和征韩派的其他成员辞去政府职位，回到家乡。结果日本的统治集团缩小了，岩仓具视、大久保利通、伊藤博文、山县有朋、木户孝允和松方正义崛起为执政团的首要成员，而且在他们的余生对日本重要政策的制定发挥了决定性的影响。19 世纪七八十年代，这些人共同规定了如何改变国家的日程，把日本的精力和资源集中于以实现繁荣富强、和西方平起平坐、防御帝国主义掠夺者等为目标的国内改革上。但是，在他们完成明治政府的清算，转向图谋未来之变的计划之前，执政者们不得不对付 1873 年愤怒地离开东京的那些人发动的叛乱。

首先起兵的是江藤新平，一个曾经努力改革日本法律制度的太政官要员。大久保利通及其支持者否定了“征韩”的提议后，江藤新平辞掉了司法卿的职务，回到家乡——从原来的肥前藩划分出来的佐贺县。对那些不满太政官的和平政策，不满太政官取消武士阶层企图的前武士来说，江藤新平就像一根天然的避雷针。江藤新平起先致力于用国家立法机关来取代太政官，因为他的努力毫无结果，所以他把大约 3000 名持不同政见的武士召集在他的周围，并于 1874 年 2 月（公历）袭击了银行和官署。大久保利通亲自率领远征军，很快平定了“佐贺之乱”。江藤新平本人设法逃跑，但是大久保利通的军队跟踪追击，把他逼回到佐贺。两个月后，政府将江藤新平枭首示众，以此威慑其他想造反的人。

明治政府迅速镇压了 1876 年在日本西部爆发的一系列狂热却彼此孤立的士族暴乱。随后，西乡隆盛领导反对者发动了对新政权来说最严重的叛乱。1873 年，西乡隆盛离开首都回到老家鹿儿岛，陪伴他的有数百名脱离

① W. G. Beasley, *The Meiji Restoration* (Stanford: Stanford University Press,1972), p.374.

▲ 萨摩之乱中的熊本城之役

了近卫军和京城警察机关的人。在前萨摩藩的鹿儿岛，他以从前为皇室效劳而得的“赏典禄”为生，但他完全抛开了政治，愉快地过起了乡绅的生活，耕作、打猎、垂钓，和心爱的狗一起在乡间漫步。这种乡村生活远离了他所谓的东京腐败政治的一切，带给他许多欢乐，对此他表达得饶有诗意：“自古以来，灾难即为世俗声名的惯常代价。既如此，肩荷铁铲，穿过森林回家比之更好。”①

尽管西乡隆盛渴望恬然地退出政治漩涡，但是19世纪70年代的鹿儿岛县却充满了愤怒的年轻武士，他们觉得自己被明治政府出卖了，视西乡隆盛为他们的英雄和救星。西乡隆盛不能完全不受他们的影响。1874年，他拿出一部分年俸促成了“私学校”体系的建立，希望能对那些愁闷的年轻人进行一些纪律和道德的训练。学校另外的资金出自县里的官吏，他们鼓吹地方自治，指责太政官不断把决定权集中在自己手中，制定政策时忽略地方的要求。到1876年，由县城鹿儿岛的步兵学校、炮兵学校和所有农村地区的分校组成的私学校体系已经吸收了几千名学生。武士子弟在校学习一些中国的传统典籍，但是大部分时间则用来学习如何强身健体和军事战术。

之后不到一年，这些学生就使不太情愿的西乡隆盛卷入一场暴乱。1876年后期，起了疑心的东京政府派出暗探到鹿儿岛搜集有关私学校的情报。几周内学生们就把暗探揪了出来，并把其中一人拷打成招，说中央权力机构正计划解散私学校，谋杀西乡隆盛。这些学生不管逼迫下的招供是否可信，就预先为将来的行动做好了准备。1877年1月下旬（公历），他们获悉东京官员打算派船把军火转移到大阪的仓库之后，袭击了鹿儿岛政府弹药库，并非法运走了弹药库中的武器和弹药。

那时西乡隆盛正在外打猎，但他一得知袭击弹药库的事情就急忙赶回鹿儿岛，为学生冲动的行为对他们大发雷霆。西乡身材匀称，个子比一般日本人高，头又大又圆，与此相称，腰身也粗壮。他动辄发怒也给人们留下了很深的印象。不过他的脾气发作通常是短暂的，所以他很快就原谅了那些学

① Ivan Morris, *The Nobility of Failure: Tragic Heroes in the History of Japan* (New York: New American Library, 1975), pp.258-66.

生，顺从不可避免的命运。但是，他的老同僚，甚至如大久保利通等萨摩人，永远不会原谅那些学生对政府弹药库的袭击。东京政府断定这是公开的叛乱行为，确定采取报复行动。作为鹿儿岛私学校体系的创始人，西乡隆盛这位日益苍老的老兵自然认为自己应该为学生的命运负责，后者已糊里糊涂地陷入了他们无望抽身而出的困境。但更危险的是，西乡隆盛长期以来对政府政策的不满暗示1877年是捍卫个人身份、武士精神和遭受无情攻击的即将消失的传统生活方式的最后时机。西乡隆盛断定，除了揭竿而起没有别的选择。他唯一关心的是要澄清一点：他并没有对天皇不忠。他写道，罪犯是他以前的朋友和同僚，他们是“天地间之大罪犯”，欺骗、误导了天皇，因此应该被免职。

现在西乡隆盛主意已定，他迅速调动军队，2月15日（公历）晨叛军从鹿儿岛开拔。神奇的是，一场罕见的暴风雪席卷了城市，使人回想起日本历史上另一个重要的日子。那天志士们砍掉了井伊直弼的头，开始推翻一个腐败的政权。一周之后，在前往九州的中途，西乡军遭遇了他们的第一个障碍，即驻扎在熊本城的政府征募的士兵。西乡隆盛组织武士一次又一次地向守城的4000名士兵发动进攻，但使他吃惊和懊恼的是，农民和商人出身的政府驻军竟然坚守阵地，抵挡住了武士的进攻。熊本的攻防战还在继续，政府又急派另外的部队向九州进发。3月，等到大约3万名士兵可以调用时，大久保利通下令全面反攻，迫使人数最多时达3万人的西乡军，一路血战退回到鹿儿岛。

9月，西乡隆盛和几百名还留在他身边的人躲进鹿儿岛以北的山地。9月23日，政府军指挥官山县有朋写信给西乡隆盛，恳求他放下武器。山县有朋使用的是老朋友之间的亲密言辞，在信中他表达了对西乡隆盛行为的“怜悯”和“同情的理解”。尽管如此，他接着说，显然“萨摩人无望达到目标”，现在应该结束这种朋友相斗、同胞相残的“悲惨情形”。西乡隆盛沉默无语地看完来信，未做任何答复。次日晨，山县有朋发动进攻，战斗中，一颗子弹射中了西乡。据官方的验尸报告说，这颗子弹射中了他的右臀并穿过骨盆嵌进他左边的大腿骨。这种战场上受的外伤可能会使人昏厥甚至立即死亡，但是围绕着西乡之死产生了更浪漫的传说。根据歌颂英雄的新说法，西乡隆盛被子弹射中后，稍作镇定，面朝遥远的皇宫，拔剑切腹自杀了。政府招募的军队获胜了，“萨摩之乱”结束。

西乡隆盛的叛乱是武士阶级最后的抗争。次年 5 月（公历）一个春天的早晨，人们听见了他们发出的死亡之声。当时，大久保利通正前去参加在皇宫举行的会议，一些前武士和他搭话。就在离 18 年前井伊直弼丧生处几步之遥的地方，6 名刺客把大久保利通从马车里拖出来刺死。在对他们的审讯中，他们控告大久保利通擅自发布律法，胡乱处理对外关系，结果损害了日本的国家荣誉——这是以前井伊直弼也曾面对的罪状。然而，尽管 1860 年标志着反抗的开始，1877 年和 1878 年却代表了革命时期的结束。在这两年里，发生了对政府要员的最后一次暗杀，发生了用武力推翻新政府的最后一次危险企图。这些事件的解决使明治政府的执政团可以自由追求对未来的梦想，而无须担心保守的顽固分子持续激烈的反抗。

了解西方

19 世纪 70 年代，正当明治政府提出对权力的诉求，推行把权力集中到自己手中的初步改革，击退他们的反对者之时，执政者们开始寻找可以指引他们通过持续不断的努力，实现国家独立、修改条约和西方平等以及实现国泰民安的明治梦想的思想和范例。许多明治领导人在考虑未来时，向西方寻求制定政治制度、创造物质财富和促进社会和谐的经验教训。其他民间的日本人也同样着迷于西方国家政治上的活力、军事上的无敌和科学技术的奇妙。国家领导人和一些最有影响力的平民对西方的强烈兴趣创造了“文明开化”的时代。19 世纪 70 年代，日本人在寻求摆脱“旧来之陋习”，争取过上更美好、更安全生活的方法时，“文明开化”成为所有人口中传诵的词语。

18 世纪末至 19 世纪初，兰学的迅速传播推动了向西方看齐的潮流。但是在佩里来航之后，许多日本人已不再满足于仅仅通过书本了解西方，而是沉醉在一种时代精神之中。这种精神被某位年轻人形容为“奔向海外，承担起考察遥远国度的重任的愿望”[①]。第一次出国求学的浪潮出现于

① Hirakawa Sukehiro, “Japan’s Turn to the West” tr.Bob Tadashi Wakabayashi, in John W. Hall et al., gen.eds., *The Cambridge History of Japan*, vol.5: Marius B. Jansen, ed.,The Nineteenth Century (Cambridge: Cambridge University Press,1989), p.448.

▲ 1860 年出使美国的第一个外交使团

19 世纪 60 年代。当时有少数人是偷偷跑出去的，其中就有新岛襄。1864 年，他乞求搭乘一艘美国商船，后来作为日本首位被任命的新教牧师回到国内。还有一些人作为特别代表团的成员出国：1862 年，幕府派遣一些年轻武士到欧洲的莱顿大学学习；1863 年，长州藩秘密派人前往英国，伊藤博文和井上馨也在其中；1866 年，德川政府委派中村正直带领一群学生到伦敦留学。

19 世纪 60 年代到西方去的日本人，大多作为幕府外交使团的成员出行。1860 年，为了交换《日美友好通商条约》的批准书，“咸临丸”号载着日本第一个正式使节团前往美国，随行者中有著名的勘定奉行小栗忠顺和熟练掌握了荷兰语及英语的年轻武士福泽谕吉。沃尔特·惠特曼（美国著名诗人，代表作为《草叶集》。——译注）对这个使团怀有强烈的兴趣，特意写了一首名为《百老汇大街上一支壮观行列》的诗，来描述美国人看到亚洲人行走在纽约街头时的心情：

这时我也站起身来，回答着，
走下人行道，卷进人群里，同他们一起注视着。
容貌壮丽的曼哈顿哟！
我的美利坚伙伴哟！
毕竟，东方人向我们走来，
向我们，我的城市。
这儿我们的大理石和钢铁的高髻美人们在两旁罗列着，
让人们在这当中的空间行走，
今天，我们地球对面的人来了。[①]

在1868年垮台之前，幕府一共向美国和欧洲派遣了七个使团。除了外交任务，300名左右到海外的代表还调查了所到国家的制度和文化，增加了日本对西方的认识，并做了许多事来修正日本人在欧美人心目中的未开化之蛮夷的普遍形象。

1868年后，限制西方知识输入的闸门打开了。十年内，数百名日本人在美国和欧洲求学，还有数量更多的外国人在日本生活，其中许多人为国家和县政府所延聘，用西方的行政管理、医学实践、法律和哲学、科学技术、教育制度等方面更为先进的观点指导日本人。国际交往逐渐开辟了了解大千世界的通道。像萨摩藩的代表团一样，最后一次出访欧洲的幕府使节团也参加了1867年在巴黎举行的世界博览会。明治政府分派代表于1873年驻维也纳，1875年驻墨尔本，1876年驻费城，1878年驻巴黎，1879年和1880年驻悉尼。

① Walt Whitman, “A Broadway Pageant” in The First Japanese Embassy: Japan-U.S. Centennial 1860-1960 (New York: Information Office, Consulate General of Japan,1960), np.

▲ 1877年举行的内国劝业博览会，以“殖产兴业”为目的

1877年，新政权在东京组织了自己的第一届“内国劝业博览会”。为了8月18日（公历）开幕的这届博览会，政府建造了艺廊和用来展览农艺、机械和自然物产的西式临时建筑。总计16 000多名国内外参展者展出了从风车到蒸汽机的近10万件物品。天皇和皇后出席了开幕日的庆祝典礼。在12月31日（公历）闭幕之前，展览会吸引的观众平均每天达1 500多名。

岩仓使节团

在了解西方文化的过程中，日本更值得注意的一个大胆举动是，1871年，岩仓具视率领由政府领导人组成的代表团，经过漫长的旅程到达美国和欧洲。使节团的主要目标是对和日本保持正式外交关系的15个国家做友好访问，同时也想试探外国政府能否重新谈判，修改破坏了日本国家主权的惹人讨厌的不平等条约。不过，使节团的规模和成员表明了它的第三个任务——直接了解西方，找出它们成功的秘诀，或许这才是最重要的。1871年11月12日，使节团的49名官员，包括政府核心集团的重要成员如伊藤博文、大久保利通和木户孝允，从横滨扬帆起航。他们把使节团分成几个承担不同任务的小组，分别研究西方的宪法和政治体制，收集有关贸易、工业、银行业、课税和货币的信息，调查教育体制和学科情况。与官员同行的还有58名学生，其中有5个6岁至15岁的女孩，她们按要求将在国外留学多年。

在旧金山上岸后，使节团又去了华盛顿。在那里，和尤利塞斯·S. 格兰特总统以及国务卿汉密尔顿·菲什的会晤使他们清醒地认识到，只有日本改革国内的法律和制度，使它们和西方的那一套更加相似，以此证明了自己的现代性，世界的主要强国才会同意修订条约。于是代表团先把外交商讨搁置一旁，把精力集中在了解西方上。岩仓具视及其同僚分组参观了形形色色的地方，如监狱、警察局、学校、博物馆、造币厂、商会、造船厂、纺织厂和制糖厂等等。根据使节团的官方日志记载，他们的行动步伐可谓紧锣密鼓：

火车一到，我们刚把行李卸在旅馆，行程就开始了。白天我们从一地转向另一地，观看会去皮的机器和轰鸣的机车。我们站在钢铁呛人的气息中，周围烟雾蒸腾，身上落满了煤烟灰和尘土。黄昏时分回到旅馆，几乎还没来得及脱掉脏衣服，晚宴的时间又逼近了。宴会上我们不得不保持威仪。如果受邀去剧院，我们不得不睁大眼睛，竖起耳朵，注意舞台上上演的剧情。所有这一切使我们筋疲力尽。夜晚我们刚就寝天就亮了，派过来的卫队就要带我们去参观工厂。①

岩仓使节团的成员也许已经筋疲力尽，但是他们被所看到的一切迷住了。官员们原计划这次出访为期 7 个月，但他们延长了一年，直到 1873 年秋，有关朝鲜问题的争论引起了他们的关注，他们才回到国内。到那时为止，这些人已经参观了美国的九个城市，在欧洲待了整整一年，游历了利物浦、罗马、马赛、巴黎、圣彼得堡、斯德哥尔摩等地方。

在岩仓使节团一路访问欧美国家时，有两个问题摆在他们面前：第一，西方是如何达到目前的水平的？换言之，是什么造就了欧美似乎随处可见的财富、力量和文化成就？第二，岛国日本——惠特曼诗歌中“地球对面的人”，在地理位置上远离了西方，如何才能形成自己对现代化的诉求，以便也能跻身世界先进国家的行列？没有简单的答案，但还是有某些先决条件不言而喻，最重要的是毫无疑义地承认西方科学技术的优越。1872 年 1 月（公

① Hirakawa Sukehiro, “Japan’s Turn to the West” tr.Bob Tadashi Wakabayashi, in John W. Hall et al., gen.eds., *The Cambridge History of Japan*, vol.5: Marius B. Jansen, ed.,The Nineteenth Century (Cambridge: Cambridge University Press,1989), p.463.

▲ 岩仓使节团部分成员合影

历），木户孝允从美国致信国内，承认他以前对西方的先进认识不足。他得出结论，日本“现在的文明不是真正的文明，我们现在的开化不是真正的开化”。① 而且，使节团的成员断言，现代化是过去的不可避免的结果，是西方独特历史经验的积累，而随着时间的流逝不断演进的文化价值、社会组织和教育实践的总体，正是使美国和西欧诸国得以在国家的等级结构中占据目前的优势地位、压倒亚洲传统文化的原因。此外，虽然“西洋”是个简便的说法，但使团成员逐渐意识到“欧美”并不是一个无差别的整体。有些国家发展得比其他国家快，或者如使团的日志所言，英国“在世界上无所畏惧地摆架子”，“从巴黎出发，越往东文明越浅陋”。② 理解这种差别对日本人来说极其重要，因为当时西方诸国相互之间正在展开财富和实力的较量。用 19 世纪中期盛行的社会达尔文主义来解释，那些最成功地采用了现代技术、文明制

① Beasley, *The Meiji Restoration*, pp.369- 70.

② Eugene Soviak, “On the Nature of Western Progress: The Journal of the Iwakura Embassy” in Donald H. Shively, ed., *Tradition and Modernization in Japanese Culture* (Princeton: Princeton University Press,1971), p.15.

度、自由价值观的国家，似乎注定了要支配国际环境；而那些没有做到的国家，则面临着殖民地化或者甚至是灭亡的危险。

世界是个危险的地方而且现代化深深扎根于西方自己独特的过去经验中——这个观念扰乱了人心，但这次出访欧美也产生出充满希望的想法。岩仓使节团成员惊讶地获悉西方的技术和工业不过是近几十年来才辉煌起来的。“大多数欧洲国家闪耀着文明之光，财富充裕，实力雄厚，”使团的日志上说，“贸易繁荣，技术优越，人们充分享受生活的乐趣和舒适。见此情景，我们往往会以为这些国家一贯如此，但事情并非这样——我们此刻在欧洲所见的财富和繁荣，在很大程度上始于 1800 年之后的时期。不到 40 年就创造了如此成就，阅读这段文字的人都应该反省日本可以从中吸取的经验。”①

如日志的作者所暗示的那样，西方的新近崛起表明，只要国家领导人明智审慎地引进国外的产业、技术和知识，日本应该能缩小自己和西方先进国家之间的差距。其中最应该优先考虑的似乎是政治改革和工业化。在木户孝允看来，议会制度是高等文明的标志，是使政治秩序理性化和确保统治者与被统治者之间目标一致的最有效途径。而大久保利通对制造业的印象更为深刻，他从伦敦写信回来说：“我们最近去了许多非常有趣的著名的地方。我们无处不去，所到之处无一物生长，只有煤和铁。工厂增加到前所未闻的程度，以致黑烟从四面八方直冲云霄。这足以解释英国的财富和实力从何而来。”②

知识分子和教育家

许多民间的日本人也像明治的领导阶层一样，决心向外部世界学习，把现代化的益处带给日本。1864 年起航去美国的新岛襄，1870 年从安麦斯特大学毕业，成为第一个从西方高等教育机构获得学位的日本人。新岛襄皈依了

---

① Marlene Mayo, “Rationality in the Meiji Restoration: The Iwakura Embassy” in Bernard S. Silberman and Harry D. Harootunian, eds., *Modern Japanese Leadership: Transition and Change* (Tucson: University of Arizona Press,1966), pp.357-58(modified).

② Beasley, *The Meiji Restoration*, p.370(modified).

基督教，后来又继续在安多味神学院接受神学培训，为岩仓使节团充当翻译。新岛襄于 1874 年回国，一年后，他成功地获得了木户孝允和其他明治领导人的许可，在东京成立了一所基督教学校。这所学校名为“同志社”，1875 年 11 月（公历）开始运作。一开始只有 8 名学生，但很快就吸引了大批年轻人，他们都同意新岛襄的观点，即西化、文明和基督教三位一体，不可分割，为日本将来进步所必需。“自由的精神、科学的发展、基督教的道德诞生了欧洲文明，”新岛襄曾经这样指出，“因此我们无法相信日本能获致这种文明，除非教育奠定在相同的基础之上。”①

其他知识分子把翻译作为传播“文明开化”理想的方法。19 世纪 70 年代，穆勒、边沁、斯宾塞、托克维尔、基佐和卢梭等关于公民自由、天赋人权、功利主义和理性实证主义的著作的日文译本开始出现。或许“文明开化”时期最有影响的外国著作是塞缪尔·斯迈尔斯的《自助论》（日文译名为《西国立志篇》）。据说该书卖出了 100 多万册，是在英美两国销售量的 4 倍。在伦敦逗留期间熟悉了斯迈尔斯的励志性著作的中村正直，不拘泥于原文，在翻译这本书时，甚至完全重写了某些部分。这本最畅销的译著含蓄地谴责了德川时期的身份等级制度，盛赞斯迈尔斯“在世间争取成功向上”的观念。在整本书中，中村正直都强调这一要点：为了向前发展，使日本成为强国，每个人都应该努力工作，发挥自己的才干。整整一代明治时期的年轻人都从中村正直翻译的斯迈尔斯著作开篇的几句话中受到过启发：“谚曰‘自助者，天助之’，是明明白白的道理，能被经验所证实。人事的成败尽在于此。从广义上说，当一个国家的大多

▲ 福泽谕吉像

① Hirakawa Sukehiro, “Japan’s Turn to the West” tr.Bob Tadashi Wakabayashi, in John W. Hall et al., gen.eds., *The Cambridge History of Japan*, vol.5: Marius B. Jansen, ed.,The Nineteenth Century (Cambridge: Cambridge University Press,1989), p.455.

▲ 福泽谕吉纂辑的《西洋事情》

数人民‘自助’时，这个国家就会充满活力，意志坚强。”①

19 世纪 70 年代最杰出、最不知疲倦的西方知识传播者是福泽谕吉。福泽谕吉出身九州中津藩一个贫穷的武士家庭，从青年时期就蔑视德川时期身份次序的“狭隘的僵化”。为了逃脱命运的安排，1854 年他先到长崎，然后又到大阪学习荷兰语和西方科学。四年后他旅行到江户，结果沮丧地发现国际社会的通用语言是英语，而不是荷兰语。福泽谕吉不畏艰难，又把孜孜不倦的热情转向英语学习。1860 年他作为日本第一个赴美使团的翻译登上了“咸临丸”号。两年后他和其他幕府使团一起前往英国、法国、荷兰、葡萄牙和俄国，所到之处尽其所能地汲取西方文明。

这些考察使福泽谕吉得出了和其他启蒙人物一致的结论。他断定，日本是虚弱落后的，因为日本的传统文化没有产生出对科学的好奇心和自力更生的独立性，以及成为西方民族特点的肯定个人成就的风气。为了在日本传播他所尊崇的西方价值观，福泽谕吉成了一名教育家、政论家和作家。1868 年，福泽谕吉把他十年前办于江户的一所兰学学校命名为庆应义塾（1910 年开始称庆应大学），使它成为培养对西学感兴趣的年轻人的中心之一。六年后

① Hirakawa Sukehiro, “Japan’s Turn to the West” tr.Bob Tadashi Wakabayashi, in John W. Hall et al., gen.eds., *The Cambridge History of Japan*, vol.5: Marius B. Jansen, ed.,The Nineteenth Century (Cambridge: Cambridge University Press,1989), p.482(modified).

的 1874 年 2 月（公历），福泽谕吉和中村正直一起成为“明六社”的创始人。该社的宗旨是通过公开的讲演和《明六杂志》的发行，“促进文明与开化”。《明六杂志》后来成为介绍新思想的重要媒介，涉及各种不同的主题，例如伦理学和宗教、政治和政府的本质、国际关系和对外贸易、妇女的位置和家庭在社会中的作用等等。后来，福泽谕吉开始发行他自己的杂志，1882 年又创办了日本最早的报纸之一。

福泽谕吉卷帙繁多、文字透彻的著作——现代版的全集共有 22 卷，囊括了启蒙思想对日本过去的消极面和恰似闪亮航标的西方文化的全部述评。他的《劝学篇》（1872 ~ 1876）包含了对日本的尖锐批评：“如果我们比较日本人和西方人在文学、技术、商业或工业方面的知识，事无巨细，我们无一能胜过他人。除了世上最愚蠢的人之外，无人会说我们的知识或商业与西方国家同等。谁能拿我们的手车与他们的机车，或我们的刀剑与他们的手枪相较？以日本目前的情形和西方相比，我们无以为傲。日本唯一可以自豪的是它的风景。”①

依照福泽谕吉的说法，为了改变落后面貌，日本人必须照搬使西方得以发展的文化上的那套做法。福泽谕吉在其广为诵读的多卷本著作《西洋事情》（1867 ~ 1870）中，新造了“文明开化”这个词语。他写道：“考察历史，我们发现生活一直黑暗闭塞，但它朝着文明开化的方向前进。”② 在同一卷册中，这位年轻的西化论者还向读者提供了他希望日本效仿的一些国外机构，如学校、医院、报社、图书馆、博物馆、济贫院和孤儿院的信息。不过福泽谕吉不仅仅向人们介绍西方伟大的外在表现，还号召日本人抓住西方的文化精髓。1872 年，他写下这样一段话：“学校、工业和海陆军不过是文明的外部形态，并不难以产生，所需的一切无非是钱。然而还存在一种无形之物，看不见、听不到，无法买卖、难以借贷。它遍及整个国家，影响力强大。如果没有它，学校或其他外部形态将毫无用处。这一极其重要之物，我们必须名之为‘文

① Albert M. Craig, “Fukuzawa Yukichi: The Philosophical Foundations of Meiji Nationalism” in Robert E. Ward, ed., *Political Development in Modern Japan* (Princeton: Princeton University Press,1968), pp.120-21(modified).

② Edward Seidensticker, *Low City, High City: Tokyo from Edo to the Earthquake: How the Shogun's Ancient Capital Became a Great Modern City*, 1867-1923 (New York: Knopf,1983)，p.482.

明的精神'。"①

对"文明的精神"的观察使福泽谕吉开出了最后的"药方"：日本需要一种不受过去束缚，敞开胸怀重新认识自我和社会的新公民。"天不造人上人，也不造人下人"，他在《劝学篇》中开宗明义地说。每个个体都不再受传统身份制的限制，可以凭借努力工作、勇气、勤奋和毅力自由发展。在福泽谕吉、中村正直和斯迈尔斯看来，追求成功的个人主义是文明开化的真正源泉，只有有抱负和才干的人才能创造一个安全、强大、繁荣的国家。

促进文明开化

1873 年，木户孝允、大久保利通和岩仓具视使节团的其他成员回到日本。他们对于国外的见闻确信无疑，同时也受到国内高涨的文明开化浪潮的鼓舞，开始致力于"富国强兵"。尽管如此，他们也意识到，他们不能冒冒失失地发动复杂的改革，为了理顺政治、经济、社会和文化变革中的种种关系，他们必须采取循序渐进的办法。此外，西方也没有提供现代化的单一蓝图，而是有许多可以效仿和从中获得启示的榜样，因此他们不得不仔细研究现代化的各种样板，观察哪一种最适合日本。1872 年 3 月（公历）由使节团呈递给美国总统的天皇问候信，已经预示了多数人的意见。"我们以革故鼎新，改善现状为盼，"日本天皇信中说，"以便和最开化的国家处于相似地位。但日本的文明和制度与别国不同，不能期以即刻达到目标。我们旨在从盛行于开化国家的不同制度中选择最适合日本现状者，施用于渐进的革新和政俗的改善，以与其同等。"②

岩仓具视一行刚返回日本，就面临着对地租改革不满和感到不平的武士挑起的混乱。这再次肯定了他们的结论：任何关于政治、经济变革的雄心勃勃的计划，都必须等到统治权进一步巩固和革命时期结束后才能去实践。与此同时，明治领导人也可以通过推广西方的思维方法和引进物质文化的范例

① Carmen Blacker, *The Japanese Enlightenment: A Study of the Writings of Fukuzawa Yukichi* (Cambridge: Cambridge University Press,1964), p.31(modified).

② Lanman, ed., The Japanese in America, pp.31-32(modified).

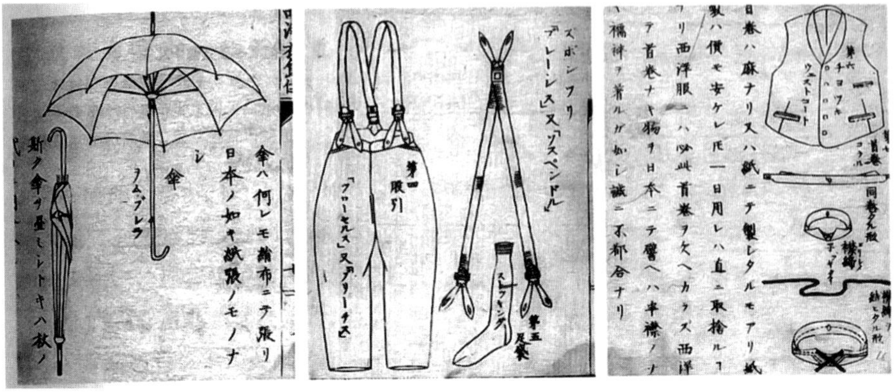

▲ 在追赶西方文明的潮流中，日本政府出版的指导人们了解和学习西方时髦的生活方式的书籍

来促进文明开化，例如，在岩仓使节团回到东京之前，政府就决定制定近代学制。1872 年 8 月颁布的《学制令》，把全国划分为大学、中学和小学区，并要求全体儿童从 6 岁开始必须接受四年义务教育。新学制不再像德川时期的学校那样强调儒家道德，而是代之以强调实用的文理学科、自我修养和个体发展的课程。因此，在截至 1875 年已经开办的数千所小学里，学生们不仅学习基础的读写和算术，也学习西方历史、地理和科学作品的译著。

比新的教育理念更为切实可见的，是明治政府鼓励推行的西式的服装、食物和建筑。军方为通过征兵建立的新军队配备了西式制服，皇帝及其官吏在公开典礼上开始改穿西服。不久，城市里的许多普通日本人也开始偏爱西服，虽然有些人想出了古怪的混合穿法，比如在长裤外穿和服。黑折伞、钻戒、金表作为开化、进步的通俗标记而变得惹人注目。城市里自命为时尚的人认为吃牛肉，喝啤酒、咖啡很时髦。

新政权大兴土木，日本城市的外观作为追求文明开化的活力、决心和乐观的象征，由此也开始改变了。在大阪，明治政府聘请英国工程师兼建筑师托马斯·詹姆士·沃特斯设计了国家铸币厂。该厂于 1871 年竣工，包括长而低矮的厂房、厂长住宅以及会客用的亭子。虽然并不是所有评论家都对铸币厂正面中心比例略显失调的门廊加以称道，有人认为这只不过是对希腊建筑拙劣的模仿；但是，该厂的建筑的确突出了象征财力、稳定和永恒的形象，而这些正是新政府想要宣扬的特质。明治政府的领导人在日本的松本和其他许多地方都建造了使人难忘的学校，它们通常都是两层楼的建筑，有精致的门廊、华丽的大门和宏伟的圆顶。一位热情的年轻学生惊叹："它很新，一开始就是作为学校来建的。它有两层，四周都是窗户，这使得房间显得明亮耀眼。操场和校名刻在其柱子上的难忘的黑色大门，还有旗杆，它看上去就像个学校。"①

政府为东京人民重建了银座。这本是一个位于大商业中心日本桥南部，云集了各色工匠的简陋店铺的地方。1872 年的大火焚毁了这个地区，明治政府委任沃特斯用红砖重建了整个地区。三年后重建工程竣工时，银座出现了近 1000 座西化的红砖建筑物，而且街道都由煤气灯照明。后来，银座成为在文明开化鼓舞下成立的企业的大本营：首家著名的西方化妆品制造商资生堂，就是在那场大火之后从银座的一个药房起家；而年轻的服部金太郎于 1881 年在银座的中心成立了"精工钟表店"，并建造了一座钟塔。近一个世纪以来，这座钟塔一直是该地区的标志性建筑。

在离银座不远的地方，政府还为自己兴建了"鹿鸣馆"。"鹿鸣"二字取自中国古诗，表示欢迎嘉宾参加欢宴。然而鹿鸣馆绝非传统建筑，在政府高官井上馨的构想之下，鹿鸣馆成了一座按华丽的意大利风格建成的两层砖楼。馆里有供阅读、就餐、听音乐和打台球用的房间，因此成了东京精英分子的社交中心。在那里，富裕而开放的日本人可以和有影响的外国权贵混在一起。宽敞的舞厅也是鹿鸣馆的特色。当周日夜晚的舞会成为社交活动中的固定节目时，"鹿鸣馆"这个词便转变成了社交狂欢和 19 世纪 70 年代末至 80 年代初流行的"西化"的同义词。

"目前大量的欧洲风俗源源而来，"1874 年一位有影响的官员这样写道，"恰似瓶子倾倒。服装、饮食、房屋、法律、政府、风俗，甚至各种手工艺和学术研究，如今无不来自西洋。"② 在 19 世纪 70 年代的那十年里，即人民不得不决定是反对羽翼未丰的政权，还是支持年轻的明治领导人的"革命时期"，

---

① Tokutomi Kenjirō [Roka] *Footprints in the Snow*, tr.Kenneth Strong (Tokyo: Charles E. Tuttle, 1970), p.110(modified).

② Donald H. Shively, "The Japanization of the Middle Meiji" in Shively, ed., *Tradition and Modernization Japanese Culture*, pp.92-93.

▲ 1883 年开办的象征日本明治政府欧化政策的鹿鸣馆

“西化”风刮得最猛烈。自然也有些人排斥对文明开化夸大了的激情，比如，漫画家和讽刺诗文作者用漫画讽刺穿西服的人，或者通过编写通俗小曲来表示他们与这种热潮的疏离。有一首小曲这样说：“拍一拍刚理了西式发型的脑袋瓜，它会发出回音道：‘文明开化’。”而且，因为害怕漫无边际的“西化”会危及武士阶层的未来，1873 年西乡隆盛和江藤新平决定离开政府，并领导了反政府的叛乱。

然而，对其他许多日本人来说，“文明开化”的观念似乎带给他们乐观的希望：明天会更好，国家会繁荣，个人会兴旺。东京是最早、最充分感受到“西化”冲击的地方，但即便在金泽这样远离东京的“藩国”都会，“文明开化”口号中蕴涵的发展确定性也给 1868 年前压垮了人民的所有“落空期望”的集体记忆，带去了另一种振奋人心的解决方法。在 19 世纪上半叶的金泽，贫穷的武士毁掉自己的庭园，改种可以在城市市场出售的水果蔬菜。19 世纪 70 年代，还是这些武士家庭的成员促成了新学校、新医院的建立，并且和他们的商人邻居一起创办了新的商业企业。他们生产的陶瓷制品、纺织品等曾经在欧洲、澳大利亚的那些国际博览会上的显著位置展出。过去充满了愤怒和痛苦，如今纠正那些世代相传的错误的机会似乎不断增多，这种对比鼓舞着日本各地人民消除对明治新政权的疑虑，至少是暂时地接受了它成为国家合法政府的要求。至于他们是否会继续如此，取决于明治政府的领导人能否成功地推进“五条誓文”中提出的“新开端”：建立代议制政府，促进经济繁荣，缔造充满机会的社会。

第六章

缔造立宪政体

对伊藤博文而言，这是被其同人赞叹为他一生中最高荣誉的无比庄严的时刻。1889 年 2 月 11 日晨，伊藤博文身着耀眼的西服，在满朝的日本贵族、国务大臣、县令、高级武官和外国外交官的注视下，朝日本天皇走过去，把写有日本新宪法的书卷呈献给天皇。天皇的御座安放在整修一新的宫中正殿铺着红地毯的高台上。天皇对这份文件既没有看也没有检查，立即交给了首相黑田清隆，后者“怀着深深的敬意接受下来”。① 天皇点点头，转过身，在新近谱曲尚非正式认可为日本国歌的《君之代》的乐曲声中离开了大殿。宫殿外，钟声齐作，大炮轰鸣。在持续了短短几分钟的仪式中，明治天皇把《大日本帝国宪法》赐予了国民。

然而，正如仪式的象征性所表明的，天皇和这个新“国家基本法”的实际准备几乎没有关系；它的起草者是伊藤博文，他已经耗费了近十年时间来斟酌、草拟每个用语，但他并不是在风平浪静的隔绝状态中做这项工作的。就在伊藤博文和其他明治政府的领导人考虑、起草宪法的那几年里，论战的风波一直在他们周围盘旋，因为他们的许多同胞也试图对国家新法的内容施加影响。如果日本想走“文明开化”的口号所希望的发展之路，想向西方证明自己值得尊敬、值得获取近代国际社会内部的平等待遇，那么几乎每个人都同意宪法的颁布就是最基本的要求。

执政者对宪法和代议制政府的思考

最终承担起草日本宪法的任务的伊藤博文，并不是明治政府的新领导人

① Toku Baelz, ed., *Awakening Japan: The Diary of a German Doctor, Erwin Baelz* (Bloomington: Indiana University Press,1974), pp.81-83.

中认真考虑这个文件的第一人。这个荣誉应归于撰写了允诺“广兴会议”誓文的长州人木户孝允。他作为岩仓使节团的成员时，在国外花了很多时间考察西方的政治制度。他在欧洲了解到的情况使他相信立宪政体和代议制政府的实际功效。欧美领导人已经明白无误地告诉他，木户孝允和其他执政者不要指望修改不平等条约，除非日本掌握西方政治文化理性化的特质。换言之，除非日本不再是个人独断专行的国家，而是成为西方眼中依照理性的法律实行统治的国家。而且，在木户孝允看来，西方政治制度的巨大活力源于人民自愿给予政府的普遍支持。他认为，假如明治新政权能制定一部宪法，让负责任的公民也加入政府，它也可以鼓起人民的干劲和热情。同样的，他相信，一个国家如果没有一部有效的宪法，就永远无望实现内部的统一，从而也就总是处于遭受外国干涉的危险之中。木户孝允相信立宪政体有许多好处，因此一回国就写了他对制定宪法的建议书，1873 年 11 月交给其同僚参阅。在那份文书中，木户孝允概括地论述了以天皇为权力的本源、国务大臣以君主的名义行使权力、两院制议会履行立法职责的立宪体制。

不久，明治政府的其他领导人开始致力于宪法的创制。19 世纪 70 年代中期，政治精英中特别具有影响力的大久保利通认为，在精心限制和严格界定的权力分配之下的君主立宪政体可以“建立治者与人民之间的协调一致”。1875 年 2 月，木户孝允、大久保利通和伊藤博文在大阪举行了一次讨论立宪政体的会议。在大阪会议上，年轻的明治领导阶层决定设立元老院讨论立法、审议宪法，定期召集地方官会议讨论地方管理和税法。1875 年 4 月，诏书宣布了这些措施，并允诺依次审慎地采用立宪政体。

截至 1880 年，主要由法学学者以及 1869 年被列为华族的人组成的元老院，已经准备好了一套供执政团考虑的提案。从广义上说，这份草案遵循了欧洲立宪政体的基本模式。由此，天皇将被授予海陆军的最高指挥权和任命国务大臣以及宣战、媾和、缔约等权力，其他权力则将分给不同机构。草案提议立法的职责由“天皇和议会分担”，上议院有权弹劾大臣，下议院独掌审批年度预算的大权。

元老院的某些提案，尤其是它把大权授予议会的想法，和明治政府大多数执政者意见相左。提倡文明开化的人如木户孝允和大久保利通欢迎宪法和代议制政府的出现，但是正如1872年天皇致格兰特总统的信中所阐明的，明治领导人计划采取谨慎的、切合实际的行动。他们不想盲目效仿欧洲的典范，相反，他们想“选择”那些“最适合”日本的外国制度加以采用，以便既能适应日本的历史经验，又能有助于将来改革目标的实现。因此，在19世纪70年代晚期的政治论争中，核心集团的成员赞成保留天皇制，严格限制将来任何立法机关的影响。对他们而言，自7世纪日本国家形成以来一直作为国家柱石的天皇，是在风云变幻的时代保持国家持续性的希望。他们坚决主张，作为日本的元首和所有政治权威及合法性的根本源泉，天皇必须保留下来。

在1880年和1881年春之间，7名主要参议就元老院的草案提出了个人意见书。执政者中最年长的岩仓具视，认为草案的想法“太不日本”而不予理睬。他鼓吹加强天皇的特权，给予天皇颁布具有法律效力的法令的权力，使政府在财政上独立于议会。通过征兵制建立了新式军队的山县有朋对此表示赞同，并乐于分担责任。他写道：“如果我们逐步设立国民大会，坚决制定宪法，做到上述几点，那么民心憎恶政府、不服从政令、不信赖政府这三种弊病将来就能治愈。”[①] 但是他又说，在这种情况下，“对应拟定宪法，国家应由万世一系的天皇永远统治这一点不容置疑。”伊藤博文也同意，天皇以及由天皇任命的大臣应该成为将来任何政治安排的重心。他还提出一定要慎重考虑、精心规划，他说“我们不能匆促设立议会，这不意味着我们治人者想长期掌握国家大权，占据最高职位。虽然如今很适合召开议会、设立君主立宪政体，但我们不能做任何严重损害国体之事。我们必须先打好稳固基础，然后树立基柱，最后盖起房子，这一切必须依次进行”。

反对的事例和纷纭的论争

19世纪70年代，许多日本平民受到“文明开化”说的激励，赞同明治领导人关于代议制机构可以开创日本崭新、美好未来的说法。不过，他们信奉更加开明的宪政思想，而且希望以比伊藤博文及其同人更快的步伐前进。

---

① George M. Beckmann, The Making of the Meiji Constitution: The Oligarchs and the Constitutional Development of Japan, 1868-1894 (Lawrence: University of Kansas Publications, Social Science Studies,1957), pp.126-30.

1873 年秋，作为太政官内部心怀不满的参议之一，板垣退助也在有关朝鲜政策的激烈争论之后辞去职务。但是，与江藤新平和西乡隆盛举兵反对他们以前的伙伴不同，板垣退助回到了故乡土佐并成立了“爱国公党”。作为党魁，板垣退助起草了一份建议书，于 1874 年 1 月递交给政府。建议书批评了东京官僚的专权恣肆，提出了“无代表则无税”的原则（这一思想产生于英国，又译“没有代表权不能征税”“无代表不征税”“没有代表则无税”等。——译注），要求立即设立“民选”议会，并授予其统治大权。[①]

1874 年板垣退助游离于权力中心之外后，许多日本人更多地把他的“土佐建议书”看作一种自私的政治攻击，认为他只是妒忌萨摩、长州二藩出身的人，即所谓的“萨长藩阀”试图独占大权，而不是对西式自由主义的嘹亮召唤。然而，无论板垣退助的动机是什么，他的建议书立即得到了无数前武士的支持，他们对执政者试图通过征兵建立军队和取消俸禄极为不满。许多地方的前武士都乐意并急于探索自由、民主、代议制政府等概念的含义，于是很快组织了一些政治团体鼓吹国会，同时也试图通过发起信用合作社和提出管理新办商业企业的建议，来改善武家的经济条件。1875 年，板垣退助以他成立于一年前的，按照塞缪尔·斯迈尔斯关于成功的建议命名的“立志社”为核心，建立了“爱国社”，希望能协调全国各地涌现出来的不同组织的努力。

19 世纪 70 年代中期，知识分子、城市居民和村民开始提出他们自己对“自由和民权”的要求。随着民权运动热情的高涨，越来越多的普通日本人加入到各地城镇和乡村涌现出来的政治团体中。令人难以置信的是，截至 19 世纪 70 年代末为止，全国约有 1000 个这类组织定期集会，把商人、手工业者、劳工和农民聚集在一起听演说，讨论当时的主要问题。人们可以就从政治时事到经济、历史，以及由女性激进主义分子如岸田俊子、福田英子等提出的天赋人权学说和当代妇女需要之间的关系等的所有话题相互辩论。

许多团体都在议程上为新宪法和议院问题保留了特殊位置。随着关于将来政治制度的争论不断展开，由不同社会地位的人参加的民权运动的领导人

① Walter W. McLaren, ed., “Japanese Government Documents” in *Transactions of the Asiatic Society of Japan*, vol.42, part1(1914), pp.426-32.

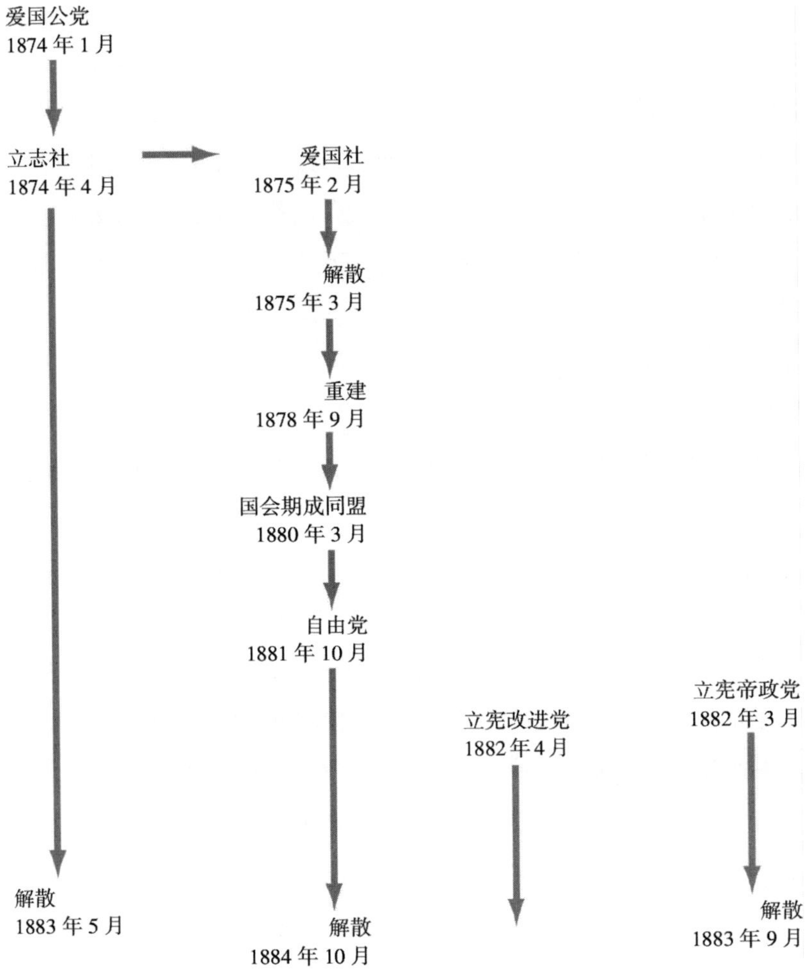

示意图6.1　1874年至1889年日本的政治团体

提出，明治维新的基本目的是促进人民的普遍福利。他们还进一步宣称，为了实现这个目标，就必须设立自由、广泛的代议制机构。而且，一些地方性政治俱乐部的成员还花了大量时间，研究西方政治思想的经典著作，比如约翰·洛克的《政府论第二篇》、让—雅各布·卢梭的《社会契约论》、约翰·斯图亚特·穆勒的《论自由》和《代议制政府》等。以这些作为思想源泉，在民权运动中，人们把历史视为独裁政权和日益上升的民权之间的斗争，提出主要来源于西方的把主权赋予人民而不是君主的天赋人权学说的宪政观念就不足为奇了。受此启发，出身前武士家庭、现已务农的河野广中，在福岛县丘陵地区成立了政治团体“石阳社”，其章程中一开始就声明：“我们走到了一起，因为政府应该为人民、生命的固有权利和个人自由而存在，它们比山高，比海深，将在世间永存。”①

令人讶异的是，一些地方团体不仅讨论宪法问题，而且坐下来集体起草他们自己的宪法。迄今为止，历史学家已经发现了大约30个私拟宪法。虽然这些宪法草案的具体条款有很大差异，但从总体上看，人民拟订的宪法所提出的分权方案比伊藤博文和明治政府其他领导人设想的更为开明。东京西北部山区小镇五日市，有一个团体学习和讨论有关宪政学说，主张保证人民享有公正、自由、幸福的权利，把广泛的权力赋予国会，包括批准条约、否决任何侵犯人民自由的行政或国家行为的权力。

不仅如此，大多数新政治团体还呼吁以比1875年诏书允诺的“依次审慎”更快的速度颁布宪法。19世纪70年代末期，当民权运动获得发展的契机时，千叶的一位农民樱井在东京一份主要报纸上尖锐地批评政府在宪政问题上采取渐进法，并进一步号召日本的普通百姓一起投入旨在迫使明治政府领导人成立代议制政府的请愿运动，人们群起响应。1880年3月，当“爱国社”召开半年一次的大会时，来自24个县的数千名代表参加了会议，带来的请愿书上有10万多个群众签名。与会代表把“爱国社”更名为“国会期成同盟”，发誓要发动一场基层群众运动。到年底为止，大约已有25万群众在12份请愿书和42份建议书上签名，要求立即成立代议制政府。

明治政府采取了做出适时让步和颁布法律条例进行压制相结合的手段，试图安然渡过问题日益棘手的难关。木户孝允邀请板垣退助参加1875年1月的大阪会议，希望通过答应成立代议制政府使这位不满的土佐武士重返政府。三年后，为了应付民众越来越强烈的成立代议制政府的要求，政府设立了府县议会，每年召开为期一个月的会议商讨审议县令提出的议案。另一方面政府又于1875年6月颁布了《新闻条例》，授权警察可以勒令任何一家发表了

① Stephen Vlastos, “Opposition Movements in Early Meiji, 1868-1885” in John W. Hall et al., gen. eds., *The Cambridge History of Japan*, vol.5: Marius B. Jansen, ed., The Nineteenth Century (Cambridge: Cambridge University Press,1989), p.407(modified).

被认为对公共秩序造成威胁的言论的报纸停刊。1880 年 4 月制定的《集会条令》，则严格规定所有公共集会必须经警察允许，讨论的议题必须经事先批准，并且剥夺了士兵、警察、教师、学生参加政治集会的权利。

然而，政府的强制措施未能遏制全国范围的请愿运动，在 1881 年的危机中事态发展到了高峰。肥前藩出身的前志士大隈重信曾经提出一些财政方面的意见，但在帮助新政权巩固权力上没有奏效。他在立宪问题上和他的参议同僚意见不一，最终酿成了这次危机。大隈重信在其对元老院所拟草案的意见书中，附和了民权运动提出的更激进的要求，建议日本采用英国式的议会制。大隈重信和他的同僚完全不同，他赞成把主要的政治权力授予民选议会以及由在议会中占多数的党派组成内阁的宪法方案，而且，他还劝告其同人立即行动，争取来年举行选举。

这些提议引起了其他参议的警觉，而当大隈重信反对他们出售为了开发北方岛屿的经济潜力而成立于 1869 年的北海道开拓使的官产时，他们更加不安了。开拓使运作了十年而没有盈利，其长官黑田清隆提议把开拓使的财产按名义上的成本价，以无息分期偿付的条件出售给以他的一位萨摩老友为首的商会。出售的条件泄露出去后，大隈重信和其他民权运动成员在愤怒中爆发了，伊藤博文及其参议同僚身陷批评的旋涡之中。1881 年 10 月，他们罢免了大隈重信的官职，同时为了平息舆论，取消了这次官产出售，并安排天皇发布诏书，宣称“兹定于明治二十三年（1890 年）召议员，开国会”。[①]

伊藤博文起草宪法

1881 年 10 月 12 日，天皇戏剧性的诏书促使执政者行动起来。在此之前，岩仓具视已经花了一个夏天的时间，制定了一套使执政者得以继续控制即将试行的代议制政府的宪法纲领。他的思考聚焦于普鲁士，认为在先进的西方国家中，普鲁士是最适合日本的宪政样板。像日本一样，普鲁士也是个新缔造的国家，由各种各样的半自治地区组成，它选择依靠强有力的行政部

① Ishii Ryosuke, ed., *Japanese Legislation in the Meiji Era*, tr.William J. Chambliss (Tokyo: Pan-Pacific Press, 1958), pp.720-21.

门和官僚机构树立自己的领导权，是因为实行民主的议会制统治的社会和经济基础都非常薄弱。在天皇下诏的前一天，被太政官正式采纳的由岩仓具视提出的“基本原则”，明确授予君主任命所有国务大臣和高级官员的权力，规定内阁独立于议会，在议会对政府的财政控制失灵且议会又没有批准新的预算时，内阁可以宣布上年度的预算仍然有效。执政者对宪法纲要取得了一致意见，于是委派伊藤博文起草具体文件。1882 年 3 月，伊藤博文动身前往欧洲，与欧洲大陆一流的法学学者商议宪法问题。

制定宪法的承诺促使政权的反对派采取新的政治行动。许多反对者已被剥夺了参与讨论激发公众热情的宪法问题的权利，于是他们开始通过组建政党，为自己在即将来临的新体制中谋取更好的位置。诏书发布两周之后，板垣退助把“国会期成同盟”改组为“自由党”。该党以板垣退助为首，由赞同法国自由主义学说的常务委员会筹划事务，采用了提倡主权在民和强力议会，以及坚决保证个人权利和公民自由的政纲。其他政党也很快加入竞争。1882 年 3 月 14 日，就在伊藤博文前往欧洲的那一天，大隈重信宣布他有意成立“立宪改进党”，成员包括福泽谕吉以前的学生，比如宣传民权的犬养毅。“立宪改进党”自称是提倡英国式议会民主的温和党派，赢得了学生、城市知识分子和著名金融家的支持。不到一周的时间，一家有影响的报纸《东京日日新闻》的主编福地源一郎和其他一些主要的新闻记者成立了“立宪帝政党”，支持政府的事业。

虽然大多数加入新政党的民权运动的成员仍然主要关心如何影响未来议会制的结构，但一些激进主义分子，其中许多人为自由党员，开始把精力转向群众示威运动，包括一些和宪政无关的示威。所谓的“福岛事件”，就是 19 世纪 80 年代早期 12 起以暴力收场的大规模示威运动中的第一例。1882 年秋，东京政府任命萨摩藩的前武士三岛通庸为福岛县县令。三岛通庸是个意志坚强、思想固执，绝对忠于上级的人。他一上任就立即开始镇压福岛的民权运动，对倾向政府的立宪帝政党予以官方的支持，并宣布打算加倍征收地方税和征调民夫筑路。1875 年石阳社的创始人、自由党福岛支部的负责人河野广中组织人们反抗三岛县令的“专制统治”，许多农民也拒绝纳税或参加筑路。在东京政府的支持下，三岛通庸迅速采取了行动。1882 年 11 月 28 日，1000 名左右的抗议者向警察局进发时，三岛通庸下令大规模逮捕自由党成员和同情者，其中六人，包括河野广中，后来被判犯有谋逆罪，并被处以长期监禁。在一次没有成功的报复活动中，邻县茨城县的自由党激进分子密谋暗杀三岛通庸和一些执政者。1884 年 9 月 23 日，他们从根据地加波山发布了革命宣言，警察迅速出动镇压。一名起义者在战斗中丧生，幸存者中有六人被绞死，其余被监禁。

其他的抗议活动围绕着经济问题而发起，政府对此也同样无法容忍。1881 年，大藏卿松方正义为了对付经济上通货膨胀的爆发，实行了通货紧缩政策。最后松方正义实现了目标，但付出的代价是持续了大约四年的严重的农村经济萧条。养蚕的农户和商品作物的小生产商遭受了尤其沉重的打击，因为他们依赖短期贷款，作物价格的下跌使他们无法偿还贷款。在日本各地，从北方的福岛县到南方的福冈县，受到催逼的农民组织成“负债党”“困民党”，要求延期偿付债款和降低利率。在崎玉县东部多山的养蚕区秩父，农民的抗议演变成武装起义。当地的农民领袖，其中许多都是自由党人，呼吁县令降低税额并与当地债权人商议免除债务。截至 1884 年 10 月底，这些请求还没有得到任何答复，农民组织军队洗劫了肆无忌惮的放债人的家，冲进官署销毁债务记录，威逼富人捐款救济贫民。东京政府立即出动军队镇压起义军。到 11 月 10 日，他们已经恢复了秩父的秩序。在短短的时间内 3000 多名农民被捕，1885 年 2 月，政府绞死了秩父事件的 5 名领导人。

国家迅速果断且毫不手软的惩罚瓦解了民权运动，使自由党不敢再采取行动。1880 年秋，该党投票决定自行解散。为了确保抗议的洪流不会再次爆发，政府对个别激进分子穷追不舍，例如，1885 年警察逮捕了福田英子，因为她和情人怀着狂热天真的希望，认为朝鲜半岛上一个具有改革意识的政府会驱使明治政权在日本国内采取更进步的政策，因此他们密谋推翻朝鲜的君主政体，建立更开明的政权。两年后的 1887 年，执政团颁布了《保安条例》，对公共集会、言论、出版作了严格规定。新条例的核心第 4 条规定，东京警察首脑有权把居住在皇宫 3 公里内，任何被认为“图谋危害治安”① 的人驱逐

① Walter W. McLaren, ed., “Japanese Government Documents” in *Transactions of the Asiatic Society of Japan*, vol.42, part1(1914), pp.502-4.

出东京。条例颁布后的几日内，因为在福岛县的强硬表现而新近被任命为东京警察头子的三岛通庸，就逮捕和驱逐了570多名有嫌疑的激进主义分子，包括民权运动的几位著名人物。

在欧洲，伊藤博文似乎忘记了由福岛事件触发的日本乡村的喧嚷。后来他写道，他的欧洲之行是“为了尽可能彻底地研究立宪政治，包括它们的不同规定，以及由有影响的人物提出的理论与意见”。①为了寻求这种智慧，伊藤博文先去了柏林，在那里和宪法专家鲁道夫·冯·格奈斯特和阿尔伯特·毛瑟进行了磋商。接着，伊藤博文又从柏林到维也纳，会见洛伦茨·冯·斯泰因。然后再前往巴黎、伦敦，在那里伊藤博文等人听了赫伯特·斯宾塞关于代议制政府理论的讲座。伊藤博文和西方最出色的宪法理论家的会谈和商讨，显然没有为他打开任何思想上的新视野，而是使他再次认定了头脑中一直以来相信的事理，以及1881年太政官采纳的“基本原则”，也就是说，日本对现代化和赢得国际社会尊敬的要求，只有通过缔造日本式的伊藤博文所谓的“立宪法治国”，才能得到最大的满足。1883年8月，伊藤博文回到东京后报告说，他的意思是主权应该归于君主，统治权最好授予由国务大臣组成的内阁，它只对天皇负责，完全独立于议会，此外，对包括民选下议院在内的两院制议会应该只委以不完全的权力。

1884年，此前执政者对于他们想要的立宪制类型曾经看法不同，有时甚至背道而驰，如今想法已经统一，伊藤博文开始实施一些结构改革，以便为立宪政体做好准备。例如指定一些贵族组成议会中的上议院，组织内阁和官僚机构，最后，改革从1871年设县的地方政府开始。伊藤博文选择的时机很有利。19世纪70年代末由民权激进主义分子发动的请愿运动已迫使执政者保证1890年公布宪法，而政府对1884年运动的镇压，又为伊藤博文开辟了可以驰骋的空间。他要在达成一致的期限内提交宪法。毕竟，诏书是神圣的誓约，而且执政团无论如何都打算实行君主立宪制，但现在他可以自由地按部就班地进行必要的准备，起草一部无须和喧嚣的反对意见妥协的宪法。

---

① Itō Hirobumi, “Some Reminiscences of the Grant of the New Constitution”in Count Shigenobu Ōkuma, comp., *Fifty Years of New Japan*, vol.1, ed.Marcus B. Huish (London: Smith, Elder & Company,1910), p.127.

伊藤博文的第一步是于1884年7月7日颁布诏令，即《华族令》，建立新的贵族制度。《华族令》效仿德国的做法，废除1869年制造的社会地位的区别，把新的华族身份授予508人，将华族分为公、侯、伯、子、男五等爵位。列入华族的有旧朝廷贵族——用天皇的话来说，“祖先显赫，出身名门”，以及有功于新政权，尤其是“辅助朕躬恢复统治之文武百官”。[①]伊藤博文和山县有朋因此成为伯爵，木户孝允和大久保利通的后人则被封为侯爵，而板垣退助和大隈重信则依然是平民。所有华族都领受世袭俸禄，其中任职者在1890年召开首届议会时有资格进入上议院。

1885年12月，伊藤博文改革政府的行政部门，创立了内阁制度。当月，太政官被废除，代之以由总理大臣（首相）及若干负责各省的大臣组成的内阁。总理大臣的职责为协调政府政策的制定，签署法律条例，监督其他内阁成员的活动。理论上他们直接向正式任命他们的天皇负责。与此同时，新规定还详细说明各省应该如何处理事务，并规定各省必须选用“有才能的人”。

伊藤博文引进新的管理组织和程序时没有遇到多少障碍，主要是因为人们已经熟悉了近世早期的官僚机构和日常事务。虽然旧制度平稳地过渡到新制度，人们对内阁制却是毁誉不一。大多数西方观察者立即称赞日本的新内阁制，因为它体现了当时最受尊敬的近代官僚机构的观念，职位都规定了特定的职能，大臣以下的所有官员都经过考试并在自己的部门受过专门训练。然而，正如伊藤博文的批评者很快就注意到的，新制度也使得萨长藩阀加固了他们的权力基础：在最初的10名内阁大臣中，有8人来自前萨（摩）、长（州）二藩。伊藤博文本人就是长州人，是日本的第一任首相，在任时间从1885年的11月22日到把权柄交给萨摩人黑田清隆的1888年4月30日。

伊藤博文也很关心府县制的问题，很大程度上是因为山县有朋令人信服地提出，稳定的地方政府是宪法成功颁布的一个必备先决条件。因为正如征兵，它能培育民众的忠诚和促进国民团结。伊藤博文给了山县有朋放手去干的权力，因此山县有朋向从德国邀请来的在宪法起草的最后阶段协助伊藤博

① Walter W. McLaren, ed., “Japanese Government Documents” in *Transactions of the Asiatic Society of Japan*, vol.42, part1 (1914), pp.88-90(modified).

文的阿尔伯特·毛瑟征求意见。“若问既然我国的传统实践中已有自治精神，为何请欧洲人起草法律，”山县有朋写道，“这是为了和大国现存的宪法步调一致，而德国的制度是最适合的。”①

鉴于山县有朋的偏好，他和毛瑟商议后在1888年到1890年之间出台的那一套制度就不足为奇了。这套制度用使县、镇、村政府进一步向中央政府负责的更全面的组织结构，取代了旧的町奉行—町年寄和村长—五人组制。最后，新制度呈现出两副面孔：一方面，新法通过允许当地居民选举一些自己的官员来培育民众的忠诚；另一方面，作为这么一点点政治参与的交换，山县有朋希望下层民众绝对顺从，而且他让每一级行政当局都接受上一级官员的监督。盘踞在金字塔顶端的是具有制定政策和分派义务等广泛权力的内务省，结果已经没有多少空间留给在近世早期已成为村町生活特色的社区自治了。

宪法的最后起草工作开始于1885年，起先是在东京的伊藤府邸，后来移到伊藤博文在东京南面一个近海小岛夏岛的别墅，因为那里隐蔽且能看到富士山的美景。伊藤博文把某些亲信同僚，如长期以来的下属井上毅，以及德国人毛瑟和赫曼·罗埃斯勒聚集在他周围，后者于1878年离开罗斯托克大学成为日本外务省的顾问。三年来，这个小组准备、讨论、修改了无数草案，耐心推敲所提出的每一个条款的细微差别和含义，直到1888年春，伊藤博文才准备把草案公之于众。根据伊藤博文的建议，4月30日，天皇成立了枢密院来审查、批准草案，并约定宪法颁布后，枢密院继续作为将来解释宪法和就国事向天皇提供建议的咨询机构。枢密院由天皇任命的12人组成，实行终身制，允许内阁成员出席枢密院会议。伊藤博文把枢密院视为居于内阁之上的重要机构，他辞去了首相一职，成为首任枢密院议长。事先取得伊藤博文同意后，枢密顾问官对他的宪法草案作了小的修改。例如给予议会提出、讨论和表决法律的权力，然后就在议长的宪法草案上盖上了同意的印章。“伊藤宪法”，如报纸所称，现在已准备好向天皇进献它的最后成果，以便天皇陛下可以将其赐予日本人民。

---

① Roger F. Hackett, *Yamagata Aritomo in the Rise of Modern Japan*, 1838-1922 (Cambridge: Harvard University Press,1971), p.110(modified).

公民道德和国家意识形态

当执政者走向立宪政体时，他们力求阐明政治的正统学说，推进理想的公民道德，以便把1871年前就存在的分散在各地的大约300个藩的居民，转化为绝对忠于新政权、联结在普遍政治价值观核心周围的“国民”。伊藤博文及其同人有理由关注这一问题，因为文明开化时期的乐观主义促使许多日本人赞同新政权。但是如果执政者不能令人信服地树立新君主立宪国意识形态的合法性，他们几乎无法指望改革的成功。因此，19世纪七八十年代，所有国家领导人都有意把一些意识形态和公民理想结合起来，使普通日本人能理解年轻政权策动的逐步发展的政治安排，并为他们自己谋取在明治时期的新日本社会中有意义的位置。

每一个执政者对于合适的政治伦理的建立似乎都要做出点个人贡献。伊藤博文曾经满怀憧憬地说起一种平静的、温顺的、诚实的、勤奋的，乐意为了邻居牺牲个人利益的“普通人”，他说他们是“建立一个强大国家的绝好材料”[①]。对井上毅来说，他倾向于把忠诚和爱国心作为公民的要素，没有这些美德就没有国民的团结，也就没有什么事情值得去完成。山县有朋当然坚信井上毅的观点，同时他也坚决反对在政治领域中反对派政治团体所追求的个人利益，因为他们威胁着要把为了进步所做的一切努力淹没在不和、分裂和混乱的汪洋大海之中。

执政者形成了他们自己的想法后，决定将天皇作为正统政治学说的核心，正如他也是新政治制度的核心一样。但是，这一点必须大张旗鼓地向世人宣告，因为如岩仓具视在19世纪70年代所指出的，德川时期幕府将军已经夺去天皇的光彩，结果在国家的“偏远地区人们不知天皇的意志”。[②] 因此，年轻的明治领导阶层让天皇到日本各地巡幸，以便“全国人民一睹天颜”[③]。在德

---

① Itō Hirobumi, “Some Reminiscences of the Grant of the New Constitution”in Count Shigenobu Ōkuma, comp., *Fifty Years of New Japan*, vol.1, ed.Marcus B. Huish (London: Smith, Elder & Company,1910), pp.124-25.

② Carol Gluck, *Japan's Modern Myths: Ideology in the Late Meiji Period* (Princeton: Princeton University Press, 1985), p.74.

③ Takahashi Fujitani, *Splendid Monarchy: Power and Pageantry in Modern Japan* (Berkeley: University of California Press, 1996), p.53(modified).

川氏统治的两个半世纪里，天皇离开京都只有3次，而明治天皇在位45年期间共出行了102次，包括1872、1876、1878、1880、1881、1885年的6次大巡幸。年轻英俊的明治天皇通过各种可利用的交通工具出游，行程共计数千英里，参观了每个大岛，接受从田间走过来的农夫谦卑的鞠躬和祝福。天皇还住宿在地方要人的家中，通常是从新建的大门进入他们的宅邸，而后在特意为天皇驾临而装修的厕所中方便。随侍的自然是木户孝允、伊藤博文、大久保利通、黑田清隆等人，他们都曾花了些时间出行。他们一致认为巡幸是个好计划，天皇的出现“告诉了人民天皇的大德”，而且是“亲自显示天皇直接统治的机会”，“由此消除了”人们对立宪君主制提案的“疑惧”。[①]

▲ 明治天皇

当天皇巡游列岛时，许多地方政府开始发表对正统政治学说的意见，这些意见都附和了执政者鼓吹的价值观。福地源一郎就是追随伊藤博文和其他执政者的新闻记者之一。这位《东京日日新闻》的编辑虽然对他所称的“北海道官产交易中政府的粗疏草率”大为愤慨，但还是承认立宪政体是合适的，天皇应该成为新制度统治权的关键。[②]19世纪80年代早期，福地源一郎在许多期刊上反复阐述统治权问题，提出它应该依照各国的历史环境而定。为了强调他的观点，福地源一郎提起了日本的“国体”这个饱含激情的词语，它通常也称为“国家本质”。在19世纪五六十年代，“国体”问题曾经是反对德

① Carol Gluck, *Japan's Modern Myths: Ideology in the Late Meiji Period* (Princeton: Princeton University Press, 1985), p.75.

② James L. Huffman, *Politics of the Meiji Press: The Life of Fukuchi Gen'ichiro* (Honolulu: University of Hawaii Press, 1980), pp.139-54.

川幕府的论说的中心。福地源一郎提醒读者，日本的国体取决于这样一个原则，即日本自有史以来，一直由一个神圣世系的天皇统治，而且天皇的统治很英明。他继续说，当日本步入现代世界时，变更统治结构是适当的，但是权力的本质即“国体”，必须保持不变。他热情洋溢地写道，“神祇注定了在第一次即位时，国家大事”就该委托给天皇，因此，即便采取了立宪制度，“所有政府秉承天皇意志”仍有必要。他主张，只要坚持国体的“固定原则”，当天皇带领众人推动国家向现代化和平稳定地演进时，政府就能确保公民的忠诚。

某些知识分子也试图阐发一种把代议制政府的新世界纳入传统价值框架内的政治伦理。当时还是个学生，作为一名宪法学者的漫长生涯尚未开始的穗积八束，在福地源一郎的《东京日日新闻》上发表了一系列文章，表达他对民主主义和政党的憎恶，因为它们把平民以自我为中心的利益凌驾于国家的需要之上。他多次写道：“个人自由必须为了社会整体而牺牲。”他宣称，防范群众暴力事件的最好方法是使统治权归于天皇，然后由天皇通过享有一定任期的受公众尊敬且薪金丰厚的强大而独立的官僚机构实行统治。①

即便是在文明开化时期的多数时候采取守势的儒家学者，这时也挤进关于政治伦理的对话中。到19世纪80年代初，天皇的老师元田永孚以及道德家、作家西村茂树，对于执政者对西式改革的热情已经有所警觉。根据西村茂树的见解，伊藤博文在促进传统道德方面做得远远不够，他对普鲁士宪政思想的亵玩注定要失败。因为执政团慌慌张张地把西方的事物移植到了日本。元田永孚生性爽直，他怒斥伊藤博文及其同人似乎决意要把日本人变为“黄皮肤的欧美人复制品”。②儒家学者开出的药方很简单：回归经受了时间考验的价值。西村茂树认为，道德是从个人生活到政府结构的万事万物的基础。他强调，要做到有道德，就要坚守“自古以来即为我国传统基础的忠、孝、礼、义、勇、耻的

① Richard H. Miner, *Japanese Tradition and Western Law: Emperor, State, and Law in the Thought of Hozumi Yatsuka* (Cambridge: Harvard University Press,1970), p.25.

② Carol Gluck, *Japan's Modern Myths: Ideology in the Late Meiji Period* (Princeton: Princeton University Press, 1985), p.105.

精神”。[①] 西村茂树的观点显而易见，元田永孚对此也表示赞同。任何新的政治安排都必须紧紧围绕天皇，因为他是道德楷模和世代相传的规则的看管人。

当伊藤博文筹划这部宪法时，没有忽略各方对树立合适的政治伦理的关注。实际上，在 19 世纪 80 年代中期他召集起草委员会时，就已经形成了关于天皇的大不同于欧洲专家劝说他采取的观点。毛瑟和罗埃斯勒赞成社会君主制。在这种制度下，以君主为代表的抽象国家矗立于社会之上，为了公民的利益实行改革。不过，他们接着说，欧洲的历史经验表明，无限制的君主特权会导致个人专制主义。因此，法律和法律组织都是有必要的，以便君主按照促进所有社会阶层的福利的方式行使其权力。

伊藤博文认同依靠法律和限制去对抗强硬的君主的专权是任何现代立宪制的基本要素。他也同意他的主要副手井上毅的看法：当天皇“统治人民时，他并不亲自管理政府”，这个职能更适合交给国务大臣。[②] 然而，正如后来伊藤博文回忆到的，“君主是远比其他国家更深地扎根于民族情感和我国历史中的制度。实际上它正是一个曾经的神权国家的本质”。[③] 结果，他宣布，显然“仅仅模仿国外模式是不够的，因为还有我国的历史特性需要考虑”。他明确地下结论说，宪法必须“留心保护未来天皇特权的真实性或生命力，勿使天皇沦为这一制度的至高无上的修饰物”。最后，伊藤博文和井上毅制定的宪法采用了日本过去的基本原则：天皇临朝，但不当政。最后的宪法赋予国务大臣相当大的权力，但是伊藤博文和井上毅亲自写了有关皇室问题的条款，明确表示：“宪法的首要原则是尊重天皇的统治权。”国外的模式很有用，也许甚至更为根本。但是伊藤博文决定，日本对政治现代化的要求必须根据自身的条件，按照与过去最神圣的传统一致的方式行进。

为了更好地向全体人民传达他们对公民道德规范的见解，执政者颁布了两道广泛宣传的敕令。其一为主要由井上毅和山县有朋撰写，最后由亲政府

---

① Donald H. Shively, “Nishimura Shigeki: A Confucian View of Modernization” in Marius B. Jansen, ed., *Changing Japanese Attitudes toward Modernization* (Princeton: Princeton University Press,1972, 3d. print.), p.213.

② George Akita and Hirose Yoshihiro, “The British Model: Inoue Kowashi and the Ideal Monarchical System” *Monumenta Nipponica* 49:4(Winter 1994), p.417.

③ Itō Hirobumi, “Some Reminiscences of the Grant of the New Constitution”in Count Shigenobu Ōkuma, comp., *Fifty Years of New Japan*, vol.1, ed.Marcus B. Huish (London: Smith, Elder & Company,1910), p.128(modified).

的新闻记者福地源一郎加以润色的《军人敕谕》。1882年1月4日，天皇在宫中亲自把敕谕交给陆军卿，这个仪式意在象征天皇对军队的直接权力。敕谕的第一条就宣布，“忠节”是军人的“根本职责”，并且反问，“生于斯国者谁能不尽忠节？”[①]随后，敕谕训诫，为天皇效命的理想可能会被政党政治的自私和分裂所腐化。因此，尽忠节意味着置身于政治竞技场的纷争之外：“切记，国家的保卫及其权力的维护取决于国家的武装力量，其力量的消长不论好坏势必影响国家命运。因此，勿被舆论引入歧途或插手政治，而应一心一意恪守忠节，获得此等荣誉重于泰山，肉身之死则轻于鸿毛。”

第二个敕谕面向更广泛的受众，即全国的年青一代。1890年秋，就在第一届帝国议会召开之前，山县有朋首相指示井上毅和元田永孚，制定了宣扬支持新国家及其全新的宪法和代议制政府制度等基本精神的文件，分发给所有学校。这些文件就成为《教育敕语》。《教育敕语》在概述教育指导原则的同时也包含了政治意识形态，它开宗明义地宣布日本独特的国体，即官方英文版里的“我们帝国的基本特征”来源于从远古时期开始就把日本的仁君和忠诚的臣民团结在一起的密切联系：“念我皇祖皇宗，肇国宏远，树德深厚，我臣民克忠克孝，亿兆一心，世世厥美。”[②]由此出发，又引出一系列针对现实的规定：日本人应该孝顺父母，关爱手足，真诚待友。最重要的是，敕语告诫学生要做“忠臣良民”，并教导他们“广行公益，力行公务，常遵国宪，毋违国法；一旦危急，则忠勇奉公，以抚天壤无穷之皇运”。在全国各地，学校校长都要求师生背诵敕语。庄严地诵读敕语，向天皇像鞠躬和高唱《君之代》，成为学校重要典礼中必须完成的仪式。

事实证明，“天壤无穷之皇运”的象征意义具有巨大的强制力，它的威力甚至吸引了对民权运动最强烈的同情者。当然，批评者仍然大肆攻击萨长藩阀的利己主义、机会主义和腐败，指出这些与他们所鼓吹的品质背道而驰。但是19世纪80年代期间，几乎所有的政权敌对者都开始接受君主立宪制的

① Centre for East Asian Cultural Studies, comp. and publ., *Meiji Japan through Contemporary Sources*, vol.3 (Tokyo: 1972), pp.235-41.

② Ian Reader, with Esben Andreasen and Finn Stefánsson, *Japanese Religions: Past and Present* (Sandgate, Folkestone, Kent: Japan Library,1993), p.71.

基本前提。人们曾经大声辩论，但到了19世纪80年代后半期，政府的反对者提议的宪法草案，无不把天皇置于政治世界的中心。与此相似，不同政治派别的人们接受了执政者关于政治论说和公民道德的观念：顺从天皇；忠于国家；由天皇任命的大臣所负责的无私且用心良好的官僚机构统治的神圣性；尽职尽责；反对利益团体政见中固有的不和；把个人利益让位于国家和集体利益的道德升华。虽然这些还没有构成正式的"国家意识形态"——到19世纪90年代和20世纪的头几十年它才会更清晰地形成，但是，天皇的正统性、公民责任、适度的公民权利等观念对执政者却极为有用。因为它们作为限制全体公民的政治和道德约束，把国民团结了起来，并使他们准备好接受伊藤博文的宪法。

《大日本帝国宪法》

对伊藤博文及其同僚来说，《大日本帝国宪法》向世界宣布了日本的现代性，证明了日本向文明的迈进，同时也确立了政治权威的新观念——它们都被巧妙地包裹在历史的遗产中，并用传统价值观使其合法化。对伊藤博文而言，"象征意义"很重要，而且宪法的颁布证明了他在各方面的创造力。公布宪法的日期择定在2月11日。这是纪念传说中的第一位天皇神武于公元前660年神话般地建立国家的国定节日。1889年的这天清晨，明治天皇身着古代朝服，在皇宫深处一个特别的神社前举行神道教仪式，告知其祖先新"国家基本法"一事，并告诉他们，他授予新宪法是出于"人类事业的进步趋势以及和文明进展保持一致的考虑"。① 他解释说，他的目标是"巩固国家的稳定，促进疆域内全体人民的福利"。他向他们保证，他的行动会确保"遵守律法直到永远"。这个仪式结束后，天皇换上西服，出现在西式的会客厅，在那里他从伊藤博文手中接过宪法，然后交给黑田清隆首相，向全体人员表明，宪法由一位仁慈的君主赐予了国家。

很清楚，宪法本身既包含了许多传统惯例，也是现代性的体现。第一章

① Itō Hirobumi, *Commentaries on the Constitution of the Empire of Japan*, tr.Itō Miyoji (Tokyo: Chuo Daigaku, 1906, 2d. ed.), pp.167- 68.

▲ 1889 年，明治天皇钦定《大日本帝国宪法》颁布大典

的标题为“天皇”①，共有 17 个条款。第 1 条先确定“大日本帝国由万世一系之天皇统治之”，接下来的条款则宣布他“总揽统治权”和“神圣不可侵犯”。第一章的其余条款详细说明了天皇的职责，尤其重要的是，宪法授予天皇召开帝国议会的权力，还可以令其闭会、休会、解散。此外，根据第 6 条，天皇可以“批准法律，并令其颁布执行”；第 8 条又扩大了这项特权，授权天皇在议会闭会期间“可发敕令代替法律”。另一些规定则使天皇成为海陆军的最高统帅，拥有宣战、媾和及缔约的大权。然而，宪法也对天皇的特权作了限制，以预防天皇专权，如某条款明确规定，“敕令应于帝国议会下次开会之前提出”，并进一步宣布，任何敕令都不能“改变任何现行法律”。

第二章是关于“臣民权利义务”。两项主要义务是纳税和响应号召参加海陆军。权利则比义务多，包括享有“自由居住”权和住宅不被非法入侵或搜查的权利；财产不受侵犯；享有宗教自由，以及言论、著作、集会、结社的自由。不过大多数权利和特权都不是无条件地给予的，相反都有“在法律的范围内”以及“不违背臣民的义务条件之下”这样的语句加以限制；而且国

① *Japan: An Illustrated Encyclopedia*, vol.1 ,Constitution of the Empire of Japan, 1889 (Tokyo: Kodansha,1993), pp.232-35; *Japanese Legislation in the Meiji Era*, pp.725-33; and Beckmann, *The Making of the Meiji Constitution*, pp.151-56.

家出现紧急状况时，任何权利都可以取消。伊藤博文在《宪法义解》（伊藤博文著有以发给顾问官的逐条说明为蓝本的《宪法义解》。——译注）中说，"制定例外规定以备不时之虞"是非常必要的，"切记国家的最终目的是维持其自身存在"。结果，根据伊藤博文的说法，"当国家处于危难之时，不得不毫不犹豫地牺牲部分法律和臣民的权利"。[①]

后几章确立了两院制议会，并概述了国务大臣和枢密院的职责。大臣和参议都要为天皇提供建议，监督天皇的权力，确保只有经主管大臣同意，法律、法令、命令才能生效。刚取得参政权的帝国议会，分为由华族和天皇指定的皇族成员组成的贵族院以及民选的众议院。任何一院都可以提出议案和向内阁交涉，所有立法必须经两院同意。宪法也授予议会国家年度预算的表决权，但几个条款又限制了这个重要权力，如第 67 条规定"根据天皇大权之既定支出……帝国议会不得废除或削减之"，这一条折射出执政者害怕执拗的民选议会会削减给海陆军的拨款，将来某个时候可能因此危害国家安全。第 71 条又更进一步地限制了议会对预算的权力，规定议会没有通过预算时，"政府得实施上年度之预算"。

伊藤博文并未能躲过明治时代早期关于立宪制的激烈争论，但是通过让步，以及用法律压制和思想意识上的劝导相结合的手段，他和他的执政者同人最终实现了目标。《大日本帝国宪法》反映了岩仓具视在 19 世纪 80 年代初制定的"基本原则"中的构想。它建立了和国民的公选代表分享权力的机制，但同时又限制了立法权的行使，保留了天皇的统治权，并赋予由天皇任命的国务大臣占优势的政治权力。

宪法的颁布也标志着实现另一个壮志，即被纳入世界先进国家的阵营的重要一步。几乎从他们掌权的那一天开始，明治政府的执政者就下定决心要增强国家实力，促进国民团结，以便推进缔造一个在西方眼里值得尊敬的近代强国的任务。他们相信，只有经过这一步，日本才能保持国家独立，修改屈辱的不平等条约，如山县有朋所说的"维护国家在列强中的权益"。[②] 宪法

① Itō Hirobumi, *Commentaries on the Constitution of the Empire of Japan*, tr.Itō Miyoji (Tokyo: Chuo Daigaku, 1906, 2d. ed.), pp.64-65.

② Roger F. Hackett, "The Meiji Leaders and Modernization: The Case of Yamagata Aritomo" in Jansen, ed., *Changing Japanese Attitudes toward Modernization*, p.244.

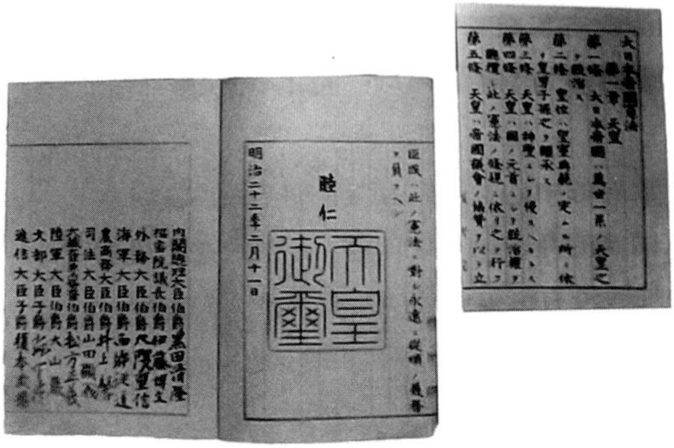

▲ 1889 年颁布的日本帝国宪法原文，文末有天皇睦仁及各部大臣的亲笔签名

帮助日本赢得了它拼命追求的国际社会的尊敬，获得了强国地位。晚年，伊藤博文流露了他对宪法试验的自得感。他写道："回首宪法实施的 16 年，我在一定程度上满意地觉得，尽管有许多缺点，但试验从总体上说是成功的。"①

我们可以谅解伊藤博文对自己成就的自负，但实际上，随着时代的进步，明治宪法之下的政治以他几乎无法想象的方式发展。尽管它尊重天皇的特权，但是近代化的国家基本法使得新精英分子，包括首相、内阁、枢密院、议会以及文武官僚机构，都在未来的岁月中为了施加自己的政治影响而有力地展开角逐。各精英阶层之间竞争的起落，最终把日本引向 1889 年 2 月的那个早晨，当伊藤博文走向铺设着红地毯的高台，把他的宪法呈献给日本天皇时，所完全未曾预见的方向。

① Itō Hirobumi, *Commentaries on the Constitution of the Empire of Japan*, tr.Itō Miyoji (Tokyo: Chuo Daigaku, 1906, 2d. ed.), p.131.

第七章
走向工业高度发展的未来

大规模发展经济的目标，是与贯穿于明治时代早期“富国强兵”的不变理想相一致的。明治政府的执政者在寻找通向立宪政体的道路时，也着手工业化发展。他们期望看到各种各样的好处从标志着经济发展的烟囱中滚滚而来。财富会为日本赢得西方的尊重，奠定国力的基础。这样，正处在近代化进程中的国家就能逃脱西方帝国主义掠夺的威胁。政府依靠分别建立于1870年和1873年的工部省及内务省从国外引进技术，组织国内的制造业。很快，另一个口号“殖产兴业”便成为明治时期的又一个流行词汇。

殖产兴业的决定也为解决威胁着明治时期各种尝试的国内问题提供了有效的方法。江藤新平和西乡隆盛领导的政变足以使明治领导阶层吸取教训，明白他们有必要为以前的武士阶层提供差事和更光明的前途。此外，1858年和1866年缔结的商约把不公平的关税和汇率强加给日本，结果进口商品顿时汹涌而入，日本金银铸币则大量外流，导致了严重的通货膨胀，使国内许多手工业生产和加工业陷入危机。整个19世纪七八十年代，执政者一直担忧如果不能赢得日本平民的忠诚，明治政权将会面临怎样的后果？因此他们决心通过摆脱开国以来的经济危机，为日后的繁荣创造基础，来保持长期的政治稳定，获得人们对新立宪政体的接受。

截至召开第一届议会的1890年，日本人已经解决了早期的大多数经济问题，国家正稳步行进在加入世界工业强国行列的道路上。与在立宪过程中一样，执政团也起了主导作用，策动了制度上的变革，为加速经济增长创造了合适的环境。除此之外，日本居支配地位的农业经济向繁荣的制造业经济的转变，也离不开难以计数的普通民众的开拓创造能力。

然而，经济发展并不是不用付出代价。显然，在19世纪后半叶，日本各地都繁荣了起来，明治末期大多数人民的吃住条件都好于19世纪60年代的前辈。但这并不是说每个人都平等地分得了经济发展带来的利益，一些人在奋力争取自我成功并帮助自己的国家时，失去了健康甚至生命。因此，正如某些人认为新议会制使他们处于政治上的劣势，成千上万的人也觉得自己成了经济现代化的牺牲品，就像一位批评者曾经说过的那样，“被牺牲在工业进步的祭坛上”。

国家干预以及经济的基础设施

明治早期，优良的西方商品如潮水般涌进这个岛国，日本的经济前景显得暗淡无光。机织棉布比在家用手摇纺织机织成的棉布结实且便宜，煤油比从植物籽中榨取的价格更高、照明效果却不太好的传统灯油销量要大，中国的糖不知何故尝起来比国内的糖要甜，进口的毛织品很快因其保暖性好及价格合理而为人们所喜爱。如表7.1所示，从1868年到1881年的14年里，有12年日本的出口值都低于进口值，这一时期国家的累计亏绌达到进口总额的二十几倍。情况很清楚并具有启示性：除非日本能重建其国内经济，发展进口替代品，平衡对外贸易，否则，正如一位官员所预测的，国家“将陷入难以描述的悲惨境地。铸币稀缺，通货继续贬值，物价上涨，国力将荡然无存”。①

新成立的内务省长官大久保利通担心国家的未来，提出日本如果想迅速工业化，就有必要实行国家干预。这个想法在19世纪70年代早期成为许多执政者的信仰。大久保利通在作为岩仓使节团的一员，参观了伯明翰的纺织厂和格拉斯哥的造船厂后写道：“国之强弱系于人民之贫富，人民之贫富系于物产之多寡。”他接着说，尽管国家的普通百姓可以通过艰苦卓绝的努力兴办一些制造业，但在考察了欧洲的情况后，他得出结论：“溯本求源，未尝不仰赖政府官员诱导奖励之功。”

---

① Thomas C. Smith, *Political Change and Industrial Development in Japan: Government Enterprise*, 1868-1880 (Stanford: Stanford University Press,1955), p.26.

表 7.1　日本进出口值（1865 ~ 1895）单位：百万日元

年份	出口	进口	进出口总值	差额
1868	22.988	19.350	42.338	3.638
1869	12.909	21.659	34.568	(-8.750)
1870	14.543	35.004	49.547	(-20.461)
1871	17.969	22.076	40.045	(-4.107)
1872	17.027	26.175	43.202	(-9.148)
1873	21.635	28.107	49.742	(-6.472)
1874	19.317	24.487	43.804	(-5.170)
1875	18.611	31.899	50.510	(-9.148)
1876	27.712	26.544	54.256	1.168
1877	23.349	29.979	53.328	(-6.630)
1878	25.988	37.722	63.710	(-11.734)
1879	28.176	38.015	66.191	(-9.839)
1880	28.395	42.246	70.641	(-13.851)
1881	31.059	35.767	66.826	(-4.708)
1882	37.722	33.354	71.076	4.368
1883	36.268	32.449	68.717	3.819
1884	33.871	33.617	67.488	0.254
1885	37.147	33.499	70.646	3.648
1886	48.876	37.364	86.240	11.512
1887	52.408	53.153	105.561	(-0.745)
1888	65.706	65.455	131.161	0.251
1889	70.061	66.104	136.165	3.957
1890	56.604	81.729	138.333	(-25.125)
1891	79.527	62.927	142.454	16.600
1892	91.103	71.326	162.429	19.777
1893	89.713	88.257	177.970	1.456
1894	113.246	117.482	230.728	(-4.236)
1895	136.112	129.261	265.373	6.851

根据 Shinya Sugiyama，《世界经济中的日本工业化 1859 ~ 1899》（伦敦：阿斯隆出版社，1988 年），第 46、47 页。

在许多传统手工业面临毁灭，前武士在进行武装反抗的情况下，执政者仍然努力去建设支撑工业化的交通和通信设施。海军准将佩里已送给日本人一台莫尔斯电报机，而且1869年明治新政府聘请一名英国工程师架设了从东京到横滨的电报线，次年就开始了两个城市之间的公共服务。工部省迅速发展电报业。到1890年第一届帝国议会召开时，政府已经铺设了穿越山林河流的近1.6万公里的电报线，且有200多个电报局提供全国主要城市之间的瞬时通讯。同一年，公共电话局开始在东京和横滨运营；到了世纪之交已有约50个城市以拥有电话局而自豪。长途电话线把它们连接在了一起，接线员为不断增多的用户接通了4500多万次电话。

日本近代通讯体系的中心是邮局。就在明治的年轻领导人掌权后不久，他们认定日本需要官营的邮政业以“使这片国土上的通讯简单易行”。1871年初，政府下令东海道沿线驿站的官员开办人们可以寄信的邮局。阴历三月初一，第一批邮件离开东京，24小时后如期到达大阪。次年，大隈重信的门徒前岛密被委以发展邮政体系的重任，他很快就将业务推向全国。被誉为“邮便之父”（即“邮政之父”。——译注）的前岛密，主要借鉴了他在英国生活一年期间所了解到的英国邮政业的情况，在日本建立了一套规定了统一价格、资费以邮票代替、经营邮政汇票和包裹邮递的制度。到了1890年，日本已有5000多家邮局，处理了近2.25亿份邮件和约0.75亿万张汇票。

有些邮件是依靠古老的道路系统，由信使扛在肩上或用马车甚至是新发明的人力车来回传递的，但政府越来越多地改用铁路运输。明治政府的年轻领导人认为，铁路的修建不仅是邮政事业的需要，而且对工业的全面发展至关重要，对于日本的国防也有战略上的必要性。政府也意识到建造铁路需要大笔资金，因此决定由政府而不是私人企业来带头。结果1869年晚期日本领导阶层正式决定，应该首先在东京的新桥与服务于东京的熙熙攘攘的新港口城市横滨，以及大阪与日本西部最主要的商业中心、新兴贸易中心神户之间兴修两条铁路线。为了筹措工程所需资金，日本人在伦敦市场发行债券。1870年春，政府利用英国的材料和技术开始兴建从东京到横滨的铁路。

1872年10月，东京—横滨线的通车庆典几乎和17年后为了宪法的颁布而安排的典礼一样壮观。天皇本人的出现凸显了明治新政权赋予铁路建设的意义，证明了蒸汽机车作为进步和文明典型标志的重要性。10月14日晨，明治天皇登上装饰华丽的车厢，然后欢迎一些国外高官显贵上车体验东京到横滨的首次行驶。日本的政府要员全神贯注地伫立在新桥车站，东京湾的军舰则鸣放了21响礼炮。两年后，没有举行什么公开典礼，大阪和神户之间的火车也开始搭载乘客和货物。1877年，火车从大阪延伸到东京。12年后的1889年，日本庆祝东海道干线建成。人们可以从古老的驿站旁呼啸而过，在不到一天的时间内往返于日本东西部的主要城市之间。

当政府创造了本国货币并开始组织起综合的银行体系时，其实又为支撑近代经济发展的基础设施增添了两根重要梁柱。1871年的《新货币条令》确立以“元”作为日本的货币单位，代替混乱的铸币和德川后期流通的近1600种纸币。一年后的1872年，《国立银行条例》批准成立所谓国立银行，以便为工业化促进商人资本的积累，以及保证货币制度井然有序的发展。国立银行参照美国的做法，既可以吸收存款，也可以发行以日元为主的纸币。从1876年开始，纸币不能再兑换为铸币。到19世纪70年代末，已有150多家国立银行开门营业。其中最大的一家是由约480位前大名和朝廷贵族成立于19世纪70年代后期的第十五国立银行，其资本为1780万日元，大致相当于所有国立银行资本总额的40%。

就在明治领导人创立近代经济的基础设施时，他们也开始直接经营军事企业。新政权继承了德川幕府和旧藩的一些企业，如19世纪50年代后期幕府在荷兰的帮助下建立的长崎造船所，以及在法国海军工程师监督下成立的横须贺造船所，还有1853年水户藩在江户湾一个名为石川岛的岛上建立的造船所。工部省及监管造船所的内务省年轻人很快就认识到为军事力量发展起来的技术还有其他的用途。所以造船所不仅为日本的新海军建造货轮和军舰，也创办了机床厂和其他工厂。它们的产品促进了经济中民用部门的发展，例如，横须贺造船所的工程师制造出一些日本最早的锅炉，那里的技师计划建造灯塔、政府大楼、道路和港口，它的许多卫星工厂生产出蒸汽机、锅炉以及其他类型的用于采矿业和纺织业生产的机械。

政府还建立了模范工厂，开展某些民用事业，希望以此刺激私人企业的发展。这样做时，工部省和内务省制定规划者的脑子里还有若干次要目的：创造就业机会；鼓励经济落后地区发展商业；证明近代技术的功效；建立产品能与国外商品竞争的轻工业，从而实现进口替代并扭转日本长期以来的贸易逆差。与此相应取得最高成就的或许是“北海道拓殖使”。它作为明治政府拓殖和发展北海道努力的一部分，促进了酿酒业的发展，建立了制糖厂，开办了面粉厂，并督造了鱼类罐头厂。

大久保利通及其同人也大力投资官营纺织厂，以便确立这个国家基础工业的近代生产管理原则。棉纺和缫丝在德川时期是发展良好的本国工业，但在日本开港实行对外贸易后陷入了困境。日本的棉布生产商在1858年之后几乎立即遭受打击，因为由手摇纺织机织出来的日本棉布，在价格或质量上根本无法与在英国和印度诸多小村庄轰隆作响的新机器上织出来的棉布竞争。因为不平等条约的限制，内务省不能设定限额或对进口商品征收附加税，于是它鼓励机械化以便提高国内所产棉布的质量。为了吸引地方上的有钱人投资最新的技术，开办纺织厂，内务省从它宝贵的收入中拿出一大笔钱来使两个纺织厂机械化，其中一个在大阪，另一个在鹿儿岛，后者是由明治政权从萨摩藩主处继承而来。

和棉布业形成对比的是，1858年德川政权签订了商约后，由于欧洲蚕瘟病的爆发，使商人抬高了日本蚕种和生丝的价格，日本的养蚕业和缫丝业开始兴旺。整个19世纪60年代，横滨的码头在生丝的重压下呻吟。1868年，生丝的出口量约占日本出口总量的40%，其税额约占新政府当权第一年所征出口税的一半。然而，就是从次年开始，法国和意大利的养蚕业复苏了，对手工缫制的被指责为粗糙不匀的日本丝的需求急遽下降。一名官员一针见血地指出了解决办法：“日本生丝质量低劣，仅仅因为国家机器不良，因此我们应该制造欧式机器。”[①]

---

① Steven W. McCallion, “Trial and Error: The Model Filature at Tomioka” in William D. Wray, *Managing Industrial Enterprise: Cases from Japan's Prewar Experience* (Cambridge: Council on East Asian Studies, Harvard University, 1989), p.90.

▲ 富冈缫丝厂

那些机器不久就在政府最著名的模范工厂——群马县富冈大造声势建立起来的缫丝厂里开足马力干活了。内务省的官员不惜工本，因为他们想借这个项目奠定近代缫丝工业的基础，使出口生丝重新成为新政权生存至关紧要的外汇来源。政府在短期内就建成了近代的砖头楼房，引进了最新式的设备，并聘请了对里昂和横滨的生丝贸易都有经验的法国商人监督企业。1872 年 6 月缫丝厂开工，操作蒸汽缫丝机的是大约 400 名年轻女子，因为在富冈建缫丝厂的另一个目的是为前武士的女儿提供工作岗位。她们一旦经过训练，就可以分散到农村，指导其他新建立的私人缫丝厂。年轻的明治政府投资了一大笔钱，总计约为 20 万日元，来建造和装备富冈缫丝厂。对一些人来说，这笔钱花得值。缫丝厂缫制的第一批蚕丝在里昂和米兰销路畅旺，甚至在 1873 年维也纳世界博览会上赢得了二等奖。

松方通货紧缩和经济新方向

不幸的是，明治执政者殖产兴业的努力并非都进展顺利。例如，尽管他们的观念令人兴奋，但几乎没有什么官营企业能够达到他们的期望。北海道开拓使付出了很大努力，但是成效缓慢，因为没有多少移居者想在日本的北部边境发展西式农业和工商企业。铁路的发展也让人失望。虽然有些人主张把铁路向北方推进，他们把蒸汽机车看作文明和进步的明白无误的标志，但是明治核心集团的一些人反对扩建铁路，理由是年轻政府对不充足的资金应该有更好的安排。当西乡隆盛还是一名政府官员时，就曾表示过最激烈的反对。“若因羡慕别国的强大，”直率的西乡隆盛认为，“匆促向前，不考虑自身力量的局限，终将精疲力竭却一事无成。务须即刻放弃建造铁路一事，致力增强军事力量。”① 具有讽刺意味的是，直到1877年日本的征募军北上镇压西乡隆盛叛乱，乘坐火车到达横滨和神户之后，军事将领们才充分意识到铁路作为迅速部署军队手段的战略价值。尽管如此，到1880年为止，日本铺设的铁路还不到160公里。

使许多执政者懊恼的是，花了大笔钱建立起来的模范纺织厂也没能激起多少企业家的热情。富冈缫丝厂问题成堆，从法国进口的以蒸汽为动力的复杂机器对私人厂商来说太贵，没法考虑买来安装在自己的厂里。而且富冈缫丝厂的管理者对技术问题知之甚少，也没有做好管理工厂的准备。因为害怕东京的上司会听到关于他们无能的风声，有时他们甚至禁止有抱负的企业家进入他们的工厂。此外，富冈缫丝厂雇用那些女工，本来抱着让她们培训私人缫丝厂以后几代工人的期望，但是她们中却很少有人待到工作熟练之后再走。最后一点是，虽然一开始富冈缫丝厂的生丝因质量上乘而闻名，但即使国家给予大笔补助，缫丝厂本身却很少盈利。到1875年，富冈缫丝厂亏空已达22万日元，比执政者建立和装备该厂所花的费用还多。它已经成为缠绕在政府脖子上的沉重经济负担。

19世纪70年代晚期的通货膨胀增添了政府的烦恼。1877年至1879年间，100多家国立新银行开张，其发行的纸币向日本的金融市场注入了大量没有贵金属储备支撑的货币。而且，由于政府用铸币作为进口所有军事和工业设备的经费和支付外国顾问如沃特斯、毛瑟等人的薪金，结果1877年至1880年间日本的金银储备下降了一半。然而，问题的关键还在于寅吃卯粮。19世纪70年代，由于执政者同时要拨款镇压内部的反叛，兑付武士的生活

① Thomas C. Smith, *Political Change and Industrial Development in Japan: Government Enterprise*, 1868-1880 (Stanford: Stanford University Press,1955), p.42.

津贴，补助官营企业和模范工厂，使海陆军近代化等等，政府的财政负担极其沉重。

当执政者设法增加收入以弥补赤字并解决面临的许多其他问题时，他们几乎没有多少选择余地。因为害怕引起农村的骚乱，明治领导人不愿提高地租。岩仓具视说过一句有名的话，他宁愿把九州和四国卖给外国人，也不想再借更多的债。这表明，大多数执政者都害怕短期外债会使外国借机控制日本的国家政策。大久保利通和19世纪70年代大部分时间任大藏卿的大限重信，主要靠印刷大量新纸币来达到由政府赞助工业化的目标。结果，新日元的币值剧烈下跌，国内物价猛涨。当这十年慢慢消逝，投机和囤积又给通货膨胀火上浇油。因为预计以后价格还会更高，农民开始从市场上抽回粮食。1877年到1880年之间，东京的米价涨了两倍多。作为连锁反应，通货膨胀损害了日本产品在国际市场上的竞争力，同时它大大降低了政府从固定的地租中所得收入的实际价值。通货膨胀的危机，再加上其他在19世纪70年代末涌现出来的经济问题，似乎就要吞没这十年中所取得的成就，把迅速工业化的梦想变为妄想。

1881年夏天和初秋期间，执政者对所面临问题的讨论趋向这样一个结论：实行财政缩减计划已经势在必行。大限重信因其对立宪政体的观点已经在政治上失势，大久保利通于1878年被不满的前武士暗杀，因此制定财政政策的任务摆到了松方正义的面前。松方正义出生于萨摩，是始于1873年的地租改革的策划者，也是正统财政学说的支持者。松方正义没有得到普遍的赞誉，大限重信一再贬低他，说他是个平庸之辈，而且仅仅因他是萨摩人这一点，才得以免于终生做一名“普通县令”——19世纪70年代早期松方正义曾在九州当过县令。但是自1881年10月出任大藏卿以来，松方正义果断地着手解决通货膨胀问题，稳定了货币，鼓励自由资本主义成长，以便政府能从直接“兴业”的代价高昂的事业中抽身退出。在1881年至1885年期间，他大幅度削减行政开支，提高间接税，出售了许多政府企业，包括富冈缫丝厂和北海道开拓使的财产。这些措施使国家出现了预算剩余，然后，松方正义用这笔钱悉数购买以前由国立银行发行的纸币，从而吸收了过量的纸币。为了能永远解决货币问题，松方正义制订计划把国立银行变为普通的商业银行（参阅表7.5），1882年又成立日本银行作为垄断纸币发行的中央银行。

这些举动造成了两个结果。就当时来说，这些措施使国家陷入了严重的经济低迷时期。松方正义决定削减政府开支，增加赋税之时，由于19世纪70年代后期过度投机引起的市场自然调节，大米的国内价格开始下滑。祸不单行的是，此时世界经济也在衰退。这些事情集中在一起，导致了市场需求的急剧萎缩和农民的丝、茶、大米及其他农作物售价的迅速下跌。1882年到1885年之间，贫困在日本的农家蔓延。

虽然缺乏确切的统计数据，但报纸上充斥着关于农村中不幸境况的报道，如金泽附近的乞丐请求关进监狱而不愿活活饿死。种种传闻轶事表明，那些年里，多达十分之一的农户因为交不起地租而失去土地。不断增多的债务也许是松方正义通货紧缩最有害的结果，它引发了从递交集体请愿书、组织负债党到集体暴力行为等的多次农民骚乱，比如使民权运动的激进主义分子站到农民这边的福岛事件和秩父事件。

然而从长远来看，松方正义复活了明治时期对经济发展的梦想。他的政策对大量的农业人口来说虽然可怕，但他的财政缩减措施克服了通货膨胀，稳定了价格，平衡了预算，整顿了税收。他对银行业改革的倡议，使政府在建设支撑未来发展的基础设施方面，再一次取得成功。或许最重要的是，松方正义改革计划的实施调整了政府产业政策的方向，把重点从国家对企业的直接所有权转向认同盛行于西欧工业发达国家的那种自由主义正统学说的做法。在这方面，松方正义深受1878年他在法国期间从利昂赛及其他法国经济学家那里学到的自由企业思想的影响。松方正义一回到日本，就大体阐述了他对国家的经济作用的思考。在1882年的一份建议书中，他写道："政府不应在创办工商业上与人民竞争，因其永远不如受追逐私利的直接动机驱动的企业创办者精明和有远见。因此政府最好不要直接介入商业贸易，而是留给个人和企业去经营发展。"[①] 这种思想逐渐体现在随后数十年政府对经济现代化

---

① Matsukata Masayoshi, *Report on the Adoption of the Gold Standard in Japan* (Tokyo: Japanese Government Press, 1899), p.54(modified).

所采取的政策中。松方正义及其同人主要依靠私营部门来引导日本对工业化的追求，同时尽可能提供帮助以便创造有利的制度环境，培育支持私人企业成长的氛围。

私人企业家和轻工业的成长

甚至在松方正义掌握国家财政大权之前，普通人民依靠自己的力量所做的努力已经开始对日本经济的成长发挥重要影响。初露头角的企业家在日本列岛的所有城市、小镇和村庄涌现。在这些地方，对于德川后期种种问题的集体记忆——失败的改革、高得离谱的谷物价格、对如何才能最好地促进商业发展的纷争，就是人们积极寻求明治早期新机会的具有说服力的理由。在那些卓有成就的实业家中，几乎没有人创下超出当地范围的名声，但是在一个什么都无法肯定的世界里，他们竭力谋生，尽最大努力争取成功。他们这样做既使自身和四邻发达富裕了起来，提高了制造业总值，也如表 7. 2 和表 7. 3 所示，提供了出口用的大量成品和半成品。

一些富有进取心的商人致力于改善传统产品和手工艺品的质量和适销性，他们获得了成功。以古老的城堡小镇金泽为例，1871 年的废藩置县消除了地区之间贸易的传统障碍，为当地金银箔的制作者提供了参与国内甚至国际市场竞争的全新机会。19 世纪早期，这些工匠敲打出一片片薄薄的，用来装饰家用佛坛、瓷器、漆器和屏风的金银箔。他们请求地方当局允许他们开办作坊生产箔片，但是因为幕府的法令限定只有得到官方许可的江户和京都手工业行会才有权制作金银箔。谈判悬而未决，金泽只有不到 100 个工匠从事这一行业。后来，明治政权解散了过去的行会，剥夺了它们的垄断权利，金泽的金银箔业立即重振旗鼓。到 1880 年为止，从业者已经约为 1500 人。队伍戏剧性地扩大，除了金泽产品在质量和成本上的竞争力之外，可以自由进入市场也是一个原因。19 世纪七八十年代制作的箔片，大多在京都和名古屋出售，用来修饰宗教人物像。第一次世界大战后，金泽的制造商取代德国制造商，占领了世界箔片市场的近 90%。

表7.2 制造业产值（1874～1912）

年 份	食品制造	纺织业	木材加工业	化 工	非金属制造	钢 铁	非铁金属制造	机械制造	出版印刷	其 他	总 计
1874	422.801	59.991	44.243	72.492	16.829	2.128	4.586	4.300	0.855	57.497	685.722
1876	447.409	57.177	58.259	80.269	17.230	1.906	7.694	6.184	1.189	67.156	744.473
1878	469.619	84.922	55.514	89.755	17.079	3.440	9.912	10.106	1.657	75.985	817.989
1880	512.504	117.955	51.169	108.774	14.747	3.952	9.258	16.408	2.734	73.955	911.456
1882	544.286	103.966	50.816	96.917	12.350	3.260	9.664	16.819	2.936	75.157	916.171
1884	577.490	120.964	50.171	100.145	11.078	2.866	13.127	14.347	3.041	84.531	977.760
1886	551.573	163.733	58.579	107.410	14.867	4.372	14.389	14.541	3.966	104.592	1038.022
1888	623.352	225.027	50.372	109.021	17.497	7.429	17.848	15.814	5.237	112.780	1184.377
1890	668.917	300.419	48.360	111.969	18.087	5.281	21.763	17.653	6.766	130.111	1329.326
1892	711.623	402.335	49.049	137.243	23.743	2.735	22.239	20.459	7.483	152.575	1529.484
1894	810.746	468.878	59.610	154.611	25.182	5.930	21.007	28.953	7.802	155.914	1734.633
1896	891.765	539.823	65.490	147.296	32.202	9.531	19.596	39.037	13.125	138.751	1896.616
1898	1018.760	569.962	82.045	158.394	28.974	8.319	18.990	52.815	17.972	147.489	2103.720
1900	1018.479	508.749	87.867	186.362	30.959	5.800	22.746	68.881	23.191	147.954	2100.985
1902	937.327	515.433	88.788	203.385	36.491	7.645	24.609	70.952	29.161	179.623	2093.414
1904	947.204	469.038	96.023	229.442	36.334	15.644	25.498	98.028	32.564	144.873	2094.648
1906	1047.632	611.852	91.237	230.450	49.722	21.498	27.093	127.654	45.377	194.452	2446.967
1908	1110.726	642.078	93.979	255.730	53.938	27.393	46.669	159.410	50.596	184.361	2624.880
1910	1150.251	804.394	97.621	270.933	70.588	44.902	53.664	196.826	59.445	210.891	2959.515
1912	1242.572	942.136	101.163	307.339	83.626	58.360	64.067	272.202	77.726	208.548	3357.739

*单位：百万日元（按 1934 ～ 1936 年不变价格）。

根据及川和义、筱原美代平和拉里·麦士纳编著的《日本经济发展的模式：定量分析》（纽黑文：耶鲁大学出版社，1979 年），第 302 页至 304 页。

表7.3　进出口比例结构（1874～1911）

出口					
初级产品		制造业			
时间段	总计	总计	纺织品	其他轻工产品	重工产品
1874～1883	42.5	57.5	42.4	6.9	8.2
1877～1886	39.5	60.5	43.0	7.8	9.7
1882～1891	33.0	67.0	45.6	9.0	12.4
1887～1896	26.3	73.7	48.9	11.3	13.5
1892～1901	21.0	79.0	52.6	13.2	13.2
1897～1906	16.6	83.4	53.6	15.9	13.9
1902～1911	14.1	85.9	63.8	17.2	14.9

进口								
初级产品					制造业			
时间段	总计	未加工的食品	原材料		总计	纺织品	其他轻工产品	重工产品
			燃料	其他				
1874～1883	8.8	0.7	5.0	3.1	91.2	54.0	17.8	19.4
1877～1886	10.3	0.8	6.1	3.4	89.7	49.6	18.7	21.4
1882～1891	18.7	5.0	6.4	7.3	81.3	37.4	17.4	26.5
1887～1896	28.2	7.1	5.0	16.1	71.8	28.2	14.6	29.0
1892～1901	36.4	9.9	4.4	22.1	63.6	16.8	14.2	32.6
1897～1906	43.1	13.8	4.7	24.6	56.9	11.8	12.3	32.8
1902～1911	45.2	12.5	4.0	28.7	54.8	9.6	10.8	34.4

★按时价计算的进出口10年平均百分比比重。

根据及川和义、筱原美代平和拉里·麦士纳编著的《日本经济发展的模式：定量分析》（纽黑文：耶鲁大学出版社，1979年），第135页。

在西宫市，一位女企业家延续了她在德川后期担当一家之长时的成功，通过提高产量，以及为了扩大在日本西部和北部的销路成立自己的轮船公司，把家族的白鹿酿酒厂打造为明治时期日本最大的清酒帝国。然后她把所赚利润积极地分散投资到大阪的房地产，还创办了海上保险和火险业务，又涉足大米批发、木材和煤的销售以及木梗火柴的制作。也许她留给她的家族企业最重要的遗产是企业家精神。

除了传统商品和手工艺品，19世纪七八十年代，许多日本人也设法自己复制那些从西方输入的迷人新生活消费品。东京的企业家建立了精工钟表店和资生堂化妆品株式会社，而大阪的几个人同时开辟了日本的纽扣生产。传统式样的衣服并不需要这种纽扣，但是当19世纪70年代军队和许多普通日本人在日常生活中也穿着西式服装时，需求就产生了。因为进口纽扣价格高，大阪的生产者试着用传统的锉刀、磨刀石和小刀把当地的牡蛎、鲍鱼和海螺的壳加工成纽扣。由于承受不起过高的成本，他们无法进口国外的机器，但是他们用现有的技术加以弥补，发明了一种手动的螺丝锥来打孔眼，并调制出梅花油来清洗和擦亮纽扣表面。幸亏有了这种技术改造，小规模生产商的数量迅速上升。这些小生产商通常每家雇用五六十名工人。到1896年为止，日本已能出口近17.5万日元的贝壳纽扣，约为纽扣进口值的6倍。其他一些聪明有抱负的人也用类似的方法开办了家庭工场和劳动密集型的小型企业，生产新的生活消费品如眼镜、火柴、锡盒、玩具、时钟、搪瓷制品、餐具、自行车等，从而帮助日本实现了从农业经济向制造业经济的转变。

农村地区的贡献

由于农户继续从事副业和家庭手工业，明治时期加快了的工业化步伐也从农村经济中获取了动力。德川时期的遗产“商品化”就是个明显的证据。因为直到明治早期还是没有一个村庄的农户不是通过生产某种手工产品，如鞋袜、草帽、蓑衣、纱线、布、蜡烛、灯油、沉香木、厚底短袜、酱、盐、木头和炭，并将它们投放市场来增加自己的收入。长野县南的伊那谷就是一个例子，在那里，德川时期原初工业化的影响一直延续到明治时期的头几十年。事实上，当国家对农村的漆器和纸产品需求旺盛时，每一种农村手工产品不是保持就是扩大了产量。

在设在农村的传统制造业中，最令人瞩目的发展和组织上的变化发生在缫丝业。19世纪60年代的繁荣已使日本制造商注意到了生丝贸易的潜力，到了19世纪70年代，他们想方设法提高产品的竞争力。与政府的决策人一样，制造商们也相信只要实现机械化就能生产出更有光泽和韧性，更具商业潜力的生丝。然而，那些企业家发现，设备昂贵的富冈模范缫丝厂并没有多少可以效仿的经验。相反，他们用木头楼房代替了砖房，以泥为地，让当地的匠人设计木架子代替贵重的铁制机器，雇用村里的工匠建造水磨代替蒸汽机。这些技术改造非常成功，因为他们把固定成本减少到了不到政府花在富冈缫丝厂每个工人身上的十分之一。此外，农村缫丝厂有由附近农户培育的世界上最好的蚕茧作为货源，附近村庄的妇女又为它们提供了几乎取之不尽的廉价劳力。即使这些厂大都规模很小，大多数只有 50 名左右的雇工或者更少，但是总产量却迅猛上升。到 19 世纪末，生丝生产已达日本制造业总产量的大约 7% ~ 10%，占商品出口总量的近三分之一。

除了生产多种生活消费品，日本农民还在其他许多方面影响了日本经济现代化的步伐和方向。他们的某些贡献显而易见，而另一些贡献则比较微妙复杂，但是所有的一切都使明治时期的农业兴旺，稻米和其他农作物的产量有了令人难忘的飞跃（参阅表 7.4）。明治早期的统计数据不完全可靠，但是把这个时期作为一个整体来看，似乎每单位稻田的生产力每年大约提高 1.7%。这个不同寻常的成绩既不是农业经济重新组织的结果，也不是由于耕作面积的扩大所导致。就如在德川时期一样，这一时期农户依然是典型的生产单位，而且大多数家庭还是保留着主要由自己耕种的少量土地，使这些传统农家提高产量的是传播常识的新方法的运用。德川时期，在分散的村落里个别农民已经试验过一些新耕种方法，但是尽管有像二宫尊德这样的人在不懈努力，这些知识的传播还是比较缓慢。明治早期日本各地对发展变化的高度重视，产生了一套包括出资聘请人员巡回演讲、组织农艺讨论小组和种子交换协会等的制度。所有这一切，都有助于比以往更加快捷广泛地传播有关作物品种、肥料、农业技术和畜牧业的信息，从而使农户可以更有效地利用现有耕地和劳力。

由于农民扩充了传统知识，明治早期改革的步伐也加快了。有些农民成功地培育出 6 个水稻新品种，每一种都使产量大大提高，由此为改革做出了贡献。最著名的水稻品种也许是 1877 年兵库县的一位农民培育的“神力”。到 1890 年时，日本西部各地已经广泛种植“神力”。反过来，“神力”等品种

表 7.4 农业产量（1874 ~ 1912）

年份	水稻	其他	合计	茧	家畜产量	产值	产量指数 *
1874	920	408	1 328	33	8	1 369	
1875	970	414	1 384	35	8	1 427	
1876	922	420	1 342	37	9	1 388	
1878	886	435	1 321	41	9	1 371	
1880	1 000	501	1 501	52	11	1 564	100.0
1882	975	514	1 489	59	12	1 560	
1884	889	537	1 426	51	18	1 495	
1885	1 023	548	1 571	48	21	1 640	110.6
1886	1 087	584	1 671	49	23	1 743	
1888	1 086	597	1 683	52	30	1 765	
1890	1 184	617	1 801	52	21	1 874	119.7
1892	1 138	619	1 757	66	25	1 848	
1894	1 150	675	1 825	80	31	1 936	
1895	1 098	682	1 780	99	33	1 912	122.5
1896	996	653	1 649	81	33	1 763	
1898	1 302	713	2 015	89	36	2 140	
1900	1 139	733	1 872	121	43	2 036	138.6
1902	1 015	692	1 707	113	44	1 864	
1904	1 413	746	2 159	124	56	2 339	
1905	1 019	754	1 773	120	48	1 941	152.1
1906	1 272	778	2 050	130	45	2 225	
1908	1 427	823	2 250	153	49	2 452	
1910	1 281	819	2 100	168	62	2 330	170.4
1912	1 380	892	2 272	190	66	2 528	

* 单位：百万日元（按 1934 ~ 1936 年不变价格）。

* 5 年平均数。

根据及川和义、筱原美代平和拉里·麦士纳编著的《日本经济发展的模式：定量分析》（纽黑文：耶鲁大学出版社，1979 年），第 91 页和第 288 页至 292 页。

的生产潜力又是靠使用比传统的天然肥料——人粪和其他肥料，养分更大的新肥料，因此明治时期的农民想方设法更有效地利用新肥料。而且，新肥料要求进一步深耕，从而促使农村的改革家重新设计了犁，并使农民购买、役使更多的牲畜拉犁。最后，经验还驱使农民采用一些提高产量的新方法，比如使用一种新发明的可旋转除草工具。

和无数农民做出的贡献相比，政府官员在促进明治时期农业兴旺上不过起了微弱的作用。事实上，19 世纪 70 年代明治政府的领导人走错了路子。他们尝试引进西式的牛羊放牧法和土豆、玉米、葡萄、橄榄等作物，以及在日本的小块家庭农场几乎没有用处的机器。直到 1881 年农商务省成立并接手了原先指派给内务省和工部省的许多规划经济的职责后，政府才最后成立农业团体和农事试验场，来促进经过日本农民反复试验后出现的本国作物和技术的发展。

因为粮食生产的平均增长率大大超过了人口增长，后者的年均增长率约为 1. 1%，明治早期生产力的提高给日本带来了多重效果。明治时期的农户供养了整个国家。提高了的国内生产力还产生了一个让人欣喜的结果：用宝贵的铸币进口粮食的需要被控制在最低限度。实际上，如表 7. 8 所示，农村地区通过出口换回了巨额收入。或许更重要的是，农户的收入增多了。鉴于明治早期统计数据的不连贯性，我们在估计农村的收入时应该小心。而且，明治时期的发展当然是不平衡的，农村贫困的例子，在 19 世纪末期也历历在目。但同样明显的是，农业产量的平稳增长使农民可支配的收入增多了。许多农户用多出来的现金提高自己的生活水准，对新生活消费品的国内需求成为刺激明治时期轻工业成长的关键因素。此外，国家用地租作为官营工厂和基础设施工程的经费。最后，有些农户自愿把部分收入投资于工业部门，例如一些家庭购置了设备以便经营缫丝或其他形式的副业，而有些则把多余的钱存在所谓的“准银行”(参阅表 7. 5)。这类机构在 19 世纪 80 年代大量出现。它们大都由县里经营和生产经济作物、相对来说不算大的中小商人和地主组建。贷款主要用来给加工农产品的家庭手工业提供资金，支持丝、茶等经济作物的生产和出口。

行业之首“棉纺业”和日本工业先驱

明治早期，轻工业获得发展的契机，棉纺织业崛起为制造业成长的最主要源头。明治维新时日本只有一家纺织厂，十年后也还只有三家，而且全部都是官营，总产量仅为100万磅纱。然而到了19世纪末，许多私人纺织厂几乎昼夜不停地开工，棉纱和棉布的产量超过了2.5亿磅，占了日本制造业总产量的大约25%。棉纺业的迅速扩展，如表7.6所示，深刻地影响了日本的贸易关系。19世纪70年代，国家出口原材料，工业产品则严重依赖进口，其中大约一半为纺织品。30年后，如表7.3所示，情况已经颠倒过来。20世纪初日本大量进口原材料，主要出口工业产品，尤其是缫制的生丝和工厂生产的棉纱、棉布。同样重要的是，进口替代政策也成功了，进口纺织品的数量下降到了无足轻重的地步。正如日本的农民供养了整个国家那样，纺织厂商和工人使人们有衣可穿。

充当了日本棉纺业发展先锋的人们赢得了“坚强企业家”的名声，其中没有人比涩泽荣一更加出名。涩泽荣一有着巨大的个人魅力和准确的商业敏锐性，还有某种无赖般的肆无忌惮。1864年，涩泽荣一离开江户西北部自家兴旺的农场，成为明治时期日本最著名的商人。涩泽荣一曾经作为大隈重信的下属在大藏省任职过一段时间，为拟订地租改革的计划和近代银行制度发挥了关键作用。1873年，他辞官出任第一国立银行行长和日本第一家股份公司“王子制纸会社”的经理。在19世纪80年代里，精力充沛的涩泽荣一参与组建了近500个不同企业，涉及制造、保险和交通等不同行业。在他比较成功的事业中，有创办于1882年的大阪纺织公司。涩泽荣一觉得官营纺织厂的规模太小——每家只有2000个纱锭，注定了它们不能盈利。于是动用他在银行业的关系，从他自己的第一国立银行获得了一笔贷款，然后说服一些有钱有势的朋友向他的新股份公司共投资25万日元。有了手头的资金，涩泽荣一向世界上纺织机器的主要制造商曼彻斯特的布莱特兄弟购买了10 000个纱锭，安装在参照兰开夏一家纺织厂而建的工厂里。20世纪头10年，大阪纺织公司和其他纺织厂合并，成立了领先世界的纺织品制造公司——东洋纺织公司。

表 7.5　银行（1873 ~ 1899）

	国立银行			商业银行			准银行		
年份	数量	总资本[a]	平均资本[b]	数量	总资本	平均资本	数量	总资本	平均资本
1873	1	2 441	2 441	0	0	0	c	c	c
1874	4	3 432	858	0	0	0	c	c	c
1875	4	3 450	863	0	0	0	c	c	c
1876	5	2 350	470	1	2 000	2 000	c	c	c
1877	26	22 986	206	1	2 000	2 000	c	c	c
1878	95	33 596	168	1	2 000	2 000	c	c	c
1879	151	40 616	152	10	3 290	329	c	c	c
1880	151	43 041	168	39	6 280	161	120	1 211	10
1881	148	43 886	177	90	10 447	116	369	5 894	16
1883	141	44 386	190	207	20 487	99	573	12 071	21
1885	139	44 456	193	218	18 750	86	744	15 397	21
1887	136	45 839	208	221	18 896	86	741	15 112	20
1889	134	47 681	225	218	17 432	80	695	14 421	21
1891	134	48 701	232	252	19 796	79	678	13 827	20
1893	133	48 416	232	604	31 030	51	—	—	—
1895	133	48 951	236	792	49 967	63	—	—	—
1897	58	13 630	113	1 217	149 286	123	—	—	—
1899	0	0	0	1 561	209 973	135	—	—	—

注：a 单位为千日元。

b 不包括第 15 国立银行，资本额是 17 800 000 日元。

根据休 · T. 帕特里克的《日本 1868 ~ 1914》，引自隆多 · 卡梅伦编著的《工业化早期阶段的银行业：经济史比较研究》（纽约：牛津大学出版社，1967 年），第 248 页。

表 7.6 棉纺织品生产（1880 ~ 1900）

年份	棉线				棉布	
	数量[a]		价值[b]		价值[b]	
	生产	出口	生产	出口	生产	出口
1880	0.156	0.000	---	0.000	---	---
1882	0.360	0.000	---	0.000	---	---
1884	0.635	0.000	---	0.000	---	---
1886	0.747	0.000	---	0.000	---	---
1888	1.529	0.000	3.584	0.000	12.3	0.2
1890	5.032	0.001	8.982	0.002	13.6	0.2
1892	9.838	0.005	15.621	0.008	19.1	0.5
1894	14.305	0.566	25.810	0.956	27.2	1.9
1896	19.277	2.076	39.661	4.029	39.1	2.2
1898	30.936	11.013	56.286	20.117	48.7	2.6
1900	30.981	10.019	73.620	20.589	61.30	5.7

注：a 单位为百万贯 (1 贯 =3.75 千克 = 8.278 磅)。

b 单位为百万日元，按时价。

根据大塚啓二郎、古斯塔夫·拉尼斯、加里·萨克森豪斯的《发展中的比较技术选择：日本和印度的棉纺织业》(纽约：麦克米伦出版社，1988 年)，第 28 ~ 29、47 页。

东洋纺织公司和日本其他纺织公司获得国际竞争力，不仅是因为如涩泽荣一这样的企业家善于筹集资本，也是因为日本商人在 19 世纪八九十年代实行了一系列重要的技术改造和革新。如涩泽荣一把兰开夏的纺织厂照搬到大阪并配备了布莱特兄弟的机器，这表明日本在技术知识上依赖于西方。这种依赖性导致了一个不利的观点：日本人只会借鉴、模仿，不会发明。但是，那些急于把日本人称为“技术模仿者”的人忽略了关键的一点：全盘引进那些经过检验而且花费得起的技术，不言而喻是日本于 19 世纪末赶上西方的最为快捷的方法。此外，模仿产生创新，日本的纺织品生产商把他们从国外引进的原型做了改动，使它们适应日本国内的情况，而且还另辟蹊径把其中一些构成要素加以组合，有时竟使生产效率比国外的更高。例如，涩泽荣一通过从中国进口原棉，把他的第一家纺织厂建立在劳力资源丰富的传统棉布业中心大阪，降低了生产成本。此外，1886 年，涩泽荣一在他的工厂里都安上了电灯，成为世界上第一个这样做的纺织品生产商；之后他又安排工人轮班生产，这样一来，昂贵的进口机器就可以一天 24 小时地运转了。

▲ 涩泽荣一像

涩泽荣一也是日本最早把在英国占统治地位的“缪尔”走锭精纺机换成环锭精纺机的厂商之一。“缪尔”走锭精纺机的优点是可以把普通级别的原棉纺成质量精良的纱，但是它们不得不由熟练因而工资也高的工人操作。由于环锭精纺机可以在纺纱的同时把纱线卷成筒，这样一来效率高得多，但是这种机器要求等级高一点的原棉。想用环锭精纺机的日本革新家设计出把多种等级稍低的原棉混合在一起的方案，克服了这个特殊的不利因素，生产出一种适合在国内和国外市场销售的纱线。然而，这种混合的新式纱线往往容易折断，因此需要别的工人把线接起来。涩泽荣一和其他工厂主还想通过这种方法削减资本成本，即把环锭精纺机上原来的金属线轴换成木头的。但是木头线轴需要经常更换，反而增加环锭精纺机上的人手。对于这一点，日本现代纺织业的先驱们也有对策：他们解雇了原先招来操作环锭精纺机的工资较高的熟练男工，代之以年轻女工。她们会接受相对低的工资，做相对简单的工作，例如把原棉混在一起，换线轴，接合断裂的混合纱线。

因为建立了和西方同类企业一样高效和有竞争力的制造业企业，日本早期的实业家们感到非常自豪。但是涩泽荣一和其他一些人常常自谦地说，他们的成就不过是对国家无私而忠诚的报效。借用西方的技术无可厚非，但明治晚期没有多少靠自己的努力取得成功的商人想和国外称颂个人利益的经济个人主义发生关系。涩泽荣一于 1915 年说道，他的唯一抱负是“把一生奉献给实业的发展，通过实业我想我可以履行我对祖国的义务。从事业刚起步时我就没有想过个人声名和家庭财富。我的强烈愿望是推动国家的集体福利，发展日本的实业，增加公众财富，提高大小经商者的地位，使他们处于和欧美商人同等的地位”。[①]

在某种程度上，这种商业思想也是有自己的目的的，它逃避了有关个人财富积累的问题，远在大多数普通日本人知识范围之外。然而从不同的视角来看，在19世纪的最后几十年，一套强调商人的无私和爱国美德的花言巧语或许是不可避免的，当时国家做了许多事来树立公民道德的信条，空气中都弥漫着有关“国体”“国民”的言论。涩泽荣一一再声称他投入了全部精力推动“集体福利”，“丝毫没想过个人名利”，这些言辞当然也从建立了早期财阀的其他那些人嘴里说出。所谓财阀，即把大规模的公司形式、近代管理原则和重工业引进到日本的企业集团。

大商业、重工业和财阀

三井、三菱、住友和安田是日本商业史上的四大财阀。它们在明治时期开始成形，尽管“财阀”这个词本身直到20世纪头10年才广为人知。每个财阀集团都由一个法律性质不同的公司和子公司的广泛网络构成。在每个财阀内部，各公司从事各自的专门化商业活动，但是也通过个人和历史上的关系、共同的所有权、由顾问委员会设定的集体目标、连锁董事会、资金和技术的使用权等联结在一起。和轻工业中盛行的小企业不同，每个财阀都控制着自己的金融机构，为它长期的企业规划和融资提供可靠的基础。财阀也得益于政府的支持和保护，后者进一步帮助四大财阀发展，接着又控制了经济的近代部门，例如采矿、造船、机械制造、金属制造、化学工业等重工业。

财阀的另一个特征是强有力的领导。这使三井屋经受住了维新年代的混乱，最后成为日本最大的企业集团。开始把三井家族从作为最卓越商人基业的一系列“越后屋”吴服店切离的，是精明有心计的三野村利左卫门。根据三野村利左卫门所自述的多姿多彩的生活经历，他1821年出生于信浓县一个贫穷的浪人家庭，青年时期在成为江户的一名放债人之前是一个普通劳动者和小贩。巧的是，他的店铺离1863年至1868年间任幕府勘定奉行的小栗忠顺的宅邸和官署不

① Kyugoro Obata, *An Interpretation of the life of Viscount Shibusawa* (Tokyo: Tokyo Printing Company,1937), pp.136-39(modified).

远。小栗忠顺对三野村利左卫门能熟练使用算盘和通过操纵货币牟利印象深刻，于是把这位年轻人推荐给三井在江户的业务负责人，后者雇用了他作为店员。

三野村利左卫门很快就向三井屋证明了自己的价值。作为一个大胆鼓吹恢复德川政权的军事实力、惩罚异己诸藩的人，勘定奉行小栗忠顺常常强行向几个主要的商人家族摊派他提议的军事和经济改革所需的费用。1866 年，一连好几次的搜刮威胁到了三井吴服店的生存，三野村利左卫门诱使他以前的恩人大幅度降低了幕府的索求。然而，感激好像不是三野村利左卫门情感的组成部分。就在两年后，当时已经成为三井家族核心成员之一的三野村利左卫门预计幕府将要垮台，于是说服三井家族向天皇军队慷慨解囊，帮助西乡隆盛及其同盟者向江户进军并取得戊辰内战的胜利。当所有那些战斗结束时，小栗忠顺成为唯一一个被明治新政府处决的幕府官员，而三野村利左卫门已经跃居三井家族中最有影响的成员了。

三野村利左卫门和三井家族不久就因把赌注压在天皇军队上而获得丰厚回报。1868 年初，明治政府的新领导人委任三井家族掌管政府的赋税收入。新政权一心击退反对派，把政治控制权推向全国，于是给了三井家族在确定向公众征税的手续上广泛的行动自由。结果直到 1882 年松方正义成立日本银行为止，三井家族一直可以免息使用政府的赋税收入。这笔横财促使三井家族请求政府同意他们开设自己的银行。在政府许可下，1876 年，三井成立了日本第一家私人商业银行。在随后的几十年里，随着三井银行在全国各地的三十几个主要城市开办分行，吸收顾客存款，再加上吴服生意的利润，三井家族为向贸易业和采矿业扩展筹措了足够的资金。

1877 年三野村利左卫门逝世后，益田孝成功地引导三井家族朝着新方向前进。益田孝是幕府胥吏的儿子。1864 年作为幕府使节团的一员到过西方，后来得到执政者井上馨的照顾。后者是长州藩的激进主义分子，曾经促成各藩结为同盟推翻了幕府。因为与统治阶层内部人员有着这样一种关系，在西乡隆盛叛乱期间，益田孝得到了为政府军供应物资的有利可图的差事，后来又为刚成立不久的三井物产会社取得了专营政府在九州富饶的三池煤矿所有煤炭的权利（三井物产会社成立于 1876 年 7 月 1 日，是个综合贸易公司。——译注）。1888 年，当执政者决定出售矿山时，益田孝积极竞购，把三池的煤炭变成了“三井的金子”。益田孝行动迅速，又得到其他一些矿山，把它们合并到新组建的三井矿山会社，并在天津、新加坡等地成立了分支机构，宣布整个亚洲市场为其所有，甚至赶走了澳大利亚的竞争对手。

中上川彦次郎规划了三井家族的下一步发展，他带领公司朝着工业的新方向努力，并着手把三井的不同企业改组成一个发育完全的财阀。中上川彦次郎是福泽谕吉的外甥，1869年15岁时离开了九州的家来到江户，在他舅舅的庆应义塾就读。在把一些经济学、美国的政治学和世界地理的英文著作译成日语之后，19世纪70年代中期中上川彦次郎去了伦敦。归国后他曾任职于当时由井上馨领导的工部省，1879年又跟随井上馨进了外务省。1881年中上川彦次郎辞掉公职，次年成为福泽谕吉新办的日报《时事新报》的主编。1887年，不安分的中上川彦次郎又离开了那里，开始掌管一家私人铁路公司。

1891年夏，在教育、公职、新闻业和私营企业等领域都有所建树的中上川彦次郎，在三井家族长期以来的心腹朋友井上馨的推荐下，被选中成了三井银行的董事，当时的三井银行由于19世纪80年代末几次不良放款已经陷入了危机。中上川彦次郎立即让人们感觉到了他的存在。银行的账目使他警觉，所以他猝然终止了银行由于感激明治政权给予三井家族无数恩惠而向政府官员提供无担保贷款的惯例。而且，他还在某些政府高官没有按计划归还抵押借款时查封了他们的私邸。他也向京都很有影响的东本愿寺追讨不良贷款，使东本愿寺的住持不得不发动全国性的募捐活动来还债，结果使去要债的银行家成为各地佛教信徒讨厌的人。

整顿银行业的成功增强了中上川彦次郎的信心，他说服三井领导层的其他人着手投资于工业企业。他预见到对纺织品的世界性需求还会继续扩大，因此购买了若干棉纺织会社，包括钟渊纺织厂，后来他把它建设成为日本最大的纺织厂之一。而且，1893年秋政府公开拍卖富冈缫丝厂时，三井银行以低价抢先把它弄到手，增加投资扩大了它的生产规模，使它成为一个赢利的企业。除这些之外，中上川彦次郎还得到了王子制纸会社和芝蒲制作所，为20世纪三井成为世界上最有影响的工业联合企业之一奠定了基础。

就在改革银行时，中上川彦次郎开始坚定地提倡用他认为更理性、更现代的商业组织代替古老的三井家族会议。1893年，他把三井银行、越后屋吴服连锁店（后来改名为三越百货店）、物产和矿山四业改成分离的股份公司，并设立一个执行委员会协调规划。在完成于1909年的新结构安排之下，三井家族的成员掌握了每一家公司的全部已发行股票；越来越多地从庆应大学和其他主要大学招募富有经验的职业商人管理企业；控股公司决定一般的政策，制定共同的策略，做出影响到旗下所有公司事务的经营上的决定。

其他财阀的发展方式和三井相似，尽管每一个财阀都形成了各自独特的企业文化。岩崎弥太郎——人们心目中一个顽强、傲慢的人，创立了后来成为日本第二大财阀的三菱。岩崎弥太郎出生于土佐藩的一个农民家庭，青年时期购买了低级武士的身份，并于1867年加入了土佐藩在长崎的贸易活动。为了获得西方的技术和武器，该藩早在长崎开办了一些机构。不久岩崎弥太郎就因为还清了土佐商人多年来积欠外国人的大笔债务而薄有声名。1871年废藩置县时，土佐藩藩主出于感激，把11艘船和一笔数量可观的现金赠送给他，并给予他樟脑、茶叶、干鲣和木材等藩营企业的控制权。

1874年，岩崎弥太郎大走红运，因为明治执政者决定按虚价把13艘汽船卖给他，因为他们认为设备优良而且政府给予援助的私营海运公司，既可以满足日本的战略需要，又可以通过减少对外轮的依赖，帮助解决长期的贸易逆差问题。在确定了“私营公助”的政策后，1875年9月，政府把它剩下的近代汽船都移交给岩崎弥太郎，还同意给他补助。岩崎弥太郎十分高兴，在船上画上了不久就名声大噪的“三颗钻石”的三菱标志，并成立了总部设在东京的三菱汽船会社。新公司的汽船很快控制了日本水域，而且遵照政府的指示，开辟了横滨到上海的航线。使许多人震惊的是，在短短的时间内，岩崎弥太郎用他最喜欢的降价策略迫使大英轮船公司（简称P&O）退出上海—横滨航线。后来，岩崎的船队取名为NYK（日本邮船会社），开辟了到中国、朝鲜和俄国的航线。到19世纪末，NYK已经越出了亚洲的基地，成为在日本、澳大利亚、美国以及欧洲各港口之间航线上的国际领导者。三菱的三颗钻石已成为全世界都会铭记的标志。

随着利润滚滚而来，岩崎弥太郎很快又开始了新的努力。1878年，他创办了东京海上保险会社，两年后又开始经营仓库和放债业务，后者发挥了为三菱各项事业提供贷款的作用，后来演变成三菱银行。第二年，在他的不断增多的公司中又增加了位于长崎南面一个小岛上的官营高岛煤矿。1887年，三菱从明治政府手中以宽松的条件购买了长崎造船所，同年这个日益壮大的集团闯入了房地产投机领域，再次以优惠价格购得东京市区皇宫以南的大片政府土地，后来三菱公司把它发展成繁荣的丸之内商业区。1893 年，接替其兄长的岩崎弥之助成立了三菱股份有限公司（三菱株式会社）。新公司完全为三菱家族所有，集中控制合并成股份有限公司内各部分的不同三菱企业的活动。

住友和安田两大财阀的企业更多地把精力集中于它们主要的核心业务。近世早期住友家族是大阪的大商人家族之一。他们靠从别子铜矿开采的矿石发迹，并成为官方指定的幕府供铜商。19 世纪早期别子铜矿的产量大幅度下降，但是明治时代经济的大规模发展使住友家族获得了新生。他们聘请外国工程师，在矿山引进西方技术，结果在 1868 年至 1885 年之间铜矿产量增加到原来的三倍。矿业的基础稳固后，住友开始扩大经营范围，到明治末期它的事业已经涉及银行、仓库、金属加工等行业。其贸易部门出口铜、煤炭、茶叶和生丝，承运的则是 1882 年在住友指导下由大约 50 家小公司组成的大阪商船会社（OSK）。

安田财阀集中精力于银行业。它的创始人安田善次郎声称他在家乡富山叫卖鲜花时赚到了第一笔钱，后于 1864 年到江户，成为街上的一名货币兑换商。在明治维新混乱不堪的那些年头，安田善次郎显示出掌握操纵兑换行情的技巧的非凡天分，积累了资金，于 1880 年开办了自己的银行。安田善次郎是个不怕难为情的吝啬鬼——自带午饭上班，为了赶上大清早打折的东京新电车，天刚亮就出门。他去世时是日本最有钱的人之一，拥有 19 家银行、3 个保险会社、3 条铁路和 1 家电气公司。虽然安田善次郎毫不留情的经商手法为自己带来了巨大财富，但是他也像涩泽荣一一样，把自己的成就归结于为了国家的目标和服务于同胞。安田善次郎曾经带着一脸的真诚，宣称他从未在不首先确定“企业的目的正当，且为了促进人民福利和社会进步的公众利益而营业”[①] 的情况下开办公司。

还有许多新的大企业依然独立于新兴的财阀，包括川崎正藏的筑地和兵库造船所、铃木制糖公司以及几个重要银行。与此相似，19 世纪八九十年代出现了许多作为独立企业的私人铁路公司。私有铁路的建造可以回溯到松方

① Johannes Hirschmeier, *The Origins of Entrepreneurship in Meiji Japan* (Cambridge: Harvard University Press, 1964), p.232(modified).

正义被任命为大藏卿之时。松方正义强烈鼓吹私人企业，搁置了由国家建造并管理铁路的政府计划，正如他对造船业那样，开始实施通过政府补助和其他形式援助扶植私人铁路发展的政策。政府策略转变的第一批受惠者是一些投资者。他们于 1881 年成立了日本铁道会社，而且政府批准他们建造从东京向外发散的四条干线。但是执政者所做的不仅仅是把铁路的铺设权交给新企业，为了确保日本铁道会社能筹到足够的资金并为未来的事业树立一个成功的先例，政府向股东保证每年按资本给他们 8% 的利润，把土地借给会社，免去会社所属房地产的租税，甚至勘定并建造了从东京往北至青森的干线。

表 7.7　明治时期的铁路（1872 ~ 1907）（单位：英里）

年份	国有铁路	私人铁路	总长	私人铁路百分比
1872	18	0	18	0
1876	65	0	65	0
1880	98	0	98	0
1884	182	81	263	31
1888	506	406	912	45
1892	551	1 320	1 871	71
1896	632	1 875	2 507	75
1900	950	2 905	3 855	75
1904	1 461	3 232	4 693	69
1907	4 453	446	4 899	9

根据斯蒂芬·J. 埃里克松，《汽笛声：明治时期日本的铁路和政府》（剑桥：哈佛大学东亚研究中心，1996 年），第 9 页。

1884 年，日本铁道会社的收益超过了期望值，一股投资热潮席卷了日本，1885 年到 1892 年之间，申请成立私人铁道会社的有 50 多家。政府给其中的 14 家颁发了特许执照，并向 10 家提供相同类型的补助，以及使日本铁道会社得以迅速成功的收益保证和租税减免政策。结果是惊人的，按照总资产来估量，私人铁道会社占了日本十大股份公司中的 7 家。到 1890 年，私人铁道会社控制的铁路线长度已经超过了官营铁路的长度。1907 年，日俄战争后政府决定把铁路收归国有时，私人会社铺设的近 8000 公里铁路已经纵横日本所有主要岛屿。人们受到舒适的设备如车厢内的电灯、餐车、随车的厕所等的诱惑，开始喜欢乘坐火车，乘客人次从 1890 年的 2300 万上升到十年后的 1.14 亿。就在人数增长的同时，许多私人会社引进了现代企业制度，比如聘请受过教育的训练有素的职业经理，发展精妙的管理结构。广受欢迎的乘火车旅行也产生了工业上的新行动：1912年，第一辆完全由日本自己制造的蒸汽机车上路行驶。这一年正是40年前日本首位正式的铁路乘客明治天皇在位的最后一年。

“牺牲在工业进步的祭坛上”

1877年，古河市兵卫购买了从日光的德川家康陵墓穿过一个山口就能到达的枥木县的足尾铜矿。古河市兵卫是京都一个豆腐商的次子。他的经历是明治经济梦的具体表现：他通过出口生丝积累了一笔相当大的财富，然后又在1871年成立了日本第一家机械化缫丝厂，使财产成倍增加。他接手足尾铜矿的业务时，铜矿的产量正在不断萎缩。古河市兵卫亲自带领矿工下到危险的废矿井，最后于1884年发现了一大条新矿脉。他用他能买到的最好技术设备开采这条矿脉。到1890年，足尾生产了日本近一半的精炼铜，成为亚洲最大的铜采炼联合企业。1899年，经一份有影响的月刊的读者投票，古河市兵卫这个出身低微但为自己取得了成功、为日本创造了财富的人成为“明治十二伟人”之一，与伊藤博文、福泽谕吉、涩泽荣一等人同列。

足尾铜矿的11 000工人中不会有多少人同意这个评价。19世纪80年代，他们在危险的环境下长时间紧张地工作，手工凿出安放炸药的爆破孔，埋头用铁锤和凿子开采含矿的岩石，并把装满矿石的手推车推到地面，然后把矿石碾碎、冶炼。1890年，古河市兵卫建立了日本首家水力发电厂后，情况有所改善，风钻和电气化轨道方便了井下作业，离心式鼓风机使井下空气凉爽干净。然而，其他危险和苦难依然存在。尽管矿山的官员对矿井几乎未加管理，他们还是向工人索要回扣。到19世纪末，矿山主要通过治安维持会自我管理。维持会推行残酷的惩罚，经常割耳朵、鼻子或者斩四肢，甚至把冒犯者活活打死。为了弥补劳力的不足，从枥木县监狱招来了冷酷的罪犯，加剧了矿井里的紧张状态。1881年，5名该受罚的工人制服了警卫，从坑道里逃跑，逃进了周围山区。当局抓获了4名逃逸者，但是不得不雇用18个当地猎人追捕最后一人，直到开枪将其打死。

在这种情况下，招收工人实属不易。古河市兵卫不得不依靠旅馆老板——他们是独立的代办人，负责雇用工人、安排工作任务、分配工资，并为私人旅馆里由他们看管的人提供食宿。尽管如此，矿工的工作和生活条件仍然恶劣。旅馆老板都为人苛刻。据一位新闻记者说，住的地方“就像光木板堆积起来的长长的兵营，薄薄的屋顶上压着成排大小不一的石头。屋子既没有天花板也没有地板，粗糙的草垫子铺在敞开的炉膛四周光光的地面上。没有天花板，没有榻榻米，没有家具。经常垃圾成堆，餐具污秽不堪，被褥上落满油烟灰尘，第一次看到所有这些脏东西的人会完全说不出话来”。①

古河市兵卫不受矿山工人欢迎，对居住在渡良濑川流域的人们来说他更是个恶棍。足尾冶炼厂把废水排放到河里，早在1880年当地居民就习惯了看见死鱼在渡良濑川漂浮。到19世纪80年代后期，水里的几乎所有生命都已从该流域消失，近3000户靠在河中捕鱼为生的家庭陷入贫困。接下来的十年情况更加糟糕。采矿业务的扩大产生了对木材的无止境的需求——木材用来撑住坑道连接电气化轨道，还生产了数吨熔化和炼铜用的木炭。古河市兵卫砍掉了足尾周围山坡上的树木，结果几乎没有植被来阻止冬夏两季雪水和雨水的流失。1890年，洪水使谷底淤积了一层厚厚的泥沙。对村民而言，死亡之手已经掠过他们的土地。草木枯萎，秧苗不会生长，用受影响区域的树上采摘下来的桑叶喂养的蚕死了，在野外劳动的男女手脚都化脓。

受害地区选出的第一届众议院代表，曾经参加过民权运动的田中正造，通过努力引起了国家对污染事件的关注。田中正造是枥木县一个农民的儿子，自学成才，他强烈地主张普通人“不应该被牺牲在工业进步的祭坛上”。1891年12月，田中正造在议会发言时指出，即将生效的法律明确声明“采矿企业危害公众利益时，农商务省应收回授予的特许权”，他质问政府该做些什么来减轻渡良濑川流域人民的痛苦。② 两个月之后他再次挺身而出，慷慨陈词：“政府已经抛弃了宪法规定它有责任加以保护的人民。毁灭人民就是毁灭国家。所谓的‘政府’知道自己在做什么吗？”③

---

① Nimura Kazuo, *The Ashio Riot of 1907: A Social History of Mining in Japan*, ed.Andrew Gordon, tr.Terry Boardman and Gordon (Durham: Duke University Press,1997), p.38(modified).

② F. G. Notehelfer, “Japan’s First Pollution Incident” in *Journal of Japanese Studies* 1:2(Spring 1975), p.364(modified).

③ Kenneth Strong, “Tanaka Shōzō: Meiji Hero and Pioneer against Pollution”in *Japan Society Bulletin* (London) 67(June 1972), p.10(modified).

1892年初，东京的官员做出了答复。农商务省的某人写道："国家由足尾铜矿所得的公众利益，远远超过受害地区的任何损失。"[①] 结果，政府的报告认为情况还不能证明具有关闭铜矿的充分根据。而且，政府发言人后来解释，足尾污染事件证据的数量还没有严重到使人相信"危害公众利益"。这意味着政府在这件事上没有法定的立场，因此救济措施是可以由铜矿所有者与该地区人民之间商定的私事。政府不加干涉的政策导致了田中正造担心的环境灾难：在19世纪90年代末之前，砷、铬、硫黄酸、氧化镁、氯、氧化铝以及其他污染物毁坏了至少26平方公里农田，给数千个家庭造成了严重的经济损失。虽然对于科学的证据一直都有争论，但是大多数观察者也都同意这一点：污染物使整条河流沿岸村镇居民的死亡率高于正常值，并且健康状况普遍不佳。

由于问题不断增多，渡良濑川流域的人民组织了抗议运动。起初，他们向政府请愿，要求救济受害民众，关闭足尾铜矿。接着，1897年，800位村民前往东京，向官府抗议，其中的活跃分子还私下和政府官员见面，并最终说服农商务省大臣亲自视察遭到破坏的村庄。同时，田中正造继续在议会抨击古河市兵卫，报纸也在头版登载有关污染的事件。许多著名批评家，包括社会主义者幸德秋水和记者德富苏峰，开始呼吁政府采取行动。

由于对日益高涨的公众呼声十分敏感，同时也为其官员在视察渡良濑川流域时的见闻所苦恼，1897年5月，农商务省命令足尾铜矿的管理部门设立安全的场所存贮废弃矿渣，建造过滤池净化矿井水，安装石灰水喷洒器中和从矿山烟囱里冒出的酸雾。政府的命令规定了矿山方面答应要求的确切日期，并警告如果过了最终期限，矿山将被封闭。由于别无选择，古河市兵卫安装了污染控制装置。到1904年，足尾下游的许多村庄已经开始报告说有了比较正常的收成。

虽然情况有所改善，但是污染并没有从渡良濑川流域消失。首先，没办法清除或中和早已堆积在河床的污染物，此外，19世纪末世界上每个地方的

---

① Kenneth Strong, *Ox against the Storm: A Biography of Tanaka Shōzō-Japan's Conservationist Pioneer* (Sandgate, Folkestone, Kent: Japan Library,1995)，p.74.

采铜业都是个非常肮脏的行业，当时没有技术能完全净化矿业的废弃物或保护生态环境免遭破坏。结果，生活在渡良濑川一带的居民几代以来依旧大量病倒。随着日本第一起污染事件在国民意识中的淡化，一些家庭只得继续忍受他们的痛苦，另一些则求助于现代司法制度。直到 1974 年，在铜矿采掘告罄，矿井关闭一年之后，在政府的调停之下，古河矿业公司和污染受害者之间才达成了最后的和解。

近代经济的确立

19 世纪 80 年代，烟囱往外冒烟的景象和穿梭于城乡间的火车的熟悉汽笛声，告诉人们一个明白无误的信息：一代以前还是个与世隔绝的农业国的日本，已经朝着近代经济的方向前进。到 19 世纪末，制造业已牢固确立，近代前的生产方式日渐让位于机械化的工业生产，不可逆转的结构变化正充分展开。而且，经济各部门的发展超过了日本的人口，因此人均产出持续增长。这是近代经济的另一个指示器。制造业的增长率最快，相对于农业它每年都在国民生产总值中占据了较大份额（参阅表 7. 8）。表 7. 2 和表 7. 3 的数据说明了形成中的经济现代性的另两个特征：技术先进的重工业的初步崛起，以及纺织品和其他工业产品取代早先作为出口主导产品的农产品和原材料所带来的出口贸易模式的变化。

记述日本对经济现代化的追求，比解释和其他许多国家的经历相比，何以这个国家的成功来得明显快速要容易一些。无疑，德川时代的遗产对明治时期的大形势有着重要影响。18 世纪和 19 世纪早期手工艺、原初工业化的成长和经济作物的发展提供了大量知识、技能和组织经验。这些在维新之后对于扩大商品化农业和以农村为基础的制造业都很有用。与此相似，德川时代钱业机构的出现为明治时期的创业者树立了可贵的先例。和 19 世纪八九十年代出现的近代金融机构相比，老式传统的货币兑换商和德川后期的商人家族对于买卖有着深刻的理解，并且十分熟悉存款的吸收和重新投资、信用证和贴现汇票的使用，运用现金垫款和其他信用工具为家庭手工业提供资金。他们的实践为明治时期开办商业银行和准银行的人提供了一套指导。或许还可以说，在日本进入明治时期时，纪律、勤奋、牺牲、节俭，以及忠于家庭和

表7.8 经济结构变迁（1868～1910）

A. 农业和制造业的比例变迁

年份	国内生产总值*	农业	制造业
1885	3 774	42.1	7.0
1890	4 639	39.8	7.9
1895	5 375	37.0	8.9
1900	5 966	34.7	11.2
1905	6 214	31.6	12.6
1910	7 424	30.9	15.6

*单位：百万日元，按1934～1936不变价格。

B. 商品出口

	食品%	原材料%	半成品%	成品%	其他%	总计%
1868－1870	4（31）	4（25）	6（41）	0（1）	0（2）	14（100）
1871－1875	7（39）	3（18）	7（37）	1（3）	1（4）	19（100）
1876－1880	10（38）	3（12）	11（41）	1（5）	1（4）	27（100）
1881－1885	11（31）	4（12）	16（46）	3（8）	1（3）	35（100）
1886－1890	16（26）	7（12）	26（45）	8（13）	2（4）	59（100）
1891－1895	19（19）	10（12）	46（46）	24（23）	4（4）	102（100）
1896－1900	22（13）	20（12）	81（47）	45（26）	5（3）	173（100）
1901－1905	35（12）	27（9）	133（46）	85（30）	8（3）	288（100）
1906－1910	47（11）	39（9）	197（47）	132（31）	6（2）	421（100）

*单位：百万日元，按当年物价计算的年平均数。

根据佩尼洛普·弗兰克斯的《日本的经济发展：理论和实践》（伦敦：罗德里格，1992年），第39页，以及杉山宏的《世界经济中的日本工业化1859～1899》（伦敦：阿斯隆出版社，1988年），第224、225页。

集体等传统价值对于全体公民也很有帮助。

德川时期的遗产提供了适宜商业成长的肥沃温床，但是明治时代的政府官吏和私营企业家也做了其他的必要工作，比如从西方引进产业资本主义制度，把近代生产技术移植到日本的土壤，促使近代经济开花结果。并非政府的每一铲子下去都能发掘出有用之物，模范工厂就是个例证。但是，明治政府的某些贡献对于进行“殖产兴业”的奋斗是必要的。在这方面，构建基础设施的努力，还有执政者通过保证其利润和给予营业补助扶植造船业和铁路等重要事业的决定就很突出。制定政策是更为复杂的问题。德川氏将军已经发现了商业发展的某些好处，只要他们能紧密地控制并防止其扰乱政治和经济现状。与此不同，明治政府的领导阶层把经济增长视为解决德川后期积累的财政问题的手段，以及在具有潜在危险性的西方面前维护日本自治的途径。结果，虽然有时明治政府的不同执政者会赞成相反的工业策略，比如大隈重信和松方正义对于自由资本主义的效用问题就摆出了不同的姿态，但所有领导人都一致同意必须把发展近代经济作为国家的目标。

国家目标的一致认定，有助于焕发日本各地企业家的活力。无论如何，他们被自己对更广阔的经济前景的憧憬所驱动。在追求经济现代化的先驱中，有数量惊人的一批人生活在享有相对自治权的地方，经营着他们的纽扣厂、金箔作坊和缫丝厂；其他人则建立了实力更强的企业；少数人像岩崎和安田，则作为商业帝国的领袖誉满全球。但是，无论这些男女在明治经济史丰富复杂的板块上处于何种位置，他们都在筹集资金、汇聚资源，获取技术并加以改造使其适合国情，生产出售给国内同胞和海外顾客的产品。一些政府政策，尤其是19世纪80年代早期松方正义的通货紧缩计划，创造了使持续增长成为可能的稳定环境，为那些实业家铺平了道路。但说到底还是日本企业家个人的主动性为明治的经济梦想注入了活力。

日本的经济成就也带有几分幸运，几乎有点意外之喜的性质。在某些方面，日本是幸运的。早在佩里来航的数十年前，西方已经走上了工业化的道路。作为一个后发展的国家，这个刚开放的岛国可以学习欧美的经验，利用他们的技术创新。同时，19世纪七八十年代的西方还没有遥遥领先到让日本人对赶上他们感到绝望，实际上，当时东西方的差距很小，足以鼓舞人们下定决心去缩短这个差距。在日本开始其发展经济的旅程时，新的市场网络在全球范围内出现了，这一点也对日本有利。19世纪下半叶，交通和通讯的革命把世界变为一个全球性的市场。使日本人高兴的是，他们发现他们早已发展了制造业，不久就能生产外国人需要的多种商品，从茶叶、生丝到金箔、纽扣和棉纺织品。

明治时代的早期，经济发展出现了加速的趋势。20世纪初，日本在它最初的成功基础上逐步成为世界主要经济强国之一。但是，正当国家的全面发展似乎充满活力地进行时，许多普通民众很气愤地发现，他们不得不忍受发展带来的负担。那些受过教育的日本最受尊敬的杂志的读者投票评选古河市兵卫为“明治十二伟人”之一，并认为他的足尾铜矿对国家的经济现代化大有贡献。但是由这个企业所代表的这种发展使大量未被赞颂过的工人在有损健康甚至缩短生命的环境下苦干，以及普通家庭不得不喝有毒的水，吃种植在被污染土地上的食物。他们付出了令人吃惊的代价。日本对“富国强兵”的追求制造了无数英雄，同时也产生出大量为了国家强大而付出高昂代价的牺牲品。

论战和斗争充斥着明治时期。在民权运动中，伊藤博文以及其他执政者在关于何种宪法和代议制政府制度最适合日本的问题上与反对派意见不一。古河市兵卫和田中正造对于日本的经济发展也提出了根本不同的观念。古河市兵卫这个不同寻常的资本家接受日本必须尽快工业化的主张，把生态和人类为此付出的代价降到了次要地位；而日本环境保护论者的先驱田中正造则认为，经济近代化的首要目标是为人民的福利做出贡献。当 19 世纪渐近尾声时，全国各地的人们也就家庭、教育、宗教和工作场所的条件可以如何改变等问题，提出了互竞长短的意见，表明了他们对明治梦想的态度。

第八章
经历明治梦想

1885年夏，甲府市雨宫缫丝厂的女工放下手中的工作，抗议男监工反复无常的行为。这些男监工偏袒长得好看的女子，对相貌平平的女工却很严厉。一年后的1886年6月12日，近100名工厂女工再次冲出雨宫缫丝厂。这次这些罢工工人躲在当地一个寺庙里，讨论她们的痛苦处境并谋划对策。她们对工厂主打算把劳动时间延长半个小时同时又要降低工资感到气愤，也不满厂方威胁要对不遵守新规定，或违背一年雇用期内不准在不同厂里做工规矩的工人处以种种罚款。

据抗议者说，甲府厂家的工作时间已经够长了。1886年的夏季，劳动从早上4：30开始，中午12：30到下午1：30休息一个小时后，又要回到机器边接着干活，一直持续到下午7：30，累得使人麻木。而且，大多数工厂工人来自甲府的城市贫民阶层或城市周围的农村，有些妇女在家和工厂之间往返一趟就长达一个小时，披星戴月，早出晚归。然而，即便是那些住得较近的人也害怕在路上往返。成帮结伙的暴徒在镇上和郊区四处游荡，延长劳动时间意味着增加了被抢劫、强奸，甚至被拐卖当妓女的危险。

雨宫缫丝厂罢工工人的数量很快增加了一倍，实际上包括了全部工人。由于缫丝厂无法开工，工厂主的代理人同意会见罢工工人的代表。起初厂方建议，只要妇女们同意午餐时间改为30分钟，基本取消上厕所后略事休息的时间，他们可以继续把上班时间定为早上4：30到下午7：30。工人们没有接受这个建议。经过长时间的谈判，雨宫缫丝厂厂主放弃了延长工作时间的计划，取消了对迟到（或早退）哪怕只有几分钟的女工处以大笔罚款的新规定，并答应考虑采取“其他方法改善（劳动）条件”[①]。满意地解决了她们的大

① E. Patricia Tsurumi, *Factory Girls: Women in the Thread Mills of Meiji Japan* (Princeton: Princeton University Press,1990), p.54.

多数苦处之后，6 月 16 日罢工者复工，工资问题则留待日后解决。

甲府劳资双方的对峙在退居明治历史模糊不清的边缘位置之前，得到了日本新闻界的及时报道。但是，这种关注极为短暂，在某种意义上可以说是对雨宫缫丝厂年轻女工的一种伤害。雨宫缫丝厂女工 1886 年的罢工是日本历史上第一次有组织的工人罢工。她们的行动也代表了边缘化的社会群体发出自己声音的重大尝试，表达了劳工阶级对明治时期经济近代化试验的态度。就像那些在足尾矿井挥汗苦干的矿工一样，雨宫缫丝厂的女工也为了微薄的工资长时间辛苦劳作。她们对延长工作时间的反抗是讨价还价，尽可能以最高价格出卖自己的劳动力。这些女工坚决抗争，除了要求改善工作环境，还通过争取对工作规章的发言权和坚决要求工厂主考虑采取“其他方法改善车间的条件”，在她们的雇用条件方面维护了某种程度的主动权。

或许，雨宫罢工事件只能引起短暂关注的原因在于当时还有许多其他问题竞相使得公众注目。随着 19 世纪渐近尾声，明治政府进行了会对不同人群的明治梦想产生重要影响的社会工程。就在明治政权计划着手政治和经济改革时，它先拟订了社会变革的日程，包括用法律形式规定夫妻之间的关系；创立使个人愿望服从于国家需要的教育制度；给予某些宗教以凌驾其余宗教之上的特权等。就像工厂里的斗争，也正如有关立宪制问题的争议以及古河市兵卫和田中正造关于经济近代化应该使国家富足还是造福于普通人民的争辩，政府干预家庭且决定儿童应该如何受教育和操纵人民宗教信仰的企图，使得日本人或是满意，或是愤怒，或是困惑，还有一些则努力发表自己的意见。

工厂工人

如果说明治时期的工业化产生了资本家和公司经理，那么，它也产生了工厂工人这个新的阶级。他们当中许多人经历的情况和足尾以及雨宫的残酷现实相差无几。确切地说，由于近三分之二的计酬佣工仍以务农为生，即使在 19 世纪末，工厂工人在日本全部劳动力中还只是占较小的比例。不过，工厂工人数量的上升引人注目，从 19 世纪 70 年代的几千人到 1892 年的近 30 万人，再到 19 世纪 90 年代后期的 40 多万人。当日本迈向新世纪时，近代工人阶级产生了阶级意识的萌芽。他们向资方有关劳资关系性质的观念提出了挑战，为日本早已复杂万端的社会环境增添了新的内容。

在工业化的初始阶段，纺织厂女工代表着最典型的工厂工人。世纪之交时，如表 8.1 所示，将近 60% 的产业工人都在缫丝厂和纺织厂做工，其中女性大大超过了 80%。明治初期，在缫丝过程中以水和蒸汽为动力的新型缫丝厂厂主雇用当地妇女，尤其是那些维新以前在由机户成立的类似于工厂的作坊里操作过织布机的人。然而，随着 19 世纪八九十年代机械化缫丝厂急剧增多，招工的人把范围扩大到经济萧条的农村地区。那里出身贫困佃农家庭的未婚少女愿意离家到新工厂工作。与此相似，日本中部那些通常坐落在市郊的棉纺织厂，最初也从当地的城市居民中雇用人手；但是随着劳力争夺赛的升温，中间人开始分散到周围各县，搜寻愿意告别家人朋友离家工作的姑娘。

表 8.1　纺织厂女工的数量（1886 ~ 1909）

年份	缫丝厂	工人总数	女工人数（%）	纺织厂	工人总数	女工人数（%）
1886	411	26 800	na（87）	8 400	na	
1891	562	44 100	na（60）	26 400	na	
1899	2 117	115 000	107 000（93）	1 370	114 000	93 000（82）
1909	2 945	184 000	174 000（95）	4 256	151 000	237 000（82）

根据：威廉·约翰斯顿的《近代流行病：日本的肺结核历史》（剑桥：东亚研究会，哈佛大学，1995 年），第 75、77 页。

一般情况下，招工者是独立的中间人，每向纺织厂或缫丝厂交一名年轻姑娘，就向工厂收取一笔佣金。这些中间人向这些未来的工人保证，会有对健康有益的工作和生活环境：白天她们在又通风又干净的厂里干活，住的是宽敞的宿舍，吃的是丰富可口的饭菜，享有快乐的休息日，还能拿到可以提高他们家庭生活水准的丰厚报酬。作为与如此诱人的雇佣条件的交换，那些女孩子和她们的父亲在契约上签字，保证她们会做满规定的年限，通常是 3 年或 5 年。为了敲定契约，中间人通常先把定金给那些家庭，这笔马上预付的现金有时达到契约年限内预期收入的三分之一或者甚至一半。剩下的部分，来招工的人许诺，会一年或半年一次分期付给她们。这些钱女孩们既可以在休息时花销，也可以在 12 月底到来年 1 月回家度新年假期时带回。

无论她们的希望是什么，一般女孩们的口袋里很少有自己想要的那么多钱。一旦干起了活，她们几乎什么都拿不到，或许也就是在节日或其他特殊情况下偶尔拿少量零花钱。此外，女孩子们不得不付定金的利息，偿还公司提供的食宿，要是生产出工头认为在细度、柔韧性或光泽度上有瑕疵的丝线，还要交付“惩罚费”。许多公司还张贴规章，禁止迟到或早退、在禁烟区吸烟、装病误工、涂改点名册，甚至不许发牢骚或煽动别人发牢骚，违者将被罚款，罚令从工资中扣除。最后，在一个佃农家庭每年的现金开支平均约为 59 日元的时代，大多数女孩似乎一年只挣到了 25 日元至 30 日元，而一些被处以各种罚款和“惩罚费”的不幸女工，发现她们干了一整年活却一分钱也没拿到。在某些格外残酷的厂里，甚至常有四分之一的女孩干完一年却倒欠公司钱。

而且，年轻姑娘们很快就发现，纺织厂和缫丝厂的实际工作条件与招工者描绘的美好场面截然不同。大多数工人每个月只能休息几天，此外，每班 12 小时分两班轮流工作是棉纺厂的规定。涩泽荣一和其他工厂主都喜欢安排两班工人轮流工作，以便让他们昂贵的机器一刻不停地运转。缫丝厂的情形一样糟糕。根据农商务省汇编的一份报告，“通常黎明时开始干活，晚上结束。夏季白昼长，有些地方工人干到太阳下山，但是在其他季节，要就着灯光一直持续到晚上 8 点或 10 点。这意味着缫丝厂的工作时间是每天 13 或 14 个小时，甚至多达 17 或 18 个小时”。①

不仅劳动时间长，而且时时充满不适和危险。车间又挤又吵又热，夏天气温经常达到华氏 100 度，常有女孩子在车间里虚脱。在通风不良的工厂车间，空气里都是细丝和棉花上的绒毛，它们飘到眼睛、嘴巴和耳朵里，还阻塞了女工皮肤上的毛孔。男监工像军队教官一样凶恶，经常用竹棍敲打那些比一般工人速度慢的人。急急忙忙想做得快一点时，女孩们有时会把手脚卷到机器里。到 19 世纪末，损毁手指或脚趾的事故十分普遍，公司的医生都不再把它们记录在案。此外还有其他危险。有些监工是好色之徒，他们奸污了一些女孩，又用威胁的手段迫使其他人就范。还有，由于到处都是易燃物，稍不留神就会引起火灾。1892 年，大阪纺织公司的一场大火烧毁了厂里的机器，把厂区外的 34 所私人住宅烧成灰烬，夺走了 95 名工人（大多为女工）的生命。

---

① Kazuo Okochi, Labor in Modern Japan (Tokyo: Science Council of Japan,1958), p.7.

▲ 纺织厂里的年轻女工

许多工厂宿舍就像监狱，四周都是 2.4 米高的围墙。墙头插着碎玻璃和削尖的竹签以防止女孩们逃跑。里面的居住条件糟糕透顶。宿舍狭小，每个工人都不得不在不足一个标准榻榻米（约为 1.8 米 ×0.9 米）大小的空间内生活、休息。有些公司让女工共用一个被褥，每 40 或 50 名工人共用一个浴室，也不给厕所消毒。19 世纪末典型的宿舍供应简单的伙食，包括谷物、豆腐、豆子、干沙丁鱼和海藻类的菜，如羊栖菜。来自赤贫家庭的女孩认为吃得比家里好，其他人则抱怨伙食不好，而且上菜的方式让人提不起食欲。据一份政府的报告说，饭菜量通常很少，几乎难以满足成长中的年轻人的营养需求。

恶劣的工作条件、不卫生的居住环境、不合理的伙食、过度操劳以及性骚扰引起的紧张，所有这一切加在一起，使得女工们长期处于疲惫状态。基督教徒、教育家岩本善治 1898 年参观了一些工厂后写道："我看到了工厂，看到了工厂女工的宿舍。我也看到了上夜班的女工精疲力竭，赤身裸体，非常想睡觉，没有什么比躺下来闭上眼睛更奢侈了。"[①] 因此，不足为奇的是，许多女工试图翻过宿舍周围可怕的围墙逃走，或者趁难得的可以出工厂大门的假期溜掉。由于警察经常和厂方合作对逃跑者穷追不舍，因此 1898 年时，大约 20%

---

① E. Patricia Tsurumi, *Factory Girls: Women in the Thread Mills of Meiji Japan* (Princeton: Princeton University Press,1990), pp.194-95.

的大阪纺织公司女工和40%的三重纺织会社女工从工厂成功逃走，看起来便非同寻常。19世纪90年代后期，这两家工厂只有25%的女工做满了契约规定的年限。

在那些留下来的人当中，支气管炎、肺炎，以及由颗粒性结膜炎引起的失明等疾病很常见。充满了绒絮和高含量的二氧化碳的空气对肺部造成了损害，大概每4个或5个女工中就有1个最后患肺结核。合计起来，女工的死亡率是全国16岁至20岁女性平均死亡率的两倍多。公司的医生对于严重的疾病如肺结核等没有有效的治疗方法，纺织厂和缫丝厂的厂主通常会让生病的工人回家等死。一位妇女回忆世纪之交时她的遭遇时说道："就在我到长野县的山一缫丝厂干活后不久，我的妹妹明子也到这儿干活。"大约两年之后，明子的病已到了晚期。"她到厂里来时决心要一年赚100日元，让我们的母亲开心，"这位姐姐说道，"我永远不会忘记她离开工厂时悲伤的眼睛，当时她已苍白无力。我觉得病得像她那样重的人不可能在崎岖不平的山路上走100公里，但是他们不肯让她待在厂里。没钱送她进医院，除了回家没有别的办法。"①

从19世纪八九十年代的经历中，产生了新兴工人阶级意识的萌芽。许多纺织厂女工在回顾她们的经历时，既有着一定程度的自卑，又坚定地为她们对公司的成功所做出的贡献而自豪。不足为奇的是，有些女孩把她们自己看作无助的受害人。缫丝工人中流传着这样一首歌谣："工厂里的活儿就是监狱里的活儿，所不同的只是工厂里没有铁链。"②其他的工人歌谣则表达了对剥削的辛酸认识："杀死工厂里的女孩/你用不着刀子/用柔细轻微的丝线/就能把她压死。"与此同时，许多年轻姑娘自觉地把自己划分到和工厂主及管理人处于不同层面的"工厂女孩"这一类别。此外，她们也知道使她们得到微薄工资的劳动转化成了涩泽荣一和其他企业家的巨额利润："别嘲笑我们/叫我们'工厂女孩'，'工厂女孩'！/工厂女孩/是

① Mikiso Hane, *Peasants, Rebels and Outcastes: The Underside of Modern Japan* (New York: Pantheon Books, 1982), pp.190-91(modified).

② E. Patricia Tsurumi, *Factory Girls: Women in the Thread Mills of Meiji Japan* (Princeton: Princeton University Press,1990), pp.91, 84, 97 and 197.

公司的宝库。”

工人阶级的女孩们具有反抗意识。有时，她们通过歌颂妇女中的英雄，比如敢于反抗男人的岩足菊子，来表达自己的态度。某天晚上在厂区外面行走时，岩足菊子遇到了一个曾经强奸并杀害了丝厂女工的人。岩足菊子奋起反抗，使劲地掐来犯者的睾丸，迫使他不得不松开扼住她喉咙的手。不久，附近缫丝厂的女孩们传唱道：

不要轻蔑地说，
“工厂女孩，工厂女孩”。
岩足菊子
是真正的工厂女孩。
岩足菊子
是工厂女孩的光辉模范。
让我们捏碎
可恨男人的睾丸！
工头先生，监工先生，
你们最好当心！
有岩足菊子的例子。
谁敢说
工厂女孩很软弱？
工厂女孩
是财富的唯一创造者。

有时，女孩们大胆地把她们的愤怒指向工厂主。19 世纪 80 年代后期，有个女工这样写道：“缫丝厂的老板对我们很不好。他们认为我们就像奴隶或是灰尘。我们认为这些丝厂老板就是吸血鬼，是我们的死对头。”[①]1886 年，甲

① E. Patricia Tsurumi, *Factory Girls: Women in the Thread Mills of Meiji Japan* (Princeton: Princeton University Press,1990), p.56.

府雨宫缫丝厂的女工把这种愤怒转化为直接的行动，发动了日本第一次工人罢工。雨宫事件鼓舞着其他纺织厂的工人采取行动。1889 年，大阪天满棉纺织会社的年轻女工为提高工资罢工。三年后，甲府近 150 名纺织厂工人放下工作，对工资、工作条件和“不公平的待遇”提出抗议。1898 年，富冈缫丝厂的女工罢工，要求改善伙食，延长新年的假期，提高工资。19 世纪末，日本各地的劳动妇女表现出日益高涨的自己是“工厂女孩”的意识，希望组织起来反抗工厂主和管理人，以此改善她们的生活。

19 世纪八九十年代，男性还不到工厂工人总数的一半，不过他们的地位却非常突出。因为他们有为人极需的专门技能，而且他们都集中在专门从事金属加工、造船，以及生产机床、军需品和化学制品的“近代”工厂里。通常，新式造船所、兵工厂和机械厂的厂主更喜欢雇用传统工匠，如木匠、桶匠、铁匠。他们能很快掌握新技术，成为锅炉修理工、车工、机械师等等。与纺织厂女工一样，从事重工业的男工也整天在又脏又黑又危险的车间干活。不过，与那些妇女不同，男性雇工一般无须害怕体罚或者性侵犯，而且作为熟练工人，他们的工资要高于工厂女孩。具体参阅表 8. 2。

从事重工业的男性工人，还可以摆脱管理上的束缚，享有很大程度的自治权。工人们往往聚集在技艺更娴熟的能手或师傅周围。师傅经常承包特定的活计，然后招收一班学徒期满的工人和学徒，他负责培训并用他从工厂主那里拿到的一笔固定费用付给他们报酬。因此在 19 世纪 90 年代早期的横须贺造船所，每个厂都有厂长，有处理有关契约、报表等日常文书工作的办公室人员和若干工头，每个工头又监督着许多师傅。不过，上层管理部门几乎不懂实际的生产过程，因此很少苛待师傅；而后者，用第一位认真观察新工人阶级的人横山源之助的话来说，“作为有威望的人支配着其他人”①。此外，由于师傅承担着及时完成每一个项目的最后责任，并且他的收益取决于能否在他的支出和他从厂方拿到的预付款之间留出富余，因此他小心谨慎地维护着自己监管工人以及决定车间工作计划和进度的特权。

---

① Sumiya Mikio, “The Development of Japanese Labour- Relations” in *Developing Economies* 4:4(December 1966), p.506.

表 8.2　1892 年部分职业的日均工资（根据性别）

职业	性别	日均工资（日元）
熟练工人，东京军工厂	男	0.52（1885）
熟练工人，横须贺造船所	男	0.31（1885）
木匠	男	0.27
金属制造工	男	0.25
散工	男	0.18
纺织厂工人	男	0.17
季节性雇农	男	0.16
缫丝厂工人	女	0.13
季节性雇农	女	0.09
纺织厂工人	女	0.09
织布工	女	0.08

根据 E. 帕特丽夏·鹤见的《工厂女孩：日本明治时期纱厂里的妇女》（普林斯顿：普林斯顿大学出版社，1990 年），第 105 页，以及羽佐间浩志的《产业工人生活方式的历史变迁》。引自休·帕特里克和拉里·麦士纳编著的《日本的工业化及其社会后果》（伯克利：加利福尼亚大学出版社，1976 年），第 25 页。

男性产业工人往往频繁地更换工作。和似乎有无尽的女孩可以干几乎不需要训练的工作的纺织品制造业不同，在重工业行业，甚至连学徒和学徒期满的工人都自恃他们掌握着新的暂不外传的工作技能。所以，用一份报告里的话来说，熟练男工“在有希望提高工资，哪怕只有一丁点儿时，可以轻松地转到其他工厂”。① 此外，从这个厂跳槽到那个厂的工人，除了得到更高的工资之外，还学到了一些新本事。这样又使他们在去往一个新城市，跟上另一个新师傅时，可以要求更高的工资。

从事重工业的男工可以自由流动，有着可以引以为自豪的独立性，又自信于自己新学会的技能。因此，对资方他们采取了和纺织厂女工不同的态度。当斗志昂扬的纺织厂女工视工厂主为“吸血鬼”和“死对头”，为一些具体问题如提高工资和缩短工作时间罢工的时候，熟练男工趋向于关注尊重和地位等问题，呼吁工厂主拿出仁爱之心，为工人的福利着想，作为工人更勤劳忠诚的交换。因此，19 世纪末罢工的男工，通常都要求工厂主给予“人道的待

① Sumiya Mikio, “The Development of Japanese Labour- Relations” in *Developing Economies* 4:4(December 1966), p.501.

遇”。例如，1899年日本铁道会社的机械工人发动变相罢工时，便要求资方提高他们在企业内部的地位。他们与资方谈判时，特别要求获得新职别。它意味着能享有更多的尊重，获得和级别较高的同类工人同等的待遇，以及获得与白领官员和技师同样的半年一次的加薪和红利。

上流社会不太看得起新兴的工人阶级。报纸上的报道经常把“工厂女孩”等同于妓女——另一种廉价出卖时间和肉体，结果却遭受辱骂且身染疾病，做了几年后被抛弃的“女工”。那些报纸的记者通常也不屑地把产业工人看作有工作的穷人，即包括传统工匠、没有技术的散工、人力车车夫和捡破烂的人在内的阶层。用当时的词汇来说，熟练工人比“下层社会”的其他成员赚得多，但是尽管他们自豪，有他们自己的尊严，他们仍然只能生活在大多数城镇的劣等社区，住的是屋顶漏雨、墙壁霉烂的破旧棚屋。而且，根据横山源之助的计算，在1898年，即便是每月上班26天，工资相对较高，可以带给家里13日元的机械工，要想让收支相抵也有困难。扣除了租房子、基本的伙食如米饭和蔬菜以及燃料和照明的费用，再扣掉一日元左右的酒钱，四口人的工人家庭剩下来买衣服、理发、进公共澡堂的钱还不到1日元。横山源之助估计，东京合计近三分之二的机械工人生活在贫困中。他还描述了高利贷者经常上门，人们喝酒、赌博，发生家庭暴力，对孩子不闻不问的可怕生活。

新闻界人士对他们称为“中产阶级”和“上流社会”的阶层要和善得多。前者由拥有自己街边店铺的传统零售商，以及教师、专业人员、厂长和工头等新兴阶层构成。根据社会评论家的说法，“中产阶级”这个词表明了对努力工作，过着稳定舒适生活的家庭的尊敬。财阀和“成金”（即“暴发户”）组成了上流社会。所谓“成金”，指的是在与象棋相似的“将棋”游戏中可以突然变得强有力的小棋子〔按将棋规则，功能最弱、子力最低的棋子“步”一旦冲入敌阵，即可获得护卫在王将左右的金将的战斗力，将棋术语称之为“成金”。所以，“乡巴佬一夜成大富”是“成金”一词的形象解释。国家通过投机或冒险转瞬间成为“强国”，公司或企业追逐利用国家政策的惠泽分一杯羹成为巨富，日语中也可以称之为“成金”。在已经“成金”的国家的带动下，许多企业和个人怀着投机冒险心理，趋之若骛般地投身于“成金”风潮之中，按其所从事的职业不同，出现了“铁成金”（因经营钢铁而发财）、“船成金”、“株成金”、“丝成金”等大富小富。——译注〕。新闻界人士用这个词来形容大阪的纽扣制造商，以及东京的精工钟表店和资生堂化妆品株式会社的创始人。正如它在法语中的同义词“暴发户”那样，这个词带有轻微的贬义，但是大多数新闻界人士也钦佩“成金”的大胆和争取成功的坚定决心。他们更为公开地表示了对财阀的敬畏，如工业巨子古河市兵卫、涩泽荣一，以及岩崎、三井和住友家族的领袖。他们的大厦和豪华的生活似乎自然而然地使他们有资格接受大众的奉承。

丈夫和妻子

如果说社会等级中的新阶层以不同的方式体验了明治的经济梦想，那么可以说，所有日本人都发现他们的家庭生活在世纪末处于变迁之中。在国家受到政治和经济变化的冲击时，政府把注意力转向了草拟一部涵盖家庭关系、财产权、契约法和交易规则等的新民法。大多数法学学者都支持这一努力，认为在日本国内发生了巨大变化之后有必要编纂法典，不过这也是在回应西方国家的“在修改条约之前，日本必须采用西方能够接受的民法”的严厉声明。1890 年，经深思熟虑后，明治政权颁布了参照法国经验的法典，并宣布新法将于 1893 年 1 月 1 日生效。

一场针锋相对的论战几乎立即爆发开来，受英国和德国法学熏陶的法律学者抨击新法对其法国原型亦步亦趋。议会对日本法学团体内部突然出现的敌对感到为难，于是推迟了原定的民法实施日期，并召集新的立法班子重新考虑这些问题。伊藤博文主持了法典调查会，但很清楚，该调查会最有影响的成员是东京帝国大学著名的法学教授穗积陈重。情况表明，穗积陈重及其支持者基本不反对民法中有关财产权、契约法和商法的部分，他们的注意力均集中于家庭和家庭继承权方面。在法国影响下而做的这方面的规定，用穗积陈重的弟弟、知名宪法学者穗积八束尖锐的言辞来说，有“最终破坏忠孝之道”的危险。①

① Carol Gluck, *Japan's Modern Myths: Ideology in the Late Meiji Period* (Princeton: Princeton University Press, 1985), p.111.

穗积陈重是个传统主义者，与他弟弟的观点一样，认为在19世纪的最后数十年里，“家庭制度逐渐削弱了”。他还担心“个体开始取代家庭成为社会单位”。[①] 他认为他知道如何处理这个问题：通过为古老的家族制度奠定法律基础，使家庭优先于个体。此外，他尤其赞赏家长掌握强权的传统和盛行于近世早期武士家庭的长子拥有继承权的做法。结果，1898年6月16日，修订后的《明治民法》成为法律，它的规定使家庭成为一个共同体。它要求把家长的位置传给长子（特殊情况除外），并把家庭大权授予父亲：父亲可以选择家庭的居住地，管理所有的家庭财产和业务，决定家庭资产的支配，有权同意或反对子女的婚姻。

作为许多人称为“家庭武士化”的努力的一部分，《明治民法》的作者使女性附属于男性家长。新法把“妻子”当作在重新改造过的家长制结构内的一个有用但可以替换的“元件”，而且实质上把已婚妇女降低到法律上无资格者的地位。妻子的主要义务，如1898年的民法所概括的，是为家庭提供男性继承人，为家庭提供额外劳力。一旦结婚，妇女就不能在没有丈夫的许可之下采取法律行动，不能未经丈夫同意在法庭上作证，也不能不经丈夫同意就处理相关事务，当然也不能先提出离婚，除非被抛弃或遭受虐待。另外，妻子和他人通奸，丈夫就可以提出离婚和刑事诉讼，但丈夫的私通行为不会受惩罚。当婚姻的确摇摇欲坠时，妇女可以离开家庭，而孩子则必须与家长一起生活。明治后期的城市平民开始用古老的武士用语“奥さん”（屋里的女人）来称呼近代的妻子，象征着这种使武士的父系家长制传统成为国家准则的变化。

一些官员和思想家认为妇女应该履行自己在家庭内部的义务，因此为成年妇女设想了不同的作用，这个作用概括在“贤妻良母”这个词语中。塞缪尔·斯迈尔斯《自助论》的译者，后来成为女子师范学校（现在的御茶水女子大学）校长的中村正直，新创了“贤妻良母”这个把西方的最新思想融入他已熟稔，但依然有价值的日本“女人”观中的词语，来描述妇女的楷模。

---

① Hozumi Nobushige, “The New Japanese Civil Code, as Material for the Study of Comparative Jurisprudence: A Paper Read at the International Congress of Arts and Science, at the Universal Exposition, Saint Louis 1904” (Tokyo: Tokyo Printing Company,1904), p.4.

在中村正直看来，贤妻良母应该居于私人领域，但也应该给予她家庭内部受人尊敬的角色，即作为一个家庭合法的基础、负责正确抚养和教育孩子的人，以及支持丈夫在公共领域的事业中向前发展的忠诚妻子。

鸠山春子是19世纪末比较坦率地提倡“贤妻良母”观念的人之一。1881年，鸠山春子毕业于女子师范学校，后来成为该校的杰出教师。她希望成为贤妻良母能使妇女提高地位，这样她们在以男性为主导的家庭制度中就不仅仅是处于从属地位的人。像中村正直一样，鸠山春子勉励她的学生做高效的家务管理者和慈爱的母亲，她还劝告妇女把家变成丈夫可以放松身心，振奋精神，迎接事业挑战的安全港湾。她吸收了19世纪末流行于西方的家庭生活观，认为妻子应该足够聪明，受过足够的良好教育，堪为丈夫的真正伴侣。

“贤妻良母”的鼓吹者主要把他们的言论指向富裕家庭的妇女。对许多人而言，著名政府领导人伊藤博文的配偶伊藤梅子就是新式妻子的典型。19世纪80年代，她学习英语以便能站在丈夫的身旁和外国人交谈，她甚至主持了所谓的“改进会”。在这个社团里，东京上流社会的妇女聚集在一起研究欧洲的风尚，学着品鉴西方的食物，掌握陪伴丈夫参加在鹿鸣馆举行的正式招待会和舞会时所需要的新式社交礼节。与此不同的是，大多数思想家对商人和农民的配偶则采取了比较随便的态度。她们可以做个传统意义上的“好妻子”，在田间劳动或在商店干活，挣钱帮助家人生存下去。“贤妻良母”说暗含的阶级差别对这些妇女不无影响。在京都开化妆品店的一户人家的儿子回忆，他的母亲只有在和暴发户以及警察、教师和政府官员等专业人士的妻子在一起时，才小心翼翼地用“奥さん”这个时髦的词。他也看见了母亲和新“奥さん”做生意时，时不时浮现在脸上的愤世嫉俗的微笑。他发觉，“使她们和大多数像我母亲这样的妇女不同的，是她们不工作”。①

另一个新词“ホ-ム”（即音译英语home的日语外来语）也引起了人们的关注。这个在世纪末的日本使用的关于“家”的词和“贤妻良母”有相当多的共同之处，但是它的支持者更倾向于强调夫妻之间浪漫感情的重要性。和别人共同创办了《女学杂志》的岩本善治促进了这个词的推广。他谴责

① Ueno Chizuko, “Genesis of the Urban Housewife” in *Japan Quarterly* 34:2(April-June 1987), p.136.

“家长制”滋生了压迫，提出以“ホ - ム”作为不同的新家庭理想。在这样的家庭里，所有家庭成员都相敬相爱和快乐互助。确切地说，新式家庭的妇女仍然要抚养孩子、做家务，但是她们和丈夫平等。和传统婚姻中新婚妇女走进丈夫家成为婆婆的帮手不同，在“ホ - ム”的新思想下，新娘立即成为她自己家的女主人以及与丈夫意气相投的朋友和伴侣。

穗积陈重和许多政府高官想使 1898 年的民法作为关于家庭和性别角色的最终规定，但是事与愿违。19 世纪末社会立法的努力反而引发了对“家庭生活观”（当日本走进新世纪时，它进一步活跃了起来）的热烈讨论。虽然“贤妻良母”的观念对后来几代人产生了强有力的影响，但清新的声音也加入到关于国家在决定家庭和两性关系中的作用的争论中来。在以培养“贤妻良母”为目标的情况下，从建立于 19 世纪末的女子中学毕业的女性开始提出意义重大的问题：构成理想家庭的要素是什么？妇女应该在社会和家庭扮演什么角色？越来越多的日本妇女亲自投身到了界定“女性”的论争之中。

儿童和学校

1871 年 9 月 2 日，就在太政官废藩置县四天后，新政府成立了文部省并委以制定全国义务教育制度的责任。明治政府的领导人出于多种动机采取了这一行动，比如伊藤博文认为，如果没有受过教育的公民，日本就不可能实现“文明开化”的目标。其他人如岩仓具视和大久保利通，则相信以成绩为基础的学校教育对于为将来培养能干的国家领导人是有必要的。此外，在他们看来，全民教育可以给予全体日本人拓宽他们经济前景的必要技能，从而有助于建立强大的国家。用木户孝允 1869 年上书时说，“国家的富强扎根于人民的富强。如果人民无知识，贫穷落后，维新就只是一句空话，赶上世界先进国家的努力就必定失败”。①

明治政府雷厉风行地制订了计划。1872 年 9 月 4 日，太政官颁布了《学制令》，把日本划分为 53 760 个小学区和 256 个中学区，要求建立 8 所大学，

① Motoyama Yukiko, “The Political Background of Early Meiji Educational Policy: The Central Government” tr. Richard Rubinger, in Motoyama, *Proliferating Talent: Essays on Politics, Thought, and Education in the Meiji Era*, ed.J. S. A Elisonas and Rubinger (Honolulu: University of Hawaii Press,1997), pp.116-17.

并命令每个儿童接受四年义务教育。《学制令》的序言阐明了教育的两个互为补充的目的：一方面，它强调每个人都应该把学校教育视为改善命运的手段；另一方面，政府也希望新制度培养出为了造福社会、建立强大的近代国家而学习实用文理学科的有道德的爱国公民。

19 世纪 70 年代早期，文部省的官员积极行动，使新制度生气勃勃地运行起来。在他们的努力之下，截至 19 世纪 70 年代中期，已有数十万孩子在上中小学。德川时代遗留的教育机构显然赢得了文部省的好感，因此当明治政府建立了许多新学校，开始培训师资时，于 1872 年秋便把多数老寺子屋和私塾认证为小学，并把以前的藩学改为中学。除了得到大批有经验的教师和现成的教室外，新政权还发现出版商习惯于买卖教科书，而且一代代的武士和平民家庭已经把学校教育当作日常事务的一部分，这使许多人容易接受新的教育指令。

尽管一开始兆头不错，但随之而来的棘手问题也困扰着文部省。官员们对入学的形势感到失望。迟至 1880 年，只有 60% 的学龄男童和 20% 的女童上小学，比一代以前的入学率稍高。此外，武士后裔和城市儿童比农村孩子更有可能完成四年义务教育，国家边远县份的小学入学率往往落后于全国平均水平。政府官员认为同样麻烦的还有实际教学中表现出来的巨大差异性。学生们由于所上学校的不同而学习不同的教材。文部省下发了西方历史、科学和哲学著作的新译本，其中最具影响力的是斯迈尔斯的《自助论》和弗兰西斯・威兰德为布朗大学学生撰写的关于价值及道德的哲学论文《伦理学的要素》。但是，许多在日本新学校读书的人仍不得不凑合着使用以前寺子屋用过的破破烂烂的习字帖和课本，如《商业指南》之类，甚至有些学生还要痛苦地学完沉闷的儒家经典。

19 世纪 70 年代，文部省还要应付儒家传统主义者的严厉批评。身为天皇侍讲的元田永孚，后来大肆攻击伊藤博文的宪政观点是努力将日本引入歧途，这种努力注定要把日本人变为“黄皮肤的欧美人复制品”。他对关于道德和伦理的西方著作，或者教育应该满足个人需要的观念几乎毫不假以辞色。在他写于 1879 年的《教学大旨》中，元田永孚谴责西方书籍诸如《伦理学的要素》之类，破坏了传统伦理，宣传了不负责任的理论，这些理论必将产生出难以服众的政府官员和不忠不孝的公民。他下了结论：灾难在等待着日本，除非文部省很快意识到“教学之要明，仁义忠孝，究知识才艺，以尽人道，这乃是我祖训国典之大旨……道德之学，以孔子为主，人人尚诚实之品行”。[①]

到19世纪80年代早期，越来越多的执政者赞同元田永孚和其他保守主义者的意见。19世纪70年代晚期和19世纪80年代早期的政治混乱，使明治领导人渴望找到培养支持政府的忠实公民的办法。山县有朋非常担心国民团结的问题，甚至宣称如果日本想确保自己有个前景光明且安全的未来，就有必要充分注意“军备和教育”。“除非人民爱国如爱父母，并愿以生命捍卫之，否则国家甚至一日都不能生存”，山县有朋接着写道，“唯有教育能培养并保持人民的爱国精神”，而灌输爱国精神的最佳途径是向每位学童教授“民族的语言、历史及其他科目”。[②]

这种观念的终极表达出现在《教育敕语》中。它作为号召公众支持新宪法以及敕语中奉若神明的政治体制的努力之一，颁布于1890年秋第一次帝国议会召开之前。《教育敕语》语气虔诚，宣称教育的基本目的是阐明传统价值，激励日本人民对天皇和国家忠心不贰。文件忠告人们“孝于父母，友于兄弟……恭俭持己，博爱及众，修学习业，以启发智能，成就德器”。最后，敕语教导日本的年轻人“常重国宪，遵守国法，一旦危急，则忠勇奉公，以抚天壤无穷之皇运”。[③]1885年，内阁制建立后的第一任文部大臣森有礼说得更简洁：“今后教育原则，应为培养帝国所需之忠勇臣民。”[④]

在这类言论的指导下，19世纪80年代期间文部省中途做了许多调整，以便使学校教育更能对国家的目标做出反应。在森有礼从1885年到1889年任文部大臣期间，他整顿了学校制度，更有效地根据能力遴选学生，使他们走

① Byron K. Marshall, *Learning to be Modern: Japanese Political Discourse on Education* (Boulder: Westview Press,1994), p.53.

② Carol Gluck, *Japan's Modern Myths: Ideology in the Late Meiji Period* (Princeton: Princeton University Press,1985), pp.118-19.

③ Ian Reader, with Esben Andreasen and Finn Stefánsson, *Japanese Religions: Past and Present* (Sandgate Folkestone, Kent: Japan Library,1993), p.71.

④ Horio Teruhisa, *Educational Thought and Ideology in Modern Japan*, tr. and ed.Steven Platzer (Tokyo: University of Tokyo Press,1988), p.69.

上通向未来合适职业的求学之路。小学被置于适当的位置，其使命是“提供使学生了解身为日本臣民的责任、行为合乎道德规范，并谋取个人幸福的教育”。① 有时间且乐意进一步学习的小学毕业生升入普通中学。在普通中学的五年里，他们要学习道德规范和一些技艺，为他们日后担当初级经理和工厂工头等做准备。通过了有难度的考试之后，比较有潜质的中学毕业生可以进入新成立的两年制（后改为三年）高等中学。森有礼解释说：“在高等中学学习的人将进入社会上层。高等中学应该培养引领大众思想的人，如果他们为官，应该是最高级别的官员；如果他们经商，应该是高层管理者；如果他们当学者，应该是不同文理学科的真正专家。”②

在森有礼的管理下，文部省还着手实现早先的成立国立大学并且培养一流学者、官吏和商界领袖的设想。从 1877 年的东京大学开始，政府相继于京都（1897 年）、东北（1907 年）、九州（1910 年）、北海道（1919 年）、大阪（1931 年）和名古屋（1939 年）成立了 7 所所谓的“帝国大学”。作为补充，1886 年的《师范学校令》颁布后，又成立了一些专门培养中小学教师的学校。每个县都特意设立一所师范学校培养小学教师，东京的高等师范学校则培训中学师资。

19 世纪 80 年代期间，文部省也采取措施加强对国家公立学校所授课程的控制。1886 年，它下令小学学生必须学算术、阅读、写作、体育（1907 年又增添了科学、地理和日本历史）。遵照森有礼的指示，文部省官吏日益把教学时间集中在宣扬爱国情操和传统的公民道德的伦理学课程上。截至 19 世纪 80 年代末为止，《自助论》和《伦理学的要素》已经从课堂上消失，取而代之的是日本学者撰写，由文部省亲自发行的伦理学读本。这些新课本都强调仁爱、真诚、善意、成功的决心、孝顺、友谊、节俭、谦逊和礼貌。

本国伦理学课本的使用，表明政府官员最终取得了教科书的决定权。1881 年，文部省公布了它认可的教科书书目；1886 年的《小学校令》则要

---

① Ivan Parker Hall, *Mori Arinori* (Cambridge: Harvard University Press,1973)，pp.411-12.

② Donald Roden, *Schooldays in Imperial Japan: A Study in the Culture of a Student Elite* (Berkeley: University of California Press,1980)，p.40(modified).

▲ 1907 年时的日本女大学生

求公立学校的任何教材都必须经文部省批准；最后，文部省于 1903 年规定，所有小学都必须采用由它统一编撰和分发的教科书。结果，每个市镇乡村的男女学童不仅学习日本的价值观和风俗习惯，而且了解一模一样的关于日本昔日典范人物的故事：有公德心的二宫尊德；富于同情心，尊崇已故战友的灵魂的德川家康；以苦为乐，承受婚后贫困生活的富家女子；报恩的酱油商——发家后不辞辛劳地寻找并酬谢在他落魄时帮助过他的人。

19 世纪 80 年代确立的制度给后来的日本人留下了一份混合的遗产。森有礼和文部省官员在很大程度上实现了他们的抱负。到明治时代的末期，男女儿童的小学入学率都已接近百分之百。因为人们认识到，教育是通向较好工作和舒适生活的阶梯。而且大多数观察者都认为，以伦理学为基础的课程培养了爱国的公民。与此相似，许多人把培养出拥有新兴工业社会所需技能的识文断字的青年归功于教育制度（尤其是在 1899 年增设了从小学升入技术和职业中学的途径后）。几乎没有人会不同意这一点：高等中学和大学造就了经过严格训练的专职官吏、博学的学者和机敏的商人。

然而也有些人对教育政策的新方向感到困扰。一些批评者反对新制度的核心原则。反对派来自不同背景，分布于政治领域的各个方面，但是所有人都坚信教育应该培养个人的兴趣与能力，而不是使学童接受标准化课程的支配。他们进一步认为，教师的工作不是填鸭式地把指定的思想观点喂给学生。相反，他们提出，真正的教育家应该鼓励学生积极参与学习过程，以便他们成为能够独立思考的成熟的成年人。

民权运动的主要人物植木枝盛，在题为“国民教育论”的文章里阐述了自己的思想。与 19 世纪 70 年代后期和 80 年代的其他许多民权运动“左派”成员一样，植木枝盛也接受了天赋人权学说，他还认为未来最理想的政治秩序应该以“主权在民”的观念为基础。在他看来，如果日本人想享有他们的天赋权利，成为管理过程的文明参与者，就有必要实行增强每个个体的才能的自由教育。因此，他写道，教育的基本目的应该是“在尽可能广泛的意义上鼓励和推动天赋能力的发展”。最后他比较坦率地下了个结论：“自由比秩序更宝贵。没有智慧的生命与其说还活着，不如说已经死了。”①

哲学家、历史学家三宅雪岭持有不同观点。他反对无限制的西化，提倡发展把日本人看作独特国粹的自主拥有者的文化民族主义。不过三宅雪岭并不是褊狭的传统主义者，相反他有全球视角，注意到了“细胞”，即构成了系统的具有普遍的人类经验的个人与国家之间的相互关系。他解释说，在所有有生命的实体中，每个细胞作为有机体的一部分，都为促进整个有机体的健全发挥了独特作用。既然如此，那么每个个体和国家都可以为世界文化的进步——三宅雪岭称之为关于真、善、美的全人类理想的实现，做出点贡献。“献身于国家即献身于世界，”他写道，“加强人民的特性就是强国强种。”② 三宅雪岭接着说，既然世界文化的进步有赖于每个人和每个国家能力的自由全面发展，那么日本的教育就不应该遵从文部省规定的僵化模式，而应该致力于增进每个学生的天分和能力。

另一些批评者质疑教育体制中的性别不平等。小学一开始是男女同校，但 19 世纪 80 年代中期创办的普通和高等中学却只招男生。女性不满于此，于是开始到私立学校就读，其中许多是由基督教传教士开办的。到 1889 年为止，大约 20 所私立中学和 8 所政府设立的公立学校，共招收了 3000 多名接受了初等教育后还想继续求学的年轻女子。十年后，文部省对不断增多的女子教育要求做出了反应，他们制订了在每个县成立女子中学的计划。和男子中学一样，新成立的学校为已经读完小学的年轻女子提供 4 年至 6 年的教育。

新女子中学成立后，开设了一系列旨在把学生训练成模范妻子和母亲的课程。文部省内“贤妻良母”的坚定不移的支持者特别主张课本应详细说明妇女对家庭的义务，课程设置上也突出“家政学”（后来更名为“家务管理

① Horio Teruhisa, *Educational Thought and Ideology in Modern Japan*, tr. and ed.Steven Platzer (Tokyo: University of Tokyo Press,1988), pp.35 and 37.

② Motoyama Yukihiko, “Thought and Education in the Late Meiji Era” tr.J. Dusenbury, in Motoyama, *Proliferating Talent*, p.358.

学”）等课程。无论名称是什么，教学都集中于这样一些主题：个人健康、儿童保健、家庭护理、烹饪、制衣和举止。此外，其他学科的课程内容也都作为妇女要能称职地管好家就应该学会的知识来教授。结果，女子中学的学生把生物课程作为维持健康家庭的基础来学，而解数学题目则是为了提高她们监督家庭在衣食方面开支的能力。

许多把自己看作未来主妇的女子对她们在新学校所受的教育表示满意，其他一些女子却有不同看法，其中就有矢岛楫子。矢岛楫子出生于九州的一个武士家庭，离开了酒鬼丈夫后她搬到了东京，1889 年至 1914 年期间主持了著名的基督教女校——女子学园。矢岛楫子和其他志同道合者对文部省指定的女子教育的方向提出了一些基本问题：为什么教育妇女不该有家庭之外的事业？为什么不让妇女有经济独立的准备？这些批评者还说，与其教授不同的课程，何不给予妇女和男人相同的教育，以便让男女在社会上发挥相似的作用？当这些疑问聚焦于妇女问题时，本质上它们也凸显了植木枝盛和三宅雪岭提出的同一个核心的困惑：教育应该是一个满足个体渴望和需要的过程，还是目的在于成为造福国家，建立政府官员所想象的那种社会的社会义务及训练呢？虽然在明治后期，这样的问题还得不到解决，但的确明确了当日本人在即将来临的新世纪追寻近代性时，将不得不处理的一系列问题。

神职人员与皈依者

作为劝导人们忠于天皇，从而也为自己披上合法外衣努力的一部分，明治新政府开始实施把神道教置于国家宗教生活中心位置的政策。1868 年前，神道教神社和佛教庙宇并肩共存。大多数人既信仰“迦微”（即神道教中的“神”），也相信佛教神祇。两种形式的礼拜仪式之间界限非常模糊，人们把某些“迦微”和佛教神祇视为彼此的化身。而且，神道教具有双重性质。一方面，天皇在京都举行带有象征意义的规定仪式，重申其神圣血统，赋予幕府将军以天皇名义进行统治的合法权利；另一方面，虽然大多数普通日本人对天皇的祭司作用有所了解，但是除非天皇逝世要举国哀悼，否则他们并不参与如此高级的仪式。对多数男女而言，神道教只不过意味着节日期间在村庄和街区的神社里祭拜本地神灵而已。19 世纪末，明治政府开始改变这种情况。

通过把神道教的地位提高到佛教之上，使全体日本人加入到宗教活动中来，凸显天皇和神道教神祇对于国家宗教和政治稳定的重要性。

1868 年，日本约有 75 000 个神社。不久，年轻的明治领导人迈出了创立所谓“国家神道”的第一步，即把那些主要的神社纳入单一的国家等级体系，从而缔造了神道教第一个综合的组织结构。高居新金字塔顶端的是供奉皇室祖神和国家保护神天照女神的伊势神宫，其次是皇室和国家的其他神社，然后是逐级下降的五种民间神社。皇室和国家的神社接受中央政府的大笔捐助，其神职人员享有国家公务员的身份，而县和地方政府也向许多等级较低的民间神社提供一些资助。同时，政府下令每户家庭都要加入一个神社，从而在日本历史上第一次使神社成员身份具有普遍性和强制性。

政府还制定了以国家和天皇为中心的礼仪日历。近世早期，大多数神社依照当地的偏好举办节日，很少想到和其他教区协调活动。明治政府的领导人开展了一系列由天皇领导，在全国各地神社举行的庆祝活动，大大改变了仪式生活的特征。活动从 1 月 1 日开始。这一天，从东京的天皇到全国各地神道教教区的居民，都要祭拜四方神灵，欢迎新年的到来；接下来是 2 月 11 日，纪念神武天皇征服了日本列岛并建立大和朝廷；最后是秋天的两个祭典：一是“神尝祭”。这一天，天皇要向着伊势神宫的方向鞠躬，向天照大神献上当年第一次收成；而派往伊势神宫的天皇代表，则要向天照大神进贡新收获的稻谷。二是“新尝祭”。这一天，天皇要步入皇宫中一个特殊的大殿，品尝神赐的收获物。到 19 世纪 80 年代，这些仪式同时在皇宫、伊势神宫、皇室和国家神社举行，而且渐渐地，政府官员希望民间神社也能举行庆祝仪式。

明治时代初期，那些 19 世纪早期自称通神的人物所创立的新宗教遭到了批评。在创教后的数十年中，天理教、黑住教和其他千禧年教派，通过信仰疗法和许诺世间会有美好生活吸引了好几万追随者。到 19 世纪 80 年代，有几个教派已经发展为活跃的全国性组织。尽管新兴宗教把神道信仰吸收到它们折中的礼拜仪式中，但由于以前的教民逐渐把他们的热诚和捐助给予这些新教派，许多主流神道教的神职人员开始和这些新教派敌对。明治政府也满腹狐疑地看待它们。不仅因为它们常常因生活中的问题谴责现行的政治秩序，也因为它们已被证实的超越性别、阶级和地域的传统界限把人民联结在一起的能力。

当明治政权实施“国家神道”的计划时，那些新兴宗教开始担忧自己的生存权利并想方设法躲避迫害。一些教派通过重申天照女神在诸神中的显要地位，在它们的礼拜活动中融入更多的神道教祝词，强调传统价值比如“诚”的重要性，故意强化它们和神道教的同一性。同时，教派领导人小心地把国家意识形态纳入其教义之中。正如国家神道的神职人员所做的那样，数千名天理教和黑住教的传教者也开始称颂天皇统治的恢复。当他们云游全国时，还向信徒解释政府的政策如征兵、征税、义务教育和实施民法等，都是实现“迦微”神圣愿望的神圣目标。当新宗教改变自己去适应国家对宗教的观念时，明治政府的回报是承认天理、黑住和其他 11 个独立教派为教祖神教。实际上，这 13 个教派还是独立于构成国家神道的神社等级结构之外，但它们可以宣称自己是合法宗教，其教义代表了正统神教的不同支派。

作为提升神道教地位的做法之一，明治政府把宗教政策的天平向不利于佛教的一方倾斜。1868 年 3 月 28 日（阴历），政府下达《神佛分离令》，特别是要从神社中拆除所有拜佛所用之物，以及把神佛二教的诸神分开，从而结束了千年以来的宗教融合。在接下来的三年里，新政权没收了幕府将军和个别大名分给某些寺院的领地，并发布布告鼓励僧尼蓄发、吃肉、还俗、结婚。效果是引人注目的。到 1871 年年底为止，侍奉德川家康被神化后的灵魂“东照大权现”的大约 80 名和尚离开了日光。截至 1876 年，总计 87 000 个大小佛寺中约有 20% 关闭，56 000 多个僧尼还俗。

神道教的狂热分子，尤其是那些身处寺院神社混合体中，觉得低佛教僧侣一等的神道教神职人员，把 1868 年的分离令理解为允许他们发动对佛教的猛烈进攻。备受责难的攻击发生在那年的夏天，位于比睿山山脚，隶属于延历寺日吉山王神社的约 40 名社人，手持长矛冲进了全不设防的延历寺，焚毁了数百佛像和经卷。神道教狂热分子破坏、偷窃，或者出售无数的佛教经卷、画像、佛像、梵钟和其他佛具。直到 1871 年，席卷全国的暴力浪潮才逐渐平息。

明治时期，国家神道的支持者还不得不对付基督教的复兴。1859 年，江户和横滨等城市对外国人正式开放后，天主教神父就来到这些城市。他们高兴地获悉遥远的九州北部还存在着“隐藏的基督教教徒”团体，其中大约一半，合计近3万人，最后决定重返再现的教堂。1859年，基督新教三个教派的代表也来到日本，紧随其后的是若干教派的传教士。1873年2月，明治政权解除了过去对基督教的禁令，传教士们开始公开发展皈依者。

在争取教徒的竞争中，改宗者面临着一场艰难的战役。正如1889年的宪法所反映的，日本人只有“在不妨碍安宁秩序，不违背作为臣民之义务的情况下，有信教之自由”。大多数政府官员对于外国的教义保持冷淡的态度。神道教信徒挥舞着“破坏异端，宣扬正统”的标语攻击基督教，许多佛教徒也采取反基督教的姿态。不知何故，他们相信为了复兴佛教就有必要批倒基督教。19世纪80年代，一位知名佛教徒这样写道：“基督教之理偏私不全，和佛理相较，犹如发之毫末，或微弱之回响。啊，佛理何其明白，基督教之理何其含糊，如月华前之星光。两者怎能同日而语？”① 由于这种普遍的反对难以克服，到19世纪末，只有不到1%的日本人表明自己是基督徒，包括大约100 000名天主教徒和约30 000名俄国东正教教徒。

最后，政府提高国家神道和教祖神道的活动产生了多重结果。首先，许多普通人并没有立即参与国家神道的新仪式，特别是村民，依旧安于老办法，对礼仪日历上的事情并不热心，而是继续一同庆祝当地的传统节日。与此相似，甚至迟至19世纪80年代，一些主要都市的警察仍不得不在街头走动，提醒市民在宗教日历上的节日期间悬挂国旗，例如在2月3日明治天皇的生日那天。

此外，佛教最终从对它的攻击中幸存了下来。尽管19世纪70年代早期混乱无序，普通家庭仍然进入寺院，在那里举行家人的葬礼，照管墓址，并仰仗僧侣举行祭祖活动。基督教也坚持到了新世纪，部分原因是其信徒数量虽少，影响却很大。传教士建立孤儿院、医院和麻风病院的努力，吸引了人们对卖淫、贫穷和其他社会问题的关注。那些有志于改造日本的人也在基督教关于慈善和为别人做好事的劝导中看到了希望。另外，19世纪七八十年代，当政府不愿开办女子中学时，不同基督教派却反其道而行之。许多杰出的日本教育家，包括岩本善治、矢岛楫子、中村正直都是基督教信徒。基督徒还

---

① Notto R. Thelle, *Buddhism and Christianity in Japan: From Conflict to Dialogue*, 1854-1899 (Honolulu: University of Hawaii Press,1987)，p.99(modified).

创办了日本一些主要的私立大学，包括岩本善治曾经当过一段时间校长的明治女子学校，以及皈依者新岛襄 1875 年成立于东京的同志社，后来它成为日本第一所男女同校的大学。

尽管如此，神道教被赋予特权以及神社生活被重新定位为以国家为中心，毕竟深深地改变了日本宗教信仰的性质。当 19 世纪行将结束时，更多的日本人了解了神道教教条的意味。渐渐地，随着民间神社和皇室以及国家神社一起按照新的仪式日历举行庆祝活动，全国各地所有神社开始根据同一个计划开展祭拜仪式。通过拉拢神职人员支持明治政府的领导，国家神道教的倡议者成功地把政府的意识形态嫁接到神道教神学上。新兴宗教被贴上神道教合法变种的标签，对无数日本人民的宗教生活也产生了影响。被列入教祖神教的教派大为流行，把国家意识形态和宗教信仰的混合物带给了全国所有地区和社会各个阶层。明治时期最初数十年发生的事件，把佛教和基督教打入了另册；而且通过开创宗教教条和国家意识形态协力劝说普通男女遵从政府方针政策的可能性，为 20 世纪上半叶有组织的宗教和国家之间关系的扩展创造了条件。

前瞻

1899 年 8 月，编辑菊池幽芳开始在《大阪每日新闻》上发表《己之罪》。到次年夏天他的连载小说完稿时，菊池幽芳开创了通俗小说的新体裁：家庭小说。19 世纪 90 年代，日本人越来越多地使用“家庭”这个词，它由表意的“家”和“庭”构成，因此新出现的小说体裁称为“家庭小说”，或者说是“家庭浪漫史”。它的特色是以一位女性为主人公，故事情节揭示了营造美满婚姻的复杂性，并且有个欢快的结尾。家庭小说流行于新兴的中上阶层。当一个世纪即将结束，另一个世纪马上开始时，它引起了公众对牵涉到众多日本人的关于家庭、婚姻和宗教问题的讨论。

每章一个纠葛的情节迷住了菊池幽芳的读者。《己之罪》一开场就是女主人公——一个从外地到东京上女子中学的天真少女，被人勾引。在她怀孕后，她的情人，碰巧是基督徒的一名医科学生抛弃了她。她的父亲来到东京帮助自己的女儿，女儿生下一个男婴后，父亲把婴儿送走并告诉女儿孩子已死。

后来，女主人公嫁给了京都的一个贵族，后者的第一次婚姻因妻子不忠而以失败告终。这对夫妇最后有了个儿子。一次在海边度假时，一个年纪稍大的男孩——女主人公发现他就是那个因罪孽而生的孩子，与她和丈夫所生的儿子成为朋友，但是后来这两个男孩都淹死了。女主人公认为这场悲剧是对她向丈夫隐瞒年轻时风流韵事的惩罚，于是向丈夫吐露了实情。丈夫的感情受到了伤害，坚持与妻子分手。之后，他到了国外，而她成为红十字会的护士。几年后，当女主人公得知丈夫患了伤寒症时，就赶到了他的身边。在得到妻子的照料并且恢复健康的日子里，丈夫发现他开始欣赏妻子善良的本质，并认识到她的罪过只是因为年轻时的单纯。小说的结尾是女主人公又怀孕了，这对破镜重圆的夫妻快乐地等待着他们第二个孩子的出世。

《己之罪》为家庭小说的读者提供了对于当时社会问题使人感兴趣的各种观点。女主人公的父亲代表了提出“贤妻良母”说的思想家的观点。他的志向就是给女儿一种能使她成为一个贤妻良母的教育。然而，女主人公悲惨地被无情的医科学生欺骗，触动了父母的担忧，他们开始重新考虑让女儿接受学生生活的计划。不过，女主人公的护士职业又暗示妇女需要接受教育以便在必要时养活自己；而且，正是她掌握了职业技能这一点，使她有可能和丈夫复合。

《己之罪》也使基督教受到考察。菊池幽芳没有指明女主人公的学校，仅仅暗示它是那种教会学校。作品中保守的言论抨击它们鼓励学生产生各种浪漫幻想，因此诱发肉体的欲望，使年轻姑娘成为放荡男人容易捕获的猎物。作者通过把那个医科学生塑造为基督教皈依者，把女主人公形容为“最后落入恶狼魔掌的可怜羔羊”，[①] 进一步影射基督教和西方式浪漫的邪恶之处。但是，菊池幽芳也赞美《女学杂志》这个日本早期女权主义者以及男性基督徒知识分子和教育家的论坛，因此他也机智地把那头“狼”塑造成一个误入歧途的年轻人，一个违反了赞赏浪漫爱情和禁止男女“私通”的高尚基督教教义的流氓信徒。到小说连载结束时，《己之罪》已经把基督教的价值置于新民法的规定之上。

① Kathryn Ragsdale, “Marriage, the Newspaper Business, and the Nation-State: Ideology in the Late Meiji Serialized Katei Shōsetsu”in *Journal of Japanese Studies* 24:2(Summer 1998).

菊池幽芳告诉读者，接受耶稣基督的忠告，原谅社会上的罪行，比排斥堕落的妇女更好。他解释说："我第一次懂得统治社会不仅应该依靠道德，而且应该依靠爱；假如道德不是发源于爱，人类生活就无法和谐管理。"

对浪漫爱情的讨论自然使菊池幽芳提出夫妻关系的问题。女主人公的父亲和姑母象征着或多或少属于官方的观点：女子的主要义务是为家庭服务。她的父亲根据这一点构想她的教育，而她的姑母则说："女人的眼里只有家庭。可能会有些女子当丈夫在社会上有辉煌的事业时喜欢这个家，但女子生性不是这样的。如果她能创造一个快乐的家庭，单单这件事就令人满意。"女主人公夫妇的行为表明，非传统的关系可能更让人满意。最终这对夫妇不理睬姻亲的建议，而把他们的婚姻建立在平等和浪漫爱情的基础之上。而且，他们是在女主人公在公共领域有了短暂却成功的事业后才言归于好。他们的第二个孩子是婚后幸福的象征，而不是设定了功能的家庭单位的核心。

19世纪末，明治政府及其支持者生机勃勃地制定法典，创立教育体制，并怀着围绕既定准则模塑个人行为的希望操纵宗教。在政府领导人看来，这样的社会工程补充了他们的政治和经济改革，有助于实现建立富强现代国家的明治梦想。不过，如《己之罪》等小说中的人物所表明的，大多数日本人并不想让政府决定他们自己的日常生活；相反，他们知道什么与自己利害攸关，努力根据各自的不同背景重新诠释政府的目标，构建他们自己对未来的期望。在这一点上，19世纪90年代不过是开始把20世纪头几十年需要处理的问题提到了显要位置。

浪漫小说没有着墨的是矿工、工厂女孩和男性蓝领工人。工人阶级依然奋力争取让别人听到他们的声音，依然不为社会上境况比他们好的人所理睬。20世纪早期，他们也提出了对明治梦想的疑问，尤其是质问为什么某些政治、经济和社会计划是必需的？谁会从中受益？当工人们要求在决定国家未来的方向上有更大发言权时，他们不仅引起了后来对日本工厂状况的关注，而且为关于什么构成了理想的婚姻和家庭，教育应该怎样构建，以及应该尊奉什么信仰等问题的讨论，增添了又一种观点。

第三篇

JAPAN 新世纪的日本
in the New Century

年表

◎ 1855年

2月7日（阴历为上年12月21日），德川幕府签订《日俄亲善条约》。

◎ 1871年

8月28日（阴历），政府发布政令，禁止使用“秽多”、“非人”等歧视性名称，所有贱民都享有与其他帝国臣民同样的权利和职责。

11月（阴历），愤怒的台湾人杀死了琉球群岛失事船只上的船员。

◎ 1872年

《土地调整条例》允许北海道拓殖使占用阿伊努人的土地，重新分配给日本移民。

◎ 1873年

5月26日，和歌山县村民攻击“部落民”社区，打死打伤29人，捣毁300所房屋。

◎ 1874年

5月22日，日本远征军在台湾登陆。

◎ 1875年

5月7日，日俄签订《圣彼得堡条约》，给予沙俄统治萨哈林岛的权力，日本则取得对千岛群岛的统治权。

◎ 1876年

1月，日本派遣3艘战舰进入朝鲜水域。

2月26日，日本与朝鲜签订《江华岛条约》。

5月9日，上野公园对公众开放。

◎ 1879年

4月4日，琉球群岛并入日本版图，成为冲绳县。

◎ 1884年

12月4日至7日，在日本帮助下，金玉均企图在朝鲜发动政变。

◎ 1885年

3月16日，福泽谕吉发表影响深远的“脱亚论”。

4月18日，日本与中国签订《天津公约》。

◎ 1887年

2月，德富苏峰创刊《国民之友》。

◎ 1889年

2月11日，明治天皇颁布《大日本帝国宪法》。

2月12日，黑田清隆首相允诺支持超然内阁。

◎ 1890年

7月1日，日本举行第一次普选。

11月25日，日本帝国议会召开第一次会议。

11月29日，日本帝国宪法生效，天皇正式召开首届国会。

12月6日，山县有朋首相通知国会，日本外交政策将围绕“主权线”和“利益线”构建。

◎ 1892年

2月3日，大本教出现。

◎ 1894年

3月28日，金玉均在上海被刺杀。

4月至5月，东学党起义，控制了朝鲜南部省份，逼近汉城。

6月1日，日本政府获悉，朝鲜已经要求中国帮助其镇压东学党起义。

6月2日，日本内阁决定派遣远征军去朝鲜。

7月16日，《日英通商航海条约》签订，做出最终将取消不平等条约的承诺。

8月1日，日本正式向中国宣战。

◎ 1895年

4月17日，日本与中国签订《马关条约》。

4月23日，俄、法、德三国一致行动，威逼日本将辽东半岛退还给中国。

5月5日，日本交还辽东半岛给中国。

10 月 8 日，朝鲜闵妃被暗杀。

◎ 1896 年

10 月 21 日，中国允许俄国建筑从海参崴穿越中国东北抵达贝加尔湖的中东铁路。

◎ 1898 年

3 月 27 日，中国允许俄国租借辽东半岛。

6 月 22 日，大隈重信与板垣退助合并立宪自由党和民主党，组成宪政党。

6 月 30 日，大隈重信成为被任命为首相的第一位政党领袖。

◎ 1900 年

3 月 10 日，日本政府公布《治安警察法》。

7 月 6 日，日本内阁决定提供部队参与组建国际联军，镇压中国的义和团运动。

9 月 15 日，伊藤博文组建政友会。

12 月 5 日，日本第一所女子医学院成立。

◎ 1901 年

4 月 28 日，安部矶雄等组建社会民主党，5 月 20 日自行解散。

9 月 7 日，镇压义和团运动后签订的《辛丑条约》，给予日本在北京—天津地区驻军的权利。

◎ 1902 年

1 月 30 日，日本与英国缔结《英日同盟》。

3 月 1 日，东亚同文会成立。

东京的霞关区成为现代式建筑的政府办公楼集中区。

◎ 1903 年

6 月 1 日，日比谷公园向公众开放。

10 月 1 日，日本的第一座永久性电影院电气宫在东京浅草区开业。

◎ 1904 年

2 月 4 日，御前会议支持内阁对俄开战的决定。

2 月 8 日，日本海军攻击旅顺港附近的俄国军舰。

2 月 10 日，日本向俄国宣战。

◎ 1905 年

1 月 1 日，日本军队占领旅顺。

5月27日至28日，日本海军在对马海战中击败俄国舰队。

9月5日，日本和俄国签订《朴次茅斯和约》。东京日比谷公园及日本其他地区发生反对缔结对俄和约的骚乱。

11月7日，《日朝协约》缔结，朝鲜成为日本的保护国。

◎ 1906年

3月，伊藤博文抵达汉城，就任日本驻朝鲜统监。

8月1日，日本政府组建关东军，保护其新近在中国东北拥有的权力。

11月26日，日本政府设立“南满洲铁道株式会社”。

◎ 1907年

6月，一个朝鲜代表团出现在第二次海牙世界和平大会上。

7月19日，伊藤博文统监逼迫朝鲜国王高宗退位，表明日本意在控制朝鲜内政。

7月24日,《日朝协议》签订,朝鲜国内行政事务的全面控制权移交给日本驻朝统监。

8月1日，伊藤博文解散朝鲜军队。

◎ 1908年

1月，第一期《妇人之友》出版，该刊1903年以《家庭之友》刊名问世。

8月27日，日本政府批准设立东方拓殖株式会社。

◎ 1909年

10月26日，朝鲜爱国者在哈尔滨刺杀伊藤博文。

◎ 1910年

8月29日，日朝两国8月22日签订的合并条约开始生效。

◎ 1911年

1月24日至25日，幸德秋水等因参与所谓“大逆事件”被绞死。

9月1日，平冢雷鸟创办《蓝袜》杂志。

9月22日，松井须磨子表演易卜生戏剧《玩偶之家》。

10月，新型百货公司白木屋于东京日本桥开业。

◎ 1912年

7月3日，明治天皇去世，大正时代开始。

8月1日，劳工领袖成立友爱会。

9月13日，明治天皇的国葬仪式在东京举行，乃木希典将军夫妇殉葬。

◎ 1913年

2月7日，桂太郎组建名为“立宪同志会”的新政党。

12月23日，加藤高明被推举为“立宪同志会”总裁。

◎ 1914年

7月28日，第一次世界大战爆发。

8月23日，日本对德国宣战。

10月1日，新型百货公司三越在东京日本桥开业。

10月，日本军队占领卡罗林、马绍尔和马里亚纳群岛。

11月7日，德国将其在中国山东的租借地转让给日本。

12月20日，东京中央车站开始运营。

松井须磨子的《喀秋莎之歌》首开日本流行音乐纪录。

◎ 1915年

1月18日，日本向中国提出“二十一条”。

5月25日，中国接受“二十一条”的前四大项。

◎ 1918年

7月23日，富山县妇女暴动，宣告“米骚动之夏”开始。

9月29日，原敬被任命为首相，领导日本首届政党内阁。

12月7日，东京大学学生成立“新进会”。

◎ 1919年

1月5日，松井须磨子自杀。

3月1日，朝鲜“三一”独立运动开始。

8月12日，斋藤实海军上将就任朝鲜总督，开始了所谓的“文治”时代。

11月24日，大阪成立“东日本妇女协会”。

12月22日，企业领袖与内务省官员组成“协调会”。

◎ 1920年

3月15日，米价、丝价暴跌，标志着战后经济衰退的开始。

3月28日，“新妇人协会”成立。

11月15日，日本成为国际联盟成员国。

12月17日，国联授权日本统治卡罗林、马里亚纳和马绍尔群岛。

◎ 1921 年

4 月 4 日，信仰社会主义的妇女成立“赤澜会”。

6 月 29 日，神户的川崎和三菱造船厂工人举行 50 天大罢工。

11 月 12 日，华盛顿和会开幕。

11 月，在日本的朝鲜学生组成革命组织“黑浪会”。

12 月 13 日，日本签订《四国协定》。

◎ 1922 年

2 月 6 日，日本在华盛顿和会的最后一天签订《海军条约》和《九国公约》。

3 月 3 日，“部落民”的积极分子组成“水平社”。

4 月 20 日，国会修改 1900 年《治安警察法》，取消了妇女加入政治社团的禁令。

7 月 15 日，知识分子和政治激进分子建立日本共产党。

12 月 2 日至 17 日，日本从中国山东撤出军队。

◎ 1923 年

2 月 2 日，丸内大厦开业。

9 月 1 日，关东大地震摧毁东京—横滨地区（死伤 20 余万人，毁损 40 万房屋——译者）。

美浓部达吉在其所著《宪法述要》中阐释“天皇机关说”。

◎ 1924 年

3 月，日本共产党宣布解散。

6 月 11 日，宪政会首领加藤高明就任首相，开创了政党政治时代。

12 月 1 日，《小作调停法》生效。

12 月 13 日，“妇人参政权获得期成同盟会”成立。

◎ 1925 年

3 月 29 日，国会通过成年男子普选权法案。

4 月 22 日，《治安维持法》颁布。

◎ 1926 年

3 月 5 日，劳动农民党成立大会在大阪举行。

8 月 6 日，东京、大阪、名古屋的广播电台合并为日本放送协会（NHK）。

12 月 4 日，日本共产党正式重建。

12 月 5 日，安部矶雄等组建社会民众党。

12 月 9 日，日本劳农党成立。

12 月 25 日，大正天皇去世。

12 月 28 日，昭和时代开始。

◎ 1927 年

4 月 22 日，政府宣布 3 周内银行暂停营业。

5 月 28 日，田中义一内阁派遣军队前往中国青岛保护日本侨民。

9 月 16 日，野田酱品公司罢工开始。

◎ 1928 年

3 月 15 日，警察对共产主义者及其他政治积极分子进行大抓捕。

4 月 19 日，野田酱品公司罢工结束； 田中义一内阁派遣军队前往中国济南保护日本侨民。

5 月 3 日，中日军队在济南发生冲突。

第九章

帝国的建立

1905 年 9 月 5 日，东京正因夏末经久不散的热气而显得有气无力，数千人结队来到了毗邻皇宫的草木繁盛的东京日比谷公园。根据杂志上的图片，参加者中有少数妇女，尽管 1900 年的《治安警察法》禁止女性和未成年人参加政治集会。虽然当天下午天气湿热难耐，这些普通的日本公民还是聚集在一起聆听演讲。也正是在这一天，日本代表签署了《朴次茅斯和约》，正式结束了和俄国的战争。战争是激烈的，但是日本在海战和陆战中都赢得了几次胜利。在美国总统西奥多·罗斯福的斡旋之下，日本与俄国在新英格兰的古老小镇签订了和约，俄国承认了日本的胜利，把亚洲北部俄国的领土和铁路让给了日本。

首相及其内阁把对俄国的胜利赞誉为日本近代历史上的伟大时刻。对于把国家置于祸福难测的战争中的人们而言，战胜一个西方强国代表着明治梦想的实现，同时也是一个辉煌的成就，证实了日本近代化努力的成功，证明国家摆脱了半殖民地地位，标志着日本已经跻身强国阵营，具有更安全的未来。外界也同意这个评价。《纽约时报》的社论认为，这场胜利确保了日本未来的“和平和安全”，并创造了“工业成长和国家发展的无穷机会”。①

令人吃惊的是，9 月 5 日，3 万名左右手工业者、店员和工厂工人聚集在日比谷公园，不是为了赞颂，而是为了抗议条约的签订。他们认为，政府没有从俄国手中谋得足够的让步，相反，谈判代表“笨拙”而且“意志薄弱”，满足于“可耻地”和平签订了和约。鞭炮燃放的同时，气球飞向天空，铜管乐队奏响了爱国歌曲，演讲者一个接一个地敦促内阁和天皇“拒绝屈辱的和

① *New York Times*, September 8, 1905, p.8(modified), and September 10, 1905, p.6.

约”，命令军队继续“击溃敌人的英勇战斗”。[①] 集会结束时，一些狂热分子朝皇宫前进。他们群情激奋。当警察试图阻拦时，双方发生了冲突。民众只能用棍棒和石头对付警察手中的刀剑，但他们占有数量上的优势。他们很快变得疯狂，洗劫了警察局，并纵火焚烧政府大楼。第二天，当局颁布了戒严令。到 9 月 7 日一场暴雨平息暴乱时，已有约 350 幢房屋被毁，约 500 名警察和至少 500 名示威者受伤，17 人死亡。

暴乱传递了既明显又微妙的信息，其中一点是，日比谷的抗议者要确定他们在国家政治组织中的位置。他们以自己在农田、工厂、学校和战场上付出的个人牺牲和心血而自豪，认为自己为国家自维新以来数十年间所取得的集体成就做出了贡献，因此他们有权发表意见。作为国民，他们到日比谷公园集会，是为了表明他们对官方政策的异议。但在此刻的怨恨之外，共同的利益填平了示威者和政府之间的沟壑。日比谷事件中的男女都是爱国者，和国家领导人一样，他们绝不愿接受与作为世界主要国家之一的地位相抵牾的任何事情。在新世纪之初，炽热的民族主义以及赢得国际社会尊敬的顽强决心，把公民和政府联结在了一起。

1905 年 9 月，日比谷公园中民族自豪感的爆发和围绕着共同目标的强烈情绪的汇聚，还包含着另一个重要信息，那就是日本人民开始回答一个具有历史重要性的问题了。1868 年以前，日本是一个闭塞的国家，很少和外界交往。在整个有文字记载的 1000 多年的历史中，仅在 16 世纪后期由于丰臣秀吉的妄自尊大而去侵犯邻国。那么，如何建立帝国呢？日本在追求现代化时，国家领导人和公民都坚决要求获得侵略性的对外政策的利益，因此发动了对中国和俄国的战争。

边界和关系的重新确定

19 世纪 70 年代，就在人们欢呼日本在日俄战争中取得胜利的几十年前，明治领导人努力争取重建与亚洲邻国的传统关系。西方国家不愿再容忍日本

① Shumpei Okamoto, *The Japanese Oligarchy and the Russo-Japanese War* (New York: Columbia University Press,1970), p.208.

限制与国外交往的一贯做法，在伊藤博文和山县有朋等人看来，日本是一个不得不服从西方外交准则的弱小国家。这些新准则要求各国划清边界，以便精确标注在地图上，还要求各国与国际社会的其他主权国家缔结正式条约，互派驻外代表处理两国关系，解决任何可能出现的不可预见的问题。

德川幕府无需为确定日本的版图操心，其统治领域大致与将军领地和各藩的外边界一致，文化上的亲密关系也限于那些说日语并具有共同社会价值观和宗教信仰的人们之间。在那种情况下，南部和北部诸岛身份模糊不清也无关紧要，通常不认为虾夷地和九州列岛是幕府将军的领地，但也不是明确

地图 9.1　北部的岛屿

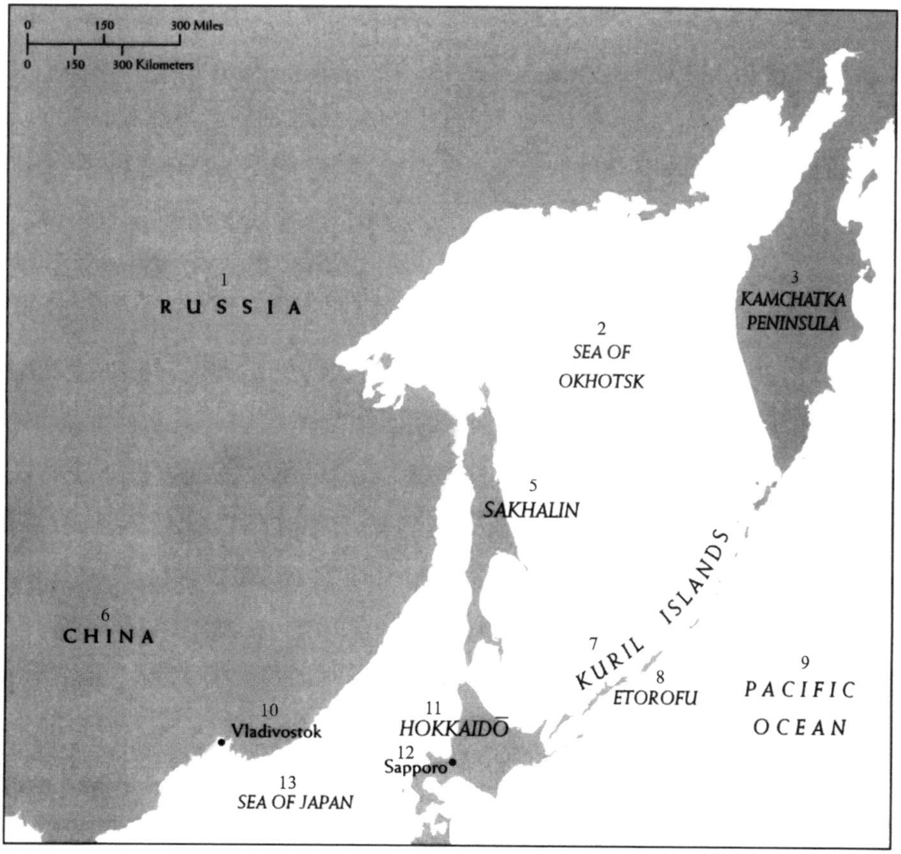

1. 俄国　2. 鄂霍茨克海　3. 勘察加半岛　4. 黑龙江　5. 库页岛　6. 中国
7. 千岛群岛　8. 择捉岛　9. 太平洋　10. 海参崴　11. 北海道　12. 札幌
13. 日本海

的外国领土。然而，新的外交准则不允许疆域问题如此含混不清。因此，19世纪70年代，明治政府的领导人开始了两项任务：确定日本的疆域；按照西方国家的期望调整与最近的两个大陆邻国——俄国与朝鲜的关系。

北海道是从1869年开始正式使用的地名。明治政府尤其想明确北海道以北的边界线，执政者们认为，出于经济和战略的原因日本需要那个大岛屿。俄国穿越北太平洋的扩张和对莱克斯曼和雷扎诺夫探险酿成事件的记忆，尤其在年轻的明治领导人心中激荡，他们希望通过使俄国士兵和商人尽可能远离日本的心脏，来遏止俄国对北部的野心。使执政者松了一口气的是，早在1855年签署的《日俄亲善条约》已经承认了日本对北海道以及千岛群岛中往北远至择捉岛等岛屿的主权，虽然它使库页岛的归属问题悬而未决。

明治维新后，新政权通过设立北海道拓殖使，鼓励移民北方并逐步努力同化阿伊努人，来巩固日本对北海道的主权。为了开发前虾夷地的商业潜力而成立于1869年的北海道拓殖使，在1882年被取消前只取得了微小的成就：促进了酿酒业和捕鱼业的发展。也许它最持久的成果是札幌农学校的成立，后来它成为日本的7所帝国大学之一，1949年更名为北海道大学。札幌农学校成立于1876年，以美国的“赠地大学”（指美国政府拨给土地的大学，条件是开设有关农业和机械技术课程。——译注）为参照，聘请了若干外籍教师，其中威廉·史密斯·克拉克赢得了不朽的声名。他倡导学生，“青年们，要胸怀大志”。这句话现在依然被重申。

札幌农学校的主要任务是推动北海道的农业向前发展。19世纪70年代，明治新政权既要帮助前武士获得谋生的手段，又要从内地移民充实边境。这样外界就会承认北海道是日本不可分割的一部分。鼓励前武士移民到北海道当农民可以一箭双雕。截至1889年，大约已有2000个武士家庭从允许他们利用政府贷款，以市场价的半价购买北海道荒地的计划中受惠。与此同时，近8000名前武士在军事殖民地定居。他们每家都得到一块未耕地和房屋、家用品、农具，而且在同意耕种土地和遭受侵略时帮助保卫北海道后，还能得到三年的粮食供应。19世纪90年代，在政府宣布将为所有的新移民，不论其社会背景如何，都提供十年免税免租金待遇，而且十年之后即获得拥有土地所有权的田产后，移民人数更是大幅度上升。

作为北方政策的一部分，明治政府否认阿伊努人属于不同的种族，着手完成把他们吸收到日本社会的计划。19 世纪 70 年代，新政权因袭早年幕府的做法，命令阿伊努人不得戴耳环、文身，强迫他们改穿日本服装，梳日式发型。不过，在明治时期，同化的计划并不局限于外观的改变，还要根除阿伊努人的整个生活方式。明治政府听取了外国顾问，如前美国农业部长官贺瑞斯·卡普伦（他曾经帮助制订美国西进运动中镇压当地人反抗的计划）等人的忠告，强迫阿伊努人参拜神道教神社，取日本人的名字。为了节约时间，减少麻烦，人口调查处的官员有时让整个聚落姓同一个姓。在学校里，阿伊努儿童要学习日语，阅读强调敬畏天皇和效忠国家就会获得幸福的课文。

最主要的是，当局想把阿伊努人从猎人和采集者——根据某些人的说法是"野蛮、凶暴，尚非完全人类的野人"①——转变为文明的农民，但是明治政府不许阿伊努人耕作他们原先渔猎的地方。1872 年的《土地法令》把北海道描述成一大片荒地，明确了土地使用权和所有权之间的界限。其中一条这样规定："当地人民渔猎伐木的山林河流，应分配并转归个人或集体所有。"这样，阿伊努人赖以为生的山林成了所谓的"荒地"，被分配给日本移民作为家园和农场。移民迁居到阿伊努人的故园后，当局把土人安置到条件较为恶劣的区域，发给他们少量工具和种子，强迫这些被赶走的家庭学会种田。在 1899 年《旧土人保护法》的实施中，这种政策倾向性达到了极点。这部保护法规定，打算务农的阿伊努人家庭可以获得 2 公顷至 5 公顷农田，然而不久，大多数阿伊努人的土地就落到了日本邻居的手中，后者经常是通过不正当的手段巧取豪夺，结果阿伊努人不得不在渔场做工，生活在城市贫民窟里。这些政策破坏了阿伊努文化，使其难以修复。但是到明治末期，北海道毫无疑问已经属于日本。1908 年，北海道的 18 000 名阿伊努人只占了那里 1 450 000 总人口量的 1. 25%。

至于如何处理日本人、俄国人及土著岛民杂居的库页岛和千叶群岛北部的归属问题，日本执政者不太有把握。似乎没有什么有说服力的理由，可以使日本把主权扩张到那些稀稀落落的海湾和小港。如果日本这样做，就会引

① Richard Siddle, *Race,Resistance and the Ainu of Japan* (London: Routledge,1996), pp.61(modified) and 56.

起管理和防御上的问题。因为根据西方式外交中的新语汇，生活在那里的人们就会成为有资格要求国家保护的“公民”。还有，明治政府的领导人对于把国界划在太靠近北海道海岸的地方犹豫不决。因为他们唯恐表现出对俄国心存畏惧，从而产生可能会有辱新政权声望的不良形象。出于上述考虑，1875年，明治政府派代表赴俄国商谈解决北部问题。会谈进展顺利，5 月 7 日，双方缔结了《圣彼得堡条约》，日本放弃其占领的库页岛部分地区；作为交换，日本获得了整个千岛群岛的所有权。

在西部，明治政府把对马合并到长崎县，坚称朝日两国的国界线就在朝鲜半岛和宗氏大名以前的领地对马岛之间。但是事实证明，调整和朝鲜关系的其他方面是十分棘手的。传统上朝鲜自认为是中国朝贡体系内的一个属国。尽管这种主从关系具有排外性，德川时期中国宗主还是允许朝鲜遣使到江户，通过宗氏大名和日本开展有限的贸易。1868 年，明治政府的新领导人掌权之后，要求朝鲜朝廷承认“王政复古”。朝鲜一再回绝，日本政府核心集团中的一些人，特别是西乡隆盛，对此感到不满，于 1873 年建议征讨朝鲜。西乡隆盛的提议引发了执政者之间的激烈争论，但是最后头脑比较冷静的领导人，如伊藤博文和大久保利通等人，认为征讨朝鲜将使西方反对依然脆弱的日本的意见占上风。

不过三年之后，伊藤博文和大久保利通把侵朝一事重新提到了日程上来。明治领导人选派曾任北海道开拓使长官的黑田清隆与朝鲜重开谈判。黑田清隆效仿佩里的做法，1876 年 1 月，率领一支现代舰队闯进朝鲜水域。当中国未对日本的大胆举动做出反应时，朝鲜觉得自己除了同意日本的要求之外几乎别无选择。1876 年 2 月 16 日签订的《江华条约》，规定“朝鲜为自主之邦，保有与日本平等之权。嗣后两国如欲表示和亲，须彼此以同等之礼仪相待。从前有碍邦交之诸条规，应悉行革除。务必开拓宽裕弘道之法，以期双方之永远安宁”。① 尽管言辞冠冕堂皇，随后的“修好条款”却绝对只对日本有利。因为它们规定朝鲜的三个港口对日本开放通商，允许日本在那里设立领事馆，日本居民享有治外法权。具

① Centre for East Asian Cultural Studies, comp. and publ., *Meiji Japan through Contemporary Sources*, vol.2 (Tokyo: 1970), pp.122-26.

有讽刺性的是，在欧美强国用炮舰外交使日本沦为半殖民地国家不到 20 年后，日本也强迫它最近的邻国接受严重危害其主权的西式不平等条约。

划定日本的南部国界线，以及重新确立与琉球群岛的关系也牵涉到中国。和朝鲜一样，德川时代之初，琉球群岛既是独立的国家，又是中国的属国。使事情更加复杂的是，1609 年萨摩武士把琉球国王扣为人质，两年后逼迫他瞒着中国签署了承认萨摩为其领主，同意双方开展贸易的协议。1871 年秋，日本的新政权废藩置县时，决定把琉球置于鹿儿岛县（包括前萨摩藩的领地）的管辖之下，名义上取得了对琉球群岛的主权。

当大约 50 名琉球船民因船只失事漂浮到台湾（当时属于中国福建省），而被台湾土著居民杀害的事件发生之后，新政权下定决心要把日本的统治权向南推进。在日本国内，舆论要求明治政府惩罚未开化的台湾人，为遇害的“日本国民”，即琉球渔民报仇。对台湾采取军事行动的政策看来是个不错的选择。与清政府官员的会谈没有得到什么结果后，1874 年初日本政府派兵征台。5 月 22 日，日军在台湾登陆，迅速镇压了当地人民的反抗。在出兵后的谈判中，清政府承认日本的行为是“义举”。次年，明治政府命令琉球国王中断与中国的从属关系。并最终于 1879 年强迫末代琉球国王退位，把琉球群岛改成冲绳县，正式吞并了琉球。

19 世纪 70 年代，日本政府灵活有力地获得了国家的外交利益。不过，执政者的行动并不是实践大陆扩张的预谋，相反，在明治新政府的第一个十年，它仅是按照西方惯例划清国界线以及重新调整和近邻的关系。到 19 世纪 70 年代末，统治者已经达到了下列目标：日本的统治权延伸到了北海道、千叶群岛、对马和琉球群岛；舆论称赞政府通过谈判和俄国缔结了条约，证明了日本勇敢抵抗西方国家的决心；人民大多欢呼《江华条约》的签订，认为这表明日本已经发展到可以开始享有西方强国认为理所应当是它们的权利的某些特权。

新兴的帝国主义思想

19 世纪 80 年代，当一种新的更有杀伤力的西方帝国主义表现出倾覆东亚的威胁时，日本对其邻国的态度大大改变。19 世纪后期，曾经强烈地吸引了岩仓使节团的西方强国——英国、法国、德国、意大利和美国的政治集权和商业发展都上了一个新台阶。美国内战和欧洲一系列军事对峙的一个副产物是使人们意识到，国家财富能使任何国家维持国内的政治凝聚力，增强保卫自己免遭对立邻国侵犯的能力。于是，为了使国家繁荣富强，19 世纪后期西欧和北美的政府竞相实行工业化，建立全国性的交通和市场网络，鼓励劳资合作，在面临国外竞争时保护本国工农业。

建立强大的国民经济的愿望，导致了新的地缘政治态度的产生。处于政治集权和经济近代化过程中的所谓西方强国，越来越觉得有必要建立能促进宗主国发展的殖民帝国。自 18 世纪工业革命以来，欧美的商人、银行家和实业家就通过打开海外的销售市场，购买国外的廉价原材料和食品，追求个人利益的最大化。各国政府，以英国政府为最，通常会通过声称在遥远的国度拥有“特殊权利”来支持本国的商人。然而，到 19 世纪的最后数十年，帝国主义征服成为公开挑明的国策。许多国家开始尽全部的政治和军事资源争夺殖民地、保护国和势力范围，以便增加宗主国的财富、力量和威望。

由于相信任何成功的近代强国都必须是“帝国”，各国之间为争夺海外殖民地展开了激烈竞争。欧洲各国很快蚕食了非洲：1881 年，法国宣布突尼斯为其保护国；次年，英国占领了埃及；1883 年，德国的势力开始渗透到非洲大陆的西南角。美国进入了太平洋地区，1893 年推翻了夏威夷君主国，然后为争夺萨摩亚、吉尔伯特和马绍尔群岛与英、德两国展开了角逐。在亚洲，正如英国把缅甸据为殖民地那样，1884 年至 1885 年的中法战争，使越南成为法国殖民帝国的一部分。每个国家都叫嚣着要在中国建立租界，截至 19 世纪 80 年代，在中国享有特殊权益的西方国家已经不止英、法、俄、美四国，还有葡萄牙、丹麦、荷兰、西班牙、比利时和意大利。到 20 世纪的头十年，建立帝国的热望达到顶点，非洲大部、中东、亚洲和太平洋都已沦为帝国主义的牺牲品。在地球上的这一大片地方，只剩下 7 个完全独立的主权国家。

西方对亚洲的侵略，使许多日本人认为日本必须重新考虑和亚洲邻国以及好战的西方列强之间的关系。在当权者中，负责制定日本外交政策的首推山县有朋。山县有朋是个经验丰富的执政者，曾经负责建立日本的征募军。19 世纪 80 年代任内务卿时制定了地方政府制度，1889 年 12 月接任首相。他也是个小心谨慎的实干家，专注于日本的安全问题。他按照强权政治那一套看待世界，朝鲜尤其引起他的密切注意。他认为朝鲜是个虚弱落后的国家，将来有可能沦为掠夺成性的英国或野心勃勃的俄国的猎物，后者正打算修筑穿越北亚抵达海参崴的西伯利亚铁路。山县有朋断定，这条铁路的竣工对日本的切身利益是个长期威胁，因为它将使沙皇的军队进入东北甚至北京。而且他知道，俄国渴望有个长年不冻港作为新铁路的终点，因为海参崴冬季结冰，俄国的将领会觊觎气候比较温和的朝鲜港口。

山县有朋担心，假如英国或俄国在朝鲜半岛建立了立足点，日本的独立最终会岌岌可危。因此，在1890年12月6日在日本首届议会的演说中，山县有朋首相概括了其外交政策的目标。他说他任职期间的主要目标是“维持国家独立，提高国家地位”。[①] 为了达到这个目标，他接着说，日本必须准备好捍卫“主权线”和“利益线”。前者指新确定的国家疆域，而后者则指和日本的安全需要紧密相关的邻近缓冲地带。当日本即将迈进新世纪时，山县有朋提出日本的主权线包括对马的海岸线，利益线则穿过朝鲜。他最后说，“要维持一国之独立，仅仅守卫主权线是决然不够的，必须进而保卫利益线”。因此，山县有朋提出了迅速扩充日本海陆军的预算案。

在民间，教育家和报刊撰稿人福泽谕吉也为亚洲的形势感到苦闷。19世纪六七十年代，福泽谕吉鼓励全盘引进西方观念和制度。他相信世界是美好的，在这个世界上，国与国之间“互相学习，为彼此的幸福祈祷，按照自然界和人类的法则互相联系”。[②] 然而，到了19世纪80年代早期，当他为帝国主义的步步进逼而焦灼，转而思考社会达尔文主义的教诲时，福泽谕吉变得愤世嫉俗了。福泽谕吉坦白说，以前他认为仁善公正的国际法主宰着国与国之间的关系；现在他认识到，实际上世界是根据丛林法则运行的，所有的国家都为了实力和财富而奋斗，强的吞噬弱的。他警告道，美国和欧洲的先进国家比中国和朝鲜这样的国家强大得多，西方的入侵会使亚洲遭受和非洲及中东一样的屈辱和毁灭。

---

① Roger F. Hackett, *Yamagata Aritomo in the Rise of Modern Japan*, 1838-1922 (Cambridge: Harvard University Press,1971)，p.138.

② Carmen Blacker, *The Japanese Enlightenment: A Study of the Writings of Fukuzawa Yukichi* (Cambridge: Cambridge University Press,1964), pp.124-36 passim.

福泽谕吉警告，这个进程会直接危及日本。他满怀热情地相信他的祖国和邻国不同。他骄傲地宣称，在亚洲国家中，唯有日本已经开始近代化，开始按照西方的榜样重塑自我。由此证明它已准备好和其他文明国家臂挽着臂走在进步的路上。他继续说，不幸的是，西方没有也不能认清这个事实。他哀叹，欧美人都戴着种族主义眼罩，分辨不出亚洲国家之间的区别，在他们看来，中国和朝鲜都是专制、半开化的，固守着过去的可笑习俗，他们认为日本也是这样。福泽谕吉否认日本与中国、朝鲜一样，但是，日本怎样才能避免被西方的可怕力量碾碎呢？

福泽谕吉为他自己的问题提出了两个答案。首先，他宣布，日本必须建立军事实力，必须随时准备动武。他写道："别人使用暴力时，我们也必须以暴治暴。"其次，他主张日本必须鼓励亚洲邻国进行改革，以便经受住西方的冲击；如果他们拒绝，他认为日本应该强迫他们这样做。他向日本同胞说起这样一个寓言：居住在石屋里的人不会免于火灾，如果他的邻居住在木屋。当然，住在石屋的人应该尽量劝说其邻居改建房子，但是假如"危机在即，断然侵入邻居的地方是正当的。不是因为他觊觎邻居的房子或者憎恨邻居，他不过是想保护自己的房子免遭火灾"。

1885 年 3 月，在一篇发表于他自己的报纸《时事新报》上的有影响的文章中，福泽谕吉重申了他的主张。他以《脱亚论》为题，一开始就重提人们所熟悉的进步的日本和落后的中、朝两国之间的比较。鉴于西方的倾向，福泽谕吉说日本不能和亚洲邻邦联系太紧密，否则只会败坏日本的名声。他认为日本应该准备好采取冷酷的行动以保护自身的安全。他说："与其坐等邻邦之进步而与之共同复兴东亚，不如脱离其行伍，而与西洋各文明国家共进退。对待支那、朝鲜之办法，不必因其为邻邦而稍有顾虑，只能按西洋人对待此类国家之办法对待之。"

19 世纪 80 年代末至 90 年代初，其他有影响的作家更加公开地鼓吹帝国主义的益处。在出版于 1886 年的第一本书里，德富苏峰接受了赫伯特·斯宾塞和其他西方知识分子的观点，即所有先进的工业社会本质上是爱好和平，没有侵略性的。但是不久，德富苏峰就彻底改变了想法。1893 年他观察到，日本在政治、教育和商业领域已经取得了巨大成就，但这些还是无法说服西方修订日本已经忍受了三十多年的该死的不平等条约。用他的话来形容，这是“我们的憾事，我们的耻辱”。和福泽谕吉一样，德富苏峰也将之归罪于种族主义的态度。他写道，日本是“东方最进步、最发达、最文明、最强大的国家”，但是，看来日本永远也不能摆脱“白人的轻蔑”。① 他又说，帝国主义扩张给日本提供了赢得列强尊敬、确保自身安全和国家生存，甚至向东亚其他国家传播文明的最后的好时机。

政府和舆论界领袖也敏锐地意识到，在朝鲜获得的巨大经济利益能满足日本的安全需要。毫无疑问，《江华条约》签订后猛涨的贸易额预示了前景：1877 年到 1893 年间，日本出口到朝鲜的商品值增加了 4 倍，日本商人也购买了朝鲜大米和大豆出口总量的约 90%。1894 年 6 月，松方正义十年前任大藏卿时的政策为日本近代经济的增长奠定了可靠的基础，企图使朝鲜的经济发展符合日本的利益。他特别写信给其同僚，提出日本应该使朝鲜开放新港口，“获取采煤，架设电报线，修筑釜山和汉城之间铁路的权利”。他说，特许权“真正对两国有益”。② 同年夏，新闻界也要求在朝鲜取得新的经济特权。德富苏峰创办于 1887 年，很快就成为最受欢迎的政治性期刊《国民之友》，热情洋溢地引述松方正义的大多数期望，并要求结束目前对日本在朝鲜经营商业活动的限制。

那些在西方帝国主义席卷亚洲时思考国家命运的日本人并不是居心不良的人，他们对亚洲同胞并没有特别的仇恨，也没有一个当权者制订或者认可要求取得海外领土或亚洲经济控制权的任何具体计划。然而，山县有朋、松方正义、福泽谕吉和德富苏峰等人共同形成了赞成帝国主义行为的思想。到 19 世纪 90 年代早期，他们和许多国人，从政治“右派”到“左派”，从政府到民间，都达成了一致结论：世界是个危险丛生的地方，西方帝国主义和种族主义的态度对日本的独立构成了严重威胁。为了维护国家的完整，日本考

① John D. Pierson, Tokutomi Sohō, *1863-1957: A Journalist for Modern Japan* (Princeton: Princeton University Press,1980), pp.229-37 passim.

② Peter Duus, “Economic Dimensions of Meiji Imperialism: The Case of Korea, 1895-1910” in Ramon H. Myers and Mark R. Peattie, eds., *The Japanese Colonial Empire*, 1895-1945 (Princeton: Princeton University Press,1984), p.138(modified).

虑在国界外采取行动是正当的。他们利用到处蔓延的扩张主义的论调，促成了新兴舆论的形成：日本必须果断行动，甚至必须牺牲他国，假如日本自己不想被牺牲的话。

中日战争

日本在1894年至1895年因朝鲜问题而引起的战争中打败中国后，开始成为一个殖民帝国。和19世纪晚期亚洲的其他大多数民族一样，朝鲜人也发现他们在如何才能最好地回应西方挑战的问题上意见不一。19世纪80年代早期，朝鲜朝廷被操纵在保守派手中。他们决意维护一个以儒学为基础的社会，实行闭关自守的对外政策，并继续听从中国的建议，仰仗它的保护。但是一群自认为是进步分子的年轻人在金玉均的领导下，钦佩日本对西方的应对方略，认为朝鲜也应该进行类似于明治领导人所从事的改革，于是开始反对保守派。

日本驻汉城的领事馆官员和进步分子建立了联系，希望帮助他们成立一个改革者的政权。这个政权能增强朝鲜的力量，从而使朝鲜可以抵制或许同样也对日本怀有敌意的强国的控制。就在1881年和1882年，即福泽谕吉发表《脱亚论》的两年前，当金玉均到东京寻求有关近代化发展策略的知识时，福泽谕吉和其他著名的西化论者帮助了他。在这些支持的鼓励下，金玉均策划了一场企图推翻朝鲜君主制的政变。1884年12月4日，金玉均及其追随者手持从日本私运进来的武器，在日本驻汉城公使馆卫兵的公开支持下，冲进了王宫。叛军抓获了高宗，杀死了几名大臣，宣布成立“独立、亲日”的新政府。然而，朝鲜的保守派立即向中国驻军乞援。经过三天的战斗后，保守派恢复了首都的秩序。所谓的“甲申政变”失败后，金玉均逃往日本。作为报复，愤怒的朝鲜人杀死了40名日本人，并把日本公使馆烧成一片废墟。

执政者呼吁伊藤博文平息混乱状态。尽管伊藤博文正在做立宪制的准备，他还是立即前往中国和负责处理中朝关系的李鸿章协商。这位小心谨慎的日本特使知道，大多数国外观察者都认为日本在道德上是错误的一方，而且他也不想引起更多会使日本和列强中的任何一国交战的可能，或和人人都认为强于日本的中国彻底摊牌的麻烦。与此同时，李鸿章也有他自己的问题要处理，特别是中越边界上和法国的冲突以及英国侵入缅甸一事。由于双方都无意过分固执，伊藤博文和李鸿章不久就达成了协议。1885 年 4 月 18 日签订的《天津条约》规定：中日两国的军队都不得驻扎在朝鲜，今后出兵朝鲜时要事先书面通报对方。在日本国内，中央政府下令镇压激进主义分子。1880 年 10 月逮捕了密谋煽动新政变的福田英子和大井宪太郎，并迫使金玉均流亡到上海。

《天津条约》没有带来持久的稳定。在日本看来，朝鲜的国内政治依然令人无法想象的混乱不堪，朝廷紧接着甲申政变后发动的温和改革好像只产生出令人失望的结果。与此同时，山县有朋决心在日本列岛周围划定利益线，福泽谕吉提倡日本对朝鲜要“按西洋人对待此类国家之办法对待之”，再加上日益增长的出口贸易。这些合在一起使日本对朝鲜半岛的局势保持着敏感。在这些事情中，日本的战略利益仍然占据了特殊的显要位置。1885 年，德国陆军少校克莱门斯・麦克尔到日本的陆军大学执教，并成为总参谋部的顾问。他创造的一个比喻在日本军民脑中留下根深蒂固且难以磨灭的印象。他演讲说，朝鲜“是指向日本心脏的匕首”，因此必须保持在第三国尤其是俄国的控制之外。19 世纪 80 年代后期，山县有朋所说的“保证朝鲜独立之措施”，对日本的战略策划者而言越来越成为毫无异议的自明之理。

1894 年初，事态发展到了极为紧张的阶段。当年 3 月，据说朝鲜政府派人在上海暗杀了金玉均，事后中国政府将其尸体交还给朝鲜。但是当朝鲜政府戮其尸体以儆效尤时，引发了日本新闻界和许多同情金玉均的日本人的强烈抗议。就在那年春天，日本政府惊慌地发现，朝鲜南部各道（朝鲜地方行政区划为“道”）极为流行的新宗教“东学党”的领导人，正集结农民向汉城进军，威胁要推翻政权，除非它实行改革，改善朝鲜穷苦人民的命运。高宗请求中国出兵援助，镇压国内暴动，日本政府的忧虑进一步深化了。当 6 月份大约 3000 人的中国军队在汉城附近登陆时，日本的决策者聚会磋商，决定做出反应。

行动已在每个人的日程之首。在日本领导人看来，中国在没有知会日本的情况下出兵朝鲜，显然已经违反了《天津条约》。虚弱的朝鲜再次紧紧地和分裂中的中国结盟，也使干涉半岛事务的英、俄两国的幽灵得以复活。随着讨论的展开，日本驻汉城的领事建议，日本通过谈判缔结“朝鲜接受日本保护的条约，从而介入朝鲜的内政外交，以便实现进步和改革，使国家富强。因为这样一方面我们可以使朝鲜成为日本强大的屏障，另一方面可以扩大我

地图 9.2　中日甲午战争（1894~1895）

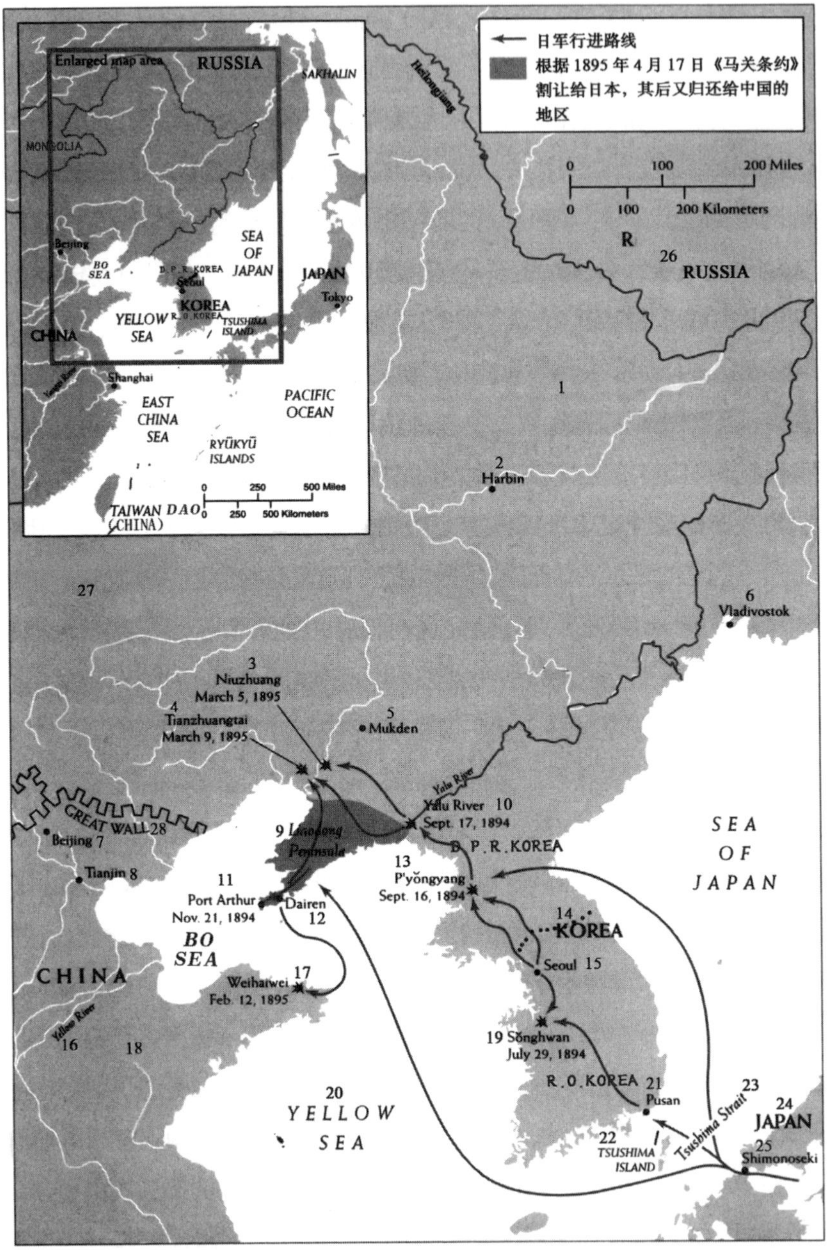

1. 满洲里　2. 哈尔滨　3. 牛庄战役　4. 田庄台战役　5. 沈阳　6. 海参崴
7. 北京　8. 天津　9. 辽东半岛　10. 鸭绿江战役　11. 旅顺战役　12. 大连
13. 平壤战役　14. 朝鲜　15. 汉城　16. 黄河　17. 威海卫战役　18. 山东
19. 成欢战役　20. 黄海　21. 釜山　22. 对马岛　23. 对马海峡　24. 日本
25. 下关　26. 俄罗斯　27. 蒙古　28. 长城

们的影响，增加我国商人享有的权利”。[①] 不久，日本领导人即以此为目标，于 1894 年晚春派兵入朝。在和中国军队发生一系列冲突后，1894 年 8 月 1 日，东京正式向中国宣战。

几乎没有外国观察者认为这个岛国会战胜大陆巨人中国。然而，1890 年由山县有朋首倡的战备措施已使日本做好了充分准备。9 月 16 日，日军在平壤战役中打垮清军；次日在鸭绿江口和中国舰队作战，赢得了海战的决定性胜利；11 月 21 日占领旅顺港；1895 年 2 月 12 日，在威海卫摧毁了中国舰队，清军水师提督愧而自尽。兴奋的山县有朋摇唇鼓舌，要把战争推进到中国内陆。但是已复任首相的伊藤博文担心军费问题，而且如果日本深入中国中部和南部，西方会做何反应也没有把握，所以坚决主张日本和中国通过谈判结束战争。因此他和李鸿章再次坐下来解决两国的分歧。

十年前伊藤博文到中国来，1895 年，李鸿章不得不到日本去。这个迹象清楚地表明明治执政者手中握着更好的底牌。为了突出他的优势，伊藤博文通知李鸿章，英语（他自己已经说了几十年）是会议以及在下关（即马关）签署的任何协议的官方语言。正当李鸿章急急忙忙寻找翻译时，伊藤博文却把一系列苛刻的要求撂到了谈判桌上：承认朝鲜为“完整无缺的独立自主国家”；割让中国东北的辽宁省、台湾及其附近的澎湖列岛；赔款近 5 亿日元；增辟 4 个条约口岸；给予商业特权，包括在长江上游河段航行以及在中国的通商口岸开办工厂的权利。李鸿章在那种情形下尽可能巧妙地讨价还价，但是没有取得多少进展，直到日本的一个狂热分子开枪伤及他的左眼下方部位。这让伊藤博文在世界面前丢脸，所以他同意把赔款减少三分之一，把日本对中国东北的领土要求改成割让辽东半岛，但是他坚持其余要求。1895 年 4 月 17 日，《马关条约》最后签订。它使日本成为世界上第一个非西方的强大帝国。

对许多日本人来说，19 世纪 90 年代是个特别值得骄傲的时期。因为日本实现了长期追求的修改与西方列强所签署的条约的目标。1894 年春，曾经极其顽固地拒绝放弃条约权利的英国，决定和日本亲善以遏制俄国对亚洲北部的野心。1894 年 7 月 16 日在伦敦签署的《日英通商航海条约》，废除了日本城市内

① William G. Beasley, *Japanese Imperialism 1894-1945* (Oxford: Clarendon Press,1991), p.48.

分隔的飞地似的英国人居留地，并规定五年后取消治外法权。到1897年为止，其他曾和日本缔约的强国，因为对日本新兴的军事威力印象深刻，也相继和日本签订了类似的承认日本关税自主，规定到1911年所有关系完全平等的协议。

19世纪90年代的事件——战胜中国，签订对日本很有利的《马关条约》，以及不平等条约的废除，在日本掀起了高涨的爱国主义浪潮。报纸充斥着从前线发回来的歌颂英雄的报道，并通过刊登关于战争的连载小说建立了读者群。一家大型日报甚至有奖征集激发沙文主义情感的战歌。同时，福泽谕吉号召他的同胞把一言一行都投入到日本获胜这件事情中去，他还把这场战争的特征形容为“文明对野蛮”的“圣战”。[①] 对德富苏峰而言，战胜中国给了日本过去不曾受到的国际社会的尊敬。他高兴地说道，现在西方认识到了“文明不是白人的专利”，日本人也有“和伟大成就相符的特征”。

民族自豪感的另一种表现是污蔑中国人。源于地理上的偏远和文化上的自大，形成于锁国时期的民族中心主义，长期以来决定了日本人对外人的看法。19世纪末，文化特殊性的感觉和高涨的民族主义相结合，改变了日本人对中国这个长期以来大多数日本人的效仿对象的观点。这种新的情绪带着嘲弄和降尊纡贵的味道，出现在福泽谕吉等人的著作中，但是没有比在关于战争的浮世绘中所表现的更显而易见了。版画制作者通常把李鸿章描绘成一个滑稽可笑的无能之人，他的顾问则穿红着绿，花哨俗气。他们坐在四周，张口发呆，不知该做些什么。描画战场的图景中，高大英俊的日本士兵一副英雄的样子，有着精心修饰的头发和优雅的胡子，看上去明显像是欧洲人。与此形成对照的是，中国人拖着条“猪尾巴”，颧骨突出，鼻子宽大，眼睛歪斜。拙劣的和著名的艺术家都制作这样的版画，它们非常流行。几年后，著名小说家谷崎润一郎回忆说：“我几乎每天出去，站在一家有大量描绘战争的三幅一联图画的版画店前。没有我不想要的东西，不过我还只是个孩子。我非常嫉妒我的叔叔，新作一出现他就会全部买下来。”[②]

① Hilary Conroy, *The Japanese Seizure of Korea: 1868-1910: A Study of Realism and Idealism in International Relations* (Philadelphia: University of Pennsylvania Press,1960), p.255(modified).

② Donald Keene, “The Sino-Japanese War of 1894-95 and Japanese Culture” in Keene, *Landscapes and Portraits* (Tokyo: Kodansha International,1971), pp.269-70(modified).

对俄国的胜利

不久，三国干涉归还辽东半岛的苦恼淹没了日本人胜利后的激动。19 世纪末，欧洲列强准备瓜分中国，划定帝国主义的势力范围，以及他们可以建立军事基地、修筑铁路、开采矿产的租借地，其中沙皇政府决心割占中国北方一大块领土。结果，1895 年的 4 月 23 日，就在《马关条约》签署的数日后，俄国“劝告”日本把辽东半岛交还给中国。沙皇的代表解释说，法、德两国也一致同意这个“友好的劝告”。日本政府寻求美、英的帮助，结果却被告知反抗俄国是无用、危险的。在与内阁成员协商后，5 月 5 日，伊藤博文首相忍气吞声地宣布日本将把辽东半岛还给中国。

退让的消息打击了日本公众。已动身前往辽东半岛察看的德富苏峰正好在谈判双方在下关达成协议后抵达。他在日记中写道：“时值四月末，春天刚刚来临。高大的柳树正发芽吐蕊，华北的花朵此时开得最盛，芳香扑鼻。田野一望无际，春风吹拂。我四处游览，想到这是我们的新领土，我感到无比激动和满足。”但是几天之后，他得知了三国干涉“还辽”的消息，“气得无法用泪水表达”，并且“不屑于在已交还给另一个大国的土地上再作片刻停留”。他带着从旅顺港海滩上挖出的一把鹅卵石，作为他“痛苦和屈辱”的“纪念品”，坐上他能找到的“第一班船回国了”。

三国干涉“还辽”后的几个月中，当俄国开始干预朝鲜内政时，德富苏峰和日本其他爱国者觉得更痛苦了。俄国顾问讨好对反日派很有号召力的闵妃，这使日本驻汉城的外交使团感到尤为不安。1895 年 10 月，驻汉城的日本公使指使公使馆警卫和平民冒险家拘禁闵妃，让亲日的改革者控制朝政。事态进一步恶化了。10 月 8 日清晨，一队被阴谋冲昏了头脑的日本人在朝鲜“新军”的陪同下，冲进王宫刺死了闵妃，然后把她的尸体拖到花园，浇上煤油点火焚烧。高宗害怕自己的生命受到威胁，于是请一队俄国陆战队士兵驻扎汉城。1896 年 2 月，他又要求俄国公使馆提供保护。该年稍晚时，朝鲜政府给予俄国在半岛北部采矿和伐木的权利。

国际社会很快对骇人听闻的杀害闵妃一事表示愤慨。东京政府事先没有同意任何阴谋，因此一开始政府否认日本与此事有关。美国目击者拆穿这一谎言后，日本政府收回前言并惩罚了几名凶犯。然而，不管日本领导人在这个可怕的不幸事件中如何尴尬，他们到底还是熬了过来；同时痛苦地认识到，打败中国并不能保证他人尊重日本在大陆上的利益线。在接下来的几个月里，俄国攫取了三国干涉时曾经拒绝给予日本在中国东北的特权和领土，再次给了日本沉重的打击。1896 年，俄国从清政府手中攫取了修筑从贝加尔湖附近向西横穿中国东北抵达海参崴的中东铁路的权利。这条铁路大大缩短了从莫斯科到中国沿海诸省的路程。两年后，俄国又威逼中国同意它"租借"旅顺、大连，借期为 25 年，并且允许它修建从旅顺港的海军基地到哈尔滨的中东铁路支线。

当俄国盘踞中国东北、践踏朝鲜之时，日本政府和人民怀着必须雪"辽东之耻"和坚决回击俄国对亚洲北部的不断介入的信念，团结一致，众志成城。东京政府比以往更坚决地要使国际社会完全承认它对朝鲜的特殊兴趣，维护朝鲜的独立，免得它落入西方列强之手。为了达到这个目标，显而易见，日本需要额外的军事实力以及更强硬的外交政策。于是，内阁和议会协力推动军事预算案，军费从中日战争前的 2400 万日元到 1896 年的 7300 万日元，再到次年的 11 000 万日元。这些拨款使日本的军队规模几乎扩大了一倍，日本从欧洲买到足够的军舰，把日本舰队打造成亚洲水域最大的舰队。

与此同时，东京政府展开了旨在赢得日本同盟者和其他强国尊敬的外交攻势。1900 年 6 月，一些具有民族主义思想的中国人发动了排外的义和团运动。他们包围了北京的英国公使馆并杀害了德、日两国的使馆官员。在派往北京镇压义和团的 4 万八国联军中，日军占了将近一半。作为对其努力的承认，日本被邀请参加和平会议。这是日本第一次作为有充分资格的成员参加这种国际会议。1901 年 9 月 7 日签订的《辛丑条约》使日本有权在京津地区驻扎军队保护其使馆人员。第二年，日本和英国达成了军事协议。在 1902 年的《英日同盟条约》中，两国互相承认对方在中国的特权，肯定了日本在朝鲜的特殊利益。条约还规定，如果俄国和第四国一起进攻两国中的任何一国，两国应联合行动。

日本即使在着手巩固军事和外交地位时，也坐下来和俄国一起竭力找寻解决亚洲北部问题的方法。谈判既紧张又艰难，当俄国拒绝撤回义和团运动期间派往中国东北保护俄国铁路工人及其家属的约 5 万大军时，情况更是如此。在某种程度上，日本人寄希望于伊藤博文提出的"满韩交换"的提议，即采取帝国主义的分赃做法。假如俄国尊重日本在朝鲜的特殊地位，保证维护朝鲜的独立，日本就会承认俄国在中国东北的最高利益。然而，沙皇代表对于草签这样的密约没有多少热情，会谈走进了死胡同。

谈判陷入困境后，日本掀起了好战的狂热情绪。大多数日本人都和德富苏峰一样，对三国干涉“还辽”觉得震惊和屈辱，并相信对西方条约的修改和1902年的英日同盟肯定了日本作为主要强国的地位，它值得享有比俄国人愿意给予的更多的尊敬。好战的新闻界一再鼓吹同一个主题，尖锐地宣称国家必须严惩“俄国熊”，采取果断措施保护日本在朝鲜的地位。知识分子也发表意见，要求国家动用武力，迫使沙皇缩回它他的手。1903年6月，东京帝国大学的7名教授写信给首相，他们的声明被全文刊登在《东京日日新闻》上。他们号召立即发动战争，声称只有“满洲问题”的“根本解决办法”才能保护日本在朝鲜的地位。

尽管民众日益紧张，内阁仍然慎重从事，详细讨论其他可行办法，仔细考虑它认为可以推动谈判的每一个提案。然而，最终好像仍然无法打破僵局。1904年1月底，首相及其内阁决定发动战争。2月4日召开的御前会议重申了这一决定。日本的领导人对国家的前途并不都持乐观态度，但是他们对以下三点取得了一致意见：只要俄国保持它在中国东北的影响，日本依然容易受到侵犯；近期沙皇不可能在谈判桌上做出让步；即使战争不分胜负，也会扩大日本的声望，使日本跻身强国行列。下定决心后，政府迅速行动。1904年2月6日，日本断绝和俄国的外交关系；两天后日本海军袭击旅顺的俄国舰队；2月10日，天皇在参拜日本战死者的墓地靖国神社时，正式向俄国宣战。

中日战争的主角乃木希典上将率领第三军于二三月间进攻辽东半岛，占领了大连；1904年8月包围旅顺；1905年元旦攻占了旅顺。另一支步兵向朝鲜半岛推进，与第三军会合，1905年3月攻占了奉天。战斗极其残酷。长期、激烈的旅顺攻防战中的杀戮，预示了第一次世界大战的大量伤亡。单单进攻174高地，乃木希典上将就失去了15 000名士兵；攻占203高地时，又死了1万人。日军的旗帜在旅顺飘扬之前，总计已有56 000多日本人丧生。两个月后在奉天，大约32万俄军与25万日军交战了10天。在血腥的巷战中，日军伤亡四分之一。到1905年春，日军已经精疲力竭：10万多士兵阵亡，战场上已没有几个有经验的军官，军需品匮乏。尽管取得了一些令人瞩目的胜利，总参谋部已没有人认为日军还有能力给予俄军致命一击，而后者仍可以把比日本多一倍的师团投入战场。

1905年春，东乡平八郎上将在海战中大胜俄军，迫使俄国回到了谈判桌边。1904年10月，俄国波罗的海舰队中的45艘军舰带着把日本人轰出旅顺港的命令，精神饱满地从芬兰湾扬帆出海。因为英国拒绝他们进入苏伊士运河，舰队不得不辛苦地绕道非洲，穿越印度洋。由于中立的港口不对俄国海员开放，他们有时不得不奋力到岸上抢夺煤炭、食物和饮水。远航途中，他们士气低落，靠在甲板上挑动抓获的猴子和狗互相争斗来打发无聊的时间。耐心等候他们进入日本海域的是东乡平八郎新编的舰队，包括战舰、巡洋舰以及日本新近军备的骄傲——水雷艇。5月27日，俄国舰队毫无戒备地以平行的纵列驶进对马海峡。为了让日本大炮的火力发挥最大威力，舰队司令东乡平八郎组成了T字队形，自己则在队形的前面。到第二天晚上，日本海军已经歼灭俄国舰队：击沉34艘，重创8艘，而他们自己仅损失水雷艇3艘。日俄战争已经陷入僵局。天皇的军队不可能把沙皇的军队逐出中国东北，俄国也无法把东乡平八郎上将赶出他已侵吞的城市和领土。

日本人请西奥多·罗斯福居中调停，这位美国总统于是在新罕布什尔州的朴次茅斯召开了和平会议。经过艰难的谈判，1905年9月5日，日俄双方签署了看起来标志着日本胜利的《朴次茅斯和约》。和约的第二条规定，俄国必须承认日本在朝鲜的独占利益，不得反对日本在朝鲜采取的任何措施。其他条款则把俄国在辽东半岛（日本人改称它为“关东州”）的租借权、“南满铁路”和中国东北南部的采矿权，以及萨哈林岛南半部（日本人称之为“桦太”）的主权都让给了日本。这些都是条件优厚的条款，而且在世界大多数国家的心目中，日本在海战和陆战中的胜利，毋庸置疑地宣告了一个强国的诞生。

许多普通日本人对事情的看法有所不同。他们在火车站向出征的儿子告别，把毕生的积蓄都捐献给国家的战事，在胜利的庆典上提着灯笼，卷着绷带，为前线将士折纸祈福。战争是在政府的密室里策划的，一开始只是个冷冰冰地算计好要提高日本在国际政治棋盘中地位的策略，但是它变成了人民的战争，注入了人民的热诚和情感。而且，大多数日本人不知道军队在中国东北牺牲的完整故事。相反，在看了大量有关东乡平八郎上将在对马海峡了不起的胜利的愉快报道，以

地图 9.3　日俄战争（1904 ~ 1905）

1. 俄国　2. 满洲里　3. 蒙古　4. 辽宁　5. 长春
6. 海参崴　7. 辽阳战役　8. 沈阳战役　9. 沙河战役　10. 长城
11. 北京　12. 天津　13. 安东　14. 鸭绿江　15. 辽东半岛
16. 平壤　17. 旅顺会战　18. 大连　19. 济物浦（仁川）　20. 朝鲜
21. 汉城　22. 中国　23. 黄河　24. 威海卫　25. 对马海战
26. 黄海　27. 镇海　28. 釜山　29. 对马岛　30. 对马海峡
31. 日本　32. 下关

及报纸上有关旅顺、奉天辉煌战果的可歌可泣的故事后，一般的日本公民都抱着极大的甚至是异想天开的期望：日本可以要求取得俄国西伯利亚的大多数地方，或者至少是它的整个太平洋海岸。当出席和平会议的日本代表未能取得整个萨哈林岛，也未能带回弥补多达令人惊愕的1.7亿日元军费的赔款时，日本人民觉得被出卖了。他们在日比谷公园和日本的其他许多地方发动了暴乱。日俄战争是日本第一次真正的国际战争。人民的示威表达了对国家成就的骄傲，宣告了国家的公民与执政者一样，会坚决要求国家为自己获取在世界上的显要地位。

对朝鲜的殖民统治

1890年，山县有朋告诉议会他决心保护日本的利益线。他相信假如朝鲜改革，帝国主义列强联合保证朝鲜的中立，日本的安全需要就能得到满足。中日战争和屈辱的三国干涉“还辽”后，许多决策者采纳了更为极端的观点：日本自身必须足够强大，以确保没有别的国家可以不正当地影响朝鲜事务。与俄国谈判的失败，使永远解决朝鲜问题的可能性变得渺茫。一些人的想法更向前迈进了一步，即日本有必要对朝鲜实行直接的政治控制。因此，与俄国的战争爆发后不久，在1904年5月31日召开的会议上，内阁决定日本必须为朝鲜的国内稳定和国家安全承担起责任。

1905年秋，伊藤博文作为执行这项政策的特使来到汉城。11月，他通过谈判迫使朝鲜签订了《日韩协约》。规定日本在朝鲜设立“统监府”，有权支配朝鲜的对外关系，有权动用日本军队执行朝鲜国内法律和维护朝鲜秩序。这些规定使这个半岛国家沦为日本的保护国。次年3月，伊藤博文到朝鲜就任统监。1907年7月，他策划了高宗的退位。那时，高宗曾在一次希望增强朝鲜国际威望的徒劳尝试中自称为皇帝，把国家称为帝国。在随后的几天内，伊藤博文又费尽心思想出一个新协约，把全面控制朝鲜国内事务的权力交给了统监府，然后于1907年8月1日解散了朝鲜军队。攫取了广泛的民政和军政特权后，伊藤博文统监和数千名日本顾问开始改革朝鲜的货币和税收系统，使朝鲜的电报、电话和邮政业务近代化。

1904年5月日本内阁召开会议时，曾经仔细考虑过日本掌控朝鲜后将产生的经济、政治和军事利益。几名大臣构想了一个贸易策略，即日本从朝鲜进口粮食和原材料，向朝鲜出口日本的棉布、陶器、手表、香水、纽扣、眼镜、手表、煤油灯以及急速发展的其他所有轻工业产品。带着这样的目标，统监府把日本的渔场扩大到了朝鲜海岸的水域，并且通过谈判取得了木材租约和采矿权，把它们给予那些“有资本的可靠之人”。与此相似的是，正如在国内所做的那样，日本政府为建成连接汉城和南部港口釜山的铁路提供了慷慨的援助，并保证债券的发行。新铁路线具有显而易见的军事重要性，但是它对经济发展也发挥了重大影响。因为它经过朝鲜人口最稠密的地区，开辟了新市场，降低了商品运输的成本。

▲ 伊藤博文与朝鲜王储的合影

如表 9. 1 所示，截至 1908 年，已有 125 000 多名日本人响应政府号召，移居朝鲜。其中一些是僧侣和教师，一些人从事建筑业，担当工匠、搬运工，或在军需部队卖苦力。还有一些人开办了生产皮件、陶器的小制造厂，而自由自在的小贩则在朝鲜乡村串游，在村庄或小镇中心定期举行的集市上出售商品。许多移民还在朝鲜的城市开设饭馆、茶室，以及接待移居国外者和统监府官员的妓院。

一些日本农民也移居到朝鲜。1908 年 8 月，日本政府特许成立“东洋拓殖会社”来推动这些事情。该会社由政府提供部分资金，凡移民到朝鲜者，给以打折的火车票和船票，安排田产（通常是从已垮台的朝鲜王室手中没收的土地），并提供低息的长期贷款，让移民开始他们的新生活。农业移民的一个意图是为日本农村贫困地区的人提供新机会，另一个是推动朝鲜的农业生产。按照策划者的说法，这样会有两个好处：对日本消费者有利的是，更多相对比较便宜的朝鲜大米、大豆和其他农产品会涌进日本的城市，而朝鲜农业人口收入的提高则会刺激对日本制成品的需求。然而，东洋拓殖会社一开始进展缓慢，在计划开始的第一年即1910年，只派遣了116户到朝鲜。这些移民加入到没有靠官方的帮助先行到朝鲜的约4000名日本农民的行列，当时后者已经拥有了朝鲜约3%的耕地。

表9.1 在朝鲜的日本居民（1908年）

职业	数量	百分比
商业	47 398	37.6
杂工	16 815	13.3
官员	15 584	12.4
体力劳动者	15 237	12.1
制造业	11 763	9.3
农业	4 889	3.9
无业	4 424	3.5
妓女、娱乐业	4 253	3.4
渔业	2 956	2.3
医生、助产士	1 166	0.9
教师	918	0.7
新闻记者	379	0.3
僧人	278	0.2
律师	108	0.1
总计	126 168	100.0

根据希尔罗伊·康罗伊的《日本在韩国的掠夺1868～1910：国际关系中的现实主义和理想主义研究》（费城：宾夕法尼亚大学出版社，1960年），第469页。

日本的大企业不愿到朝鲜去。许多实业家担心朝鲜的政治稳定性，对朝鲜缺乏发展得较为完整的基础设施感到不满，认为中国市场能够提供长期的更好的前景。不过，1895年后出口到朝鲜的商品额有了稳定增长，而且像涩泽荣一这样的企业家不久便开始赞成到朝鲜投资。1906年，这个不知疲倦的生意人穿针引线，使大阪三家主要的纺织会社（包括他自己的大阪纺织公司）达成协议，组成了一个出口卡特尔。它们让三井物产会社做销售代理，用涩泽荣一的第一银行提供的贴现国外汇票进行运作，把它们的产品投入朝鲜市场。这个冒险成功了。如表9.2所示，日本的纺织品厂商很快控制了朝鲜的纺织品市场，促进了进出口贸易的加速发展。

虽然有些朝鲜人欢迎日本的近代化计划，但也有些人激烈反对对他们政府和经济的非法接管。西方帝国主义通常使既没有共同意志，也没有足够资源反抗其征服的正处于近代化过程的单一民族国家和不同种族群体或异族直接对立，然而日本卷入的是和一个与此截然不同的国家的冲突。朝鲜一直以来都是一个统一国家，时间几乎正好和日本一样长。朝鲜人民认为他们自己属于同一种族，拥有共同的文化、语言以及比 7 世纪时的政治统一还要早一千或一千多年的宗教习惯。他们记得丰臣秀吉的侵略和闵妃的遇害。当历史和现实交织在一起时，他们有理由蔑视日本人。一位西方人这样描写 20 世纪早期他在朝鲜看到的日本人："从妇女相当暴露的衣着、店老板的喧闹和暴力、他们在街上乱丢的垃圾上，看不到日本文化的精致。"朝鲜人骄傲而顽固，并不打算温顺地把自己的国家交给这样的"黑脚"（原指居住在阿尔及利亚，20 世纪 60 年代殖民地独立后返回法国的法国人与阿尔及利亚人的混血后裔，他们虽然脸部的肤色与白人相近，但双脚的肤色较深，所以得了这个不无贬义的绰号。——译注），或者用那位西方观察者的话说，"日本国的渣滓"。

表 9.2　日韩贸易（1876 ~ 1910）

年份	出口		进口	
	出口额（1000 日元）	占出口总额的百分比	进口额（1000 日元）	占进口总额的百分比
1876	20	0.1	13	0.1
1878	245	0.9	205	0.6
1880	974	3.4	1 256	3.6
1882	1 587	4.1	1 202	3.9
1884	213	0.6	276	0.9
1886	829	1.7	563	1.8
1888	707	1.1	1 042	1.6
1890	1 251	2.2	4 364	5.3
1892	1 411	1.5	3 046	4.3
1894	2 365	2.1	2 183	1.9
1896	3 368	2.9	5 119	3.0
1898	5 844	3.6	4 796	1.8
1900	9 953	5.0	8 806	3.4
1902	10 554	4.1	7 958	2.9
1904	20 390	6.4	6 401	1.7
1906	25 210	5.9	8 206	2.0
1908	30 273	8.0	13 718	3.1
1910	31 450	6.7	16 902	3.6

根据皮特·杜斯《算盘与剑：日本对韩国的渗透 1895 ~ 1910》（伯克利：加利福尼亚大学出版社，1995 年），第 263 页。

反抗有不同的形式。一些朝鲜人，如几名在朝鲜沦为保护国时自杀的高官，拒绝和日本占领军合作。1907 年 6 月，高宗皇帝派秘密使团到第二届海牙万国和平会议，呼吁国际社会宣布支持朝鲜独立，但未能奏效。同一年夏天，就在伊藤博文解散朝鲜军队后，朝鲜爆发了大规模的武力反抗。心怀不满的前士兵开始袭击日本驻军和在朝鲜的日本居民，报复与日本政权合作的同胞。伊藤博文出动日军镇压，但是自称“义军”的朝鲜军在各道据守阵地展开斗争。战斗十分残酷，截至 1910 年，大约 18 000 名朝鲜人和 8000 名日本人丧生。

在动荡局势中，1909 年 10 月 26 日，伊藤博文巡察“满洲”，抵达哈尔滨火车站。他刚从车上下来，一名年轻的朝鲜爱国者枪杀了他。当时，伊藤博文刚卸下统监一职不久。这一事件使东京“吞并朝鲜”的言论死灰复燃，而这正是伊藤博文本人曾经反对过的。不知何故他怀有一种幻想：他能引导朝鲜人民广泛支持并理解日本人近代化的努力。然而，他被暗杀的事实使日本的决策者明白，用外务大臣讥嘲的话说，“朝鲜官民和我们还没有处在令人满意的关系中”。[①] 现在，日本决定完全占有朝鲜，因此草拟了合并条约。该条约于 1910 年 8 月 22 日签署，一周后即开始实施。它使朝鲜成为日本的殖民地，并把一切民事、军事大权交给以天皇指定的总督为首的朝鲜总督府。鉴于日朝之间的紧张关系，天皇任命军人寺内正毅为朝鲜第一任总督。这个残酷的大将担任此职直到 1916 年 10 月成为日本首相。

日本帝国主义

对西方的害怕和担忧是日本帝国主义滋长的肥沃温床。伊藤博文、山县有朋和明治时期其他许多领导人还是年轻武士时，眼看着西方把日本沦为半殖民地国家。作为执政者，他们不得不对付西方对亚洲新一轮的入侵，这种入侵会倾覆他们的国家和破坏他们的近代化努力。日本政府深刻地认识到与西方列强相比日本的弱点，因此采取了守势，并认为建立帝国是在不稳定的潜藏着危险的国际环境中维护国家独立的正当对策。日本害怕自己成为一位

---

① Beasley, *Japanese Imperialism 1894-1945*, p.89.

地图 9.4　1910 年的日本帝国

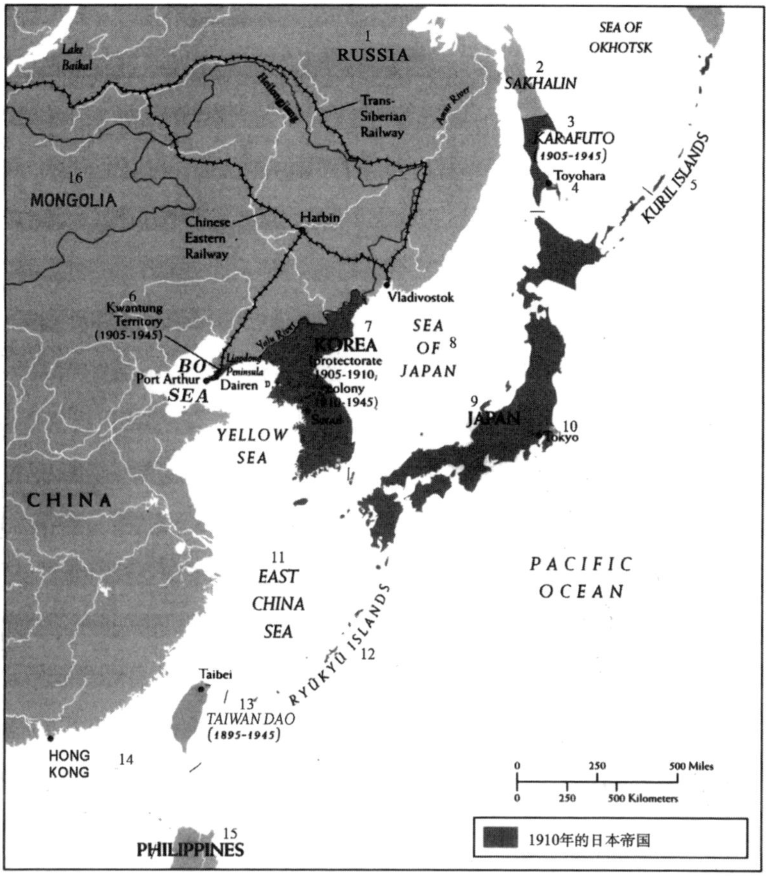

1. 俄国　2. 萨哈林　3. 桦太　4. 丰原　5. 千岛群岛　6. 关东州
7. 朝鲜　8. 日本海　9. 日本　10. 东京　11. 东海　12. 琉球群岛
13. 台湾　14. 澎湖列岛　15. 菲律宾

著名政界人物所说的西方宴会上的“肉”，所以它反过来自己先成为“餐桌边的客人”。[①]

对其脆弱性的绝望，是日本的决策者把注意力集中在朝鲜的主要原因。这是一把不能落到西方机会主义列强手中的“匕首”。与此相似的是，《马

① Marlene Mayo, “Attitudes toward Asia and the Beginnings of Japanese Empire” in Grant K. Goodman, comp., Imperial Japan: A Reassessment (New York: Occasional Papers of the East Asian Institute, Columbia University,1967), p.18.

关条约》要求中国割让台湾和辽东半岛，在很大程度上反映出海军希望能有个基地守卫日本的南大门，陆军则希望延伸利益线以保护朝鲜北翼。19世纪日本扩张主义中的经济维度附属于地缘政治的考虑。为了巩固日本的政治和战略地位，政府特别希望能在朝鲜获取经济特权和商业利益。在这一点上，战争是贸易的先导，战略上的渴望也促使日本领导人发动对中国和俄国的战争。

然而，1894年和1904年的事件，代表的并不只是一个小国为了保护自己免受大国对其生存迫在眉睫的威胁所做的本能反应；相反，日本政府深思熟虑地、有意地、心照不宣地选择了帝国主义的道路。它的扩张既有攻的一面，也有守的一面。截至19世纪80年代后期，日本领导人已充分认识到那些把权力扩展到别国，获得海外市场和原材料的国家所攫取的多重利益：国家威望、战略优势和物质财富。结果，虽然山县有朋、伊藤博文、松方正义和其他执政者并没有固定的思想意识或扩张计划，他们却有为国家谋划扩张的勃勃野心，而且当机会出现时，他们不怕诉诸武力。日本渴望进入领先国家的行列，在一个帝国主义和国际地位携手而行的时代，几乎没有什么可以阻止日本领导人效仿西方强国的行为。

而且，日本的谈判者不会客气地坐在谈判桌旁，他们在下关攫取了在中国开办工厂和其他工业企业的权利时，进一步显示了什么是“帝国主义”。曾经有段时间，英国为了取得这样的让步向中国施加过压力。开办工厂的权利和已有的开展贸易的权利结合在一起，使中国遭受了前所未有的经济剥削。而且，当日本发现自行裁决是最好的方法时，就断然行动维护战果。19世纪90年代后期，日本派遣约6万人的军队镇压台湾人民反殖民统治的起义。在接下来的十年里，日本占领军又残酷镇压朝鲜起义者。对日本政府来说，新世纪和对近代化的追求包括毫不含糊地承担对立宪制和议会制政府的义务，以及工业化、资本主义和强有力的帝国主义外交政策。

日本人支持海外扩张和帝国的建立。福泽谕吉和德富苏峰等人促进了扩张主义政策背后舆论的形成。普通日本人对打败中国人感到欢欣鼓舞，排队购买描绘战争的版画。少数社会主义者及和平主义者表达了对日俄战争爆发的不满，但大多数日本人热情洋溢地支持国家，赞成把台湾和库页岛纳入日益扩大的帝国版图。民众的支持使政府比较容易地选择了开战，后来又吞并了朝鲜。这意味着全体日本人能从长期追求的雄心壮志的实现中获得集体的满足感，即获得安全、平等以及在世界主要强国中一流国家的地位。对许多人来说，新世纪的黎明充满着希望。

第十章

新觉醒和新现代性

夏目漱石在他最著名的小说之一里这样写道："在天皇下葬的那天，我坐在书房里倾听大炮轰鸣。对我而言，它就像为一个世纪的消逝做最后的哀悼。"[①]1912 年 6 月 30 日，明治天皇去世。随着 9 月 13 日为天皇举行国葬时间的临近，许多日本人开始忧愁甚至伤感地回想，他的长期统治对这个国家意味着什么？每个人都怀着和夏目漱石在文章里所表达的相同哀痛。他们似乎明白了，一个时代，一个日本迈出从传统到现代的第一步的伟大时代，已经隐没在历史的长河中。报纸编辑在数不尽的专刊里悲叹天皇陛下临终前的疾病，然后在旁边的专栏里历数他的功绩：团结的人民、立宪制政府、工业化、国家安全。每个人都把它们誉为"明治的骄傲"。

国葬那天的早晨，乃木希典大将一身戎装，前往皇宫向天皇做最后一次致敬。午后，这位深入人心的日俄战争英雄回家和妻子简单地吃了顿饭。太阳下山后，当炮声昭告天皇的灵柩穿过了宫门时，乃木希典和妻子坐在天皇像前，把遗书放在旁边的榻榻米上。上面写着："我不能再为主人效劳，他的逝世让我极为悲痛，我决心结束自己的生命。"[②] 随后，乃木希典大将拔剑剖腹自尽，而他妻子则用匕首刺中了心脏。

这对夫妻的殉死震惊了全国。这种主人死后武士随之自杀的风俗受人尊敬，但很少有人付诸实施，明治维新后已被取缔。对大多数日本人来说，乃木希典夫妇的自杀残酷地破坏了他们的现代感。夏目漱石写道，"我几乎忘了

---

① Natsume Sōseki, *Kokoro*, tr.Edwin McClellan (Chicago: Gateway Editions,1957), p.246.

② Robert Jay Lifton, Shūichi Katō, and Michael R. Reich, *Six Lives, Six Deaths: Portraits from Modern Japan* (New Haven: Yale University Press,1979), p.31.

还有'殉死'这个词"。一个世纪最有名的人物之一，选择以这种堂吉诃德式的如今无法想象的方式结束生命，暗示着另一种想法：明治时代不仅已经过去，而且它早已不合时宜。当人们从 1912 年夏末初秋的悲痛中走出来时，他们认识到，明治的骄傲即建设国家的起步阶段这种骄傲在 19 世纪 90 年代就已经结束；现在是抛开怀旧情绪，追寻新世纪希望的时候了。

1912 年明治天皇逝世的那天中午，他的儿子继位，为大正天皇。大正天皇一直生活在充满阴影的世界里，直到 1926 年死于精神疾病。虽然大正统治的时间既短暂又因病症而阴云密布，但是"大正时期"这个概念却表达了更乐观的情绪和更振奋的精神。它们贯穿于从 1904 年至 1905 年日俄战争结束到 20 世纪 20 年代末经济危机爆发的整个时期。在这 25 年中，许多日本人觉得他们生活在一个新时代，认识到了以"明治的骄傲"为基础，建立全新政治体制和社会习俗的可能性。

虽然对现代性的诉求最终走向了许多不同的方面，但是新渡户稻造劝导日本同胞成为"世界公民"，指示了一个受到普遍欢迎的方向。新渡户稻造是贵格会的教徒，曾经留学美国和德国，妻子是美国人。他出版了几部解析日本社会的名著，恳求他的国人放弃对以往道德规范的固执偏爱。他主张日本人应该具有构成民主主义、资本主义的新兴世界秩序的所有民族所共同拥有的态度、价值观和行为。简而言之，日本应该成为国际社会的一部分，用大正时期的另一个词来说则是"世界之一省"，在那里甚至连亨利克・易卜生和列夫・托尔斯泰都"不再是外国人"。①

政党政治家挑战寡头执政者

1889 年 2 月 11 日颁布的《大日本帝国宪法》，建立了权责分离的制度。这部由伊藤博文起草的国家基本法，通过明确主权在于天皇，并授予天皇任命国务大臣、宣战和缔约的权力，把天皇置于统治结构的顶端。虽然伊藤博文及其同僚想让天皇成为国家元首，但是他们希望把行政事务的实际管理权

---

① Carol Gluck, *Japan's Modern Myths: Ideology in the Late Meiji Period* (Princeton: Princeton University Press,1985), p.217.

交给首相和内阁。伊藤博文认为，各大臣应该是英明谨慎的，而且在审议决定国家命运的重大决策时，是致力于为国家整体利益而行动的人。与此同时，为了利用全体国民的忠诚和活力，宪法制定者们感到有必要允许公民在一定程度上参与政事。为了达到这个目的，宪法规定成立民选的行使立法权和参与预算过程的众议院。

表 10.1　日本首相（1885 ~ 1901）

首相	组阁次数	时间
伊藤博文	第一次	1885.11.22 ~ 1888.4.30
黑田清隆		1888.4.30 ~ 1889.12.24
山县有朋	第一次	1889.12.24 ~ 1891.5.6
松方正义	第一次	1891.5.6 ~ 1892.8.8
伊藤博文	第二次	1892.8.8 ~ 1896.9.18
松方正义	第二次	1896.9.18 ~ 1898.1.12
伊藤博文	第三次	1898.1.12 ~ 1898.6.30
大隈重信	第一次	1898.6.30 ~ 1898.11.8
山县有朋	第二次	1898.11.8 ~ 1900.10.19
伊藤博文	第四次	1900.10.19 ~ 1901.6.2

即便确立了新宪法，在 19 世纪 90 年代，明治政府的执政者还是煞费苦心地影响国策的形成。作为不惜一切推翻德川幕府、为建立近代日本政权而奋斗的人，伊藤博文及其同僚自然会竭力占据国家政治生活的中心位置。在进一步向这个目标推进的过程中，他们采取了宪法之外的、使他们得以独占首相职位、操纵内阁构成的做法。宪法颁布之后，天皇开始指定某些经验丰富的领导人为“元老”。他们可以在政事，包括国务大臣的任命上为天皇提供建议。最早被任命为元老的明治领导人是伊藤博文和黑田清隆二人（1889 年）。之后不久，以松方正义和山县有朋为首的另一小部分杰出人物也获此殊荣。作为天皇的非正式顾问，元老们相互推举对方来领导这个国家。到 1899 年 2 月宪法颁布后的十年里，伊藤博文、黑田清隆、松方正义和山县有朋实际上轮流担任首相。此外，执政者及其支持者把持了内阁的许多重要位置：松方正义是山县有朋的大藏卿，山县有朋是黑田清隆的内务卿，黑田清隆是伊藤博文的农商务卿等。

但是，许多日本人都期望，1890 年 11 月第一次帝国议会的召开能成为日本政治新时代开始的标志。直言不讳的新闻记者们对于权力集中在自行任命的内阁手中表示失望，认为这不过是使统治集团内部那一小撮人的统治长期不倒，读者也是如此认为。在 1899 年由《太阳》杂志举办、旨在选出受民众欢迎和尊敬的人物的民意测验中，没有一个执政者能和福地源一郎（新闻记者）、涩泽荣一（实业家）或福泽谕吉（教育家）的得票数相比。在政治竞技场内部，民权运动中久经考验的人士指责 90 年代的内阁没有奉行自由民主的原则。自命为“人民斗士”，早先反对过所谓“藩阀政府”的板垣退助、大限重信等人，组成了政党争取议会中的席位。政党政治家们坚持不懈地、耐心地向“权力走廊”发起进攻，最后他们从执政者及其党徒手中获取了一些权力。在大正时期开启了主要政党的领袖按常规担任首相并组建内阁的政党政府时代。

1890 年 7 月 1 日，日本选民第一次参加投票，选举 300 名众议院代表。掌握国家政治命运的斗争真正开始了。投票结果鼓励了“民党”的支持者，因为板垣退助的立宪自由党和大限重信的立宪改进党合起来夺取了 171 个议席，占了大部分。一旦议会召开，政党政治家很快就能确定在权力杠杆中的位置。19 世纪 90 年代，活跃的议会成员不时发言抨击大臣，谴责政府的国内政策。在第一届议会期间，田中正造指责官员容忍足尾铜矿的环境灾难，而其他政党政治家则攻击一连几个首相都未能实现条约的修订。这也许是 19 世纪 90 年代早期最让人激愤的问题。在严厉批评内阁提议增加税收时，他们也提出了“救助人民”的口号。

代表们最有力的工具是他们参加政府年度预算审核的宪法权力。政党政治家觉得他们已经发现了首相们唯一致命的弱点，于是很快拔刀相向：就在第一届议会上，代表们要求内阁提出的预算减少 11%；在之后几乎每一次议会的会议上，他们都提出了类似的要求。根据宪法，只要议会否决预算提案，内阁就要沿用上年度的预算。然而，在一个国际紧张形势日益加剧，国家安全要求军备开支年年增长的情况下，没有一个首相希望发生这样的事情。结果，几乎每年，实行寡头统治的首相都不得不忍受预算的削减，为了维护他们的预算而在立法提案上做交易。

19 世纪 90 年代早期的激烈议会斗争，使许多元老产生了反对政党政治的

▲ 日本帝国议会议事堂之图

偏见。他们谴责“党派”政治家“盲目地”提出他们自己“狭隘、自私的议程”，以“引起分裂的方式”行事，使首相及其内阁无法有效地统治。一些执政者不满足于口头的针锋相对，开始寻找进一步的手段来限制政党的影响。早在1889年2月12日，天皇亲自把宪法交给黑田清隆首相后的当天下午，黑田清隆就保证支持排除政党成员的“超然”内阁。黑田清隆解释说，因为政府是至高无上的天皇的仆人而不是人民的仆人，因此必须任命站在国家高度的人担任国务大臣，这样，内阁就能“一直不变地超越并远离政党，遵循正道”。[①]

虽然黑田清隆言辞尖锐，但执政者最后仍不得不重新考虑他们对待政党的态度。首先，在一次次选举中，选民使大部分政党成员入选众议院；其次，现实的利害关系也有影响。尽管元老们深深地憎恶政党政治家，但说到底他们并不希望宪法规定的议会制政府触礁，这样会使长期以来创立近代政治体制的艰苦努力付诸东流，会给日本的国际声望造成无法弥补的损害，并且有可能危及完成修订不平等条约的尝试。举例来说，伊藤博文就曾经告诫，建立议会制政府的哪怕“进展和方向上的一个微小差错”，都会招致那些早就

① Junji Banno, *The Establishment of the Japanese Constitutional System*, tr.J. A. A. Stockwin (London: Routledge,1992), p.9.

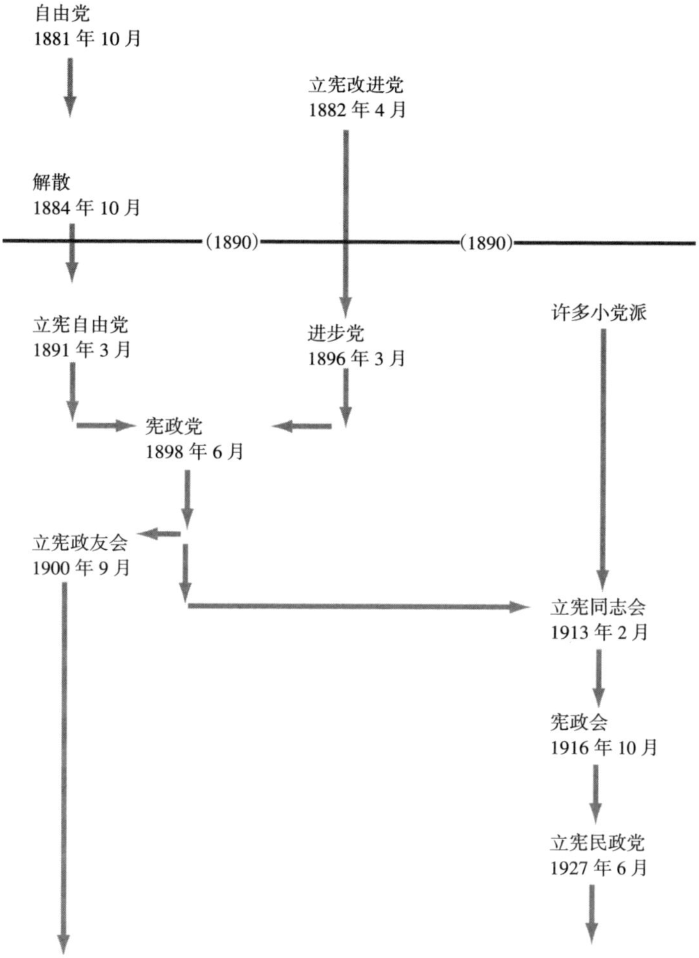

示意图 10.1　主流政党 (1890 ~ 1932)

"质疑宪政在东方的适宜性"[①]的西方人的责难。

在中日作战的 1894 年至 1895 年，爱国主义使大权在握的执政者与顽固对抗的政党政治家之间出现了不同寻常的合作与和睦的插曲。日本人在国内问题上可能意见不一，但现在每个人都觉得，在国家的危急时期必须齐心协力。议会立刻全盘通过军事预算，并一反常态支持内阁。为了共同利益一起

① George Akita, *Foundations of Constitutional Government in Modern Japan 1868-1900* (Cambridge: Harvard University Press,1967), p.84.

行动的经历，显然“妥协”对许多元老和政党政治家而言，看起来是个更能让人接受的可能。在执政者看来，双方的协定保证了他们的计划能获得更多立法上的支持，也增强了宪法试验成功的可能性；而对政党政治家来说，妥协为他们提供了进入内阁、在政策制定和预算审核中发挥更大影响的机会。

双方的和解最早出现于 1896 年。4 月，伊藤博文放弃了超然主义原则，任命立宪自由党总裁板垣退助为内务卿；同年秋，松方正义委任进步党总裁大隈重信为外务卿。两年后的 1898 年，板垣退助和大隈重信把他们的组织合并为宪政党。元老们确信新组织会在即将举行的选举中赢得众议院中决定性的多数席位，于是决定提名大隈重信为首相。虽然 1898 年 6 月底成立的大隈内阁不久即因内部对各卿职位分配的口角而夭折，并没有召开议会，但大隈重信还是作为被任命为首相的第一个政党领袖而为人铭记。

主流政党、群众政治运动和政党内阁

宪政党的崛起再次肯定了伊藤博文曾经信奉过的观念，即实行寡头统治的首相应该把政党政治家吸收进他们的内阁。伊藤博文的理由是政党毕竟成功地盘踞在议会，明治宪法也把重要职能委托给了民事和军事官僚机构：内阁依靠官吏协助制定并实施法律，海陆军则保卫国家。伊藤博文认为，许多政治精英都应该参与决策过程，首相只有在成立了包括政党成员、文武官僚在内的所谓“国家团结内阁”并赢得广泛的支持后才能成功地实行统治。

而且，伊藤博文坚信，组建他自己的政党的时机已经来临。要做到统治真正有效，首相除了要有一个支持他并且组织良好的内阁，还需要赢得众议院的好感。在理想的情况下，同情执政者的亲政府政党能够控制议院，确保议会符合国家而不是党派的利益，让负责的政治家进入“国家团结内阁”。1900 年 9 月，伊藤博文大张旗鼓地宣布，111 名宪政党党员和他一起成立立宪政友会。加入新党的还有另外 41 人，其中大多数是官员。

立宪政友会通常简称为“政友会”，它不久就在国家的政治舞台上占据了一席之地。伊藤博文一直担任政友会总裁，直到 1909 年为了推动日本在朝鲜的利益最后命丧哈尔滨火车站。接替伊藤博文成为政友会新总裁的是伊藤博文的忠实门徒，宫廷贵族出身的西园寺公望。他曾经在伊藤内阁中相继担任过外务卿、文部卿和大藏卿。西园寺公望在党务上的主要副手是前新闻记者、外务部官员原敬。原敬是个强硬的人，常常因集敏锐的政治本能和迟钝的道德意识于一身而受到惩罚。他把整个身心都投入到了增强政友会的影响这件事情中去。为了让选民投票给新政党，他许诺会给他们好处，例如改善学校、道路、桥梁和港口，把铁路修筑到选举政友会候选人的地区。在他的指导下，该党也赢得了县长们的好感。那些县长监督地方经济的重要来源——县税收的支出；监管县里的警察——他们一方面可以掩盖政友会竞选活动中工作人员往票箱里投入大量假选票或者伪造选票结果的事实，另一方面还可以被动员起来给反对党的候选人制造麻烦。原敬也拉拢大企业，他们的捐款有助于抵补参加竞选活动的合法开支以及支付在地方选区买卖集体选票的选举掮客的费用。这些花招引来了公众普遍的指责，但是效果却很不错。从 1908 年到 1915 年，政友会在下议院占据了绝对优势的席位。

山县有朋对政党政治家的轻视犹如岩石般难以软化，他组织了对政友会的反攻。1900 年伊藤博文宣布建立新党时，山县有朋动员军界、民事官僚机构和贵族院倾向他的人支持他自己的门徒桂太郎为首相。桂太郎比山县有朋小 9 岁，和山县有朋出生于长州藩的同一个地方，他才十几岁时就英勇抗击德川幕府，后来被提拔为山县有朋一手建立的日本陆军的大将。中日甲午战争中，桂太郎指挥过一个师团，战后成为第二届山县内阁的陆军卿。1901 年至 1906 年任首相期间，他又成功地带领日本经历了和俄国的战争。

表 10.2　日本首相（1901 ~ 1918）

首相	组阁次数	时间
桂太郎	第一次	1901.6.2 ~ 1906.1.7
西园寺公望	第一次	1906.1.7 ~ 1908.7.14
桂太郎	第二次	1908.7.14 ~ 1911.8.30
西园寺公望	第二次	1911.8.30 ~ 1912.12.21
桂太郎	第三次	1912.12.21 ~ 1913.2.20
山本权兵卫	第一次	1913.2.20 ~ 1914.4.16
大隈重信	第二次	1914.4.16 ~ 1916.10.9
寺内正毅		1916.10.9 ~ 1918.9.29
原敬		1918.9.29 ~ 1921.11.13

尽管桂太郎能干而且很有成就，他最终还是不得不向势力不断膨胀的政友会妥协。这个过程使他建立了日本的第二大政党。为了回报日俄战争期间政友会的支持，桂太郎默许西园寺公望为他的继任者。此后两个人轮流担任首相直到1913年。最后桂太郎越来越无法容忍和西园寺公望分享权力，于是在他第三次被任命为首相后，1913年2月初，这位前陆军上将宣布他也要建立自己的政党。若干小党的成员因为对竞争对手政友会的成功感到沮丧，所以几乎立即蜂拥到它的旗下。虽然桂太郎于1913年2月20日下台，几个月之后死于癌症，他的政党立宪同志会（1916年改称宪政会，1927年改称立宪民政党）却存活并兴盛了起来。

两个强大的主流政党的出现，为日本政党政府的实现铺平了道路，而1918年的“米骚动”更是向政党内阁转化的催化剂。1914年到1919年之间，战时的通货膨胀无情地抬高了大多数生活消费品的零售价，而许多收入较低的家庭甚至中等家庭的收入却只是稍微有所增加。1918年米价猛涨，仅6月份一个月里，某些城市的米价就涨了60%。愤怒的消费者决定自己来解决这个问题。骚乱始于7月22日，当时富山县一个小渔村的妇女抗议当地的米价上涨，然后骚乱就像野火似的蔓延到大阪、神户、名古屋和西日本的其他工业中心。到9月中旬“米骚动”被遏制时，已有近500个城镇乡村卷入了这次风潮。全国各地愤怒的居民似乎都在聆听演说，加入非暴力的静坐抗议和游行，强迫米商以打折后的“公道价格”出售存货。在大规模的巷战中与警察和军队发生冲突。1918年夏，100万或者更多的群众走上街头参加“米骚动”，使得这次骚动成为日本近代史上规模最大的群众示威运动。

虽然1918年的抗议规模空前，群众政治运动长期以来却一直是日本历史的一部分。近世早期，农民和城市平民写请愿书，在大名的官署前集会，有时也发动暴乱，抗议不合理的米价以及给他们带来不利影响的政府政策。1889年的宪法规定民众可以参与立法过程，从而改变了日本的政治文化。但是，选举法只给予每年缴纳直接税15日元或更多且年龄在25岁及以上的男子选举权，结果只有45万名约占总人口1.1%的男子可以参加1890年的投票。1902年纳税额减少到10日元时，也只有150万名男子，即2.5%的人口有资格在1917年举行的议会选举中投票。结果，在明治和大正时期，既为了谴责政府的政策，也为了在决定地区和国家的未来时有更大的政治发言权，没有选举权的群众参加了无数次示威活动，诸如1897年人们从足尾挺进到东京，1905年聚集在日比谷公园进行抗议等。

1918年夏，人们也发起了类似的示威活动。一方面，受尽压榨的人民要求地方官吏和寺内正毅内阁控制米价，开仓赈济，从殖民地进口更多粮食，总之采取一切必要手段降低粮食和其他基本商品的价格；另一方面，示威者要求新的领导阶层上台，并为他们争取更多的权利。名古屋的一位示威者喊道，“我们是公民”。因这年夏天对粮价的不满而指责了“现内阁的不足取”后，他说，“必须打倒目前的政府”。① 另一个名古屋人赞同他的话，说道：“粮价飞涨是寺内内阁犯下的罪行。当务之急是尽快行动，推翻这个违背人民意愿的政府。”这样的想法植根于一个古老的观念：政府应关心的最基本之事是人民的福利，进一步说，决策过程必须考虑民意。“普选权怎么办？”报道这些事件的一家报纸问，“这也是民心所渴望的。简单地说，最近的骚乱是因‘权力和财富分配不公’而起，‘公平的分配’是民众真正渴望的。”

抗议者激起了内阁内部的不同反应。正如对待1884年的秩父事件和1905年的日比谷事件，寡头统治的政府毫不迟疑地采取了极端行动。为了补充地方警察的不足，山县有朋的门徒、前陆军大将寺内正毅首相，1918年夏调动了海陆军，动员了近10万军队镇压26个县120个地方的骚乱。通常只要武装步兵一出现，参加暴动的群众就会躲在街道的路障后面，但是当士兵们觉得受到威胁时，有时也会把来复枪、机关枪对准那些拿着石头、棍棒和竹矛的抗议者。在冲突中没有士兵死亡，但是截至9月份暴动结束时，有30个平民丧生，更多的人受伤。在日本各地，警察把许多参加骚乱者投进监狱，然后法院很快地开始流水线似的审判。东京的一名法官一个下午就审理了55起案件。全国各地的地方官员到年底就结束了大多数诉讼。总计5000多人被判犯下各种罪行，被处以严厉的刑罚，其中有一些人被判无期徒刑。甚至连一些相对较轻的罪行，比如接受示威者强迫打折后出售大米，也要被处以大笔

① Michael Lewis, *Rioters and Citizens: Mass Protest in Imperial Japan* (Berkeley: University of California Press,1990), pp.111 and 133(modified).

罚金或监禁。至于究竟是哪一种，则取决于法官的决定。

另一方面，官员们同意了走上街头的人们提出的许多要求。8 月中旬，中央政府宣布，深深关心着臣民福利的大正天皇个人捐赠了 300 万日元成立国家救济基金会。内阁也捐了 1000 万日元。到 8 月底，三井和三菱财阀各 100 万日元的捐献已使基金的总数达到 1500 万日元。此外，政府从朝鲜和中国台湾进口了更多廉价大米，出资开展扩大日本耕地面积的计划，拨款另建存储粮食的谷仓，并实施调节商品贸易的新法律，以便减少通货膨胀中出现价格泡沫的可能性。

1918 年 9 月 29 日，抗议者取得了最重大的胜利：政友会总裁原敬接替寺内正毅担任首相。天皇及其顾问把政府的统治权交给一个政党的党魁，只不过想拉拢那些公开嘲笑实行寡头统治的内阁抗议者。但是对大多数观察者来说，原敬被任命为首相具有更重大的历史意义。它标志着政党政府的出现，因为他的内阁是第一个由下议院多数党当选成员领导的内阁。大多数大臣职位都由政党成员担任，并在议会开会期间管理国家。放在一个更宏大的历史环境来看，一些评论家认为，从“国家团结内阁”到政党内阁的转变不仅仅是 1918 年风潮的结果，而且它代表了在争取建立政党政府的过程中，由民权运动的发起者肇始，由参加政治运动的群众继承并完成的长期斗争为顶点。

大正民主与自由主义

当托尔斯坦·凡勃伦 1915 年访问日本时，他提醒每个人注意萦绕在他心头的一个主题：在欧洲和美国，科学和工业的推广导致了相似的文化价值和政治安排的出现，尤其是在像英国和美国这样的国家。此外，他声称看到了“日本人和西方人之间思想上的相似性”以及“心理的相同”。[①] 因此，他预言，当日本变得更加现代时，日本人将丢弃“旧日本的精神”，拥抱遍及世界先进国家的“理想、道德价值和原则”。反过来，相近价值观的建立也会支持与欧洲和北美相似的作为上层建筑的政治制度。四年后，约翰·杜威来访时更为热

① Thorstein Veblen, *Essays in Our Changing Order*, ed.Leon Ardzrooni (New York: Viking Press,1943), p.257.

情，他为《新共和国》撰文说："自由主义正在弥漫。"[①] 杜威向美国读者解释，"民主"已经扎根一段时间了，当日本按照规则使内阁"向议会而不是天皇负责"时，它就会永久存在。杜威不怀疑这种事情发生的可能性。他断定，原敬的上任标志着"日本将稳步走向民主。没有血腥悲惨的巨变，变化也会来临"。

杜威判断错了日本历史上暴力和抗议的意义，不过，20世纪20年代的事件似乎给他和凡勃伦补上了这一课。1922年到1924年间，天皇及其顾问倒退回指定人员组成"国家团结内阁"的做法上，先后让两名在日俄战争中赢得声望的将军和枢密院前议长组成主要包括职业官僚和贵族院贵族的内阁。然而，逆转到无党派内阁的行为激怒了许多日本人，他们发动了全国性的抗议运动以"保护宪政"。在1924年春的选举中，宪政会和政友会获得了议会中几乎所有席位。元老们除了同意任命多数党宪政会的总裁加藤高明为首相外，几乎别无选择。于是，天皇选择最主要的政党或者众议院多数派联盟的领袖担任首相成为被认可的做法。1924年到1932年间，6个不同的人先后成为首相，每个人都是政友会或宪政会—民政党的总裁，而且政党成员通常占据了最重要的大臣职位。

表 10.3　日本首相（1918 ~ 1932）

首相	党派	组阁次数	时间
原敬	政友会		1918.9.29 ~ 1921.11.13
高桥是清	政友会		1921.11.13 ~ 1922.6.12
加藤友三郎			1922.6.12 ~ 1923.9.2
山本权兵卫		第二次	1923.9.2 ~ 1924.1.7
清浦奎吾			1924.1.7 ~ 1924.6.11
加藤高明	宪政会	第一次	1924.6.11 ~ 1925.8.2
加藤高明	宪政会	第二次	1925.8.2 ~ 1926.1.30
若槻礼次郎	宪政会	第一次	1926.1.30 ~ 1927.4.20
田中义	政友会		1927.4.20 ~ 1929.7.2
滨口雄幸	民政党		1929.7.2 ~ 1931.4.14
若槻礼次郎	民政党	第二次	1931.4.14 ~ 1931.12.13
犬养毅	政友会		1931.12.13 ~ 1932.5.16

① John Dewey, "Liberalism in Japan" and "On the Two Sides of the Eastern Sea " reprinted in his *Characters and Events: Popular Essays in Social and Political Philosophy*, vol.1, ed.Joseph Ratner (New York: Henry Holt,1929), pp.149- 71.

虽然有些批评者把加藤高明贬为政治的业余爱好者，只不过运气好娶了三菱财阀创始人的长女为妻，但钦佩他的人却认为他是个政党政府的热情勤勉的提倡者。不管人们怎样看待这位前外交官，很清楚，当1924年6月加藤高明第一次召集内阁会议时，他开始了日本政治史上另一个值得注意的阶段：政党政府的常规化。从1890年召开第一次帝国议会到20世纪20年代中期，权力从寡头政治执政者及其门徒手中落入政党政治家的掌握之中。在这个革命过程中，出现了许多转折点：19世纪90年代后半叶，寡头政治执政者和政党之间的相互妥协；1900年政友会及1913年同志会的成立；1918年的“米骚动”之后，彻头彻尾的政党政治家原敬上台领导政党内阁；最后是加藤高明上台这件事所反映的一种认识，即政党理所当然可以提名他们自己中的一员为首相，并且占有内阁的大多数席位，在国家政策的制定中发挥主要作用。几乎在每个人的心里，政党政府的时代已经来临，而且人们公开谈论“大正德谟克拉西”的兴隆。

这种转变的产生并非以实施宪法修正案或创立新政治制度为前提，相反，明治宪法本身的圆通性容忍政治重心的转移，允许统治精英间各种关系的存在。由于这个原因，政党政治家可以利用元老及其帮手之间的不同。具有讽刺性的结果是，伊藤博文和桂太郎这两个对政治怀着截然不同感情的人，分别成立了日本两大政党。不管这两个政党的起源如何动机不纯，最后有着新思维方式的真正政治家掌握了两党的领导权。与把内阁视为君主仆人的元老黑田清隆相比，政党领导人如加藤高明认为大臣应该对人民负责，并且应该从议会下议院的民选代表中挑选。

日本的大多数自由主义评论家都欢迎政党政府的到来。那些自认为政治“左派”的人思想并不统一，相互之间在具体问题上常有分歧。但是大体上他们都赞成维护个人尊严，重视言论自由，提倡男女平等，欢迎民众进一步参政，创建文化准则。作为一个群体，他们不想批判明治宪法，但是在20世纪一二十年代，大多数人确实赞同修正政治制度和惯例，以便让现代性的自由主义思想传播开来。

或许，大正时期自由主义和议会民主最有力的鼓吹者是一位大学教授，当时一些主要期刊的不知疲倦的撰稿人吉野作造。吉野作造和早先那些主张明治维新的终极目的是促进人民幸福的人思想相同。他认为，既然政府的存在是为了推进人民的幸福，那么，应该主要由人民自己判断政府是否以负责的态度行使职责。他对民本主义的信仰使他看不惯政友会和宪政会，因为他认为这两个党的领导人都是没有充分注意民心的、鼓吹杰出人物统治论的、胸襟狭隘的人。[①]不过，在他看来，普选以及对议会负责的内阁形成了使普通人民得以塑造自己政治命运的机制。吉野作造也把民主、议会与将主权归属于半神半人的天皇的宪法调和在一起。由此使日本人有可能在投身于“不可避免的世界潮流”，即因“民主精神”而结合在一起的先进国家集团的同时，尊重他们自己国家的传统。

大正时期也见证了政府组织理论的形成，这一理论使政党内阁在日本的出现合法化。在宪法的解释方面，最有影响的人是东京大学的教授美浓部达吉。在他的《宪法撮要》(1923年)中，美浓部达吉提出，国家是一个由各个机构或机关如天皇、内阁、官僚机构等等组成的法人。他强调，为了使日本这个躯体保持政治上的健康，每个机关都必须正当行使职权。同时，他把至关重要的作用归属于“代表国家主权”的天皇以及内阁，因为后者“表达了国家的最高愿望”。[②]然而，天皇和内阁相互独立，因此内阁并不依靠天皇获得权力，而是作为“代表人民的机关”而存在。这个解释上的细微差别，决定了议会必须由民选代表组成。美浓部达吉承认，宪法并没有特别规定这样一种发展，但是他乐观地认为，新世纪发生的事情已使政党政府成为日本的“惯例”，正如在英国一样。

宪政会－民政党提出的政治日程进一步加深了这样一种感觉，即日本认识到了自由主义的黎明。在大正时期，政友会因为把保守的社会倾向和在对外政策问题上的强硬姿态融合在一起，以及慷慨资助军队而出名；与它相比，宪政会－民政党的领导人倾向于密切关注财政经济，赞成为了帮助解决社会

---

① Ryusaku Tsunoda, Wm. Theodore de Bary, and Donald Keene, comps., *Sources of Japanese Tradition* (New York: Columbia University Press,1958), p.744.

② Mitani Taichirō, “The Establishment of Party Cabinets, 1898-1932 ” tr.Peter Duus, in John W. Hall et al., gen.eds., *The Cambridge History of Japan*, vol.6: Duus, ed., The Twentieth Century (Cambridge: Cambridge University Press,1988), pp.87 and 56.

问题实行政府干预，提倡与列强合作以维持国际秩序。20 世纪 20 年代，当加藤内阁和若槻内阁削减军事预算、主持男子普选权的实行、起草旨在保证最低限度社会安全的法律时，两党的对比臻于顶峰。虽然并非所有的议案最后都成为法律，但是宪政会－民政党确定最低工资水平、加强保护妇女儿童的工厂法、提供失业保险、把健康保险计划扩大到工人、提高退休公务员和军事人员的养老金、为老弱妇孺提供安全的议案等，促使人们拿日本和西方的民主国家做善意的比较，使杜威的“自由主义正在弥漫”的观感有了凭证。

合作的帝国主义

第一次世界大战期间，日本完成了帝国的建立，然后与欧美强国合作以维持它在主要帝国主义国家之中的位置。1914 年夏，战争在欧洲爆发后，日本在“英日同盟”的旗号下实践了自己的诺言，加入协约国一方作战。8 月 17 日，日本外务卿向德国发出最后通牒，宣布了日本的意图。出于宣泄长期压抑苦痛的微妙心理，通牒中加入了一些 1895 年德国在参加三国干涉“还辽”时使用过的原话。1914 年 8 月 23 日，天皇正式向德国宣战，到 11 月，日军已经占领了德国在中国的战略要地，即伸向中国东北以南黄海海面的山东省的租借地，又占领了密克罗尼西亚的德属加罗林、马里亚纳和马绍尔群岛。

1915 年 1 月 18 日，日本政府在向中国当局提出的臭名昭著的“二十一条”中流露出包藏已久的帝国主义野心。“二十一条”共分五号，在日本内阁心里，前四号要求中国确认日本继承德国在山东的权利，保证中国的沿海港湾岛屿概不让予或租予第三国，把日本在日俄战争中攫取的 1923 年到期的在中国东北的租借地期限延长到 20 世纪末，因此这只不过是批准或扩大了现有的特权。第五号，日本政府狡猾地把它称为“愿望”而不是“要求”，则走向了完全不同的方向。这些条款要求中国雇用日本人为政治、财政和军事顾问，显而易见是要把中国变为日本事实上的保护国。愤怒的中国人民开始抵制日货，甚至连日本的新同盟美国也谴责日本的行为。日本谈判者在外交上搁置了引起反对的“愿望”，但是逼迫中国政府接受了 1915 年 5 月 25 日签署的一系列换文和条约中的其他要求。中国把这一天牢记为“国耻日”。

1918 年 11 月，第一次世界大战的一系列空前屠杀和破坏在欧洲结束了。

地图 10.1　1922 年的日本帝国

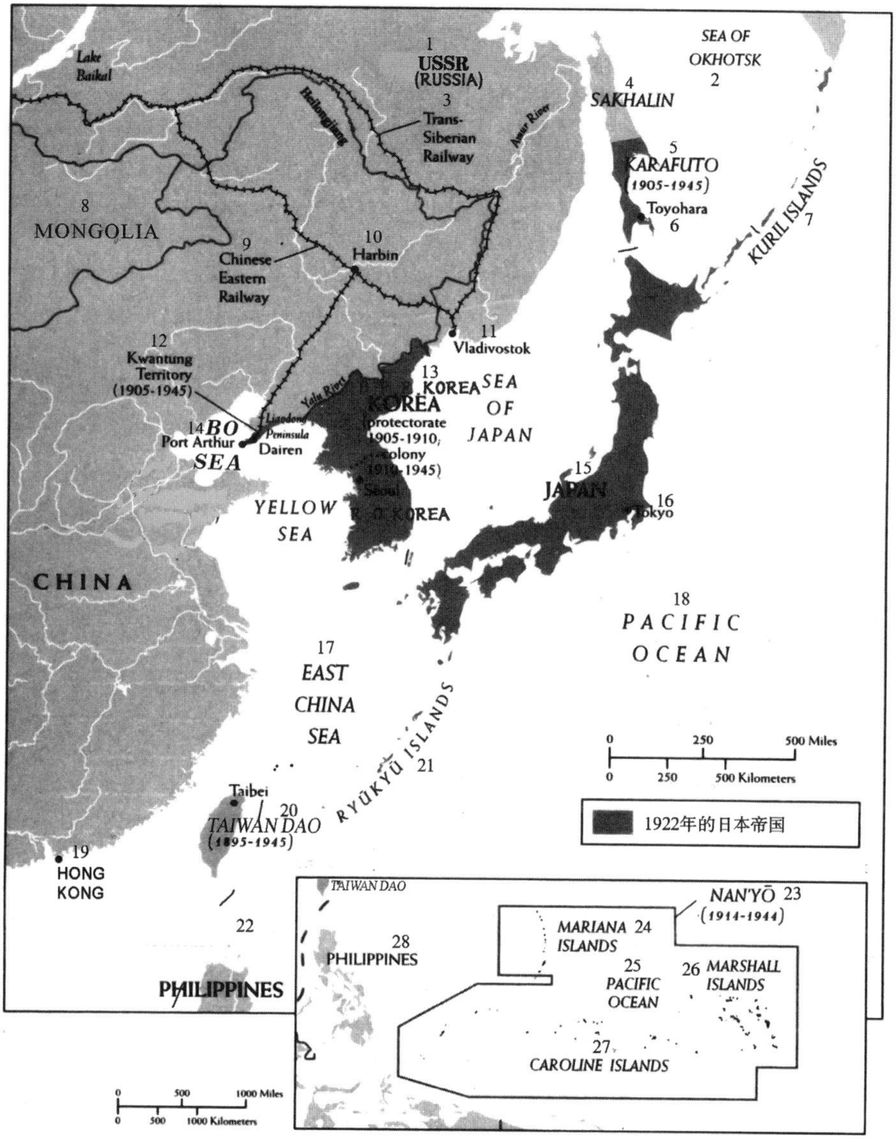

1. 苏联	2. 鄂霍茨克海	3. 横贯西伯利亚铁路	4. 萨哈林岛	5. 桦太岛
6. 丰原	7. 千岛群岛	8. 蒙古	9. 中东铁路	10. 哈尔滨
11. 海参崴	12. 关东州	13. 朝鲜	14. 旅顺港	15. 日本
16. 东京	17. 东海	18. 太平洋	19. 香港	20. 台湾
21. 琉球群岛	22. 澎湖列岛	23. 南洋厅	24. 马里亚纳群岛	25. 太平洋
26. 马绍尔群岛	27. 卡罗林群岛			

第二年春，主要参战国的领导人在巴黎集会，签署和平协议，制订确保世界更稳定的计划。许多分析家把这场“终结所有战争的战争”的主要原因归结为没有限制的近乎疯狂的掠夺海外领地的竞赛，以及通常是秘密签订的双边条约的激增。现在回想起来，这些条约把不同国家分成敌对的阵营，它们之间互相竞争的利益使得武装冲突几乎不可避免。为了增强未来的稳定性，英美两国的调解人提出，各国必须抑制帝国主义的本能，签订旨在维持各国之间利益平衡的多国协议。世界新秩序的最头头是道的鼓吹者是美国总统伍德鲁·威尔逊。他提倡成立国家联盟，作为平等地代表所有国家、努力不让任何一个国家沦为别国侵略牺牲品的最高机构。

在亚洲，威尔逊国际主义的焦点是中国这个帝国主义野心的温床。1921年秋，美国邀请感兴趣的国家到华盛顿为太平洋地区订立新秩序。参加华盛顿会议的日本全权大使是币原喜重郎，他是一名职业外交家，1919年赴华盛顿任驻美大使，回国后先后于1924年至1927年、1929年至1931年间在宪政会–民政党内阁担任外务卿。币原喜重郎的使命是使帝国完整无缺。与此同时，他坚信日本的未来取决于它发挥作为工业大国的经济潜力，成为繁荣的贸易大国的能力。他认为，亚洲北部特别是中国的和平和稳定，为日本企业提供了利用日本在《马关条约》和《朴次茅斯和约》中获得的经济特权的最佳时机。

在华盛顿的讨论再次肯定了币原喜重郎的其他判断。在他看来，日本无法把自己和世界先进国家，尤其是英、美两国隔绝开来。20年前，在三国干涉“还辽”时没有朋友的国家会导致何种变故的问题上，曾经给过日本一个沉痛的教训。在那种情况下，1900年派遣军队参加镇压义和团起义的八国联军，以及1902年签订《英日同盟条约》，成了搭建通向西方的桥梁富有希望的第一步。现在，华盛顿会议为日本和欧美大国建立更全面的合作关系提供了机会。此外，币原喜重郎接受了威尔逊的看法：停止帝国主义国家之间争夺领土的竞赛，取消势力范围，将为日本的经济发展创造有利环境。因此，币原喜重郎及其在决策层内部的支持者赞成日本放弃“二十一条”所代表的高压的扩张主义政策，与威尔逊维持中国和整个太平洋地区的和平及现状的努力合作。这个目标也意味着，日本必须遵守不干涉中国内政的原则，并加入国际联盟。1920 年 11 月，国联召开第一次会议。

华盛顿会议产生了一系列体现威尔逊希望的新外交公约和协定。1921 年 12 月 13 日，日、美、英、法四国的代表签署了《四国条约》，通过废止 1902 年的英日双边同盟，要求所有缔约国尊重彼此的属地，意见不一时共同协商，规定了日后集体解决东亚问题。会议于 1922 年 2 月 6 日结束，同日又签订了《华盛顿海军条约》和《九国公约》，前者（也被称为《五国条约》，因为意大利也成为《四国条约》的缔约国）寻求公平处置太平洋上军事力量的方法，其中一些比较重要的条款规定：美、英、日三国海军的大型军舰，如航空母舰和战舰的比例分别为 5 ∶ 5 ∶ 3，并进一步规定美国和英国不得在夏威夷西部或新加坡南部构筑防御工事；后者实际上使日本海军和英美两国可以驻守在太平洋周围的舰队处于均势。最后，《九国公约》（它把中国、比利时、荷兰和葡萄牙也加进了同意《华盛顿海军条约》的集团中）重申了美国于 1899 年和 1900 年首次提出的"门户开放"政策的原则，呼吁所有国家"尊重中国的主权、独立，及领土和行政完整"；不要牺牲中国做进一步的扩张；维持"各国商业和工业机会均等原则"。[①]

按照币原喜重郎的看法，华盛顿会议期间方针政策的确定对日本来说大有好处。就声望方面而言，日本在巴黎和华盛顿跻身核心集团，再次肯定了它作为最重要的世界强国之一的地位。在商业上，日本企业处于扩大其在不断成长的中国市场的影响，以及寻求"南满租借地"发展得更好的位置。在政治上，日本不仅保留了它现有的殖民属地，而且甚至取得了多国条约对其在马关和朴次茅斯所获权利的认可。此外，日本还从国联获得了前德属太平洋诸岛的委任托管权，日本把它们称作南洋领土。为了表示对这些安排的热心，日本决定从中国的山东省撤军。

帝国的管理

在帝国主义国家集团中承担重要角色的同时，日本人也不得不关注内部

① Morinosuke Kajima, *The Diplomacy of Japan*, 1894-1922, vol.3(Tokyo: Kajima Institute of International Peace,1980), p.528.

事务，决定该如何管理他们的帝国。后藤新平，1898年被任命为台湾民政长官的内务省官员，是最早承担起这个任务的殖民地行政长官之一。后藤新平醉心于殖民理论，他收集的当时分析欧洲帝国主义者如何管理海外保护国的著作之多，令人印象深刻。此外，他的身边还有一个由年轻的世界主义者顾问组成的智囊团，其中包括新渡户稻造。在新渡户稻造还是个札幌农学校的学生时，曾经直接目睹了北海道的殖民地化。后来他成为国联的副秘书长。

对后藤新平及其下属而言，殖民主义是个全球现象，它给了每个宗主国一系列相应的特权和义务。因此，就像其他帝国一样，日本也有权利追求它自己在海外领土的利益。不过，平衡特权的还有担负起“提升”从属民族文明这个任务的责任。这个道义上的责任在法语里叫作“文明的使命”，在英语里则比较粗鲁地称作“白人的负担”。后藤新平及其同人在特权和责任上又附加了另外两点：工商业的发展对日本在殖民地使命的两个方面都至关紧要；为了造福当地民族和日本，为明治时期的经济梦想赋予了生机的政策可以应用于国外。新渡户稻造为那些不同的思想倾向披上了动人的外衣。他说：“殖民主义的最高和最终目的是人类的发展。如果我们忽略了人道主义，我们的伟大使命就不会取得多少成就。”[①]

▲ 新渡户稻造像

在台湾，后藤新平致力于把他近代文明的殖民地管理理念付诸实施。他一就任，就开始协同各方努力促进农业发展，刺激商业活动。他的属员受到明治政府实践的鼓舞，也在台湾传播近代农业技术，出资兴建交通通信设施；通过为日本公司提供有诱惑力的条件，如独家垄断权、低额赋税、保证红利等，吸引他们到台湾投资。这些努力极大地提高了水稻产量，为有利可图的制糖业奠定了基础，使大正时期台湾的生产总

① Mark R. Peattie, “The Japanese Colonial Empire 1895-1945” in *The Cambridge History of Japan*, vol.6, p.239.

值增加了一倍。与此同时，后藤政权着手“提升”台湾人民。后藤新平从其他殖民地的做法中得到启示，制定了一个很长的日程表，包括推广初等教育、建造医院、改善卫生状况、资助公共卫生计划，把台北改建为一个欧洲风格的有公园、喷泉、宽阔林荫大道的宏伟都市。

在南太平洋诸岛，20世纪20年代，日本官员接受了国联尽力推动当地人民的“物质福利、道德水准和社会进步”的命令，也致力于各项发展计划。就像他们在台湾的同任那样，身着白色制服的殖民地官员在凉爽的覆盖着九重葛的村舍工作，热心地收集数据，草拟修筑道路港口、开办学校、改善健康和卫生情况的计划。在东京，政府官员和社会名流鼓励人们移民到南洋。当局除了为移民者创造改善生活的新机会之外，也想让他们建立可以为母国供应粮食的农业殖民地，同时也实行把近代化引入南洋群岛的“道德上的强制”。

许多日本人响应号召移民到了南洋。截至1939年，日本殖民者已经达到77 000人，远远超过了当地的5万居民。有些新来的人在当地水域捕鱼；有些人经营农场，主要是种植咖啡和水果；还有一些人开办小型杂货铺，这些铺子的屋顶盖着马口铁阻挡阳光，供应多种改变了当地人爱好和生活方式的日本商品。不过也许大多数移民都靠为南洋发展株式会社当佃农和农业工人来维持生活。该公司由一位日本企业家于1921年成立，享有税收补助，可以免费使用土地，并从殖民地行政当局获得了实质上的制糖垄断权。因为拥有如此之多的特权，南洋发展株式会社涉足于多个领域，从开采磷矿到种植椰子，成为在密克罗尼西亚占主导地位的商业机构。

日本人也涌到帝国北端的桦太岛（日俄战争后，日本根据1905年《朴次茅斯和约》从俄国手里取得库页岛北纬50度以南地区，并定日本名为桦太岛。——译注），到1926年，他们已占那里约207 000人口的90%以上。对大多数移民来说，桦太好像是日本不可分割的一部分；它和一代之前的北海道相似，也有着类似的边境气氛和具有挑战性的气候。东京派遣的一名民政长官住在新改建的丰原城，负责管理该殖民地。他的其他主要责任是协调三井、三菱及其他日本企业的努力，以开发殖民地的经济潜能，尤其是渔业和巨大的木材、煤炭和石油储量。合适的交通设施的缺乏阻碍了那些自然资源的开发。不过到1925年，日本本土列岛石油需求量的10%以上已经由桦太岛提供。

大正时期还有大量日本人移民到中国东北。《朴次茅斯和约》给了日本占领辽东半岛南端关东州的权利。此外，日本还被授权经营俄国建造的中东铁路的旅顺到长春部分，日本将其改称为“南满铁路”，并在铁路沿线规定得含糊不清的地区行使司法和行政权。为了履行这些职责，1906 年 8 月 1 日，日本政府建立了关东军，四个月后又成立“南满铁路株式会社”。前者作为帝国军队的一部分，由日本本土派遣的军队构成，以便保卫日本在中国东北的新权利；后者是个较为复杂的组织，既是个商业公司，又是日本政府的代理。“满铁”由私人和政府投资，董事会成员由东京的内阁任命，从经营铁路和开发该地区经济资源所牟取的利润中拿出股息分给私人股东。同时，它也负责租借地区 100 多个城镇的市政管理、公共建设工程、健康和教育。

日本内阁一心想使“南满铁路株式会社”成为中国东北南部一股强大的殖民力量，因此把后藤新平从台湾调派过来担任“满铁”的第一任总裁。后藤新平精力充沛地开始履行新职责。截至大正末期，“满铁”改进了服务，它的快车以平均每小时 56 公里的速度奔驰在距离达 720 多公里的旅顺—长春之间，增辟了奉天到朝鲜的支线，在沿线火车站附近修建了旅馆，鼓励出口大

▲ 日本殖民时期修建的大连中心花园

豆到世界市场，开办了大型煤矿和铁厂，建造了电力厂，凑集了炼油厂的启动资金，疏浚港口，使大连成为太平洋主要港口之一，同时还投资兴办学校、公园、图书馆和医院。“南满”各项事业的净收入从1907年至1908年的200万日元，飙升到1917年至1918年的1500万日元，再到1926年至1927年的4500万日元。这样的成效给日本人民留下了深刻印象。

如此大规模的经济发展使中国东北南部作为亚洲大陆工业化程度最高的地区而闻名。此外，由于居住在铁路沿线地区的居民从满铁的各项计划中受益最多，大量移民从日本本土列岛移居到关东州，使“南满”的日本人从1907年的25 000人上升到1930年的220 000人。他们当中的一小部分和在汉城激起人们嫌恶的那些人一样，也是骗子和利用动荡局势牟利而失败的人；相对较少的人，或许是1000户左右，则是寻求美好生活的老实农民；不过，大多数移民是来“南满铁路株式会社”广布各处的企业工作的。

在朝鲜，20世纪头十年，顽固的寺内正毅大将及接替他出任总督的人坚决镇压异己，为稳定的殖民统治奠定了基础。吞并了朝鲜后，日本政府立即禁止所有政治集会，用单一的政府出版物取代私人报纸，把记载着朝鲜名人的历史教科书和传记从图书馆和学校中清除。为了执行其法律，总督府以日本宪兵取代朝鲜警察，并授权他们在无须高一级司法审查的情况下进行“行政审判”。仅1916年，宪兵队就执行了这种审判近8万件，除30件之外，宪兵们对朝鲜犯人处以罚款、监禁和肉刑，如用竹棍抽打。

整个20世纪头十年，总督府的官员设法完成内阁的命令：开发朝鲜半岛，使其作为日本制成品的出口去向以及廉价农产品的进口来源，尤其是在1918年的“米骚动”之后。为了保证朝鲜本土商人不能从事可能会与进口商品到朝鲜的日本公司相竞争的行业，20世纪头十年后期，总督府颁布了所谓的《公司法》，规定所有新企业都必须取得官方许可。在随后的几年中，想办企业的朝鲜人遭到越来越多的挫折，因为他们发现要得到这种批准极其不易。从1910年到1918年，总督府只发了105个执照，其中93个发给日本人的公司。1918年结束的土地调查对近4万项无正式文件的土地所有权不予承认，结果朝鲜农村地区人民的生活急剧恶化。东洋拓殖会社和日本人的其他农业合作社攫取了许多新腾出来的土地，成为剥削人的地主，并遭到被逐出土地的朝鲜家庭的敌视，后者突然沦为佃种原先是自己土地的佃农，过着很不稳定的生活。

20世纪头十年，朝鲜人民对日本政治经济政策的愤恨不满不断高涨。1919年，前国王高宗的猝死激起了反对殖民统治的民众运动。3月1日，汉城的学生聚集在塔洞公园宣读了《独立宣言》，张贴在汉城其他地方的标语声称日本人毒杀了废帝，并要求将威尔逊曾经热情鼓吹的"国家自决"原则施行于朝鲜。在接下来的几天内，全国各地都爆发了类似的非暴力示威运动。4月，以李承晚为首的一些人在上海成立了流亡政府。李承晚后来成为1948年至1960年间大韩民国的总统。在朝鲜本土，"三一"独立运动持续了好几个月，在反对日本殖民主义的民族抗议运动中，100多万来自各行各业的朝鲜男女紧紧团结在了一起。

日本政府最终决定改进政策，但这要在宪兵残酷镇压暴动之后。警察毫不留情地在朝鲜许多城镇村庄殴打、洗劫有嫌疑的异己分子。在一起臭名昭著的事件中，甚至把抗议者关进教堂，然后纵火烧得一干二净。到了夏末，已有5万多朝鲜人被关进监狱，7000多人死亡。1919年的暴动使许多日本人深为震惊。很少有人愿意承认这一点，哪怕是对他们自己：他们的殖民统治太酷烈，以致激起了普遍的不满。此外，作为帝国主义集团最新的唯一非西方成员，有些人害怕朝鲜的大规模起义将危及日本在世界列强中的地位。自由主义者吉野作造写道："朝鲜的起义是大正时期历史的一个大污点，我们必须尽一切努力清除。除非我们成功地做到这一点，否则它不仅会有辱东亚最先进国家的名誉，也会严重影响国家的命运。"①

原敬首相竭力粉饰太平，告诉世界日本将教导朝鲜人民，以便最后他们能享有扩大了的公民自由，行使更多的政治自主权。"大多数朝鲜人的愿望不是独立，"他对一位美国记者解释，"而是要求和日本人平等。我会保证朝鲜人在教育、产业、政府中享有这样的平等机会。"② 为了进一步平息风波，原敬

① Mark R. Peattie, "Japanese Attitudes toward Colonialism,1895-1945" in Ramon H. Myers and Peattie, eds., *The Japanese Colonial Empire*, 1895-1945 (Princeton: Princeton University Press,1984), p.106.

② Mark R. Peattie, "Japanese Attitudes toward Colonialism,1895-1945", in Ramon H. Myers and Peattie, eds., *The Japanese Colonial Empire*, 1895-1945 (Princeton: Princeton University Press,1984), p.107(modified).

决定派一名新总督前往汉城。1919 年 8 月，斋藤实大将走马上任，用民警部队取代了令人憎恨的宪兵制度，取消了《公司法》，放宽了对出版和政治活动的限制，开始了所谓“文化政治”的时期。

当斋藤实在朝鲜缓和紧张局势时，其他日本人则出访西方，向他们解释日本作为一个殖民国家的目标。在环游美国的过程中，新渡户稻造开始了他的演说，提出日本也是“明智地使国家的自觉意识适应有机增长的法则”并且成为“殖民强国”的少数国家之一，而朝鲜沦为这样一种国家，“就像愚拙童女（“愚拙童女”典出《圣经》。有 10 个童女，其中 5 个童女由于有充分准备，得与新郎同赴婚宴；另外 5 个则因为没有准备，新郎到来之时被拒于门外未能及时赴宴。该故事教导人们要警醒，时刻做好准备，否则事到临头就会措手不及。——译注）的比喻，没有准备好响应世纪的召唤”，所以“失去了独立”。[①] 新渡户稻造还说，虽然控诉日本殖民政策的话比解释其目标的多，但“我把自己算作朝鲜人最好和最真诚的朋友。我喜欢他们。我认为他们是能干的民族，能在训练后实行自治，现在不过是监护期”。他声称日本的殖民地行政官员已经取得了无数成就：“矿业、渔业和制造业已经向前发展，光秃秃的山岭覆盖着树苗。贸易突飞猛进地增长。”日本新的“文化政治”将来肯定会取得更多进步。“应该研究我们在朝鲜的作为”，新渡户稻造对听众说，因为“日本是接过了提升远东文明这个庞大任务的管家”。

世界各国对新渡户稻造这样的发言人褒贬不一。在殖民帝国内部，批评家对仁慈的家长式统治的那套花言巧语不屑一顾，相反，他们断言日本更经常地为了自己的无耻私利行事。他们宣称，正如朝鲜的情形，各处的殖民地经济都屈从于本土列岛的需要。工业化计划，无论是由满铁、南洋发展株式会社，还是由桦太岛的矿业木材公司来实施，带给日本企业家的好处都要比给当地人民的多。除桦太以外，殖民统治者紧紧控制着殖民地的内部事务，拒绝给他们统治的人民以政治发言权，而且只为二流的教育机构提供资金。从中国东北到南洋，被殖民的人们都认为，像新渡户稻造这样的帝国主义者是被膨胀了的道德优越感蒙蔽了双眼的瞎子。对那些生活在殖民统治之下的

① “Japanese Colonization” in *Asiatic Review* 16:45(Japan 1920), pp.113-21.

人来说，生活已经揭示了辛辣的新箴言：无论决策者和理论家对于人道的政策谈得多么响亮，实际上是妄自尊大的官员、无情的警察、贪婪的商人决定了日常生活的真正面貌。

许多西方观察者比较赞成帝国主义国家俱乐部中日本这个成员实行的殖民政策。欧美来访者称赞台湾在日本人管理之下取得的“惊人的进步”；谈论殖民地行政人员在实现他们改善密克罗尼西亚“土著的社会和道德状况”的愿望时所表现出来的“热诚”；热心地撰写关于日本对朝鲜“仁慈同化”的文章，认为这是在“腐败软弱的君主劫掠、压迫、侮辱他们自己的人民达几个世纪”之后，把近代化带到了朝鲜半岛。① 即便“三一”独立运动期间针对平民的暴行吓坏了他们，许多朝鲜的美国传教士还是欢迎原敬的新政策，赞同首相对情况的估计。美以美会主教于 1920 年 5 月写道：“最聪明、最有远见的朝鲜人相信，没有迅速独立的希望，他们必须长期专心于培养朝鲜人民处理政府事务的体格、知识、道德和能力。”②

20 世纪 20 年代早期，西方人很容易同情日本。日本殖民制度的特点和目的与欧美相似，当新渡户稻造说起“提升”当地人民的“庞大任务”时，他不过是在向持有相同观点的人鼓吹同样的想法。而且，如果说日本人在朝鲜就像严厉的家长，那么，英国人、法国人和美国人也在规训爱尔兰的捣乱者以及其他殖民地的不满者。因此，无论殖民地的日本官员一路遭遇了多少波折，截至大正末期，许多国外观察者认为日本已经为它所控制的领土带去了法律和秩序，为“满洲”和桦太制订了远大的发展计划，在朝鲜和中国台湾发动了负责的改革，在南太平洋忙于受托管理该地的任务。

城市中等阶级

弥漫于 20 世纪前几十年的新觉醒和变化感，促使许多日本人重新思考自我、家庭和社会等观念。20 世纪一二十年代，对中国和俄国战争的胜利、“协

① Junius B. Wood, “Japan’s Mandate in the Pacific” in *Asia: The American Magazine on the Orient* 21:7(July 1921), p.751, and George Trumbull Ladd, “The Annexation of Korea: An Essay in ‘Benevolent Assimilation’” in *Yale Review*, new series 1:4(July 1912), p.644(modified).

② Bruce Cumings, *Korea’s Place in the Sun: A Modern History* (New York: W. W. Norton,1997), p.157.

调外交”以及和西方不断密切的关系、议会民主的出现、持续的工业增长、全民教育的确立、新形式的大众传媒的诞生，以及大量其他因素汇集在一起，激励着许多人质疑已被公认的价值，展望新的生活方式。想在社会上进行试验的愿望首先出现在日本的主要城市。在这些城市里，崛起的中等阶级——早先的中产阶级发展的结果，向现状提出挑战并重新制定社会准则，以满足他们对新世纪的要求和期望。

大多数报纸和官方统计数据汇编把政府官员、医生、教师、警察、军官、银行家、公司雇员，甚至某些在东京、大阪、名古屋等大城市谋生的有技术的工厂蓝领工人列入中等阶级。大体上这些人都受过良好的教育，有合理的报酬。在 20 世纪一二十年代跻身中等阶级的女教师、话务员、打字员、办公室工作人员、百货公司店员、助产士，甚至在吉冈弥生于 1900 年创办了日本第一个女子医科大学后出现的女医生，最后在大正时期都获得了完全的认可。

劳动妇女的比例以及整个城市中等阶级的规模都很小，但却在不断壮大。1922 年，日本 27 000 000 妇女中大约有 3 500 000 人在工作，其中略多于四分之一的人从事被认为是中等阶级的职业。不过，趋向线在向上爬升。截至 1926 年，日本共有 57 000 名女护士，而 1911 年只有 13 000 人。1920 年到 1930 年之间，政府部门的女性白领员工的数量增加了一倍。东京从事中等阶级职业的劳动人口，从 1908 年的稍多于 5% 上升到了 1920 年的 21. 5%。据估计日本 56 000 000 总人口中 8. 5% 的人属于中等阶级。这种增长率和新职业的凸显使都市的中等阶级觉得他们在为整个国家确定文化基调。

新工作地点既是日本现代化的一种体现，也反映了何谓中等阶级。在东京，中等阶级大多在市区如银座区、霞关区和丸之内区上班。银座区保持着自己最早于明治时期确立的零售业和银行业中心的名望，附近的霞关区则在世纪之交时成为重要之地，政府建造了雄伟的砖头楼房，高级法院、东京警视厅以及多数国家部门都搬了进去。在 20 世纪 20 年代，许多重要的大公司和企业开始把总部设在正好位于银座以西的丸之内区。1890 年，银座就已经成为三菱的大本营。建筑上的两大胜利象征了丸之内区的兴盛：1914 年华丽的东京中央车站的竣工以及 1923 年日本最大的综合楼丸之内大厦的落成。前者的尖塔和毗连的走廊是在东京市长后藤新平指示建筑师要设计出让世界震惊的建筑物之后，“按照法国的风格”建造的。

中等阶级的男女出于不同的原因出去工作。对许多人来说，钱是个需要考虑的重要因素。大多数男人，假如单身的话，都要自己养活自己；而一旦结婚，他们常常是家里负责养家糊口的主力。相似的是，1922年东京的一次调查发现，接受调查的女性13%是单身、离婚或寡居者，其中很大一部分人要养活依靠她们的孩子和父母。这项调查还发现，大部分已婚的中等阶级劳动妇女指出，她们的收入直接用于家庭预算，不是使收支相抵，就是让家人可以享受一下某些奢侈品。不过，经济上的需要并不是唯一的动机。许多男女，不管已婚还是单身，是想通过从事某一职业获得个人的满足感；还有一些人珍视过单身生活的可能性，而工作使得这种选择成为可能。“我不准备结婚，”一位女话务员在调查的问题中这样回答，“我想学会一种能让我倚靠自己的技能。”①

新型杂志为个人行为和家庭生活提供了可供选择的信息。在家庭月刊中读者最广泛的刊物是《妇人之友》，到大正末期它的发行量达到了近300万册。它的创始人和编辑力图调和传统与社会近代化的新视野。这份刊物的作者特别劝告妇女要开发自己的天资和能力，发挥她们作为“人”的潜力，敢于追求教育、医药和其他事业。与此同时，《妇人之友》也赞美婚姻和家庭，连篇累牍地描写身为一个慈爱的母亲和忠实的主妇所获得的满足感。该杂志所想望的是大正时期“超级妈妈”的形象，即一个既能调和女性自我意识的自由和传统义务的负担，又能小心地在事业要求和个人生活之间取得平衡的理想化的女性。

羽仁元子把她自己杂志里的想象化为了现实。1873年，羽仁元子出生于青森县一个养马的前武士家庭。1891年，这个早慧的年轻姑娘成为东京第一女子高中的首届毕业生。她是个基督教徒，后来在明治女子学校继续求学。她爱上了京都的一个年轻男子，回到日本东北部后先后在一所公立小学和天主教女子学校教书，1895年她辞职嫁给了那个京都的求婚者。这桩婚姻纯粹

① Margit Nagy, “Middle-Class Working Women during the Interwar Years” in Gail Lee Bernstein, ed., *Recreating Japanese Women*, 1600-1945 (Berkeley: University of California Press,1991), p.207(modified).

是个灾难。“作为一个来自东北部的受过教育的人”，羽仁元子在自传里说，她受不了“无法忍受的庸俗”的帝都生活。在她丈夫“沉迷于酗酒”之后，她跑到东京“寻找更有意义的生活方式”。① 她曾经在物理学界的先驱、女物理学家吉冈弥生的家里做过短期的女仆，在那里遇见了许多以事业为重的女子。1897 年，她成为东京一家最大报纸的技术编辑。羽仁元子天资聪颖，当她开始寻找并撰写贴近读者日常生活的，诸如儿童保育和普通人生活中的宗教等问题的文章时，她成了日本第一位报社女记者。

1901 年，羽仁元子嫁给了比她小 7 岁的同行记者羽仁吉一，后来他成了她新闻和教育事业中的伙伴。在 1908 年开办《妇人之友》前，夫妻俩有了两个女儿。羽仁元子把杂志的出版视为质疑“对过时价值观的迷恋”，唤醒“新梦想”以及鼓励“个体真正自由发展”的方法。在随后的几年中，不断有文章评论妇女的感情生活和就业等问题，讨论消费者协会以及妇女参政权的重要性，提供多少有点说教意味但却具体实用的家庭预算、健康问题和儿童教育方面的建议。在杂志取得了巨大成功之后，1921 年这对夫妇又创办了一所学校：自由学园。第二年，自由学园便在由弗兰克·洛德·莱特设计的一幢校舍里开学。校名中的“自由”一词，反映了羽仁元子的信仰：妇女应该“自由地”独立思考，承担起生活的责任，信仰耶稣基督。她的成功使她成为许多妇女的榜样，但是在她的自传里，她谨慎地提醒仰慕她的人，家政和事业都能使人心灵丰富。“家是我们工作的中心，”她谈到她自己和丈夫，“工作是我们家庭生活的延伸：两者完全融合，不能区分。我真正地感激这个理想的结合，它正是我们工作和婚姻的真髓。我们一起找到了在生活中的位置。”

像《妇人之友》这样的杂志以及城市里一些大报上的文章，在讨论城市中等阶级时，一直不厌其烦地提到“高尚”这个词。无数的文章把典型的中等阶级家庭描写成住在城市郊区或邻近的市郊，有一栋两层的、有 4 个或更多房间的“高尚住宅”，房子里有最新的设备，如铺着地板的厨房和西式的起居室。丈夫、妻子和孩子组成了一个“高尚的家庭”，一个快乐地享受越来越

---

① Hani, “Stories of My Life ” tr.Chiko Irie Mulhern, in Mulhern, ed., *Heroic with Grace: Legendary Women of Japan* (Armonk, N.Y.:M.E.Sharpe,1991), pp.236-64.

具备世界性“高尚生活”的单元。家是那种理想化家庭生活的重要场景，钢琴和收音机则成了一家人聚集在一起时的中心。

1925年，第一批广播电台开始在东京、大阪和名古屋播音，第二年政府把这三家独立的公司合并成一个由国家垄断的公司NHK（即日本放送协会，也称为日本广播公司）。二十多年来它一直是国家唯一的广播公司。从1926年到1932年，收音机的数量从大约350 000台上升到了1 400 000台。在此期间，广播电台实际上一直是城市的媒体。1932年所有大城市近25%的家庭有收音机，而在农村地区这个数字还不到5%。在他们“高尚”的家里，中等阶级家庭的一家人聚集在起居室里，欣赏西方的古典音乐，还有“广播小说”以及由一些主要的剧作家专门为这种新媒体而写的家庭喜剧。

中等阶级之家显然从发现的现代城市的乐趣与节奏中找到了满足感。根据那些小说、报纸记载以及木刻版画，星期天和节日里，爸爸、妈妈和孩子乘坐公共交通工具到市中心游玩（1903年东京的马车被电车取代，不久，后

▲ 大正时期在日比谷公园游玩的中等阶级家庭

者就一天搭载十多万乘客。出租车也从大正第一年开始在城市环行）。在城市里，那些住户也找到了几代以来已经给东京人带来乐趣的一年四季里的一些乐事，如春日里漫步在河堤上观赏樱花，秋季的节日顺便到神社买些护身符，或从街头小贩手中买点特别的食品。

大正时期，越来越多的家庭前往散布在城市的新公园游玩。上野公园是明治早期对公众开放的第一家公园，在城市的北边；到大正时期人们进出这家公园时，它已经包括动物园、几个美术馆和科技博物馆了。不过，大正时期更有名的象征是坐落在市中心的日比谷公园。它于1903年开放，所在地原先是个阅兵场。在示威者曾经聚集在一起抗议《朴次茅斯和约》的日比谷公园，中等阶级的家庭可以欣赏城里一些最古老的树木，看到江户城堡以前的一些城壕和护城河。不过对多数人而言，真正吸引人的是公园里的西式设施：草坪和季节性的花圃、专门给刚流行起来的骑自行车运动准备的运动场地、一个有着优美喷水仙鹤的大喷泉、屋顶又大又圆的演奏台。星期天和法定假日乐队会在那里演出，还有供应外国风味点心的餐厅。

去现代的百货公司也让大正时期的家庭兴奋。从日比谷公园穿过银座到三越和白木屋百货公司只是一小段路而已。这两家百货公司面对面分别矗立在商业城市江户以前的中心日本桥的两端。如果说地点是传统的，那么商店可以毫不羞愧地说是现代的、新奇的。1911年，白木屋（现在的东急连锁店的前身）盖起了东西合璧的4层大楼，安装了国内第一架电梯，让女店员统一穿上西式服装，以此招徕顾客。三年后，三越公司（前三井吴服店从1904年开始使用的注册名）兴建了5层的文艺复兴式大楼作为回击。新三越百货公司据说是苏伊士运河以东最大的建筑物。它的特点是安装有中央暖气系统、日本的第一架自动扶梯、电梯以及一排排的玻璃展示柜。在那些百货商店，中等阶级家庭可以购买最新的产品：森永牌牛奶巧克力和饴糖（1913年开始销售）、三环牌肥皂（1916年）、飞行者牌钢笔（1918年）、含牛奶的可尔必思牌软饮料（1920年）以及松树牌缝纫机（1924年）。不过，新型百货商店不仅通过供应商品，也通过提供文化和娱乐来吸引中等阶级。它们的游戏室、展览厅、屋顶花园和西式餐厅使得到三越或白木屋成为所有家庭成员都期待的事。

叛逆的年轻人

在市区，中等阶级的家庭经常会遇到“摩登女孩”和“摩登男孩”。他们倾向为自己设定一种新身份，是日本一些主要城市的学生和其他年轻的未婚成年人的文化偶像。20 世纪 20 年代中期，这些年轻人甚至在人群中也不难辨认。“摩登女孩”喜欢留短发，把头发剪得短短的，露出耳朵和脖颈，穿式样大胆且短得吓人的裙子、高跟鞋和可以炫耀双腿的透明长袜。与此同时，一首流行歌曲设想了现代男孩的形象：蓝衬衫、绿领带、喇叭裤、圆顶硬礼帽、劳埃德眼镜，即那种由哈罗德·劳埃德推广开来的角质架眼镜。年轻男子精心选择的发型是全部头发往后梳的那种，也就是头发从前额处齐齐地向后梳。

东京的摩登女孩和男孩把“在银座闲逛”变成了一种艺术形式。他们为这种消遣创造了另一个新词：银步（也有人翻译成“到银座逛逛”或“漫步银座”。——译注）。由银座和漫步缩略而成，意思是“漫无目的地四处逛逛，乐得碰碰运气”。在银座区，年轻人可以进啤酒馆、酒店，逛逛爵士俱乐部，在舞厅试试最新的舞步，在剧院观看日本剧作家的原创作品以及翻译过来的亨利克·易卜生以及莫里斯·梅特林克等西方人的戏剧。另一个年轻人经常出没的地方是浅草。它以颇受欢迎的电影院和“浅草戏剧”而闻名。前者如 1903 年开放的日本首家永久性电影院——电宫，后者则包括各种各样的音乐剧作品，从日本人表演的纯正西方歌剧如《弄臣》《魔笛》，到轻歌舞剧以及本地制作的滑稽剧。

银座和浅草的那些人创作了许多电影、戏剧，塑造了比生活更有力量的俘获日本年轻人想象力的人物，促进了城市新文化意识向日本各地区传播。新世纪第一位真正的国家级明星是松井须磨子。她 1886 年出生于农村，1902 年来到东京，曾经当过裁缝，有过两次不愉快的婚姻。1905 年，她加入了一个戏剧社，由此发现她热爱的原来是演戏。1911 年，松井须磨子出演了易卜生《玩偶之家》中的娜拉一角，引起了杂志和大众报纸的激烈讨论。因为它暗示不应该认为婚姻或男人在一家之中的权威是神圣不可侵犯的。两年后，这位漂亮的年轻女演员出现在赫尔曼·苏德曼的《故乡》中。该剧在日本上演时，剧名改成了主人公的名字《玛格达》。在法国和意大利，当时最伟大的女演员莎拉·伯恩哈特和爱莲诺拉·杜丝使该剧获得了巨大成功，而在日本，松井须磨子通过扮演一个偶像化的，违抗父亲的命令成为一名歌剧演员的年轻女子角色，表达了另一种情感。

▲ 一个摩登男孩与一个咖啡店女招待闲聊的情景

有创造性的、精力充沛的松井须磨子，几乎凭一己之力为唱片业开辟了一个全新的市场。1914 年，她在全国巡演列夫·托尔斯泰的《复活》，发行了留声机用的唱片《喀秋莎之歌》，它售出了 2 万张，引发了通俗音乐的热潮。在随后的十年，新曲调的出现捕获了日本摩登青年轻快活泼的心。他们对今日的快乐似乎比对明天的责任更感兴趣。1929 年作曲用于同名电影中的《东京三月》在东京的各家酒吧和咖啡馆免费分发，其中充满了国外的新名词，如爵士、利口酒和舞女：

在爵士乐声中跳舞，喝利口酒，直到深更半夜。
黎明，舞女抹去泪水……
忙乱中我捡起一枝玫瑰，
在玫瑰里我发现了爱人的余味。①

这首畅销歌曲的其他几段通过提起丸之内、浅草和银座区的魅力，称赞

① Christine R. Yano, "Defining the Modern Nation in Japanese Popular Song, 1914-1932" in Sharon A. Minichiello, ed., *Japan's Competing Modernities: Issues in Culture and Democracy*, 1900-1930 (Honolulu: University of Hawaii Press,1998), p.254.

东京的年轻人文化。其中一段这样开始："我们看电影吗？/要喝杯茶吗？/还是该乘小田急溜走？"[①] 最后一句指的是小田急电气铁道公司。它有快车开往东京以南的城镇，那里阳光明媚的海滩和树木繁茂的小山为希望逃避家人朋友窥探眼睛的浪漫情侣提供了避居地。

1899 年，就在进口了第一台爱迪生"维太放映机"（Vitascope）和电影摄影机两年之后，日本人开始制作电影。到大正中期，12 个以上的公司每年拍出的电影大大超过了 100 部。其中许多武士片和嘲笑辛劳的白领职工的作品，如 1924 年的《星期天》，把中等阶级的夫妇吸引到了电影院。"情色喜剧"，如《抚摸大腿的女人》以及《电工和他的妻子》则以年轻观众为目标，后者由栗岛素美子主演。她在 20 世纪 20 年代几乎和 20 世纪头十年的松井须磨子一样受欢迎。1924 年，她的一部电影播映时，一天之内影迷就购买了 4000 多张她的照片。

正如新中等阶级家庭的鼓吹者那样，叛逆青年的出现预示了传统两性关系的重新调整。但是，如果说职业女性希望在双方都满意于家庭生活的情况下和配偶达到新的平等，那么，摩登女孩则宣扬性开放，以表示自己不愿被传统道德的锁链束缚。短发就是公开的情欲。摩登女孩还喜欢挑逗性的调情、淫秽的双关语和各种各样的诱惑，这至少有杂志上一些文章的说法为依据，如创办于 1916 年作为妇女问题论坛的《妇女评论》以及《国王》，后者以有关时事和不落俗套的社会潮流、娱乐、时尚、运动、幽默，以及艺术文章为特色。

行为可能和形象相符。在温暖的夏季夜晚，东京警察定期巡查整个日比谷公园，叫那些来自中等阶级家庭，在家人回家后偷偷溜进公园的年轻情侣们起来。《妇女评论》的男编辑把他采访过的年轻女子向他递条子，告诉他"今天我独自睡觉，请过来吧"[②] 这样的事视为理所当然。整个国家都惊讶于松井须磨子生活的跌宕起伏。这位女演员总是充满激情，有时在感情上三心二意，和她已婚的导演老师有着热烈、公开的风流韵事，后者抛弃了妻子儿女

① Harris I. Martin, "Popular Music and Social Change in Prewar Japan" in *Japan Interpreter: A Journal of Social and Political Ideas* 7:3-4(Summer-Autumn 1974), p.342(modified).

② Miriam Silverberg, "The Modern Girl as Militant" in Bernstein, ed., *Recreating Japanese Wome*n, 1600-1945, p.241(modified).

和她同居。在他意外地死于流行性感冒后，1919 年 1 月 5 日，松井须磨子在完成《卡门》的首场演出后在后台上吊自尽，举国震惊。

羽仁元子和松井须磨子是世界主义者，她们熟知行为准则、社会结构以及成为所有现代化国家中人民共同财产的思潮。在各行各业的日本人民开始探索展现在他们面前的政治、职业和社会中的新可能性时，她们代表了大正时期的特征：无穷的活力和具有爆发性的能量。不过，这两个人基本上屹立在两极。羽仁元子代表了中等阶级的妇女，她们在家人、家庭和职业圈定的情境中力求自我实现，她们的价值观和行为模式使摩登女孩这个群体看起来是享乐至上的。与此不同的是，对一些年轻女孩而言，她们认为或者希望自己是个完全解放的人，她们的生活方式嘲笑着她们眼中中等阶级主妇们陈腐的传统主义，而松井须磨子则是个光辉灿烂的文化英雄。

在同一时期，羽仁元子和松井须磨子都拥有自己的追随者。这一点说明了大正时期的新觉醒和对新现代性的追求伴随着非常严重的紧张状态和意见分歧。对许多日本人来说，自由、民主、与西方的合作、家长式统治的殖民主义，以及易卜生和托尔斯泰都“不再是陌生人”的文化环境的介入，代表了发展的主流和使他们成为不仅是日本人也是世界公民的进步之路。然而，并不是所有的日本人都赞同这一点。正如想象的对中等阶级生活的满足打动不了像松井须磨子这样的女子的心弦，经过一段时间后，某些日本人也开始怀疑民主、资本主义以及和西方大国合作这些事物的所谓价值。随着 20 世纪一二十年代的渐次发展，这些心怀不满的日本人发动了抗议，冲突和斗争成为大正时期充盈气韵和活力的一部分。

第十一章

动荡的20世纪20年代

新世纪之初，作为日本最具影响力的经济学家之一，河上肇博士对于工业革命带给日本国民的福祉感到很是欣慰。他相信，经济发展已经使日本变得更加稳定和强大，而那些从工厂和车间源源不断生产出来的产品，则预示着国民生活水平的普遍提高。全体国民，不论是富人还是穷人，都能够享有使得生活更加美好的物质产品。这一点对于河上肇来说十分重要，因为他是一个怀有纯粹大公无私情怀的人文主义者。1905年，当时河上肇只有二十来岁，他就离开了自己的妻儿而皈依佛门，进入了一个叫“无私家园”的隐修院。这个时候他的思想认识正处于转变调整时期，他深深地陷入了一种神秘的冥思苦想状态——“直接面对死亡”。清醒过后，他更加坚定地想要消除所有个人欲望，并且想要通过教学以服务于公众。河上肇一再解释说，他的道德准则的基石是耶稣在“福山宝训”中的布道之言：“有求你的，就给他。有向你借贷的，不可推辞。”(《马太福音》第5章第42页)

1908年，河上肇担任了京都大学经济系的教授。在接下来的岁月里，他开始对自己以前对工业化的热情产生了怀疑。在他的周围，他看到了贫困和财富的分配不均。一开始，他将这种贫苦工人和富裕中产阶级共存的社会现象归因于日本经济现代化的相对不成熟，然而1913年至1915年间的一次欧洲之行使他相信：贫困甚至困扰着那些最先进的工业社会。在他的一本名叫《贫乏物语》(又译《贫困的故事》——译注)的畅销书中，河上肇写道，贫穷与富裕之间的鸿沟将会永远存在，因为工业化将自私自利作为其道德准则的基石，并且使得资本主义剥削成为美德。

为了寻找既能促进日本的经济发展同时又能消除贫困的方法，河上肇开始学习社会主义理论。逐渐地他接受了马克思主义，最终他发现，“每个人都应该根据自己的能力进行生产并且根据自己的需要进行分配”的格言同他早些时候在耶稣布道中发现的人本主义能够产生共鸣。对于河上肇来说，马克思主义势必取代资本主义，因为它不仅能保证快速的工业化，同时也能使财富平均分配。1928 年，他的学生关于任何理论的正确性都存在于人类实践活动之中的批评深深打动了河上肇，这位举止和善的教授辞去了他在京都大学的工作，开始为一些劳工组织辩护发言，并且以左翼候选人的身份参加了国会的竞选。

从学者到政治活动家的转变是河上肇自己的选择，但是他的经历标志着许多日本人在大正时代思想上所发生的改变。正如羽仁元子和松井须磨子挑战传统的家庭和妇女理论所显示的那样，一些人开始怀疑工业资本主义的效率、合作型外交的精明，以及议会民主制解决困扰这个国家和全体国民的难题的能力。在 20 世纪 20 年代出现了很多关于日本政治、经济以及社会前途的辩论，这些辩论往往很是喧闹，并且争论得十分激烈。

现代经济及其对照面

尽管城市居民经历了米价高昂的痛苦，第一次世界大战却给日本的企业带来了很好的发展机会。随着英国在中国和印度市场上的后退，精明的日本企业机会开始多了起来，它们增加了对这些地区纺织品和其他消费品的销售；同时在国内，国产商品也开始取代了西方进口商品在商店货架上的位置。此外，20 世纪初刚刚在重工业领域出现的那些新兴企业，如神户制铁所（1905 年）、三井矿业开发株式会社（1911 年）、住友电器株式会社（1911 年）以及国有的八幡钢铁厂（1901 年），也都从协约国的军火、机器零件、化工产品、水泥和钢铁产品的订单中获得了丰厚的利润。随着交战国的商船卷入战争之中，日本的海运船队获得了新的业务，国内的造船厂也由于新的订单而加紧了生产。总而言之，日本的真实国民生产总值在 1914 年至 1918 年间增长了 40%，平均每年接近 9%；利润也迅猛增长，在一些大公司常常超过实付资本的 50%。1919 年至 1920 年版的《日本年鉴》记录道，从 1915 年到 1919 年，日本的百万富翁人数猛增了 115%。

由于第一次世界大战的推动作用，在由一个主要依靠农业和轻工业的国家向一个重工业和城市工业在经济中占绝大比重国家转变的过程中，20世纪20年代的日本经历了一系列意义深远的转折。在20世纪20年代，正如表11.1所显示的那样，制造业在国内生产总值中的比重已经接近并超过了农业部门。与此同时，刚刚兴起的重工业则开始在整个制造业产出中占据了更大的比重。

在19世纪90年代早期，也就是中日甲午战争前夕，如表11.2所示，日本依然大量进口制成品并且其出口严重依赖于初级产品。然而在第一次世界大战结束后，那种情形已经在很大程度上发生了转变：制成品在其全部出口中占到了90%，在进口中初级产品也已经超过制成品。对于许多观察家来说，日本的经济结构看来已经出现了西方工业发达国家所具有的那种典型特征。

表11.1 日本经济结构的变化（1890～1932）

A. 工农业比重的变化

年份	国内生产总值 *	制造业比重（百分比）	农业比重（百分比）
1885	3774	7.0	42.1
1895	5375	8.9	37.0
1905	6214	12.6	31.6
1912	8121	15.7	30.0
1914	7993	18.3	33.9
1916	10134	19.4	29.1
1918	10588	20.5	26.2
1920	10937	18.6	27.3
1922	12122	19.6	22.8
1924	12475	18.9	22.2
1926	13111	20.1	21.3
1928	14401	21.2	20.4
1930	13756	25.6	22.8

* 以1934年至1936年的不变价格计算（单位：百万日元）。

根据及川和义、筱原美代平和拉里·麦士纳的《日本经济发展的模式：定量分析》（纽黑文：耶鲁大学出版社，1979年），第278～279页。

B. 制造业产出的构成

	1877 年	1900 年	1920 年	1938 年
总产出 *	100	100	100	100
重工业	13.6	13.3	30.4	51.4
金属品制造业	1.4	1.4	7.8	14.4
机械制造业	1.1	2.9	13.7	20.4
化学工业	11.1	9.0	8.9	16.6
轻工业	68.8	72.7	58.4	38.1
纺织工业	10.1	25.5	27.8	23.6
食品加工业	58.5	47.2	30.6	14.5
其他工业	17.8	14.0	11.2	10.5
制陶业	2.1	1.5	2.2	2.6
木器加工业	6.6	4.1	2.3	2.6
杂货业	9.1	8.4	6.7	5.3

* 此数字基于 7 年期平均数（1938 年数字系根据 5 年期平均数）。

根据南亮进的《日本的经济发展：定量分析》,（纽约：圣马丁出版公司，1994 年第 2 版），第 100 页。

表 11.2　日本进出口的构成（1880 年至 20 世纪 20 年代）*

时期	进口		出口			
	初级产品	制成品	初级产品	其他产品	轻工业制成品	重工业制成品
1877 ~ 1886	10.3	89.7	39.5	60.5	50.8	9.7
1887 ~ 1891	18.7	81.3	33.0	67.0	54.6	12.4
1892 ~ 1901	36.4	63.6	21.0	79.0	65.8	13.2
1902 ~ 1911	45.2	54.8	14.1	85.9	71.0	14.9
1912 ~ 1921	52.6	47.4	9.0	91.0	71.7	19.3
1922 ~ 1931	56.6	43.4	6.8	93.2	80.3	12.9
1927 ~ 1936	61.0	39.0	6.7	93.3	73.6	19.7

* 进出口总值的构成，基于 10 年期平均价格。

根据及川和义、筱原美代平和拉里·麦士纳的《日本经济增长的模式：定量分析》（纽黑文：耶鲁大学出版社，1979 年版），第 135 页。

尽管取得了令人瞩目的经济增长，在大正时代，一些伴随成长而来的问题依然困扰着日本，虽然此时日本已经成为一个新兴的工业化国家。其中特别麻烦的问题就是这个国家的经济结构具有一种环海岸线的特征。尽管在大正时代日本经济增长很快，在 1910 年至 1920 年几乎增长了 60%，在 20 世

A. 每十年国内生产净值增长率 (%)

1890~1900	67.6	1910~1920	61.5
1900~1910	42.7	1920~1930	33.4

此数字基于 5 年期平均数。

根据哈夫・T. 帕特里克的《20 世纪 20 年代的经济混乱》，詹姆斯・莫雷编的《战前日本经济增长的困境》(普林斯顿 , 普林斯顿大学出版社 ,1971 年)，第 214 页。

B. 年增长率

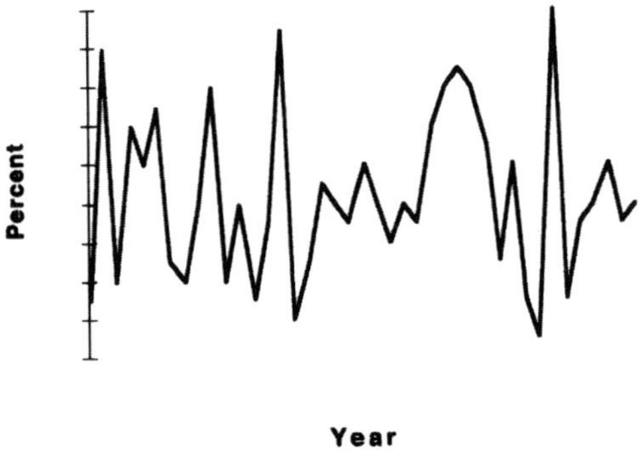

资料来源 :《日本 : 插图本百科全书》第 1 卷 (东京 , 讲谈社 ,1993 年), 第 395 页。

示意图 11.2 经济增长 , 1890 ~ 1930

纪 20 年代也达到了 30% 左右，然而，在中日甲午战争和日俄战争结束之后，如示意图 11. 1 所示，日本却经历了生产下滑，并且这种波动一直伴随着整个 20 年代。第一次世界大战期间，日本工业生产的加速和对外贸易的发展已经使得这个岛国对世界经济的波动更加敏感。战时繁荣过后，随着与战争有关的产品出口需求的枯竭以及西方国家在南亚重新夺回市场，日本经历了一次严重的经济衰退。此后，正当经济在战后的萧条中艰难恢复之时，1923 年 9 月 1 日，关东大地震袭击了东京和周围的一些城市。当时正是中午，人们正在准备午饭，轻微的颤动开始了，随后的剧烈震动和熊熊大火夺去了 100 000 人的生命，摧毁了东京 60% 以上的房屋，将东京和横滨之间的工厂和车间夷为平地，而这里正是日本工业最为发达的地区。为了刺激工业基础的重建，日本政府向银行提供了可供贷款的新的财源。这些贷款随后被贷给愿意参加

▲ 20 世纪 20 年代晚期的东京贫民窟

重建工作的企业。经济增长率开始逐渐上升，然而到 1927 年的春天，关于那些贷款银行将要倒闭的谣言开始盛行。4 月份的时候，惊慌失措的储蓄者们开始去银行提款。随着一些储蓄机构的关门倒闭，日本政府宣布对银行进行为期三周的停业整顿。在其后的一年里，金融机构的账目平衡刚刚有了一点起色，结果日本经济却又陷入了一场伴随 1929 年美国股市崩溃而来的世界性的经济大危机。

在大正时代，当日本的制造业分裂成截然不同的两个部分时，出现了其他一些问题。在这个二重结构的顶层，如一些经济学家所指出的那样，主要包括那些获利丰厚的制造业企业，以及隶属于财阀企业集团的一些公司，还有几家大型纺织企业。例如钟纺纺织株式会社，这是一家成立于 1887 年的公司，在 1889 年隶属于三井财阀集团，随后这家公司又转而生产化妆品和药品。与此同时，那些生产纺织品和其他消费品的中小型企业和一些为大公司提供部分中间产品的分包公司，则构成了这个二重结构的底层。

日本现代经济的一个突出特点是那些小型和中等规模的企业继续在其工业结构中扮演重要角色。1929年，雇工4人或4人以下的企业的产值在整个制造业产值中占到了20%，雇工在5人至90人的企业则生产了另外的40%。此外，20世纪20年代大部分就业机会的增长，也出现在这些中小企业里。有统计数字表明，在20世纪20年代劳动力就业增长了11%，而雇工在500人以上的企业里，就业人数却下降了90 000人(占1920年劳动力的16%)。因此，在大正时代的大部分时间里，日本制造业产出的绝大部分是由那些小型的劳动密集型企业提供的。这些企业和明治时代盛行的轻工业具有更多的共同点，与烟囱林立的现代重工业起主导作用的大正时代的景观相比，则显得有点格格不入。

表11.3 基于工厂规模的工资级差（1909～1933）

每厂工人数	1909年	1914年	每厂工人数	1932年至1933年
5～9	84.5	79.0	5～10	61.2
10～29	90.0	83.6	10～50	74.0
30～49	95.1	88.0		
50～99	99.0	92.5	50～100	81.1
100～499	101.4	93.6	100～500	89.2
500～999	100.0	100.0	500+	100.0

根据吉重安场的《二重工资结构的演变》，转自《日本的工业化及其社会效应》(伯克利：加利福尼亚大学出版社，1976年)，第258页。

农业部门中的顽疾也困扰着大正时代的日本经济。在19世纪90年代到大正时代末期这一段时期中，农村中的物质生活条件已经得到相当大的改善。然而，生活水平的不断提高并不总是能够给日本的农民带来经济上的稳定，因为农业依然是一个十分脆弱的部门，往往一次农业歉收或谷价下跌就能产生灾难性的后果。结果是，一方面，日本的农民享受了战时繁荣带来的好处，收入也由于不断上涨的米价和蚕茧价格（这些蚕茧是由全国五分之二的农民家庭生产的）而大大增加；另一方面，战后的十年也充满了危机。1918年以后，由于政府加大了对朝鲜和中国台湾廉价谷物的进口，日本农民的稻米收入开始下降；同时，蚕茧的价格在1925年至1929

年间下降了30%，1931年则又下降了三分之一。20世纪20年代世界范围的大丰收意味着日本农民在其他农作物上也不会获得好的收益。随着农产品价格的猛跌和这一价格后来几年在令人失望的水平上徘徊，日本农村在20世纪20年代经历了一个长期的经济衰退过程。除了精神上的痛苦之外，农村居民和城市居民的收入水平开始出现明显的差距。许多农村居民感到，他们并没有得到城市居民所拥有的受教育和提高文化修养的机会。由于认识到自己正处在越来越不利的地位，农村家庭和他们的发言人开始表达他们的不满，而这种不满成为两次世界大战期间日本政治生活中一个激烈而又敏感的问题。

焦躁不安的佃农

在20世纪20年代的土地危机中，向地主租种部分或全部土地的农户首当其冲。20世纪以来，在自有耕地的同时又向地主租种一部分土地的自耕农的比重逐渐增加，在1917年占到了全部农户数的41%左右；与此同时，28%的农户完全没有自己的土地，只有31%的农户拥有自己所需的土地，他们要么自己耕种，要么租给别人耕种。不仅自耕农和佃农家庭要支付高额的田租，这些田租一般占到全部收成的一半左右，这种租率在明治时代早期很是流行；而且，日本中部和西部的农民立刻感受到了农产品价格下跌给他们带来的不利影响，因为他们往往是从那些商业性作物，如大米、大麦、小麦、烟草和蚕茧的销售中获得自己的很大一部分收入。在农产品价格下跌给中农和佃农家庭带来困境的同时，战后的经济萧条又减少了这些家庭通过一个或几个家庭成员进工厂做工以弥补收入损失的机会。

对20世纪20年代的不满情绪来说，广大农户与从前相比越来越多地卷入世界市场这一事实，简直就是火上浇油。在附近城市工厂里的季节性和临时性工作，使农民开始了解了其他国家生活方式的一些知识，并且他们也被告知，佃农必须顺从于地主这一传统行为规范并非什么神圣不可侵犯的信条。同样地，军队的征兵也增强了那些出身佃农家庭的年轻人的自信心，他们在部队中可以得到晋升，并且可以领导别人，包括那些参加战斗的地主的儿子。对于全体农民来说，接受学校教育的经历，激发了对诸如民主制度和资本主义社会公正性这些话题的兴趣，同时，报纸和杂志的普及也给他们带来了俄国革命在观念上的冲击，激发了关于社会主义、劳动价值和农民所普遍遇到的困境这些话题的讨论。

20 世纪 20 年代收入的下降，对于居住在那些经济边缘地区的贫苦佃农家庭来说，增加了对真正困境的恐惧。与战前相比，很少有自耕农家庭具有灾难性的经历，但他们抱有的新世界主义的观念和 20 世纪头十年的繁荣使他们对于生活到底能向他们提供什么怀有很大的期望，并且促使他们不愿接受生活水平下降的事实。所有地区，特别是在那些商业性农业发展很普遍的地区，自耕农和佃农团结在一起，同地主在农会里展开集体性的讨价还价。在明治时代后期，地主和佃农之间的争执只是偶尔发生，但这种对抗的次数在 20 世纪 20 年代急剧增加。官方统计数字表明，大概有 18 000 起这类事件在这一时期发生，如表 11. 4 所示。

表 11.4　佃农纠纷事件 (1920 ~ 1929)

年份	纠纷事件数	涉及的佃农人数	农会会员数
1920	408	34 605	-
1921	1680	145 898	-
1922	1578	125 750	-
1923	1917	134 503	163 931
1924	1532	110 920	232 125
1925	2206	134 646	307 106
1926	2751	151 061	346 693
1927	2052	91 336	365 332
1928	1866	75 136	330 406
1929	2434	81 998	315 771

根据理查德·斯梅瑟斯特 (L.Richard Smethurst) 的《日本的农业发展和佃农纠纷事件 (1870 ~ 1940)》(普林斯顿：普林斯顿大学出版社，1986 年)，第 321 页至 347 页。

在 20 世纪 20 年代，佃农家庭提出的抗议声明有四分之三是以减租为目标的，并且他们的抱怨主要是表达对离乡地主的不满。传统上，乡居地主在佃农的政治和社会生活中具有直接的影响，这些影响往往是通过诸如调解土地纠纷、安排婚礼、主持节日宴会、赞助本地节日庆典等活动来施加的。此外，乡居地主还常常为那些家道不幸的佃户提供生活上的基本保障，在农闲季节提供诸如修理农具、清理仓库等活计，并且在收成特别不好的年份还给予佃农一定的减租。然而，在大正时代，许多地主，在一些经济发达地区几乎有一半左右，抛弃了依附于他们的佃农而涌入城市，靠收取田租过活。他们有的找到了新的职业，充分享受城市生活带给他们的快乐。这种举动割裂了那种传统的使地主与农民结合在一起的紧密联系和相互之间的责任义务，使得那些城居地主备受指责。

大正时代农民的抗议活动取得了多重的效果。在绝大部分这类事件中，如表 11. 5 所示，抗议者要么战胜并逼迫地主做出让步，要么通过激烈的讨价还价使地主让步。从这一点来看，抗议者们已经取得了他们预先所设想的那种即时效果。然而，从长期来看，佃农们的这种运动仍在进行，他们开始对城市化和资本主义所带来的后果提出质疑，并且造成了一种危机感。这最终导致了政府对农村生活的干预。

愤怒的工人

在新世纪之初，日本的城市工人也表达了改变那种他们称之为不公平的恶劣工作条件的强烈愿望。纺织车间的女工们在那种臭名昭著的工作环境中挣扎着过活，而那些新兴产业里男性工人的日子也不怎么好过。19 世纪劳动力的迁移，已经给工人们留下了一个整天酗酒、赌博，虐待家人的坏名声，人们往往认为他们道德败坏。对工人的这种看法使他们陷入了一种自我怀疑的境地。1913 年，一位工人嘟哝道："这个世界是一个奇怪的地方，当我一身臭汗、全身油泥的时候，我觉得我的心都是肮脏的。我在怀疑，我们工人到底是不是有别于其他动物的人类。"①

在重工业企业工作的工人往往没有什么自尊心。第一次世界大战以后，许多大企业往往要求工人身着色彩单调的工作衫或是提供某种临时凑合的

① Thomas C. Smith, *Native Sources of Japanese Industrialization*, 1750-1920 (Berkeley: University of California Press,1998), p.242, n.15.

表 11.5　佃农的要求和纠纷的解决（1920 ~ 1929）

年份	纠纷数量	佃农的要求				纠纷的解决							
		减租额		其他		妥协		佃农胜诉		佃农败诉		不了了之 *	
1920	408	—		—		255	62.5%	53	13.0%	5	1.2%	95	23.3%
1921	1 680	—		—		1 340	79.8%	109	6.5%	14	0.8%	217	12.9%
1922	1 578	—		—		815	51.6%	86	5.4%	—		677	42.9%
1923	1 917	1 831	95.5%	86	4.5%	1 4510	75.5%	89	4.6%	32	1.7%	345	18.0%
1924	1 532	1 402	91.5%	130	8.5%	1 148	74.9%	75	4.9%	32	2.0%	277	18.1%
1925	2 206	1 919	87.0%	287	13.0%	1 625	73.7%	93	4.2%	13	0.6%	574	21.5%
1926	2 751	2 283	83.0%	468	17.0%	2 025	73.6%	101	3.7%	20	0.7%	605	22.0%
1927	2 052	1 459	71.1%	593	28.9%	1 371	66.8%	56	2.7%	9	0.4%	616	30.0%
1928	1 866	1 191	63.8%	675	36.2%	1 261	67.6%	60	3.2%	29	1.6%	516	27.7%
1929	2 434	1 490	61.2%	944	38.8%	1 615	66.4%	127	5.2%	63	2.6%	627	25.8%

* 包括要求佃农向地主退佃的解决方案（很少引用）和一些不了了之的事件。

根据安·瓦斯沃（Ann Waswo）的《日本的地主：农村精英阶层的衰落》（伯克利：加利福尼亚大学出版社，1977 年），第 99 页至 108 页。

工作服，这与作为首要职工群体的那些西装革履的经理和技术人员们形成了鲜明的对比。此外，在日本经济的二重结构中，处于上层的那些现代企业对经理往往按年发薪，对技术人员则按月，而对普通工人则是按日计资，并且不向他们提供额外的福利，包括公司的住房、利润分红和医疗保健，而这些额外的津贴则开始作为那些中层经理和技术人员们薪水的组成部分。

尽管公众对工人的印象不怎么好，工人们和那些同情他们处境的人还是成立了各种团体以提高工人的社会地位，并且为他们争取更好的工作待遇而与资方进行谈判。在这种精神的指导下，以维护男工权益为宗旨的“友爱会”于1912年8月成立，目标是为其成员提供相互之间的帮助，培养他们的人格，改善他们的技能，提高他们的地位，并且注重促成工人们和管理层之间关系的融洽。1918年，有30 000人参加了这个团体，其中许多人向该团体的半月一期的简报提交了报告，这份简报提倡工人们过一种简朴、高尚、稳定的生活。友爱会哲学的核心是一种相互联系的观念，那就是工人们必须努力工作并且尊重他们的雇主，反过来，雇主们也必须承担善待工人的责任。一篇登载在友爱会公共刊物上的文章写道：我们工人天生软弱无力，并且生活条件也很差，“我们渴求强有力的保护者能够具有人性的温存，我们祈求您的父母般的关怀，而我们也会努力工作，像孩子般向您表示孝顺”。①

在大正时代中期，许多工人和工人运动领袖给善待工人的观念带来了具体的目标，那就是要求雇主增加工资，改善工作环境，并且要给予蓝领工人只有管理层才能享受的额外津贴。当一些公司未能满足工人关于更加善待他们的要求时，一些人放弃了传统家庭伦理道德所推崇的那种含蓄方式，转而采取了更加充满暴力的直接行动。有的人直接放下手中的工具而离开工厂，就像明治时代那些失望的工人们所做的那样。1918年，纺织企业里只有不到一半的女工能在一家工厂连续干上一年。1905年至1915年

① Koji Taira, “Economic Development, Labor Markets, and Industrial Relations in Japan, 1905-1955” in John W. Hall et al., gen.eds., *The Cambridge History of Japan*, vol.6: Peter Duus, ed., The Twentieth Century (Cambridge: Cambridge University Press,1988), pp.631-32.

▲ 由一位妇女领导的富士纱厂工人罢工

间，钟纺株式会社的一家大纱厂每年几乎有三分之二的女工未经允许而离开工作岗位。在一些重工业企业，男工们经常跳槽，为的是寻求更高的工资和锻炼他们技能的更好机会。在这些企业里，人事变动率在 20 世纪头十年往往高达 75%。

到 20 世纪 20 年代，越来越多愤愤不平的工人开始加入工会。在新世纪初，1900 年的《治安警察法》已经规定，任何人使用暴力、威胁、公开诽谤、煽动和鼓动等方式，鼓励他人加入工会和参与罢工都是违法的。[①] 尽管该法案没有明文禁止组织工会和举行罢工，但它确实迫使工人们只能通过一些非暴力的友好团体来表达他们的愿望和要求，例如像友爱会那样的组织。不过，1919 年原敬内阁以一种更加宽容的方式重新解释了该法案，允许组织和平目的的工会和罢工，随后，工会组织便如雨后春笋般涌现出来，如表 11.6

① Andrew Gordon, *Labor and Imperial Democracy in Prewar Japan* (Berkeley: University of California Press,1991), p.81, n.3.

所示。随着工会将普通成员组织起来，它们便开始以一种更加自信和强势的姿态提出关于工人权利的要求。甚至友爱会也更改了自己的名称，1921 年改称“总同盟”（更正式一点，叫“日本劳动总同盟”，即日本劳工联合会），并且采取更加激烈的方式来争取工人们集体谈判提高工资的权利，以及努力寻求最低工资保障和禁止使用童工。

这些新的冲突导致了更多的罢工，如表 11. 7 所示。各行各业的工人都参与到罢工中来了，例如，1921 年 3 月，东京细布公司的女工们放下手中的工作，强烈要求公司增加她们的工资，实行八小时工作制，废除夜班并且改善她们的伙食。在那年的夏天，大正时代最大规模的罢工爆发了。位于神户的两家名叫川崎和三菱的造船厂，有将近 30 000 名熟练工人放下了手中的工具，强烈要求管理层考虑给他们增加工资和改善工作环境的要求。持续时间最长的一次罢工，于 1927 年到 1928 年间在规模不大的野田酱品公司爆发，这家企业位于千叶县，所产酱油十分有名。

表 11.6　工会组织（1918 ~ 1931）

年份	工会数	工会工人数	工会工人数占工人总数的比重
1918	107	—	—
1919	187	—	—
1920	273	—	—
1921	300	103 412	—
1922	389	137 381	—
1923	432	125 551	—
1924	469	228 278	5.3%
1925	457	254 262	5.6%
1926	488	284 739	6.1%
1927	505	309 493	6.5%
1928	501	308 900	6.3%
1929	630	330 985	6.8%
1930	712	354 312	7.5%
1931	818	368 975	7.9%

根据《日本史词典》（东京：角川书店，1976 年，第二版），第 1288 页。

表 11.7 罢工和其他工人停工事件（1897 ~ 1931）

年份	纠纷次数	参加人数	年份	纠纷次数	参加人数
1897	32	3517	1915	64	7852
1898	43	6293	1916	108	8413
1899	15	4284	1917	398	57 309
1900	11	2316	1918	417	66 457
1901	18	1948	1919	497	63 137
1902	8	1849	1920	282	36 371
1903	9	1359	1921	246	58 225
1904	6	897	1922	250	41 503
1905	19	5013	1923	270	36 295
1906	13	2037	1924	333	54 526
1907	57	9855	1925	293	40 742
1908	13	822	1926	495	67 234
1909	11	310	1927	383	46 672
1910	10	2937	1928	397	46 252
1911	22	2100	1929	576	77 444
1912	49	5736	1930	906	81 329
1913	47	5242	1931	998	64 536
1914	50	7904			

根据《日本史词典》（东京：角川书店，1976 年，第二版），第 1288 页。

野田酱品公司的工人罢工表明了 20 世纪 20 年代的劳资纠纷是多么的激烈，弥合二者之间的分歧又是多么的困难。在此期间，工人罢工平均会持续 30 天，而在 1919 年则只有 11 天左右。野田酱品公司的劳资纠纷开始于 1927 年 9 月 16 日，当时大约有 2000 名工人要求厂主增加他们的工资，承认他们的工会，这个工会是日本劳动总同盟在当地的分支。然而，管理层却寸步不让。1921 年 12 月，工人们成立了工会组织后，虽然野田酱品公司老板曾经满足过工人们一系列关于缩短工时、改善居住条件的要求，但此时，厂主们已经下定决心要将任何引起麻烦的工会势力清除出他们的工厂。1927 年秋，作为对工人罢工的回应，管理层将所有参加罢工的工人全部正式解雇，随后雇用了一些临时性的工人。于是事情便变得更加糟糕，被解雇的工人袭击了那些顶替他们的工贼，将硫酸泼在其中一人的脸上，导致那个人双目失明。随后，警察在某条罢工纠察线上殴打了其中一名工人，工人们则以威胁厂主相报复，这些厂主早已将他们的家与外界隔离开来，并把他们的家人送到远方的亲戚处。最终双方在一个调解小组的斡旋下同意坐下来谈判，这个小组是由德高望重的涩泽荣一领导的。1928 年 4 月 9 日，野田酱品公司老板终于答应重新雇用三分之一的被解雇工人，并且向其余的人发放离职金，但最终迫使工人们同意解散了工会。

总的看来，在 20 世纪一二十年代，那些愿意转换工作、加入工会、参加罢工的工人，一般都会从他们的雇主那里取得不小的让步。据有关估计，20 世纪 20 年代的劳资纠纷，一半以上都是以资方屈服于全部或很大一部分工人的要求而收场，就如野田酱品公司老板们所做的那样。特别是在第一次世界大战期间，那些重工业企业里的工人，往往能够更加容易地迫使资方增加他们的工资，并且将这个工资水平保持到战后的萧条时期。此外，在大正时代，有相当数量的纺织企业和二重经济结构中处于上层的一些大企业，开始向熟练的蓝领工人发放相当可观的额外津贴。

随着一些公司转向家长式的管理方式，它们在面对不断高涨的工人运动时，往往采取一种直接而又自觉的回应，并且劝说工人，使他们相信没有必要参加工会组织以改善自己的生活。钟纺集团率先在其纺织企业里实行家长式管理。此后，日本的一些公司领导层逐渐认识到：他们并没有源源不断的女工愿意冒受工伤甚至得肺结核的危险以完成 5 年期劳动合同。因此，这些公司开始实行各种计划以改善本公司的形象，使得公司在职工的心目中就像是一个家庭。为了促进工人们和公司管理层之间的交流，钟纺集团在企业里设立了意见箱，工人们可以把自己关于如何改善工作条件的意见和评论投入该箱，此外公司还赞助了一份内部杂志，并且向女工们的乡人分发公司简报。对于未婚的员工，公司往往改善他们寝室的生活设施和为他们加餐。对于住在公司里的已婚员工，公司往往对消费者合作社、日托托儿所和职工幼儿园进行补助。对于全体员工，公司向他们开放各种文娱设施，并且为他们提供关于缝纫、社交礼仪、茶道、花道、书法、音乐等方面的夜校教育。

与此类似，在大正时代，重工业领域里的一些大企业开始向那些稀缺且难得的熟练蓝领工人提供补助金。1915 年，友爱会在芝浦机器制造厂里设立了一个分支机构。三个月后这家公司便建立了一个由职工薪水抵扣和公司捐款资助的共同互助社，并且开办了职工医务室，宣布任何受到工伤的职工都可获得一年的补偿。此外，该公司还实行了一系列的退休金计划。在第一次世界大战期间，一些造船厂和钢铁厂也向职工提供了类似的待遇，以留住越来越稀缺的技术人员和阻止一些经验丰富的蓝领工人跳槽到别的公司。其他一些大企业纷纷效仿。在20世纪20年代，各种奖励计划一般都包括终身职位的许诺和基于工龄的加薪，以及季节性红利和根据工作年限的退休补助金，此外还有诸如健康医疗服务、公司内部培训和开办各种文娱设施，例如图书馆、康乐室和健身房等等。

就在各个公司的管理层相继采取一系列福利措施的同时，他们也充分利用早期工人们所熟悉的那种甜言蜜语，以便树立公司作为一个温暖的充满欢乐的大家庭的形象。在这个家庭里，工人们互相尊重、互相照顾。正如桂太郎首相第二个任期内的邮政大臣后藤新平所说的那样："工人们应该像一家人一样互相照顾和鼓励。每个家庭成员都应该服从家长的命令，做家长期待他们做的事情，并且要始终维护家庭的利益和荣誉。我将努力使我们的工人树立一种为了工作而无私奉献的精神，我也十分推崇与人为善和相互信任的道德准则。"[①] 为了使这些空洞的说教具有实际的意义，许多重工业企业都成立了工厂委员会。这些委员会往往具有咨询的性质，他们将人数相同的经理们和工人代表们组织起来，讨论诸如生产力、工资待遇以及福利设施等一些问题。

由钟纺公司、芝浦机器制造厂所率先采取的措施，以及其他企业所建立的一些理想化模式，最终都被纳入了日本的就业体系。尽管大正时代所引入的这些家长式做法在日本劳工管理实践的长期演变过程中具有里程碑式的意义，但日本并没有因此而变成工人们的天堂。事实上，只有小部分的蓝领工人和更少的不熟练劳工从这些新计划中受益。处在日本二重经济结构下层的那些小企业，往往缺乏那些大企业所实行的额外津贴计划的资金。此外，甚至重工业领域的一些大企业也往往未能向工人提供新计划中的全部补助，钟纺公司只是不同于其他纺织企业的一个例外。在那些纺织企业里女工往往占大多

① Bryon K. Marshall, *Capitalism and Nationalism in Prewar Japan: The Ideology of the Business Elite* (Stanford: Stanford University Press,1967), p.72(modified).

数，并且这些工人常常不能充分利用那些教育和娱乐设施。在工作了一整天后，钟纺公司里很少还有女工会有精力和意愿去学习茶道、插花以及其他一些中产阶级女孩所重视的才艺。

与普通工人们所享受到的那么一点点可怜的优待相比，雇主们却从这些计划中享受到了相当多的好处，即使在这些计划实行的初期也是如此。在20世纪20年代后期，重工业领域的人事变动率急剧下降到只有每年15%到20%，这大大低于前十年，尽管在此期间，一些纺织企业，包括钟纺公司在内，发现要想留住员工是越发的困难。此外，更加稳定的劳动力为雇主们创造了更多的利润，因为他们用不着再从预算中拿出一部分资金用于新员工的招聘和培训。一些公司往往通过克扣那些非熟练工和临时工的薪水，来补偿用在留住那些待遇优厚的终身员工身上的开销。这些非熟练工和临时工往往没有享受额外津贴的权利，并且在经济衰退的第一时间就会被解雇。这些新计划在很大程度上抑制了工人们参加工会组织的热情。那些终身员工和在工厂委员会里有发言权的工人往往同资方进行直接谈判，以协商解决他们之间的分歧。与此同时，许多雇主坚决不承认工会组织作为与他们谈判的合法对象，正如前述野田酱品公司的雇主们所做的那样。结果，在1931年，仅仅有8%的非农业工人参加了工会组织。即便是这样的比率，在20世纪30年代也还是继续下降的。

政治分歧的扩大

在大正时代参加工人运动的劳动者中，大部分人已经逐渐被纳入日本不断发展壮大的工业资本主义体系。他们像农村家庭一样，也被动员起来争取经济利益的公平分配，就像1918年的报纸关于“米骚动”所报道的那样。与此形成对比的是，在19世纪一二十年代，其他日本国民都对资本主义失去了信心。河上肇也认同这一点。他认为资本主义不仅残酷剥削弱势群体，而且扭曲了人们在明治时代所怀有的梦想。在日本国民心目中，明治时代的生活是那么的美好和富足。在认识到财富和权力往往结合在一起之后，一些激进的持不同政见者开始鼓吹诸如社会主义和共产主义等其他社会制度的优越性，其中的一些人建立了左翼政党，以图改善自己同胞的生活状况。

在日本，社会主义理想和资本主义思想几乎是同时开始传播的。早在 19 世纪 90 年代，一些人，如作为作家和大学教授的安部矶雄就鼓吹政府对生产和分配的严密监管更符合广大日本国民的利益。1901 年春，安部矶雄和其他一些志同道合者成立了社会民主党，这是日本的第一个社会主义政党，但存在的时间很短。该党纲领中所阐明的一系列非经济的社会问题，在新世纪初激发了日本左翼分子的思想：反战主义、军备的削减、贵族院的废除，以及实现公民的普选权。

其他左翼分子则提倡更加激进的社会变革。幸德秋水和菅野须贺就是日本早期最具影响力的无政府工团主义者。菅野须贺是社会民主党的发起人之一。一开始他主张通过宪法程序将政府从政客、股市操纵者、军国主义者和贵族手中转移到人民的手中。他认为，“这个进程的第一步应该是将政治权力分配给全体国民，最终我们将废除土地和资本的私有权，把劳动果实还给生产者”。[①]1905 年至 1906 年，在旧金山与一些美国激进主义者商议之后，菅野须贺回到了日本。此时他认为，只有通过直接手段，如大规模的工人罢工才能推翻政府，并最终将政治和经济权力归还到工人阶级手中。

当幸德秋水还是一名初出茅庐的记者时，她就以对政府的尖锐批评而闻名。在 1909 年与菅野须贺同居之后她便鼓动他反对政府。她自认为是激进的无政府主义者，曾经宣称：“煽动骚乱，从事革命行动甚至暗杀活动，对于唤起民众的觉醒是必要的。”[②]随后不久，她便认为明治天皇“是所有罪恶的根源，他必须得死”。1910 年，她和菅野须贺等参与了“大逆事件”。那是一次不成功的暗杀天皇的事件。在被警察抓获并审判之后，1911 年 1 月，幸德秋水、菅野须贺还有其他十名参加者被处以死刑。在被处死的前夕，幸德秋水在囚犯记事本中写道：“鹅毛大雪盖住了松柏的枯枝，整夜的大雪使这个世界一片银白。雪啊，你下吧，下吧！越来越深，直到盖住东京这个罪恶的城市，犹如整个大地埋入灰烬。”

① George Elison, “Kōtoku Shūsui: The Change in Thought”in *Monumenta Nipponica* 32:3-4(1967), p.445.

② Mikiso Hane, ed., and tr., *Reflections on the Way to the Gallow: Rebel Women in Prewar Japan* (Berkeley: University of California Press and Pantheon Books,1988), pp.55-56 and 61(modified).

▲ 大杉荣（中）与伊藤野枝

有人将“大逆事件”比作日本激进主义者的“严冬”。然而，大杉荣很快再次振作起无政府主义者的精神，他在自己主编的一些刊物中阐述了自己的哲学。在他的眼里，整个社会只包括两个阶级，压迫者和被压迫者。事实上，所有的社会结构，从政府到宗教，只不过是压迫人们的工具。“社会在进步”，大杉荣写道，结果是“压迫人们的工具也在不断发展”。他接着指出：“政府！法律！宗教！教育！道德！军队！警察！法院！国会！科学！哲学！艺术！所有这一切，以及其他的社会机构，都只不过是暴力和欺骗的手段！”①

作为一名自我解放运动的倡导者，大杉荣竭力反对一切通过国会所推行的改革，认为只有通过发动工人罢工以及其他一些激进的手段，才能推翻国家机器，颠覆资本主义制度。他的无政府主义和他反对一切社会习俗的偏好相得益彰。1916 年，他抛弃了自己的妻子和情人，那位情人名叫神近市子，是一位著名的记者，转而和著名女权运动者、无政府主义者伊藤野枝同居在一起。这件事情成为报纸上的头条新闻，愤怒的神近市子行刺了大杉荣，当时大杉荣正和伊藤野枝在海滨胜地度假。

1925 年 3 月，日本国会通过成人普选权法案，为那些左翼分子在宪法框架内寻求自己的政治抱负提供了新的契机。这项法案是在加藤高明首相及其

① Germaine A. Hoston, *The State, Identity, and the National Question in China and Japan* (Princeton: Princeton University Press,1994), p.148(modified).

宪政会同事的支持下通过的。这一举措废除了将公民所缴税款和选举权挂钩的做法，将选举权普及到所有年龄超过 25 岁的男性青年。从某种意义来说，加藤高明首相的这一举措是基于以下考虑的，即公民广泛参与政治是“不可逆转的世界潮流”。用当时的话来说就是，如果日本想要跟上其他先进国家的步伐，它就必须这么做。然而，对于日本国民进一步扩大他们政治权利的要求，宪政会也做出了回应。多少年来，吉野作造和其他一些自由刊物的投稿人，一直致力于在大城市举行示威游行活动，以促进公民选举权的普及。这些活动与“米骚动”、农民运动和工人运动战斗性的增长，以及无政府主义者对暴力革命的号召一起，促成了那些立法者即使不情愿但也不得不开始将公民普选权作为抑制大规模骚乱的手段。

当这项法案墨迹尚未干时，日本全国各地便涌现出了许多以维护佃农和工人利益为己任的无产阶级政党。在这些新成立的政党中，最具影响力的是劳动农民党。它是由一些劳工领袖和同情他们的左翼政治人士，如安部矶雄等，在 1926 年 3 月成立的。此外，就是成立于 1926 年 12 月的日本劳农党。这两个政党相对来说都比较温和，主张通过议会选举和采取民主手段来改善工人阶级和广大农民的生活状况。在劳动农民党的成立宣言中，其成员“打算取代现有政党”，比如政友会和宪政会，“因为他们仅仅代表了特权阶级的利益”，并且要“通过合法手段”改革“不公平的土地和产品分配制度，以实现无产阶级在政治、经济和社会上的解放”。[①] 尽管具有这些雄心壮志，但在 1928 年的日本国会选举中，只有两名劳动农民党候选人和一名日本劳农党候选人取得了议会的合法席位，虽然这在成人普法权法案颁布以来尚属首次。

在这些政党中，比较成功的还是成立于 1926 年 12 月的社会民主党，该党最初是由安部矶雄领导的。该党的成立宣言不承认自由放任的资本主义制度，认为这不符合社会大众的经济、政治和社会利益，因为资本主义的生产和分配体系损害了人民大众的生计。该党誓言要通过“正当手段”，建立一个

① George Oakley Totten Ⅲ, *The Social Democratic Movement in Prewar Japan* (New Haven: Yale University Press,1966), pp.207-8(modified).

“以工人阶级利益为中心的政治经济制度”。[①] 特别是该党在 1928 年的国会选举中成功地取得了四个合法席位，并且向国会呈交了一份纲领，号召将基础产业收归国有，进行土地改革，将田地重新分配给那些佃农家庭，通过福利法案以保障工人阶级和广大农民的利益，废除对民权解放的一系列限制，将普选权扩大到妇女。

这些左翼政党的鼻祖是 1922 年 7 月 15 日秘密成立的日本共产党，最初是由一些受到俄国革命鼓舞的记者和政治活动家所组成。由于政府的取缔和内部的派系斗争，该党于两年后解散，直到 1926 年 12 月才重新组建，并以地下活动为主。日本共产党主要致力于一些宣传性和教育性活动，影响甚微，然而它仍然团结了一些著名人士，如河上肇。他于 1931 年加入日本共产党。加入日本共产党的还有其他一些知识分子和学生，这些人都信奉马克思主义，因为这为他们提供了分析日本社会的系统方法论。此外，马克思主义也为他们提供了关于国家如何经历从封建社会到资本主义社会，又从资本主义社会到社会主义社会转变的强有力解释。并且马克思主义以全人类的幸福为出发点，号召人们采取革命行动，而这一点正与河上肇那些人心目中与生俱来的人本主义情怀相一致。

“移山的时刻已经到来”

在大正时代，一些女权主义者和学生参加了当时的社会大辩论。这些渐渐强大的声音，表达了对许多领域正在开展的实现社会经济和政治公平斗争的急切关注。它们所表达的对未来的希望，往往与那些中产阶级和政府官员所提出的现代化观念相冲突。在这些新的社会活动分子中，有许多人是单独展开活动的，也有相当一部分人与那些新兴的无产阶级政党相联合，而其他人则参加了一些刚刚成立不久的社会组织。这些组织往往都是服务于各自所代表的团体利益。这些风起云涌的社会运动更增添了那个时代的多元化气息，

① Robert A. Scalapino, The Early Japanese Labor Movement: Labor and Politics in a Developing Society (Berkeley: Institute of East Asian Studies, University of California,1983), p.243, n.34.

使得20世纪20年代充满了狂乱和骚动。

1911年秋，在观看了松井须磨子在《玩偶之家》这出戏中的精彩表演之后，一位评论家认为，娜拉这一虚构人物可以激励日本的“新女性”重新定位她们在家庭和社会中的角色。一场关于“新女性”应该承担什么样理想角色的激烈辩论，出现在一本叫作《青鞜》(青鞜，即“蓝色长袜”。——译注)的杂志上。那份刊物于1911年9月由平冢雷鸟创办，她为自己的杂志取了一个和国际女权运动紧密联系的名字。为了将读者们的注意力吸引到20世纪妇女们的悲惨境遇上来，河上肇在这份杂志的发刊词中引用了一个关于日本太阳神天照女神的优美典故：

> 世界之初，女人是太阳。是一个真正的人。如今，她只是月亮。依靠他人生活，只能反射他人的光芒。这是一弯只有病态苍白容颜的月亮……现在，《青鞜》这份由日本妇女创办的杂志，凝聚着当今妇女的心血和劳动，第一次发出了她们的声音。①

平冢雷鸟的杂志充分反映了日本妇女的心声。她们给这份杂志寄来了数以千计的表达良好祝愿的信，还有请求解答她们在生活中所遇到的各种问题的意见咨询。

在这份杂志的第一期上，有一首很特别的诗，由一位名叫与谢野晶子的著名诗人所写。她写这首诗的目的是为了激励日本和各国的女性姐妹：

> 移山的时刻已经到来。
> 虽然我这样说没有人会信。
> 曾几何时大山们沉睡不醒，
> 但很久以前它们即已与火共舞。
> 不管你相信与否都无关紧要，

① Sharon L. Sievers, *Flowers in Salt: The Beginnings of Feminist Consciousness in Modern Japan* (Stanford: Stanford University Press,1983), p.163.

我的朋友，只要你相信：
所有沉睡中的妇女
如今正觉醒并行动起来！①

作为一个经常给《青鞜》和其他权威杂志投稿的多产作家，与谢野晶子拒绝生活在一个基于男性权威的世界里，厌倦过一种周围充满了要做一个好妻子、好母亲说教的生活。与此相反，她强调对于新女性这个概念来说，摆脱外界的控制十分重要。作为一个名气不如自己的诗人的妻子和11个孩子的母亲，与谢野晶子认为妇女承担了许多角色——女儿、妻子、母亲、他人的朋友、国家的公民、地球的人类，她们必须在这些角色中自由地追求自己的幸福。她相信，每位妇女都有能力履行自己的责任，但这只有在她们实现了经济上的独立、教育和就业机会上的平等以及法律上的公正之后才能成为现实。同与谢野晶子对个人主义毫不妥协的强调相比，其他女权主义者往往倾向于通过全社会范围的奋争以实现男女之间的平等。在大正时代，许多县份都成立了当地的妇女协会。它们创办了一系列的女权刊物，关注的范围很广，从扩大妇女的政治权利，到废除娼妓的合法化，再到通过立法禁止患有性病的男人结婚等。所有这些，都以增进妇女的福利和争取两性间的平等为目的。到1927年时，日本最大的妇女协会是早于1919年在大阪成立的拥有300万会员的关西妇女组织联合会。

▲ 头戴法国女帽的与谢野晶子

20世纪20年代中，一些妇女关注的焦点是选举权。她们认为，如果妇女们想要完全取得男女之间的平等，增加接受高等教育的机会，

① Laurel Rasplica Rodd, "Yosano Akiko and the Taishō Debate over the 'New Woman'"in Gail Lee Bernstein ed., *Recreating Japanese Women,1600-1945* (Berkeley: University of California Press,1991), p.180.

提高在家中作为母亲的地位，选举权是必不可少的。1920 年 3 月，平冢雷鸟与一位来自名古屋的前记者市川房枝，合作成立了“新妇人协会”。市川房枝曾经协助友爱会成立过一个妇女解放组织。仅仅两年后，新妇人协会就取得了一次重大胜利。它劝说日本国会废除了 1900 年《治安警察法》中关于禁止妇女参与政治活动的条款。在此之后不久，新妇人协会宣告解散。1924 年 12 月，市川房枝组建了“妇人参政权获得期成同盟会”，以继续争取妇女选举权的事业。1931 年，妇人参政权获得期成同盟会的努力终于得到了回报，因为立宪民政党内阁同意支持一项关于允许妇女在当地选举中投票的立法，甚至只要他们的丈夫同意，妇女们还可以在当地取得公职。尽管贵族院否决了该法案，但不管是政府还是女权主义者都相信，妇女的选举权最终将会实现。

然而，并不是所有女性都相信民主政治和资本主义制度能够解决她们的问题，于是她们转而支持社会主义革命，以图将所有的人，不论男人还是女人，从那种由自私自利的社会精英所建立的经济和社会体制中解放出来。山川菊荣就是这样的一位女性。她以极大的热情进行写作，认为采取革命行动对于所有阶层的妇女都是有利的。在她看来，普选权、个人权利以及扩大的受教育机会仅仅有利于那些中产阶级和资产阶级妇女，而她的心是向着那些正在奋争的工人阶级女性的。在一篇文章中，她回忆起了在一个寒冷的早晨和一群年轻女工的相遇。那些女工们衣衫褴褛，一边狼吞虎咽地吃着少得可怜的食物，一边奔向一个肮脏不堪的机器轰鸣的车间。在山川菊荣看来，这些女工是介乎机器、人和动物之间的混合物。此情此景使她联想起了曾经参观一个工厂时的感受：“我真的想向这些女工们道歉，并跪倒在她们面前进行忏悔。我想这样做的原因是我感到十分的愧疚。我——我们这些人正在折磨她们，欺骗她们，伤害她们。因此，我想向她们道歉，想对她们说我是她们的朋友。当她们跪在地上，赤着双脚，在没有暖气的车间劳作时，我没有一丝鄙视她们的感觉。我永远不会忘记这种愧疚和苦痛交织在一起的情感。”①

只有来一次彻底的社会变革，山川菊荣说道，才能在日本重新建立一个

① Vera Mackie, *Creating Socialist Women in Japan: Gender, Labour and Activism*, 1900-1937 (Cambridge: Cambridge University Press,1997), p.96(modified).

更好的社会。为了实现这个目标，她开始鼓励妇女们投身到“普遍的无产阶级运动”中来。她在为“赤澜会”——一个致力于实现社会主义梦想的社团所起草的宣言中写道：“多少世纪以来，妇女们和工人们经历了无数的压迫。我们的社会是这样一个社会，姐妹们沦为娼妓，统治阶级为了实现其个人野心，夺走了我们亲爱的父亲、丈夫、孩子和兄弟。”正因为如此，她得出结论：赤澜会将“全力以赴向这个惨无人道的可耻可恶的社会宣战。所有想获得解放的女性都来加入赤澜会吧。社会主义是唯一能够将人类从受压迫和资本主义的深渊中解救出来的道路。姐妹们，为了正义和人性，参加社会主义运动吧！”①

就在关于新女性的大辩论显示出新的更加激进的倾向时，1918 年 12 月，东京大学的一群男性大学生成立了“新人会”，即新男人会，并开始讨论关于社会改革和民主政治等一系列问题。为了与在其他 50 所大学里建立的类似团体保持一致，新人会的成员开始将人民大众理想化为日本社会中可以依靠的进步力量，并且发表慷慨激昂的演讲，谴责那些已有的政党和政府并没有为广大农民和工人谋取福利。这些学生在新人会主办的第一期杂志中问道：“在我们迎接黎明的时候，谁应该承担改革当今日本社会的责任？是那些占据国家要职的特权阶级吗？是那些受过教育的阶级吗？是那些官僚、军阀、政客、资本家以及大学教授吗？”当然不是，学生们回答道，“他们的行为充满了邪恶、下流的记录，并且缺乏能够赢得民众信心的道义。我们对统治阶级已经失去了信心”。于是，新人会的组织者得出结论道：“改革的动力必定来自青年自身，青年人具有纯洁的良知、敏捷的思维和旺盛的激情。青年人的血液是无瑕的，立场是公正的，思想是高尚的。谁能说我们青年人的出头之日不会到来？”②

统治阶级不会在政治和经济上公正对待日本的普通民众。这一观念激励着那些学生运动的参与者开展了一系列活动。一些人将西方社会主义理论著

---

① Vera Mackie, “Writing and the Making of Socialist Women in Japan” in Elise K. Tipton, ed., *Society and the State in Interwar Japan* (London: Routledge,1997), pp.134-35(modified).

② Henry D. Smith II, *Japan's First Student Radicals* (Cambridge: Harvard University Press,1972), p.56(modified).

作翻译过来，并且组织各种公开演讲和巡回讲演团以致力于社会进步事业。在 20 世纪 20 年代，新人会中的很多积极分子都成为工人运动的组织者，甚至将友爱会引向了更为激进的方向。此外，还有一些人参与了农会运动。随着 20 世纪 20 年代各种激进运动越来越具有吸引力，许多新人会成员都自认为是马克思主义者，并秘密加入了日本共产党，致力于用革命的手段来治疗大正时代的经济和社会顽疾。

少数民族的声音

20 世纪 20 年代中，日本的少数民族和异教徒也要求更多的社会和经济公平。在德川时代，阿伊努人经常遭受那些大名领主和幕府官员的压迫；近代以来，他们继续受到各种各样的歧视。尽管明治政府已经赋予了他们日本国民的资格，但政府在官方统计中将他们列为“前土著居民”的做法，还是使他们的文化与日本的主流文化显得格格不入。此外，随后开展的同化运动并没有取得什么成效，仅仅剥夺了他们世世代代赖以生存的土地，将他们隔离在孤立的小村落和城市贫民窟里。19 世纪末到 20 世纪初，随着日本逐渐显示出其殖民力量，种族身份的观念与大和民族的优越感开始形成，对这一点那些来自朝鲜和中国台湾的移民深有感触，而这也强化了对阿伊努人扭曲的看法。越来越多的日本人开始不把阿伊努人看作一个有着自己独特文化风俗的少数民族，而是将其视为与世隔绝的劣等种族。1912 年，在东京大学主讲殖民政策的新渡户稻造教授将那种观点表达得很清楚。他写道：“阿伊努人是一个与拉普人有着很近关系的种族，还没有从石器时代进化出来，并且除了掌握一些原始的园艺之外，没有什么文明可言。”① 与此类似，其他一些学者和政府官员也将阿伊努人形容为全身长毛的未开化的野人部落，是一个不能融入现代文明的即将灭亡的种族。

由于缺乏教育，为贫困所困扰并且居住在与外界隔绝的分散小村落和城市贫民窟里，阿伊努人并没有什么手段可以改变人们对他们所持有的态度，

① Nitobe Inazō, *The Japanese Nation: Its Land, Its People, Its Life, with Special Consideration to Its Relations with the Untied States* (New York: G. P. Putnam's Sons,1912), pp.86-87(modified).

也没有能力反对政府的现行政策。有鉴于此，在大正时代，一些重要的阿伊努人发言人开始寻求融入日本的主流社会。1930年，他们成立了“阿伊努人会”，那是一个受到北海道社会事务部门监管的组织。此后，他们开始游说一些国会议员，以通过一些保障他们福利和公平待遇的立法。阿伊努人的其他一些成员则开始保存一些过去的民间故事和英雄神话，以一种看似消极的做法，努力抵抗对他们文明的同化，扭转本民族传统的日渐式微。1915年，一位人类学家记录下了一条据说是“长久被人遗忘”的传说，说的是阿伊努人进攻古代日本的首都，并且绑架了一名贵族少女。在1922年去世之前，19岁的知里幸惠编纂并出版了一套民间口头流传的故事集，包括现在著名的《猫头鹰神之歌》。这个故事说的是一个男孩“曾经富有但现在很穷”，但是他的高贵气质得到了猫头鹰神的青睐，神灵看出了这个男孩衣衫褴褛的外表下的真实身份，帮助他恢复了自己原来的地位，凌驾于“那些过去很穷但现在富裕的人们”之上。①

大正时代，日本一些被社会所排斥的群体也发起了一系列反对歧视的运动。四十年前，即1871年，明治政府废除了一些侮辱性的词汇，如“秽多”和“非人”，并颁布法令，规定“从今往后，必须在就业和社会地位等方面对属于这些阶层的人民一视同仁”。②然而，这一解放敕令却具有正反两方面的双重作用。尽管从理论上说，这条法令废除了在居住和婚姻方面的一系列限制，但同时也正式消除了屠宰业和皮革制造业的垄断，因而损害到许多“部落民”的生计。这些被社会排斥的群体喜欢称呼自己为“部落民”。

日本的“部落民”有800 000人，占全国总人口的比例不到2%，他们的社会地位并没有得到相应的提高。由于害怕这些所谓的贱民会给自己的社区带来“污染”，许多普通国民反对政府的法令，甚至攻击这些部落民所居住的社区。在1873年5月一次臭名昭著的事件中，有29名部落民死伤，他们的300座房屋被毁。在明治时代，这些部落民很少能在工厂里找到活干，除非

① Richard Siddle, *Race,Resistance and the Ainu of Japan* (London: Routledge,1996), p.127.

② Shigeki Ninomiya, “An Inquiry Concerning the Origin, Development, and Present Situation of the Eta in Relation to the History of the Social Classes in Japan” in *Transaction of the Asiatic Society Japan*, 2d. series, vol.10 (December 1933), p.109.

他们向雇主隐瞒自己的身份。学校的老师也将部落民的孩子安排在班级座位的最后几排，并且当学生在操场上玩耍时，也将他们分开，以防止部落民的孩子和普通孩子有身体接触。公共浴室和理发店也拒绝接待他们。直到 1902 年，广岛的一位地方法官还支持一位非部落民妇女与她的部落民丈夫离婚，理由是他来自一个“劣等种族”。

在新世纪之初，一些部落民成员开始组织自我改良的社团，鼓励部落民接受教育，移风易俗，以便能够融入主流社会。当这些努力收效甚微时，一些忍无可忍的部落民成员开始采取更加激进的措施。这些年轻的激进分子认识到，主流社会永远不会给予他们实现理想和抱负的机会。于是在 1922 年汇聚京都，成立了水平社，发誓要通过自己的奋斗实现彻底的解放。水平社在全国成立了 200 个分社，发起了一场“部落民解放运动”，要求任何歧视部落民的人做出公开道歉。[①] 这些举措确实收到了不少成效：在大阪府，一些地主开始向部落民出租田地和房屋；在广岛县，公共浴室也向部落民敞开了大门。

水平社所取得的这些不大不小的胜利，并没能使所有部落民成员感到满意。他们相信，只有整个工人阶级实现了解放，他们才能得到真正的自由。1921 年，一位新人会的活跃分子 (1922 年加入日本共产党)，在《解放》杂志上发表了一篇很有影响的文章，号召进行全面的社会主义革命，并鼓励部落民与其他工人和资本主义剥削的受害者联合起来。由于水平社没能取得立竿见影的成果令人感到失望，这篇文章产生了很大的反响，越来越多的部落民成员开始与一些工人组织和农民组织联合起来，有些还加入了无产阶级的政党。

同样生活在社会政治和经济边缘的是那些来自朝鲜的移民。从法律上讲，日本对朝鲜的吞并使得朝鲜人民自动获得了日本国民的资格，因此从第一次世界大战开始，数以千计的朝鲜人为了寻求更好的教育和就业机会而移居日本。在 20 世纪 20 年代，越来越多的来自朝鲜南部农村的穷苦男青年涌入日本寻求就业机会，因为像东方拓殖会社这样的日资农业垦殖公司夺去了他们赖以生存的土地，使他们全家沦为佃农。在日本待了一段时间后，许多人最

---

① Ian Neary, *Political Protest and Social Control in Pre-War Japan: The Origins of Buraku Liberation* (Atlantic Highlands, N.j.: Humanities Press International,1989), p.68.

终有了回国的念头，但仍有相当多的朝鲜人留了下来，使得在日本的朝鲜人数量由合并之初的1000余人上升到20世纪20年代末的300 000余人，如表11.8所示。

除了为数不过数千的学生以及一小部分餐馆老板和店主之外，20世纪20年代里，绝大部分朝鲜移民从事的都是矿工、建筑工以及低级企业里的非熟练劳工等职业。由于没有什么资金可供他们创业，许多朝鲜人无奈地接受了贫苦不堪的事实，他们的薪水通常要比从事同种工作的日本工人低得多。更为糟糕的是，这些移民劳工经常要忍受各种无端的指责，说他们从日本国民手中“偷”走了工作岗位，说他们接受低薪水的工作从而压低了工资水平。因此，在日本的朝鲜移民发现他们往往成为社会歧视的牺牲品。报纸上经常把他们说成是没出息的具有犯罪倾向的人。很少有房东愿意把房子租给他们。一项政府研究报告也认为：“在社会习俗上，朝鲜人和日本人基本上是两种不同的人，因为他们的日常生活极度肮脏无序，他们遭到居住在附近的日本国民所唾弃是理所当然的。朝鲜人往往心胸狭窄，疑心病很重，并且嫉妒心很强，也容易误会别人。此外，在日本国民中有一种将他们看成劣等民族的趋势。”[①]

表11.8　日本的朝鲜移民（1910～1930）

年份	日本的朝鲜移民人数
1909	790
1915	3989
1920	3075
1925	133 710
1930	298 091

根据乔治·德福斯(George De Vos)和李昌洙的《殖民地经历（1910～1945）》，转自《日本的朝鲜移民：种族冲突和移民社区》（伯克利：加利福尼亚大学出版社，1981年），第37页。

面对持续升温的敌对情绪和社会歧视，朝鲜移民逐渐迁居到了诸如东京、横滨、名古屋、神户和福冈等一些工业中心城市附近的贫民窟里。最大的朝鲜人居住区位于大阪。1930年时，这个城市10%的人口是外来移民，这些移

① Michael Weiner, *The Origins of the Korean Community in Japan*, 1910-1923 (Atlantic Highlands, N.J.: Humanities Press International,1989), p.85.

民的居住条件和那些部落民相差无几。面对恶劣的生活环境，这些贫民窟的居民采取了一系列不同的应对手段，一些人通过犯罪来发泄对日本人的不满。这并不是这些移民忍无可忍的反常回应，因为几乎在任何地方他们都受到了主流民族的歧视。其他朝鲜移民则开始选择一些政治性的斗争，例如在大杉荣的帮助下，1921 年 11 月，一群朝鲜学生成立了黑浪社，以开展政治革命，争取最终建立一个没有阶级、性别和国籍差别的平等社会。与此类似，还有一些朝鲜人开始成立劳工组织，其中有一些通过了激进的纲领。朝鲜劳工大阪联合会的创立者发誓，要“保卫阶级斗争的胜利果实”，并且要“推翻资本主义制度”。①

一些温和派的朝鲜移民领袖担心，政治性对抗和工人运动只会招致日本当局的敌对政策。1921 年 12 月，他们成立了“互爱会”，以改善移民社区的形象和增进朝鲜人与日本人之间的友谊。互爱会是一个调和性组织，它将殖民主义当作无法回避的事实，谴责激进行动是自取灭亡的做法。在东京和其他大城市建立了分支机构之后，互爱会开始发挥互助社的功能，以帮助朝鲜劳工寻求工作机会，并帮助他们解决劳资纠纷，还为失业者提供食物和住处，并为他们治疗疾病。互爱会得到了在日本的朝鲜移民的热情支持。到大正时代末期，它的在册会员数已经将近 100 000 人。

纷纷成立的各种新的宗教组织，为某些日本社会的失意者提供了庇护所。1924 年日本政府的官方统计，将 98 个团体归类为“新出现的宗教”。到 20 世纪 20 年代末，这个数目翻了四番，同时，新的教徒数量也达到了几百万人。与德川时代后期成立的新宗教组织一样，20 世纪的群众宗教运动往往都鼓吹他们的教宗拥有神授的神奇力量，可以帮助那些在经济上和社会上失意的人战胜生活中的苦难，并最终建立一个充满希望的乌托邦社会，因此对他们的吸引力很大。

在这些新的宗教组织中，最突出的要算是大本教。它是由一名老年寡居农妇建立的，她几乎没有受过什么正规教育。和许多其他在新千年成立的新

① Michael Weiner, *The Origins of the Korean Community in Japan*, 1910-1923 (Atlantic Highlands, N.J.: Humanities Press International,1989), p.107.

教派的建立者一样，这位老年农妇过着一种极端贫困的生活。用她自己的话来说，就是生存在“地狱之火烘烤的大锅里”。①1892年，65岁的她突然进入了一种神奇的幻觉状态，在清醒后宣称她的身体已经具有某种强大的神秘力量，因此可以治愈他人的苦痛，对各种问题，从一般的婚姻障碍到生存危机，都能做出令人信服的解释。大本教的大发展是在1898年，当时，农妇遇到了一个年轻人，他能够有效地对农妇的宗教想法进行创造性的解释。后来，年轻人娶了农妇的女儿，成为该教的领袖。他具有引人注目的坚强个性，经常身着那种日本妇女才穿的明亮和服去为他的教徒们祈福，并常常骑在一匹白马上检阅教徒们的公开游行，而这往往是日本天皇在检阅帝国军队时的惯常姿态。在位于京都的巨大朝圣中心外面，大本教的教宗谴责日本社会愈演愈烈的贫富分化，抨击资本家和地主给普通民众带来的痛苦。他还创立了一套严谨的“末世论”，预言所有罪恶将会受到惩罚，社会财富将会重新分配。他的预言在日本的女工、非熟练劳工、小店主和小商贩中产生了强烈的共鸣。这些人往往迫切需要关于新世界的精神寄托，以帮助他们减轻工业化和城市生活所带来的苦痛。根据官方统计，在大正时代末期，大本教已经拥有大约40万名教徒，而该教派自己则宣称，达到了差不多300万人。

“国民的羊倌”

对于日本统治阶级中的许多人来说，这个国家似乎正分裂成形形色色的群体：暴跳如雷的佃农、愤愤不平的工人、勇往直前的女权主义者、激进的学生，愤怒的少数民族、部落民阶层，“摩登女孩”和“摩登男孩”等叛逆人群，以及无政府主义者和共产主义者。在20世纪20年代，伴随着现代化而来的混乱状况——各种新思潮的吸引力、工业化所带来的骚乱，以及伴随新的生活方式和帝国主义扩张而产生的紧张压力，都在持续冲击着这个国家。20世纪20年代的混乱局面使许多政府官员和主流社会成员感到震惊。一直以来，他们都在寻求控制那些危害国家生存的激进主义的妙药良方。

---

① Emily Groszos Ooms, *Women and Millenarian Protest in Meiji Japan: Deguchi Nao and Ōmotokyō* (Ithaca: Cornell University Press,1993), p.109.

▲ 1923 年的关东大地震使经济衰退雪上加霜
图为大地震中无地栖身的吉原艺妓互相拥抱取暖

一些官员往往采取暴力手段来镇压所谓的敌人，并管束那些桀骜不驯的少数民族。1923 年 9 月 1 日中午，关东大地震发生后，一位目击者写道，“东边的天际上空，死亡的征兆十分明显”，地震使得大地成了“红色的荒漠和火葬场，河流和运河上漂满了成千上万的尸体”。[①] 在接下来的混乱状态中，关于朝鲜人在井水中投毒的谣言开始四处传播，警察局竟授权广播电台警告说，“那些朝鲜人正在焚烧房屋，屠杀居民，盗窃财物”，警告日本国民“采取一切必要的措施”来保护他们自己的生命和财产。[②] 警察的这种做法加剧了日本国民的恐慌，尽管这些谣言毫无事实根据。一些预备役军人和民众武装开始在东京和其他一些城市的街头巡逻，甚至在混乱状况平息以前袭击并杀害了数以千计的朝鲜移民。在随后的日子里，警察逮捕了许多社会主义者和其他一些政治活跃分子。他们当中的许多人都在监狱里遭到杀害，其中就有无政府主义者大杉荣和伊藤野枝，他们是被一名警官绞死的。

然而在 20 世纪 20 年代，除了暴力之外，政府更多的还是依靠法律手段

---

① Mark J. McNeal, S.J., “The Destruction of Tokyo: Impressions of an Eyewitness”in *Catholic World* 118 (December 1923), pp.311 and 308.

② Kim San and Nym Wales, *Song of Ariran: The Life Story of a Korean Rebel* (New York: John Day,1941),p.37.

来镇压那些激进活动。就在成人普选权法案通过的同时，日本国会还通过了1925年的《治安维持法》。该法案是由司法部的官员起草的，它规定："任何以颠覆国家体制、废除私有制度为目标的团体，或任何明知故犯参加这一团体的人"，将被判处十年有期徒刑。三年后该法案修改，进一步规定，参与上述活动的公民将会被处死。[①]1928年3月15日，警察逮捕了1600多名被怀疑是共产主义分子的人士和一些激进学生。"3·15事件"发生后，政府以支持颠覆分子为名，取缔了劳动农民党，大学的校长们也逼迫解散了新人会。

与这些维护社会秩序和政治统治的强制性手段相比，日本统治集团里还有一些人倾向于采取说教的方式来平息不同政见和将各种利益群体纳入现行的政治体制中。因此，"国民的羊倌"——一位日本内务省官员对他自己和同事的称呼，就是要谨慎制定各种政策以引导国民远离那些激进思想，并解决日本的各种"社会问题"，克服快速工业化所带来的分裂和纷争。[②]为了实现这些目标，一些政府官员经常深入各种社会团体。那些利益团体的领导人也不时地和政府当局合作，以控制其普通成员的活动，因为这么做通常给予了这些团体争取其自身利益的机会。

1919年，正当日本的工人和农民运动组织酝酿暴动的时刻，政府为了平息部落民阶层中所存在的激进情绪，举行了一次联合大会。在那次会议上，各少数民族的领袖、国会议员和政府官员们讨论了部落民所遇到的困境。会后不久，内务省就向那些对于社会边缘人群来说十分重要的公共工程项目追加了拨款。对于朝鲜移民的问题，政府亦已开始向一些温和的社团如互爱会，提供财政支持。这些社团可以利用这些钱来发展自己的福利事业，转而扩大自己的团体。作为交换条件，互爱会的领导人必须与警方保持密切联系，并随时举报犯罪行为和团体活动。关东大地震发生后，互爱会甚至组织朝鲜移民帮助东京进行清理工作，以图缓和朝鲜移民与他们的日本邻居之间的敌对情绪。

---

① David J. Lu, ed., *Japan: A Documentary History* (Armonk, N.Y.: M.E.Sharpe,1997), p.397.

② Sheldon Garon, *Molding Japanese Minds: The State in Everyday Life* (Princeton: Princeton University Press,1997), p.16.

为了缓和劳资双方的紧张状态，内务省的一些官员开始游说那些大公司提高工人的薪水，并扩大各种福利措施。1919年，日本政府成立了“和谐会”。这是一个半官方性质的组织，由各大公司的领导和内务省官员主管，目的是促进劳资双方的合作与谅解。这个组织的成立宣言说道：“和谐”意味着尊重他人的权利，为了全社会的利益而相互谦让，以及通过互相合作以促进产业的发展。具体来说，该组织的任务是在必要时仲裁劳资纠纷，开展关于工人问题的研究，以及为政府的决策提供建议。当该组织在一些问题的解决中显得力不从心时，日本政府又在内务省下面成立了一个特别劳工事务署，并且还派遣训练有素的调解人员深入到各县的警察局。在1926年，这些官方和私人性质的调解努力平息了40%的工人罢工。

农村地区为那些农民和政府机构之间新纽带的成长提供了优越的环境。在新世纪的第一个十年里，许多农民家庭开始担心农村经济的变化无常和大规模工业化带来的可怕后果。东京大学的一位农学教授横井时吉清楚地表明了这些农民反城市化、反工业化的倾向。他认为，现代经济增长不可避免地造成了富裕的城市和贫困的农村之间的分化。尽管农民阶级是唯一“诚实的阶级”，但他们当中许多不幸的人往往遭受富人阶层的残酷压迫。富有的资本家不惜一切手段剥削穷人，而城市居民也损害了这些农民的利益。[①]

同样，一些农民对那些渴望冒险的青年、所谓的新女性和西方文化的不断冲击感到厌恶，因为这些东西始终不懈地强调个人主义、商业主义和享乐主义带来的自我满足。“我曾经遇到过一位头发剪得很短，涂了胭脂，抹了口红，画了眉毛的妇女，”1928年，一位农民写道，“然而当我打量她的衣着时，发现并不与她的发型和打扮协调。她看来很得意于别人对她的注目。我也觉得她很摩登，但我对她的行为感到羞耻！”[②]

在20世纪初期，一些农民家庭抱成团来抵制现代化带来的冲击。他们采

---

① Thomas R. H. Havens, *Farm and Nation in Modern Japan: Agrarian Nationalism*, 1870-1940 (Princeton: Princeton University Press,1974), p.106(modified).

② Mariko Asano Tamanoi, “The City and the Countryside: Competing Taishō ‘Modernities’on Gender”in Sharon A. Minichiello, ed., *Japan's Competing Modernities: Issues in Culture and Democracy*, 1900-1930 (Honolulu: University of Hawaii Press,1998), p.93(modified).

取的一项措施是维持农村地区固有的经济条件。1900 年至 1914 年间，许多农村社区都建立了农业合作社，帮助农民销售农产品，以低廉的价格购买农具和种子，还引进了新的农业科技。另外一项措施涉及农民在精神上的防御。很多农村地区都成立了“报德社”。该组织以德川时代的农学家二宫尊德的思想为指导，强调农村的道德观念应该建立在以下基本价值观的基础之上：家庭和睦、社会责任、团结友爱、互相帮助、努力工作和勤俭节约。

许多政府官员也同意这样的看法：日本的未来发展，巩固刚刚赢得的世界级帝国和经济实体地位的能力，必须建立在一个稳定、发达的农村经济之上。他们也时常倾听横井教授的警告：“关爱弱者是一个国家的基本责任。只有政府才有能力制订各项计划，以促进商业、工业和农业的共同发展。”[①] 于是，内务省官员努力推进农业合作化前进的步伐，并且将报德社整合为一个由法务省领导的全国性组织，鼓励其进一步发展。此后，当第一次世界大战后经济萧条开始威胁日本农村时，政府又于 1924 年颁布了《租佃调停法》，建立起协调地主和佃农间纠纷的机构；两年后又颁布了《自耕农法》，将低息贷款提供给符合条件的农民家庭。

日本何去何从

在 1921 年至 1922 年举行的华盛顿会议上，币原喜重郎赞同美国总统威尔逊关于自由贸易、平等竞争以促进经济发展和停止帝国主义扩张的观点。他还认为，世界强国之间应该互相合作以维持国际局势的稳定，并通过签署诸如《九国公约》这样的多边协定来实现这个目标；如果列强想要维持亚洲和平的话，就必须停止进一步破坏中国的领土和主权完整。从 1924 年 6 月到 1927 年 4 月，在担任由加藤高明和若槻礼次郎为首相的宪政会内阁的外务大臣期间，币原喜重郎有了实践这些外交思想的机会。然而，这些外交思想始终遭到反对，并且由于 20 世纪 20 年代末与中国之间外交危机的产生，更使日本的外交政策备受怀疑。

① Stephen Vlastos, “Agrarianism without Tradition: The Radical Critique of Prewar Japanese Modernity” in Vlastos, ed., *Mirror of Modernity: Invented Traditions of Modern Japan* (Berkeley: University of California Press,1998), p.83(modified).

在币原喜重郎的批评者中，有一些是日本的反帝国主义人士，他们当中很多人自认为是自由主义者和左翼分子。绝大部分社会主义者是从哲学层面来反对帝国主义的，在他们眼里，帝国主义在殖民地的扩张是资本主义制度剥削工人阶级的一种形式。其他人则是以就事论事的态度来谴责帝国主义，他们认为，殖民地并没有给日本经济起到什么好的作用，殖民地扩张只会招致日本的亚洲邻国的敌对情绪。此外，还有一些日本人对他们的国家给别国带来的苦难感到十分内疚。在 20 世纪 20 年代后期，一位杰出的经济学家矢内原忠雄，在东京大学担任此前一度由新渡户稻造担任的殖民政策教授一职，他强烈抨击朝鲜被吞并后其国民在经济上的不稳定、精神上的痛苦和政治上的无助。他质问："为什么日本的政策制定者没有认识到朝鲜人民独立自主的迫切愿望？你们去朝鲜看看吧！"他写道："路边的每颗石子都渴望获得自由！"①

币原喜重郎与西方展开合作的建议，并没有在日本的泛亚主义者中引起什么反响。这些人强调亚洲是日本的根基，并且时常拿东方和西方做比较。冈仓觉三，日本最知名的美术院校的建立者和后来的美国波士顿美术馆亚洲展馆的馆长。在其 20 世纪初出版的《东方理念》一书中清楚地突出了这一主题："亚洲是一个整体，喜马拉雅山是分水岭，凸显了两个强大的文明。然而那白雪皑皑的高山屏障最终没能阻隔爱在全世界的传播，而那是每个亚洲种族与生俱来的信仰，使得他们能够创造出世界上所有伟大的宗教，使得他们与地中海和波罗的海沿岸民族截然不同。那些民族乐于详尽研究细节问题，注重寻求解决问题的手段，而不在乎生活的最终真谛。"②

在大正时代，许多泛亚主义者将这种情感理解为：如果日本想要有一个稳定和繁荣的未来，就必须尊重自己作为一个亚洲国家的历史，并且和邻国特别是中国，保持政治上、经济上和文化上的紧密联系。为了促进日本和邻国之间的相互理解，一些泛亚主义者建立了诸如"东亚同文会"之类的组织。这些组织在上海开办了一所可以让在华日本侨民学习汉语和中国文化的学校，

---

① Mark R. Peattie, "Japanese Attitudes toward Colonialism,1895-1945" in Ramon H. Myers and Peattie, eds., *The Japanese Colonial Empire*,1895-1945 (Princeton: Princeton University Press,1984), p.117.

② OkaKura Kakuzō, *The Ideals of the East,with Special Reference to the Art of Japan* (Rutland, Vt.:Charles E. Tuttle,1970), p.1(modified).

同时在东京也建立了一所预备学校，中国学生可以在那里学习，以便进入日本的大学。

在赴巴黎参加和会的日本代表团中，有一些人是泛亚主义者，这些人对西方的不信任情绪尤为高涨，德、法、俄三国干涉“还辽”的回忆以及过去西方对日本的种族侮辱久久萦绕在这些代表团成员的心头。他们对美国总统威尔逊提出的新世界秩序充满了惶惶不安的情感，他们尤其担心西方会操纵国联来永远维持白人种族对世界的支配。近卫文麿是日本皇族成员、贵族院议员和参加巴黎和会的日本代表团全权特使，他的父亲则是“东亚同文会”的创立者，他写道：“我们真正的担心是国联有可能会使那些强国在经济上统治弱国，并使得后进国家永远屈服于那些先进国家。”①

由于对西方歧视亚洲的忧虑极为强烈，参加巴黎和会的日本全权代表起草了一份有关种族平等的条款，以图写进国联公约。那份提议是一项措辞友好的申明，认为所有的国家都不应该基于种族、民族而互相歧视，而应该“尽可能做到在法律上对本国公民和外国侨民一视同仁”。一些观察家认为，日本的这份维护反种族歧视事业的提议是虚伪的，使得自己与朝鲜关系的历史充满了争议。然而，大部分日本公众都将是否支持种族平等作为对西方诚意的一次考验。毕竟，如一家报纸的评论文章所写的，国联只有在各个国家平等相待的基础上，才能成功地促进国际合作和公平的经济竞争。然而，没有一个西方国家支持该项提议，失望的日本代表团只好将自己的一场关于种族平等的演讲写进和会的会议记录来进行自我安慰。

币原喜重郎的最大对手是另一些人，这些人像泛亚主义者一样，相信日本的未来在亚洲，但是他们反对与亚洲国家合作以促进日本在亚洲大陆上的权利和利益。也许，积极外交政策最直言不讳的支持者是田中义一。他是一名职业军官，在山县有朋的提携下晋升为将军，1925 年应邀担任了政友会的总裁，两年后，1927 年 4 月他担任日本首相兼外相。作为一名铁杆的保守主义者，田中义一憎恨在日本出现的政治激进主义。1928 年 3 月 15 日，田中内

---

① Oka Yoshitake, *Konoe Fumimaro: A Political Biograpby*, tr.Shumpei Okamoto and Patricia Murray (Lanham, Md.: Madison Books, 1992), p.12.

阁批准了对日本共产党和其他左翼人士的大逮捕。在外交政策方面，田中义一和他在政友会的支持者认为，日本是一个亚洲国家，其地区安全势必时常会与英美这些西方国家的利益相冲突。

发生在中国东北的事件吸引了田中义一的注意。到大正时代末期，日本在华侨民占到了各国在华侨民总数的大部分，超过了所有西方国家在华侨民人数的总和。日本在华侨民一般是外交人员、公司经理、商店老板和建筑工人，其人数约有 **50 000** 人之多，绝大部分居住在北京和上海之间的沿海城市。此外，与日本拥有的殖民地相比，中国在经济上已经越来越重要。中国为这个岛国提供了越来越多的谷物、棉花、化肥，还有矿产。中国庞大的几乎无法计数的人口为日本的产品提供了广阔的市场，日本的工厂、银行、贸易行很乐意在中国的通商口岸做生意。日本在华企业中，数量最多的是纱厂。其拥有的纱锭数清楚表明，对日本而言，中国在经济上的重要性已远远超过欧美国家。

表 11.9　中国的纱锭数（1895 ~ 1930）

年份	纱锭总数	华厂纱锭数	日厂纱锭数	西方纱厂纱锭数
1895	180 984	180 984	0	0
1900	539 895	379 347	0	160 548
1905	82 673	398 213	23 912	160 548
1910	755 917	540 073	55 296	160 548
1915	1 031 297	619 391	169 952	245 954
1920	2 832 920	1 774 974	801 662	256 284
1925	3 572 440	2 034 816	1 332 304	205 320
1930	4 497 902	2 499 394	1 821 280	177 228

根据赵冈的《中国棉纺织业的发展》（坎布里奇：哈佛大学东亚研究中心，1977 年），第 301 页至 304 页。

在北京以北地区，日本声称其在中国东北具有“特殊权益”。这项声明是基于《朴次茅斯和约》的有关条款和日本的所谓中国不再拥有长城以北地区主权的论点之上的。此外，“南满铁道株式会社”已经竭力将中国关东地区变成了一个重要的经济带，吸引了成千上万的日本移民迁往那里寻求声名和财富。那些从军事角度考虑的人，则将中国东北看成一个不可多得的缓冲地带——一个新的“占据有利地形的前沿”。这使得人们再次想起山县有朋的观点——保卫朝鲜，最终将使帝国本土免受俄国熊的威胁。最终，日俄战争中流血牺牲的回忆，以及乃木希典陆军大将和东乡平八郎海军大将取得的伟大胜利，使得围绕着中国东北产生出一种贯注着普通日本国民情感的浪漫气氛。当时有一首流行歌曲是这样开头的：

这里是遥远的满洲里，
和祖国相隔十万八千里，
我们的同伴躺在这满布石头的旷野下，
沐浴着落日的余晖。[①]

田中义一认为，日本在东北亚有着极其重要的经济和战略利益，日本和该地区的关系与该地区同西方国家的关系是截然不同的，没有哪个西方国家和日本一样，与该地区有着生死存亡的联系。从长远来看，田中义一认为，日本最大的潜在威胁来自一个重新统一在强大中央政府下的中国。统一后的中国将会限制与日本的商业往来，并收回中国东北地区的主权。在 1911 年的辛亥革命推翻了最后一个封建王朝后，中国便处于军阀混战的混乱之中。到 20 世纪 20 年代中期，其中的一个权力争夺者蒋介石在华南建立了一个局部政权。1926 年他率领军队发起了所谓的北伐战争，试图将国民党的统治权扩展到北京附近的省份。

随着爱国主义热情的日益高涨，20 世纪 20 年代中，中国人民开展了轰轰烈烈的抵制外货运动，并在各大城市举行反对外来侵略的示威游行。随着局势的不断紧张，愤怒的人们开始将日本侨民当作外来侵略的化身。1927 年 3 月，就在田中义一担任首相的前夕，一些日本商人在南京的动乱中被杀害。于是，田中义一采取了派兵保护日本商人和侨民的政策。1927 年 5 月 28 日，随着国民党军队推进到山东省境内，田中内阁决定从大连派遣 2000 名士兵赶赴青岛。日本外交部称这是“一项应急措施，日本政府是被迫自卫和保护侨

① Ikuhiko Hata, “Continental Expansion, 1905-1941” in *The Cambridge History of Japan*, vol.6, p.290.

民安全才这么做的”。[1] 1928年4月，田中内阁出于同样的目的，从日本本土调集5000人的军队来华。5月，这支部队和蒋介石的军队在济南发生冲突。这次流血事件造成几百名中国士兵和平民的死亡，一些关于日军令人发指暴行的报道，如阉割囚犯，挖去囚犯眼睛，在中国的各个城市中激起了更加强烈的反日情绪。

“济南惨案”标志着一个十年的不祥结局。在这个十年的开始，日本曾经承诺要与中国展开两国间的合作，并且不干涉中国的内政。币原喜重郎和田中义一两人所奉行的相互矛盾的政策，反映了尽管此时日本已具有强大的军事力量，但对于在一个仍然受到西方种族主义者支配的世界中如何安排自己的未来的问题，日本仍然存在重大的意见分歧。参与外交政策争论的有反帝国主义者和泛亚洲主义者，他们主张采取其他方式与亚洲邻居相互合作以维护日本的安全。关于日本国内前途命运的敏感问题则有更多不同的声音。新世纪为日本的现代化提供了新的契机。然而，在大正时代末期产生了一系列问题：如何克服工业化带来的挑战？如何公平分享经济发展的果实？如何平息贫困者的怨恨？如何满足女权主义者和年轻人的要求？如何缩小城乡差距以促进两者间的和谐发展？如何建立一个既能容纳不同声音又能取得广大国民支持的政治体制等等。这些问题并没有什么公认的解决办法。事实上，到20世纪20年代末期，当这些关于日本未来方向的辩论达到高潮时，一场世界性的经济危机和中国东北地区敌对情绪的爆发与升级，使得日本这个国家左右摇摆不定，并最终走上了一条意想不到的发展轨道。

① Akira Iriye, *After Imperialism: The Search for a New Order in the Far East*, 1921-1931 (New York: Atheneum,1969), p.146.

第四篇

JAPAN at War 战争中的日本

年表

◎ 1929年

10月24日，纽约股票市场崩溃，预示经济大萧条的开始。

◎ 1930年

1月21日，伦敦海军会议开幕。

夏天，樱花会成立。

◎ 1931年

3月，樱花会成员策划政变。

9月18日，一些关东军军人炸毁沈阳柳条沟附近的铁道，“九一八”事变爆发。

9月19日，关东军夺占沈阳和长春；若槻礼次郎首相宣布不扩大敌对行动。

9月21日，日本的朝鲜军部队进入中国东北支援关东军。

9月21～25日，大阪公共公园里人头攒动，呼声震耳，张贴着数英尺大小的“九一八”事变图片。

9月22～23日，关东军占领吉林。

9月24日，若槻礼次郎首相认可了日军对吉林的占领。

10月17日，一些樱花会成员因策划政变被捕。

11月20日，关东军进入齐齐哈尔。

12月11日，若槻礼次郎内阁辞职。

12月13日，犬养毅内阁上台，新任大藏大臣高桥宣布日本放弃金本位制。

12月31日，关东军占领中国东北的西南部。

◎ 1932年

1月7日，美国国务卿亨利·史汀生宣布“不承认主义”。

1月28日，上海事变（即“一·二八事变”——译注）爆发。

2月5日，关东军进占哈尔滨。

2 月 9 日，血盟团员枪杀前大藏大臣井上准之助。

2 月 29 日，李顿调查团抵达日本。

3 月 1 日，伪满洲国成立。

3 月 5 日，血盟团员刺杀三井企业集团总裁。

3 月 15 日，年轻的海军军官刺杀了犬养毅首相。

9 月 15 日，《日满协定书》签订，日本在外交上承认伪满洲国。

10 月 2 日，李顿调查团发表报告书，谴责日本在中国东北的行为。

◎ 1933 年

1 月 12 日，警察逮捕了河上肇。

1 月 28 日，关东军进入中国热河。

2 月 20 日，小林多喜二以“思想犯”罪名被捕，死于严刑拷打。

2 月 24 日，国联接受了李顿调查团的报告。

3 月 27 日，天皇诏书宣布日本退出国联。

5 月 6 日，中日军队在长城以南发生战斗。

5 月 31 日，《塘沽停战协定》导致长城与北京—天津之间的冀东地区解除了军备。

6 月 7 日，佐野学放弃对共产主义的信仰，并赞同日本在中国东北的行动。

◎ 1934 年

3 月 28 日，日本政府颁布《石油工业法》。

◎ 1935 年

2 月 18 日，贵族院议员发动对美浓部达吉“天皇机关说”的批判。

4 月 9 日，内务省颁布对美浓部达吉著作的禁令。

6 月 10 日，《何梅协定》导致国民党军队从河北省撤出。

6 月 27 日，《秦土协定》导致国民党军人和政工人员从察哈尔撤出。

8 月 12 日，陆军军官刺死陆军军务局长永田铁三将军。

9 月 18 日，美浓部达吉从贵族院辞职。

12 月 8 日，警察捣毁大本教总部及主要庙宇。

◎ 1936 年

1 月 1 日，共同通讯社开始运营。

2 月 26 日，“第一次清洗”导致“二二六事件”。

5 月 29 日，日本国会通过《汽车制造工业法》，7 月 11 日生效。

7 月 3 日，刺死永田铁三的陆军军官被判死刑。

7 月 5 日，“二二六事件”为首分子被判有罪，7 月 12 日起依法处决。

12 月 12 日，蒋介石同意加入反对日本侵略的统一战线。

◎ 1937 年

3 月 30 日，文部省出版《国体本义》。

6 月 4 日，近卫文麿就任首相。

7 月 7 日，“卢沟桥事变”爆发。

8 月 8 日，中日冲突扩大到上海。

8 月 14 日，蒋介石发布全国总动员令。

9 月 28 日，争取选举权和男女平等的组织成立日本妇女组织同盟。

10 月 5 日，罗斯福总统发表演说，反对“国际上无法无天”的“流行病”。

10 月 25 日，中央经济会议成立，负责制订全面经济计划。

11 月 11 日，国民党军队开始从上海撤退。

12 月 1 日，矢内原忠雄从东京大学辞职。

12 月 13 日，日军进占南京，劫掠城市和周围村镇。

12 月 14 日，中华民国临时政府在北京成立。

12 月 27 日，日产公司将总部迁往伪满洲国，取名“满洲重工株式会社”。

◎ 1938 年

1 月 11 日，日本政府宣布设置厚生省。

4 月 1 日，日本国会通过《国家总动员法》，5 月 5 日生效。

4 月 10 日，《电力国家管理法》开始实施。

7 月 1 日，美国政府宣布对日实行飞机和零件的“道德禁运”。

7 月 30 日，工业爱国联合会成立。

10 月 21 日，日军占领广州。

10 月 27 日，日军占领汉口。

11 月 3 日，近卫文麿首相宣称在中国进行战争的最后目标是建立“东亚新秩序”。

◎ 1939 年

2 月 10 日，日军占领海南岛。

3 月 31 日，日军占领西沙群岛。

4 月 5 日，《电影法》生效。

4 月 8 日，《宗教组织法》扩大了政府对宗教团体的控制。

7 月 8 日，政府颁布《国民征用令》。

7 月 26 日，华盛顿照会日本，将废除 1911 年签订的《日美通商航海条约》。

10 月 20 日，《价格统制法》和《工资统制令》颁布，冻结了所有价格、工资、租金，以及运输费用。

◎ 1940 年

3 月 30 日，汪精卫在南京组成伪中华民国政府。

7 月 23 日，近卫文麿首相呼吁开展东亚新秩序运动。

7 月 26 日，内阁批准《国策纲要》，它成为东亚新秩序运动的蓝图。

8 月 1 日，外务大臣松冈洋右宣布日本的目标是建立“大东亚共荣圈”。

8 月 6 日，美国实行航空汽油和润滑油对日禁运。

8 月 15 日，日本政党纷纷自行解散，为成立“大政翼赞会”之前奏。

8 月 30 日，法国政府同意日军进入法属印度支那北部。

9 月 11 日，内务省组建遍及全国的邻里组织。

9 月 23 日至 29 日，日本完成对法属印度支那北部省份的占领。

9 月 27 日，德、意、日三国缔结军事同盟条约。

10 月 12 日，“大政翼赞会”成立。

10 月 16 日，美国实行对日废铁禁运。

10 月 31 日，日本政府禁止爵士乐表演并关闭了东京的舞厅。

11 月 23 日，产业爱国联盟改组为“大日本产业报国会”。

12 月 7 日，内阁支持建立各种社会控制组织。

◎ 1941 年

1 月 16 日，日本陆军成立“大日本青少年团”。

4 月 13 日，日本与苏联签订互不侵犯条约。

4 月 16 日，美国国务卿赫尔正式提出他的“四项原则”。

7 月 22 日至 28 日，日本占领法属印度支那南部。

7 月 25 日，罗斯福总统冻结日本在美所有资产。

7 月 26 日，美国着手整备在菲律宾的空中力量。

8 月 14 日，罗斯福总统和丘吉尔首相签署《大西洋宪章》。

9月6日，日本帝国议会通过决议，如果到10月中旬外交不能奏效，就将开始对美敌对行动。

10月2日，赫尔国务卿通知日本驻美大使：罗斯福总统拒绝与近卫首相举行高峰会谈。

10月8日，天皇任命东条英机为内阁首相，指令他采取措施与美国进行谈判。

11月1日至2日，在一次长达17小时的马拉松式“五相会议”上，日本领导人决定再做最后一次和平努力，和平谈判成功的最后期限截至11月30日午夜。

11月7日，野村大使向赫尔国务卿提交谈判方案A。

11月15日，赫尔国务卿拒绝了谈判方案A。

11月26日，赫尔国务卿拒绝了谈判方案B；日本召开“五相会议”，决定开战。

12月1日，开战的决定得到御前会议批准。

12月7日，日本偷袭珍珠港（日本时间为12月8日）。

12月12日，日本政府通知将中国和太平洋战争称为“大东亚战争”。

12月25日，日军占领香港。

◎ 1942年

1月2日，日军进占马尼拉。

2月2日，“大日本妇人会”成立。

2月15日，日军攻占新加坡。

3月5日，日军占领巴达维亚。

3月8日，日军进入仰光。

4月30日，日本国会举行下院选举。

5月20日，“翼赞政治会”成立，绝大多数议员加入。

5月26日，“日本文学报国会”成立。

6月4日至6日，美军在中途岛海战中击沉日本4艘航空母舰。

6月9日，东条英机改组“大政翼赞会”，将所有群众团体纳入其卵翼之下。

8月7日，美军在瓜达尔卡纳尔岛登陆。

12月31日，日本决定放弃瓜达尔卡纳尔岛。

◎ 1943年

1月，谷崎润一郎开始在《中央公论》上发表《莳冈四姐妹》系列，但来自军部的指责使之两期后即遭中止。

4月18日，美军击落山本五十六海军大将的座机。

5月12日至7月29日，美军夺回阿图岛和吉斯卡岛。

9月23日，日本内阁通知在17个工业部门使用妇女劳动力。

11月1日，东条英机内阁设置军需省。

11月11日，美军在塔拉瓦登陆。

◎ 1944年

2月10日，《劳工登录法》将范围扩大到所有12岁至59岁的男子和12岁至39岁的未婚女子。

6月15日至7月7日，美军夺取塞班岛。

6月30日，日本内阁决定从城市疏散在校儿童。

7月18日，东条英机辞去首相职务。

7月，日本政府查封《中央公论》和《改造》杂志。

10月20日，莱特湾战役打响。

10月25日，第一批神风飞行员上天执行任务。

◎ 1945年

2月14日，近卫文磨向天皇呈递备忘录，敦促尽早结束战争。

2月19日，美军逼近硫黄岛海滩。

3月9日至10日，美军轰炸东京，造成十多万人死亡。

3月17日，美军占领硫黄岛。

3月，美军夺回马尼拉。

4月1日，美军开始进攻冲绳。

6月21日，美军牢牢占据冲绳。

7月26日，《波茨坦公告》敦促日本无条件投降。

8月6日，美国使用第一颗原子弹摧毁广岛。

8月8日，苏军在中国东北、南千岛群岛、库页岛和朝鲜发动进攻。

8月9日，美国使用第二颗原子弹摧毁长崎。

8月15日，天皇在国家电台宣布日本投降。

第十二章

“国家危急时期”

河本末守中尉小心翼翼地将42包黄色炸药埋好，1931年9月18日晚上10时刚过，他便引爆了炸药，炸毁了穿过奉天北郊的“南满铁路”的一截铁轨。河本末守和他的同伙打算使几分钟后经过的快车脱轨，然后嫁祸于当地的中国军阀张学良。令人难以置信的是，当火车通过那段被毁坏的铁轨时，它仅仅轻微地摇晃了几下便安全通过了。河本末守不慌不忙地给总部发回了一份事先拟好的电报：“与铁路沿线破坏铁轨的支那军队发生冲突”[①]，声称为了对那起无端的侵犯给予回击，一部分日本关东军立即进攻张学良位于奉天和长春的兵营。不到48小时，关东军就占领了那两座城市。一位名叫土肥原贤二的关东军大佐设立了一个紧急委员会来接管奉天，使得那座省会城市事实上已经脱离了中国政府的统治。

当中国东北的战斗刚刚打响的时候，日本正陷于经济萧条的泥潭。1929年10月23日，纽约证券市场崩溃了，东京立即感受到了它带来的冲击。1929年至1931年间，日本的出口额下降了一半，GNP则下降了18%，企业和设备投资也下降了三分之一。在一些中心城市，上百万的男人和女人加入了失业大军的行列，大企业开工不足，中等企业迅速破产，那些小企业的业主们则拖欠工人工资，甚至携余款潜逃。由于工资微薄，工作也不好找，许多年轻工人打算回到乡下的老家以躲避这场大危机，结果却发现他们亲戚的日子也不怎么好过。1930年，随着世界市场对日本生丝需求的一落千丈，许多养蚕农户的收入只有1929年的一半。米价下跌得如此之快，在一些地区种

① Seki Hiroharu, “The Manchurian Incident, 1931” tr. with an Introduction by Marius B. Jansen, in James W. Morley, ed., *Japan's Road to the Pacific War*, vol.1: Japan Erupts: The London Naval Conference and the Manchurian Incident, 1928-1932 (New York: Columbia University Press,1984), p.228(modified).

地图 12.1 “九一八”事变前夕的中国

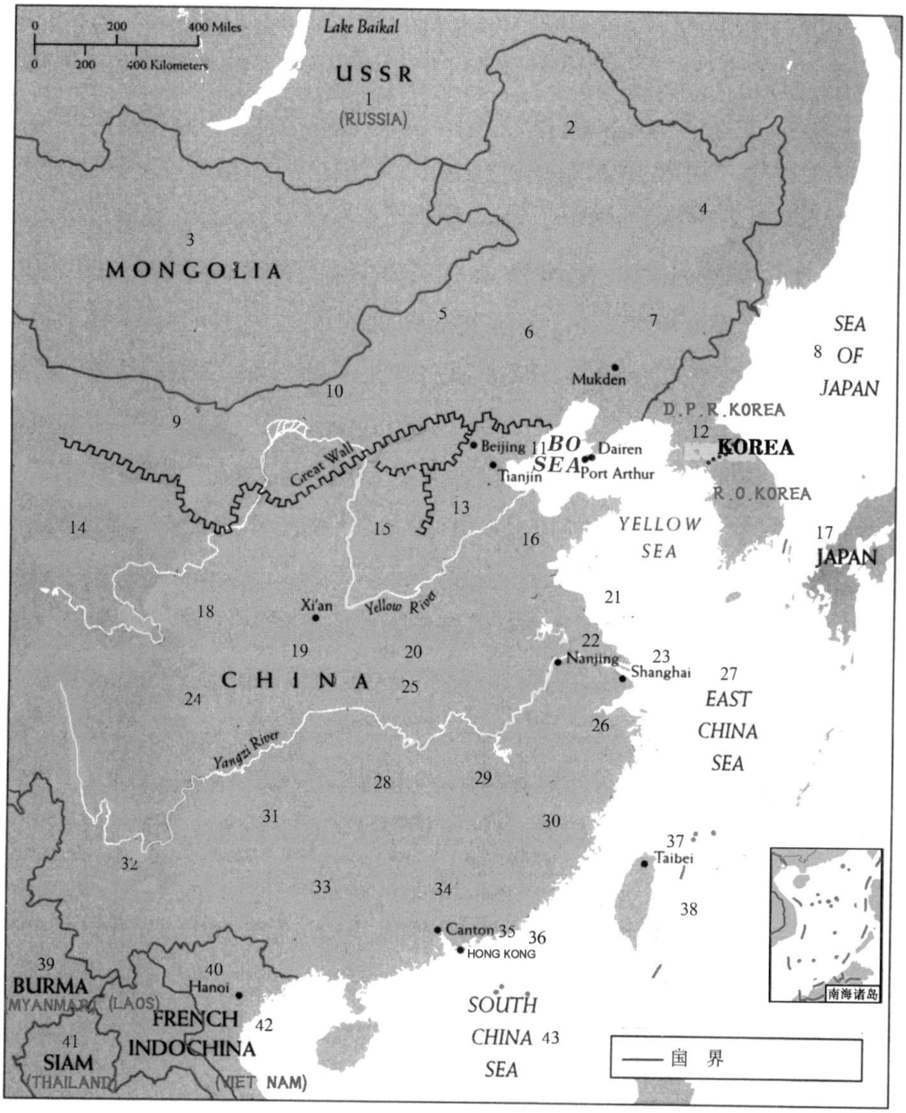

1. 苏联　2. 黑龙江　3. 蒙古　4. 吉林　5. 察哈尔　6. 热河
7. 辽宁　8. 日本海　9. 宁夏　10. 绥远　11. 北京　12. 朝鲜
13. 河北　14. 青海　15. 山西　16. 山东　17. 日本　18. 甘肃
19. 陕西　20. 河南　21. 江苏　22. 南京　23. 上海　24. 四川
25. 湖北　26. 浙江　27. 东海　28. 湖南　29. 江西　30. 福建
31. 贵州　32. 云南　33. 广西　34. 广东　35. 广州　36. 香港
37. 台北　38. 台湾　39. 缅甸　40. 河内　41. 暹罗（泰国）　42. 法属印度支那
43. 南海

粮农户卖米的收入还抵不上种植的成本，农业整体收入指数由1926年的100下降为1931年的33。当1931年和1934年日本北部地区两度遭受农业歉收的时候，人们的日子更加艰苦了。一些在日本旅行的人报道说，食物是如此稀缺，以致一些农户在冬日只好啃树皮充饥，数以千计的农村家庭将他们的女儿卖给城里的妓院。即使是逝者也受到了牵连：在一些地区，村民们想尽各种借口避免参加邻居的葬礼，就是去了的人也没有向死者家属留下传统的香典费，而只是一张欠条，还解释说"等经济状况好转后我就会送钱来"。[①]

"九一八"事变和大萧条——在20世纪30年代初期共同困扰着日本的两场危机，对资本主义的效率和日本内阁处理一系列政治、经济和社会问题的能力提出了新的质疑。显而易见，每个人都承认日本已经进入了一段"国家紧急时期"，并且不断迫使人们对日本将要何去何从这一问题提供新的答案。

"九一八"事变

"九一八"事变的主要策划者是石原莞尔，此人是日本陆军士官学校1909届的毕业生。这位二等中尉在进入陆军士官学校前曾在朝鲜服役过一段时间。1918年他以全班第二名的成绩毕业于士官学校，此后军阶便一路升迁。随后，他在中国服役了一年，并且在德国呆了三年，在那里他从事研究工作和语言学习。1925年，石原莞尔回到了日本，以一名少校的身份在士官学院主讲战争史。

作为一名堂吉诃德式的试图打破因循守旧传统的思想家，石原莞尔在他的授课中对未来进行了一番具有"圣经启示录"意味的描述。要学习的课程是很简单的，他解释道，战争比以往任何时候都更加充满血腥，规模也更大。那些致命的毒气和不可战胜的坦克的发明，以及如今出现的那些具有远程投射弹药潜能的可怕飞机，意味着未来的战争将会把所有人都卷入恐怖的旋涡，不管是平民还是士兵，无辜的女人还是儿童。石原莞尔使用德国军界很流行的观念来警告人们，如果下一场战争到来的话，它将是一场全面的战争：它

① Kerry Smith, *A Time of Crisis: Japan, the Great Depression, and Rural Revitalization* (Cambridge: Harvard University Asia Center,2001), p.72.

的破坏程度将会超出人们的想象，一个国家只有具备了全面动员它的物资、人员和精神资源的能力，才有希望在这场大浩劫中生存下来！

石原莞尔警告说，将第一次世界大战想象成人类历史上的终极战争也是愚蠢的。作为一名武士道精神的信徒，石原莞尔接受了该精神的基本信条：一场史无前例的大规模世界大战最终将会爆发，战后，和平将会在世界范围内永驻人间。石原莞尔对武士道精神的信奉，使他认为这场灾难性的大决战将会在他的有生之年爆发；而他对20世纪20年代后期一系列战略性态势的感知也使得他得出这样一个结论，那就是两个各自代表截然不同的历史和宗教传统的新世界强国将会是那场大战的核心。在太平洋的东岸，石原莞尔向他的听众说道，美国已经成为西方社会的代表，而大洋彼岸日本则已经毫无争议地成为亚洲文明的领导者。他预言道，在不久的将来，这两个代表互相敌对意识形态的国家不可避免地会在一场全面的终极战争中相遇，最终只有一个能够生存下来，以主持世界和平的新纪元。他认为日本必须立即为这场迫在眉睫的大战做好准备，那就意味着日本必须统治东亚，在“满洲”则必须建立一个强大的工业基地来获取必需的资源和工业能力，只有这样才能赢得那场与美国一决雌雄的大战。

1928年10月，石原莞尔想方设法进入了关东军。从登上旅顺港的那一天起，他就竭力鼓吹日本必须控制这个地区。他迅速与其他一些年轻军官建立起友谊，他们都想在中国东北拓展日本的“特殊权益”，从而建立一个抵制苏联势力膨胀的缓冲地带，并且可以为那些贫困的日本移民获得广袤的肥沃土地。这些年轻军官们达成了一个共识：如果他们能够扫除张学良的势力并且占领长城以北的广大地区，他们就会对日本的历史使命做出无比卓越的贡献。“帝国军队对‘满洲’和蒙古的占领，”1931年4月，石原莞尔写道，“不仅仅对未来的战争至关重要，而且将会影响大日本帝国今后一百年的发展轨道。”①

1931年春天，石原莞尔认为，关东军采取单边军事行动占领中国东北的千载难逢时机已经到来。而在日本国内则不断有批评的声音，谴责民政党内

① Mark R. Peattie, *Ishiwara Kanji and Japan's Confrontation with the West* (Princeton: Princeton University Press, 1975), p.118.

阁没能解决世界经济危机给日本带来的一系列问题。与此同时，那些右翼势力也谴责首相已经使得国家的未来危机四伏，因为他在前一年召开的伦敦海军会议上同意延长对日本海军军备的限制。国际上，石原莞尔相信，没有哪个国家准备对日本突然在中国东北采取军事行动进行干预。西方资本主义国家仍然深陷大萧条的泥潭而不能自拔，苏联正在全力以赴完成它的五年计划。而蒋介石的北伐也仅仅取得了部分成功，这使得他只能集中精力来巩固在南中国的统治。1928 年 10 月，蒋介石已经在那里建立了一个国民政府。所有这一切，石原莞尔在 1931 年春得出结论道，已经为关东军对中国东北占领的合法化提供了再合适不过的时机。

9 月 18 日午夜至 19 日在中国东北爆发的军事冲突震动了东京的日本政府。上午 10 时 30 分，惊魂未定的若槻礼次郎首相立即召开了内阁紧急会议。外相币原喜重郎开始怀疑，挑起事端的实际上是关东军而不是中国军队。在意识到严峻的形势后，他要求陆军大臣南次郎做出“不会允许事态进一步扩大”[①]的保证。若槻礼次郎首相也对关东军的这次军事冒险感到惴惴不安。他和币原喜重郎外相都相信，与西方国家展开合作并且不干涉中国内政是符合日本国家利益的，因此他要求陆军大臣南次郎“命令关东军的首脑不得扩大军事冲突”。

南次郎和其他日本军部的高级将领并不是对这些少壮派关东军军官们的行动无动于衷，他们也没有摒除日本应该在中国东北进一步扩张势力和扩大影响力的信念。然而，这些军部高层人物还有其他一些顾虑：一些将领担心如果日本打破华北的现状将会招致苏联的干预；其他人则不愿违反一条心照不宣的协定，那份协定形成于三十年前日本干涉中国义和团运动之后，那就是在没有得到内阁批准和帝国命令之前，日本军队不得向海外派兵；还有一些人担心军队的过激行动将会得罪那些德高望重的政治家和日本国会。因此，9 月 19 日中午刚过，结束紧急内阁会议的若槻礼次郎首相就向等候在外的记者们宣布了他的不将敌对行动扩大化的政策。南次郎则回到军部给关东军司

① Takehiko Yoshihashi, *Conspiracy at Mukden: The Rise of the Japanese Military* (New Haven: Yale University Press,1963), pp.9 and 7.

▲ 1931 年 9 月 18 日，日军精心策划了“满州事变”（即“九一八”事变）
图为 19 日日军在沈阳城外向中国军队进攻的情景

令官发了一封电报，命令他维持目前的态势，不准采取进一步的敌对行动。

来自日本政府和军部首脑的这些命令并没有对关东军的年轻军官们起到什么约束作用。石原莞尔和周围的人对他们这次行动的正当性充满信心，他们以行使“前线命令特权”作为借口来为此次行动进行辩护。这种权力在日本国内具有悠久的历史因而受到军界的默认，地方军事长官在紧急情况下可以不必等待中央军事总部的命令而采取行动。因此，在奉天和长春的事端刚刚发生之后，石原莞尔便派遣一个密探去吉林煽动骚乱，从而给人一种这个省会城市中 900 多名日本侨民的生命和财产正处于危急状态的假象。利用随后发生的一系列微小事件为借口，9 月 21 日，石原莞尔和他的同僚们开始怂恿关东军司令官向吉林这座所谓被围困的城市派遣军队。然而，司令官拒绝了他们的意见，还拿出陆军大臣的命令给他们看。随后，这些年轻军官们对他们的司令进行了一整夜的游说工作，最终，这位精疲力竭的老长官终于在黎明时分向他们妥协，并且下达了派兵的命令。这些阴谋家们随即迅速采取行动，第二师团兵不血刃占领吉林，并且宣布周围省份已经脱离中国而独立。

随后发生的这些既成事实，使得若槻礼次郎首相和东京的将军们所面临的形势更加扑朔迷离。首相发现绝大部分的日本民众支持关东军的这一武断举动，尽管他自己对关东军（以及驻守朝鲜的日本军队，他们跨过鸭绿江支援关东军）的

地图 12.2　中国东北与北亚

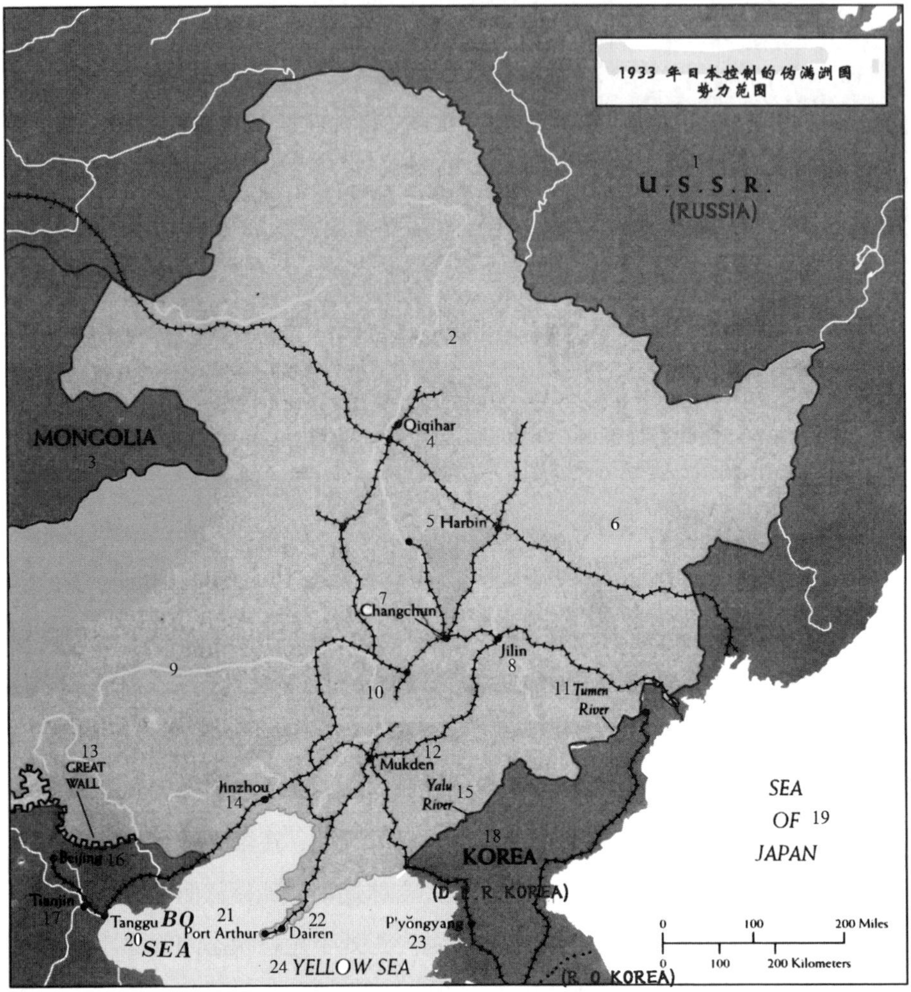

1. 苏联	2. 黑龙江	3. 蒙古	4. 齐齐哈尔	5. 哈尔滨	6. 吉林
7. 长春	8. 吉林	9. 热河	10. 辽宁	11. 图们江	12. 沈阳
13. 长城	14. 锦州	15. 鸭绿江	16. 北京	17. 天津	18. 朝鲜
19. 日本海	20. 塘沽	21. 旅顺港	22. 大连	23. 平壤	24. 黄海

行为和将军们迟迟没有处分那些违反命令的校级军官的做法不满。从 9 月 21 日晚开始，一连好几个晚上，激动的人群开始拥塞大阪的一个公园。一家广播公司传来的关于奉天战事的消息让这些民众兴奋不已。此外，日本的大众媒体也不假思索地接受了中国最先挑起事端的指责。9 月 20 日《朝日新闻》头版头条报道

说，奉天的军事冲突“仅仅是对中国军队破坏‘南满铁路’的还击”。这篇社论强调道，中国“必须承担此次事件的全部责任。面对这次对我们在‘满洲’和蒙古权益的严重侵犯，严峻的事实就是日本必须不惜一切代价来保卫它的权益”。①

面对日本公众如此高涨的爱国情绪，若槻礼次郎首相发现要想对关东军的行为加以管束是一件十分困难的事情。9 月 24 日，首相重新召开内阁会议，批准了关东军对吉林的占领。随后日本外务省起草了一份政府公报，以表明日本政府的姿态。日本采取行动的目的，若槻礼次郎政府向世界解释说，仅仅是保护“满洲”日本侨民的“合法权益”。日本，这份公报继续提到，没有“领土打算”，并且日本政府已经准备和中国政府展开合作，以避免目前的事态进一步恶化以致酿成灾难性的后果；日本还会制订出一系列富有建设性的计划，以杜绝今后双方之间的摩擦和冲突。②

然而，“建设性的计划”只是一张空头支票。1931 年秋，擅作主张或不听指挥的事件在中国东北时有发生，东京的日本政府只是一味重申自己的不满，却往往默认这些事件的发生。石原莞尔已经下定决心扩大日本的势力范围。10 月 8 日，他穿上飞行服率领 5 架战斗机突袭位于奉天西南方向的锦州。这起对一个没有设防的城市进行无端袭击的事件震惊了外界；然而东京的决策层再一次默认了眼下的既成事实，只不过给关东军发了另外一份电报，命令他们放弃任何扩大敌对行动的设想，以此来作为补救的措施。然而，一周后，石原莞尔又抓住另一起事件小题大做：中国军队炸毁了齐齐哈尔附近的一座铁路桥，并且还火攻日方的维修人员。这次，东京的军部高层电令关东军派遣一支小分队保卫这些铁路桥，石原莞尔则以此作为占领齐齐哈尔的正当理由。到了当年秋末，关东军已经控制了辽宁、吉林、黑龙江这三个中国东北省份的省会。

就在关东军扩展势力范围的同时，那些胆大妄为的年轻阴谋家们制订了一份全新的计划，幻想将中国东北改造成一个新的独立国家，就像他们反复鼓吹的那样，“满洲”将会是“该地区所有民族的天堂”。按照土肥原贤二大

---

① Kakegawa Tomiko, “The Press and Public Opinion in Japan, 1931-1941” in Dorothy Borg and Shumpei Okamoto, with the assistance of Dale K. A. Finlayson, eds., *Pearl Harbor as History: Japanese-American Relations* ,1931-1941 (New York: Columbia University Press,1973), p.537(modified).

② John N. Penlington, *The Mukden Mandate: Acts and Aims in Manchuria* (Tokyo: Maruzen,1932), pp.23-25.

佐的构想，该计划要求成立一个由中国的精英分子来治理的共和国；然而，显而易见的是，这些人只是日方的傀儡，一切关乎国防、外交、交通运输、通讯的责任都将由关东军来承担。土肥原贤二打算让溥仪出任行政长官来为该政权增添一丝合法性，因为他是“满洲人”，并且是中国的末代皇帝。

尽管日本国内政要们反对建立这样一个国家，但是在疲惫不堪的若槻礼次郎首相于 1931 年 12 月辞职之后，在中国东北的这些阴谋家们继续推进他们的计划。若槻礼次郎的继任者犬养毅是一位具有温和立场的政治家，他是政友会的总裁。作为议会民主制的忠实拥护者，犬养毅早在 50 年前的 1882 年便帮助大限重信建立了宪法改革党，并在 1890 举行的第一次普选中赢得一席之位，此后在众议院连续做了 18 年议员。1931 年犬养毅开始组阁的时候，这位年事已高的政治家希望通过谈判和平解决“九一八”事变。然而由于年迈多病，他采取的措施总是要慢于形势的发展。此外，新任陆军大臣荒木贞夫是一个精力旺盛的顽固军国主义分子，他公开支持那些年轻的校级军官，以建立一个日本控制下的独立新国家。在 12 月末，关东军就迅速占领了中国东北的西南部。1932 年 2 月，日军又占领了哈尔滨。紧接着，3 月 1 日以溥仪为行政长官的伪满洲国正式成立。

国内激进的右翼势力和恐怖主义

如果说，20 世纪 20 年代的日本政治是左翼派别占主导地位的话，那么 20 世纪 30 年代初期，那些激进的右翼势力渐渐有了发言权。像他们的左翼表兄弟一样，那些右翼派别的学生、乡村激进主义者和军官们声称：一些特权集团，特别是那些政客和大公司头头们的阴谋诡计给日本人民带来了灾难。然而，鉴于那些无政府主义者、无产阶级政党的领袖们和年轻学生们在实践“新人会”思想（幻想建立一个由工人和农民组成的乌托邦）中的先锋模范作用，那些激进的右翼分子号召再来一次由天皇主导的“昭和维新”。尽管绝大部分右翼激进分子对“昭和维新”具体能够实现哪些目标仅仅怀有模糊的构想，但是他们几乎全都认为，日本现政府无力解决国家所面临的一系列问题，如同 19 世纪 60 年代的那些“志士”一样，应该由他们来推翻这个腐败、无能的政权。他们认为随着旧政权的倒台，新的领袖将会脱颖而出，就像他们在明治时代所做的那样来执行帝国的意志，建设一个强大繁荣的日本。

樱花会是1930年夏由桥本欣五郎大佐建立的社团组织，其成立纲领堂而皇之地指出了那些右翼派别的关心所在，以及他们对于“昭和维新”的目标所在：

> 审视当前社会形势，我们发现高层领导人道德败坏，政党贪污腐化，资本家和贵族对人民大众漠不关心，农村家庭正在忍饥挨饿，失业和经济萧条愈演愈烈。与此同时，我们观察日本的对外关系，会发现统治者们为了博取外国势力的欢心，置国家的长远利益于不顾，而且对向外扩张毫无兴趣，这说明明治维新后那个时代的积极进取精神已经荡然无存。我人民渴望一个真正基于民众利益，以天皇为中心，强有力的廉洁政府的出现。我们虽是军人，不应直接参与政治，但我们为国家牺牲的决心会随着时势的发展和时代要求而愈益彰显。我们将会为了改造统治机构，扩充国家实力而奋斗终生！①

这个由一百来个平民和年轻军官组成的樱花会，不仅关注大萧条所带来的一系列社会和经济危机，他们也认同石原莞尔对民政党内阁所奉行的对华“软弱”政策的蔑视。然而，石原莞尔可以通过在中国内地采取直接行动来发泄心中的愤懑，桥本欣五郎和他的同僚们则只能密谋在国内采取革命行动。他们将1931年3月20日定为行动的日期。对这次行动的精心策划，几乎达到了戏剧性的夸张境地：樱花会的成员将会率领一支由一万人组成的游行队伍包围国会；“敢死队”将会用炸弹袭击一些主要政党的办公地点以及首相官邸；那些领头的将军们将会要求内阁全体辞职，并且任命宇垣一成，一位著名的政党政治的批评者作为日本的下一届首相。但是，宇垣一成拒绝与那些造反者同流合污。他担心起义的失败将会玷污军队的名誉，更重要的是，他坚守一条在大部分军人中直到现在还毫不动摇的信念：军队不得在违宪的情

---

① Sadako N. Ogata, *Defiance in Manchuria: The Making of Japanese Foreign Policy*, 1931- 1932(Berkeley: University of California Press,1964), pp.30-31(modified).

况下干预国内政治。当宇垣一成觉察到正在酝酿中的暴动时，他迅速地阻止了此次阴谋。

几个月后的1931年秋，关东军的大胆行动重新唤起了樱花会成员的激情，他们开始密谋第二次行动。这次的计划比春季的那次更加夸张，设想采取空袭的办法一举歼灭日本内阁。这些阴谋家们异想天开地认为，起义成功后荒木贞夫将军将会出任下届首相，而樱花会的领导人则会在他的内阁中担任重要职务。然而，高层将领们再一次否定了“昭和维新”的计划。10月16日晚，荒木贞夫将这次起义的头目传唤至一个艺妓馆，严厉训斥了他们。翌日，军警拘留了桥本欣五郎和他的同伙，随后命令樱花会解散。

血盟团，一个由怀有理想主义情结的学生和青年农民所组成的激进组织，其展开的一系列暗杀行动增添了20世纪30年代初期的危机气氛。在大萧条的直接刺激下，该组织将“不成功便成仁”作为自己的口号，发誓要除掉那些政界和商界领袖，因为他们认为这些领袖采取不公正的手段，以牺牲日本农民和贫苦工人的利益为代价而中饱私囊。1932年初，血盟团拟定了一份黑名单，该名单上列有22位显要人物，包括前首相若槻礼次郎、元老政治家西园寺公望以及三菱家族的头面人物。2月9日，一名只有23岁的血盟团员枪杀了前大藏大臣，因为他谴责这位大臣所奉行的政策给日本农民带来了灾难和饥荒。3月份，另一名血盟团员又枪杀了三井实业会社的一位经理，当时他正站在位于东京中心街区的公司总部门口。

1932年5月15日，日本政界极为恐怖的一天终于到来了。那是一个星期六的下午，一群年轻的海军军官冲进首相官邸，刺死了首相犬养毅。其他一些被锁定为目标的政界领导人侥幸逃脱了那天的暗杀行动。然而，随着那些参与阴谋的起义者们向首都警察署、日本国家银行、政友会总部，以及一些发电站投掷手榴弹，东京笼罩在一片恐怖阴影之中。“5·15”事件的参与者们发布了一则声明，深刻表明了那些起义者们要求“昭和维新”的愤怒情绪：“睁开眼睛看看你的祖国——日本的现状吧。我们敢问，你能找到一丝对帝国真正热爱的痕迹吗？那些政党正在贪婪地追逐权力和一己私利，那些掌握大企业的家族和政客们勾结起来拼命吮吸日本民众的血汗；官僚和警察则忙于维护腐败堕落的政治—产业联合体制。民主岌岌可危，教育腐败透顶。

现在是开展激烈革命行动的时候了，起来，同胞们，现在就采取行动吧！”[①]

“九一八”事变和 1931 年至 1932 年日本右翼所发动的一系列暴力行动，标志着日本外交和内政的一个 180 度的大转折。在中国内地分割中国领土建立一个由日本军队控制的新国家的设想使得中日关系降到冰点以下，也开启了日本与一个愤怒的西方分道扬镳的进程。西方国家将日本的行动视为赤裸裸的侵略，这将会促使这个岛国沿着一条可能采取进一步危险对抗行动的轨道继续前进。在日本国内，一系列暗杀活动暴露了这个国家政治结构的脆弱，也导致政党政治的威信每况愈下，从而激发了美化日本军国主义传统，建立一个新政权的思想体系的诞生。

一意孤行

也许，石原莞尔和日本军界高层的一些将领认为日本在东北亚的所作所为是正当合法的。但除了这个岛国之外，世界上很少有其他国家的人民认同这种看法。绝大部分中国人更是义愤填膺。在外交前沿，1931 年 9 月 20 日，蒋介石领导的国民政府请求国联出面干预，此时日本正准备出兵吉林。在日本，数百名中国留学生收拾行囊返回祖国，而此时中国国内的反日情绪空前高涨：10 月 5 日，数千人的游行队伍表现了广州市民的悲愤，而 12 月 10 日，又有大约一万名学生走上广州街头举行示威游行；在上海，抵制日货运动开展得如火如荼，以致上海市政委员会于 1932 年 1 月 28 日宣布该市进入紧急状态。

许多西方国家接连谴责日本的行为，其中批评最激烈者当属美国。1932 年 1 月 7 日，美国国务卿亨利・斯汀生宣布美国不承认日本对中国军事占领的合法性，因为日本违反了现行的国际条约并且无视通行的国际惯例。为了进一步推行“不承认主义”，美国总统胡佛命令一支太平洋舰队从西海岸出发，进驻珍珠港海军基地。当日本以保护其商业和侨民为借口，派遣海军陆战队在上海登陆时，西方国家愈发愤怒了。不久，日军和国民党第 19 路军交

---

① *Mainichi Daily News*, “Fifty Years of Light and Dark: The Hirohito Era” (Tokyo: Maimichi Newspapers,1975), p.56(modified).

火，当时该军正驻守在上海的一个穷人社区。1932年1月29日，日军飞机开始轰炸周围城区，许多无辜的中国平民在轰炸中丧生。随后日本继续向上海增兵，在5月双方最终同意签署停战协定前，已经有超过两万名中国平民伤亡或失踪。中国民众所遭受的蹂躏震惊了世界，中国人民开始被视为英雄，勇敢顽强地和凶狠残忍的敌人做斗争。

世界舆论坚决反对日本对中国的侵略行径，国联开始置身其中。1931年11月，国联任命了一个由英国政治家李顿勋爵主持的委员会来对中国的形势进行详细的实地调查。1932年2月29日，李顿和他的同事抵达日本，就在几天前，血盟团刚刚刺杀了若槻礼次郎内阁的前大藏大臣，而当李顿一行人抵达日本后仅仅数小时，伪满洲国正式宣告成立。到1932年10月，该委员会结束了调查工作并编写了一份报告。尽管该报告的措辞充满了大不列颠式的含蓄与克制，但仍然清楚地否定了日本关于其在中国东北的军事干预仅仅是正当而又必要的自卫行为的申明。“在没有宣战的情况下，”李顿报告得出结论道，“大片毫无争议的属于中国的领土被日军强行夺取和占领，随后这些领土被分割并宣布脱离中国而独立。”①

1933年2月，已经下定决心的国联终于和一意孤行的日本摊牌。此时，这个国际组织正在讨论李顿调查团的报告。出席国联大会的日方代表是松冈洋右。1880年，松冈洋右出生在日本西部一个并不起眼的港口小城。13岁那年，他和表兄前往美国俄勒冈州的波特兰市，一个美国家庭收养了他们。松冈洋右在西海岸完成了中学学业，在获得俄勒冈州立大学的法学学位后，他回到日本开始了公务员的生涯。在外务省供职的17年里，松冈洋右先后在中国、俄国和美国担任过外交官。作为一个志向远大的人，松冈洋右于1921年加入“南满铁道株式会社”，起先是担任主管，然后又出任副总裁。1930年，松冈洋右作为政友会的候选人进入日本众议院。1932年春，日本政府派他去中国谈判以解决上海事件。年底，他作为日本首席代表出使国联。

1933年2月24日，松冈洋右登上了日内瓦的国联讲坛。作为一名精通英语的有感染力的演说家，他在演说中极力为日本在中国东北的所作所为辩护。

① Tessa Morris-Suzuki, *Shōwa: An Inside History of Hirohito's Japan* (New York: Schocken Books,1985), p.20.

▲ 1933 年，松冈洋右在日内瓦向其他国联成员国代表发表演说，竭力为日本侵占中国东北辩护。

他说，中国缺少一个能够维护法律和维持秩序的合法政府；那是一个贫弱、落后的国家，“正处于四分五裂和困苦不堪的境地”，在那个国家“数以千万计的人民由于两败俱伤的军阀混战、暴政、匪患、洪灾和饥荒而命丧黄泉”；与此相反，日本是一个“伟大的文明国家，已经是并且永远是维持远东和平与进步的中流砥柱”。在一片毫无生机的混乱地区，松冈洋右争辩道，日本已经将“满洲”改造成了一片稳定、繁荣的乐土。为了发扬新世界公民的精神，他的国家也准备和中国友好相处。“我们现在对‘满洲国’无微不至的关怀，”他得出结论道，“最终有一天会实现日本帮助中国的愿望和责任。对这一点，我是满怀信心的。我真诚地希望你们考虑我们的申诉，并信任我们。”① 然而，松冈洋右的雄辩口才最终没有说服与会者，国联大会以 42 比 1（日本）的结果表决通过了李顿调查团的报告（内有泰国弃权）。当松冈洋右率领日本代表团退出会场时，他的身后是一片寂静。

1933 年 3 月 27 日，在经历了“许多不眠之夜”后，日本天皇终于发布了日本正式退出国联的公告。日本政府着手有计划地废除于 20 世纪 20 年代

① “Address Delivered by Yosuke Matsuoka, Chief Japanese Delegate, at the Seventeenth Plenary Meeting of the Special Assembly of the League of Nations” in Matsuoka, Japan’s Case in the Sino-Japanese Dispute (Geneva: Japanese Delegation to the League of Nations,1933), pp.49-61passim(modified).

初期在华盛顿会议上所签署的一系列国际协定。在日本天皇发布公告整整一个月后，松冈洋右返回到日本，此前他曾在波特兰停留，并在其“美国母亲”的墓前立了一个墓碑，还种下一棵树。当松冈洋右的船抵达横滨港码头时，新闻飞机在他的头顶盘旋，数以千计的日本市民挥舞着手中的小旗拥上码头来一睹这位新“英雄”的风采，日本广播公司则对此进行实况新闻报道。这一切都表明，日本一意孤行的做法得到了本国民众的广泛支持。

保卫伪满洲国，扩大敌对行动

在日本领导人的心目中，与国际社会的背离强化了他们的这一信念：这个国家的生存取决于它在亚洲霸权的确立及日本政府加强与其卫星国——伪满洲国的联系。1932 年 9 月，日本与伪满洲国签署了《日满议定书》，扩展了日本在外交上对伪满洲国的正式承认，并且使得日本承担了维护伪满洲国内部稳定及巩固其防务的义务。1934 年 3 月 1 日，溥仪废除了行政长官的头衔，举行盛大、隆重的仪式加冕为伪满洲国的皇帝。然而，龙袍加身的溥仪并没有掌握什么实权，因为关东军司令官同时兼任日本驻伪满洲国大使，并在幕后掌控一切。这位关东军的首脑掌握了伪满洲国人事任免的一切大权。在他的严密监视下，一个理事会在每周三举行会议来讨论“国家”的法律和政策，然后提交“国民议会”进行掩人耳目式的表决通过。日本对这个新“国家”的支配是显而易见的：理事会的主任总是日本人，而在政府机构中，绝大部分部门的领导也是日本人。

尽管关东军迅速掌握了伪满洲国的军政大权，但保卫这个“国家”仍然是一件棘手的事情。从战略上来说，东京的那些军界高层仍然将苏联视为日本的头号敌人。陆军大臣荒木贞夫一再鼓吹对苏联进行先发制人打击的必要性。他还声嘶力竭地警告日本国民，他所说的 1936 年大危机行将到来，战争的威胁迫在眉睫。作为对这些言论的警惕和对于一个新的充满敌意的“国家”在自己眼皮底下出现的反应，苏联在“九一八”事变爆发到 1935 年底之间，几乎将其驻扎在亚洲地区的作战师的数量翻了一番，从 8 个增加到 14 个，作战飞机的数量也从 200 架增加到 940 架。

中国民众日益高涨的爱国热情，也给日本和伪满洲国的领导人制造了很多麻烦。那些游击队经常伏击日军巡逻队，并且时常袭击日军在长城以北的哨所。在中国人眼中，这些游击队正在进行抵抗外国侵略的令人尊敬的事业；与此相反，日本的媒体则将他们报道为“暴徒”和野蛮残忍的“亡命之徒”。事实上，这些反抗的队伍主要包括一贫如洗的农民和张学良的支持者。此时张学良已经将其部队的主力向西开进了热河省。在1932年春，那些游击队差不多有350 000人。那些驻扎在满洲里边远城镇和铁路沿线的日本士兵时常觉得他们被一片愤怒的中国人的汪洋大海所包围。毛泽东所领导的共产党的支持者们也给关东军制造了新的麻烦。1935年10月，中共抵达长征的最后一站，在中国西北部的陕西延安地区安定下来，并开始组织抗日运动。

面对苏联势力的膨胀和中国人民顽强的抵抗，东京的日军总部和日本政府开始急剧扩充关东军，如表12.1所示。为了执行“剿匪”和在伪满洲国周围建立非军事缓冲区的命令，关东军于1933年1月进入热河省，在那里战斗进行得非常激烈。与此同时，国联正在讨论李顿调查团的报告。日本对热河的猛烈进攻对推进其与国联谈判的目标并没有起到什么积极的作用。然而，在3月中旬，日军已经抵达长城，事实上已经将整个热河置于伪满洲国的统治之下。

表12.1　关东军的扩张（1930～1939）

年份	人数	步兵师团数	飞机数	坦克数
1930	10 000			
1931	64 000			
1932	94 100	4	100	50
1933	114 100	3	130	100
1934	144 100	3	130	120
1935	164 100	3	220	150
1936	194 100	3	230	150
1937	200 000	5	250	150
1938	220 000	7	340	170
1939	270 000	9	560	200

根据埃尔文·D. 库克斯(Alvin D. Coox)的《诺门坎：日本对苏联之战（1939）》，第一卷（斯坦福：斯坦福大学出版社，1985年），第84页。

然而，日军不久就发现，建立缓冲区的需要是永无止境的。山县有朋那套新奇国防理论的终极逻辑是为了保卫帝国所获得的所有权益以及应付一系列军事对抗，这就要求尽可能远地拓展安全线。结果，当热河成为伪满洲国西面的屏障时，为进一步确保其卫星国的安全，日军又迫切需要扫除长城南面的“土匪”和中国军阀的威胁。1933 年春，由日军训练和指挥的伪满洲国军队开进了河北省。随后，策划了一系列军事和心理攻势——贿赂当地军阀，通过电台向中国将领发送假命令，派飞机盘旋在北京上空以恐吓城中居民，这一切迫使中国守军开始南撤到天津和沿海地区。由于士气低落，中国军队请求和解。1933 年 5 月 31 日，双方开始在一个叫塘沽的海滨小城谈判。在日军战列舰和驱逐舰编队的威胁下，中方被迫接受了日方所强加给他们的丧权辱国协定。《塘沽停战协定》建立了一个从长城延伸至北京—天津地区的非军事区，使得日军控制了具有战略地位的山口关隘，这足以“保卫”直达北京的伪满洲国东部边境。该协定同时规定，中国必须“严厉控制构成中日冲突焦点的抗日活动”。①

尽管日本的确在关内站稳了脚跟，但他们仍然未能获得做梦都想得到的安全。1934 年秋，中国军队开始狙击天津附近的日军巡逻队；1935 年 1 月至 5 月，当地官员也策划了 50 余次反日事变。作为对上述事件的反应，土肥原贤二发起了所谓的“华北自治运动”。那是一起精心策划的企图从蒋介石领导的国民政府手中割占华北五省的阴谋，目的是建立一个以顺从的中国人为名义上的统治者的亲日、亲满的所谓“自治”政权。这起阴谋使得土肥原贤二不辱其“满洲里的劳伦斯”这一绰号。“剿匪行动”和土肥原贤二的阴谋导致了另外两份中日之间的协定，进一步扩大了日本在华北的势力。第一份协定签订于 1935 年 6 月 10 日，日中双方的代表分别是关东军的梅津美治郎将军和国民政府在华北的军事代表何应钦将军，该协定规定国民党及其军队必须撤出河北省。第二份协定签订于两周之后，双方代表分别是土肥原贤二和秦德纯，该协定对毗邻蒙古的察哈尔省作了类似于河北方面的规定。

① Shimada Toshihiko, “Designs on North China,1933-1937” tr.with an Introduction by James B. Crowley, in Morley, ed., *Japan's Road to the Pacific War*, vol.2: The China Quagmire: Japan’s Expansion on the Asian Continent, 1933-1941 (New York: Columbia University Press,1983), p.58.

政党政府的倒台

1932 年 5 月犬养毅首相被刺后，日本的政党和政党政治家的影响力一落千丈。在通常的情况下，首相职位将由政友会总裁接任，因为政友会在国会中占有多数席位，然而，在那些年高德劭的政治家心目中，此时却是非常时期。大萧条持久的影响、“九一八”事变的爆发以及日本国内政治恐怖主义的猖獗，使得这些政治家们得出结论：政党内阁既不能对日本的外交政策施加有效的影响，也不能控制混乱的国内局势，更不用说带领日本走出经济萧条的阴影。他们一致同意，解决 20 世纪 30 年代初期一系列危机的出路在于恢复以前那种全国性的联合政府，这使得更多的党外人能够进入内阁。这些政治家们并不是反对政党政治，毕竟近 30 年来，他们的发言人西园寺公望一直是政党政治的坚定拥护者。然而，他们的确认识到，必须让一个具有无可争辩的声望并且脱离一切党派干系的人来做首相，在政治上他可以一言九鼎，并且可以镇压那些军事冒进行动，奉行能够真正维持世界和平的外交政策。

当神情严肃的西园寺公望驱车前往日本皇宫向天皇报告上述决定时，天皇同意他们的想法，但对于应该由谁来主持一个全国性的联合内阁的问题，天皇有他自己的考虑。他认为，这位新首相应该具有“坚强的品格、鲜明的个性”，并能够遵守宪法，恢复“军纪”[①]。面对天皇的上述要求，西园寺公望及其同僚们认为斋藤实可以胜任首相职位。此人是一位退役海军大将，以非凡的个人胆识和敏锐的洞察力著称。1906 年至 1914 年间，他担任海军大臣，在担任朝鲜总督期间，于 1919 年起义后推行了“文化统治”政策。

随着日本的那些政党逐渐失势，军队和平民官员开始崛起并占据了可以左右国家局势的各部门要职。日本内阁中大臣职位的分派就是时局变化的一个重要反映。在 1924 年至 1932 年的政党政府时期，总共有七届内阁，每届内阁都由两个主要政党之中的一个来组阁，如表 12. 2 所示。这些内阁往往由 12 名大臣组成，而其中与政党有关联的平均有 8. 7 位。与此相反，在 1932 年至 1940 年的八届内阁中，没有一位政党政治家出任首相，并且在组成内

① Herbert P. Bix, *Hirohito and the Making of Modern Japan* (New York: Harper-Collins, 2000), pp.253-54.

阁的13名大臣中，平均有9.9人来自军队和民间。此外，政党政治家们越来越发现他们已经被排除在决策层之外了。例如，他们当中没有一个有资格出席五大臣会议（即所谓“五相会议”，由内阁中地位最重要的5位阁员组成。——译注）。1933年，斋藤实首相开始召开此类会议。该类会议集中了外相、财相、陆相、海相和首相本人来制定关乎日本外交、财政和国防事务的政策指导方针。与此同时，军队和平民政治家开始控制日本政府的一些特殊机构，如内阁调查署，建立该机构的目的是超越现行司法权的藩篱，以便更好地协调各位大臣的计划和意见。

那些机构和部门已经成为日本“改革家”和“新派官员”的大本营，这些称号经常见诸报纸和杂志的评论文章中。尽管被冠以“新派”的名号，其实并不是所有改革派官员都毕业于名列日本前茅的那些公立大学。事实上，他们当中相当一部分人是经验丰富的“人民的羊倌”。在大正时代，他们曾经尝试过各种办法，以期解决当时的经济和社会问题。然而，不管职位如何，那些20世纪30年代中期的改革家们都对资本主义充满了怀疑，他们同情农村家庭的疾苦，认为那些政党政治家缺乏引领日本度过“国家危急时期”的道义勇气和足够的聪明才智，同时他们致力于将官僚机构改造成为制定和执行国家政策的中心机构。

表12.2 日本首相（1927～1937）

首相	所属政党	组阁次数	任期
滨口雄幸	民政党		1929年7月2日至1931年4月14日
若槻礼次郎	民政党	第2次	1931年4月14日至1931年12月13日
犬养毅	政友会		1931年12月13日至1932年5月16日
斋藤实			1932年5月16日至1934年7月8日
冈田启介			1934年7月8日至1936年3月9日
广田弘毅			1936年3月9日至1937年2月2日

改革派官员将发展日本经济和扩充国家作战实力作为首要任务。对于他们当中的大部分人来说，这些目标只有在加强国家对经济控制的情况下才能完全实现。《石油工业法案》和《汽车制造业法案》就是他们最早取得的两项成就。

第一项法案于 1934 年夏开始实施，它授权政府对石油的进口和提炼进行管制，并授权政府官员制定石油价格和储备足够的石油产品以应付战时危急之需。一位名叫岸信介的雄心勃勃的年轻官员起草了《汽车制造业法案》以刺激该产业的发展，使其总体上在国家经济中起关键作用并对日本的军备具有特殊作用。该法案于 1936 年 5 月在日本国会获得通过。它规定汽车制造商必须取得政府颁发的执照才能生产（只有本田和日产两家在 1936 年获得执照），同时这些厂商可以获得政府补贴和减免税收，以及对来自进口竞争的保护。

尽管日本的政坛逐渐为明治时代兴起的社会精英所把持，但那些政党并没有完全退居二线。如表 12.3 所示，直到 20 世纪 30 年代，政友会和民政党仍然控制着国会。政党政治家们也依然在立法和政府预算方面以及讨论国家政策的利弊时扮演重要角色，他们还时常就政府政策质问内阁大臣和那些军界及平民官员。在必要时，国会议员可以利用他们手中的权力对政府和军队的政策提出尖锐的批评。例如 1934 年，日本两个主要政党的代表谴责政府预算，认为该预算极大地满足了军队的要求，而对缓解农村萧条则拨款甚少。

表 12.3　国会中的党派席位（1928 ~ 1936）

选举时间	政友会	民政党	其他
1928 年	217	216	33
1930 年	174	273	19
1932 年	301	146	19
1936 年	174	205	87

根据戈登·马克·伯格 (Gordon Mark Berger) 的《政党在日本丧失权力，1931 ~ 1941》（普林斯顿：普林斯顿大学出版社，1977 年），第 66 页。

然而，国会议员和内阁成员之间的争论并不十分激烈，因为主流政党所关心的事务与斋藤首相及其继任者冈田启介（他也是退役海军上将）的政策相去并不甚远。其中一个原因是民政党和政友会的领导人不愿意在一个军队势力大行其道的时期拿自己党派的命运做赌注。与此同时，另一个同样重要的原因是两党的许多基层党员激动地认为当日本将自己的命运系于东北亚时，应该奉行更为“激进”的外交政策。1932 年 6 月 14 日，日本国会通过了一项决议，敦促政府立即加强和伪满洲国的正式外交往来，而首相则倾向于等李顿调查团完成审议后再做决断。这深刻反映了国会议员们的热情。更有甚者，在20世纪30年代，日本国会没有一个政党反对政府提出的年度预算草案。在那些预算中，日本的军费从1931年的4.62亿日元急剧攀升到1934年的9.53亿日元，1936年更是达到了10.89亿日元。国会的那些政党接受了20世纪30年代的新政治观点，也默认了那些政治联盟的力量。这和他们在20世纪20年代的做法形成了鲜明对比。那时，政党政府精简了日本的军事机构，而民政党则尖锐地批评田中义一对中国的侵略。

压制政治多元化

尽管报纸和广播对松冈洋右在横滨受到的热烈欢迎进行了大肆渲染，从而给人以一种整个国家在政府的领导下团结一致的景象；但日本的很多民众还是觉得，国家的海外扩张并没有照顾到他们的利益，所取得的战果对解决国内经济危机也没有任何助益。1931年和1932年，谴责关东军行动的文章大量刊登在一些自由杂志上。1932年4月期的《改造》杂志刊登了矢内原忠雄的一篇文章。矢内原忠雄是东京大学一位研究殖民政策的专家。他谴责日本在中国东北的军事行动，称之为“自我失败”，并预言日本最终将无力承受中国国内日益高涨的民族主义带来的压力。此后，日本的左翼人士纷纷采取进一步行动。1931年11月期的一份名为《妇人公论》的主流女性杂志刊登了社会主义者山川菊枝的一篇文章。文中问道：如果日本的孩子们最终将成为军国主义政府的炮灰，那么日本的母亲们要不要多生育几个子女？甚至一些地方性报刊也发出了谴责的呼声。1932年4月，一份由长野县农村青年创办的报刊向读者提出了这样一些问题：“‘满洲’现在已为日本所占，但是你的生活是否改善，是否更加美好？你能否偿还所欠的债务？你的姐妹能否有条件为自己做一套和服？你的兄弟能否去咖啡馆听爵士乐？我们大家都知道答案，那就是一个响亮的‘不’！”①

不管这些持不同政见者如何竭尽全力，他们还是发现要想自由发表言论

---

① Sandra Wilson, “Angry Young Men and the Japanese State” in Elise K. Tipton, ed., *Society and the State in Interwar Japan* (London: Routledge,1997), p.109.

愈发困难了。一方面，国内爱国主义热情的高涨，如松冈洋右在归国时所受到的热烈欢迎，抑制了人们反战情绪的表达。此外，许多杰出的自由人士公开接受了 20 世纪 30 年代早期的国内政治思潮和外交政策。这就进一步剥夺了那些不同政见者寻求合法地位的权利。甚至吉野作造，一位日本最知名的民主制度的支持者也准备偃旗息鼓了。他在 1932 年写道：许多日本人将关东军的胜利看作令人欢欣鼓舞的战果，这和政党内阁多年的“徒劳谈判”形成了鲜明的对比。除此之外，很多人，包括他自己，已经不得不承认这样一个事实：在日本，政党政府是“那些道德败坏的政党领袖和同样腐朽的大企业主之间的邪恶联盟”，结果，政府政策只是迎合了那些“大企业的利益，而与此同时，老百姓，尤其是农民正日益贫困”。这足以让人灰心丧气，特别是当你发现在欧洲民主正在遭受攻击时。“在日本民众中，有这样一种思绪”，吉野作造得出结论道，“如果民主制度不合那些发明它的人心意的话，那么一直持些许怀疑态度的日本，就更没有什么特别的理由来坚持该制度”。①

更令人吃惊的是，就连与谢野晶子也开始赞扬日本的军国主义。在大正时代，与谢野晶子那些维护女权的评论文章使其闻名遐迩。1904 年至 1905 年日俄战争期间，她发表了一系列反战诗集，从而进入公众视野。其中最著名的一首则是她向弟弟的请求：

> 不要献出你的生命。
> 天皇自己并不参加战斗。
> 帝国之心深不可测；
> 他怎能如此要求
> 让人们流血牺牲，
> 让人们鸟兽般阵亡，
> 难道人们只有战死才有荣光？②

---

① Yoshino Sakuzō, “Fascism in Japan”in *Contemporary Japan*, 1:2(September 1932), p.185.

② Vera Mackie, *Creating Socialist Women in Japan: Gender, Labour and Activism*, 1900-1937 (Cambridge: Cambridge University Press,1997), p.60.

然而，1932年，与谢野晶子发表了一首题为“日本国民，冉冉旭日”的新诗，敦促日本士兵忍受“百般磨难”。还引用了一则在日本家喻户晓的风吹樱花的寓言，将阵亡将士“消散”的躯体美化成“比鲜花还要纯洁”。①

那些大众杂志也纷纷美化日本的海外扩张，鼓励国民团结起来随时投入战争。像《主妇之友》和《妇人俱乐部》这样一类杂志，经常登载一些诸如战地英雄事迹和在战争中失去丈夫的寡妇们的悲惨遭遇，以及如何在国家危急时期节省食物和衣饰开支的教导。那些战斗中的士兵、红十字医院里的护士以及正准备解开军用包裹的志愿者的照片，则更加直接地、赤裸裸地激起民众的热情。其他一些杂志也纷纷登载类似文章。1933年之后，已经很难在街角的书报亭找到一本与官方观点不同的刊物，日本政府往往将其在东北亚的侵略扩张说成是保护本国正当权益的自卫行动。

日本的民族主义者则进一步限制国内的政治言论。从明治时代中叶开始，日本一些保守主义者开始鼓吹“日本主义”，即民族主义，以此来抵制急剧的西方化。他们尤其希望维持日本的一些传统观念以及所谓日本帝国独一无二的政体，即“国体”。对于明治时代的许多保守主义者来说，“国体”的概念是以两条原则为中心的：自古以来天皇就是神圣不可侵犯的，亲密的家庭般的纽带关系将仁慈的君主与他的臣民结合在一起。1890年的日本“帝国教育敕令”给“国体”下了明确的定义，即“我们伟大帝国的基本特征”，并且宣称“皇祖皇宗，肇国宏远，树德深厚，我臣民克忠克孝，亿兆一心，世世厥美”。此外，敕令还号召天皇的“忠实子民”，应该“广行公益，力行公务，常遵国宪，毋违国法，一旦危急，则忠勇奉公，以抚天壤无穷之皇运”。②

20世纪30年代，一些保守的民族主义者将自己视为上述理念的保卫者。随着日本进入一段国家危急时期，他们的爱国热情开始走向极端，开始公然

① Louise Young, *Japan's Total Empire: Manchuria and the Culture of Wartime Imperialism* (Berkeley: University of California Press,1998), p.84.

② Ian Reader, with Esben Andreasen and Finn Stefánsson, *Japanese Religions: Past and Present* (Sandgate, Folkestone, Kent: Japan Library,1993), p.71.

鄙视西方的自由资本主义思想体系，他们已不能容忍任何怀疑“家国一体”理念的人。甚至新渡户稻造，一位日本殖民主义的忠实拥护者也引火烧身了。起因是1932年2月，他在一个记者招待会上宣称，两股势力，共产主义和军国主义正威胁着整个世界。对于这两者，他担心从长远看“军国主义将会危害更甚”①。有着300万会员的“帝国在乡军人会”立即谴责新渡户稻造的言论是对日本军队的攻击，还印发了大量小册子传单，谴责新渡户稻造是“不忠诚、不爱国”和“背叛祖国”的人。面对汹涌的声讨浪潮，向来镇定自若的新渡户稻造先生终于决定在帝国预备役军人同盟的领导人面前低头认错。他说，他的言论是被人“误会了”。

右翼分子们对那些不遵从以天皇为核心思想体系的人进行疯狂压制，其中最引人注目的一起行动涉及一位宪法学学者，他叫美浓部达吉。在他的理论中，天皇仅仅是国家的一个“机构”，其他机构如国会、政府、内阁等等都在宪法的授权下行使特殊的管理权限。这一理论在大正时代得到了日本社会的广泛接受，为那些主张政治多元化的精英集团和政党内阁的兴起提供了理论依据。然而，到了20世纪30年代，日本的民族主义者开始大肆攻击美浓部达吉。1934年，那些右翼团体，包括“帝国在乡军人会”，开始出版书籍和宣传册谴责美浓部达吉，控诉他的理论是欺君罔上，大逆不道。在这些小册子中，指责美浓部达吉的“天皇机关说”不仅与日本帝国无与伦比的“国体”相违背，而且亵渎了天皇神圣不可侵犯的权威。此外，“这种理论也完全不符合日本的传统思维方式。我们敬告全体国民更加尊重帝国宪法，纯洁帝国‘国体’无与伦比的观念，发扬日本民族精神，为实现这些目标而努力奋斗！”②

1935年2月18日，日本国会开始采取行动，贵族院开始质疑美浓部达吉的理论。3月26日，全体议员一致表决通过了对该理论的谴责，而就在三年

---

① Ogata Sadako, “The Role of Liberal Nongovernmental Organizations in Japan” in Borg and Okamoto, eds. *Pearl Harbor as History* (Columbia University Press,1973), p.472.

② Richard J. Smethurst, “The Military Reserve Association and the Minobe Crisis of 1935” in George M. Wilson, ed., *Crisis Politics in Prewar Japan: Institutional and Ideological Problems of the 1930s* (Tokyo: Sophia University,1970), p.8(modified).

前，美浓部达吉刚刚被选进贵族院。在该决议中，宣称“政府应该采取果断措施，扼制一切反对日本无与伦比高尚国体的演说和理论”[①]。就在同月，众议院一名议员在东京地方法院正式提出对美浓部达吉亵渎天皇一事的诉讼，认为美浓部达吉的理论是对日本国体的颠覆。4月9日，日本宫内厅开始封杀美浓部达吉主编的三本著作。9月18日，身败名裂的美浓部达吉不得不从贵族院辞职。

日本国会和宫内厅在镇压美浓部达吉理论的运动中所扮演的角色，反映了20世纪30年代在日本兴起的那股新的政治思潮的其他特征：在这段国家危急时期，许多官员利用政府的强制力量来打击那些持有不同政见的人士，以达到在“爱国”前提下的举国一致。具有讽刺意味的是，那些右翼政治派别中的极端主义者也同样受到了打击。日本的统治阶层已经不能容忍任何企图推翻政府的造反分子。1935年，警察逮捕了147名被怀疑煽动叛乱的右翼分子。然而，正如所料，对那些左翼团体和人士，日本政府采取的镇压手段更加严厉，如表12.4所示。1933年，警察开始大肆搜捕一些自称为共产主义者的著名人士，其中就有佐野学与河上肇这样的名流；此外还有一些仅仅被怀疑持有颠覆政府想法的人士，其中包括长野县的几名小学教师。1933年他们被指控传播有害帝国的思想。

警察和公诉人员企图通过监禁的手段来胁迫共产主义者和左翼人士悔过，即“转向”。这个词语的本义为“改变方向”，然而在20世纪30年代，这个词语则专指一个人对自己以前信仰的公开背弃。一个领头的公诉人解释说，左翼分子并非完全“无可救药”，“因为他们都是日本国民，他们迟早会认识到自己的思想是错误的”，而重新做一个忠诚、顺良的臣民。[②]为了达到上述教化目的，警察反复审讯被拘禁者，采取让人自我谴责和其他一些心理攻势，来使得被拘禁者因为没有支持家国一体化的理念而深感内疚。如果所有这些手段无法奏效，警察就会转而采取体罚措施。

---

① Frank O. Miller, *Minobe Tatsukichi: Interpreter of Constitutionalism in Japan* (Berkeley: University of California Press,1965), p.227.

② Patricia G. Steinhoff, *Tenkō: Ideology and Societal Integration in Prewar Japan* (New York: Garland,1991), p.55.

表 12.4　被捕的左翼人士（1928 ~ 1941）

年份	被捕人数	起诉人数	年份	逮捕人数	起诉人数
1928	3426	525	1935	1728	113
1929	4942	339	1936	1207	97
1930	612	4461	1937	1292	210
1931	10 422	307	1938	789	237
1932	13 938	646	1939	389	163
1933	14 622	1285	1940	713	128
1934	3994	496	1941	849	205

根据埃里萨·K. 提普顿（Elise K Tipton），《日本政治：日本紧急状态中的特高警察》（火奴鲁鲁：夏威夷大学出版社，1990 年），第 156、157 页。

在一系列变节事件中，最令人瞩目的是佐野学。他是日本共产党的一位高层领导人，于 1929 年被捕。政府官员以“思想犯罪”为由起诉他，指控他领导着一个企图颠覆国体的组织，于是法院判处他终身监禁。1933 年 6 月，佐野学宣布放弃自己此前的信仰，这震惊了日本的左翼党派。在狱中，佐野学写了一本回忆录，其中谴责日本共产党是“一股倒退的力量，在错误的方向上愈走愈远”，赞扬天皇“在建立一个团结一致的日本帝国中发挥了中心作用”。此外，佐野学还为日本在中国东北的军事行动辩护。宣称：“日本对一个在文化上与自己相比极其落后的国家的扩张行为，符合人类历史进步的原则。”① 日本政府随即公开了佐野学的上述言论，不出一个月，500 多名在押的左翼政党成员，以及三分之一左右的共产党员纷纷效法佐野学。当局对这样的结果很是满意。到 20 世纪 30 年代末，警察以“思想犯罪”为由共逮捕了 2000 多人，其中大部分人都写了“转向”的声明。

并不是所有被捕的人都屈服于警察的逼迫。小林多喜二，一位著名的无产阶级作家，对自己的信仰至死不渝。日本的左翼党派一直以来都赞扬他所著的《蟹工船》（1929 年）。在那本著作中，他生动描绘了渔民们由于不满恶劣工作环境而罢工，而日本帝国海军对他们进行血腥的镇压。这深刻揭露了资本家和军队勾结起来剥削工人的罪恶行径。1933 年 2 月 20 日，小林多喜二被捕，不到一天便死在狱中。警察声称心肌梗塞导致了他的死亡，然而，检验尸体的人发现小林多

① George M. Beckmann, “The Radical Left and the Failure of Communism” in James W. Morley, ed., *Dilemmas of Growth in Prewar Japan* (Princeton: Princeton University Press,1971), pp.165-69(modified).

喜二的手指被打断，前额上还有被火钳烧灼的痕迹，身上还有许多触目惊心的伤口，包括在大腿上数十处被钉子和锥子戳出的洞。1933 年 1 月 12 日，河上肇被捕入狱，他虽然没有遭受酷刑，但四年的牢狱生活严重损害了他的健康。他从来都没有背弃自己的马克思主义信仰。然而，1937 年 1 月，为了能够出狱，他同意不再从事政治活动，这就意味着他默认了政府对言论自由的压制。

经济复苏与企业集团

颇具讽刺意味的是，尽管在 20 世纪 30 年代初期，政党政治家们遭到了潮水般的恶毒言论攻击，却是高桥是清，一位年迈的德高望重的政治家带领日本走出了大萧条的低谷。高桥是清出生于江户，是一位名不见经传的画家和一个年轻女佣的私生子，当时以佩里为首的美国海军远征舰队正在迫使日本“开国”。高桥是清一出世，家境就十分贫寒。不过，当他成长为一名少年时，很幸运地被一个来自仙台的武士家庭所收养，随后该领地的大名又将他送往美国学习，时间是 1867 年至 1869 年。回国后，高桥是清在刚成立的明治政府谋到了一个职位，此后他便一直在大藏省供职，直到 1892 年进入日本银行。1913 年，高桥是清进入政友会内阁，于 1913 年至 1914 年担任大藏大臣，在随后的原敬内阁中依然担任此职，时间是 1918 年至 1921 年，其后便接替了原敬的职位出任首相。在首相任期结束后，高桥是清进入日本国会，并且担任 1925 年成立的工商省的第一任部长。1927 年春，他还一度重新出任大藏大臣，不过只有短短数周时间。

1931 年刚成立的犬养毅内阁邀请经验丰富的高桥是清入阁，以制定能够解决大萧条所带来的灾难性后果的政策。在凯恩斯本人提出有效需求理论以前，高桥是清就已经是一个凯恩斯主义者了。他凭直觉已经认识到一个国家要想摆脱大萧条的困扰，唯一的办法就是刺激消费需求。在 1931 年至 1936 年 2 月担任大藏大臣期间，高桥是清坚定不移地执行了一系列赤字开支计划。1929 年至 1931 年间，中央政府支出已经从 17. 4 亿日元下降为 14. 8 亿日元。高桥是清扭转了这一局面。1932 年，他将政府支出增加了 32%，达到 19. 5 亿日元，1933 年又增加了 15%，达到了 22. 5 亿日元。中央政府增加的支出中，四分之三来自政府债券及其他一些形式的赤字财政措施。

这些新增的支出中有很大一部分是对公共工程的拨款。这些工程旨在恢复疲软的农村经济。1932 年至 1934 年，日本政府向农村提供了 8 亿日元的低息贷款，此外，还拨款给一些能够向那些贫困村民提供临时工作的企业。日本政府为了进一步刺激经济发展，1931 年至 1936 年间将军费开支增加了一倍以上，如表 12.5 所示。

为了帮助日本经济早日走出困境，1931 年 12 月，高桥是清一上任就着手使日本摆脱金本位制的束缚。不到一年，日元对美元的汇率从此前的 100 日元兑 48.87 美元下降为 100 日元兑 28.12 美元，日元贬值了 40%。结果，在国际市场上日本产品的价格大幅下降，这便刺激了日本棉纱、纺织品、陶瓷品、玩具以及钢铁的出口，从而促进了国内经济的复苏，使日本成为第一个从世界经济大萧条中走出的国家，如表 12.6 所示。在 20 世纪 30 年代，随着化工和机械工业从军事订货中获利甚丰，日本的国内生产净值上升了 70%。这在这个国家的近代史上是绝无仅有的。

20 世纪 30 年代初期，那些居于领导地位的企业集团——三井、三菱、住友、安田，仍然在日本经济中独占鳌头。在大萧条开始时，这些财阀的实力相对来说依然十分雄厚，凭借充足的现金储备，它们平安渡过了这场大危机。如表 12.7 所示 ,1930 年至 1939 年的 7 年间，上述四家日本最大的企业集团在它们各自企业中的投资额增加了 60% 左右。由于资产负债表上的盈利甚多，这些公司将投资的相当一部分投放到那些增长迅速的欣欣向荣的化工和重工业领域。

表 12.5　军费开支（1928 ~ 1936）

年份	军费开支（百万日元）	占中央政府开支（%）	占国内生产净值（%）
1928	519	29.4	3.6
1929	497	29.5	3.5
1930	444	41.7	3.6
1931	462	34.9	4.1
1932	705	39.1	5.5
1933	886	46.0	6.1
1934	953	48.3	6.3
1935	1043	50.7	6.3
1936	1089	52.0	5.9

根据休・T. 帕特里克 (Hugh T. Patrick) 的《20 世纪 20 年代的经济混乱》，转自詹姆斯・W. 莫利 (James W. Morley) 的《战前日本的增长困境》（普林斯顿：普林斯顿大学出版社，1971 年），第 250、251 页。

表 12.6 制造业与矿冶业指数（1930 ~ 1935）

年份	日本	美国	英国	德国	法国
1929	100.0	100.0	100.0	100.0	100.0
1930	94.8	80.7	92.3	85.9	99.1
1931	91.6	68.1	83.8	67.6	86.2
1932	97.8	53.5	83.5	53.3	71.6
1933	113.2	63.9	88.2	60.7	80.7
1934	128.7	66.4	98.8	79.8	75.2
1935	141.8	75.6	105.6	94.0	72.5

根据查尔莫斯·约翰逊 (Chalmers Johnson) 的《通商产业省与日本经济奇迹：产业政策的发展（1925 ~ 1975）》（斯坦福：斯坦福大学出版社，1982 年），第 121 页。

然而，尽管取得了许多明显的成功业绩，这些财阀依然发现在 20 世纪 30 年代他们的企业并不能像往常那样开展业务了。在日本民众中广为流传的愤世嫉俗情绪，刻画了这些大公司追逐利润和剥削工人与消费者的丑恶嘴脸，而来自右翼势力的无休止的恶毒攻击，仅仅是这种情绪的一种最夸张的宣泄。1931 年秋，这些大公司大肆收购美元而进行投机活动的行径，进一步恶化了它们在民众中的形象。由于认识到政府最终将会使日元贬值，这些大公司疯狂购进美元，然后在大藏大臣高桥是清 1931 年 12 月宣布放弃金本位，日元对美元汇率在市场水平上自由浮动时，再抛售美元，购进日元。这一进一出使得这些财阀获利甚巨，仅三井一家就在此次货币投机中赚取了 5000 万美元，日本民众则怒火中烧。

表 12.7 各产业部门的财阀投资（1930 年 /1939 年）

	三井	三菱	住友	安田	合计
重工业	188/269	170/230	58/137	--/34	16/639
化学工业	28/82	--/65	2/42	--/3	30/192
纺织业	88/155	34/41	--/--	13/15	135/211
陶瓷业	22/38	7/18	3/--	--/--	32/56
食品业	61/62	78/126	--/--	--/--	139/188
其他制造业	124/206	11/10	--/--	10/24	145/240
电力和能源	22/65	13/55	--/19	24/52	59/191
运输业	--/23	87/103	63/63	--/13	150/202
贸易和商业	133/180	20/39	--/15	6/11	159/245
金融业	70/71	108/143	59/61	126/141	363/416
总计	736/1151	528/830	185/337	179/262	1628/2580

* 投资额单位为百万日元。

根据中村隆英、尾高煌之助编著的《日本经济史：双重结构》，岩波书店，1989，第 123 页。

1932年3月，血盟团刺杀了三井企业集团的一位主管后，针对这些财阀的谴责之声日益高涨，暴力倾向也越来越明显。这些财阀不得不摆出一副和解的姿态。1933年9月，池田成彬在出任三井的高层主管后，立即发起了一场新闻评论员称之为“商业转向”的运动。一方面，池田成彬将那些民愤最大的公司管理人员统统解雇。由于在“九一八”事变初期私自将食盐出售给张学良，并且在1932年上海事变期间用军用电缆贿赂中国第19路军，利欲熏心的三井贸易公司总裁被立即革职。另一方面，池田成彬宣布，三井将不再从事唯利是图的投机活动，而要积极地回报社会大众。到1936年末，三井公司已经向那些失业者提供了300万日元的捐助，还提供3000万日元赞助一个名为“三井爱心回报社”的慈善基金，此外还有6000万日元投向各种公益事业。住友和三菱也纷纷向失业者提供资助。它们还在三井的带领下，在各自的附属公司发行股票，以此来反击关于它们是保守、封闭的家族式企业的指责。

在20世纪30年代，这些著名财阀又遇到了一项新的挑战，那就是诸如日产、日窒（日本氮肥株式会社），以及中岛航空器制造株式会社等一些新兴公司强有力的竞争。这些后起的企业集团常被称为“新财阀”。它们和那些传统的大企业集团有着重大的区别。例如，它们很少是那种排他性、封闭性的家族式企业，它们大多从制造业起家，而那些老财阀则植根于采矿业以及银行和航运等服务业领域。此外，这些新财阀更愿意与军方和革新派官员合作。在这一点上，那些老财阀则显得较为保守。例如，20世纪20年代，日本氮肥株式会社在日本驻朝占领当局的许可下，在朝鲜北部修建了一些水力发电站。十年后这家公司已成为日本实力最为雄厚的企业集团之一，它的大部分赢利来自硫酸铵、火药和甲烷的生产与销售。这在很大程度上要归因于它能够以廉价的电力成本在朝鲜生产这些产品。

在这些新财阀中最成功的当数日产公司了。1928年，鲇川义介接手了表兄的一家采矿企业，建立了日产公司。在鲇川义介的领导下，日产公司在20世纪30年代中期已经成为一家拥有77家子公司的大企业集团了。这其中就有日产汽车公司、日产化工株式会社、日立有限责任公司以及大阪船舶株式会社等一些著名的制造企业。到1937年时，日产已经超越了住友和安田。这主要归功于鲇川义介在20世纪30年代日本军国主义势力急剧膨胀时和军界以及革新派官员所建立的密切关系。

这种新的合作关系在伪满洲国更加普遍。在那里，关东军正在加紧发展工业以使这个“卫星国”成为日本的“经济生命线”，这个名称为松冈洋右广泛使用。为了进一步推进工业发展计划，“伪满洲国理事会”建立了一系列新的金融机构，并且采取了一系列鼓励日本本土到伪满洲国投资的政策。这些措施取得了一些成效。尽管日本的那些传统大企业仍然对军部一贯以来的偏见心存疑虑，但它们还是和其他公司一起参与了对伪满洲国的投资，并达到了 12.5 亿日元的惊人数目。到 1936 年末，这个新兴的“卫星国”已经成为日本煤炭、生铁和大豆的最主要产地。

然而，关东军的决策层并没有对这些成就感到满意。与日本本土对伪满洲国的投资相比，伪满洲国对日本本土的投资水平一直很低。一位国外观察家甚至评论道：这个“卫星国”将会成为一个“名副其实的负担而不是所谓的生命线”。[①] 为了促进蓬勃开展的工业化进程，吸收日益增长的人口，伪满洲国的官员们起草了一份五年计划。这个新的宏伟蓝图要求放弃自由放任的资本主义，代之以政府对重要经济活动进行严格调控的“管制经济”。因此关东军说服工商省派遣一位日本最杰出的年轻“明星”来伪满洲国指导该计划的实施，这个人就是岸信介。岸信介刚刚起草了《汽车制造业法案》，并且和日产公司关系密切。他立即邀请鲇川义介将他的高科技企业迁到中国东北。鲇川义介抓住了这一机会，1937 年下半年，他将公司总部从日本本土迁到中国东北，并将公司更名为“满洲重工业开发株式会社”。与此同时，该计划规定伪满洲国政府持有公司的一半股份，公司还要遵守伪满洲国的法令；作为回报，伪满洲国当局保证公司享有 6% 的净利润和至少 7.5% 的债券回报率。于是，在政府的庇护下，鲇川义介的公司兼并了“满洲铁道株式会社”的大部分企业，一跃而为东北亚工业的领头羊。

“二二六”事件

1936 年 2 月 26 日清晨发生的一次事件，成为 20 世纪 30 年代早期社会动

① John R. Stewart, Manchuria since 1931 (New York: Secretariat, Institute of Pacific Relations,1936), p.37.

荡的高潮。这天，日本最精锐的陆军第一师团的 21 名下级军官，率领 1400 多名士兵冲出兵营，企图推翻现政府。那个早晨，大雪纷飞，东京笼罩在皑皑白雪之下，暗杀小分队刺死了大藏大臣高桥是清、前首相斋藤实，以及军事教育总监。然而，冈田启介首相死里逃生，冲进首相官邸的那些年轻军官误将首相的小舅子当作首相枪杀。首相的妻子将首相藏在一间密室里，等到行凶者将其“尸首”带走后，帮助首相化装成一名妇女逃出官邸。尽管暗杀首相的计划落空了，但中午时分，第一师团的士兵们已经控制了东京市中心，占领了国会大厦、军部等周边阵地，还占领了一处能够俯瞰帝国皇宫的制高点。政变的领导者被这次突袭所取得的胜利冲昏了头脑，企图建立新一届政府，要求由同情他们发动这次政变的将领来组阁。

与 20 世纪 30 年代早期那些无果而终的政变策划者一样，“二二六”事件的煽动者们声称，发动此次政变并非出于个人目的，用其中一名参与者的话来说就是“仅仅为了唤醒日本民众，成就一次昭和复兴”。① 他们关于“昭和复兴”的憧憬，在很大程度上是那份广为流传的北一辉《国家改造法案大纲》（1923 年）的摹本。北一辉长期以来就是一名民族主义理论家。在他的纲领中，北一辉号召举行军事政变，还要取消宪法，进行为期三年的戒严令管制，在此期间一个由军队领导的政府可以将那些政党扫地出门。此外，他还鼓吹对那些关乎国家经济命脉的工业实行国有化，打破土地集中的局面以有利于那些贫困的佃农家庭，“消除那些将天皇和他的子民们分离的障碍”。② 如果这些可以顺利实现的话，北一辉得出结论说，日本将得以完成促使亚洲其他地区文明化的崇高使命。

长期以来，北一辉努力培育和日本陆军第一师团中那些激进分子之间的密切关系。他向那些年轻军官们谏言说，如果现在就采取行动，还有时间来拯救这个国家。这些劝谏鼓动了那些军官们决定在 1936 年 2 月 26 日发动政变。其他一些因素也促成了这次政变的发生。这些年轻军官们已经经历了几

---

① Ben-Ami Shillony, *Revolt in Japan: The Young Officers and the February 26, 1936 Incident* (Princeton: Princeton University Press,1973), p.122.

② George M. Wilson, *Radical Nationalist in Japan: Kita Ikki, 1883-1937* (Cambridge: Harvard University Press,1969), p.69.

乎四年的举国一致内阁的统治，而在此期间出任首相的正是斋藤实和冈田启介，这两位前海军大将都被激进分子们认为并没有不遗余力地寻求日本在东亚的利益。这些暴乱分子们最为痛恨的当数大藏大臣高桥是清，因为他们认为高桥是清的经济复兴计划只是让那些大公司中饱私囊，而广大日本农民和小商小贩并没有获得什么好处。促成此次政变的另一个因素，则是日本陆军中出现了两个针锋相对的派系。其中一支以荒木贞夫将军为首，他们自豪地称自己为"皇道派"。它的许多追随者都宣誓要誓死效忠天皇，他们为荒木贞夫狂热的政治主张所吸引。荒木贞夫认为日本只有依靠传统的武士道精神、意志训练和个人美德，以及鼓励国民团结，才能巩固国防。另一支即所谓的"统制派"，以南次郎、宇垣一成和永田铁山等将领为首，他们的观点和"皇道派"大相径庭。这些人大多十分务实和头脑冷静，强调日本军队的机械化建设和国家的经济发展规划。他们倾向于用扩充兵力和发展现代技术来取代乞灵于传统"武士道精神"这一令人费解的做法。

对陆军中佐相泽三郎的审判在日本社会产生了剧烈的轰动效应。1935 年 8 月 12 日，忠于"皇道派"的相泽三郎刺杀了积极支持日本军队现代化建设的永田铁山将军。1936 年 1 月 28 日，开始了对相泽三郎的公审。这是 20 世纪 30 年代这一日本历史动荡时期最为耸人听闻的事件。这位中佐将被告席当成了自己的公开讲坛，他对大萧条时期社会思潮的铿锵有力的表达极大地感染了日本民众。他说，天皇身边尽是"邪恶的劝谏者"，美浓部达吉的理论使得那些政党和财阀可以肆无忌惮地利用手中特权谋取私利；即使在军队内部，一小撮阴谋集团也正在威胁着这个国家的安全。相泽三郎声明："我除掉了永田铁山，因为他是罪魁祸首，勾结其他权倾一时的政治家、大藏大臣以及一些军队中旧派系的成员如南次郎和宇垣一成将军等，为非作歹，导致了军队的腐败。"① 相泽三郎处处以一名致力于军队和国家改革事业的普通军人身份出现，他的这一姿态赢得了广大日本民众的钦佩。数以千计的人写信给他表示支持，还有人切下自己的手指邮寄给他，这是一种夸张的表示支持的传统做法。

---

① James B. Crowley, *Japan's Quest for Autonomy: National Security and Foreign Policy*, 1930-1938 (Princeton: Princeton University Press,1966), pp.270-71(modified).

审判相泽三郎所产生的戏剧性效果刺激了陆军第一师团下级军官的行动，而 2 月 26 日的大雪，使他们想起了 1860 年那个冬日的早晨。那天，一群怀有理想主义而又意志坚定的年轻武士，在樱田门外刺死了幕府时代日本政策的主要制定者井伊直弼。樱田门就坐落在如今造反者设在东京心脏地带的露天营地的视野之内。然而在 1936 年，第一师团“决死之士”的期望却如雪水一般化为泡影。海军军令部对政变的实施以及两位同僚成为刺客的目标感到十分震怒。2 月 26 日和 27 日，第一舰队的 40 艘军舰停止了预定的调动，转而驶入东京湾，将大炮对准叛军的营地。面对如此紧急的事态，自幼便被教导要维护君主制度和明治宪法的昭和天皇，下令陆军镇压叛乱。“我深感遗憾，他们居然谋害了我最忠诚、最信任的大臣，”天皇对一名侍从说，“他们这是在我的脖子上绕上绸带。他们的所作所为既违背了宪法，也违逆了明治天皇的圣谕。我决不会宽恕他们，无论他们的动机是什么。”①

天皇发出平叛命令的次日，陆军参谋本部即调派十营士兵进入东京，用坦克和大炮包围了叛军营地。叛军为情势所迫，到 2 月 29 日中午缴械投降，叛乱平息。军队赦免了几乎所有见习士官和普通士兵，却对领导这场叛乱的少壮派军官进行了迅速而又无情的审判：审判过程在摄像机镜头前进行，判决 13 人死刑。叛乱分子的精神导师北一辉，也被拉去刑场陪绑，即使他并未实际参加政变图谋。

在许多方面，“二二六”事件使这个国家得以清醒过来。1936 年后，日本就再未发生过对国家权威的挑战。全体日本人，包括民权派人士在内，都因政治恐怖主义和自命不凡的殉难行为而发生了转向。在军队内部，“皇道派”的拥护者发现自己被打入冷宫，要不然就被调任形同虚设的岗位；而那些与“统制派”一致的将军们则开始走红，他们较少有意识形态方面的狂热，更为小心谨慎。在平民政府里面，元老政治家将内阁奉送到一位受人尊敬的职业官僚广田弘毅手中。作为从 1933 年 9 月一直任职到 1936 年的外务大臣，广田弘毅曾经阐述过一种强硬的对华政策，主张压迫蒋介石承认伪满洲国。在代理了首相职位之后，广田弘毅仍然秉持以往的信条，即伪满洲国的继续存在是日本外交

① Bix, *Hirohito and the Making of Modern Japan*, p.723, n.56, and Shillony, *Revolt in Japan*, p.173.

政策的基本目标。但是他也伸出了和解的橄榄枝，在公开演讲和政府文告中声称，运用外交手段是解决中日分歧、恢复远东稳定的最佳途径。

甚至连普通日本民众似乎也为1936年的正常状态长舒了一口气。这可以从九州一个小镇上的一家旅店老板女儿的日记中看出，17岁的她毕业于当地的高中，受过在当时说来良好的教育。1936年7月3日，相泽三郎坚定地走在行刑队前，步向刑场。当天的日记中，她写下了对相泽三郎中佐的“同情”，这是在“二二六”事件的第一批造反者被处死的9天之前。不过，在此之后，国家事务就不再打扰她的世界。1936年夏秋的日子里，她的日记里充满了时不时前往当地电影院，偷看男孩子在社区自行车商店表演“专业的”单轮脚踏车绝技，以及季节转换带来的喜悦。“要不了多久，我们就能看到水稻田里的金色收成了。”她写道。① 但是，1937年夏天日中战争的爆发，打破了她的平静世界。随着日本滑入与其亚洲邻居全面战争的困境，这个国家日益军国主义化，鼓吹实行计划经济，进一步加强国家对企业的控制，以皇权为中心的思想作为日本国家的正统意识形态，成为新的公式化表述。

① *The Diary of a Japanese Innkeeper's Daughter*, tr.Miwa Kai, ed. and annot.Robert J. Smith and Kazuko Smith (Ithaca: East Asia Program, Cornell University,1984, 2d. print.), p.164.

第十三章

追求新秩序

1930年，对于那些希望能有一个晚上忘掉迁延日久的大萧条的人来说，电影仍然提供了一种暂时的喘息机会。那些描写悲伤与欢乐交织的都市生活电影继续令观众们着迷，通过《办公室的故事》《开心生活》和1932年上映的《醉生梦死》（描写两个外地男孩在东京适应新社区、新学校和新伙伴的经历，带有严肃的弦外之音）等经典喜剧影片，“无意义电影”（Nonsense Films）提供了一种更为彻底的逃避现实的方式。这种类型影片的典型是那些色情闹剧。比如在一位令人感兴趣的年轻导演成濑巳喜男号称“新婚夫妇编年史”的《新婚记》和《催情布丁的骚动》等影片中，银幕上嬉闹的人物时不时地撞上滑稽的尴尬处境和浪漫的意外事件，影片对情节和人物的塑造则几乎不予重视。

1937年夏，日本在亚洲北部的军事冒险上升为与中国的全面战争。很快，这个岛国就派出了100万年轻人投入战斗。随着日本集结力量准备在中国内地进行一场非同寻常的战争，日本政府发出了建立“新体制”的号召。它要求将政治权力置于专家治国论者和正直廉洁之人手中，更为有效地组织国家的经济资源，将殖民地合并为一个自给自足的、有能力确保胜利的地带，并激发国民支持战争的心理和道德方面的能量。

为了实现上述目标，1939年颁布的《电影法》呼吁“电影产业的健康发展”,[①] 换句话说，这意味着那些轻松无聊的色情影片和那些关注复杂社会问题的影片将会受到禁止。在日本政府的立场上，正如一份内务省指令所规定的，制片公司出产的影片应能“提升国民意识，树立公众道德，端正对国家内外

① Gregory J. Kasza, *The State and the Mass Media in Japan*, 1918-1945 (Berkeley: University of California Press,1988), pp.235 and 237(modified).

政策的理解，以及以其他方式为增进公众福利做出贡献”。20世纪30年代末期，每年掏钱看电影的观众多达4亿人次。无论是否喜欢，他们都必须面对一张严肃的描写现实战争的节目单，比如《五个侦察兵》（1938年）、《泥浆与士兵》（1939年）等等。具有讽刺意味的是，政府迫使统一思想和努力支持战争的企图并未能平息与中国的冲突，最终只是使其对其他假想敌的态度更为强硬，其悲剧性结局是1941年日本发动了对美国的战争。

滑入战争

当在中国发生最新事变的消息刚传到东京时，无论是军队的参谋本部还是新任帝国首相近卫文麿，都未对此引起足够的重视。双方的冲突看来只不过是又一次能够得到迅速的例行公事般处理的小乱子而已。1937年7月7日夜间，一连日本士兵，根据《辛丑条约》的有关条款驻扎在北京附近的几支国际部队之一，在点名之后借口有一名日本军人失踪，连指挥官要求进入附近的宛平城搜查，但中国人对这一要求犹豫不决。日本人企图强行进入居民区，于是发生了小规模战斗。其后，即使那位行为不端的士兵已经平安回到了连队，双方仍急忙各派出一个营的兵力赶到冲突现场。

到7月11日，现场的中国军队指挥官也已做出了妥协姿态。不过，很令东京感到失望的是，蒋介石拒绝对谈判给予支持。此前，这位最高统帅已经默认了许多地区与日本军队达成的停战方案；但在1937年夏天这一时刻，他却在平津地区反其道而行之。蒋介石之所以敢于冒险采取这一大胆行动，是因为他的国民党政府（由于国民党支配着国家事务，所以这个政府也被称为国民党政府）正处于比十年前更好的军事与经济状况。蒋介石于1928年就任新的南京国民政府的首脑，他的言行不断地增加着分量。中国人民正在采取越来越好斗的反日态度，几乎无人愿意接受对他们国家主权的进一步侵犯。所有这些都增强了蒋介石的勇气。另外的压力来自毛泽东领导的共产党人。他们赢得了越来越多的尊敬，他们呼吁蒋介石结束内战并加入他们反对日本侵略的“统一战线”。这得到了各阶层的广泛支持。如果蒋介石要实现自己的雄心，使国民党政府成为每个中国人都接受的合法政府，他就必须紧紧抓住中国民族主义的衣钵，放弃他一面对日妥协，一面动用资源进行“剿共”战

▲ 中国北京的卢沟桥在《马可·波罗游记》中被形容为座美丽的桥，后来洋人都称其为马可·波罗桥

争的两手政策。张学良在退出热河后，已在西安建立起自己的新基地。他使这一点在 1936 年 12 月变得明朗化了。当时，蒋介石来到张学良的司令部，责骂他这位长期的盟友受到了共产党人的影响。令蒋介石始料未及的是，他的这位盟弟逮捕并软禁了他，并拒绝在他同意“统一战线”的战略之前释放他这位国民党领袖。

卢沟桥事变的那天清晨，共产党人向全中国人民发出呼吁：“抵抗日本新的侵略行动。”几天之内，蒋介石也表现出他对“西安谈判精神”的承诺，命令北平地区的军事将领拒绝日本人提出的停战条件。同时，蒋介石开始调动他最精锐的四支部队北上进入河北省，公开违反《何梅协定》和《塘沽停战协定》。在事变爆发后的第十天，7 月 17 日，蒋介石站在他的庐山避暑地门廊前，发表了一个具有历史意义的公开演讲，宣布如果日本继续侵略中国的主权，就不可能得到和平的协定。“如果我们再让国土多沦丧一寸，”蒋介石最后说，“我们就会对中华民族犯下不可饶恕的罪行。”[①]

近卫文麿又决不愿意允许日本示弱，与蒋介石 7 月 17 日的高调演讲一样，近卫文麿也举行了磨刀霍霍的记者招待会和广播演讲，要求蒋委员长为

---

① James B. Crowley, *Japan's Quest for Autonomy: National Security and Foreign Policy 1930-1938* (Princeton: Princeton University Press,1966), p.335.

“非法的反日行动道歉”。那些重要将领们，比如东条英机、小矶国昭等，则讨论采取何种行动给予蒋介石以沉重一击。他们赞成一些同僚的意见，认为苏联是日本安全的最大威胁，但他们也坚持对国民党军队不屑一顾，相信只要一次迅速、勇猛的攻击就会令蒋委员长屈膝归顺，便可使军队腾出手来全力对付苏联。由于预期显示武力的结果将会迫使蒋介石退让，7 月 27 日，近卫文麿内阁正式批准陆军派遣三个师团前往中国。次日下午，卢沟桥附近再次发生小规模战斗。到 8 月初，日本的中国驻屯军已经占领了北平。

表 13.1　1936 年至 1941 年间的日本首相

首相	组阁次数	内阁任期
广田弘毅		1936 年 3 月 9 日至 1937 年 2 月 2 日
林铣十郎		1937 年 2 月 2 日至 1937 年 6 月 4 日
近卫文麿	1	1937 年 6 月 4 日至 1939 年 1 月 5 日
平沼麒一郎		1939 年 1 月 5 日至 1939 年 8 月 30 日
阿部信行		1939 年 8 月 30 日至 1940 年 1 月 16 日
米内光政		1940 年 1 月 16 日至 1940 年 7 月 22 日
近卫文麿	2	1940 年 7 月 22 日至 1941 年 7 月 18 日
近卫文麿	3	1941 年 7 月 18 日至 1941 年 10 月 18 日
东条英机		1941 年 10 月 18 日至 1944 年 7 月 22 日

很快，日军犹如闪电撕裂了中国大地，南方的上海也燃起了战火。8 月初，蒋介石调集近十万军队进入 1932 年上海事变期间建立起来的非军事区。局势十分紧张：日本军队在这一区域只有 2500 名海军陆战队员，而连居住在上海的日本平民都知道，当战火吞没北平附近一座省城的最初 11 天里，曾有大约 200 名日本侨民死于非命。因此，当两名日本海军陆战队员于 8 月 9 日被上海的中国保安队击毙时，海军高级将领便要求东京迅速增派援军。8 月 14 日晨，日本内阁批准增派数个师团前往中国大陆。在发布的政府文告中，近卫文麿指责中国对待日本的“傲慢无礼”态度，表示日本政府别无选择，只有“诉诸断然行动”，以“严惩”“凶暴”的中国人。当天下午，国民党军队的轰炸机飞临上海外国人居留区，轰炸了日本海军设施，给了近卫文麿一记耳光。几个小时之后，蒋介石命令进行战争动员，宣布“中国决不放弃领土之任何

部分，遇有侵略，唯有实行天赋之自卫权以应之”。[①] 这样，卢沟桥事变扩大为一场中日之间的全面战争，虽然此刻无论中国还是日本都未宣布两国进入交战状态，战争仍然持续了漫长的八年零一天。

在中国的僵局

石原莞尔曾经警告那些“战争扩大派”，绝大多数日本的战略制定者们都会预期在中国轻易获胜，因为这是一个他们所鄙视的对手。通过迅速夺占重要城市和铁路沿线——军事学上称为“点”与“线”，他们就可以逼迫蒋介石早早屈膝求和。但是，事实令他们感到惊恐不安，日本帝国的军队发现他们严重地误判了国民党政府的决心。中国投入了将近 50 万军队用于上海的防御作战，在这座城市的街道上上演了将近三个月的残酷肉搏。只是在日本增派援军于上海南面约 48 公里处一个不设防的海湾（即杭州湾——译注）实行登陆，对中国军队进行侧翼攻击之后，日本人才好不容易取得胜利。如今，已有 60 多万军人投入中国战场，日本军队急速西进，攻击中国的首都南京。1937 年 12 月 13 日，日本军队攻占并劫掠了这座城市，但蒋介石已经迁往大约 960 公里之外、地处长江中游的武汉，他仍然坚决拒绝日本做出的所有外交谈判的建议。

1938 年初，近卫文麿宣布他不再承认蒋介石的国民政府为中国的合法政府，而日本的将军们则仍在艰难地寻找给予蒋介石政权沉重一击的机会，他们决定进一步扩大战争，增派 8 个师团前往中国。5 月，日本军队突破了部署在徐州附近的国民党军队 100 多个师的防线，攻占了这座南京北面的古城。多少世纪以来，这座城市一直为兵家必争之地，具有重要的战略地位。蒋介石仍然拒不考虑投降。日本军队加倍苦战，10 月 21 日占领广州。10 月 27 日，在历经长达五个多月的大小战斗，约有 20 万中国和日本军人抛尸沙场之后，日本军队才精疲力竭地进入了汉口，但等待着他们的只是一座空城。蒋介石已将工厂、学校和医院拆迁一空，装船西运至著名的长江三峡上游的重

---

① James B. Crowley, “A Reconsideration of the Marco Polo Bridge Incident” in *Journal of Asian Studies* 22:3(May 1963), p.289.

地图 13.1　中日战争 (1937 ~ 1939)

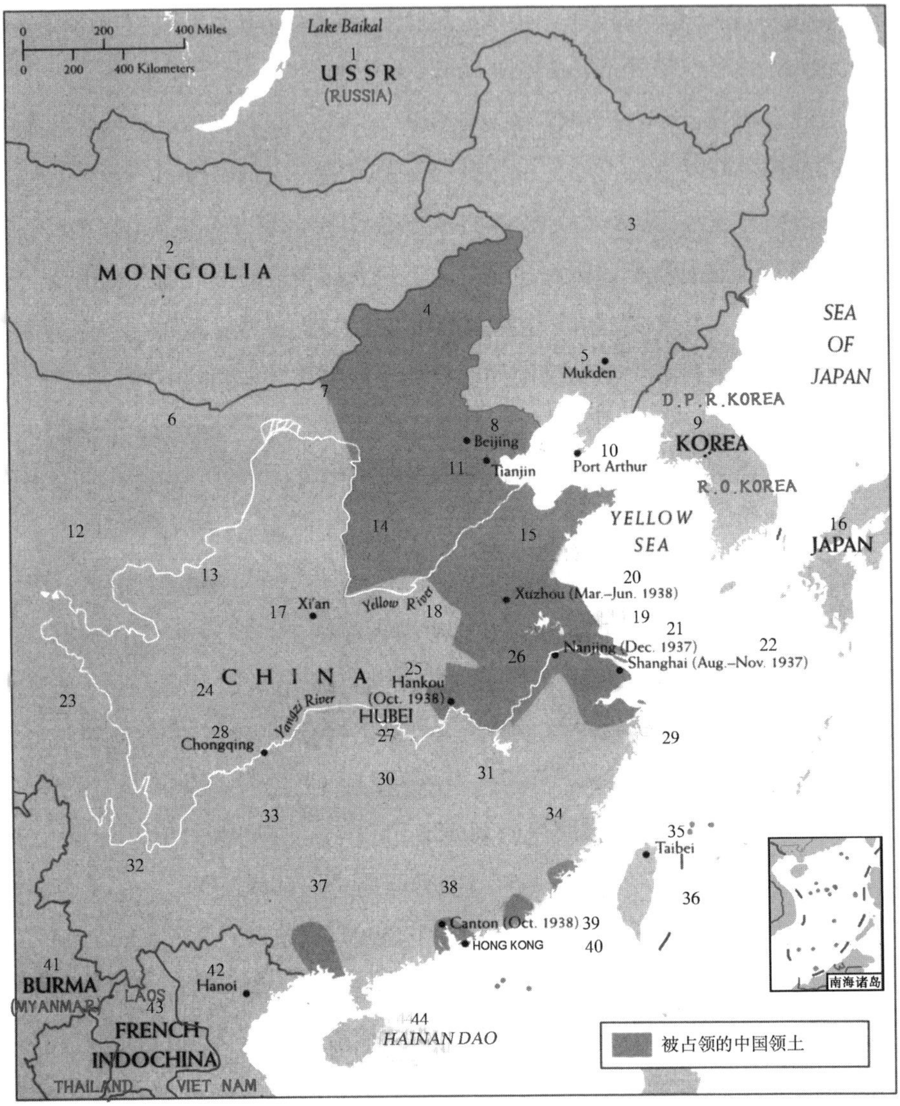

1. 苏联　2. 蒙古　3. 中国东北　4. 察哈尔　5. 沈阳　6. 宁夏
7. 绥远　8. 北京　9. 朝鲜　10. 旅顺港　11. 河北　12. 青海
13. 甘肃　14. 山西　15. 山东　16. 日本　17. 陕西　18. 河南
19. 江苏　20. 徐州战役　21. 南京战役　22. 上海战役　23. 西藏　24. 四川
25. 汉口战役　26. 安徽　27 湖北　28. 重庆　29. 浙江　30 湖南
31. 江西　32. 云南　33. 贵州　34. 福建　35. 台北　36. 台湾
37. 广西　38. 广东　39. 广州战役　40. 香港　41. 缅甸　42. 河内
43. 法属印度支那　44. 海南岛

庆——位于中国广袤西南内地深处的国民政府新首都。

到 1938 年底，受挫的日本人发现自己已经身处僵局。即使在华军队人数已经接近 85 万人，在中国南部的日本军队也根本没有能力向重庆推进。而在中国北部，毛泽东领导的共产党人钳制着日本军队的一举一动，他们伏击掉以轻心的日军巡逻队，甚至在较大战役中歼灭了更多的日军部队。随着这场消耗性艰苦战争无情地向前推演，到 1941 年，阵亡的日军士兵已经增至将近 30 万人，战死沙场的中国军人据说也已达到 100 万，而战争的结束仍然遥不可期。石原莞尔关于日本在中国深陷泥沼的预言已经成为现实。日本皇军几乎控制着中国所有的重要城市，但是他们既不能击败国民党军队，也无法歼灭共产党游击队。近卫文麿早就放弃了努力诱使蒋介石来到谈判桌前的方案，而国家的荣誉又不允许日本从中国撤军。中国已经成为日本的“拿破仑梦魇”，战争不知何处才是尽头。

日本的新闻媒体热衷于大张旗鼓地报道日本军人的勇猛善战，并充满热情地预告每场新的胜利，但是，严密的政府审查网络使得在中国进行战争的另外一面却不为公众所知，其中包括降临于无辜平民头上的战争暴行。即使在 20 世纪 30 年代的那些和平岁月里，日本军人也认为他们凌驾于其他亚洲人之上，这些亚洲国家由于未能像日本那样迅速实现现代化而被视为非常“落后”。这样一种观念，与面临在充满敌意的外国土地上进行战争的焦虑交织，加上日本的军人操典漠视敌国人民的权利，就会导致日本士兵可能对普通中国人犯下令人发指的罪行。最为臭名昭著的战争暴行是“南京大屠杀”。在日本军队于 1937 年 12 月占领这座城市之后，纵火焚掠，兽性勃发，强奸妇女，肆意杀害手无寸铁的平民，这样的暴行持续了几个星期之久。南京和周围村镇居民遭受的伤害难以计数。当时的外国观察家估计死亡人数在 40 000 人左右；其后的历史学家们修正了这一数据，上升为大约 200 000 人；今天的“南京大屠杀”纪念碑则记载有数万人遭到强奸，共有 300 000 人惨遭杀害。

南京并不是日军施暴的唯一场所。在中国各处，日本军人都在劫掠中国人的财产，射杀农家的牲畜，强奸各种年龄的妇女。在北方那些共产党游击队活跃的地区，似乎每个村庄看起来都存在着敌对的游击队员，日本人严刑拷打和肆意虐待农民是家常便饭。他们用苯毒害村庄，或干脆付之一炬；他们刺杀怀孕的妇女，并迫使儿童走进可能的布雷区。在哈尔滨郊外，日本军队驻有罪恶的731部队。这支部队以防治传染病和供应可饮水这样的无害名称作为掩护，实际上进行着细菌战研究，以人的活体进行实验，将淋巴腺鼠疫、肺炎、伤寒、梅毒及其他传染病菌注入中国人的体内，以便产生出更为致命的细菌种类和更为有效的运载手段。731部队的一个成员承认，他曾解剖过极度惊恐但仍有知觉的人体，从其体内器官中提取疫病细菌。他吐露说："如果我们没有种族优越的观念，也就不可能做这样的事情。"① 到战争结束时，已有数千名中国人死于细菌战研究项目，虽然日本政府从来未正式承认731部队的存在。

随着疲惫不堪的日本士兵在中国广袤国土上蹒跚而行，日本国家领导人不得不寻求对这场以"膺惩"蒋介石为名而发动的战争做出解释，并赋予其合法性。1937年9月，中国向国际联盟提出正式申诉，指出日本的军事行动是地地道道的侵略行为，而广田弘毅外相却辩解说是"自卫行动"。他解释说，日本只不过想要使国民党政府停止其反日活动而已。1937年秋，精力充沛的诡辩家松冈洋右就任由公众头面人物组成的内阁参议。他试图把中国的政治领袖妖魔化成不仅给日本，也给全亚洲带来危害的恶棍。他写道，"纵酒淫乐的中国军阀"和"赤色共产主义"，已经合并生成为一颗深植于"东亚母亲胸前的痈疽"，他们将"带来确定无疑和不可避免的毁灭"，如今已经威胁到了"所有亚洲国家"。他的结论是，日本必须"拿起手术刀"，实施时代所赋予其的"英勇的外科手术"。②

从年轻时就信奉泛亚主义的近卫文麿首相，则清楚地表达出日本作为亚洲新秩序合法领袖的更为远大的目标。从他年轻时的巴黎之行起，近卫文麿就是《华盛顿条约》体系直言不讳的批评者。他指责《华盛顿条约》体系是西方国家企图冻结各国的国际地位，以确保白种人能够继续支配世界的粗暴行径。他认为，西方国家可能会在理论上认可日本的一流强国地位，但实际上，在一个由西方帝国主义国家所支配的世界里，岛国日本仍

① Haruko Taya Cook and Theodore F. Cook, *Japan at War: An Oral History* (New York: New Press,1992), pp.164-65.

② Robert J. C. Butow, *Tojo and the Coming of the War* (Stanford: Stanford University Press,1961), p.111.

然是一个资源贫乏的经济体。由《华盛顿条约》所建立并经伦敦会议所重申的军备限制，仅仅是为了使日本屈从于西方列强，特别是屈从于美国和英国。据近卫文麿所称，只有当日本获得了经济自立，并且颠覆了这种把亚洲国家贬低为世界事务中二流公民的带有种族偏见的恶毒国际体系，日本民族才可能获救。

1938 年 11 月 3 日，近卫政府在举行庆祝攻占广州和武汉的仪式时，正式宣布了所谓的“亚洲新秩序”。当晚，近卫文麿首相在无线电广播中郑重宣告：“日本所追求的是建立一种确保东亚长久稳定的新秩序。我们发动军事进攻的最终目的就在于此。”[①] 新秩序的建立需要“日、满、华三国相互协作的关系”。不幸的是，近卫文麿感到痛惜，蒋介石只是西方国家的一个傀儡和爪牙，只想依赖西方的庇护来维持自己的腐败统治，其悲惨后果将会使中国人民沦于共产主义和西方帝国主义的危险之中。近卫文麿承诺说，普通的中国人无须害怕日本人；相反，他同情中国民众的“强烈民族感情”，他们只是想要从蒋介石统治的崩溃中解放自己。近卫文麿希望看到蒋介石的失败，从而出现一个新中国，能与日本和“满洲国”结盟，以便“构建一个反对帝国主义的完备共同防线，创造一种新文化，实现整个东亚的密切经济联系”。这样一个善于随机应变的政治家所做的蛮横无理的演讲，很值得进行细致的剖析。按照他的诡辩，首先，近卫文麿为日本在中国的军事行动进行辩解；接着，他描绘了一个有道德、有操守、无私忘我国家的清晰形象：日本是在做出牺牲，是把中国人民从国民党压迫和西方帝国主义侵略的双重奴役下解救出来，从而创造一个“建立在真正正义基础之上的和平新秩序”。

新政治体制

虽然近卫文麿能用夸夸其谈来激励他的国人，但这位首相还是缺乏能力将他的东亚新秩序设想转化为现实的军事或外交安排，从而能以有利于日本的方式结束在中国的战争。1939 年 1 月，这位受挫的年轻贵族辞去了

---

① Gordon M. Berger, “Three-Dimensional Empire: Japanese Attitudes and the New Order in Asia, 1937-1945” in *Japan Interpreter: A Journal of Social and Political Ideas* 12:3-4(1979), p.368.

▲ 1940 年 7 月，近卫文麿首相在自己家里接见外相松冈洋右、海相吉善吾、陆相东条英机

首相职务。一年半之后，近卫文麿再次就任首相，因为他希望发起一场导致国内政策激烈变化的“新体制运动”，以解决长期困扰日本的内忧外患。1940 年 7 月 23 日，在天皇公布了对他的任命的当天，近卫文麿组成了他的第二任内阁。他在无线电广播中宣称：旧的世界秩序正在崩溃，变革的浪潮正在冲刷着亚洲海岸。近卫文麿告诫国民，为了适应这个急剧变化着的世界，日本必须重新焕发青春，重建自己的国内政治和经济结构。三天以后，第二届近卫内阁就批准了《基本国策纲要》，描绘出一幅“新体制运动”的蓝图。

在很大程度上，发起“新体制运动”的聪明人实际上是那些近卫文麿于 1933 年组建的智囊团成员。当时正值犬养毅首相被刺一年之后，组建智囊团的目的在于重新评估日本的宪政制度。到 1937 年 6 月第一届近卫内阁成立时，这个顾问班子已经正式冠名为“昭和研究协会”，其中包括 100 多名著名的知识分子、学者、新闻记者、政治家、企业家和社会活动家。他们分处于十几个委员会里，整天忙于就日本几乎所有的国内外政策向首相提出别出心裁的建议。东京大学的一位激进学者蜡山政道对这项任务做出的贡献也许比任何人都多，主要集中于政治事务方面。考虑到近卫文麿作为一个寻求建立东亚新秩序的首相，绝对需要举国一致的支持，蜡山政道醉心于那些富有魅力的欧洲领袖人物操控强有力的法西斯主义思想体系以赢得国民忠诚的能力，也渴望日本“实现类似于纳粹德国的内部一致”。[①] 蝋山政道宣称：在 20 世纪 30 年代这个迅速变化的世界里，自由民主已经过时。他力主日本应该自上而下地强行接受法西斯主义，建立一个新的奠基于他所艳羡的“极权主义原则”之上的“全国性组织”，以之取代政府的陈旧机构，并决定国家的政策。

1940 年 8 月，近卫文麿任命了 37 名有代表性的日本社会各界人士进入特设的“新体制筹备委员会”。该委员会充分利用蝋山政道的著述和昭和研究协会的建议，提出缔造一个名为“大政翼赞会”的新组织。该委员会预想，大政翼赞会将是一个基础广泛的半官方的、以首相兼任总裁的政党组织。同时，县、郡、市各级还将建立支部，由各类职业和文化兴趣的乐于合作的人群组成，以“保持与人民的直接联系”；在此之上，则是一个全国性的大政翼赞会议会局，最终将取代国会成为辩论和批准国家政策的机构。该委员会的成员们希望，这样做的结果将会诞生一个具有广泛持久群众基础的政治团体，能够“翼赞”首相和他的内阁，贯彻政府的意图。

由于深信由明治宪法所规定的权力分散的政治结构不再适应日本的需要，近卫文麿在这一提议中抛出了他的政治砝码。他得出结论说，军队成为独立王国和政治权力在数个精英集团中的分散，助长了行政的混乱以及政府内平民和军人阁员之间的明争暗斗，对于日本企图找到走出 20 世纪 30 年代晚期非同寻常的国际危机的道路来说，可能会产生致命的后果。近卫文麿希望，通过领导一个群众性政治团体所产生的政治影响，将会加强他与国会、军队以及职业官僚打交道时的力量。就是说，通过大政翼赞会进行民众动员，将会产生更为协调一致的政策，将会得到全体国民无条件的支持。

这一提议产生了各不相同的反应。首先，提议奇怪地得到了一个军队将领团体的同情和支持。这些将领们期望能够控制大政翼赞会，以获取民众对正在中国进行的战争的广泛支持；而那些党派政治家们，则极度希望一个新的群众性政党将会容许他们拓展对官僚和军人的政治影响。实际上，甚至早在大政翼赞会成立之前，这个国家的主要政党都已经于 1940 年 8 月 15 日宣

---

① William Miles Fletcher Ⅲ, *The Search for a New Order: Intellectuals and Fascism in Prewar Japan* (Chapel Hill: University Of North Carolina Press,1982), p.137.

布自行解散了。不过，尽管有这些戏剧性的支持表现，仍然有大量的组织和个人对近卫文麿的构想大不以为然，最终使大政翼赞会逐渐成为了一个历史上虚张声势的选择。诸如曾经于1939年担任过八个月首相职务的平沼骐一郎这样的保守主义政治家，便反对提议中的大政翼赞会极权。指出这只会产生一个“新的幕府将军”，将会篡夺天皇陛下政府的权力；而日本的国策，即广受崇敬的“国体”，已经使国民团结在天皇周围，天生履行着“翼赞大政”的神圣职责。在更为功利的层面上，内务省的高级官员们也担心官僚既得利益的丧失，抱怨在目前本国历史上极为关键的时刻，提议中建立的大政翼赞会组织网络将会造成对地方行政的阻碍。

一个天生的折中主义者对于短兵相接的政治争斗没有多少兴趣，近卫文麿很快就对批评者让步认输（后来，这位年轻贵族称自己是“用心良苦而结局不妙的命运之子”，注定与其本来设想事与愿违）。1940年10月12日，当大政翼赞会宣告成立时，地方分支机构也建立起来，但并非按照职业或文化群体重新组合，而只不过是作为现存行政单位的附属物而已，被置于地方官员的管辖之下，就像内务省的职业官僚们所期望的那样。1940年秋，内务大臣几乎获得了凌驾于大政翼赞会的所有权威。到12月末，近卫文麿又一次屈从于对手的意愿，任命他最坚定的反对者之一平沼骐一郎担任内务大臣，终于使大政翼赞会被玩弄于官僚作风的股掌之中。大政翼赞会根本没能威胁到国会的特权，国会照样继续召开，并且拒不批准给予大政翼赞会的财政预算，始终表露着对这个新团体的极不信任。

“法西斯主义已经来到日本”①，1932年吉野作造为此感到悲伤失望。这位值得敬重的自由主义者所担心的是暴徒和“反民主”运动将会在日本产生“自下而上的法西斯主义”。他的评论提醒人们注意，日本已经与德国和意大利结成了历史性的同盟：这三个国家都是在相对较晚的时期开始发展资本主义经济的；在这三个国家内，民主都只享有过一个短暂而不稳定的优势，就在民主仍然在为扎根生长而努力奋斗之时，这些国家已在竭力挣扎，以求克服严峻的经济和社会危机；这三个国家都害怕英国或美国妨碍其成为帝国的野心，所以千

① Yoshino Sakuzō,“Fascism in Japan”in *Contemporary Japan: A Review of Far Eastern Affairs* 1:2(1932), p.185.

方百计实现经济自立。在这个意义上，吉野作造有充分的理由相信，日本的法西斯主义者可能已经找到了一条夺权之路，他们将会否定议会政治，引进国家社会主义的经济原则，就像他们的欧洲同伴装腔作势所做的那样。

然而，直到最后，日本也终究未能经历一个法西斯主义的时代。有些日本人认为自己是法西斯主义者，就像蜡山政道这样的人物被法西斯主义思想体系所吸引一样。然而，尽管日本的右派团体在历史上起到了显著的作用，但法西斯主义者并未完成主要的变革，法西斯主义作为一种运动也未取得长久的成功。如果说，“二二六”事变的失败结束了自下而上实行法西斯主义的可能性，那么，大政翼赞会的流产则证明，自上而下地强迫人们接受法西斯主义也几乎没有可能。

日本的历史发展轨迹，它对现代化的探索，仍然保留着它自己的特点。与德国和意大利不同，日本的右翼势力从未汇合成为一个足以推翻现存统治精英阶层的运动。既没有哪个革命政党或群众组织实现了这一目标，也没有什么富有个人魅力的领袖人物成为国家元首。整个20世纪30年代，明治宪法仍然发挥着效用，同样的制度结构和自1890年代以来一直治理国家的精英集团继续掌握着国家的事务。当然，20世纪30年代晚期的日本，与明治时代晚期和大正时代的日本还是有所不同的。显而易见的是，20世纪20年代和20世纪30年代早期出现的内部争端和外来威胁，具有压倒一切的意义，严重冲击着这个国家较早前在议会政治和自由经济方面的自信。而且，政党政治的失败、国会扮演角色的越发缄默、军人和平民官僚在20世纪30年代内阁中影响的扩大，都造成了比以往更为武断、更为专制、更为军国主义化的统治方式。如果法西斯主义作为一个标签不足以描绘20世纪30年代的转变，那么，认为它是当时日本的一个流行术语则是恰当的，由此可以看出“一个国家统治方式”的演化。在这种演化过程中，政治、文化和经济都被重新组合，以支持日本克服20世纪30年代的经济危机，并动员国民为一场不断扩大的战争做好准备。

新经济体制

如果考察整个战争过程、经济自立和国防态势这密不可分的三位一体，可以追溯到20世纪头十年的后半期宇垣一成、小矶国昭的著述。这两位年轻的校级军官认真观察在欧洲发生的冲突，他们同意石原莞尔关于在现代战争中无法保持中立的观点，认为国家间的冲突将会持续，因而要求拥有充沛的资源，任何不能自力更生的交战国都难逃厄运。为使自己的国家做好以新的革命性手段解决国与国之间冲突的准备，小矶国昭出版了一本小册子，概述了两方面的内容：日本应扩展殖民地作为“资源基地”，这正是石原莞尔和关东军于1931年所完成的使命；对本国经济实行政府的中央集权控制，以便使军事工业迅速崛起，从而有效地应付战争威胁。

在20世纪30年代，革新派官僚和一些经济学家也开始阐释管制经济的好处。在他们看来，20世纪20年代的动荡和大萧条带来的苦痛证明了自由放任经济学说的破产，而他们则要寻求一种更为有效的途径，来解决现代化过程中产生的压力和脱序。随着日本越来越深地滑入中国的泥沼，在关于日本国家命运的讨论中不断提出实行计划经济的主张，认定国家生存的先决条件是成为一个掌握丰富资源的帝国并对经济实行直接管理。经济学家有泽广已在1934年的著作中写道：“在现代战争中，胜负已经不再单纯由战场上的战斗力强弱来决定，相反主要取决于军事工业的力量。国家必须运用各种经济手段，专心致力于将所有资源投入为生存而进行的战斗。”[①]三年后，随着日本准备进行与中国的全面战争，他又补充道：“国家必须运用它的力量，对经济活动实行直接管制。在不完全的战争状态下，也必须强制实行国家对经济活动的领导。”

近卫文麿在他的第一个首相任期内，明确将自给自足和计划经济确立为国家目标。1937年秋，甚至在他派遣军队到中国作战之时，近卫文麿仍将此前的内阁研究机构改组为阁僚级的部门，冠名为内阁企划院（CPB），由革新派官僚和军队首脑所支配，任务是构想和制定经济战略，所采取的每一项措施都必须协调军用和民用。很快，又设置了厚生省，并实行了电力工业的国有化。到1938年1月11日，厚生省实行对所有医疗和社会福利项目的统一管理，以求提高本国年轻人的健康水平。由于未能通过体检的新兵数量令人吃惊，这一政

① Bai Gao, *Economic Ideology and Japanese Industrial Policy: Developmentism from 1931 to 1965* (London: Cambridge University Press,1997), pp.24 and 75(modified).

策对于军队来说尤其重要。1938年4月10日,《电力国家管理法》由国会通过并生效，强化了将全国的九家电力公司置于通信省监督之下的体制。虽然这些措施也被设计用来满足公众的需要，比如向国内经济落后地区提供比较便宜的电力，但首要的是军需工厂必须确保得到它们所需的足够电力。

近卫文麿的心中甚至还有更为令人震惊的计划。在筹备预定于1937年12月26日召开的第73届帝国议会时，内阁企划院提出了一份国家总动员法案。该法案兼顾范围和目标，在政策上准许政府“调配人力和物力资源，以使国家能够全面充分利用其力量，实现战时国防之目标”①。特别是，这部有50项条款的法案规定，那些向内阁负责的政府机构，有权在生产必需品的产业部门之间分配劳力；有权在所有产业部门组成卡特尔以实现政府的计划目标；有权为达到战时生产计划而征用工厂和土地。

反对的声浪随之涌现出来。许多国会议员，虽然忠诚地支持侵略中国的战争，却不愿在国际局势紧张时期用国家的工业结构做如此之大的冒险。那些大企业则震惊于政府对私人产权及其他自由资本主义核心原则的侵犯。甚至连近卫文麿的导师西园寺公望公爵，也宣称“全国总动员法忽略了宪法的存在”，这成为许多保守派头面人物指控全国总动员法时经常引用的话。②作为一贯的现实主义者，近卫文麿做出了一些妥协，以便确保国会能够通过该项法案。他亲自向国会保证，在中国事变的处理走上正轨之前，政府不再提出更多有争议的法案，并进一步同意允许建立一个50人的审查委员会来监督任何立法的执行。于是风平浪静，1938年4月1日，国会通过了《国家总动员法》。

1940年夏，当近卫文麿第二次组阁时，他开始再次企图推进政府对经济的统制。7月23日，他做了概述新政治体制的演讲。在这次演讲中，他谈到了新经济体制，表示如果日本想要在中国取得进展，就必须构建起国防体系。后来，近卫文麿的思想甚至超出了《国家总动员法》的规定，考虑进行更为根本的经济体制重构。这种重构将不可扭转地偏离日本经济的资本主义发展

---

① “On the National Mobilization Law” in *Tokyo Gazette* (May 1938), p.2.

② Nakamura Takafusa, *Economic Growth in Prewar Japan*, tr.Robert A. Feldman (New Haven: Yale University Press,1983), p.298.

趋向。像提出新政治体制的情况那样，近卫文麿也离不开昭和研究协会的智慧，特别是从笠信太郎的代表作中汲取灵感。此人是为《朝日新闻》撰稿的大众经济学家，于1939年成为近卫文麿的智囊。

受到德国成功提高工业生产和减少失业率的鼓舞，笠信太郎提倡以纳粹德国为榜样，改革日本的资本主义体制。尤其是，他竭力主张政府应尽量限制企业赢利，并监管超额利润的再投资。更引起争论的是，他甚至主张将资本与管理相分离，建议排除那些掌握在私人手中的重要工业企业的所有权，将其转归政府雇员管理。他的想法后来大量体现在内阁企划局的方案中，要求各产业部门组成卡特尔联盟，以贯彻政府指令，在各企业间配置资源，分配生产限额。同时，打算成立由政府控制的最高企划审议会，拥有对这些卡特尔联盟的管辖权，从而保证政府官僚在协调经济政策上的支配角色。

近卫文麿的计划再次遭遇到激烈的反对。企业领袖们愤恨地谴责新经济体制是由共产党人秘密策划的"赤色阴谋"。这些秘密共产党人就隐藏在内阁企划局里，蓄意"摧毁我国的经济，使我国变成苏联"。[①] 成员包括国内绝大多数大企业的日本经济联合会，指责政府官员是臭名昭著的白痴，严正警告政府对企业利润的控制将不可避免地造成"企业的萎缩、生产的下降和税收的急剧减少"。这些精心策划的攻击，迫使近卫文麿放弃了原先的设想。1940年12月7日，近卫内阁通过了新经济体制方案，与革新派人士所预期的相比有很大不同。首相只能"鼓励"组建卡特尔联盟，声明政府既不会将产业也不会将企业收归国有，传统管理阶层仍会留在原来的岗位上，企业赢利将受到允许，也不再建立国家的监管机关。

虽然近卫文麿在创建新经济体制的战役中落得遍体鳞伤，但他还远远未在这场战争中失败。在《国家总动员法》生效的1938年春和他最后辞去首相职务的1941年秋之间，近卫内阁及其革新派官僚掀起了一场颁布100多项法案和政令的暴风骤雨，把政府意图强行嵌入到大量经济活动之中。尽管他曾经郑重承诺在中国事变的处理走上正轨之前，政府不再提出更多有争议的法

---

① William Miles Fletcher Ⅲ, *The Search for a New Order: Intellectuals and Fascism in Prewar Japan* (Chapel Hill: University Of North Carolina Press,1982), p.152.

案，近卫文麿仍会时常寻求国会批准他的行动。但如果国会不顺从，首相及其盟友就会安排以天皇法令的形式，或是援引《国家总动员法》的某一条款加以颁布。例如，1938年秋，随着日本军队向广州和汉口挺进，几年前公布的《重要产业统制法》付诸实施，向那些具有战略重要性的产业提供政府补贴，同时也强行对其进行更大程度的国家监管。1938年11月，日本军部成功地迫使那些重要企业履行政府所规定的利润上限；1939年10月20日，《价格统制令》和《临时工资措置令》将职工工资、零售物价和房租地租等加以封顶；而在1940年间，政府又开始对稻米、食糖和火柴等实行定量配给。

在20世纪30年代晚期，似乎日历的每一次翻动都会释放出某种新的经济统制措施。在一些重要方面，这个十年经历了私人资本与国家官僚之间关系上所发生的重大，甚至可以说是革命性的变化。这些具有创新意识的平民官僚和军队首脑结成了一个强有力的新同盟，制订出大量计划和方案，推动政府的施政方针发生变化。从十年前偏爱简单地役使民众，变为较多采取更有强制性的措施，力图缔造一个完全的统制经济。在"九一八"事变以后的岁月里，日本政府发明了一套干预经济的全新技巧和手段——中央计划、工资和物价统制，以及工业原料和消费必需品的配给，推进了国防态势的增强，并迫使日本的主要公司接受管理企业的新方法。不过，尽管官僚们对经济的统制不断扩展，但直到1941年秋近卫文麿最终放弃首相职位为止，此时已是"九一八"事变爆发十年之后，日本人在极权主义经济体制方面取得的进展，并不比他们在法西斯主义政治体制方面取得的进展更多。国家计划的鼓吹者们并未取得完全的成功：财阀们仍然在经济领域昂首信步，企业管理者仍然在为保护私有财产和私有产权而勇敢抗争。就像政治和社会方面的情况一样，日本的经济也依然是一半自由，一半统制。

帝国的重构

近卫文麿呼吁在国内和亚洲建立新秩序，集中体现了日本渴望打破对国际资本主义体系的依赖。这一体系受到英美利益的左右。20世纪30年代，世界划分为实行贸易保护的美元区和英镑区。与之相反，日本经济计划的制订者则要求建立一个日元区，以彻底改变他们国家在资源、市场、资本和技术方面越来越依赖于英美及其殖民地的趋势。国际冲突在亚洲北部的扩大，使这种要求变得越发迫切。伪满洲国建立后，日本企图将它的殖民地、附属国的经济与本岛更紧密地连为一体，从而构建一个自给自足的经济阵营。在某些地方，这种努力进展得相当顺畅。到 1939 年，大约 99. 9% 的朝鲜出口货物输往日本，大约 93. 2% 的南洋附属国出口货物和 86% 的台湾出口货物也都输往日本。在伪满洲国，1937 年开始执行五年计划。起初并未取得预期结果，但到 1940 年，这个“卫星国”也已经大量向日本供应重要的煤炭、大豆、钢锭、黄金、化肥及其他必需品。

在占领中国的过程中，日本政府和军方人士面临的局面则更为艰难。随着 1937 年和 1938 年间日本军队在中国内地的推进，日本企图建立起一个“合适”的政权，既能立刻得到中国人民的忠诚，又能使中国人民屈从于日本的意旨。在华北，日本军队培植了一系列“治安维持会”，由那些认可占领政策的中国人所组成。1937 年 12 月 14 日，这些“治安维持会”摇身变为“中华民国临时政府”。就职典礼在北京举行，王克敏担任这个卖国政权的“行政委员会”委员长。王克敏是一个银行家，曾经担任过张学良的财政顾问。

几个月之后，1938 年 3 月，日本人炮制出又一个傀儡政权——“中华民国维新政府”，总部设于南京，在日本顾问的严密监督下代为管理华中、华南被占省份的事务。1940 年 3 月 30 日，日本占领当局解散了“中华民国临时政府”和“中华民国维新政府”，将二者合并重组为“中华民国国民政府”，由汪精卫出任首脑。汪精卫曾在日本法政大学受过教育，长期与蒋介石争夺对国民党的控制权。他认为日本与中国乃天然盟友，主张与日本谈判解决双方争端，而无视日本 30 年代晚期在中国战场上的肆意杀戮及其对平民犯下的战争暴行。尽管许多中国人痛斥汪精卫政府是一个叛逆的卖国政权，但冥顽不灵的汪精卫相信，通过与日本人的合作，他也许能够扭转日本占领过程中令人不快的方面，起码能够维持在被占领土上中国主权的颜面。

既然已经决定要将中国被占领土纳入日元集团，日本占领当局遂着手进行对中国资源的榨取。有些时候，日军甚至粗暴地征用它所想要的东西，夺占那些被认为具有战略重要性的中国公司，并将这些公司置于日本企业或军方的管理之下。1938 年末，近卫文麿政府批准成立“华北开发会社”和“华中振兴会社”。动用私人和政府双方的力量，这些新经济团体成功地完成了在占领区开发矿产、开办钢厂、兴修水电工程、兴建港口设施以及重建长江沿岸被战火毁坏的铁道线的任务。1937 年到 1941 年间，华北和内蒙的煤炭产量从 1. 07 亿吨增加到 2. 28 亿吨；1939 年，华北、内蒙和华中地区的矿山仅出产了 100 万吨铁矿石，而到 1942 年的高峰期则出产了 500 万吨。

作为日本的殖民地，朝鲜成为日本经济构想的一个严峻挑战。20 世纪 20 年代，所谓的“文治时代”使得朝鲜半岛的局势有所缓和。但是，冷酷无情的宇垣一成将军于 1931 年 7 月来此担任总督，加上同年秋天“九一八”事变的爆发，标志着统治政策的转变。日本为了日元区的利益开始逐步发展朝鲜的经济。由于这一政策得到人们某种程度的支持，所以取得了一定成效，如表 13. 2 所示。日本占领当局扩大了水利发电能力，倍增了铁路通车的长度，修筑了 49 888 公里的公路，并扶持了新型制造工业的成长。日本国内的一些老牌企业集团曾在这些项目上有所投资，但表现更为突出的则是一些新财阀。这些新财阀率先发展化工业，并且建设了朝鲜半岛上 90% 的发电设施，其中包括一个横跨鸭绿江的大坝，规模堪比美国的胡佛和大河谷大坝。

表 13.2　朝鲜产业中制造业产值的增长（1930 ~ 1939）

	1930 年	1936 年	1939 年
制造业	39.5	52.1	77.0
纺织业	12.8	12.7	13.0
化学工业	9.4	22.9	34.0
金属业	5.8	4.0	9.0
陶瓷业	3.2	2.7	3.0
汽油、电力	2.4	5.6	2.0
机床	1.3	1.0	4.0
其他	4.6	3.2	12.0
农业	57.8	45.2	22.0
林业	2.7	2.7	1.0
总计	100%	100%	100%

根据卡特 · J. 艾科特 (Carter J. Eckert) 的《朝鲜的新与旧：一部历史》(汉城：哈佛大学朝鲜研究所，1990 年)，第 310 页。

同时，宇垣一成总督开始执行同化政策。在他的继任者南次郎将军任总督期间（1936 年 8 月至 1942 年 5 月），这一政策得到了更彻底的推行。为了利用朝鲜的人力来支持工业化项目，也为了使以往经常采用暴力方式表达对占领者不满的朝鲜人变得比较驯顺，宇垣一成和南次郎竭力压制独立的朝鲜文化特征，反复在朝鲜人中灌输日本的价值观念，就像那个新口号所标示的那样："朝鲜和日本，本是一家人。"这一同化运动的中心环节是建立支持战争的"爱国社团"；要求朝鲜人信奉日本神道教，宣誓效忠日本天皇；制定新的基础教育课程，扩充日本语言、历史、道德伦理等课程的分量；并于1938年通过法令，准许朝鲜人成为日本皇军中的"特殊志愿者"。

南次郎总督对工业化和同化政策的结果感到满意。1941年的一份总督府公告这样写道：

> 天皇陛下的仁慈已经遍及朝鲜各地，赐予朝鲜人民安宁的生活。为何朝鲜政府仅在三年时间里就取得如此功业？那是因为历任总督都完全献身于传播平等精神的使命。农业和矿业已经取得显著进步，工业的发展也是有目共睹。工商业的繁荣与贸易量的增长每年都在扩展。教育正在改进，文化也在进步，朝鲜人的习俗和服饰与日本人的差异已经变得越来越小。特种军事体制已经建立起来，由此，许多朝鲜志愿者如今正在履行他们协助帝国国防的义务。①

与总督自诩将天皇的恩惠传遍朝鲜半岛相反，大多数朝鲜人却在痛苦地抱怨日本人的傲慢自大。当然，20世纪30年代在工业设施方面的投资，证明确实有利于朝鲜经济的长远发展，但可以肯定的是，日本的政策在当时是对朝鲜人的欺骗。大多数朝鲜企业都无法与日本企业竞争，许多日本企业享有免税和官员保证其赢利的待遇。甚至连朝鲜人的第一家大型工业企业——京城纺织株式会社（1919年10月由金性洙创设。——译注），也不得不依赖与日本公司的联合，才能得到原料、技术设备和市场。许多普通朝鲜企业既不

① Shiota Shōbei, "A 'Ravaged' People: The Koreans in Word War Ⅱ" tr.John H. Boyle, *Japan Interpreter: A Journal of Social and Political Ideas* 7:1(Winter 1971), p.43(modified).

能进入集中用于制造军需物资的机械工业，也不被允许从事主要用来向日本军队供应军火和兵器的化学工业。

此外，虽然许多朝鲜人在新办的日本工厂里找到了活干，但大多数人只能从事并不重要的工作，待在一个以种族划界的场所，被日本工头和技师支使着干活。即使有朝鲜人在工厂里从事与日本人同样的工作，也只能拿到日本同行三分之一到二分之一的报酬。实际上，殖民地时期的生活状况一直非常严峻，贫困随处可见，很少有人用电，一些地区的婴幼儿死亡率高达 50%。每个居住在朝鲜的日本学生所占有的殖民地政府基础教育投资，大约是当地朝鲜学生的 40 倍；而银行在对朝鲜人贷款时，却要收取比贷款给日本人高得多的利率。不过，朝鲜人最为痛恨的，还是日本殖民当局企图根除他们赖以自豪的文化传统。没有什么比 1939 年颁布的命令更令人痛恨了。这份命令“和蔼地准许”所有朝鲜人放弃他们的本名，转而采用日本式的姓名。这份严厉的法案，在一个已经十分残暴的殖民统治体系上又添加了不堪忍受的精神痛苦，成为拆穿日本诡辩其负有使命将现代价值观念和工业发展带给朝鲜半岛的有力例证。

20 世纪 30 年代的生活

电影并不是 20 世纪 30 年代流行文化变迁的唯一形式。刚刚进入 20 世纪 30 年代，《我的蓝天》和《给我唱支阿拉伯歌》曾经在日本大受欢迎，甚至形成一股热捧西方音乐的新潮，将爵士乐带到了大多数外省城镇的舞厅。不过，由于中国危机的不断深化，爱国主义的抗战歌曲越来越支配了这个国家的广播电台。明治时代的经典作品也得以重新大行其道。“无论防御还是进攻，我们都信赖浮动的黑铁堡垒”，这是作于 1897 年的缓慢而沉闷的《战舰进行曲》的开头。① 更为流行的是适应大众口味写出的战争抒情诗：1937 年为一次报纸竞赛而作的《露营之歌》，充满了对死亡的令人伤感的关注，短短 6 个月里就销售了 600 000 份。随着局势的日益严重，政府开始禁止爵士乐的

---

① Harris I. Martin, “Popular Music and Social Change in Prewar Japan”, *in Japan Interpreter: A Journal of Social and Political Ideas* 7:3-4(Summer-Autumn 1974), p.348.

▲ 20 世纪三四十年代的东京社交舞会

演出，并于 1940 年的万圣节之夜关闭了东京的所有舞厅。这些娱乐设施的消失，表明了日本都市生活场景的变化，恰恰反映出 20 世纪 30 年代是越来越严厉地采取禁欲政策的十年。在东京，1936 年的国会大厦（主要由朝鲜劳工建筑而成）和 1938 年建成的第一生命保险大厦就是两个例证。它们使人依稀感到已在德国柏林流行的建筑风格的影响，对混凝土结构的强化令人产生沉闷的感觉。

在相当程度上，20 世纪 30 年代晚期的文化贫瘠是由政府努力进行战争和平民百姓一致支持战争所造成的。构建国防态势的冲动在教育领域同样盛行，甚至在美浓部达吉教授丢脸地离开国会之后，清洗"危害国家思想"的运动仍然丝毫没有减弱。1937 年，矢内原忠雄在官方的强大压力之下，不愿放弃他对日本在中国所作所为的批评，宁可辞去他在东京大学主讲殖民政策的教职。次年，在东京大学其他几位思想开明的教授谴责"二二六"事变并表示反对 20 世纪 30 年代后期的"极权政治"之后，法务省对他们进行了"散布危险思想"的指控。

除压制批评声音之外，政府还力图通过指定新教材，在学龄儿童中反复灌输"安全的"公民意识。新教材名为《国体本义》，即日本国体的基本准则，由文部省出版于 1937 年 3 月 30 日。这是政府对"国体"这一概念所做的正式说明。据文部省所说，指定教材的目的在于消除社会动荡的根源，使国内外各色人等发扬固有的“皇道精神”；作为建设新日本的凭借，必须保卫和维护天皇体制，使得与天地同岁的皇位永远昌盛。[①] 根据一种被神化了的天皇起源系谱，滋生出一系列国家主义的论说文章，用来探讨所谓日本“特有”的风俗习惯、文化传统、宗教信仰、伦理道德和生活方式。形形色色的著述汗牛充栋，无非是歌颂日本以往的成就，将那些成就的取得归功于天皇家族的英明，并号召 20 世纪 30 年代的日本人准备做出任何必要的牺牲，以维护天皇统治和国家主权不受侵犯。

政府在掌控了新教材之外，还驱使学生们接受更为严格的体育锻炼，参加诸如柔道、剑道之类的军事运动项目，以至于取代了体育科目中的棒球课。甚至连学生的校外时间也被各种新的责任和义务所占满：在近卫文麿宣布日本建立“东亚新秩序”的目标之后，学生们不得不把他们的自由时间用来从事社区服务，比如清扫公园、收拾落叶等，因为随着日本经济向战时经济的转型，这些日常的例行工作越来越没人做了。此外，从 1939 年起，所有 12 岁到 19 岁的年轻人在完成学校的六年义务教育之后，都必须参加青年专门学校。这些学校开办夜间教育，对男孩子进行军事训练，教给女孩子家政经济，并向所有人开设关于日本历史和伦理的课程。

政府的操控之手也伸向了大众传媒。外务省和通信省共同批准组建了新的新闻通讯社——同盟社。1936 年元旦同盟社开始运转，并被赋予特权，向日本的报纸和电台发布所有国际新闻和大部分国内新闻。同盟社的条例还规定，外务省和通信省有权批准其招聘高级管理人员，并可随时接管其业务，只要认为这样做有助于“公众利益”。随着 20 世纪 30 年代危机的深化，政府对报纸的管制进一步加强。1937 年 7 月，当局指令报社编辑回避反战和反军国主义的题材，同时又不得把日本描写为好战或具有侵略性的国家。一年之后，政府又颁布禁令，那些与官方言论有抵触的文章、暗示公众对战争不予支持的文章、夸大应征入伍者家庭困难的文章、介绍新的庸俗华丽时尚的文

① Japanese Ministry of Education, *Kokutai no hongi: Cardinal Principles of the National Entity of Japan*, tr.John O. Gauntlett and ed.Robert K. Hall (Cambridge: Harvard University Press,1937), p.183(modified).

章，以及赞美都市酒吧、咖啡馆和舞厅里浪荡女郎的文章都一律不得发表。

政府还越来越注意对无线电广播的控制。他们有充分的理由这样做，因为20世纪30年代，无线电广播成为这个国家新闻和娱乐的主要媒介。1937年卢沟桥事变后不久，通信省增强了日本广播公司（NHK）的影响力，采取了纳粹德国的口号“一家一台收音机”，甚至免费在市场、神社及其他贫困乡村的公共场所安装收音机。到1941年，日本的收音机数量已经从290万台增加到660万台（在世界上列第四位，排在美国、德国、英国之后），没有多少日本人能够不受日本广播公司播音员的影响。

政府十分满意于他们可以通过控制无线电广播对公众舆论施加影响。自从日本广播公司在通信省的管辖下运营以来，同盟通讯社的建立给予了官僚们批准节目时间表和新闻内容的最后决定权。于是，1936年2月26日那天，每条新闻报道都一字不差地照样宣读官方文告；1937年7月共播报了1844条新闻，其中三分之二都集中于报道中国爆发了对日本的敌对行动。这没有什么好奇怪的，因为这些新闻或是来自同盟社，或是直接来自政府机关。到20世纪30年代末，日本广播公司因应战时所需，开始播出每日一次的“情景剧”和每周两次的“文化剧”，甚至连娱乐节目也都充满了说教的腔调。

人们越来越意识到国家正面临紧急状态，这促使许多以往曾经做出过反政府姿态的团体重新评估它们的目标和策略。早在20世纪30年代初，就表现出了这样的倾向：当时，数千名工人组成了所谓的“日本工会全国评议会”，它的领袖希望通过非暴力对抗的方式和表明对国家和天皇的忠诚，来改善工人们的劳动条件。这个在日本较有影响的工会组织的发起者是石川岛造船厂的一名领班。他和同事与那些保守派的右翼人士一道嘲笑政党政治的腐败堕落，谴责“在颓废的西方已告失败”的自由主义和民主主义意识形态，力图建立一种以“君臣一体”为前提的新经济秩序，在这种秩序下，劳资双方将“一心一德，团结无间”。[①] 他们希望，劳资双方由此将会消除它们之间的分歧，相互协作提高生产力，从而为工人们改善生活条件。老式的主流工

---

① Andrew Gordon, *Labor and Imperial Democracy in Prewar Japan* (Berkeley: University of California Press,1991), p.259.

会成员虽多，影响力却逐渐式微；相反，“日本工会全国评议会”在东京—横滨工业地带的金属铸造工人、九州地区的炼钢工人和大阪—神户地区的运输工人中间赢得了相当大的支持。

内务省的官员们也预想到了“产业安定”时代的到来，即劳资双方团结合作，完成国家的“公共目标”，而非为了“一己私利”，在相互斗争中消耗力量。这些官员曾经极为担心社会动乱的发生，如今他们则相信，只要进行干预，压制暴力型工会组织的好斗态度，同时向工人们提供工作保障和适宜工资，使他们有能力支持国家的目标，就能够维持社会的和谐。于是，1938 年 7 月，政府批准成立了准官方的“产业报国联盟”。内务省官员显然在这个联盟的领导层中扮演着指导者的角色，鼓励各个工会组织“自愿”解散，以便劳资双方的代表组成行业性的“共商会”，提供一个解决争端和不满的渠道。到 1939 年末，“产业报国联盟”内已经拥有大约 19 000 个“共商会”，包括将近 300 万名工人。到 1940 年 7 月，现有的工会组织全部自行解散，加入到同一个“大日本产业报国会”。

随着 20 世纪 30 年代的社会氛围变得越来越趋于保守，市川房枝与其他许多女权主义者也在重新评估自己原先的选择。由于政党政治的衰落，市川房枝的“妇女参政权期成同盟会”失去了最有影响力的政府精英圈子里的支持者。这迫使其成员放弃了对选举权的诉求。市川房枝对扩大妇女政治权利的信念产生了动摇，她改变了做法，企图通过鼓吹母亲和儿童的福利待遇来提高妇女在日本社会中的地位。卢沟桥事变爆发后两个月，七个吁求参政权和妇女权利的组织响应官方建立“统一战线”的号召，成立了“日本妇女组织联盟”，宗旨是“应对国家危机局势，准备为解决事变做出贡献”。[①]1938 年 2 月，市川房枝等十位著名女权运动人士表明了与政府合作的新态度，与其他 19 位国内著名人士一起，向所有日本妇女发出号召：参拜天照大神，崇敬天皇家族，节约家庭开支，实现邻里和睦，力求穿着简单，戒除烟酒嗜好。

政府还采取软硬兼施的手法，迫使“水平社”经历了“组织转向”。1931 年，这个“部落民”团体曾经公开表明反对“九一八”事变的爆发，宣布与

① Dorothy Robins-Mowry, *The Hidden Sun: Women of Modern Japan* (Boulder: Westview Press,1983), p.81.

中国工农大众站在同一阵营。两年以后，它又反对日本在政治上向法西斯主义转化。内务省迅速对此采取措施。1933 年，警察逮捕了“水平社”的 100 多名领导成员。1935 年到 1937 年间，内务省又将解决日本贱民家庭困难的预算额度增加了 3 倍，对“水平社”进行利诱。作为回报，这些团体也缓和了对政府的激烈批评，开始步调一致地响应政府“全民团结”的号召。基于这种情况，“部落民”组织同意使自己“遵守‘国体’本义，通过实现民众和谐为国家兴盛做出贡献”。1938 年 11 月，“水平社”举行第 15 届全国会议，宣誓全力支持战争。[①]

比较起来，那些新宗教团体受到了更为严厉的镇压。由于这些宗教团体被控以“叛逆罪”，内务省官僚在全国范围内开展了“铲除邪教”的运动。《国体本义》之类著作的盛行，表明 20 世纪 30 年代的政府助长了官方正统学说的威势。这种官方学说的中心内容在于天皇作为日本国家的最高领袖和国民家庭的仁慈家长，具有神圣不可侵犯的权威。虽然并不是明目张胆地反对天皇，但许多新宗教团体信奉的教义确实威胁到了天皇形象的核心地位，例如，遭到起诉的大本教，就被谴责尊崇天照大神之外的神祇。在政府“检举江湖邪教”的运动中，最为戏剧性的时刻发生在 1935 年 12 月 8 日。这天，数百名警察围攻了大本教总部，拆除了主要神殿，炸毁了一座偏殿，肢解了雕塑的神像，逮捕了近千名教徒。四年之后，国会通过了《宗教组织法》，授权政府解散任何教义不合“皇道”的宗教团体，并促使官员们迅速采取行动，镇压所有非正统的宗教教派。

对社会失序的反感和对围绕国家目标“实现民众团结”的渴望，促使 20 世纪 30 年代的政府官员对那些反对政府政策的组织或是采取镇压手段，或是争取它们的支持。有些组织，如著名的大本教，宁可被摧毁也不愿屈服，但大多数此类组织则缓和了他们的诉求，将目标变得不那么激烈，甚至于自行解散。虽然政府的压力也许是这些“转向”背后最为重要的因素，但却并非如此之多的个人与组织选择改变它们的政治和社会追求的根本原因。在某些

① Ian Neary, “Tenkō of an Organization: The Suiheisha in the Late 1930’s”in *Proceedings of the British Association for Japanese Studies* 2:2(1977), pp.64-76.

事例中，可以看到妇女和劳工团体以合作的、节制的态度抓住新的机会，去促进对他们来说特别重要的任务。同样，民族主义对于探求现代化的道路也是强有力的推动。许多20世纪30年代的日本人相信，满足国家的需要是天经地义的，将天皇置于自己的私人利益之上也是理所当然的，结果导致优先选择了一种驯服和顺从的生活态度，取代了与之大不相同的大正年间的政治多元化和社会多样性。最后，强调忠诚于国家和毫不犹豫地为国捐躯，培育出一种几乎盲目的民族主义，导引日本人越来越深地陷入日中战争的泥沼，最终走向了与美国及其盟国展开的灾难性战争。

日本南进，面对美国

1940年7月，近卫文麿第二次就任内阁总理，仍然无法摆脱第一个任期中令人恼怒的挑战，即中国事变“空前严峻的考验”。近卫文麿声称，他找到了解决这一无休无止极度痛苦的方案，就是将日本军队撤出中国，转而进入东南亚诸国。在1940年7月23日的广播演说中，近卫文麿呼吁建立“新政治体制”，同时强调，如果日本想要在一个剧烈变化的世界里“站在变革的最前沿”，就必须强化同伪满洲国、中国合作的纽带，直至认真考虑“向南太平洋区域挺进”。在8月1日举行的记者招待会上，近卫内阁新任外务大臣，喜好卖弄的松冈洋右创造出一个常常被用来揭示日本政策本质特征的新词。他说，日本担负着建立一个“大东亚共荣圈”的崇高使命。这是一个以日本、伪满洲国和中国为中心，“自然”也包括法属印度支那和荷属东印度在内的地区。

近卫文麿和松冈洋右将法属印度支那和荷属东印度纳入日本帝国的统治范围，增强了地域大大扩张的“共荣圈”的吸引力。他们断言，任何南进行动都将按照“八纮一宇”的崇高榜样而“和平”实现，就像近卫文麿在他的广播演说中谨慎强调的那样。实际上，这是一个善于玩弄言辞的老手故作姿态的伎俩。正如每一个诵读《国体本义》的日本学生都熟知的那样，“八纮一宇”的本意是“八根绳子一个屋顶”。最先出现在8世纪时的编年史《日本书纪》中，用来描写传奇性的第一任神武天皇将其统治扩展到早期日本列岛的其他部族。多亏了天皇家族的恩惠，日本列岛从此享受到无与伦比的繁荣与安宁。1940年的亚洲，复活了的理想描绘出一个由日本及其天皇一家长领导的带有大家庭性质的国家联盟。松冈洋右为此大唱赞歌道，“皇道”将允许“每个国家和每个种族”找到他们“在世界上的恰当位置”。

不过，与仅仅建立一个“八纮一宇”世界的崇高理想相比，南进的诱惑更多地来自现实考虑。据近卫文麿所说，正是由于美英等国利用它们在东南亚所拥有的殖民地向蒋介石供应军事物资，重庆的国民政府才得以苟延残喘。其实，近卫文麿有点言过其实，20 世纪 30 年代晚期，只有微不足道的军事物资通过滇缅公路和华南地区仍然开通的少数港口到达重庆。事实上，1939 年有较多的援助来自西北部的苏联，但平均每月只有 25 000 吨，只相当于两艘货轮的载运量。对于日军大本营来说，未能“膺惩”蒋介石总令人感到难堪，挽回颜面的办法就是将西方当成替罪羊。1938 年秋，甚至在近卫文麿抛出“大东亚共荣圈”的口号之前，代理陆军大臣东条英机就曾在一次对后备役军人的演说中提出了这一构想，并一度占据了全国报纸的版面。东条英机宣称，如果没有伦敦和华盛顿怀有敌意的多管闲事，日本军队本可迅速而光荣地解决“中国事变”。他解释说，只要切断从东南亚到重庆的供应线，蒋介石政府就会像一个漏气的气球一样迅速崩溃。

无论国民党政府是否依赖于西方国家的援助，局势发展的背后潜藏着无可争辩的经济现实，说明英美诸国如今已经成为日本安全的最大威胁，那就是它们是否允许日本为实现自己的国家目标而使用西方在太平洋和东南亚殖民地的资源。令许多日本官员感到心有不甘的是，20 世纪 30 年代晚期，从棉花到废铁和石油，日本进口货物的三分之一仍然依赖于美国，而且情势看来还在变得越发令人担忧。1929 年到 1932 年间，日本从美国购买了 163 500 吨废铁，用来冶炼钢铁、制造军火和舰船，占其进口量的 36%；到 1938 年，日本购自美国的废铁增长为 1 006 700 吨，占其进口量的 74%。同样，1938 年，日本从美国得到了超过 60% 的进口机床，以及诸如钒、钼等几乎所有的精密合金。日本传统上能够自给自足的铜，如今也极为缺乏。1939 年，日本从本国矿产中提炼出 90 000 吨铜，但由于需要大量使用这种金属制造雷管和炮弹，当年不得不进口了 105 000 吨铜，其中 93% 是从美国进口的。所有商品中最受关注的是石油，日本军方给出的评估是“极为危险”。日本燃油几乎 80% 依赖于从美国进口，高级燃油的依赖程度更是超过 90%。到 1940 年夏天，在日本的经济管理者和军事战略家眼中，西方在东南亚的殖民地已经成为令人垂涎的资源宝藏，拥有它便能够使日本跻身于经济强国之列。用近卫文麿的话来说，可以使日本摆脱对越来越怀有敌意的西方国家的依赖。

日本觉得自己与美国在太平洋地区的竞争越来越不可调和，这可不是空穴来风。一般美国人是对日本人有一种道德上的分界线。如果说，许多日本人想象自己是把中国和东南亚国家从白人帝国主义手中解救出来的解放者的话，那么，压倒多数的美国人则将他们看作危险且自欺欺人的压迫者。在南京及其他地方发生的暴虐事件的悲惨场面和详细报道则比任何其他事物更多地激起大多数美国人的强烈义愤。在20世纪30年代晚期的公众舆论调查中，四分之三的受访者坚定地表达了对中国的同情，而主张自己国家对中日冲突采取果断立场的美国人，也比任何欧洲国家里的人多得多。

在限制日本在亚洲胡作非为的方面，富兰克林·罗斯福总统和美国政府并没有任何迟疑。罗斯福总统将日本对中国的侵略和对东南亚资源的觊觎视为对其外交政策最基本的信条明目张胆的威胁。其信条即每个国家都应享有政治自决的权利，都应享有与世界上其他国家进行自由、平等贸易的权利。在现实问题上，总统的顾问们也争辩说，美国需要保护它自己取得东南亚原料的通道。国务卿科德尔·赫尔公开宣称："荷属东印度提供了诸如橡胶、锡矿、奎宁、干椰子肉等相当部分的世界必需品。许多国家，包括美国在内，主要依赖于这些商品。"① 美国驻荷属东印度首都巴达维亚的总领事也发出了严词警告。他在一份备忘录中写道，"美国工业在相当大的程度上依赖于马来西亚的原料"，倘若失去这些供应，"将导致我们整个工业和经济组织陷于混乱"。

随着太平洋地区两大强国陷入相互鄙视和相互猜疑的僵局之中，近卫内阁和日军大本营做出了"南进"的重大决定。1940年8月1日，松冈洋右外相召见法国驻日大使，要求法属印度支那政府允许与中国作战的日本军队自由过境，并允许日军使用当地机场发动对援华运输线的打击。松冈洋右警告法国大使道，法国已经向德国投降，"如果贵国政府决不接受我国的要求，

① Jonathan MarshaLL, *To Have and Have Not: Southeast Asian Raw Materials and the Origins of the Pacific War* (Berkeley: University of California Press,1995), pp.65-66 and 62.

▲ 1940 年 9 月《三国同盟条约》签订后，东京银座的街头到处飘扬起德意日三国的国旗

我国也许将被迫冒犯贵国的中立地位”。①8 月 30 日，法国接受了东京的条件，尽管提出了日本将其行动限制在法属印度支那与中国接壤的省份的附带条件。到 9 月底，日本已经完成了对法属印度支那北部的占领。

松冈洋右洋洋得意，这位盛气凌人的外务大臣发现自己的外交闪电战收获颇丰。1940 年 9 月 27 日，他在柏林与德国和意大利的代表会面，签订了《三国同盟条约》，将签字国绑定为军事和经济同盟者。如果任何一方遭受其他某些国家攻击的话，各签字国有以政治、经济及军事手段相互支援的义务。松冈洋右希望通过这一协定，吓阻美国对日本侵入法属印度支那可能采取的任何针锋相对的行动。12 月 21 日，松冈洋右又与泰国缔结了《泰日同盟条约》，进一步强化了日本的力量。在这一条约中，两国保证发展彼此“紧密而不可分离的关系”，当遭受第三方攻击时，相互给予支援。1941 年 4 月 13 日，松冈洋右又前往莫斯科，与苏联签订了《日苏中立条约》，使日本免除了南进的后顾之忧。1941 年 7 月，日本官员再次诱使法国当局允许日本军队占领了法属印度支那南部。

美国政府对日本的每一次行动都做出了反应。随着 1937 年后中国局势的恶化，赫尔国务卿成为发动对日经济冷战的主要鼓吹者。在他看来，日本在战略物资上对美国市场的依赖，使得这个相对较小的国家特别容易受到经济制裁的伤害。他相信，对日本施加系统化的更大压力，将会在某种程度上迫使日本有所醒悟。赫尔国务卿意识到，他必须注意自己的言论口径，他并不

① Hata Ikuhiko, “The Army’ s Move into Northern Indochina” , tr.Robert A. Scalapino, in James W. Morley, ed., *Japan's Road to the Pacific War*, vol.4: The Fateful Choice: Japan’s Advance into Southeast Asia, 1939-1941 (New York: Columbia University Press,1980), p.172.

希望将日本推到发动对美战争的境地，但他确实想说服日本领导人停止玩弄高风险赌博的愚蠢行为，因为在这样的赌局中，美国可以不断加大它的经济筹码，而日本则玩不起。同样，赫尔希望，适度的行动将会对东京产生影响，日本将会缩回它伸出去的魔爪，亚太地区的和平将可能得到维持。

制裁行动于 1937 年 10 月 5 日开始。这一天，对侵略行径明显深恶痛绝的罗斯福总统（当时他曾私下里将德国和日本称为“强盗国家”）在芝加哥发表了著名的“隔离”演说。总统表示反对“世界上恐怖和无法无天行为的流行症”，认为“在生理上的流行症开始蔓延时，社会就会认可并参与把病人隔离起来，以保障社会健康和防止疾病传染”。虽然没有公开点日本的名，但无疑暗示将日本当成流行病患者而加以隔离。这对日本是一个严重警告。次年 7 月，在三天之内有 1000 多名广州市民死于猛烈的空袭之后，罗斯福总统要求美国的制造业者和出口商人对那些轰炸平民的国家实行“道德禁运”。1939 年 2 月，日本占领了海南岛，随后又占据了位于从法属印度支那到英属北婆罗洲航程中途的西沙群岛。罗斯福总统正式宣布对日本实行飞机和零部件的禁运，并下令将部分美国舰队从大西洋上的基地调往太平洋沿岸。接着，1937 年 7 月 26 日，华盛顿又宣布废除 1911 年签订的《日美通商和航海条约》。这个条约规定了美日之间的贸易，废除了它，便使罗斯福总统能将对日禁运扩展到包括铝、钼、镍、钨等重要物资。1940 年夏，由于日本准备进军法属印度支那北部，美国总统和国务卿正式宣布禁止对日销售航空汽油和润滑油。9 月，当松冈洋右与德国、意大利签订《三国同盟条约》时，华盛顿又将废钢铁纳入了不断增加的禁运物资名单。

到 1941 年，美国逐渐增加经济压力的政策走到了尽头。4 月，就在日本与苏联签订互不侵犯条约之后的几天内，赫尔国务卿向日本驻美大使递交照会，提出了恢复美日正常经济关系的先决条件。这些先决条件被称为“赫尔四原则”，包括尊重别国领土主权，不干涉别国内部事务，维护所有国家平等贸易的机会，以及不得使用非和平手段改变国家地位。1941 年 7 月，日本派军进占法属印度支那南部，表明它并无接受“赫尔四原则”的诚意。美国政府随之签署了一项即刻实施的命令，冻结了所有日本在美资产。据此，政府官员实行了对日全面石油禁运。到 8 月初，英国、荷兰、新西兰和菲律宾也

地图 13.2　1941 年春的东亚

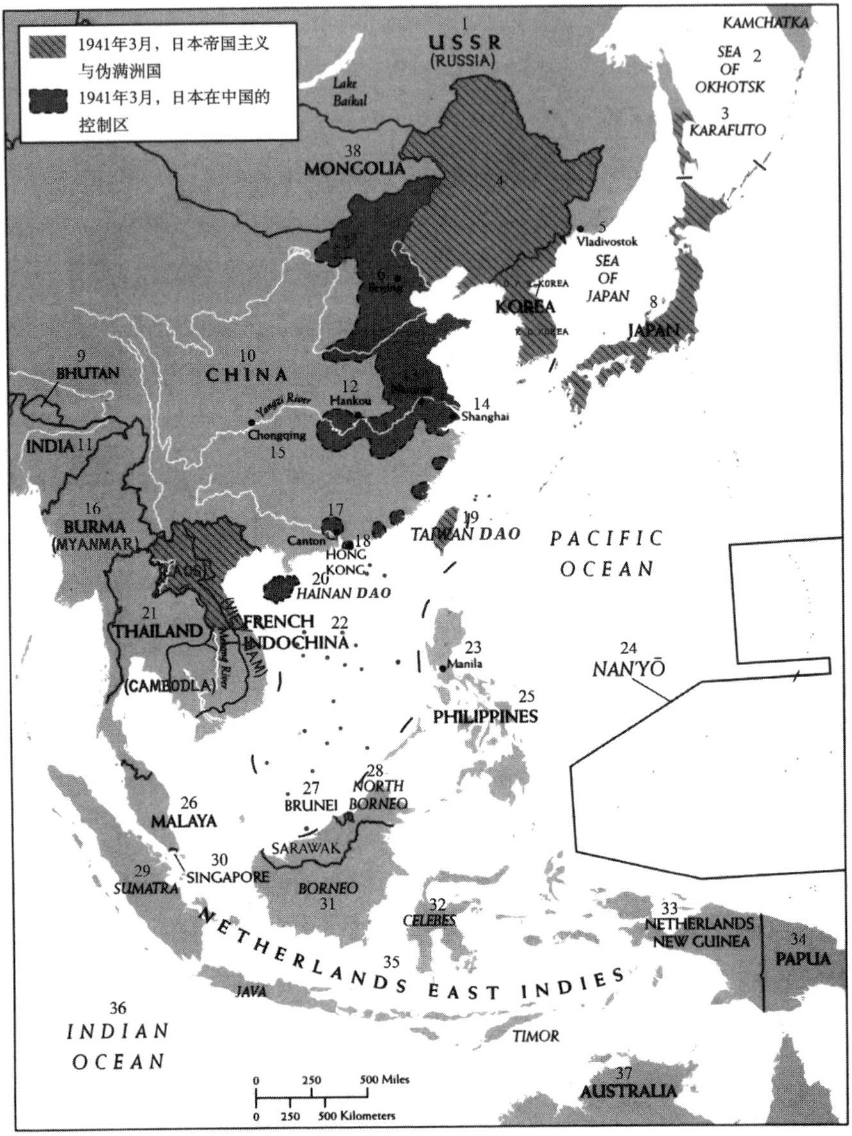

1. 苏联　2. 鄂霍茨克海　3. 桦太（库页岛）　4. 东北（伪满洲国）　5. 海参崴
6. 北京　7. 朝鲜　8. 日本　9. 不丹　10. 中国
11. 印度　12. 汉口　13. 南京　14. 上海　15. 重庆
16. 缅甸　17. 广州　18. 香港　19. 台湾　20. 海南
21. 泰国　22. 法属印度支那　23. 马尼拉　24. 南洋　25. 菲律宾
26. 马来亚　27. 文莱　28. 北婆罗州　29. 苏门答腊　30. 新加坡
31. 婆罗州　32. 塞里伯斯　33. 荷属新几内亚　34. 巴布亚　35. 荷属东印度群岛
36. 印度洋　37. 澳大利亚　38. 蒙古

都采取了相同行动。

至此，已经没有人再会怀疑美国保护其在亚洲利益的决心。1941 年 7 月 26 日，罗斯福总统任命道格拉斯・麦克阿瑟为美—菲军队司令官，并派出数队新式战斗机和远程轰炸机前往美国的太平洋殖民地。两周以后，罗斯福总统与丘吉尔首相在大西洋东北部纽芬兰外海的美国军舰上会面。8 月 14 日，签署了《大西洋宪章》，强化了双方的战略联盟。《大西洋宪章》的八项原则，重申了威尔逊的国际主义，阐明了实行开放与自由贸易所带来的好处，呼吁解除那些“在国境外从事或可能从事以侵略相威胁的国家”的军备。同时，《大西洋宪章》强调，美国和英国“尊重所有民族选择他们愿意生活于其下的政府形式之权利；他们希望看到曾经被武力剥夺其主权及自治权的民族，重新获得主权与自治”。①

1941 年秋

全面石油禁运和《大西洋宪章》的双重冲击，使得日本内阁和军队大本营极为气恼，并最终使他们深信，对美战争无法避免，这是日本无法摆脱的宿命。1941 年的整个 8 月份，近卫文麿召开了一系列的联席会议，日本的重要领导人首相、外相、藏相、陆相、海相及官房长官等会集一处（即所谓“五相会议”。——译注），商讨战略和外交决策。每个人都对英美的强硬姿态深感不满，他们认为，《大西洋宪章》的某些条款简直等于宣战书，因为它迫使各国接受英美对世界秩序的看法，否则就将面临军事报复。还有人猛烈攻击说，美英是两个靠捕食他人为生的强权国家，它们想要把日本逐出中国，但是如果日本被迫从中国撤退，就会造成滚雪球般的严重后果：华北将会沦陷于共产主义者之手；伪满洲国和朝鲜将会遭受危害；日本将会遭受孤立，下降为三流国家。这样一来，日本自 1931 年以来所付出的所有鲜血和财产的巨大牺牲，都将变得毫无意义。

这些会议唤起了对日本所面临的经济困境的关注。陆军参谋本部悲叹日本遭受到 A、B、C、D 四国〔即 American（美国）、British（英国）、Chinese（中国）

---

① Akira Iriye, *The Origins of the Second World War in Asia and the Pacific* (London: Longman, 1987), p153.

和 Dutch（荷兰）〕的封锁，表示日本正被扼杀在封锁中，以战争夺取东南亚的资源是唯一选择，否则日本很快就会丧失保卫自己的本钱。海军的意见与陆军一致。海军认为，在中国内地的征战徒留下懊恼和烦忧，石油战略储备消耗殆尽，剩下的石油只够舰队待在海上不到两个月；1942 年 1 月以后，如果美英两国向日本摊牌，日本将无法采取任何攻击性的行动。对于海军军令部长永野修身来说，不难做出选择：日本要么坐着什么事都不干，这意味着慢性自杀，最终仍将造成屈服于美英压力的极大痛苦；要么现在就采取行动，而这可能尚有七八成的获胜机会。近卫文麿同意日本非常需要取得东南亚的资源，但这位瞻前顾后的首相，还是担心结果会导致日本卷入一场它所无法获胜的战争。

到秋季开始时，日本领导人已经达成了一致意见。9 月初，近卫文麿首相及其他出席“五相会议”的人，前往皇宫的东殿参加御前会议。日俄战争期间，日本政府就曾召开过御前会议。会议由最高的民事和军事长官在天皇面前召开，这给了首相当面奏明政策建议并取得天皇钦准的机会。由于日本日益深陷在中国的战争泥潭中，近卫文麿于 1938 年重新召开了御前会议，以使他的政策能够就此披上无可置疑的合法性圣光，而这只有天皇的钦准才能提供。1941 年 9 月 6 日的御前会议开得正式庄重。近卫文麿表示，尽管局势前景黯淡，他的政府仍然希望做出最后努力与美国谈判。在几周前刚刚发出过邀请的情况下，他将再次发出邀请，希望与罗斯福总统在太平洋上的任何地点举行私人会谈，以向美国总统表达“合情合理”的和平条件。日本方面将表示从法属印度支那撤军的诚意，将同意不在中国国境之外采取军事行动。作为对这些让步的回报，近卫文麿坚决要求美国和英国“既不得干涉，也不得为日本帝国解决中国事变设置障碍；不得采取有可能威胁日本帝国在远东防御态势的行动；与日本帝国恢复通商关系，并供应那些取自西南太平洋领土上的，为日本帝国维持生存所迫切需要的物资”。[①]

近卫文麿不动声色地继续表示，如果罗斯福拒不让步，谈判无果而终，那么日本就将选择开战，“到 10 月上旬，如果还没有通过外交谈判解决我们上述

① Nobutaka Ike, tr.and ed., *Japan's Decision for War: Records of the 1941 Policy Conferences* (Stanford: Stanford University Press,1967).

▲ 山本五十六和他的参谋们

要求的可能性，我们就将立即决定开始对美国、英国和荷兰的敌对行动”。在听取了政府提议采取行动的详细情况之后，昭和天皇朗诵了他的祖父明治天皇的一首诗，曲折地表达了他希望政府领导人更多地采取外交行动的意愿：

四海之内，
皆兄弟。
当今世界，
为何浪涌风急？[①]

随着与ABCD四国开战已如箭在弦上，日本陆军完成了登陆攻击菲律宾、马来西亚、缅甸的作战计划，而头脑聪明又富有想象力的海军联合舰队司令山本五十六，则在制订“偷袭珍珠港”的战略方案。山本五十六是个现实主义者，他十分担心美国的军事潜力，但他也想赌上一把，希望对夏威夷美军舰队的突然袭击会重创美国海军，使日本赢得暂时的战术喘息时机，从而有助于加强从千岛群岛到太平洋中部的马绍尔和俾斯麦群岛周围的防御阵地，然后再在荷属东印度、马来西亚和缅甸设防。拥有了东南亚的丰富资源

① Herbert P. Bix, *Hirohito and the Making of Modern Japan* (New York: HarperCollins, 2000), p.414.

和太平洋上的岛屿，日本就具备了必要的条件，能够坚持一场消耗性的防御战争，最终与美国达成停战谈判。因为据山本五十六估计，如果像多数人所预计的那样，德国实现了对欧洲的征服，美国便不具备自己同时进行两个方向战争的坚忍不拔的毅力。

无论近卫文麿对他在1941年秋天发出的和平邀请怀抱何种居心，美国领导人都几乎不为所动。对于赫尔国务卿和罗斯福总统来说，美国的政策已经广为人知，其中必不可少的内容是日本承诺从中国全面撤军。在充满紧张焦虑和严重危险的9月份，赫尔国务卿在许多场合对日本驻美大使野村吉三郎反复宣示，美国不会放弃它的这一政策。赫尔也回绝了在罗斯福与近卫文麿之间进行高峰会谈的任何可能性。在10月2日与野村吉三郎的会面中，赫尔重申了他的“四项原则”，直言不讳又简明扼要地正告野村大使，除非日本首先同意全部从中国撤军，否则根本不可能安排两国首脑的高峰会谈。野村大使完全明白，日本陆军绝对不会接受从中国全面撤军的条件，他对此感到灰心失望，电告东京谈判已经陷入“僵局”。

由于近卫文麿对争取与美国和解的出价犹豫不决，日本领导人的神经绷得极为紧张。对不可避免的战争的第一声枪响的等待，使人的神经几乎崩溃，要使这种紧张情绪得到释放，看来只能选择行动，迅速地行动。9月中旬，陆军大臣东条英机告诉近卫文麿，在某些时候，即使无法估算是否能够成功，国家也不得不甘冒风险。10月4日的“五相会议”上，在得知赫尔国务卿拒绝了日美两国首脑举行高峰会谈的可能性之后，海军军令部长永野修身宣称：“没有时间再讨论了，我们需要立即行动。”受到这次会议激烈言辞的冲击，近卫文麿威胁说要辞去首相职务，随后他即以“患病”为借口，避居到他的海滨别墅。近卫文麿仍然不愿为对美战争做出最后决断。10月12日，星期天，也是近卫文麿50岁生日那天，他返回东京，把一些关键阁员召到寓所。仍然是那些老生常谈的话题，从中国撤军不可接受；美国的要求太没有道理，将使日本虚掷多年的流血牺牲；赫尔和罗斯福报复心重，毫不妥协，想看到日本倒退回三流国家，匍匐在他们脚下。陆军大臣东条英机提醒诸人，最后决定已于9月6日的御前会议做出，现在已到实施打击的时刻，延误打击只会给予美国不断壮大的时间。四天之后，已把国家带到了对美战争边缘的悲观沮丧的近卫文麿首相，向昭和天皇递交了辞职请求。

在多位政治元老的劝告下，昭和天皇任命东条英机接任日本首相。东条英机始终坚持敌视中国和共产主义的强硬政策，曾经因此获得“剃刀”的绰号。在关东军中的短期任职期间，东条英机作为好战派的领袖，他的“东条特种部队”曾经冒失地于中国事变开始时深入蒙古草原数百英里。1941 年 10 月，昭和天皇之所以求助于这位将军，是因为天皇同意那些想要“另起炉灶”的意见，以便寻找更多与美国谈判达成和解的途径。东条英机的资历表明，在日本再次寻求外交解决之时，直率、严厉的“剃刀”能够保持军部对主张强硬路线者的控制。

东条英机认真执行了天皇的命令，寻求危机的和平解决。到 10 月末，日本领导人几乎一直在无休无止地开会讨论这个问题，挫折感显而易见，到处弥漫。10 月 23 日，永野修身发出警告：“海军每个钟头都要消耗 400 吨石油，不能再拖延了。”陆军参谋总长附议说：“局势紧迫。我们需要立即采取非此即彼的行动。要快！”最后，在 11 月 1 日上午 9 时开始的一直持续到次日凌晨的长达 17 个小时的马拉松会议上，东条内阁得出了新的一致意见。日本将采取两套方案对付美国。A 方案，日本从法属印度支那全部和中国大部撤军，海南岛及北部某些地区除外，日本可在这些地区驻军 25 年；如果美国在全球各地都执行同样政策的话，那么日本也同意在亚洲遵行自由贸易的原则。倘若 A 方案不为美国所接受，那么日本大使就改提 B 方案，即修订近卫文麿 9 月 6 日概括的条件，加上一个限制条款，即美国须每年供应日本 100 万加仑的航空汽油。

会议在阴沉的气氛中结束，没有人确切知道罗斯福和赫尔会对这些方案做出何种反应。大多数出席 11 月 1 日到 2 日会议的人对此都感到悲观，他们坚持说，如果到 11 月 30 日午夜仍不能从美国得到适当的回应，就应尽早开始战争。新首相仍然没有放弃和平努力。11 月 2 日下午，在与天皇仔细考虑过“五相会议”的决定之后，东条英机返回官邸，他对侍从说：“对神发誓，无论如何我都希望利用这些方案与美国实现和解。”①

① Tsunoda Jun, “The Decision for War” tr.David A. Titus, in Morley, ed., *Japan's Road to the Pacific War*, vol.5: The Final Confrontation: Japan's Negotiations with the United States,1941 (New York: Columbia University Press,1994), pp.264-65(modified).

在华盛顿，赫尔国务卿立即拒绝了A方案，并于11月26日递交给野村大使一份告知外交谈判结束的照会。从年轻时起，赫尔即以专一而坚毅著称，早在19世纪末作为巡回法官骑马横穿田纳西州绵绵山峦的时候，他就已学会了需要真挚待人的准则。作为20世纪30年代的美国国务卿，他谴责日本对中国的侵略，鄙视它对国际条约的无耻背叛，希望通过施加经济压力可以维系和平。然而，经济制裁并未吓住日本领导人，相反他们变得更为一意孤行，决意开拓他们自己的独立经济圈，而这有损于美国的利益。对美国来说，东南亚是一个战略和经济上都极其重要的地区。日本南进，造成了赫尔对日政策的混乱，终于使得国务卿身心俱疲，决定“改弦更张”——放弃外交努力，将美国的前途托付给陆海军。因此，赫尔在给野村的照会中再次拒绝了B方案，并重申了令日本人感到恼火的根本不可能做到的要求：日本必须从印度支那及整个中国撤军，必须承认蒋介石政府，并声明放弃在中国内地所有的治外法权。

东条英机接到赫尔的照会已是11月27日。东条内阁认为这是一次侮辱，是一份最后通牒。事情已经很清楚了，美国和日本根本无法达成任何一致。华盛顿不会容忍东京建立“东亚新秩序”的设想，日本也非常讨厌美国在这一地区的存在，认为这种存在是帝国主义性质的，是对日本国家安全和经济生存的威胁。当天下午的“五相会议”就对美开战达成共识。随后，这一决定在12月1日的御前会议上得到钦准。

东条英机在御前会议上公开表示，他的政府已经“用尽了各种办法”以求争取外交解决，但赫尔和罗斯福“拒不退让一寸”。东条英机得出结论：“既然天皇的旨意无法通过外交途径达成”，那么，战争已经“不可避免”。[①]会议临结束前，枢密院议长兼天皇的长期密友原嘉道，说出了许多日本领导人共有的观点：

> 在与美国的谈判中，天皇陛下不惜通过一再让步以维系和平。但出乎预料，美国政府始终在做蒋介石的代言人。美国显得自负、

---

① Tsunoda Jun, “The Decision for War” tr.David A. Titus, in Morley, ed., *Japan's Road to the Pacific War*, vol.5: The Final Confrontation: Japan’s Negotiations with the United States,1941 (New York: Columbia University Press,1994), pp.264-65(modified).

固执和粗暴无礼。确实令人遗憾。我们实在无法容忍这种态度。

如果我们打算屈服，那我们所放弃的就不仅是中日战争和日俄战争的战果，还包括“满洲事变”（即“九一八”事变）的获益。这是我们所不能接受的。我们不愿强迫国民遭受更大的苦难，自中国事变发生以来的四年间，他们的忍耐已经达于顶点。但事情很清楚，我国的生存正在遭受威胁，明治天皇的伟业将付之东流，对此我们别无选择。我相信，如果与美国的谈判无果而终，开战就将不可避免。①

甚至正当原嘉道发言之时，日本舰队已经起航出海，带着“袭击珍珠港”的命令向夏威夷急进。攻击行动定于 12 月 7 日拂晓，这是当地时间，在国际日期变更线的日本一侧则是 12 月 8 日。

① Akira Iriye, *Pearl Harbor and the Coming of the Pacific War: A Brief History with Documents and Essays* (Boston: Bedford /St. Martin’s,1999), p.94(modified).

第十四章

“大东亚战争”

1941年12月8日星期一，天尚未破晓，侍从武官就将东条英机首相唤醒。日本帝国海军军令部刚刚收到特遣舰队发送的密电“虎！虎！虎！”：正在袭击珍珠港，胜利在望。随着整个早晨此类消息接踵而至，日本的战绩开始明朗。最后的清点发现，日本飞行员击沉或损毁了8艘美国战舰以及12艘其他船只，击毁了将近200架美国飞机，使美军伤亡近4000人；而日本方面仅损失飞机29架，死亡64人。在东京，东条英机非常“高兴”，为了这个“奇迹般的胜利”和“顺利的开始”而“向神致谢”。7点10分，天皇收到了详细的简报，分享了东条英机的“喜悦”。“一整天，”某位侍从武官在日记里写道，“天皇都穿着海军制服，看起来兴高采烈。”①

上午7时，当日本广播公司播送皇军已经“在西太平洋和英美军队进入战争状态”的含义模糊的公告时，日本公众首次获悉一个重大的日子降临在自己身上。整个早晨，激动人心的爱国歌曲充斥着各个广播频段，在城市街道的角落报贩子振铃提醒人们注意号外。中午，日本广播公司的播音员向翘首以待的国民宣读了天皇向美英两国正式宣战的诏书，东条英机也发表了简短的演说。日本的目的，天皇和首相强调，是带给东亚和平与稳定。他们把花言巧语裹上道德公正的外衣，批评中国不能理解日本的真正意图，谴责美英两国企图把帝国主义统治扩展到全亚洲。天皇的诏书强调，“事态之趋势”如果不加制止，最终“帝国之存立亦将濒于危殆”。他断言，日本除了拿起武器“粉碎一切障碍”之外，“别无生存之法”。

起初，日本的军事机器似乎不可战胜。在刚发动战争的第一个早晨，即

① Herbert P. Bix, *Hirohito and the Making of Modern Japan* (Tokyo: HarperCollins,2000), p.437.

▲ 麦克阿瑟从菲律宾脱险后对新闻记者说的"我将回来"成为名言，传播到世界的各个角落，被印在报刊杂志、邮票甚至纽扣、火柴盒上。

偷袭珍珠港的数小时之后，日本飞行员轰炸了麦克阿瑟上将部署在菲律宾的飞机，并摧毁了其中的大部分。两天后，日本轰炸机在马来半岛东岸中部击沉了英国的新战舰"威尔士亲王"号和重型巡洋舰"却敌"号（也作"雷巴鲁斯"号——译注）。12 月 25 日，日本军队按计划占领了香港。1942 年 1 月 2 日，长驱直入马尼拉，几周之后就接受了所有美国和菲律宾军队的投降（麦克阿瑟上将在败走澳大利亚时发誓，"我将回来"）。日本皇军突袭马来半岛，2 月 15 日占领了新加坡——英国在东南亚的明珠和"无法攻取的要塞"。同日下午，日本伞兵从天而降，控制了苏门答腊岛的油田。3 月 5 日，势不可阻的远征军占领巴达维亚，三天后进入仰光，截至这个春天快要结束时，日军已经占据了所罗门群岛、吉尔贝特群岛，甚至太平洋中部的威克岛。日本的旗帜在全球四分之一的地方飘扬，当天皇在自己的花园散步时，他发现胜利果实来得太快，几乎没有时间好好品尝。

事情不会就此下去。就在日本战舰横扫太平洋时，美国重整旗鼓。到 1942 年年底，日本帝国的海陆军已经开始感觉到美国反击的力量。在短短的三年内，日本将遭受可怕的失败，其"大东亚共荣圈"会成为一个破碎的记忆。在珍珠港事变前的几个月里，日本领导人曾经警告过，如果日本不能打败一个"自负、固执、无礼"的敌人，国家的命运将会如何？1945 年夏，美国的胜利使日本倍感沮丧，事实证明，它在日本普通民众中引起的反响比 1941 年秋"五相会议"上提出的严重警告所引起的还要巨大。

▲ 1942 年 2 月 15 日，日军占领荷属苏门答腊岛上的巨港油田

战争、政治及经济动员

随着国家孤注一掷地投入到与西方超级大国的全面战争当中，东条英机着手加强自己作为首相的特权，制订全国总动员的计划。1941 年东条英机就任首相时，还继续兼任陆军大臣，并任命自己担任内务大臣（他任此职直到 1942 年 2 月 17 日），同时短期负责过其他一些省的事务，甚至兼任军需大臣，这个军需省是为了对经济规划予以更有效的指导而于 1943 年成立的。到战争中期，东条英机前所未有地承担了各种职责，成为日本历史上最有权势的首相。

然而，不管他统揽了多少权力，东条英机从来不能完全驯服日本其他政治精英。或许，军队具有独立的最高指挥权，比其他任何因素都更能阻挠他独揽军队大权的努力。这是个始自日本明治早期的基本统治原则，指军队享有相对自治权，它的四个最主要的官员即陆军大臣、参谋总长、海军大臣和军令部长，直接且单独向天皇而不是向首相汇报。结果，首相从来不能发挥真正的军队统帅的作用，即便在“珍珠港事件”之后也是如此。由于东条英机无权干预作战决定，海军经常在太平洋上自行其是，不和陆军互相策应。

1942 年 6 月，日本海军在中途岛首次失利，损失了几艘航空母舰，但直到海战的一个月后，海军军令部长才把这次惨败告知首相。

东条英机的陆军背景使他向陆军倾斜，但即使在陆军方面，他的权力也是脆弱的。他军队里的同僚，尤其是那些资格比他老的人，希望他能和他们协商，还有一些人则对应该如何达到战争的目标持有相反意见。1942 年，东条英机希望把瓜达尔卡纳尔岛的部队调往另一个战区，参谋本部则要求为他们提供 62 万吨军需品。当东条英机拒绝供应时，参谋本部的一名主要成员冲进他的办公室，骂他是个“愚蠢的傻瓜”，坚持要求他改变决定。那年后来的某个时候，石原莞尔——他认为东条英机完全疯了，因为他使日本投入了一场必败无疑的灾难性战争，日本在物质上根本无法和美国抗衡——走进首相办公室，向东条英机挑战，要求他或者辞职或者开枪自杀。东条英机对军队行使权力，但却没有办法左右它。

在战争时期，文职官僚机构也继续行使重大的统治特权，某些对民众动员工作至关紧要的机构甚至扩大了它们的权力范围。和战前一样，政府依然是各职能机关和代理机构的联盟，它们每一方都警惕地保护自己的特权，并相互争夺资金、资源和权力。此外，一些为首的官僚都固执己见，东条无法使他们听命于他。1944 年 2 月，东条英机召集了司法省的几个主要法官，命令他们对那些被证明犯有扰乱治安罪的人处以更严厉的惩罚。法官们把东条英机的命令撇在一边，其中一人坚决地说，首相的指示违反了司法自治的宪法规定，另一个人则干脆呼吁首相下台。

甚至连议会里的政治家也经受住了东条英机的各种侵犯，继续保持作为战时政治景观的一个独特部分。不像德意志帝国议会，日本帝国议会在战争期间定期集会，于每年的 12 月 26 日召开为期三个月的会议，并保留了传统的通过立法、批准预算、就战争和国家政策问题质询首相及其大臣的权力。对首相来说，幸运的是议员们都是真正的爱国者，他们谴责恶毒的英美敌人的充满激情的演说回荡在华丽的议院会堂。此外，继 1942 年的大选之后，为了证明他们对国家的忠诚，大多数议员加入了大政翼赞会（IRAA）的下属机构翼赞政治会（IRAPA）。在翼赞政治会的指导下，战时议会批准了内阁提出的所有主要议案，通过了首相的每一个年度预算。

表面上看，东条英机似乎满足于和议会的融洽关系，因为议会通常几乎不经审查就批准其动议，而且战争时期当然是议会对日本政治生活发生影响的最低点。但是，在团结与顺从的表象底下，往往隐藏着对东条英机的不满。战前的一些自由主义者拒绝加入翼赞政治会，许多议会成员对某些具体政策提出了令人不快的批评（从 1943 年 12 月到 1944 年 3 月的第 84 次常会的官方记录来看，他们否决了近 100 项政府动议）。因受挫于棘手的议会反对意见，并受到文武官僚机构内部好斗的反对者阻挠，东条英机从来没有成为一个纳粹式的独裁者。他尽可能充分地行使他作为首相的特权，但是他的权力最终很可能比罗斯福和丘吉尔在他们统治集团内部行使的权力要少。

无论东条英机和其他政府精英之间存在着什么样的政治分歧，他们都想通过掌控私营部门使日本的经济完全处于战时体制之下。政府不断努力组建卡特尔式的统制机构，这是近卫内阁于 1940 年 12 月签署的《经济新体制纲要》中提出来的。1941 年春，“铁钢统制会”最先成立。10 月，东条英机就任首相后，很快开始成立多种行业的统制会，包括煤炭、水泥、机械、精密仪器、机动车辆、外贸和造船等。

在新的体制安排之下，每个统制会都受到有关省的监督。各公司的所有权与利润仍在私人之手，但是每个统制会都要对完成主管省订立的生产指标负责。为此，每个统制会都指定了自己的会长，通常是某个成员株式会社的社长（三井的社长操纵煤炭统制会，三菱的总裁领导陆军航空工业统制会），并成立了规划研究委员会以协调成员会社的行动。“铁钢统制会”有 300 名专职雇员，他们从各公司收集情报，把原材料分配给组成成员，通过确定生产限额调节内部竞争，而且通常要保证所有公司的运作和国家的目标保持一致。

统制会在某些方面实现了目标。1941 年和 1942 年，尽管因为美国禁售废铁，以及太平洋上战火蔓延，远洋运输的安全越来越难以预料，造成了原材料的短缺，但是铁钢统制会还是完成了指标的 90%。但是，东条英机对此从来没有完全满意过。在他看来，某些统制会，尤其是那些以大财阀的著名董事为首的统制会太过自行其是。他还抱怨主管省和统制会之间因资源而起的激烈竞争削弱了战争努力。某个政府官员估计，战争期间这种竞争使飞机的产量削减了一半。

东条英机对此十分不满，于是在 1943 年 11 月成立了军需省，以便更能集中控制从事军需品生产的企业。但是，这种改组全然无用，即便新机构身兼内阁计划委员会和商工省的职能，并以东条英机作为首任军需大臣。革新派的官僚、伪满洲国的老官员、东条英机的首席经济顾问岸信介抱怨官僚惰性。“军需省通常要花两个或三个月时间就一件重要事情做出决定，”他评述道，“然后内阁会议必须讨论这个决定，接下来再发布由各级政府和产业部门执行的命令，因此决定生效可能要在半年之后。即使一个英明的决定，有时到实施时也失去了价值，因为情况已经发生了变化。”①

东条英机及其内阁还面临着另外的挑战，即如何组织劳力并有效地把他们引导到与战争相关的产业。1939 年，政府曾对工资水平加以控制。随着“珍珠港事件”之后战争的扩大，当局提高了某些工业部门的补偿和补贴，作为吸引劳工到战略要害部门的一种办法。但是截至 1941 年年底，军队征召了 240 万人，1945 年 8 月达到 720 万人。军方的巨大需求很快使得采取更加强制性的办法成为必然，当局转而征用劳工到工厂工作，如表 14. 1 所示。1938 年的《国家总动员法》和 1939 年 7 月 8 日颁布的《国民征用令》，授权政府把所有 16 岁至 40 岁的男性和 16 岁至 24 岁的未婚女性登记在案。随着征兵吸收了越来越多的人员，政府开始号召男子当劳工。到战争末期，近 160 万名年轻男子收到了征召他们到工厂尽义务的白色命令书，它们几乎和红色的征兵通知书一样令人胆寒。

表 14. 1　征用的劳工 (1939 ~ 1945)

年份	人数
1939	850
1940	52 692
1941	258 192
1942	311 649
1943	699 728
1944	229 448
1945	47 771
总计	1 600 330

根据杰罗姆·B. 科恩 (Jerome B. Cohen) 的《战争和重建时期的日本经济》(明尼阿波利斯：明尼苏达大学出版社，1949 年)，第 318 页。

① Dan Kurzman, *Kishi and Japan: The Search for the Sun* (New York: Ivan Obolensky,l960), p.185.

一开始，日本政府不愿征用妇女到工厂做工，宁愿她们待在家里，做本分的妻子，生育未来的公民以便帮助管理“大东亚共荣圈”。1942年在议会的一次演说中，东条英机把日本妇女称作为家庭成员烧饭做菜的“温暖源泉”；其妻东条胜子也在位于东京一个高级住宅区的家中高高兴兴地宣称“养育孩子是一件很快乐的事情”①，来推动丈夫的新人口生产运动。1943年秋，越来越严重的劳力短缺促使政府重新考虑对征用妇女的态度。内阁认为在自愿的基础上，可用妇女在17个产业部门取代男子。次年1月，东条英机宣布妇女可以在其他基础工业部门做工；一个月后，政府又把全国劳工登记的范围扩大到12岁至39岁的女子（男子则为12岁至59岁）。最后，即使国家不再征用女子，爱国主义、公民职责以及常

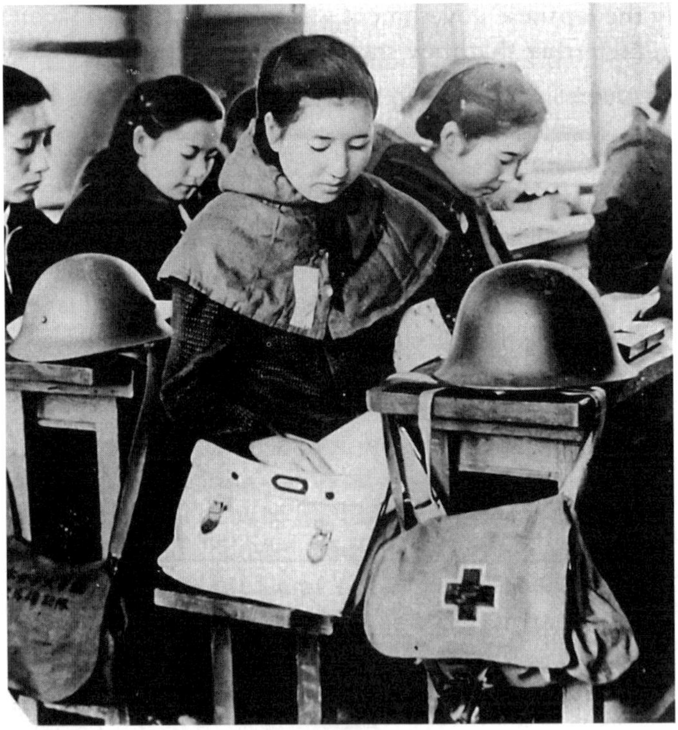

▲ 自愿到工厂工作的女大学生

① Regine Mathias, “Women and the War Economy in Japan” in Erich Pauer, ed., *Japan's War Economy* (London: Routledge,1999), p.68.

常来自家庭和邻居的沉重压力，也会迫使许多年轻姑娘到工厂干活。截至1942年2月日军占领新加坡时，日本工人总数的42%是女性（1930年是36%），到1944年10月，数量空前的女子进入战略产业部门工作。电子通信和制药业全部雇员的60%、兵工厂雇员的40%，还有飞机制造业雇员的30%都是妇女。

战争期间，随着劳力短缺不断加剧，政府转而挖掘其他人力资源。从1944年开始，政府开始从中学征召学生，最后有300多万名男孩被召到与战争有关的工厂做工。截至1945年8月，近1/5的产业工人不到20岁。日本政府甚至征用战俘和外国劳工。1945年，有大约5万名战俘和3万名中国契约劳工在日本做苦工。肮脏危险的煤炭工业尤其喜欢使用外国劳工。几乎没有日本人想要应召到军队当矿工。煤炭统制会曾经指出，事故频发以及劳动超时使得日本人“对于在地下工作感觉十分糟糕”，因此特别需要外国劳工。

战争期间，东京政府还要指示朝鲜总督府每年派遣一定数量的工人到日本。有些人是自愿而来，但是大多数是被日本占领军宪兵队的代理人从农田和城市街道上劫掠到船上，运到日本西部的港口，再装上封闭的火车载到矿场和工厂的。1941年至1945年间，多达60万到100万的朝鲜人被送到日本，其中到矿场的人最多（1945年北海道矿工的一半是朝鲜人），但朝鲜工人也分布于日本的其他经济部门，从造船业到军需工业和农业。他们的出现，有助于改变日本的劳动力短缺状况。1941年，工业化经济关键部门的工人几乎都是日本的成年男子，到1944年，已有大约一半是学生、妇女和朝鲜人。

尽管有统制会引起的纠纷、各省之间的竞争以及征用劳工的问题，国家机关的集体努力还是确实做到了由政府控制经济、掌握国家的人力和物力。在某种程度上，经济对于人们提出的要求做出了积极的反应。虽然早在太平洋战争的初期就出现了原材料的短缺和生产上的瓶颈，但日本人民还是衣食无缺。日本的战争机器隆隆驶过了1942年，而如表14.2所示，迟至1944年，许多关键产品的生产量指标仍然超过了1937年的水平。

表 14.2　战时的生产量指标（1937 ~ 1945）

	1937	1938	1939	1940	1941	1942	1943	1944	1945
农业	100	98	105	99	95	100	96	76	59
水稻	100	99	104	92	83	101	95	88	59
矿业	100	106	112	120	120	118	119	108	51
煤	100	108	113	125	125	121	127	120	74
制造业	100	103	114	119	123	120	121	124	53
钢铁	100	115	123	128	135	140	156	146	52
机械	100	110	135	163	188	195	214	252	107
化学制品	100	114	122	120	120	100	87	80	33
纺织品	100	83	83	75	60	48	31	17	6
食品	100	101	104	90	78	69	58	47	32

根据中村隆英的《萧条、恢复和战争，1920 ~ 1945》，转自约翰·W. 霍尔 (John W. Hall) 的《剑桥日本史》第 6 卷：彼得·杜斯 (Peter Duus）的《20 世纪》(剑桥：剑桥大学出版社，1988 年)，第 489 页。

整顿后方

在“珍珠港事件”之后的一段时间里，日本政府炮制了一套战争的说辞，以便争取公众舆论对国家努力的长久支持，并向亚洲人民说明自己行为的正当性。不足为奇的是，对日本战争目的的阐述吸收了早先近卫内阁用过的辞藻：日本不是仅仅为了自己，而是为了整个亚洲而战；西方是“不道德”的——有钱有势的、种族歧视的、文化上的帝国主义，包藏“膨胀的野心”，如天皇的宣战诏书所言，是想“称霸东洋”。日本的使命，用偷袭珍珠港数小时之后，内阁通过的一项政策声明中的话来说，就是发动反对西方的“圣战”，解放亚洲殖民地的人民，使“所有国家和民族处于和平之中”。为了确保人人都能理解其意图，1941 年 12 月 12 日，日本政府宣布了在中国和太平洋进行战争的新名称：“大东亚战争”。

为了保证日本人民都能了解正确的言论，官员们加紧监督大众媒体。对政府审查官员来说，幸运的是大多数记者都愿意合作，尽可能突出战争新闻，搜罗那些国内消息，使之符合 1942 年内阁发布的指示：使每一条新闻和每一个广播节目都“与国家目的保持一致”。几年后，全国性日报《朝日新闻》的一名通讯记者回忆，他的同行编辑比他在中国前线当陆军中尉时所率领的士兵还要有“侵略性”和“好战精神”。其竞争对手《读卖新闻》的一个工作人员则回想起他自己的往事，他曾经连续几天拜访战死者家属，希望能发现特别生动的故事，关于悲恸的母亲和理想主义的年轻士兵的英勇事迹。

尽管如此，狂热的国家权威人士还是不能容忍某些新闻报道，它们暗示人民对经济统制不满，谴责国家政策的失误，以及隐含着悲观主义的东西。不悦的官员们可以采取几种随意制裁的方法，从审查专门的报道到停发攻击性的刊物，解雇不听话的记者和播音员。日本出版协会是控制杂志和书籍出版者的机构，它拒绝把纸张发给《中央公论》月刊去印刷1943年的7月号。因为这家期刊登载了谷崎润一郎的连载小说《莳冈四姐妹》(即《细雪》)的前两章。年轻时的谷崎润一郎曾经对描写1894年至1895年的中日战争的浮世绘大加赞赏。20世纪20年代，他已成为日本的文学大师之一，西化和近代化的熏染成为其创作的一个重要主题。但是在“大东亚战争”的严酷考验中，政府的审查人员认为《莳冈四姐妹》是“不相干的”和“消极的”。因为它关于“资产阶级家庭生活”的“伤感”情节无助于推进战争成果。而我们知道，直到今天《莳冈四姐妹》仍然是日本文学的一部经典。一年后，新闻检查机构对有“共产主义者”嫌疑的编辑进行逼供。在这个过程中奸污了一名妇女，杀害了《中央公论》的两名男雇员，之后强迫《中央公论》和《改造》这两份日本杂志中的“无可匹敌的双星”“自行”解散。这种由国家发动的残暴行为，并非独一无二的事例。1944年早些时候，《每日新闻》的一名记者把东条英机的军事策略贬损为“不科学的”，结果“剃刀”下令开除编辑，并亲自安排征召这名不幸的记者入伍，还把他送往马上就要上前线的部队。

▲ 太平洋战争期间美化侵略战争的日本电影《陆军》的招贴画

为了建立基础广泛的公众支持，几个政府机构成立了群众组织，最终几乎吸收了所有日本人来支持战争。

1940年11月23日，如今已成为“勤劳感谢日”，政府把“产业报国联盟”改组为“大日本产业报国会”。在内务省的指导下，新的“产报”（即“大日本产业报国会”）竭力确保工人们彻底了解完成生产指标的必要性，并愿意承受为此必须付出的牺牲，尽管这种牺牲已经随着劳动人口征用比例的上升而越发严重。为了达到这个目标，“产报”的代表们向每家工厂、每爿商店分发政府宣传品，组织演讲、集会和小组讨论来解释日本的战时目标。为了争取职工的合作，建立更和谐的工作场所，“产报”的所属企业介入工人生活的许多方面，成立了所谓的综合合作社。于是，“产报”除了以超出配给量的酒和大米奖励勤勉的工人之外，还经营消费合作社，赞助储蓄计划，执行健康保险项目，并成立有关工人的家庭和法律问题的咨询中心。在种种鼓励下，“产报”的成员剧增，从1940年的大约350万人上升到战争快结束时的640万人。

内阁以产业报国会为榜样，敦促全国几乎每个职业和行业都成立了“报国会”。农民加入“大日本农业报国联盟”，作家加入“日本文学报国会”，等等。这些新组织中比较突出的有“大日本妇人会”。1942年2月2日，当局把“日本联合妇人会”及其他战前成立的争取选举权、消费者权益和节制生育权等的妇女团体合并，成立了“大日本妇人会”。20岁以上的单身女子和所有已婚妇女都必须参加这个新的群众组织。到1943年，“大日本妇人会”已经拥有近1900万名成员，用该会会长的话来说，她们组成了“一支组织起来打一场全面战争的大军，一支大日本妇人的大军”①。更具体地说，“大日本妇人会”安排会员为出发的士兵送行，立誓舍弃金银珠宝而举行简朴的结婚仪式，去战地医院洗衣服，相互传授食品营养价值方面的知识，每月一次尽职地为她们的孩子准备一顿“旭日盒饭”，即在白米饭当中放一颗红色腌梅以象征日本国旗的饭菜。

至于军队，他们努力争取把日本各地原有的青少年团体合并成“大日本青少年团”。该团于1941年1月16日成立，成员为10岁至25岁的男性青少年，其人数很快达到了1400万。一开始，这些年轻人继续开展和以前一样的自发活动，如修建乡村公路和学校等。在军事人员的监督下，他们也抽时间

① Gregory J. Kasza, *The Conscription Society: Administered Mass Organizations* (New Haven: Yale University Press,1995), p.19(modified).

一起看电影，参加周末体育竞赛，以及其他加强年轻人和国家官员之间联系的娱乐活动。“珍珠港事件”之后，政府通过举行集会、组织游行、鼓励四邻参加报国活动等，进一步动员青少年团去鼓励人们支持战争。

内务省对这些新的群众组织感到不安，唯恐可能削弱他们对公民的权力。内务省的官员都是谙于官场搏击的人，1940 年 3 月他们就控制了“大政翼赞会”。1942 年春，他们说服内阁让大多数报国会加入“大政翼赞会”，1943 年秋，青少年团也跟着加入。到这时为止，内务省也已经把大约 130 万个町内会并入了“大政翼赞会”。每个会（平均 12 户左右）经 1940 年 9 月 11 日的一个政令批准（这一天发布了《关于部落会、町内会、邻保班、市町村常会整顿纲要》。——译注），都应该“促进人民的道德训练和精神统一，协助所有国家政策的实施”。“大东亚战争”开始后，内务省让相邻团体负责分配食品和服装的定额配给券，传达政府指令，销售战争公债，组织当地民防，集体收听说明国家战争目的的特别广播节目，监察成员对战争的态度，以及其他无数意在凝聚团体精神和把国家的社会组织联系在一起的义务。

到战争中期，对大多数日本人而言，内务省已成为统治权威的象征，几乎所有日本人都隶属于一个或更多的“大政翼赞会”报国会。然而，无论“大政翼赞会”在动员全国民众和培养团结、奉献的民族精神方面取得了何种成就，它从来没有扮演过像德国纳粹党那样的角色。“大政翼赞会”没有成为大众政党，也没有取得制定政策的职能。此外，内务大臣总是不得不和国家的其他政治精英分享权力，尤其是东条英机和海陆军。整个“大东亚战争”时期，明治宪法规定的多头政治体制一直保留不动。虽然如此，战时的日本领导人还是造就了一个政府权力比以往更全面深入的全民防御的国家，他们也成功地以在其他地方几乎看不到的规模，把人民聚拢在战争努力的周围。

统治“大东亚共荣圈”

相互联系的关于“新秩序”和“大东亚共荣圈”的设想，完全是日本人的发明，是战略家们为寻求思想上的支持而构造的，意在反对他们所察觉到的英美对日本国家安全的威胁。但是，这些观念并不只是空洞的想法，它们符合许多日本人心中的理想主义。“黄色和黑色人种从白色人种那儿得到了什么样的待遇？”1941年11月，一个学生这样发问道，“白色人种对美国印第安人做了些什么？印度的4亿人民经历了什么？在我们的邻国中国，5亿人民遇到了什么？无知却又无辜的印度尼西亚人又怎么样呢？”他继续说，日本的使命是“道德的”，是“建立在所有人种和睦相处的理想之上”。他下结论说，每个国家都必须“有它自己平静生活的地方，履行自己的义务，与其他国家共同发展。这就是我们对‘东亚新秩序’所期待的，我们将一起为亚洲人民建设亚洲”。①

亚洲复兴的前景也引起了实际生活在西方控制地区的人民的有力共鸣。事实上，许多东南亚国家的民族主义者领袖欢呼日军的到来，将其视为挣脱西方帝国主义桎梏的帮助。例如，袭击珍珠港的几小时之后，泰国政府就允许日本使用泰国国土上的基地，以便攻占英国占据的缅甸和马来半岛。一个月后，泰国也对美英宣战。在缅甸，著名的英帝国主义抨击者昂山组织了缅甸独立军，同1943年向仰光挺进的日军并肩作战。而另一个激进的民族主义者巴莫则从英国人的监狱逃脱，成为日本占领军管理下的政府首脑。再向东南方向，在荷属东印度群岛，著名的反殖民主义者苏加诺和穆罕默德·哈塔从流亡地和荷兰人的监狱中逃脱，成为日本军事占领者的顾问。

日本政府利用了亚洲民族主义者的希望。1943年，它给予缅甸和菲律宾独立的地位，同年11月，东条英机邀请伪满洲国、泰国、菲律宾、缅甸和中国南京汪伪政权的代表参加在东京举行的“大东亚会议”。会议结束时，巴莫起身感谢日本人帮助亚洲人民重新获得兄弟相亲和休戚与共之感。会议发布了公报，宣布经济独立的共荣圈为走向“普遍的理解、和平、稳定”提供了唯一必然的途径。在关于亚洲人民兄弟情谊的辞藻华丽的声明中，有时为人们所遗忘的事实是，“大东亚战争”确实结束了亚洲从缅甸和法属印度支那，穿过马来半岛，向外延伸到菲律宾、荷属东印度群岛和新几内亚岛的这一大片地方的西方殖民主义。

虽然西方殖民主义者可能已经从亚洲的大多数国家消失，但是许多民族主义者领导人，包括那些起初热烈欢迎过日本人的人，后来都气愤地认识到朝鲜人和中国人早已从残酷的经历中了解的事实，即日本殖民主义者也许

① Marilko Asano Tamanoi, “Knowledge, Power, and Radical Classifications: The ‘Japanese’ in ‘Manchuria’”, *Jurnal of Asian studies* 59:2(May 2000), p.260(modified).

和西方殖民主义者一样贪婪、残忍。东京政府依靠军队管理被占领的土地。1941 年 11 月，当日本准备和美国开战时，“五相会议”制定的政策指导方针指示占领者“为了便于我们获得基本的战略物资”，必须严厉统制当地经济。一年后，某个内阁成员更坦率地说：“对我们来说，这里没有限制。这些是敌人的财产，我们可以拿走，可以为所欲为。”①

“大东亚共荣圈”的国家和领土早先被西方侵害，现在要把它们的能源、战略物资和工业产品送交日本军队。荷属东印度群岛的石油是必争之物。截至 1943 年，占领军政府已经完全控制了那些岛屿，以致东条英机自负地宣布永远结束了日本的石油短缺。军需官和私商从菲律宾获取铬、铜、铁矿石和锰，从缅甸获取铅、钴、钨，从泰国和法属印度支那获取橡胶、锡，从马来西亚获取矾土。朝鲜继续输送大量的轻金属和铁合金，中国华北和伪满洲国的矿场则出产煤。战争期间，日本人消耗的所有能源的三分之二是煤，1943 年大约 20% 的煤是进口的。如表 14. 3 所示，日本公民也依靠帝国而获得必不可少的粮食，尤其是大米。

表 14.3　大米的进口量和国内产量（1937 ~ 1945）

单位：千吨

	进口						
农事年 *	朝鲜	中国台湾	荷属东印度群岛	泰国	缅甸	进口总量	国内产量
1937	1123	809	1932	0	48	1980	9928
1938	1692	829	2521	0	25	2546	9862
1939	948	660	1608	0	26	1634	10 324
1940	66	464	530	461	313	1860	9107
1941	551	328	579	677	461	2517	8245
1942	873	284	1157	741	628	2581	9999
1943	0	302	302	688	164	1183	9422
1944	583	217	800	39	35	874	9784
1945	227	41	268	0	0	268	6445

* 到 10 月 31 日为止为一个农事年

根据杰罗姆 · B. 科恩（Jerome B.Cohen）的《战争和重建时期的日本经济》（明尼阿波利斯：明尼苏达大学出版社，1949 年），第 368、369 页。

---

① Ienaga Saburō, *The Pacific War*, 1931-1945, tr.Frank Baldwin (New York: Pantheon,1978), p.155.

与日本的贸易交换最终往往损害了当地经济。日本政府确定进出口价格并固定有利于日元的货币汇率。新占领地区的占领军政府几乎根本不注意发展有利于当地人民的制造业，收购政策也只是根据日本的需要而执行。在印度支那，军队任意强占水稻收成，它需要更多的原材料时，又强迫一些农民毁掉稻田改种黄麻。最后甚至像巴莫这样的早期支持者也感到希望幻灭。他悲叹道，“只有一个目标和利益，即日本的利益；东亚国家只有一个命运，即成为众多永远依靠日本的‘满洲国’或朝鲜”。[①] 这些成了所谓“共荣”的现实。

经济剥削表现了日本人自认高贵而轻蔑对待当地人民的殖民统治，但这种殖民统治并不仅仅表现在这个方面。军政府的首脑往往惯于把日本人说成是世界上“首要种族”的帝国“神代史”，把最好的旅馆和娱乐设施留给占领军专用。大多数军政府首脑还实行“日本化”的计划，要求当地人民向所有日本军人鞠躬，庆祝日本的节日（天皇的生日 4 月 29 日成了“共荣圈”的庆典），并用日本的官方日历标志年岁。结果，1942 年成了从传说中帝国建立的公元前 660 年算起的 2602 年。

更残忍的是对人身的暴行。在中国前线的经历，使得日本侵略军憎恨似乎总是密谋反抗他们的占领区民众。日本皇军也把这种怀疑的态度、对自己种族优越性的信仰和不人道行为的倾向带到了东南亚和太平洋诸岛。在亚太地区，日军臭名昭著，他们只要受到最轻微的挑衅，就会侮辱、殴打和训斥非日本人。有组织的、制度化的暴力是占领时期政策的另一个方面。在荷属东印度群岛，日本占领者以捏造的罪名逮捕著名的民族主义者，把抓捕到的农民塞进船里运到其他地区当劳工，处决用短波收音机收听同盟国广播而被当场抓住的印度尼西亚人。占领新加坡后，日本当局逮捕了 7 万多名被怀疑搞破坏活动的华侨。据目击者说，其中数千人被绑在一起装上船，带到海上，然后从船上推下去。在马来半岛，占领军关闭学校，把校舍改为军营，分给当地人定量只及日本人一半的口粮，并杀害那些到军队仓库偷东西的马来人。

妇女经受了可怕的痛苦。对妇女的蓄意侮辱在朝鲜最为严重，产生了许多

① Ba Maw, *Breakthrough in Burma: Memoirs of a Revolution*, 1939-1946(New Haven: Yale University Press,1968), p.185.

▲ 生活在日军铁蹄下的菲律宾人民

问题。招工者受日本皇军的指使貌似签约雇用年轻女子到国外的纺织厂做工，实际上是送她们到遍布亚洲的简陋军队妓院。其他朝鲜女子也加入了她们的队伍，其中许多人10岁刚出头就被强行从城市街道和乡村小路上拉来，充当日本士兵和殖民地管理者的“慰安妇”。在新加坡，被抓获的中国、菲律宾、马来西亚和荷兰妇女也被迫从事这种服务。总计多达10万至25万妇女死在日军的妓院，还有数目不详的成千上万的妇女死于疾病和营养不良，而在战争快结束的那段时间里，惊恐的日本士兵开枪或用刺刀杀死了其他难以计数的人。

在亚洲，战争和滥用占领时期政策而造成的残杀令人难以想象。除了慰安妇以外，还有多达7万名朝鲜男子作为劳工客死日本，或作为日本军队中的“志愿者”而死。据菲律宾政府统计，平民的死亡和战争引起的死亡合计12.5万人。印度政府估计，在缅甸前线作战时的伤亡是18万人。法国宣称，20个越南人中就有1人死亡，主要是因为造成了1945年严重饥荒的日本农业政策。联合国的一份报告估计，爪哇有300万人，其他海岛上还有100万印度尼西亚人或被日本人杀害，或死于饥饿、疾病和医疗保健的缺乏。估计有30万至100万印度尼西亚人被日本人强征为劳工，其中可能一半人死亡。某个官方记录声称，被拘押在荷属东印度群岛的13万欧洲人中，有3万人，其中包括大约7000名妇女和儿童，死在狱中。中国的痛苦最为深重，在

1937年至1945年间，被杀害的中国士兵的官方数据是130万，但加上无法计算的平民死亡人数，大约是900万至1200万人。这些数据并非精确计算后的结果，只能暗示亚洲受到战争之害的无辜者所遭受的无情残忍的暴行。所有这些都成了所谓“泛亚兄弟情谊”的奇异现实。

战争局势峰回路转

日军在战争初期所获的胜利超出了他们最乐观的估计。受此鼓舞，1942年春，日军大本营筹划采取进一步军事行动，以扩大山本五十六大将原来设想的防御圈。日军策划在中国和东印度发动战役，计划入侵阿留申群岛，甚至打算进攻澳大利亚，占领夏威夷群岛。其中几个新的冒险行动奏效了，6月，日军占领了阿留申群岛中的阿图岛和吉斯卡岛，但是日军很快发现，他们的兵力太分散。1942年4月18日，美国航空母舰“大黄蜂”号潜入距日本海岸不到960公里处，詹姆斯·H. 杜立特中将率领16架B-25轰炸机空袭了东京、名古屋、大阪和神户。虽然杜立特的轰炸机给日本人造成的难堪多于实际损害，但是两个月后的6月初，在山本五十六大将驶向他一直觊觎的中途岛，以便把它作为发动对夏威夷的军事行动的基地时，一支未曾预料到的美国特遣部队的猛烈袭击使他损失了四艘不可替代的航空母舰。随后，1942年夏，美国舰队在瓜达尔卡纳尔岛登陆。新年之夜，在经过几个月艰苦的丛林作战之后，日本人决定从岛上撤退。日本海陆军发现，他们已经转入守势，这比他们所想的要快得多。比他们可能想象到的更可怕的是，战争的残酷很快就要落到日本人民身上。

到1943年初，日本在珍珠港事件前的设想显然已经偏离期望，英国没有落入德国之手，事实证明美国人意志并不薄弱，也不像希望的那样倾向于谈判。更重要的是，美国的工业没有因其资本主义的伦理道德而失去生机，它以令人吃惊的敏捷对打一场世界大战的挑战作出了回应。在1940年至1942年之间，美国的国民生产总值增长了1/3多，政府军费开支从占国民生产总值的17%飙升至30. 5%。虽然日本的经济在战争的头几年表现还不错，但是，这个岛国陷入了一场与一个生产力远远超过它的经济巨人的力量不均衡的战争。石原莞尔关于“中国是个泥潭”的预言说到了点子上，他所认为的美国在生产上拥有超过日本的能力也是正确无误的。甚至在第一个全年进行

地图 14.1　太平洋战争

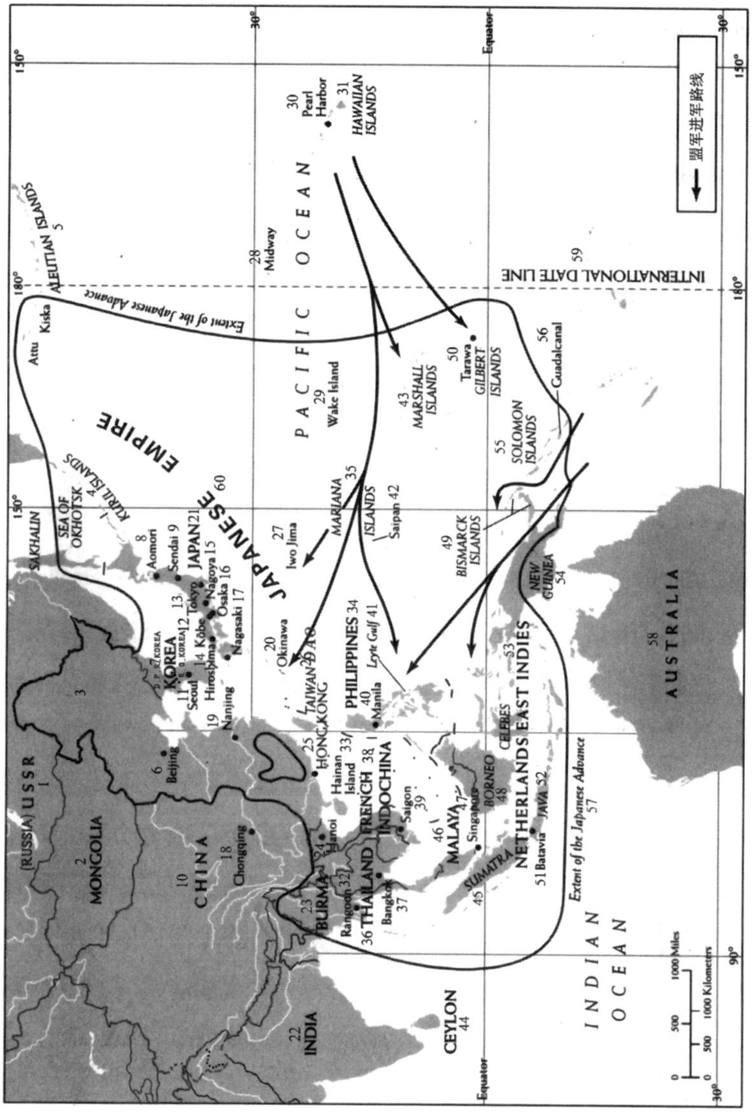

1. 苏联	2. 蒙古	3. 中国东北	4. 千岛群岛	5. 阿留申群岛	6. 北京
7. 朝鲜	8. 青森	9. 仙台	10. 中国	11. 汉城	12. 神户
13. 东京	14. 广岛	15. 名古屋	16. 大阪	17. 长崎	18. 重庆
19. 南京	20. 冲绳	21. 日本	22. 印度	23. 缅甸	24. 河内
25. 香港	26. 台湾	27. 硫黄岛	28. 中途岛	29. 威克岛	30. 珍珠港
31. 夏威夷群岛	32. 仰光	33 海南岛	34. 菲律宾	35. 马里亚纳群岛	36. 泰国
37. 曼谷	38. 法属印度支那	39. 西贡	40. 马尼拉	41. 莱特湾	42. 塞班岛
43. 马绍尔群岛	44. 锡兰	45. 苏门答腊	46. 马来亚	47. 新加坡	48. 婆罗洲
49. 俾斯麦群岛	50. 基尔伯特群岛	51. 巴达维亚	52. 爪哇	53. 荷属东印度	54. 新几内亚
55. 所罗门群岛	56. 瓜达尔卡纳尔岛	57. 日本军队进击范围	58. 澳大利亚	59. 国际日期变更线	
60. 日本帝国的控制范围					

太平洋战争的1942年，美国与战争有关的制造业就超过了日本。到1945年，美国兵工厂生产的武器是日本的10倍。在兵力上日本也是望尘莫及，美国人将一队队飞机、航空母舰、战舰和潜艇派往太平洋。

1943年，麦克阿瑟发动了对所罗门—俾斯麦群岛和新几内亚岛海岸的进攻，而切斯特·尼米兹海军上将则利用正在聚集的美国兵力保护中太平洋的安全，采取隔岛“蛙跳”战术，绕过日军重兵把守的岛屿，袭击比较容易攻击的基地，使美国空军越来越接近关系日本本土诸岛和东南亚的生死攸关的航路。1943年，日本帝国海陆军的日子实在不好过，从瓜达尔卡纳尔岛撤退时，陆军损失了一万多人。4月18日，美国飞行员在所罗门群岛伏击了山本五十六的座机并使其毙命。5月，在美军的反击之下，日本丢失了阿留申群岛。11月，日本在中太平洋最重要的据点塔拉瓦陷落。12月27日，东条英机对议会说：“真正的战争现在开始了。”

1944年，美国加紧反攻，日本的内部防线陷于崩溃。初夏，日军失守塞班岛，海军的430架飞机损失了405架，空中力量遭受重创。这场惨败结束了东条英机的首相生涯。一段时间以来，在日本核心集团内部，对东条英机作为首相和战争领袖的表现的批评一直在增多。1943年，前首相冈田启介在给宫廷显贵的消息中明确警告，要催逼东条英机下台。对首相来说够难堪的是，1944年3月25日，在首相官邸举行的招待会上，反对东条英机的情绪爆发了，众议院议长高声要求东条英机为日本军队走下坡的命运“承担责任”并且“辞职”。某些人在日记里写道，鼓掌声在整个房间同时响起。7月17日，正好塞班岛失守的10天后，一些老牌政治家开会，拒绝投信任票给这把“剃刀”。第二天，东条英机便辞去首相职位下台了。

在老牌政治家的推荐下，天皇任命小矶国昭大将接替东条英机。（参阅表14.4）但是，这个自1942年出任朝鲜总督的老兵，并不比东条英机有更多的成就。塞班岛失守后，海军军令部长预言“地狱即将袭击我们”。同年秋天，尼米兹和麦克阿瑟在菲律宾群岛会师。在10月份的莱特湾战役中，日本海军在武器和战术上都逊于美军，损失了6艘航空母舰。帝国海军的舰队被彻底摧毁，曾经骄傲的海军不再是太平洋战争的重要因素。麦克阿瑟实现了自己“回来”的誓言，1945年初派部队登陆并攻占了马尼拉。美军在菲律宾的胜利，实际上切断了日本和东南亚的联系，使西南太平洋成为战略上的死水。现在，美国人开始直取日本，1945 年 3 月占领硫黄岛，1945 年 4 月 1 日进攻冲绳岛。

表 14.4　日本首相（1941 ~ 1945）

首相	组阁次数	任职时间
近卫文麿	第三次	1941.7.18 ~ 1941.10.18
东条英机		1941.10.18 ~ 1944.7.22
小矶国昭		1944.7.22 ~ 1945.4.7
铃木贯太郎		1945.4.7 ~ 1945.8.17

菲律宾群岛的丢失，预示着日本经济毁灭性的结果。莱特湾战役后，殖民地和被占领地区的丰富资源外流的通道几乎完全关闭。1942 年，油轮曾把东南亚 40% 的石油运往日本港口，1944 年这个数字跌到 5%，1945 年则为零。1941 年日本进口了 510 万吨铁矿石，1944 年只有 170 万吨，1945 年第一季度只有 14. 4 万吨运抵日本工厂。没有了重要资源，制造业的产量下滑。表 14. 2 说明，战争最后一年，钢铁、机械和化工部门产量急剧下降，由此造成的武器产量的下降（参阅表 14. 5）使日本军方茫然失措。这些数字转化为战场上难以克服的劣势。战争期间，空军成了决定性的毁灭性武器。1943 年 1 月，日本能把 3200 架做好战斗准备的飞机投到空中，与美国的 3537 架飞机作战，而到 1945 年 1 月，这两个数字变成了 4100 ∶ 21908。

表 14.5　武器的产量（1941 ~ 1945）

	飞机		战车			舰船		
年份	战斗机	轰炸机	坦克	装甲拖拉机	战舰	航空母舰	巡洋舰	驱逐舰
1941	1080	1461	1024	919	1	5	1	9
1942	2935	2433	1165	1489	1	6	2	9
1943	7147	4189	776	870	0	3	2	15
1944	13 811	5100	342	741	0	4	1	31
1945	5474	1934	94	196	0	0	0	6

根据杰罗姆·B. 科恩（Jerome B. Cohen）的《战争和重建时期的日本经济》（明尼阿波利斯：明尼苏达大学出版社，1949 年），第 211、237 和 262 页。

美国的攻势令日本军方骚乱不安，他们的资源已经衰竭，于是开始铤而走险，牺牲大批士兵、水兵和飞行员的生命，企图以英勇无畏但是最终成为悲剧的方式延缓敌人的推进，或者想以如此骇人的生命代价迫使敌人坐到谈判桌边。从 1943 年的阿图岛战役开始，日本士兵便拒绝投降，而是选择战斗到最后一人，军队的条令禁止士兵“忍受沦为俘虏的耻辱”。在塔拉瓦，舰队的战斗口令就是“不做俘虏”，即使有人做了俘虏，他们也希望自己被杀。这种选择并非没有理由，查尔斯·林白，驻新几内亚岛美军的平民观察家，在他的日记里写道，1944 年 6 月 26 日，在数千名被抓的日本士兵中，只有几百人幸存，其他人都遭遇了“一场事故”。除了为了报效祖国和不想在监禁中死去的自然本能，日本军方的领导阶层还依靠要求士兵牺牲的策略。在中太平洋，军队司令官放弃海滩，把它们让给美军，然后在山区和丛林的据点整顿军队。日本士兵挖掘洞穴和地下掩体，一直战斗到死。生命的代价对于双方都是高昂的。在阿图岛，日军的死亡人数总计达 2600 人，只有 28 人被俘。在塔拉瓦，4600 名保卫者丧生，只有 100 人投降。在 1944 年和 1945 年的菲律宾战役中，30 多万日本人战死。在冲绳岛，实际上整个日本驻军的 11 万士兵全部死亡，而美军 17. 2 万人的进攻部队中也有大约 5 万人伤亡。

1944 年秋，“神风特攻队”飞行员的出现开始把牺牲式自杀崇奉为国家的策略。当年 10 月，大西泷治郎中将，一位军需省的高级官员，抵达菲律宾群岛协调对付美军进攻的准备工作。大西泷治郎清醒地知道，在飞机的制造上日本处于毫无希望的劣势，他请求麾下的飞行员志愿驾驶负载着炸弹的零式战斗机直接冲向美国战舰。10 月 25 日，24 名飞行员身负第一次自杀任务起飞了。他们取得了难以置信的成功，击沉了一艘美国护航舰，还损坏了其他几艘。受到这些成果的鼓舞，大西泷治郎急忙招募更多的飞行中队，陆军的飞行部队也跟着照做。官员们把新的部队单位命名为“神风特攻队”，“神风”意指传说中 1274 年和 1281 年日本的神灵为了赶走入侵的蒙古船队而刮起的飓风。

由于海军的削弱和空军的衰败，日本人将“神风特攻队”自杀式攻击作为战争最后一年主要的自卫手段。对于遭受严重物资短缺的军队来说，自杀

▲ 日本人画作中被美化的“神风特攻队”。

性的飞行中队代表了奇迹即将来临的机会，在给敌人沉重一击的大胆尝试中，他们希望动员日本最后的剩余资源和青年的战斗精神。那些自愿成为特攻队者的勇敢，闪耀着不可否认的光辉，但是他们的牺牲对于延缓美军推进几乎无济于事。到战争结束时，近 5000 名青年死于自杀性任务，但是他们只摧毁了几艘战舰。具有讽刺意味的是，他们最令人瞩目的胜利只出现在作战的第一天，而 1944 年 12 月菲律宾海面上真正的台风对美国舰队造成的损害，甚至比“神风特攻队”最猛烈的攻击还要大。

到 1945 年，年轻的特攻队员们感觉到，他们即将面对的死亡不会对战争结局有多大改变，其中一些人从幻梦中觉醒，在冲向死亡时对着无线电大声咒骂他们的部队指挥官和国家的政治领导人。然而，大多数人给家里寄送的遗诗和遗书，仍然表达着对家庭、天皇和国家的坚定信仰。这些价值观在黑暗战争的最后一年也支撑着他们的许多同胞。就在出发作最后一次飞行之前，一位年轻飞行员写信给他的父亲说：“日本人的生活实在美好，我为此骄傲。日本历史和神话反映了我们祖先的纯洁和他们的信仰，我心向往之。这种生活是祖先传给我们的所有最美好事物的集中体现。来自过去的一切美妙事物在现实中的化身就是皇室，它也是日本及其人民的灿烂美好的结晶。能为保卫这些美好崇高的事物献出我的生命，是一种无上的光荣。”①

另一位年轻人这样写道：“在目前艰苦的战斗中，我们应该高兴地报效国家。我们应该怀着这样的信念冲向敌舰，即日本一直是，将来也是一个只允许快乐的家庭、勇敢的妇女和美好的友谊存在的地方。”

围攻下的生活

年轻人牺牲精神的高尚并未能使日本民众免遭美军直接进攻的痛苦。1944 年 6 月，B-29“超级堡垒”轰炸机开始出动，对经过选择的工业设施，如九州的八幡制铁所和东京西郊的中岛飞机厂进行高空的“精确轰炸”。但是，不完善的轰炸瞄准雷达和其他机械上的障碍困扰着飞行员（对庞大的中岛综合企业的 8 次袭击只造成了轻微的损害），因此 1945 年初，科蒂斯·李梅少将，第 21 轰炸机指挥部的司令官，决定改变策略。他在“超级堡垒”上装上燃烧弹，让它们低空飞行，轰炸城市。这种进攻对这个曾经参加过对德累斯顿和其他德国城市轰炸的人来说，具有某些可望实现的好处。日本的许多小企业都散布在居民区，那里非常易燃，密集的建筑物为燃烧弹的破坏能力提供了最大的可能性。然而不仅如此，在一场对非战斗人员的残忍行为早已变得十分平常的战争里，李梅及其助手为了打击普通日本人的士气，动摇他们对其领导人的信任，企图将大量的死亡和毁灭加在他们身上。

3 月 9 日至 10 日晚上，334 架 B-29 轰炸机，每架携带着近 6 吨石油、磷、凝固汽油和燃烧弹从马里亚纳群岛的基地起飞，向东京东北人口最稠密的浅草地区进发。到达后，进行了猛烈的轰炸。破坏是灾难性的，400 万磅燃烧弹产生的热量如此强烈，以致沟渠和河流沸腾了，钢铁的梁柱熔化了，有 8 万至 10 万人死亡。正如抽着雪茄的李梅在他的回忆录中所说，“燃烧、沸腾、炙烤到死”②。在 44 平方公里的浅草地区内，实际上一切都化为焦土。令人难以置信的是，一夜之间，东京五分之一的工业设施消失了，100 万人无家可归。

---

① Ivan Morris, *The Nobility of Failure: Tragic Heroes in the History of Japan* (New York: New American Library, 1975), pp.309 and 313(modified).

② General Curtis E. LeMay, with MacKinlay Kantor, *Mission with LeMay: My story* (Garden City, N.Y.: Doubleday and Company,1965), p.387.

▲ 被轰炸后的东京几乎成了一片废墟

那些 B-29 轰炸机返回基地加油后再次起飞。在接下来的十天里，它们使大阪、神户和名古屋的人们对战争的杀戮和恐怖有了深切体会。日本人无法阻止美国人的轰炸，他们没有有效的雷达，只有陈旧的防空排炮，而且到 1945 年春只能派出两队夜航战斗机。整个漫长的 1945 年夏天，“超级堡垒”不断来袭，它们的弹舱里装了越来越多的燃烧弹。5 月 26 日，500 架轰炸机在东京西北的居住区投下了 4000 吨燃烧弹。6 月 10 日，一支 2000 架轰炸机和战斗机的大机群连续轰炸了从九州到本州北部的城市。截至 8 月，B-29 轰炸机已经轰炸了日本的 66 座城市，密集轰炸烧毁了大阪和名古屋的 40%、东京和神户的 50%、青森的 90% 和整个仙台。B-29 轰炸机破坏了日本一半以上的通信设施，把 40% 的工业区烧为焦土，使火车和沿海航运几乎完全停顿。日本近 25% 的住宅燃为灰烬，大约 25 万日本人丧生，30 多万人伤残。

幸存者面临着种种困难。1945 年夏，所有的一切都供应不足。1941 年，消费品占国民生产总值的 45%，到 1945 年只有 17%。可供商品的价格上升了。战争期间工人的工资上涨了，但是商品的价格涨得更快，结果即使因通货膨胀而调整了工资，1945 年的实际工资仍比 1939 年少了三分之一。

服装实行定量配给，但是纺织品非常短缺，大多数妇女只能穿一种土褐色的东北农妇常穿的简单裤子，男人则凑合着穿战前的破旧衣服。柴火变得非常昂贵，甚至一周洗一次澡都是一种奢侈。一些教师甚至烧他们的个人藏书来取暖。

食物变得稀缺。正当美国空军和海军的封锁切断了运往帝国的物资供应之时，寒冷的天气又使 1944 年严重歉收。截至 1945 年春，食物已不够分配，绝望的主妇逐渐求助于黑市。城市居民挤上开往乡村的火车，结果却发现甘薯这种日本饮食中新的但却很少食用的食品，比法定价格贵 20 倍，大豆贵 30 倍，大米贵 70 倍。不管费用多高，东京的家庭都不得不从黑市购买近 10% 的大米、40% 的鱼和 70% 的蔬菜。

孤独和破碎的家庭增添了战争的悲惨程度。早在 1943 年秋，内阁就敦促任何兵工企业不需要的人——带婴儿的母亲、老人和体弱者，离开主要城市，尽管没有多少人选择这样做。1944 年轰炸开始后，政府命令 35 万名从三年级到六年级的学生从 12 个城市撤出，第二年春天又有 10 万少年撤离。这些孩子常常又忧伤又想家，他们被安置在空闲的旅店和乡村寺院里，一边努力跟上功课，一边参加志愿队到附近的村庄帮忙。

当乡村人满为患时，日本的城市却出现了一片荒芜景象。在 3 月 9 日、10 日后的几周内，300 多万人离开东京，600 多万人涌出其他城市。据统计，战争期间东京的人口从 680 万降到 280 万，大阪从 340 万降到 110 万，神户从 96. 7 万降到 37. 9 万。家人走了，那些留下来的人却发现，没有什么可以消除生活在围攻之下的精神紧张，也没有什么可以缓解烦闷。舞厅和娱乐区的酒吧早就关门了，因为它们的艺妓和其他表演娱乐节目的女性都被哄骗到厂里干活。或许只有少数东京居民因芭蕾舞的消逝（至少在像“空中决战组曲”之类的作品成为常见的节目之后）感到悲伤，但是在李梅的 B-29 轰炸机毁坏了原先的比赛场所，一些相扑运动员遇害，由此 5 月份的相扑比赛缩短为一周并移到户外，许多人都觉得沮丧。1945 年夏，少数几个还供应饮料的地方是“人民酒吧”，它们由政府经营，一周营业一次，出售廉价啤酒和加了甲醇的清酒，后者被嘲笑地叫作“炸弹”，因为这种米酒会令口腔和喉咙感到烧灼。

到 1945 年夏为止，许多日本人对于“大东亚战争”已经彻底幻灭。除了少数的后来多半死于狱中的坚定共产主义者和社会主义者的反对之外，日本从未有过任何有组织的反战运动，非法的反抗行动也非常罕见。更为普遍的是，那些对战争心存疑虑的人用沉默的蔑视来逃避，调换职业或者继续工作，就好像没有战争这回事。在战争期间著名的经济学家河上肇隐居在京都自己的家里，谷崎润一郎安静地完成了《莳冈四姐妹》的创作，期望将来能够出版。宪法学者美浓部达吉关于宪法理论的著作曾于 1935 年遭到诋毁，但他却不屈不挠地于 1944 年出版了《经济法基本理论》一书。

随着战争的进展，普通日本人采取乱涂乱画和写匿名信的方式表达他们对已经严重误入歧途的“圣战”的蔑视。全国各地的人们把“杀死天皇”、“推翻政府”和“结束战争”这样的话写在路灯柱上和工厂墙壁上。一位东京记者报道，战争结束前的那几个月，在他们报社一天收到的近 200 封信中，大多数都谴责“官员和军队无法分担人民的苦难”。其他一些人只是说他们对邻居越来越失望。“一场把财产和成千上万同胞的生命浪费在残酷战斗中的战争有什么神圣可言，”一位孩子死在新加坡的家长这样质问，“有谁真想成为士兵？”[①] 内务省警察局的列表说明，从 1943 年 3 月至 1944 年 3 月的一年中，严重的反战事件总计有 406 起，次年达到 607 起。

工厂工人是国家面临的一个特殊问题，工人的工作马虎和长期旷工使生产指标无法完成。甚至在 1944 年轰炸开始之前，工人的出勤率就是个严重的问题；而到了 1945 年，低落的士气、工资支付的困难以及需要花时间去乡村寻找食物，使旷工到了令人担忧的地步。具体可参阅表 14. 6。上班的工人也不努力工作（虽然军方急需飞机，但还是因为 1944 年所造飞机 10% 有毛病而拒收），他们越来越喜欢停工，通常是因为不满工资低、待遇差。1941 年，官员记录有 159 次罢工和怠工，但是 1943 年有 695 次，1944 年的前 11 个月有 550 次。非常清楚，产业报国会建立和谐企业社团的目标只是一个难以实现的梦想。

---

① John W. Dower, *Japan in War and Peace: Selected Essays* (New York: New Press,1993), pp.124-26,130,and 133.

表 14.6　东芝部分工厂的缺勤率（1937 ~ 1945）

年份	鹤见厂	小向厂	大宫町厂	柳町厂
1937	5.8	—	—	7.6
1938	7.5	—	—	8.0
1939	9.1	8.0	—	7.7
1940	14.8	8.2	7.9	8.5
1941	15.1	9.3	8.5	8.2
1942	17.2	9.2	9.2	11.3
1943	22.3	15.2	9.4	18.8
1944	21.1	22.7	52.0	25.5
1945	51.0	66.4	57.8	31.6

数据包括所有男女工人（鹤见厂除外，该厂的数据仅涉及男性），时间到 6 月份为止（柳町厂除外，该厂数据截至 11 月份）

根据安德鲁·戈登 (Andrew Gordon) 的《日本劳工关系的演变：重工业，1853 ~ 1955》（剑桥：哈佛大学东亚研究会，1985 年）第 316、317 页。

针对后方的这些问题，政府要求人民更加努力工作，付出更多的牺牲。在很大程度上，大多数日本人都愿意继续战斗，不顾轰炸、物质短缺以及与家人分离和不断增长的悲观情绪。其中的重要原因是害怕国家和警察的威压，不过还另有一个重要原因，就是对町内会、大政翼赞会和报国会内其他成员所带来压力的敏感，正如 1945 年 1 月一位家庭主妇所言，没有人希望自己成为第一个被指控放弃支持国家政策的人。最终，大多数日本人都是忠实的公民，受到基本的爱国热情驱使，不想在危急关头抛弃国家，他们勇敢地经受了最后一次动员。1945 年 6 月 13 日，政府解散了大政翼赞会，以便将所有 15 岁至 60 岁的平民男子和 17 岁至 40 岁的女子组织起来，在他们的街区和工作地点成立“国民义勇队”。在军队的命令下，这些“国民义勇队”一起军训，用粗糙的竹棍操练，依靠自身力量沿着海岸挖掘掩体，为防御秋季美军的预期入侵做准备。根据官方新口号令人毛骨悚然的计算法，全体日本人现在要组成“一亿特攻”，即“一亿人玉碎的强大特攻队”。

投降

美军攻占冲绳，外国军队出现在了日本的国土上，老牌政治家们认识到，到了该结束这场战争的时候了，但是军队拒绝接受任何这类意见。1944 年，与蒋介石军队进行的一场效果惊人的地面战役（即豫湘桂战役。——译注），使日军控制了中国另外几个省份，增强了日军的尊严和决心。截至美军在冲绳岛登陆时，虽然中国的时局对于“大东亚战争”的结果已不再重要，但是日军还有550万军人，而且他们宁愿顽抗到底，不肯投降。他们认为，投降可能会威胁日本将来的完整，或危及天皇制的继续存在。面对军队的强硬，1945年4月下旬，老牌政治家们建议天皇接受小矶国昭首相的辞职，任命铃木贯太郎领导和平内阁。这位已退役的海军上将受到天皇的信任——铃木的妻子曾经是天皇的乳母，而铃木贯太郎本人从1929年至1936年一直担任天皇的侍从武官长。老牌政治家们希望铃木贯太郎能用他的声望使军队就范。

鼓吹谈判和解的人们很长时间以来一直在多方寻觅，甚至在1942年日本军队取得胜利时，吉田茂和官僚核心集团的若干重要成员及商界精英就偷偷摸摸地讨论与美国开始和平对话的可能性。作为20世纪30年代的前驻英国大使，吉田茂认为，为了日本的安全有必要和英美两个大国合作，而且和战前外务省英美派的其他成员一样，他也坚定地反对共产主义。他的担心出于两个考虑，一方面，他认为战争持续的时间越长，东条英机的组织控制和中央集权的经济规划最终把日本变成共产主义式国家的可能性就越大；另一方面，吉田没有为日本在“大东亚战争”早期的胜利所迷惑，他预测到了最终的失败，他还担心在随之而来的混乱中，国家可能会发生革命运动，破坏日本的传统政体。因此，他认为日本应该和美国人通过谈判取得绅士般的和解。他相信，美国人会给以宽大的和平条件。

吉田茂把一群志趣相投的人吸引到了他的周围，监视他们活动的警察称他们为“吉反战”。和秘密的“吉反战”联系在一起的是一些杰出人物，如前首相若槻礼次郎、已退休的三井财阀常务董事，甚至还有喜怒无常且难以预测的近卫文麿。原先近卫文麿认为自己的“东亚新秩序”是抵制共产主义和西方帝国主义的防波堤，但是在战争中期，他调整了对美国的评价。在这个三次出任首相的人摇摆不定的脑子里，越来越害怕不断恶化的战局可能会使共产主义者隐藏在军队、大政翼赞会和大学里酝酿日本的革命。

在吉田茂的支持下，近卫文麿写了一份冗长的奏折，并准备在1945年2月14日那天呈递给天皇。在他的奏折中，近卫文麿请天皇注意苏联在欧洲战

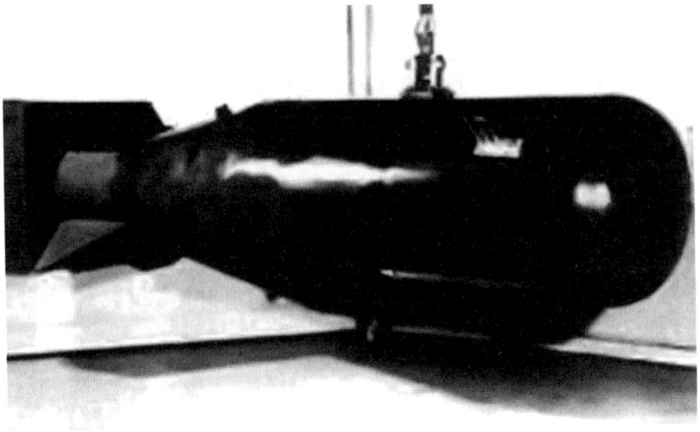

▲ 在广岛爆炸的原子弹“小男孩”

争中的胜利，并提出存在着“苏联最终会干预日本国内事务的巨大危险”。[①] 此外，近卫文麿还警告天皇，“我看国内情形已具备引起共产革命的条件”：下降的生活水平、劳动人民的骚乱、“亲苏的情绪”和“在背后利用这一点的‘左派’分子的秘密策略”。近卫文麿隐晦地暗示，最大的危险来自“似乎相信我们的国体可以和共产主义并存的年轻军人”。他发出忠告，消除这种状况的唯一办法就是尽快结束战争。

近卫文麿对日本命运的古怪担心没有促使天皇在 2 月份采取行动。但是到了春季，铃木贯太郎成为首相时，近卫文麿再次出面提出他的建议和忠告。随着日本陷于绝境以及越来越多的城市被毁，铃木贯太郎及其内阁中的其他中间派决定请苏联居中斡旋与美国和解，正如 40 年前美国曾经调停日俄之间的争端并使两国达成和平协议那样。6 月，天皇表示支持该计划，暗示现在他希望找到体面的方式结束战争。即使克里姆林宫对日本最初的建议没有表态，铃木首相还是抱有希望。7 月份早些时候，铃木贯太郎请近卫文麿把天皇的一封私人信件带给莫斯科，信中陈述了天皇陛下对和平的衷心希望。在与天皇进行私人会晤之后，近卫文麿接受了这个任务。

但是，在近卫文麿做好去莫斯科的准备之前，斯大林、丘吉尔和杜鲁门

① John W. Dower, *Empire and Aftermath: Yoshida Shigeru and The Japanese Experience*, 1878-1954 (Cambridge: Council on East Asian Studies, Harvard University, 1988, 2d. print), pp.260-64.

▲ 被原子弹破坏的长崎医院（左）和长崎机械工厂（右）

已经聚集在德国的波茨坦讨论日本的投降问题。杜鲁门意识到了日本的和平试探，但他怀疑他们的诚意，所以没有表示接受试探。他也不想对日本人表示宽大，尤其是在他得到原子弹在新墨西哥州的阿拉莫戈多试爆成功的消息之后。7月26日，同盟国发表《波茨坦公告》，要求日本“无条件”投降或者面对彻底的毁灭。公告进一步要求日本政府肃清军国主义领导人，解除军队的武装，把日本的主权限制在明治初期确定的领土边界内，接受同盟国军队占领日本本土，而对于日本被尊崇的国体根基即天皇的命运则只字未提。

铃木贯太郎陷入了困境，军队依然决意将战争进行到底；此外，无论内阁的一些成员多么倾向于和平，他们却无法接受一个开放式的投降。投降就要允许外国占领军推翻天皇制，把日本的统治君主作为普通战犯起诉。只要占领军愿意，他们就会这样做。铃木贯太郎害怕如果他完全拒绝《波茨坦公告》的条件，会进一步激怒杜鲁门，于是宣布日本只能对公告“不予理会”。这位78岁的首相用了不适当的措辞，他原来的用词“默杀”，除了可作“不予置评”外，亦可翻译成“不予理会”（当时的译员在把首相的声明译成英文时，恰恰选择了第二种解释，于是盟国方面认为日本拒绝了公告的要求。——译注）。于是杜鲁门决定，对早已处于崩溃边缘的日本施以无限制的暴力。

7月24日，杜鲁门授权美国军队的战略空军对日本使用“特殊炸弹”，因为铃木内阁拒绝接受《波茨坦公告》。由于欧洲的战争已经结束，美国人渴望回归正常生活，美国总统杜鲁门决定尽快结束太平洋战争。除了避免更多地损失美国人的生命，总统也在提防着苏联。苏联人正在伪满洲国边界召集军队，准备从北海道穿越海峡。如果杜鲁门能在苏军参战之前结束太平洋战争，他就能排除日本分裂的可能性，从而避免一分为二的德国给战后欧洲造成的那种问题。

此外，杜鲁门刚接任总统不久，而制造原子弹的计划已形成了他自己的无尽动力，每个与此有关的人都希望原子弹能被使用，那正是美国花了这么多金钱和努力来发展它的原因。对于自己的总统地位还没有把握的杜鲁门看不到有什么充分理由质疑这种设想，也未曾详细考虑两种选择：把原子弹投到日本，比如在某个荒岛上搞一个示威性的爆炸；还是仅仅等着连续不断的轰炸和美国海军封锁的双管齐下，迫使日本投降。另外，他也消除了可能会有的关于使用新武器的任何道德顾虑，他不过是在用可利用的最好技术尽快结束一场可怕的战争而已。“别误会，”他写道，“我认为原子弹是一种军事武器，我从不怀疑应该使用它。”①

后来，杜鲁门及其顾问声称，使用原子弹挽救了许多生命。1947 年，罗斯福和杜鲁门两位总统的国防秘书亨利·L. 斯廷森给《哈泼斯杂志》写了一篇特殊的文章，成为政府的官方同意杜鲁门对事情说法的版本。1945 年秋入侵九州，第二年春再在本州登陆，斯廷森写道，将会“单给美国军队就造成 100 万人以上的伤亡”②。然而，这位秘书显然凭空捏造了这个数字，因为根据 1945 年 7 月军队递交给杜鲁门的报告预测，计划登陆九州最多会导致美军 33. 5 万人伤亡或失踪。与美国军队可能损失的这个数字相比，杜鲁门知道，一旦他的空军往不设防的日本城市扔下新研制的原子弹，爆炸“将造成难以想象的破坏和伤亡”。然而，在一场没有多少人会把另一方看作人类同胞的战争中，杜鲁门和斯廷森认为这种牺牲是合理的和可以接受的。

8 月 6 日早晨 8 时 15 分，一架 B-29 轰炸机“埃诺拉·盖伊”号朝广岛的男人、女人和儿童投下了一颗长约 30 米，直径约 7 米的“特殊炸弹”。原子

---

① Harry L. Truman, *Memoirs*, vol.1: Year of Decisions (Garden City, N.Y.: Doubleday and Company,1955), p.419.

② Harry L. Stimson, “The Decision to Use the Atomic Bomb” in *Harper's Magazine* 194: 1161 (February 1947), p.102.

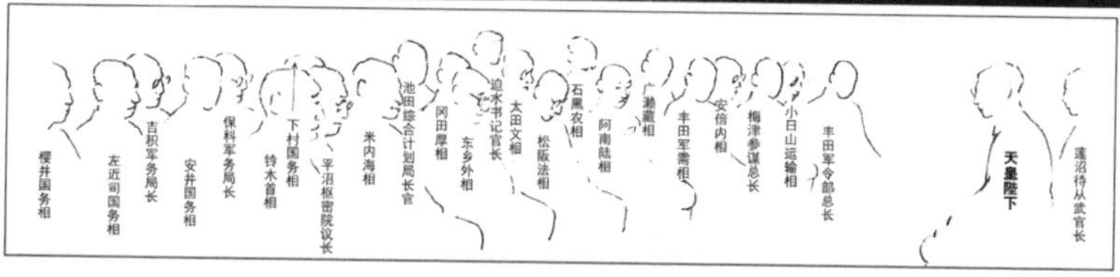

▲（上）1945 年 8 月 14 日 10 时 50 分召开的最后的御前会议（油画）
（下）1945 年 8 月 15 日，日本天皇宣布无条件投降的诏书向全国播放。图为跪着听广播的市民。

弹在离地面1600英尺处爆炸，下面核爆中心的温度超过了华氏7000度。爆炸半径约200公里范围内的一切都被烧毁，在这个致命范围内所有受热浪烧灼的人都死了，他们的皮肤和内脏都被难以置信的温度烧得爆裂。一股冲击波以光速从核爆中心向外扩散，把混凝土建筑物夷为平地，把木头房子炸成碎片，使人体支离破碎。到处都是核辐射。大火荼毒着城市，湿气聚集在飘扬的灰烬上，后又形成放射性的“黑雨”落回到地面。没有广岛死亡者的精确数字，虽然1977年政府估计人数介于13万至14万之间。

8月8日，外务省监听员听到苏联的无线电广播宣布，苏联要对日本宣战，将出兵中国东北、千岛群岛和朝鲜。第二天，即8月9日正午之前，美国人又在长崎投下第二颗原子弹，杀死了6万至7万人。现在总计约有50万平民在对日本城市的轰炸中遇难。经过所有这些苦难，陆相和海陆军参谋长仍然拒绝同意铃木首相的投降要求。他们认为，还是可以设法避免彻底失败，继续抵抗可能还会使美国人保证战后天皇的存在。

8月9日至10日晚及8月14日晨，铃木首相两次召开了御前会议，请求天皇干预，打破他与军方之间的僵局。每次发言天皇都代表着和平的努力，在第二次会议上，他命令军方遵从他的愿望。当天晚上，天皇在结束战争的诏书上盖印，然后录制了次日要广播的内容。8月15日正午，日本人民挤在家里的收音机旁，或聚集在村里连在收音机上的喇叭前，聆听天皇宣读投降诏书。这是日本历史上半神半人的天皇首次直接对他的臣民讲话，许多人不太听得懂天皇在赞扬日本人民为之奋斗和受苦的理想时，稍微有点古老的措辞。最后天皇号召他们“忍其所难忍”，接受失败以“为万世开太平”。

在这个厌倦了战争的国家，所有日本人，那些曾经欢迎过“大东亚战争”和遭受了战争可怕后果的人，都沉思默想着天皇关于国家未来的诏书。在东京，重新到海军参谋部任职的大西泷次郎中将在战争的最后几个小时里一直争论投降是不可想象的。听完天皇的广播后，大西泷次郎回到家中，给日本的年轻人写了一封公开信。他称赞了他创建的“神风特攻队”死难飞行员的精神，并为他自己未能取得最后的胜利道歉，他号召日本青年听从天皇旨意，为全世界的和平而奋斗。然后，大西泷次郎抽出自己的佩刀，在腹部切出传统的十字形自杀了。当他奄奄一息地躺倒在地，鲜血流过铺着榻榻米的地板时，写下了这样一首遗诗：

> 清新明净，月光闪耀，
> 在可怕的风暴过后。①

在 480 公里之遥的古城京都，河上肇也聆听了天皇的诏书。20 世纪 30 年代，他因为参加地下共产党而被捕，在监禁中健康受到了损害。这位著名的学院派经济学家和政治活动家从他自我安设的隐居处露面，写了两首诗：

> 啊，如此幸福，
> 活至今日，
> 看到战争结束
> 这珍贵的一天。
> 此刻我也
> 爬出病床，
> 看天空
> 如洗的月光。②

---

① Ivan Morris, *The Nobility of Failure: Tragic Heroes in the History of Japan* (New York: New American Library,1975), p.332.

② Robert Jay Lifton, Shūichi Katō and Michael R. Reich, *Six Lives, Six Deaths: Portraits from Modern Japan* (New Haven: Yale University Press,1979)，p.155.

第五篇

当代日本

Contemporary JAPAN

年表

◎ 1945年

8月15日，天皇宣布日本投降。

8月25日，市川房枝及其他著名妇女组成“妇女战后对策委员会”。

8月30日，麦克阿瑟飞抵日本。

9月2日，日本签署投降文书。

9月27日，天皇前往盟军最高司令部拜会麦克阿瑟。

10月11日，麦克阿瑟发表声明，呼吁解放妇女、成立工会、改革教育，以及实行经济制度“民主化”。

10月13日，币原喜重郎首相任命松本烝治负责宪法修改委员会。

11月3日，市川房枝等成立新日本妇女同盟。

11月6日，麦克阿瑟接受“解散财阀”的安田计划。

12月16日，近卫文麿自杀。

12月17日，日本妇女获得选举权。

12月22日，国会通过《工会法》（1946年3月1日起生效）。

◎ 1946年

1月1日，天皇发布《人间宣言》。

1月4日，盟军最高司令发布“清洗令”。

2月3日，麦克阿瑟指示盟军总部草拟宪法样本。

2月13日，盟军最高司令召集开设远东国际军事法庭。

5月3日，盟军最高司令向松本宪法修改委员会提交宪法草案。

5月7日，井深大和同盛田昭夫开始创建“东京通信研究所”（1958年1月1日改称索尼公司）。

8月1日，日本劳工工会同盟召开成立大会。

8月16日，经团联（经济团体联合会）成立。

9 月 27 日，颁布《劳动关系调整法》。

10 月 7 日，国会通过新宪法。

10 月 21 日，国会通过《土地改革法案》。

11 月 3 日，天皇颁布新宪法。

◎ 1947 年

1 月 31 日，麦克阿瑟禁止定于次日举行的大罢工。

3 月 31 日，颁布《教育基本法》。

4 月 14 日，国会通过《反垄断法》。

5 月 3 日，新宪法生效。

7 月，麦克阿瑟解散三菱和三井商社。

9 月 1 日，《劳动基准法》生效，设置劳动省。

12 月 18 日，国会通过《消除经济力量过度集中法》。

12 月 22 日，颁布新《国民法典》（1948 年 1 月 1 日生效）。

◎ 1948 年

9 月 12 日，远东国际军事法庭作出判决。

12 月 23 日，东条英机等 7 人被远东国际军事法庭判处死刑，执行绞刑。

◎ 1949 年

3 月 7 日，约瑟夫 · M. 道吉发表他为日本经济开出的处方。

5 月 24 日，设置通商产业省。

10 月 1 日，中华人民共和国成立。

◎ 1950 年

5 月至 12 月，盟军总部发布“清红”令，数千名有共产党嫌疑的人失去工作。

6 月 25 日，朝鲜战争爆发。

7 月 8 日，麦克阿瑟指示日本政府设置国家警察预备队。

◎ 1951 年

4 月 11 日，杜鲁门总统解除麦克阿瑟所担任的驻日盟军最高司令和驻朝联合国军司令的职务。

9 月 8 日，日本签署《旧金山和约》及《美日安全保障条约》。

◎ 1952年

4月28日，《旧金山和约》及《美日安全保障条约》生效。

8月13日，日本加入国际货币基金组织和世界银行。

◎ 1955年

7月20日，内阁设置经济企划署。

10月13日，左翼政党合并组成日本社会党。

11月11日，保守党派合并组成自由民主党。

1946年成立的全日本部落民解放委员会，前身为战前的水平社，改名为“部落民解放同盟”。

经济高速增长期开始。

◎ 1956年

10月19日，日本和苏联签署《日苏共同宣言》。

◎ 1960年

5月至6月，抗议《美日安全保障条约》的浪潮在全国兴起，迫使岸信介首相辞职。

6月23日，国会批准《美日安全保障条约》期限延长。

12月27日，池田勇人内阁制定作为政府政策的“收入倍增计划”。

◎ 1964年

10月1日，新干线“子弹头列车”开始运行。

10月10日，东京奥林匹克运动会开幕。

◎ 1965年

6月22日，东京和汉城缔结《日韩条约》。

8月3日，《污染对策基本法》生效。

◎ 1968年

10月17日，川端康成获得诺贝尔文学奖。

日本的产品与服务产量超过西德及其他所有资本主义国家，仅次于美国。

◎ 1969年

7月10日，政府颁布《企业合并特别处置法》。

◎ 1972年

5月5日，冲绳归还日本。

9 月 29 日，日本承认中华人民共和国政府为中国合法政府。

◎ 1973 年

“石油危机”结束了日本的高速增长时代。

◎ 1976 年

2 月 4 日，美国参议院揭发和指控日本前首相田中角荣及其他日本政客收受贿赂和佣金，“洛克希德丑闻”爆发。

◎ 1978 年

8 月 12 日，《日中和平友好条约》签订，两国政府关系正常化。

◎ 1980 年

12 月《虚幻的万花筒》成为畅销书。

◎ 1983 年

1 月 26 日，田中角荣被判从洛克希德公司收受贿赂和佣金。

◎ 1984 年

5 月 27 日，“伙伴社”起草了示范性的法案，要求给予阿依努人更大的公民权利。

◎ 1985 年

5 月 17 日，国会通过《男女雇用机会平等法》（1986 年 4 月 1 日生效）。

9 月 22 日，世界主要贸易国达成《广场协议》。

◎ 1987 年

人均收入超过美国。

◎ 1989 年

1 月 7 日，昭和天皇去世。

1 月 8 日，新天皇即位，宣布年号为“平成”。

6 月 3 日，“里库路特丑闻”导致竹下登内阁倒台。

6 月 26 日，在日朝鲜人青年协会写信给联合国人权委员会，提出在日朝鲜人的几点要求。

◎ 1990 年

日经股票指数从 1989 年 12 月的高点下跌了 40%，标志着经济动荡的十年到来。

◎ 1993年

3月27日，代首相金丸信因收受贿赂而被捕。

8月9日，细川护熙成为1954年以来第一位非自民党的首相。

◎ 1994年

12月10日，大江健三郎获得诺贝尔文学奖。

几名中学生自杀唤起公众关注校园欺凌现象。

◎ 1995年

1月17日，阪神大地震袭击神户及周边地区，数千人死亡。

◎ 1997年

11月3日，日本第七大经纪公司三洋证券宣布破产。

11月17日，不堪不良贷款的拖累，北海道拓殖银行破产。

11月26日，日本四家顶尖经纪公司之一的山一证券宣布自行停业。

12月15日，日本银行的季度商业信心调查显示，工商界对日本的经济前景深感悲观。

青少年犯罪率比上年猛增20%，达到1975年以来的最高水平。

第十五章

被占领的岁月

1945年8月30日，道格拉斯·麦克阿瑟将军在菲律宾登上他的座机飞往日本。飞行途中，麦克阿瑟或是打盹，或是与随行副官们谈论他将要实行的对被击败的敌国的占领的设想。这些设想他简要地表述为铲除那些日本思想和行为中导致对外侵略的因素，同时促进民主在日本成长。下午2时5分，麦克阿瑟的座机降落在东京南面的厚木空军基地。他第一次向日本人展示了他采取戏剧性姿态的非凡能力，而这一姿态为将来的行动定下了基调。座机的前门缓缓打开，统率着已使日本屈膝投降的军队的麦克阿瑟将军走出舷窗，他身着衬衫，未带任何武器。他缓缓地注视着周围的人群，然后从容不迫地走下飞机。"从墨尔本到东京，有一段很长的路程要走。"这是麦克阿瑟抵达日本时说的第一句话。①

麦克阿瑟的莅临，没有发表演讲，没有盛大的仪式，也没有检阅军队，平息了那些担心会有一场残暴的军事占领的日本人心中的疑虑；同时清楚地表明了将军希望他从前的敌人会与他合作，在这个国家推进民主，使日本回归和平国家的行列。在其后的几天里，麦克阿瑟继续通过姿态和象征来使日本人了解他的意图。9月2日，美日双方代表聚集在停泊于东京湾的美军"密苏里"号战舰上，举行在日本投降的正式文件上签字的仪式。在简洁的甲板上，唯一的装饰物是两面美国国旗。一面曾经在"珍珠港事件"爆发的那天清晨飘扬在白宫门前；另一面是31颗星的旧国旗，在近一个世纪前，它曾经飘扬在由佩里准将指挥驶入同一海湾，迫使德川幕府放弃锁国政策的舰船的

① *The Pacific Rivals: A Japanese View of Japanese-American Relations* (New York: Weatherhill and Asahi Shimbun-sha,1972), esp. pp.117-28 and 161-64.

▲ 1945 年 9 月 2 日，在美军“密苏里”号军舰上举行的日本无条件投降签字仪式

桅杆上。由此，麦克阿瑟传递出这样的信息，即我们已经取得了胜利，日本将迎来第二次开国。

美国人和日本人，麦克阿瑟和吉田茂

在纸面上，对日占领是由同盟国共同采取的行动。由 11 个国家（其后扩展为 13 个国家）的代表所组成的总部设在华盛顿特区的远东委员会（FEC）负责制定一般政策。在远东委员会之下，设立了“对日理事会”（ACJ）及其下属机构，“盟军最高司令”（SCAP）既是一个指代个人的称呼，也用来指负责处理日常占领事务的办公机关。设在东京的日本事务委员会由美国、苏联、中国和澳大利亚的代表组成。它作为远东委员会的行政臂膀，针对情势的变化召开会议，讨论相关问题，并建议盟军最高司令采取最恰当的办法，策略性地履行经由远东委员会授权的战略措施。

然而，理论与实践往往是两回事。美国承担了太平洋作战中的主要任务，所以它当然想要获得独有的责任，对它从前的敌人确定占领方针和执行占领事务。早在 1942 年，美国国务院就开始计划对日本的占领事宜了，而当时美国军队仍然在太平洋上处于守势。到了 1945 年夏天，美国的政策制定者们已就一些需要优先处理的事务取得了一致意见。这些意见最终形成一份《(日本）投降后初期美国对日方针》的文件。这份文件的一览表上最为重要的是肢解日本帝国，重修宪法以加强议会权力，解散财阀集团，以及割断神道教与政府之间的联系。在完成了各项准备之后，美国政府做出决定，即只让远东委员会对它的政策起橡皮图章的作用，例如，没有美国代表的同意，远东委员会就无法采取任何行动。随后的进一步措施又给予美国在远东委员会未能采取迅速行动时，可发出“单方面临时指令”的权力。这种指令是美国在某些情况下采取行动的命令。

而且，麦克阿瑟将对日理事会变成了一个毫无权力的议事机构，在占领期间，这个理事会在东京召开过 162 次会议。在 1945 年 8 月 14 日被任命为盟军最高司令的麦克阿瑟与来自华盛顿的早期政策建议看法一致，他把这些政策视为切实可行的措施。这些措施将会有助于促进他自己的明确选定的目标：将日本培育成为一个根深叶茂的民主国家，成为所有国家的一个和平邻居。因此，他通常并不参加对日理事会的会议，即使有时出席，他也不会仔细倾听代表们的意见。麦克阿瑟只是例行公事地将对日理事会的会议简报归并入他的供传阅的文件夹，而更热衷的是采取将短笺送交委员会负责人的方式，以通知代表们注意他已经着手实施的他自己的动议。不久，麦克阿瑟干脆连那点礼貌也不顾了。一位官员回忆说：“盟军最高司令的指令早些时候是以书面形式告知的，接着开始变为口头通知，后来就没有任何表示了。”到最后，信心不足而又无能为力的对日理事会除了还占据着一间用来召开会议的办公室之外，几乎不再拥有任何东西了。

借用远东委员会和对日理事会来托起自己的翅膀，麦克阿瑟大踏步地走向舞台中央，并利用一切机会在发生的事件上烙下他的个性印记。作为

▲ 麦克阿瑟在自己的私邸接见裕仁天皇

盟军最高司令，事实上他拥有惊人的权威，包括解散议会，检查出版物，取缔政党，以及发布具有法律效力的行政命令。有人说他是“蓝眼睛的幕府将军”，而麦克阿瑟也并未试图打消日本人对他的这种印象。作为一个蓄意发出的信号，他特意选择位于日本皇宫正对面的第一保险大厦当作他的司令部所在地。第一保险大厦是东京遭受狂轰滥炸后幸存下来的极少数西式建筑之一，它醒目的轮廓侧影远胜过环绕着皇居的壕沟。更值得一提的是，当皇室的顾问们希望他前往皇宫觐见天皇时，麦克阿瑟并未答应，而代之以在自己位于前美国大使馆的私人居所里召见天皇。从记录这次著名会见的照片上可以看到，瘦高的将军穿着一件开领卡其布衬衫，未结领带，而站在他身旁的天皇身材矮小，穿着为这次会见精心选择的正式晨装。这次会见在姿态和着装两方面都形象而毋庸置疑地表明谁是胜利者，谁是战败者。“告诉天皇……”麦克阿瑟通过翻译，这样开始对天皇说话。

不过，尽管麦克阿瑟惯于卖弄华丽的辞藻，且擅长在公众场合做出夸张的姿态，却并不是由他一手决定日本改革的步骤和方向的。华盛顿已经做出对日本进行间接占领的决策，于是，日本的官僚体制被保留下来，各项指令则由盟军总部内各个平行的机构或部门发布，大约5000名美国人在麦克阿瑟统领下处理各项事务。麦克阿瑟往往以他在战场指挥部的方式来对待盟军总部的工作人员，向他们指派任务，然后让他们去奋力工作。庆幸的是，大多数人都赞同他的关于日本为什么会走向战争和极权主义的看法，也认为日本人的热情和勤奋将使这里的改革事业比其他场合取得更快的进展。占领期间的各种传说讲述了有关陆军中尉艾塞尔·维德的故事。维德是盟军司令部下属的国内情报与教育部门的一名工作人员，她主张保护妇女权益。1945年到1946年间，她驾驶着吉普车到日本各地，会见各个年龄段和各种生活背景的妇女，和她们一起在乡间温泉洗澡，鼓励她们采取行动争取新的权益。维德中尉的日本助手写道：“对她来说，日本是一块白布，她可以在上面自由地描绘她心中的图景。”

尽管麦克阿瑟具有支配地位，美国占领当局又握有各种资源，但日本人还是在战争刚刚结束后的那段日子里，设法坚持了他们自己的愿望，由早先被美国占领当局所操纵的消极反对派，转变为维护自己权力的重要参与者。日本的官僚体制是一股能够将占领期间的政策推往特定方向的强大力量。随着日本政府继续发挥其职能，那些对盟军最高司令不抱好感的官员们有足够的机会使麦克阿瑟的计划偏离轨道，至少可以使其蹒跚难行。然而，大多数大臣都坚定地支持占领当局的改革措施，这些措施与他们及其前辈在战前所追求的目标相一致。正是由于这样的原因，早在 1945 年 10 月初，不用盟军总部的任何推动和指示，农林省里积极的官员们就草拟了一部土地改革法案，其中的许多条款提出了要解决战前已存在的令人忧虑的租佃问题。

表 15.1　日本首相（1945 ~ 1954）

首相	组阁次数	任期
东久迩宫稔彦王		1945 年 8 月 17 日至 1945 年 10 月 9 日
币原喜重郎		1945 年 10 月 9 日至 1946 年 5 月 22 日
吉田茂	第一届	1946 年 5 月 22 日至 1947 年 5 月 24 日
片山哲		1947 年 5 月 24 日至 1948 年 3 月 10 日
芦田均		1948 年 3 月 10 日至 1948 年 10 月 15 日
吉田茂	第二届	1948 年 10 月 15 日至 1949 年 2 月 16 日
吉田茂	第三届	1949 年 2 月 16 日至 1952 年 10 月 30 日
吉田茂	第四届	1952 年 10 月 30 日至 1953 年 5 月 21 日
吉田茂	第五届	1953 年 5 月 21 日至 1954 年 12 月 10 日

如果要在日本方面找一个可与麦克阿瑟相提并论的象征性人物，那么非吉田茂莫属。从 1946 年春吉田茂首次组阁，到 1954 年秋辞去首相职务，他曾两度出任首相，（参阅表 15.1）整整任职 7 年。战前，吉田茂作为一个外交官，曾在日本驻中国和西方国家的大使馆里担任过各种职务，其中最高职位是 1936 年被任命为驻英大使。在整个 20 世纪 20 年代和 20 世纪 30 年代上半期，吉田茂始终主张果断采取对华的和平政策，同时鼓励日本在亚洲北部扩展它的经济影响。他还坚持认为，与西方国家的合作，对于赢得它们认可日本在亚洲扮演的角色是至关重要的。作为外务省中“英美小集团”的成员之一，吉田茂强烈反对 1940 年签订的德、日、意三国条约。由于不满日本与德国结盟，吉田茂愤而辞职，战争期间不再担任公职。甚至，由于吉田茂在“吉反战”组织里的地位和作用，1945 年春，他被投入监狱，坐了两个月的班房。

吉田茂作为“国际主义者”的记录以及曾经被投入监狱的经历，使他赢得了盟军最高司令的高度评价。占领当局鼓励他在战后最初的两届内阁中担任外务大臣，其后又支持他成为首相。也许由于第一次入主首相办公室时已是一位 67 岁高龄的老人，就像他的著名的绰号“单干户吉田”所暗示的那样，吉田茂几乎不能容忍任何对其政策的反对意见。不过，吉田茂还有一些其他的绰号，比如“袖珍丘吉尔”。这更富有想象力地捕捉到了他为人处事的神韵。像丘吉尔一样，吉田茂不仅深爱雪茄，行为傲慢，而且信奉对日本经济长期发展最为有利的保守主义政治和固执强硬的外交政策。吉田茂是日本的首相，同时也是一个无所畏惧的爱国者。他相信 20 世纪 30 年代和 20 世纪 40 年代上半期的日本国策只是一时失误，可悲地偏离了由明治和大正年间的英明领导人所指明的民主主义和资本主义的发展道路；他还认为，日本在战争期间所遭受的屈辱账可以算在少数几个军队首领及其同谋者头上。因此，他争辩说，对日本的占领只应是一场温和的家内清扫，接下来应该进行一些旨在令其恢复健康的改革。这些改革将复兴日本的经济，并把日本重新建设成为国际大家庭中的一个可靠成员。他的这些观点虽然使他反对，有时甚至尝试推翻盟军最高司令的某些改革措施，但是令人怀疑的是，在描绘整个占领期的蓝图方面，吉田茂是否应比麦克阿瑟受到更多的称赞。

旧梦想，新希望，普通的日本人

1945 年秋季还发生了一件令人激动的事情，许多战前被剥夺了自由的日本人——妇女、劳工领袖，以及左翼政治活动家，也都提出了他们自己的社会改造计划，其中有一些是他们在大正时代即已提出却在随后到来的“民族主义抬头时期”被抛至一旁的。于是，许多根据盟军最高司令的命令刚刚脱离了多年牢狱之灾的共产主义者，便于 1945 年 10 月合法地成立了日本共产党。他们与其他不把美国人当成“占领军”，而是把他们看作“解放者”的左翼人士一起，组建工会，开展那些在他们看来有助于使日本超越过去的军国主义和专制主义的活动。与此相类似，战争刚刚结束，市川房枝就召集了“妇女战后对策委员会”。第二年，她又组建了“新日本妇女同盟”并担任理事长。这是一个提倡争取妇女选举权并扩展妇女其他合法权利的组织。

许多普通日本人也都得以分享重温旧梦的愿望。在维德中尉开始她穿越日本的旅行时，也许曾以为她可以自由地描绘她所乐意描绘的事物，但是如果日本妇女自己没有对未来的前后一致的想法，她能够保留下来的形象只是那些毫无意义的涂抹而已。正是由于日本妇女的支持，经诸如市川房枝等妇女领袖的培育和对战争年代日本妇女斗争遗产的留心，才确保1945年9月17日成功地公布了一份给予日本妇女选举权的法案。在1946年4月第一次战后选举中，79名女性竞争众议院的席位，其中39人胜利当选。在这次选举中，妇女们成群结队前往投票站，67%的有选举权的女性参加了无记名投票。这虽然少于男性高达79%的令人难以置信的投票率，但由于许多男性在战争期间阵亡，或仍然滞留海外等待集体解除武装，所以参与议会选举投票的女性（1380万人）要多于男性（1280万人）。

如果对过去的渴望是一座给人鼓舞的灯塔，那么，战争与失败的创伤也对各行各业的日本人民关于未来美好生活的想象造成了深刻的影响。对于中产阶级和劳工阶级家庭来说，1945年的秋天，所有的东西都十分短缺，工作、住房、食品、医药，以及大多数希望和梦想。根据盟军最高司令的保守估计，战争消耗了日本总财富的三分之一和它全部可能收入的一半。到1947年末，接近600万的海外士兵和平民被遣返回日本，由于经济已经处于崩溃的边缘，所以归国者面临着极为严酷的就业环境。严重的通货膨胀则使得事情越发恶化。即使政府对食品和日用消费品采取了广泛的价格控制，但这些物品的批发价格还是在1946年里上升了539%，第二年又上升了336%。在战败的混乱状态中，农村地区的生活水准骤跌至战前的65%，而在城市则只到35%。

尽管和平年代已经到来，但头几个月份里的生活实际上仍很阴冷灰暗。日本人把他们的城市叫做“烧焦的荒原”，进入东京的第一批美国人也都因那里已成一片废墟而深感震惊。一个记者写道，由于“恐怖的空袭”彻底摧毁了全部工厂区，“这些矮小的人遭受了太多的苦难”。[①] 他还写道：“从横滨到东京的数英里间，所有建筑都已被夷为平地。这片废墟上唯一显眼的东西是澡堂的烟囱、笨重的房锁和偶然一见的带有笨重铁制遮蔽物的坚固堡垒。”那些在郊区或乡间附近能有一间小屋留下来的幸运儿，要收留许多的亲戚和朋友；而在城市中，千家万户则只能在仓促搭建的贫民窟里找到栖身之所，拥

① Russell Brines, *MacArthur's Japan* (Philadelphia: J. B. Lippincott,1948), p.40(modified)

挤在用烧焦的木板、油毛毡和其他乱七八糟的东西临时搭建起来的简陋小屋里。那些不幸的人，包括战争孤儿和军人遗孀，只能勉强栖身于烧剩下来的轿车、公交车和主要铁路车站的地下过道里，甚至在城镇瓦砾堆中掘出的洞穴里。1947 年初，在大阪的流浪者中，发现了东条英机的亲弟弟。令人难以置信的是，直到 1948 年，约 370 万户家庭仍然没有他们自己的住房。

除去恶劣的居住条件，日本人的饮食状况也很糟糕。当天皇宣布日本投降时，大多数日本平民都已经营养不良。随后的 1945 年至 1947 年间终于灾难降临，连续不断的坏天气、饱受破坏的交通和供销系统、不敷供应的肥料、使用过度的农具，以及筋疲力尽的农民都加重了痛苦和不幸。就像日本人在战争最后一年所做的那样，人们依赖大麦和土豆果腹，而不是大米，他们用落在地上的橡树果实、木屑和面粉混合起来做馒头和面包，并从蠕虫、蚂蚱、老鼠、青蛙等动物身上获取他们所需的蛋白质。1945 年冬到 1946 年，美国紧急海运小麦、玉米、奶粉、咸牛肉等物资给日本，但饥饿的阴影仍然笼罩在人们头上很长时间。1947 年，一般家庭要把他们 70% 的收入花费在食品上，贫穷的城市体力劳动者人数比“九一八”事变爆发时增加了差不多两倍。虽然如此，依靠大约每日 1200 卡路里的热量供应，大多数人还是活了下来，即使这样的热量标准只相当于政府规定的一般成人所需量的大约一半。

20 世纪 40 年代中晚期，疾病由于肮脏和贫困而倍加猖獗。1945 年到 1948 年间，大约 650 000 人患上了霍乱、痢疾、伤寒、白喉、流行性脑膜炎、小儿麻痹症及其他传染性疾病。由于卫生防疫系统千疮百孔而且医药用品供应不足，接近 100 000 人死于这些疾病。肺结核这个老对手夺去了更多人的生命，仅 1947 年就有将近 150 000 人死于肺结核，而直到 1951 年，每年死于肺结核的人数仍有 100 000 人之多。1947 年，婴儿死亡率骤升至每 1000 个新生儿死亡 77 人；与之形成对比的是，4 年以后下降为每 1000 个新生儿仅死亡 5 人。各种年龄人口的死亡率，1947 年高达 15‰，而到 20 世纪 80 年代晚期则下降为 6‰。

对某些人来说，精神创伤带来了比肉体病症和物质匮乏更多的痛苦。陆海军人的遗孀们发现，尽管在战争期间她们被百般美化，但战后政府和社会几乎没做什么努力来缓解她们的困境。她们不再收到邮寄来的军人抚恤金，

▲ 一些在战争中受伤的军人，因为失去劳动能力，不得不在街头以乞讨为生，日本政府对此却无能为力。

而妇女们几乎不可能与归国的复员军人竞争工厂的工作岗位。一个妇女在写给当时一家主要报纸的信中抱怨说，她死去的丈夫是“为天皇而战”才抛弃家庭的，但如今这个世界却冷漠地掉头而去，对她和她的三个孩子不闻不问。① 公众对于复员军人的态度也是如此无情。退役的军人们发现自己被指责为“辜负了国家的失败者”，由于战争期间日本军人在中国和东南亚等地的凶残暴行开始见诸报端，他们甚至被公众怀疑为犯下十恶不赦罪行的恐怖怪物。一个退伍老兵写道，当他从海外回到日本的时候，“我的房子被烧掉了，妻子和孩子失踪了，我所有的那点钱也很快因高昂的物价而被用光了，我成了一个可怜的家伙。没有一个人对我说一句温暖的话，相反，他们看我的眼神中充满了敌意”。

在贫困的氛围中，关于大范围的腐败和有人通过增加别人的负担来积累自己财富的传言更加深了普通民众的痛苦和不满。大量的煤炭、石油、香烟、木材、水泥、钢材以及其他军需用品，都由于强盗、小偷、不法企业主和贪婪官员的巧取豪夺而不见了踪影。对公共资财的偷盗成为一种普遍的社会现

① John W. Dower, *Embracing Defeat: Japan in The Wake of World War* Ⅱ (New York: W. W. Norton,2000, paperback ed.), pp.64, 60, and 117(modified).

▲ 在战后的艰苦岁月中，一些普通日本妇女通过向美国大兵卖淫来维持生活

象，一份发布于1947年7月的政府报告得出结论说："物资就这样从种种特有渠道转移出去，人们靠此发财致富，这已经成为威胁国家经济的恶性肿瘤。"对于更多的人来说，每个人都想要么结识那些退役士兵，他们偷带回家的军用挎包里装满了战利品；要么结识那些无耻之徒，这些人鬼鬼祟祟地从死者身上剥下衣物，或是从医院和疗养院偷来沾满鲜血和浓痰的毛毯。

对于活跃在全国各地17 000个露天市场中的大量非法商人来说，与这样的故事也没有太大差别。摊位的所有者出卖或交换各种合法或非法的物资，诸如穿旧的服装、用废弃大炮铸件锻打而成的锅碗瓢盆，以及来自农村的各种食物。成千上万的家庭依靠露天市场得到珍贵的新鲜蔬菜和家庭用品，这些是在别处无法找到的。但是，露天市场所有的东西，无论是合法获取的，或不过是从运货车上偷窃到手的，都价格昂贵。许多小贩都是被遣返回国的士兵，或是遭解雇的工人。他们斤斤计较于每一元钱的得失，不可能白送顾客任何想要的东西。一个小贩后来回忆他当时曾经如何对待一位身无分文的妇女，这个妇女的孩子裹着麻布，她忍受着人们的白眼，用一件珍藏的战前和服来和小贩交换，小贩为了杀价，只同意换给她一块已被虫蛀的破布。在以后的岁月里，这些商贩或许会为他们当时所采取的手段而内疚，但他们也都不会忘记当一天的收入差不多相当于一个普通白领一个月工资时的狂喜。

人们以各种各样的方式对战后初期的悲惨现实做出回应。有些人用酒精来麻醉自己，另一些人则加入黑社会以苟延残喘。有组织的黑社会帮派吞噬着那些弱势地位的人和易受伤害的人，无家可归的十来岁男孩沿街叫卖偷来的食物配给券，还抢劫醉酒者和流浪者，妇女则被迫通过卖淫来维持生存。某些“神秘女郎”群集在街上徘徊，就像“血樱桃帮”的50名成员一样。更为普遍的是，一些单身妇女开始与美国大兵发生关系，这成为香烟和烈酒的重要来源，她们可以用来在黑市上交换想要的物品。还有一些妇女仅仅为了食物而出卖自己的身体。“连续三天我都没有饭吃”，一名年轻的寡妇回忆说，1946年时她住在东京火车站的最底层，后来“一个男人给了我两个饭团，说他有话要和我说，让我跟他去公园，我跟他去了。从那时候起，我成了一个为人所不齿的‘神秘女郎’”。

尽管像他们一样精疲力竭和沮丧绝望，尽管现实可能一次又一次地令人失望，但绝大多数日本人都咬紧牙关，和家人一起努力克服困难，坚持信念。正如1945年晚些时候一名家庭妇女所写的那样，“我们是一个四口之家，有两个孩子，一个11岁，一个才8岁。对于我们来说，考虑未来是一件不被允许的精神上的奢侈品。我们把全部精力都用在每天的生活上，我们唯一关心的是今天如何活下去，而不是希望明天。我们仅用了5天时间就吃完了相当于10天的配给食物。但是也不知为什么，我们必须得这样吃，我们没有其他选择只能去黑市寻找食物。我丈夫每月的薪水是200日元，而我们家的生存成本是大约600日元。为了渡过难关，我们卖掉了所有能卖的东西。我知道我们已经无法再照这样活下去了。”①

这种坚韧不拔最终赢得了胜利。日本人逐渐开始一步一步地重建他们被摧毁的生活和已成废墟的国家。正当他们复活了旧的梦想，祈求着新的希望之际，他们面临了由盟军最高司令规划的改革。一夜之间，这些普通的日本男女都作为潜在的变革力量涌现出来，无论是在选举中投票，还是参加劳工运动，热情地支持土地改革，认真审查各种修改宪法的建议，老百姓都表现出了他们的热忱。说到底，就盟军最高司令议事日程上的一些项目而言，都

① *Mainichi Daily News*, Fifty Years of Light and Dark: The Hirohito Era (Tokyo: Mainichi Newspapers,1975), p.211(modified).

既有取得成功的机会，也有停滞不前的可能，除非日本人民成为盟军最高司令的后盾，否则这些改革是不可能成功的。

非军事化

三个“d”字母打头的词——日本社会的非军事化（demilitarization）、政治程序的民主化（democratization），以及财富和权力的分散化（decentralization），拼写出了1945年到1947年间对日占领第一阶段的主要任务。麦克阿瑟带着不可动摇的信念来到日本，他坚持认为是日本军队、财阀集团以及右翼极端分子的阴谋，使这个国家走上了帝国主义征服扩张的歧途，最终导致了与美国及其盟友的战争。麦克阿瑟宣称，正是日本封建制度的本性，将其推入了战争，因此仅仅一场简单的户内清扫是不够的，对日占领需要在日本国家和日本社会两方面进行彻底的改革。麦克阿瑟清楚表明了他如何达到这一目标的设想。1945年10月11日，麦克阿瑟发布公告解除了对日本报纸的禁令。在这一公告中，他强调必须改造“传统的社会秩序。在这种传统社会秩序下，日本人民已经被压制了好几个世纪”。他特别指出，改造日本社会的努力应当包括宪政体制自由化，妇女解放，鼓励成立劳工组织，学校实行更自由的教育，以及日本经济体制民主化等各个方面。

麦克阿瑟由拆除日本的殖民帝国和摧毁它发动战争的能力着手，开始了改造日本国家和社会的计划。盟军最高司令剥夺了日本对萨哈林群岛、中国东北地区、中国台湾地区、朝鲜、太平洋上的托管地以及其他夺自中国的土地的领有权，这使得日本的领土缩回到了它在1868年时的四个主要岛屿上。占领当局迅速解除了日本陆海军的武装，开始了遣散人数500多万的军队的繁重任务，而这支军队的大约一半仍然滞留在海外；同时，还要监督将那些生活在日本海外占领地区的300万日本公民遣返回国。盟军最高司令的设想和措施似乎正在顺利进展，正如麦克阿瑟身穿衬衫降落在厚木空军基地时所表示的那样，1946年1月，美国撤回了它执行占领任务的两支部队中的一支。

非军事化很快转换为无情的清洗，一张报纸的标题曾将之描写为“不流血的革命”。1946年的新年假期刚刚结束，盟军最高司令发布了一道听起来就不祥的指示：“不受欢迎者将被免除公职，并不得重新任职。”这份文件规定，解

▲ 一位日本警察在美军的监督下，低着头离开了自己在村中的岗位

散极端民族主义团体，并且迫使日本官僚机构成立“甄别委员会”，用来免去公众生活中的所有“积极倡导军国主义和激进民族主义者”的职务。这场清洗如同一次不可抗拒的大潮冲刷着日本社会。到1948年夏天高潮来临时，已有超过200 000人被褫夺了公职。各个社会阶层都受到了影响。从前的警察缴回了他们的徽章，出版业者和新闻记者清空了他们的办公桌，政治头面人物一次次地在人行道上踱步，以求找到安身立命的新途径。这场清洗甚至触及一些热心支持盟军最高司令推行改革的杰出人物，例如市川房枝，由于她在战争期间曾与日本政府资助的妇女团体进行合作，所以也一度被剥夺了公职。

清洗引起了各种各样的反应。成千上万的人震惊于20世纪三四十年代发生在他们国家的事情，写信检举那些对这场悲剧负有责任的人。在政府内部，则有许多官员认为清洗搞得太过头了，以致冤枉了无辜者。有些官员想方设法改变这场清洗的轨道，以图减轻它的冲击力。于是，由于负责甄别委员会事务的文职官员对他们自己及其随从的预料之中的宽大，日本中央官僚体制本身并未遭受多大损害也就不足为奇了。只有145名官员被免职，其中67人如果能证明他们不是“武道会”（武术俱乐部）的成员，仍将会得到宽恕。“武道会”本是一个对柔道和传统日本剑术感兴趣的警察官员组成的团体；但是，盟军司令部的官员们在一名翻译将这个俱乐部的名字误解为“军事道德协会”之后，开始警觉起来。后来这个译员截查

▲ 东条英机（中间戴眼镜者）在远东军事法庭上接受审判

了一封武道会成员之间往来的信件，信中用“别失去信心，我们将看到更好的未来”这样的话来为对方鼓劲，于是，盟军最高司令坚持将这个俱乐部的成员列入了清洗名单。

然而，官员们的官官相护并不能解救那些盟军最高司令决意要把他们作为战争罪犯加以起诉的人。在战争期间和战后，同盟国将大约6000名日本人投入监狱，主要是因为他们在作战中犯下的罪行或是在占领国虐杀平民，其中900多人被处以死刑。1946年5月3日，盟军最高司令召开了“远东国际军事法庭”，“以实行公正而迅速的审判，惩罚远东的主要战犯”。该法庭起诉了28名前日本政府高官和军队将领。在接下来的几个月里，来自在日本投降书上签字的9个盟国加上印度和菲律宾的11名法官，听取了控告嫌犯密谋策划侵略，进行侵略战争，批准或纵容暴虐行为的证词。

那些批评对战争罪行进行审判的人声称，盟军最高司令想要的仅仅是“胜利者的正义”。他们坚持说，根据严格的法律意义，参与国家进行战争的决定并不是在海牙和日内瓦签署的各项协约中所定义的战争犯罪行为。此外，他们还对那些法官未被允许考量美国人的所作所为而感到遗憾，认为未能追究杜鲁门总统批准在日本城市扔下原子弹的责任是一个不可饶恕的失职。来自印度的法官认同这一说法，他表示“决定使用原子弹”，造成了“对平民生命财产的不加区别的毁灭”。他争辩说，由于“没有什么重要之事能被追诉”，这 28 名日本被告应被立即宣判无罪释放。[1]不过，在经过两年半的慎重审议之后，远东国际军事法庭将 7 名罪犯送上了绞架，其中包括土肥原贤二和前首相广田弘毅、东条英机。前将军荒木贞夫、小矶国昭和南次郎被投入监狱，前首相平沼骐一郎和“樱花会”的创立者桥本欣五郎也受到同样的惩罚。因松冈洋右已经病入膏肓，盟军最高司令决定其免予到庭接受审判（1946 年 6 月，松冈洋右死于东京大学医院，死前接受了天主教的仪式）。岸信介已被起诉但未受到审判，由于至今尚不清楚的原因，石原莞尔也未被送上审判台（1946 年 5 月至 1948 年 11 月，远东军事法庭对日本 A 级战犯 28 人进行了审判，结果如下，判处绞刑 7 名：东条英机、广田弘毅、松井石根、土肥原贤二、板垣征四郎、木村兵太郎、武藤章；判处终身监禁 16 名：木户幸一、贺屋兴宣、白鸟敏夫、星野直树、小矶国昭、梅津美治郎、铃木贞一、桥本欣五郎、平沼骐一郎、岛田繁太郎、大岛浩、荒木贞夫、烟俊六、南次郎、佐藤贤了、冈敬纯；判处 20 年监禁 1 名：东乡茂德；判处 7 年监禁 1 名：重光葵。在审判过程中，松冈洋右、永野修身死亡，大川周明因精神病免予起诉。此外，在此前后各国也都成立军事法庭，对日本 B 级、C 级战犯进行审判，起诉了 5700 人，其中 984 人被判处死刑。——译注）。

天皇也逃过了惩罚。英国和苏联派驻远东国际军事法庭的代表想要将天皇作为战犯起诉，其初步证据是天皇出席御前会议，这显示他协力促成了对外侵略并允许战争暴行的发生。与之相反，对包括前驻日大使约瑟夫·C. 格鲁在内的一些身在华盛顿的美国政策制定者们来说，印象更为深刻的则是天皇在结束“二二六”兵变中所扮演的角色和他在 1941 年秋指示东条英机做出最后的外交努力以挽救和平时的谨慎，以及他在 1945 年做出停止战争行动的决定。此外，他们还争辩说，如果盟军最高司令想将帝国体制转变为君主立宪制度，那么天皇能在战后时期起到稳定作用。他可以保证文职官员的合作，并有助于将这个国家的社会组织凝聚在一起。另一些人还担心，如果没有天皇，政府和社会可能陷入混乱，从而为共产主义者在日本夺权开启大门。麦

① Richard H. Minear, *Victors' Justice: The Tokyo War Crimes Trial* (Princeton: Princeton University Press,1971), pp.100-101(modified).

克阿瑟自己倾向于保留天皇作为日本国家的象征。像杜鲁门总统当时反复考虑是否使用原子弹一样，麦克阿瑟权衡实际的利害关系要重于道德上的考虑。这位蓝眼睛的“幕府将军”懂得，多少世纪以来，天皇一直是一把保护伞，给予那些以他的名义进行统治的人以合法地位。麦克阿瑟乐于采取这样一种方式，即天皇鼓励他的臣民接受盟军最高司令的指示。麦克阿瑟认为，如果缺乏天皇的合作，将会威胁到对日占领的成功。

民主化

盟军最高司令允许天皇继续在位，但美国坚决要求日本推进政治程序的民主化，从根本上改变了天皇在日本政治生活中的地位。美国的计划制订者们提出对日本的政治体制做重大调整。1945 年 10 月，美国国务卿清晰表达了盟军最高司令应当遵循的特别准则：（日本）宪法必须修改，以使人民享有受到保障的公民自由；（日本）内阁必须对议会负责，而不是对天皇负责；日本政府必须绝对“由全体选民授权并对全体选民负责”。[①] 麦克阿瑟衷心赞同这些建议。很快，他敦促战前的首相近卫文麿在制定日本自由宪法方面扮演领袖的角色，并且开始推动新任首相币原喜重郎指定一个委员会，以负责提出具体的修订措施。

不过，几乎没有日本领导人赞成盟军最高司令的理念，他们并不认为有进行剧烈变革的必要。币原喜重郎最初在执行麦克阿瑟的授意时畏缩不前，并且公开表示不用改变现存宪法，日本也能达至民主。他声辩道，我们所需要的，只是通过几个诸如将选举权扩大到妇女这样的新法案，而不是制定一部新宪法。美浓部达吉也表示支持在 1889 年宪法框架下达成民主的想法。由于国会和他本人在 20 世纪 30 年代担任大学教授期间曾经倡导的“天皇机关论”，使得美浓部达吉在战后作为一名杰出的宪政专家和枢密顾问重新开始了公共生活。在 1945 年 9 月发表的一系列报刊文章中，美浓部达吉明确表示他反对“在如此匆忙的情况下”修改宪法。近卫文麿也与采取根本性变革的理

---

① Theodore McNelly, “The Japanese Constitution: Child of the Cold War ” in *Political Science Quarterly* 74(1979), pp.179-80.

想闪身而过。他在 9 月下旬向天皇提交了一份报告，强烈要求保留天皇具有无上权威的原则，虽然这份报告也建议强化国会的职能。1945 年 12 月，在近卫文麿被作为战犯逮捕后自杀身亡的当天，这一适度的建议也就与这个“命运的弃儿”一道同归于尽了。

但是，麦克阿瑟没有放弃。作为对盟军最高司令催促的回应，币原喜重郎任命了一个由学者和官员组成的委员会，去考虑修改宪法的事项。该委员会由法律学家和曾在 20 世纪 30 年代短期担任通商产业大臣的松本烝治为主席。但直到 1946 年 2 月 1 日，当《每日新闻》披露该委员会计划提交内阁和国会批准的宪法草案时，这个委员会仍然处于举棋不定之中。《每日新闻》披露的这份宪法草案具有明显的保守倾向。一方面，它扩大了公民的权利，给予国会更广泛的诸如有权任命内阁等职能；另一方面，这种尽人皆知的对盟军最高司令偏爱的让步也来得极为勉强，如同 1889 年宪法一样，人权并不是绝对的，而是受到法律限制的。更有甚者，松本委员会重申了天皇享有至高无上权利的原则，并且呼吁保留日本的军队。

松本委员会提出的宪法草案迅速激起了声势浩大的抗议。公众新闻报道嘲笑这一结果太过浅薄和保守，就像日本全国成千上万普通男女写给报刊编辑的信件一样幼稚可笑。无论这个国家的领导人对修改宪法的见识如何，显而易见的是，被战争折磨得筋疲力尽的大多数日本人想要的不是仅仅用来装饰门面的修修补补，他们支持彻底的改革，这一改革将剥夺军人的权力，扩展个人的自由，保证 20 世纪 30 年代和 20 世纪 40 年代上半期的灾难永不重演。确实，甚至当松本委员会在 1945 年至 1946 年冬季正犹豫不决之时，许多有见识的政治团体就已在书写它们自己的宪法，就像 19 世纪 80 年代伊藤博文草拟日本第一部“国家基本法”时普通民众所做的那样。1946 年初，在公众中流传的绝大多数宪法草案都带有强烈的自由主义色彩，呼吁剥夺天皇特权，主张由人民重新界定君主权利，并要求确保公民的权利。

从私人方面来说，麦克阿瑟很不喜欢松本烝治。将军认为松本委员会提出的宪法修改草案完全不能接受。这份草案基本上未加改变地保留了日本的政治结构，毫无价值可言。2 月 3 日，麦克阿瑟指令盟军总部的民政部门首脑考特奈·惠特尼将军准备一部能够对币原内阁起“指导”作用的样板宪法。

经过一个不平常的星期，盟军司令部的特别工作组——24名职业军官和以前的平民，包括几名律师、几名教授和记者、一名前国会议员和一名华尔街投资者，在第一保险大厦第6层的舞厅里拿出了他们自己的《宪法修正草案纲要》。这是一项令人难以置信的大胆工作，此前从来没有过征服者重写其敌国的国家大法。尽管如此，起草委员会带着理想主义从事他们的工作，充满自信，满怀着其中一名成员所说的“人类精神”。正如另一名参加者所回忆的那样，任何时候她都没有想要惩罚日本人，甚至也没有打算教导他们做什么。相反，她和同事们相信，他们的职责是写出一部文献，它将有助于缔造一个更加民主的人人平等的日本。这样的社会绝大多数日本人都十分向往，却不可能从他们国家的领导人那里得到。

在仅仅6天的紧张工作之后，惠特尼向麦克阿瑟将军提交了一部全新的宪法草案纲要。盟军最高司令十分高兴，指示惠特尼提供一份这一日后被称为“麦克阿瑟宪法”的油印件，并带有象征性地于2月13日（美国的2月12日，为亚伯拉罕·林肯总统的生日）交给松本委员会。这是一次紧张的会见。这些日本人的代表对麦克阿瑟蓝图中的许多方面“表现出显而易见的震惊和困扰”。① 天皇将继续在位，但不再在政治生活中扮演决定性角色，也不再像1889年宪法所宣称的那样“神圣而不可侵犯”。更准确地说，麦克阿瑟宪法草案中最为重要的条款，就是剥夺日本天皇至高无上的权力，而将其转变为“国家和民众团结的象征，其地位来自拥有独立权利的人民的意愿”。② 从今而后，天皇的特殊政治职能将被限制为纯粹礼仪性的，甚至在那样的场合，他也“只能根据内阁的劝告和允许而行动”。

麦克阿瑟的宪法草案还废除了神道教，确立了政教分离原则，规定“宗教组织不得从国家获取任何特权”，宣布“国家及其各级机关应当抑制宗教教育或任何其他宗教活动”。这一条款表明，旨在剥去天皇神性外衣而给其穿上新的世俗服装的长期努力，迈出了决定性的一步。1945年12月15日，盟军

---

① Supreme Commander for the Allied Powers, Government Section, Political Reorientation of Japan: September 1945 to September 1948 (Washington D.C.: Government Printing Office,1949), p.105.

② Satō Tatsuo, “The Origin and Development of the Draft Constitution of Japan ”in *Contemporary Japan* 24:4-6(1956), pp.188-99: *Japan: An Illustrated Encyclopedia*, vol.1(Tokyo: Kodansha,1993), p.229-32.

最高司令已经发出了它的开局攻击，即发布了一项命令，停止国家对所有神社圣祠的资助，并且禁止“在任何以全部或部分公共基金支持的教育机构中传播神道教教义”。这一命令宣称，以往的风俗习惯导致滥用“神道教的理论和信条来进行军国主义和极端民族主义宣传，它们被用来欺骗日本人民，误导他们堕入侵略战争”。①

天皇由王权君主转变为平民化的和礼仪性的君主的过程，在1946年元旦向前迈出了一步。这天，天皇发布了一道官方文告，即著名的《人间宣言》。主要为回应来自盟军总部官员的催促，这份文告以日文说明天皇不应被当成神的化身。采用深奥晦涩的累赘陈述是意味深长的，因为当这些言词说明天皇并不是西方意义上的生活在人间的神之时，却并未明确否认他从太阳女神天照大神那里继承而来的虚构和神圣的血统。文告说：“我与我的人民之间的纽带，乃由相互信任和慈爱而形成。它们并不单纯依赖传说和神话。它们并不能肯定天皇是神的错误观念，也不能证明日本人高于其他种族，命定要统治整个世界。”② 文告使用语言的含混不清并没有难住盟军最高司令，他的官员们声称这一文告是天皇“放弃神性”的声明，就像后来他们相信“麦克阿瑟宪法”搬去了君权与神道教之间的最后一块楔子一样。

除了君主权利和天皇在战后日本的角色等问题之外，松本委员会还表达了他们对宪法草案第9条，即著名的“和平条款”的关心。在最后的定稿中，第9条款明确表示：“日本人民永远放弃以国权发动的战争和以武力威胁或行使武力作为解决国际争端的手段”，而“真诚希求基于正义与秩序的国际和平”，从而保证：“不保存陆海空军及其他战争力量，不承认国家的交战权”。并不清楚是谁最先提出了这一和平条款的设想。虽然数年过后，币原喜重郎声称是他在1946年初的一次会议上向麦克阿瑟建议的，但这一想法很可能源于麦克阿瑟自己。无论这一构想最先由谁提出，它作为“麦克阿瑟宪法”草案中的一项条款，还是令松本委员会的成员们惊愕不已，因为此前从没有任

---

① Mark R. Mullins, Shimazono Susuma ,and Paul L. Swanson, eds., *Religion and Society in Modern Japan: Selected Readings* (Berkeley: Asian Humanities Press,1993), p173.

② Dower, *Embracing Defeat*, p.314.

何现代国家曾经在宪法中宣布放弃作为一种国家“主权”的战争。

“麦克阿瑟宪法”草案中的其他条款较少引起震动，但也都大大有助于日本政治制度的清洁与重构。通过宣布国会作为“国家的最高权力机关”和“国家的唯一立法机构”，“麦克阿瑟宪法”草案直截了当地肯定了议会至上的原则。而且，新的“国家基本法”规定内阁集体向国会负责，特别是，宪法草案赋予国会任免首相的权力，规定如果国会通过了一项不信任案，首相及其内阁就必须集体辞职。通过废除所有诸如枢密院之类的曾经与内阁和国会分享权力的有违议会政治的机构，宪法草案进一步强化了国会的地位。

“麦克阿瑟宪法”草案的第 31 条强调了日本人的基本公民权利，重要的是，所有这些都被视为“天赋而不可剥夺的权利”而受到了保障。这就是说，这些权利被认为是绝对的，不受法律限制的，而 1889 年宪法和“松本宪法”草案都曾对这些权利加以种种限制。诸如生存的权利、自由的权利，以及追求幸福的权利等等，对于任何一个生活在美国宪法体系下的学生来说，都是耳熟能详的。其中的一项条款给予了“成人普选权”，而其他条款则允诺了集会与出版的自由，规定“没有律师的即时介入”，任何人都不得被逮捕定罪，并以法律保证人民的居住安全，禁止无端的搜查与剥夺。相当有趣的是，“麦克阿瑟宪法”草案甚至比它的美国摹本更为自由。因为它还提供了学术自由、免费普及教育、促进公众健康和社会安全、选择职业、基于男女双方同意的婚姻、劳工组织工会和进行团体交涉等的权利，以及“每人都有维持最低限度的卫生和文化生活的权利”。

警觉到“麦克阿瑟宪法”草案中含有针对自己的意思，松本烝治立即与币原首相会商。松本烝治报告说，当惠特尼将宪法草案提交给他的委员会时，将军十分明白地表露，如果日本人拒绝这份草案的原则，盟军最高司令就“无法保证将会对天皇采取何种措施”，暗示将会把天皇作为战争罪犯送上法庭。[①] 经过仔细考虑，惠特尼建议就此达成一致，而他和他的助手们则在花园里散步，“享受你们的原子能的阳光”。这种讥嘲的言辞清楚地表明了谁才是

---

① Richard B. Finn, *Winners in Peace: MacArthur, Yoshida, and Postwar Japan* (Berkeley: University of California Press,1992), p.97.

发号施令者。而且，公众关于宪政的激烈争辩也极大地限制了首相的选择自由。对“麦克阿瑟宪法”草案置之不理，将有导致公众更加尖锐地批评“松本草案”的风险，因为“松本草案”中几乎没有包含盟军最高司令所提出的在日本人民中极受欢迎的那些条款，诸如关于个人权利与自由等长长的目录。

币原首相设法与麦克阿瑟会面，寻求达成某种妥协的可能性。1946 年 2 月 22 日，两人进行了一次三个小时的会谈，麦克阿瑟未做出任何退让。盟军最高司令再一次明确无误地表示，他支持盟军总部草案中提出的基本原则。他又一次说起，他相信如果宪法的自由主义化不能即刻开始实行的话，英国和苏联的代表就会坚持要求废除天皇制。币原喜重郎屈服了，他指示松本烝治说服其委员会成员接受美国的意志，并修改其草案，以与美国提出的样本相一致。3 月 4 日，盟军司令部特别工作组复审并通过了松本委员会的新草案。第二天，松本烝治将新草案提交给日本内阁。这份新草案的基本内容与麦克阿瑟草案的原本极为一致，唯一的实质性改动是提出了两院制议会的条款，而这是在 2 月 22 日麦克阿瑟和币原首相会面时就已经决定了的。

宪法草案的通过程序进行得相当顺利。1946 年 3 月 6 日，日本内阁批准宪法草案见报，所有主要政党都迅速站出来赞成新宪法，只有日本共产党不在其列，他们希望将天皇作为战犯起诉，并建立一个日本人民共和国。接着，宪法草案提交到国会，在进行了某些小修小补之后，10 月 7 日，新宪法在国会获投票通过。在重新确定天皇地位和可能会对“国体”造成的消极影响等方面，新宪法时常遭到保守派人士的激烈反对。最终，1946 年 11 月 3 日即明治天皇 94 岁诞辰纪念日，他的孙子昭和天皇颁布了作为 1889 年宪法修正案的新宪法。尽管新宪法中有着教权与政权相分离的条款，昭和天皇仍然遵循一种古老而备受敬仰的传统，在三个主要的神道教神社举行的特别纪念仪式上，恪尽本分地向他的祖先报告他的行动。1947 年 5 月 3 日，新宪法生效。

分权化

美国占领日本的另一个目标是，要摧毁日本战时精英所鼓吹的财富和权力的集中，拆除那些被认为是推动日本人走上邪恶之路的社会结构，并且促进那些支持盟军最高司令及其改革措施的新选民成长。于是，在 1945 年至

1946年之交，从盟军最高司令办公的第一大厦向盟军总部全体人员发出命令，指示他们打破财阀集团，培育劳工组织，执行农村改革方案，废除中央官僚对教育的控制，以及重新制定公民准则。

与美国在占领日本期间实行的许多其他新政一样，华盛顿的政策制定者们做出了最初的决定，即解散日本最大的企业集团，就像当时所说的那样"使财阀破产"。根据官方的考虑，有数据显示主要财阀支配着日本国家大约四分之三的工商业活动。对于许多美国决策者来说，资料表明了两点推测：第一，这些财阀的首脑与军阀一起协力密谋日本海外帝国的扩张，以致造成了与中国和美国的战争。以一个著名的美国反垄断主义者的话来说，这些大财阀就是"日本不负责任政府的缔造者"。[①] 第二，如此庞大的固有财富是有害于民主社会成长的。在一份得到盟军最高司令签署的指示中，美国国务院1945年末派往日本调查大企业情况的使团团长报告说："经济控制的集中化使财阀得以维系他们自己与被雇用者之间的半封建关系，得以压低工资，阻碍独立政治意识的发展。于是，中产阶级的形成，在其他民主国家中有助于反对军人集团，在日本却停滞不前。"[②]

日本人并非对美国占领当局的意图不以为意。那些大企业的首脑们意识到财阀集团某种程度的分解是不可避免的，因而仓促地公布了他们自己的计划，希望以此将盟军最高司令大刀阔斧的砍削降低到最低限度。于是，1945年9月初，安田财阀提出了一项经济改革的方案，立即得到了三井、三菱和住友财阀集团的赞同。在安田的方案中，这四家主要财阀拥有的公司将向公众出售它们的股票，公司首脑与参与企业管理的财阀家庭成员随之辞去他们的职务。

1945年9月6日，麦克阿瑟接受了安田的方案，但在附文中保留了盟军最高司令采取进一步更为激进政策的权力。最终，在有影响力的惠特尼将军的支持下，麦克阿瑟认定那些财阀集团公司需要摆脱的远比上层经理和家庭成员多得多。于是，1947年1月初，大约600名公司官员在清洗名单上发现

---

① Marlene J. Mayo, "American Wartime Planning for Occupied Japan: The Role of Experts" in Robert Wolfe, ed., *Americans as Proconsuls* (Carbondale: Southern Illinois University Press,1984), p.36.

② Howard B. Schonberger, "Zaibatsu Dissolution and the American Restoration of Japan" in *Bulletin of Concerned Asian Scholars* 5:2(September 1973), pp.16-31 (modified).

他们的名字，数百名其他管理者在预感到他们将被赶下岗位时，提出了辞呈，最终，有总数接近1500名的企业家，包括四家主要财阀集团企业中的每一个总经理级的人物，离开了他们的公司。不过，令某些盟军总部的官员们产生挫败感的是，那些人中有许多很快就在其他公司企业中重新露面，因为他们仅被禁止在某些公司任职，而并未被剥夺工作的权利。例如，被赶下台的三井银行的头头，变成了初出茅庐的索尼公司的董事会主席。他的经验及其与其他日本企业精英的个人关系都给索尼公司带来了莫大的帮助。

1947年，盟军最高司令逐步增加了反财阀的力度。4月，美国占领当局对日本国会施加压力，迫使国会通过了《独占禁止法》，该法禁止卡特尔组织和垄断性公司的存在。6月，反垄断法刚一生效，麦克阿瑟即带有几分戏剧性地发布命令，解散三菱会社和三井会社这两家大公司，这使日本企业界非常震惊。随后，1947年秋，麦克阿瑟又敦促日本国会通过了《过度经济力集中排除法》，规定拆分任何支配着某种特定市场，从而使新来者无法生存的公司。当盟军总部估计新法律可能施行到1000多家企业时，日本经济界出现了激烈的反对声，甚至许多默认废除财阀的人也都发出了否定这项新措施的声音，但是，麦克阿瑟坚持他的既定方针。在12月18日那个闹哄哄的夜间会议上，盟军最高司令的支持者们在每一间议会休息室里都做了手脚，把时钟停在23点59分不往前走，以推迟结束那年立法会议的预定程序。最后，参众两院都批准了当时已经广受争议的《反集中法》，这是《过度经济力集中排除法》的广为人知的简称。

麦克阿瑟及其在盟军总部中的盟友也意识到，一场强有力的劳工运动对于经济力量的分散也是很有必要的。盟军最高司令相信，在劳资双方之间打造出一种更为公正的平衡，将会带来许多实实在在的好处。特别是，雇主与雇工之间“封建”关系的废除，将会纠正作为战时特征的严重分配不均，将会有助于一种工业民主的诞生，并为防范将来的任何军国主义复活提供保证。同时，麦克阿瑟希望，改善工作条件和提高工资水平将会创造出一批中产阶级的拥护者，能够指望他们支持盟军最高司令的所有改革方案。

1945年初秋，麦克阿瑟宣布，他期望日本通过保证工人享有组织工会的权利、集体谈判的权利和举行罢工的权利来提高他们的地位。令他高兴的是，他发现自己正在推开一扇曾被开启的门，因为许多日本官员也都支持给予工人们更大的权利。这些官员的态度反映了早些时候内务省里“人民的羊倌”的理念。早在大正时期，这些人已经通过设法疏通议员们来认可更为强有力的工厂法案和增进工人健康保险的法案，以期将伴随着西方国家里工业化过程的种种看来不可避免的冲突降到最低限度。即使在日本深陷日中战争泥沼的20世纪30年代，官员们仍在以一种服务于日本战时动员的方式，继续重申着他们调整劳资关系的努力。1940年9月，政府控制的“大日本产业报国会”的建立，意味着独立劳工运动的死亡。不过，战后岁月出现的新机会，使得日本官员中提倡劳工权益者重新振作起来，而与他们站在一起的则是那些相信必须促进行业组织活动，以防止整个产业崩溃的日本人。这样，就在1945年10月11日麦克阿瑟公开表明以经济民主化作为盟军最高司令的主要目标之一的几天前，日本内阁已经任命了一组官员、学者和劳工领袖去拟订劳工法的草案。

令人印象深刻的是，当这个慎重的小组迅速制定出《劳动组合法》，而国会也于1945年12月通过此法之时，盟军最高司令仍然主要只是个旁观者。在很大程度上，该法案抢先表达了日本人认为麦克阿瑟所想要的东西，它重复了美国在1935年通过的《瓦格纳法案》中的某些条款，规定所有在私营和公营部门工作的职工（仅消防员、警察和狱警除外）拥有组织劳工团体和进行团体交涉，以及参加罢工的权利。在吸收国外法案条款的同时，《劳动组合法》还包括了几乎是从内务省官员在战争期间草拟出来（但未获国会通过）的法案原本中逐字逐句转抄过来的条款，例如有条款规定，在司法实践中遭受损害的工会组织有权获得赔偿。

1946年至1947年，日本政府采取主动行动制定出其他两部重要的劳工法案。《劳动关系调整法》也吸取了《瓦格纳法案》的若干条款，禁止资方的不公正行为，诸如拒绝组织工会，开除参加工会的工人或以其他方式歧视他们，以及干预工会的内部事务；等等。不过，为了得到这些法律的保护，工会也必须到政府登记注册，并证明它们是民主性的组织，其目的在于进行集体谈判，而非采取政治行动。《劳动基准法》，所谓“劳动三法”中的最后一个，则规定了最低工资和最长工时（每天8小时，每周48小时），以及享受节假日、工作场所的安全、新手培训、女工和童工的雇用等问题。最后，为使这些法案付诸实施，日本政府于 1947 年设立了劳工部，由战前的政治活动家山川菊枝担任与妇女儿童有关的部门的负责人。

由于受到这些新的保护他们利益的条款的强烈刺激，以及渴求在当时朝不保夕的情况下保住他们的工作，日本的工人以一种前所未有的规模组织了起来。1945 年 8 月，尚没有一个工厂的工人怀揣工会会员卡。但到 1946 年 1 月，已有近 1200 个工会组织涌现出来，其全部成员接近 90 万人，超过战前高峰期的一倍多。1946 年末，上述数据迅速增长为 17 000 个工会组织和 480 万工会会员；到 1948 年中期，进一步增长为 33 000 个工会组织和 670 万工会会员。此时，已有接近一半的工人加入了工会。这些新的劳工组织绝大多数称为企业团体。就是说，与那种全行业范围的吸收所有身怀特定劳动技能的工人，随后在数个企业建立其下属支部的水平式工会组织不同，战后的劳工领袖们倾向于那种以公司为范围的，招收某一特定企业中几乎全部雇工——既有白领工人也有蓝领工人，既有熟练工人也有非熟练工人，只将顶层管理者排除在外的垂直式工会组织。战前强调这些企业的家族性、雇工的忠诚度，以及雇主的家长式管理的话语已经孕育着企业型工会组织的成长道路。在 1946 年和 1947 年中广为人知的观念即有雇用的保障依赖于被雇用者能否永久地依附于一家长期稳固的公司，刺激着这种工会组织的迅速增加。与此同时，劳工领袖们组建起一些全国性的劳工联合会，例如著名的脱胎于战前“日本劳动总同盟”的温和的“日本劳动组合总同盟”，还有，共产党领导的“全日本产业别劳动组合会议”。它们相互通报各地的发展状况，帮助不同公司里的工会组织，并帮助它们协调行动。

占领当局也将土地改革列为促进民主和防止军国主义复活的主要手段之一。根据盟军最高司令的思路，日本农村的高租佃率加剧了战争期间农村的凋敝，将无数个村庄转变为滋生极端民族主义的温床。当 1945 年日本投降时，这个国家 7200 万人口的大约一半仍然生活在农村，全部农户的大约四分之一，只拥有他们耕种土地的不到十分之一。由于担心持续不断的农村贫困可能产生骚乱，并会导致盟军最高司令的所有改革方案脱轨，1945 年 12 月 9 日，麦克阿瑟签发了一份公告，明确通知日本公众和政府需要做些什么，即没收地主的土地，将土地以支付得起的价格出售给佃户。

就像该项计划所显示的那样，如果没有日本政府的合作以及众多农民自身的参与，盟军最高司令肯定不可能完成这一根本性的社会秩序重构。确实，早在战前，许多日本人已经将农村佃户视为一个严重的“社会问题”；而1945年时，甚至早在麦克阿瑟表明他在这件事情上的想法之前，某些日本官员即已开始计划土地改革。一份由农林省官员们草拟的改革法案，于1945年12月在国会获得通过。但盟军最高司令在经过仔细分析之后，表达了对这份改革法案的失望，因为计算表明，仅有大约三分之一的日本佃农家庭可以根据这一法案得到足够的土地供养他们自己。这个问题在日本官员和盟军总部官员中引发了一轮争论。当吉田茂于1946年成为总理大臣时，他提出了一个新的方案，并于10月21日在国会获得通过。

1946年的土地改革法案授权政府购买所有属于在外地主的土地，法案也允许在乡地主保留只够他们家庭耕种的土地（在大多数县份为2. 5英亩，北海道为10英亩），再加上一份他们能够出租的额外土地（在大多数情况下约为5英亩）。国家则根据1945年稻米价格和生产成本的复杂计算公式，给予地主补偿，然后政府再以购买价格将土地转卖给希望得到土地的佃农。购地的佃农既可以支付现金，也可以订立一份30年的3. 2%抵押的契据。

根据多方面的衡量，土地重新分配的改革如同占领期间所进行的任何改革一样，富有戏剧性和具有重要意义。日本所有村庄里的所有农户都受到了影响，因为政府从230万土地所有者那里购买了数百万英亩的土地，又将这些土地转卖给了470万户佃农。不用说，许多地主感到他们的利益遭受了不公平的剥夺。“我的父亲死了，土地改革了，加上沉重的税收，所有这些使我的家庭陷入了赤贫，”一个年轻人充满自怜地回忆道，“我们不得不放弃从远古祖先那里世代传承下来的生活方式，而眼见佃户们努力争取原本属于我们的福利。如今，我们必须挥动我们虚弱的臂膀，在自己的田里干活。”[①] 在一个特别可怕的事例中，一个从前的地主战争期间去海外打仗，1946年从中国遣返回日本，当发现自己不得不放弃大多数土地时，他杀死了3户佃农家庭，

① Mikiso Hane, *Peasants, Rebels and Outcasts: The Underside of Modern Japan* (New York: Pantheon Books,1982), p.250.

并纵火焚毁了 6 所房屋。

与之相反，那些缺少土地的家庭则得到了巨大的好处。一夜之间，佃农就在日本消失了。到 1950 年，当土地改革结束之时，自有土地只占他们耕种土地面积不到十分之一的农民数量已经微乎其微，国内全部稻田的 90% 都已由农民们自己耕种。而且，农民得到土地的价格不断降低，到土改计划的最后一年，战后时代的过度通货膨胀已经把土地的实际购买价格降低到土地标价的大约 5%。换句话说，1950 年时，一户佃农只要以仅仅 13 包香烟的价格，就可以付清四分之一英亩的稻田抵押金；而在 1939 年，同样面积的土地价格则要卖到相当于 9 年的香烟供应量。这个价格远远超出了一户普通佃农的支付能力。

由于地主们失去了他们的财产，他们被迫放弃的作为乡村精英的社会地位，则由广大的独立农民取而代之。如同盟军最高司令所希望的那样，这些农民不断发展成为赞同民主原则和资本主义的支持者。许多年后，一个农民追怀往事说："战前，你只能干活、干活再干活，却永远也存不下钱，永远也吃不到可口的饭菜，永远也吃不饱。如今，甚至不用累死累活，你就可以存起钱来。虽然存不了多少，但已经足够了，因为我们感觉不到需要用钱。与过去相比，我们的日常生活也变得相当奢侈。"① 当麦克阿瑟宣称，他确信自罗马帝国时代以来没有比这更为成功的土地改革时，也许这一次，他的自负和夸张并不是令人不可容忍的。

教育改革的需要作为分权化的又一个突出方面，不仅占据着盟军最高司令的头脑，也成为日本政府官员和一般公众着重考虑的事情。1946 年 3 月，一个由 27 名美国教育专家组成的使节团到达日本，进行了为期三周的旋风式访问。随后，他们自信地提出了一套建议，提出了"学校的控制应广泛分散而非高度集中"的原则。② 当年秋天，盟军最高司令将这份完整的报告交给一个日本委员会。很快，日本政府就将大量的教育管辖权限从文部省转移到

① Ronald P. Dore, *Shinohata: A Portrait of a Japanese Village* (New York: Pantheon Books,1978), p.65.

② Edward R. Beauchamp and James M. Vardaman, Jr., eds., *Japanese Education since 1945: A Documentary Study* (Armonk, N.Y.: M.E.Sharpe,1994), p.87.

学校，包括公众选举的府、道、县教育委员会有权遴选教师，决定选用课本，以及设定学校的全部课程。由于被认为是精英主义的因而是不民主的，战前的双轨体制遭到了废弃，代之以美国式的单轨体制，包括6年制的小学、3年制的初中和3年制的高中。同时，政府通过设立一些4年制的学院，扩展了高等教育的体系。

在教育体制的结构性变革之外，官员们还发表演讲，讨论有关教育的哲学问题。为了回应对极端民族主义价值观导致战争期间学校课程内容堕落的批评，政府废除了《帝国教育敕语》，又于1947年通过了《教育基本法》，宣布教育制度的首要目标是“尊重个人尊严，努力培养人们热爱真理与和平”。[①]至此，学校已经抛弃了战前的道德伦理课程，教育工作者忙于重编教材，以强调民主主义与和平主义的美德。大多数公立小学和初中的教员都迅速欣然接受了新的正规信仰。羞愧于其在推进军国主义价值观中所扮演的角色，悲痛于如此之多的学生因坚持教员们在课堂上讲授的意识形态和重复着教员们所教的口号而赴死沙场，震惊于战后岁月里生活条件的恶劣，绝大多数教师都十分乐于把自己献身于《教育基本法》设定的另一个目标，即“建立一个民主、文明的国家，为世界和平与人类福祉做出贡献”。

盟军最高司令决心根除社会权力的集中，敦促日本官方修订《明治民法典》，尤其是麦克阿瑟想要废除男性家长支配妻子和孩子的“封建主义的”权威，并废除长子的特权地位。并非所有日本人都与盟军最高司令的看法一致，诸如一些法律学界的保守主义者就赞美日本旧有的家庭制度是“东方美德之根基”和“日本精神之荣光”。然而，与对其他许多占领期间的改革一样，大多数日本人都乐于抱有与美国人同样的目标。妇女们在战前就曾慷慨激昂地反对《明治民法典》很多年，随着宪法的修改和选举权的扩大预示着性别平等的美好新时代即将到来，她们的不满在1945年和1946年迸发出来。因此，甚至在盟军最高司令发出他希望看到一部新民法典的信息之前，法务省就已经任命了一个检讨委员会。可想而知，许多日本人的努力参与势必会减少盟

① “Fundamental Law of Education, 1947” in Herbert Passim, ed., Society and Education in Japan (Teachers College and East Asian Institute, Columbia University,1965), pp.301 and 302.

军最高司令扮演角色所起的作用。当时的公民事务局局长及其后的最高法院法官回忆道："日本将要废弃它自己选择的家庭制度。这一废弃并非麦克阿瑟将军强加于我们的。"另一位委员会成员表示同意，他声称有关继承和家庭关系的条款需要加以修改，以便使家庭法符合新宪法所强调的人人平等和男女平等。盟军最高司令委派去监督这一过程的一位属员也同意这种看法，他写道，他的工作人员从未命令过，甚至从未催促过，一部旧法规的修订版就完成了，这个委员会"所做的远比我们期待的要彻底得多"。①

转向

如同盟军最高司令改造日本的艰巨努力一样迅如疾电和势不可挡，随着时间的推移占领政策发生了转变，这是一种性质截然不同的政策调整，以致许多人称之为"转向"。这个词汇有点过于简单化了，因为麦克阿瑟从未允许自己做出完全向后转的决定。不过，从 1947 年以后，这个老兵开始更改某些措施，甚至默许将一些改革措施几乎完全颠倒过来。引起对日占领政策重新取向的原因并非一端，没有一个人或一个机构曾经设计过这一过程。由于美国力图逐步服从于自己在战后时代新的全球目标和战略任务，因此在日本推进进一步改革的热情减退，1945 年至 1947 年间以"d"字母打头的任务〔前几节中的"非武装化"（demilitarization）、"民主化"（democratization）和"分权化"（decentralization）。——译注〕，不得不让位于重建经济的"r"字母打头的任务，即劳工的再培训（retraining）、恢复失业者的工作和职业（rehabilitating）、军队的重新武装（rearming），以及完全以西方的国际礼让重新排列日本的国际地位（realigning）。

与苏联冷战的突然开始，一系列苏联卫星国在东欧的建立，毛泽东注定将在中国取胜的前景越来越明朗，两个朝鲜之间不断加剧的敌意，这些都使得许多美国官员相信，他们的外交政策需要一个稳定的、民主的日本来承担抵抗共产主义在太平洋区域进一步扩张的堡垒角色。反过来看，日本的政治

① Alfred C. Oppler, *Legal Reform in Occupied Japan: A Participant Looks Back* (Princeton: Princeton University Press,1976), p.117.

稳定依赖于日本的经济复兴。在 1948 年 1 月 6 日发表于旧金山，后来被人们广泛引用的一篇演讲中，哈里・杜鲁门总统的陆军部长表达了这些主题。“新的发展正在亚洲兴起”，部长宣称，要求日本拥有一个“自由的政府”和“一个健全而足以维持的经济”，以便能够“作为一个制止任何其他极权主义的战争威胁的力量而发挥作用”。[①] 十分明显，日本将要成为美国在太平洋区域的盟友。其他一些美国官员补充说，对于盟军最高司令来讲，帮助日本达成其新使命的最好途径就是，通过限制已经显得过于活跃的劳工运动和停止解散财阀，来促使日本经济恢复元气。正如一位盟军最高司令下属的评论员所说，劳工运动和解散财阀，将使日本沦为一个丧失力量的、贫弱不堪的、“仅有小商小贩”的国度。

日本国会很快就插进来对此表示赞同。站在这一集团中心的是前任驻日大使格鲁和一些战时曾经参与制订对日占领计划的前国务院官员，甚至早在当时，他们就已经争辩道，一个健康的日本经济将是太平洋区域长期和平的先决条件；此外，他们也不同意将诸如三井、三菱之类的老牌财阀等同于军国主义的流行看法。可以肯定的是，这些财阀集团的首脑人物都是在“大东亚战争”期间支持自己国家的忠诚爱国者，而且他们的公司也在为日本海陆军制造枪炮弹药。然而，按照日本国会的说法，这些老牌财阀在 20 世纪 30 年代并未鼓动军事扩张，所以将它们废除并不是一个好主意。由于 1945 年和 1946 年正值改革高潮，这种观点未能产生更大的影响。但到 20 世纪 40 年代末期，遭受挫败的前设计者们在日本国会的非正式喉舌《每周新闻》上再次抛出了他们的论点，他们连篇累牍地抱怨分权化法案势将造成“对日本经济结构的核轰炸，如同臭名昭著的摧毁广岛的原子弹轰炸一样影响巨大”。[②]

美国实业界人士要求转向的呼吁助长了日本国会的地位。1947 年秋，在访问日本期间为投资公司进行实地考察之后，詹姆斯・李・考夫曼编制了一份长篇报告，对华盛顿官员们的思想产生了相当大的影响，他的律师事务所

---

① Vidya Prakash Dutt, ed., *East Asia: China, Korea, Japan*, 1947-1950 (London: Oxford University Press,1958), pp.631-37.

② “Japan: Confidentially, Some Confidential Shades of FEC-230” in *Newsweek* (December 29,1947), p.31.

代表着许多战前曾在日本经营的美国公司。在这份报告中，考夫曼警告了那些拖延对日本投资的美国最有力量的公司。他声称，这样做将带来严重的后果，因为盟军最高司令部里的“疯子”正在推行“社会主义”，正在进行将会导致经济崩溃的改革，而“这正中驻东京的苏联大使馆里数百名苏联人的下怀”。[①]

随着针对盟军最高司令经济政策的争论的展开，已经做出决定的官员们发现了其他一些质疑麦克阿瑟政策的理由。在美国国会里，著名的参议员和众议员们纷纷登台，表达他们对于危险的共产主义者加入日本如火如荼劳工运动的担忧；而另一些人则争辩道，简单说来，对日占领就是在任意挥霍美国财政部的金钱。在对日占领的头两年，美国已经花费了将近 6 亿美元来支付盟军最高司令部全体人员的工资和食品开支，而其他间接的开支甚至更加可观。新的论点指出，日本经济的复兴将会大大减轻已经负担过重的美国纳税人的重负。

来自日本人的令人信服的要求增加了批评的强度。也许，对盟军最高司令政策最吹毛求疵者是吉田茂。虽然在 1946 年 5 月到来年春天担任首相的第一个任期内，吉田茂曾经支持过麦克阿瑟的某些改革建议，但更经常的是他与盟军最高司令的意见相左。在盟军最高司令追求纯净化，诸如解散财阀，在宪法体系中重新定位天皇，以及界定向劳方倾斜而抑制资方的过程中，尽管首相可做的选择很少，但仍可表达自己的意见。不过，在 1949 年 1 月举行的选举中，吉田茂的自由党在得票数上以极大优势胜出，从而奠定了吉田时代的议会基础。这个时代一直持续到“头号国民”于 1954 年末从首相位置上下来为止。随着吉田茂于 20 世纪 40 年代晚期意识到自己已经牢牢把握住了首相职权，他向盟军最高司令大声疾呼，促使盟军最高司令调整政策方向，推进经济的稳定与重建。此外，他还抓住每一个机会，公开表明他的另一个观点，即认真负责的官员、保守党的政治家和商界的领袖们必须不计个人得失，为一个民族独立、经济繁荣和政治稳定的日本贡献他们自己的力量。

起初，麦克阿瑟试图回击来自四面八方的批评，但在 20 世纪 40 年代末，

---

① Schonberger, “Zaibatsu Dissolution and the American Restoration of Japan”, pp.22-26.

对日占领开始朝着新的目标一环套一环地转动。首先进行修正的是劳工政策，日本国内的事件触发了这一变化。随着工人们于1946年秋大批建立他们的企业工会，好斗的“全日本产业别劳动组合会议”号召兴起全国性的劳工攻击态势，以赢得“生存工资”和长期工作保障。作为回应，260多万工会会员，包括学校教师和来自其他公共部门的职工，誓言于1947年2月1日开始罢工，以使这个国家陷入瘫痪。这些工人的绝大多数都是围绕着面包和奶油的目标，提出了增加工资和实行最低工资保障的要求。不过，“全日本产业别劳动组合会议”中的前共产党员们担任罢工的组织领导，他们逐渐以政治性的目标武装起来。随着罢工日期的临近，工会方面的发言人呼吁作为激烈反共分子的吉田茂辞去首相职务，他们还进一步要求以“左派”的联合政府取代吉田内阁。

吉田茂这个“头号国民”对此怒不可遏。在公开场合，尖刻的首相给“全日本产业别劳动组合会议”打上“歹徒帮派”的标记。私下里，他与盟军最高司令协商，要求美国人进行干涉并禁止罢工。麦克阿瑟并非不表示同情。他与他的盟军总部的顾问们曾经想象过以一场劳工运动奉献给工业民主的理想，他们也不比吉田茂更能忍受政治化的工会运动。富有戏剧性地，在罢工即将开始的前夜，麦克阿瑟颁布了禁令，表示在日本经济仍然深陷泥潭处于危殆之际，他无法容忍如此具有破坏性的罢工行动，他也不会鼓励社会混乱。为了确保工人们能够留意到他的禁令，麦克阿瑟将军命令罢工委员会的领导人亲自去电台广播取消罢工。“根据盟军最高司令的严厉命令，”这位劳工领袖以颤抖的嗓音宣布，“我们除了放弃罢工别无选择。我只能想起这句老话：‘退一步，进两步。’工人农民万岁！让我们继续团结在一起。”[①] 劳工和盟军最高司令之间的对抗时期开始了。

1948年10月，吉田茂组建了他的第二任内阁，开始对劳工立法进行彻底的检查和修正。麦克阿瑟支持这一想法，于当年夏天致函日本政府，要求其约束公共部门雇员进行罢工的权利。劳动省也表现出撤销某些早期法令的意愿，以便巧妙地从根本上切断工会组织的好斗性，并维持劳资双方之间的力

① Tessa Morris-Suzuki, Shōwa: An inside History of Hirohito's Japan (New York: Schocken Books,1985), pp.247-48.

量平衡。甚至在收到麦克阿瑟的来函之前，劳动省已草拟出一份文件，表明他们对工会的看法："参照劳动组合法提出的关键目标，任何一个工会第一位的，而且是最重要的职责是，致力于经济重建。"[①] 劳动省的官僚们感受到了维持社会秩序和营造有利于经济发挥全部潜能的环境的责任。1945 年，当劳工处于劣势时，这些目标导致官僚们提出有利于劳工的法律。到 1948 年，在数百万工人已经加入政治性工会之后，官僚们也就向资本家方面倾斜，以阻抑社会动荡发生的可能性。

1949 年，吉田茂着手遏制劳工的激进主义。他倡议修改《劳动关系调整法》，以便给予政府任命的委员会在工会认证方面更大的权限，这一策略是设计来使工会组织脱离共产主义者影响的。1950 年，吉田茂征得盟军最高司令的同意，将这些努力付诸实施。他发动了"扫红"（即"清除红色分子"。——译注）运动，从政府部门和劳工运动中清除那些被指称的共产党人，很快，运动也扩展到了私人企业。到 1950 年秋，2 万多名所谓"左翼分子"的教师、记者和工厂工人发现自己遭到解雇。具有讽刺意味的是，用来为这些解雇辩护的居然是盟军最高司令过去曾发布的第 548 号指令。该指令禁止人们设法"抵抗或反对占领当局"。

在 1948 年里，麦克阿瑟开始渐渐放弃了解散财阀的政策，表露出转向的一面。1947 年 12 月通过的《反集中法》招致了来自日本实业界领袖们疾如雹灾般的批评。这些人预言，如果盟军最高司令坚持解散或者重组 1000 多家公司，日本经济就将崩溃。与此同时，考夫曼的报告也在华盛顿引起了对驻日盟军总部中那些"疯子们"的担忧。国务院政策制定顾问乔治・F. 凯南也表示，《反集中法》将导致经济灾难和造成无政府状态，使日本不可避免地为共产主义所征服。1948 年 3 月，有影响力的凯南亲自拜访麦克阿瑟，递交了华盛顿方面写有如下内容的信函，即盟军最高司令必须修改它在日本的改革计划，优先考虑经济复兴和政治稳定，以便使这个岛国加入到反对国际共产主义的行列中来。

压力太大了，甚至连麦克阿瑟也无力抵挡。1948 年 4 月，麦克阿瑟同意

① Sheldon Garon, The State and Labor in Modern Japan (Berkeley: University of California Press,1987), p.239.

成立一个“分权化检查委员会”来反省早些时候所提出的，废除那些有足够力量阻止新来者进入它们市场的垄断公司的计划。这个新的委员会随即宣布数百家公司不适用于《反集中法》的范围。该委员会第一次开会时，盟军最高司令已经定下325家日本公司将被解散或重组，但该委员会很快将这些目标公司的数目筛除到只剩19家，接着又到仅仅9家。麦克阿瑟的属员们异乎寻常地屈服了，他们宣布分权化改革已经带来了令人满意的结果。在此同时，当日本的上诉部门开始否决对数千名前公司管理人员的清洗时，盟军最高司令也保持沉默并且袖手旁观。

非武装化是另一项在占领早期最为美国人重视的政策。随着与共产主义世界的关系不断紧张，迫使美国人重新思考日本在东亚可能扮演的防卫角色。1948年11月，华盛顿指令盟军最高司令组建一支150 000人的准军事部队，以补充常规的日本警察。曾经率军横渡太平洋与日本人作战的麦克阿瑟，对这一方案抱有很深的疑虑，直到1950年朝鲜战争爆发，才迫使其勉强接受了这一方案。随着1950年夏美国军队离开日本开赴朝鲜半岛，麦克阿瑟命令日本政府组建一支75 000人的国家警察后备部队。在表面上，这支部队的目标是保证国内安定，然而这些“警察”装备着M-1步枪、机关枪、迫击炮、火焰喷射器、大炮、坦克等武器，还配备了美国顾问。其中的一个顾问描述，这支部队像是“一支小型的美国军队”。

重新武装必须在法律上与新宪法第9条相一致。新宪法第9条明确规定“日本人民永远放弃以国权发动的战争”，清楚表明日本将永远不再保留陆军、海军和空军。起初，吉田茂支持照字面意义来理解这一条款，甚至同意禁止为实行自卫而武装；但国家警察后备部队的建立，使得首相不可能执着于对这一条款的原来那种解读；而1952年2月进行的日本民意调查显示，48%的受访者认为首相否认日本重新武装是在说谎。吉田茂在文字游戏中绝非业余水平，他最终采纳了这一命题，即宪法第9条允许日本保留武装力量，只要这些部队不拥有“战争潜力”。其后继任的历届内阁也都乐于这样谈论“潜在的进攻能力”。他们认为就像其他主权国家一样，并与联合国宪章相一致，日本拥有不可剥夺的自卫权利，因此，保留一支具备单纯防御能力的武装力量并不违背宪法精神。

独立

进入到 1950 年，麦克阿瑟显然已经开始对占领日本感到厌倦，大多数日本人也都有此同感。尽管从早些时候起，吉田茂就喜欢听人讥讽驻日盟军总部应该“趁早回家”，但 1947 年 3 月 17 日，麦克阿瑟在一次新闻发布会上建议，如今已到缔结一部正式的对日和平条约的时候，以取代在美国“密苏里”号战舰甲板上签署的日本投降文告。此后，麦克阿瑟就成为呼吁结束对日占领的首要人物。他解释说，经过两年的掌舵，改革已经取得了巨大成功：日本被解除了武装；民主政治成长所必需的宪政改革已经步入正轨；土地改革正在进行；打散心怀恶意的资本家财阀集团的计划也已制订。在他看来，日本未来和平的基础已经奠定，再拖延占领恐怕将有画蛇添足之嫌。

尽管麦克阿瑟较早地并令人颇觉意外地鼓吹与日本缔结一部和平条约，但命运之神并未选择他代表美国去谈判签订这样的文件。缔结一部日本和其他将近 50 个国家都能接受的和约的任务落到了杰出的共和党人约翰·福斯特·杜勒斯的肩上。1950 年 5 月 18 日，杜鲁门总统提名杜勒斯作为自己的首席代表。到这个时候，麦克阿瑟大约已逐渐失去总统的信任。1950 年 6 月，朝鲜战争爆发，杜鲁门总统任命麦克阿瑟为进驻朝鲜的联合国军司令。但同年，在将军公开反对总统的军事政策之后，生性好斗而又坦率认真的杜鲁门立即解除了麦克阿瑟驻朝联合国军司令与驻日盟军最高司令的两个职位。司令变成平民，尤其是令人生畏的“蓝眼睛的幕府将军”居然被免职的事实，对许多日本人来说是一次最清楚不过的实际教训，使其能够领会什么才是他们将要经历的民主。

杜勒斯开始与美国的战时盟国协商。有些国家倾向于一种仁慈宽厚的解决。他们提出，第一次世界大战结束后，志在报复的“巴黎和会”最终滋生出愤懑和怨恨，而阿道夫·希特勒和纳粹党正是驾驭着这种仇恨夺取了政权。将类似的羞辱施与日本，也会导致令未来人们难以承受的痛苦遗产，从而冒着给后代带来不祥后果的风险。不过，另一些国家则游说要缔结一个严厉强硬的对日和约。那些曾经深受日本侵略苦难的东南亚国家，想要从日本得到严苛的令其难以承受的补偿。而英国则担心它在亚洲的市场，所以一再要求限制日本将来的出口潜力。这场争论，加上越陷越深的与苏联的冷战和朝鲜半岛上如火如茶的热战，构成了杜勒斯对于日本未来全球角色的思考。他征得杜鲁门总统的认可，决定对日和约应当建构起一个框架，使日本得以继续经济复兴和政治稳定，以便将日本锁定在西方盟国阵营，从而确保美国军队能够向太平洋区域投放其武装力量的特权，同时使日本重新武装致力于区域性自卫。

杜勒斯与执拗顽固的日本首相进行了极为艰苦的谈判。在整个占领期间的所有事务中，没有什么比恢复自己国家的全部主权更令吉田茂心向往之的了。吉田茂曾经担任过外交官，在第一次组阁的三年时间里，他通过亲自兼任外务大臣，向外界表达了使日本重新赢得国际社会尊重的决心。对于订立一个什么样的条约才是可以考虑接受的，吉田茂抱有固执的且众所周知的观点。他决不会在一个惩罚性的和约上签字，而要为达成一个非限制性条约而顽强抗争，使日本未来的经济和政治得以充分发展。考虑到种种前因后果，吉田茂赞成与美国结盟，他相信，如果在华盛顿会议上缔结的协定保护了日本利益的话，可带来一个较为乐观的新局面。

尽管吉田茂在和约谈判中的立场很固执，但“头号国民”被迫至少表现出对他人观点的敏感。他在日本政坛上的“左派”对手制定了他们自己的“和平原则”版本：日本必须中立化，不加入冷战阵营的任何一方；日本不得重新武装；美国军队必须从日本撤出。然而，吉田茂拒不考虑使日本中立化，他将此说成是“喋喋不休的梦呓”，是一种使日本难以保证未来和平的外交姿态，因此“无异于水中捞月，镜里采花”。[①] 然而，“左派”的和平原则在日本选民中得到了广泛的支持，吉田茂甘愿招致他们的不悦，并且冒着丧失实际职权的风险，借以铸造其在和约谈判中的角色形象。

在遭到国内政治火力交叉攻击的情况下，吉田茂采取一切方法机动对抗。他一再向公众说明，日本未来的安全保障需要一个与美国的防御性同盟，日本除了允许美国在自己的土地上驻扎军队，别无他策。但与此同时，吉田茂也毫不动摇地坚持，日本应当进行大规模的重新武装。1951 年 1 月，杜勒斯在一次个人会面期间将这一要求搁上台面，建议日本组建一支 300 000 人的地面部

---

① John W. Dower, *Empire and Aftermath: Yoshida Shigeru and the Japanese Experience*, 1978-1954 (Cambridge: Council on East Asian Studies, Harvard University Press,1988), p.371.

队。吉田茂抓住机会从剑鞘中拔剑出击，他说，他的国家无力承担这支军队的建设，公众不会允许这样做，宪法也禁止这样做，日本的邻国也将对此感到恐惧。在某种程度上，吉田茂的这番推托还掩盖着其他一些原因，虽然他自己是一个坚定的反共分子，但吉田茂决不愿患上和美国人同样的关于遭受国际共产主义威胁的狂想症，他也不会接受杜勒斯关于民主国家正面临共产主义攻击的紧迫危险的论点。还有一个最为隐秘的但可以理解的真实原因是，对那些正在指挥着新的国家警察预备队的前将军们，吉田茂并不信任。

在日本、美国及其他近 50 个国家的代表群集旧金山，举行正式和谈会议之前，1951 年春夏期间，各种方案轮番出台。1951 年 9 月 8 日，日本与它从前的 48 个敌国在《旧金山和约》上签了字（苏联、波兰和捷克斯洛伐克退出了谈判过程；中国由于关于合法政府究竟位于北京还是位于台北没能达成一致意见，而未获邀请）。吉田茂得到了他所想要的许多东西，绝大多数观察家也都同意这个和约的条件可以说是宽宏大量的，并无蓄意报复。《旧金山和约》中止了仍然继续存在的战争状态，提出了所有占领部队在和约生效后 90 天内全部撤离，恢复日本的国家主权，并清楚地表明了它拥有自卫的权利，最后，和约对日本的经济贸易也未施加任何限制。正好相反，和约签署国都意识到维持日本经济重建的必要性，甚至对日本将来申请加入联合国也给予了支持。

在日本签署和平条约仅仅几个小时之后，它的代表又在旧金山签署了《美日安全保障条约》。作为冷战所导致的一个结果，《美日安全保障条约》允许美国在日本无限期驻军。虽然其后的公众舆论调查显示，绝大多数日本人都拥护和平条约，但也有许多人指责吉田茂在追求共同安全保障之时做出了太多的让步。他的对手们担心，美日之间的协定使日本的防卫需求从属于美国的政策，实际上是将日本的未来置于危险之中。特别令他们气恼的是，美国军队驻扎日本的条款，实际上是明确授权美军维持整个东亚的和平。美国可以在任何地点、任何时间派出这些部队，而无须得到日本政府的允许，甚至无须与日本政府进行协商。危险看来显而易见，如果美国从它位于日本土地上的基地采取军事行动，势必轻而易举地将日本拖进一场冲突，而这可能仅仅是美国对外政策的一个阴谋，完全与日本的利益无关。其他砸向吉田茂的批评是，他同意了其余两条有损日本尊严的条款。批评者们控诉说，这些条款危及日本作为一个主权国家的权利。这两项条款之一是，授权美国军人可应日本官员之请求，镇压日本国内的暴动和骚乱；另一条是，若非首先得到美国同意，日本不得将这些军事基地或者其他军事特权让渡于任何第三国。那些贬损吉田茂的人抱怨说，吉田茂已经使日本沦为“从属性独立”的境地。

这些尖刻的嘲讽激怒了吉田茂，但这个曾经历过无数政治风浪的老练政治家挫败了他的对手，成功地导引《和平条约》和《美日安全保障条约》在1951年秋获得国会通过。由于如今日本在冷战中站到美国一边，美国参议院也于1952年3月批准了这两个条约，随后，两个条约于1952年4月28日生效。吉田茂认为，旧金山体制的实施是他个人事业的最大成功，日本重又获得了主权，外国的长期占领已经走向终结，这个国家已经与看来不可战胜的盎格鲁—撒克逊集团同呼吸共命运，这个岛国将保证得到世界上最强大的工业化国家的经济援助。吉田茂已经给出了他为战后日本发展所描绘的蓝图。

当吉田茂达到其最为珍视的个人成就巅峰的时候，也就标志着他在政治上开始走下坡路。日本公众对于旧金山体制保持着可以理解的矛盾心理，诸如“从属性独立”之类的指责影响着公众舆论的方向。由《朝日新闻》在1952年下半年进行的民意调查显示，只有18%的日本人认为他们的国家已经获得了真正的独立。到此时，吉田茂的支持率已经从一年前的58%跌落到20%。由于公众支持率降低，吉田茂变得比以往更为尖刻，他带有伤害性的挖苦话使得许多可以给予他帮助的人士与之疏远。东京大学校长曾对《和平条约》中的某些内容提出批评，吉田茂随即给他扣上“学问娼妓”的帽子，然后不但固执地拒绝道歉，还拒不理睬别人弥合他们之间裂痕的劝告，甚至不愿以“出于无心”为借口收回他的无端谩骂。①

在1953年的国会辩论期间，吉田茂痛斥一名社会党的对话者（马鹿野郎），称他是“愚蠢的白痴”。这种谩骂译成英文听上去似乎比较温和，实际上在日本文化中则相当污秽和猥亵，于是立即导致了一场对吉田茂的不信任投票。虽然吉田茂设法赢得了随后的选举，但次年即卷入了一场受贿案。他

① *The Pacific Rivals*, p.107.

接受了有污点的竞选运动政治捐款，以阻止逮捕他所宠爱的门徒，即未来的总理大臣佐藤荣作。1954年秋，日本经济复兴的范围仍无法确定，吉田茂前往美国，以个人名义为马歇尔的《亚洲复兴计划》辩护，但华盛顿方面并没有给他面子，甚至日本国内的保守分子也开始转而反对他。1954年12月10日，年事已高的吉田茂辞去了首相职务，与他的老对手、被解职的道格拉斯·麦克阿瑟成为日本被占史上的难兄难弟。

1945年，麦克阿瑟和吉田茂这两个大人物分享着同一个舞台，他们都声称要缔造一个独立的、非共产主义的、拥有安定未来的日本。不过，当我们回顾这段历史时，可以看出吉田茂和麦克阿瑟具有两种性质截然不同的，基本上是相互对抗的日本历史观。反过来，这些关于以往日本之意义的相反概念，也助长了如何使战后的视线聚焦到一点的激烈的意见分歧。对于吉田茂来说，明治时代与大正时代的辉煌——立宪主义、工业化和在国际舞台上声望的上升等，构成了日本光荣的过去，所有日本人都需要从20世纪30年代走过的“历史歧途”中重拾民族自尊，重新回到既定的前进轨道上去。吉田茂所要解决的问题直截了当，即保全在帝国框架下的宪政体制，维持官僚和保守政治家在政治程序中担当不受挑战的领导角色，培育一种由强有力财团拉动的资本主义经济，抑制激进主义，使日本重新与西方列强结成伙伴关系。而麦克阿瑟对所谓明治时代遗产之概念则不那么乐观，对他来说，正是那个时代形成了日本后来对外侵略的基因。这是一个文化和心理溃疡开始化脓溃烂的时代，恰恰分泌出了20世纪30年代的极权主义和军国主义。按照麦克阿瑟的思维逻辑，日本并不只是“出轨”而已，相反，它的问题是由它的封建余毒所引起的痼疾，而盟军最高司令的任务就是要创行深刻的结构性改革，以根除这一顽症。日本与其说复兴过去，倒不如说必须向一个非军国主义化的、民主化的未来前进，为新型社会力量的成长开拓必要的空间。

1945年到1947年间，随着盟军最高司令解除了日本的武装，脱去了天皇的神权外衣，重修了日本的宪法，解散了最大的企业集团，促进了工会的成长，没收和重新分配了土地，重建了教育制度，以及修订了国民法典，麦克阿瑟版本的改革支配了日本的方方面面。麦克阿瑟将会因此而当之无愧地接受所有呈送在他面前的荣誉，而且比这还要多得多。他后来写道：“我不得不成为一个经济学家、一个政治科学家、一个工程师、一个制造业经理、一个教师，甚至是一个学识渊博的神学家。”[①] 然而，如果没有一大群人和麦克阿瑟一起把事业推向前进，可能也就不会有盟军最高司令的改革。战争期间华盛顿的设计专家们，诸如考特奈·惠特尼将军这样的执行对日占领的官员们，还有希望调整历史上失衡的劳资关系和解决诸如农村贫困问题的日本官员们，以及从改革中获益的全体选民们，所有这些人都为改革做出了他们的贡献，达成了这一单凭麦克阿瑟自己永远不可能完成的事业。

不过，到了 1947 年和 1948 年的冬天，一股新生力量正在形成，其核心人物正是吉田茂。在他的第一个首相任期内，吉田茂勉强接受了此前的许多改革，在那些唯恐盟军最高司令已经走得太远的老牌官僚和传统保守政党纳入他的势力范围之前，吉田茂的抵抗是徒劳无功的。他们出人意料地在人们未能想到的地方找到了新的同盟者，例如在日本国会中，甚至在白宫和美国国会里。这些彼此并不信任的政治伙伴集团开始共同推动对日占领转向新的路径，将重点放在经济的复兴与重建上，吉田茂喜欢将之称为“过度行为的矫正”。更为重要的是日本人民态度的转变。为战争年代的苦难所压倒，日本人民以令人惊异的开放心胸接受了 1946 年和 1947 年的改革。由麦克阿瑟提出的这些早期改革措施就附和了这样的情绪，因此取得了重大的成功。不过，到 20 世纪 40 年代末期，占领疲乏症已经取代了战争疲乏症。投票的公众开始复归国会，在一次又一次的选举中，多数民众一般都支持重新选择前进的方向。

战后的第一个十年充满了伟大历史瞬间的诸般奇观，例如强有力的对手、变动不定的盟友、扭曲而倒转的政策，以及许多人物自身的矛盾。对日占领已经变得常常遭到质询，甚至对那些亲身经历的人们来说，也已时时感到混乱，但是，1945 年到 1952 年这七年间发生的事情，永远地改变了日本历史的发展路径。可以肯定的是，许多改革，无论是其最初形态还是经过“矫正”的版本，都加速了日本的进步，尽管这些进步的开端可以追溯到第二次世界大战之前。有关政党政府和责任内阁的观念、日本与西方工业化国家的结盟，以及选举权向妇女的扩展，这些全都是战前日本人曾经尝试追求过的理想。

---

① Douglas MacArthur, *Reminiscences* (New York: MaGraw-Hill,1964), pp.281-82.

结果是显而易见的，这些在战前岁月即有人提议的改革，或是那些得到新选民们支持的改革都迅速获得了通过，从而得到了发挥效用的最佳时机，其深远影响远远超过了战后十年。

当然，难以想象会有什么事情比战败的创伤更为创巨痛深，也无法想象一次来自外国占领的严重惩罚，居然会产生出一部使主权从君主向人民转移，并且保障人民权利的宪法。土地改革的措施实际上涉及这个国家的每个农户，武装力量的建立被限制在仅能提供自卫的范围，还有一场劳工运动，像任何其他地方所能发现的一样波澜壮阔而充满活力。纵观日本历史，被美国占领的岁月与 17 世纪全国统一的时期和作为这个国家历史上伟大转折点之一的 19 世纪的明治维新时期一样比肩而立。在那一段短短的时间里，日本人民经历的变化也许与世界现代史上任何革命纪元中所发生的同样意义深远和迅猛。

第十六章

复兴与丰裕

1964年10月10日下午，东京国家体育场，大约75 000名观众从他们的座位上站起身来，聆听天皇陛下宣布第18届现代奥林匹克运动会开幕。作为那天庆祝活动的组成部分，空中自卫队的喷气式飞机在秋季蔚蓝色的天空中描画着奥林匹克五环，10 000只五彩缤纷的气球飘浮在空中，来自当地一所小学的孩子们簇拥着上一届奥运会的东道主罗马市的市长步入体育场。出席奥运会的队列包括代表着近90个国家的7000名运动员。当古巴人身着彩装，挥舞着日本太阳旗经过皇家专席时，人们欢呼喝彩；当日本代表团进入体育场时，人们掌声雷动；接着，当坂井义则，这位在世界上第一颗原子弹爆炸的当天早晨，诞生于广岛城外的19岁大学生，举着奥林匹克火炬跑进体育场时，人们在一片静穆中肃立。

日本的奥运筹委会精心地，同时也是蓄意地将东京奥运会上演为庆祝国家从战败中复兴并且重返世界舞台的盛大典礼。担任奥运筹委会主席的是，一个为日本和平利用原子能做出贡献的实业家。作为一个能与过去和谐共处的人物，他宣称其责任“不仅在于组织一个由各国运动员们展现运动水平的盛会，还将集中表现日本人民作为世界民族大家庭中一个有价值成员的坚忍不拔的努力”。[①]

东京曾经被定为1940年奥运会的主办地，只是由于欧洲爆发第二次世界大战而被取消。在外部世界的眼中，当时的天皇就代表着日本不可遏止的帝国狂热和好战意图，以及封闭的精英政治体制。而在1964年，天皇作为东京奥运会官方赞助人的角色，举世瞩目而且得到了很好的宣传。他亮相在各种不同的聚光灯下，其作为一个完全恢复了地位的爱好和平的日本的国家高贵

---

① Yasukawa，“Message from Tokyo Olympic Committee” in *Contemporary Japan* (October 1963), pp.638-41.

▲ 1964 年东京奥林匹克运动会开幕式

领袖，跻身于世界和平的舞台之上。在奥运会开幕式上，池田勇人总理大臣紧挨着天皇就座，这对所有人都是一个无声的提示，即日本是一个民主的国家，同时也是一个和平的国家。在新的政治体制下，天皇只是这个国家经普选产生的平民政府的象征性代表。

1964 年，东京奥运会筹委会也回应了许多日本人表达出来的强烈呼声，即向全体日本人，也向国外到访者展示了日本举世瞩目的经济复兴成果。日本政府对东京奥运会的全部支出为 9700 亿日元，其中大约 80% 投在公共设施工程项目上。正如那名年轻的火炬手代表着日本人不屈不挠的精神，日本国家也以种种例证向到访者显示，自己已从战争的废墟中崛起，到处都充满了欣欣向荣的战后繁华。例如，东京地下的地铁线路正在不断扩展；新的快速铁道连接起首都与名古屋；当年 10 月 1 日，当时世界上速度最快的第一辆蓝白相间的“子弹头”列车驶出东京车站，将乘客在前所未闻的 3 小时 10 分钟内送达480公里之外的大阪。“和平年代的繁荣”成为这一时期不断重复的乐章叠句，私人资本为东京装扮上气派的酒店和宏伟的百货商店体现着不断增长的成就意识、乐观态度和幸福感受。

在奥运会期间，一种复苏了的对日本传统的骄傲也兴盛起来。和平与繁荣的形象取代了战争的记忆，许多日本人不再担心因公开表明对本民族过去文化的尊重而遭受指责，他们为日本运动员在当年新列入奥运会项目的柔道比赛中所取得的完全胜利而感到自豪，也充满自信地以剑道表演招待各国来宾。用筹委会主席的话来说，新建的奥运会建筑也有助于推动东京奥运会行进在“具有独特日本形象的轨道上”。建筑师设计了以钢筋混凝土建造的日本武道馆，作为柔道比赛和军事艺术表演的场所。这处场馆类似于法隆寺的木制“梦殿”。“梦殿”是日本最古老的宗教中心，就坐落在日本古都奈良城外。像“梦殿”一样，柔道馆设计了一个八边形的地板，上面覆盖着一个中央镶嵌突出圆球的独特屋顶。对于那些造访日本武道馆的奥运迷们来说，它位于皇宫的城壕与壁垒旁边，似乎正在强调着过去与现在、传统与时尚的联系。

大多数日本人都将东京奥运会的记忆珍藏在心里，把它当成全民团结一致证明日本的政治、经济和精神已从战争和失败的恐怖中复兴的辉煌时刻。在一位文坛领袖为一份主要日报所写的文章中坦陈道：“出席奥运会开幕式，我油然感到日本已经最终恢复了她的能力，回到了国际舞台，能够作为东道主做出如此精彩的表演。”① 在看到日本国家队夺得女子排球比赛金牌之后，小说家有吉佐和子以一种相似的语调，欢呼她所感受到的当代社会脉搏，清晰表达出她的许多同龄人所拥有的关于战后时代的感受。她说：“我几乎能够形象地看到责任得到了履行，这种责任正在那些喜极而泣的女排姑娘们的头顶上盘旋。为了这一时刻，她们奋斗了如此之长的时间。谢谢你们！”

然而，并非所有日本人都希望加入这场庆典。一位著名的建筑评论家就不赞成体现在日本武道馆中的象征意义。他将那种几何学上精确的，带有坚硬边缘的建筑物称为“反现代的洋腔洋调”，是令人联想起“纳粹时代柏林奥运会场馆”

① *Mainichi Daily News*, Fifty Years of Light and Dark: Hirohito Era (Tokyo: Mainichi Newspapers,1975), pp.341-42.

的“法西斯式建筑”。[①] 同样，随着时间从 20 世纪 60 年代进入到 70 年代和 80 年代，奥运热潮逐渐消退，一些日本人开始对昭和晚期的经历进行重新评价。某些批评意见开始贬低战后时期出现的特定形式的民主；另一些批评意见则指出，日本的工业复兴尽管十分伟大，但并未给全体国民带来均等的福利；还有一些批评意见则开始怀疑当前的社会和文化发展割断了与过去的联系。

自由民主党的统治

随着吉田茂的支持率在 1953 年至 1954 年中滑到新低，日本的社会党人开始嗅到在即将到来的国会选举中夺取多数席位的可能性。为了增加己方的力量，1955 年 10 月，两个主要的左翼党派联合组建了日本社会党。在接下来的那个月里，其对立面，吉田茂的自由党也与另一个保守党派——日本民主党合并组建为自由民主党，简称自民党。日本自由民主党的前身，可以追溯到第二次世界大战前的政友会和民政党。正如这两个政党在大正年间曾经做过的那样，新的自由民主党也成为日本政党政治的主宰。组建后的自由民主党，由鸠山一郎担任总裁，在随之到来的国会选举中大获全胜。在其后的 40 年时间里，自由民主党的 15 位总裁依次出任首相，一直保持着对日本政权的控制，这种控制直到 1993 年秋天方告结束（参阅表 16. 1）。

在组织上，自由民主党包含着许多不同的派系，并通过这些派系发挥其功能。在它的政治全盛期，曾有 6 个左右的同盟派系在党内相互施加着影响。每一个派系都构成一个分立的实体，它们自己筹集竞选基金，自己推进其成员的事业升迁。各派系间谈判解决党和内阁高层职位的分配，并轮换担任首相。通过这种派系联合，自由民主党推行一种折中主义的政治模式，甚至表现出一种保守的实用主义形象。也就是说，自由民主党始终如一地保证忠实于议会民主政体、自由企业制度和私有财产的不可侵犯，以及诸如热爱国家、尊重家庭、遵纪守法等公民价值观。

---

① James L. Maclain, “Cultural Chauvinism and Olympiads of East Asia” in *International Journal of the History of Sport* 7:3(December 1990), p.395.

表 16.1 日本首相（1954 ~ 1993）

首相	组阁次数	任期
鸠山一郎	第一届	1954 年 12 月 10 日至 1955 年 3 月 19 日
鸠山一郎	第二届	1955 年 3 月 19 日至 1955 年 11 月 22 日
鸠山一郎	第三届	1955 年 11 月 22 日至 1956 年 12 月 23 日
石桥湛山		1956 年 12 月 23 日至 1957 年 2 月 25 日
岸信介	第一届	1957 年 2 月 25 日至 1958 年 6 月 12 日
岸信介	第二届	1958 年 6 月 12 日至 1960 年 7 月 19 日
池田勇人	第一届	1960 年 7 月 19 日至 1960 年 12 月 8 日
池田勇人	第二届	1960 年 12 月 8 日至 1963 年 12 月 9 日
池田勇人	第三届	1963 年 12 月 9 日至 1964 年 11 月 9 日
佐藤荣作	第一届	1964 年 11 月 9 日至 1967 年 2 月 17 日
佐藤荣作	第二届	1967 年 2 月 17 日至 1970 年 1 月 14 日
佐藤荣作	第三届	1970 年 1 月 14 日至 1972 年 7 月 7 日
田中角荣	第一届	1972 年 7 月 7 日至 1972 年 12 月 22 日
田中角荣	第二届	1972 年 12 月 22 日至 1974 年 12 月 9 日
三木武夫		1974 年 12 月 9 日至 1976 年 12 月 24 日
福田赳夫		1976 年 12 月 24 日至 1978 年 12 月 7 日
大平正芳	第一届	1978 年 12 月 7 日至 1979 年 11 月 9 日
大平正芳	第二届	1979 年 11 月 9 日至 1980 年 7 月 17 日
铃木善幸		1980 年 7 月 17 日至 1982 年 11 月 27 日
中曾根康弘	第一届	1982 年 11 月 27 日至 1983 年 12 月 27 日
中曾根康弘	第二届	1983 年 12 月 27 日至 1986 年 7 月 22 日
中曾根康弘	第三届	1986 年 7 月 22 日至 1987 年 11 月 6 日
竹下登		1987 年 11 月 6 日至 1989 年 6 月 3 日
宇野宗佑		1989 年 6 月 3 日至 1989 年 8 月 10 日
海部俊树	第一届	1989 年 8 月 10 日至 1990 年 2 月 28 日
海部俊树	第二届	1990 年 2 月 28 日至 1991 年 11 月 5 日
宫泽喜一		1991 年 11 月 5 日至 1993 年 8 月 9 日

同时，每一个派系都信守一些独特的政策。这些政策体现了那些支持它们的特殊社会群体的利益。这些政策主要表现为确保农民的农作物价格；不断扩展社会福利项目，以使老年人和那些小商小贩受益；为产业工人改进工作条件，提高最低工资；为科教工作人员提供学术自由；等等。

自由民主党各派系在争取形形色色选民方面所取得的成功是它们得以长期控制国会和内阁的一个重要原因。另一个原因则是它们把握不断出现新的社会热点问题的才能，例如20世纪60年代，它们倡导全力促进经济增长，其后，70年代又大力推进为反污染立法，并拨出大笔国家预算用于扩建公园、开办图书馆及建设其他增进城市生活质量的公共设施。与官僚机构的合作也很重要，因为自民党立法者所通过的各种法律要靠那些官员们来履行。吉田茂自己就曾是战前外务省的一名官员，他通过鼓励各机构中为首的官员加入自由民主党，从而培育出与官僚机构的良好关系。这种关系变得如此之密切，以至于连三位已经退休的官员也都成为自民党内主要派系的首领，并且于1957年至1972年间连续担任首相。他们是岸信介、池田勇人和佐藤荣作（佐藤荣作是岸信介的弟弟，年幼时被过继给一家亲戚）。

尽管具有操控政治舞台的能力，但自由民主党仍然时不时地陷入严重的麻烦。由于背负着某种声名狼藉的历史包袱，岸信介在1957年成为首相的初期颇为人所不齿。许多选民对他曾经担任伪满洲国官员以及在战争期间先任通商产业大臣，其后又任军需省次长的经历甚感失望。对立面的政治家们喜欢把岸信介称为“战犯”，盟军最高司令确实也曾对他发出过起诉书。1960年5月，在自民党控制的国会中，议员人数占少数的反对派企图阻挠通过那份几乎未加修改的《日美安全保障条约》，岸信介对之采取了非常强硬的手段，甚至不惜动用警察进入国会，从议事厅里拖走对方的议员，随后又召集了一个仅由在场的自民党议员参加的即时投票，使得条约得以迅速通过。首相践踏民主程序的行为引起人们的坚决反对，劳工们举行罢工，全日本有成千上万的学生涌上街头进行抗议。1960年6月10日，危机达到顶点，艾森豪威尔总统的新闻部长来日本安排即将进行的总统访日事宜，结果愤怒的示威者包围了他的座车，并威胁要把汽车推翻，他不得不仓皇爬上直升机，以躲避愤怒的人群。5天以后，在一场学生与防暴警察之间的暴力冲突中，一名年轻女子遭踩踏身亡。随之而来的批评声浪犹如烈焰风暴一般进一步加剧，迫使岸信介于国会通过《日美安全保障条约》延长期的几天后宣布辞职。

在20世纪六七十年代，对全体选民来说，金元政治也成为一个特别敏感的问题。国会议员们对于政治基金有着巨大的贪欲。选举战是昂贵的，候选人需要经常抛撒一些诱惑，比如前往议员们在东京的办公处，提供价值不菲的礼物，甚至塞现金红包（“御礼”）等给那些能够左右选举的有影响力的支持者。

一旦选举获胜，议员们又需要大笔金钱，用来提供家乡选区选民们所期待的照顾和回报。自民党政治家们特别具有与他们的选民建立密切关系的好名声，他们施行地方赈济，提供建立新产业或支撑老行业的款项，每逢婚礼、葬仪和节日，还会寄送礼物。为了能有一个饱满的钱袋，政治家们便转向大企业和那些愿意在选举中慷慨解囊的人，让他们为简短演讲支付酬金，或是为自己出席晚宴和鸡尾酒会的昂贵费用付款。每个人都知道，作为交换，这些国会议员将倾听这些捐助者的意见，并在讨论立法时充分照顾他们的利益。

在20世纪60年代晚期和70年代早期，主要报纸和记者的调查报告都曝光了那些有时非法的，有时合法但却不道德的政治基金募集活动。在许多人眼里，这败坏了自民党的公信力。正当公众们对日趋严重的腐败感到灰心沮丧之际，田中角荣首相的受贿似乎证实了人们对于政治基金筹措存在重重黑幕的最糟糕的担心。田中角荣是一个身体结实，依靠个人奋斗获得成功，脸上似乎总是带着傻笑的人。他在战争年代经营着一家建筑公司，从与政府的合同中赚取了大量钱财。1947年，仍很年轻的田中角荣第一次赢得选举，进入国会。20世纪50年代自由民主党成立时，田中角荣就加入了进去，此后曾在池田勇人内阁和佐藤荣作内阁中担任过大藏大臣。在他的政治生涯中，田中角荣逐步建立起善于在桌下操纵政治基金募集的名声。确实，在他担任国会议员的早期，检察官就曾起诉他接受过来自主要煤矿老板的贿赂；但是，他巧妙地给予他家乡新潟县的选区大量关注和赠予，而选民们也一次又一次地回报他以国会议员的席位。

1972年夏，田中角荣一当上首相，那些关于来自拥有大片私有土地者和建筑行业的支持者的隐秘捐赠的传言，就形成了一股猛烈的争议旋风包围着他的政府。几乎每一天，在主要的报纸上都有相关的丑闻被揭露。一开始，报刊曝光田中角荣让一个离了两次婚的前夜总会女老板负责田中派的竞选基金，数十亿日元的巨款被用来润滑自民党的政治机器。这一机制使得国家蹒跚而行，最终于1974年12月将田中角荣赶下了台。两年不到，日本警察逮捕了田中角荣。根据美国参议院针对洛克希德公司指称田中角荣在首相任期内曾经接受5亿日元的贿赂和佣金，以“鼓励”国有全日空航空公司购买洛克希德公司的飞机之事进行调查。经过长达7年的审讯，东京地方法院判定田中角荣受贿罪名成立，虽然过长时间的审讯和差点致命的中风使他得以免受身陷囹圄之苦。

在此期间，有另外几个政党与自民党争夺霸权，左翼有日本共产党。进入20世纪80年代，日本共产党在国会的512个席位中一般控制着20到30个席位。它倡导向社会主义和平过渡，并反对《日美安全保障条约》。还有日本社会党，它拥有劳工组织的支持，有时能有超过100名候选人进入国会。它主张采取社会主义的经济政策，并领导了1960年五六月间反对岸信介首相的运动。更为拥护中央集权的公明党主张政府的纯洁性，它加入了1964年的政治争斗；此后很快赢得了相当的公众支持，争取到了一个平台，呼吁清除政治腐败行为和将大量资金用于社会福利项目，并与世界上所有国家和平共处。

几个日本最有名的妇女政治家也对自民党的政策及政治运行和占有权位的做法持有异议。她们或是作为独立的个人，或是作为反对党的成员，加入到反对自民党的行列。战前的女权主义者和新闻记者神近市子，曾因刺伤负心的爱人大杉荣而坐了两年牢；战后她加入了社会党，于1953年至1969年间担任国会议员。在国会里，她成为一个活跃的发言人，吁求性别平等，反对合法卖淫，并促使国会终于于1956年通过《卖淫防止法》而对其加以取缔。另一个著名的独立女权主义者是值得敬重的市川房枝。她于1953年第一次赢得选举进入参议院，其后25年里一直领导着日本的人权运动，而对金元政治的腐蚀性影响则决不同流合污。

公众对自民党的反应是既爱又恨的矛盾心理。直到进入20世纪80年代，那些大多从自民党的立法中获益的选民们一直忠实地支持着这个政党；其他日本人则被接连不断的腐败丑闻所激怒，批评自民党政治家缺乏理想，将个人利益置于国家最高利益之上。同时，甚至连那些与政治疏远的选民们也经常不情愿地相信国家的命运被操纵于少数政客之手。那些政客几乎没有什么特定的思想准则，据传经常因为小事在自己人中没完没了地争吵，而且只会提出一些看来毫无希望又充满瑕疵的经济政策。在公众舆论调查中，选民们的矛盾心理表露了出来，整个20世纪70年代，有大量的，有时是大多数的被调查者宁愿由某个自民党之外的政党来领导这个国家。然而，在整个20世纪70年代和随后的80年代，选民们仍然选举足够数量的自民党议员进入国会，这个政党仍然控制着首相职位，并在内阁部长的职位上占据着压倒多数。自民党具有某种能力保有它所抓住的权力，这削弱了政治对手的作用，也引起了对日本民主制度的批评，说这是一种机能失调的一党体制。

高速增长与政府主导

战后十年与其后20世纪80年代的经济状况的对照激发了人们的想象。1945年和1946年，日本尚是一片废墟。第一个十年过后，未来仍未显示出有多少希望。在20世纪50年代中期，日本的国民生产总值（GNP）仍然仅为美国的十五分之一，工资水平也只比战前最好的时期略高一些。1957年，杰出的哈佛大学教授，西方学者中最为了解日本，后来担任美国驻日大使的埃德温·O. 赖肖尔曾经令人泄气地评论说："日本的经济状况也许可以说是极为糟糕，没有什么得当的政策和有效的方法能够使其免于缓慢的经济耗竭，所有的政治和社会病症也都将与此相伴而生。"①

具有讽刺意味的是，甚至就在赖肖尔写下这段话的时候，日本已经跨越门槛，进入了一个震惊世界的经济增长时代。到20世纪60年代初，大量资本加速了对工厂和设备的投资，被激发起来的国际市场竞争意识使日本的国民生产总值在世界资本主义经济体中名列第五。整个20世纪60年代为高速增长的酝酿期，经济以平均每年超过10%的比率增长。在20世纪60年代结束之前，日本的货物和服务产值已经超越西德，成为排在美国之后的世界第二大自由市场经济体。在1973年的"石油危机"之后，石油输出国组织将原油价格提高了70%，日本经济在恢复其原先活力之前暂时收缩。令人吃惊的高速增长年代虽然结束了，但是从1975年到20世纪80年代，日本国民生产总值仍然令人羡慕地每年增长3.5%到5.5%，并且在1987年，按人均计算的国民生产总值超过了美国。

史无前例的经济增长戏剧性地改变了日本人民的生活。到20世纪70年代早期，大多数日本人已经居住在城市里，这里的生活设施丝毫不比其他先进国家的城市里的逊色。在日本农村，实际家庭收入大约比1955年增长了4

---

① Edwin O. Reischauer, *The United States and Japan* (Cambridge: Harvard University Press,1957, rev. ed.), p.51.

倍。农民家庭享受着与城市居民同样的电视节目，驾驶着同样的轿车，使用着同样的冰箱和洗衣机。在20世纪80年代晚期，世界充满敬畏地看着一架又一架大型喷气式客机满载着日本游客前往夏威夷海滩度假；看着钱袋充盈的日本公司在美国抢购洛克菲勒中心及其他美国的标志性建筑；看着每年9月许多富有的日本人涌入东京国际机场品尝刚刚运到的法国博若莱葡萄酒。

日本由战败屈服的形象一变成为经济巨人，促使人们欢呼它的战后复兴是一个“经济奇迹”。其实，无论从时间上还是因果关系上看，都并非如此。尽管一般认为，日本的经济复兴简单说来就是从战争的废墟中凤凰般地浴火重生。但实际上，它恢复到战前的人均水平的时间比德国和其他西欧国家要长，人们之所以得出日本迅速转变的印象，很大程度上来源于日本遭受的物质毁灭规模非常之大。日本重返世界先进工业国的行列，没有任何不可思议的超自然因素。相反，它的复兴归之于以往成就的遗产；归之于追求成功实现现代化的不屈不挠的决心；归之于惊人努力的勤奋工作；归之于总的说来机敏精明的计划；以及归之于未曾料到的偶然机遇，经济学家们乐于将这些偶然机遇作为外生变量来考虑。

据许多专家说，“道吉方案”（Dodge Line）的履行标志着日本经济复兴的开端。约瑟夫·M. 道吉，一个沉默寡言的底特律银行家，他曾经监督过占领德国期间的货币改革。1949年2月，他作为杜鲁门总统派给盟军最高司令的财政事务特别顾问抵达日本。作为一个古典经济理论的信奉者，道吉到处宣传收紧银根和紧缩政府开支是与恶性通货膨胀作斗争的唯一有效手段。通过与当时的大藏大臣，后来的日本首相池田勇人的密切合作，道吉开出了一帖有点苦味的药剂。即坚持必须平衡预算；减少货币供给；通过逐步淘汰现存的价格控制体系，消除政府对私人公司的补贴，来压缩政府干预经济的余地。“道吉方案”引起了广泛的争议，一些经济学家相信它熄灭了日本战后通货膨胀的火苗，排除了经济发展道路上的枯枝朽木，扫清了随后到来的经济增长的场地。然而，代价是出现了一个严重的经济衰退期。由于实际工资迅速减少，以及在公共部门和私人公司中有50万人失去工作，导致日本的劳动者极为不满。

无论历史最终如何评价“道吉方案”，日本经济统计上第一个极其重要的显著上升迹象发生于朝鲜战争期间。从1950年到1953年，日本作为联合国

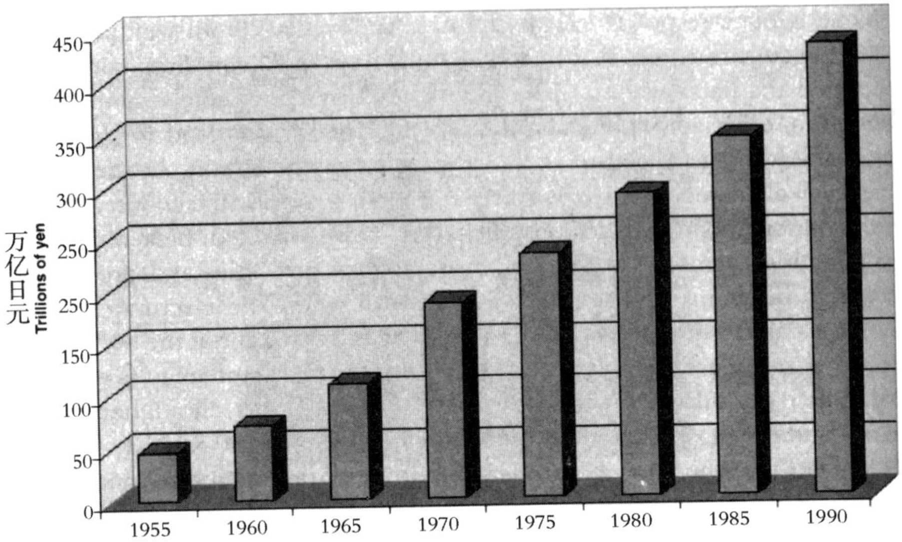

根据朝日新闻社编的《日本年鉴,1999》(东京,朝日新闻社出版,1998年),第289页。

示意图16.1　国民生产总值的增长,1955～1990年

军在朝鲜半岛作战的兵站基地和供应仓库发挥着作用。随之而来的是,日本公司获得了价值将近20亿美元的纺织品、木材、纸张、钢铁和车辆生产的合同。这是一笔飞来之财,使企业利润大增,刺激了新工厂和新设备的投资,给予了日本经济充分的回报。从20世纪60年代中期开始,第二个未曾料到的外生事件,即越南战争,导致了一次新的从美国军队获取订单的循环,又一次强劲地刺激了日本经济。

日本占统治地位的保守政党对国家战后复兴的贡献是,将经济增长放在国家最优先的地位。在第一次担任首相期间,吉田茂决定对那些被认为是重建经济所必需的基础产业给予特殊帮助。1946年12月,他及其内阁支持由经济学家有泽广已构想的优先生产计划。这位经济学家在20世纪30年代曾经倡导国家大力干预经济。他提出的产业规划要旨在于将稀缺的煤炭资源和进口石油分配给钢铁制造业,然后对诸如船舶制造和化学工业等其他的关键产业增加钢铁供应。这将通过提供工作岗位和刺激贯穿多个产业的需求,导引日本走出经济深渊。过了一年半时间,目标部门的产量即有可观的增长,并使许多公司做好了承接朝鲜战争期间潮水般涌来的订单的准备。

随着20世纪50年代中期自由民主党统治的开始，日本的保守主义领袖们个个都成为鼓吹“高速增长”的喉舌，并把国民生产总值解释成为衡量国家一般福利的代用词。自民党强调将经济发展置于首位的标志性产物是，1955年经济企划厅的创设。经济企划厅在精神上继承了两次世界大战之间的计划经济编制机构，是一个内阁阁员级的由经济和统计专家组成的委员会，可以直接向首相报告。它的主要任务是评判日本的经济力量，预测未来的发展趋势，定期向内阁推荐综合配套的特定政策，以着手解决当前的问题，确保充分利用将来的机会，并向私人企业提供有关其产业前景的建议。

1955年到1990年间，经济企划厅制订了11个主要的经济计划和经济远景，就像人们所了解的那样，这些计划中包括池田勇人首相于1960年12月27日采纳为正式政策的《收入倍增计划》。这一计划大胆地提出通过优先投资科学技术，并向那些对高速增长贡献较大的产业推行特别的税收减免和资助贷款，以及大力推进国际贸易等措施，从而在20世纪60年代实现国民财富的成倍增长。令世人瞩目的是，日本经济每年都以一种甚至比计划中提出的雄心勃勃的7.2%还要快的速度增长，在1961年曾达到非同寻常的14.5%，国民收入确实在短短的7年间就翻了一番。

除经济企划厅之外，大藏省、建设省以及农林渔业省这些所谓的经济官僚机构，也有助于经济计划以简明扼要的形式表达出来并得以执行，从而达到国家的经济目标。不过，在高速增长期间，没有哪家政府机构像通商产业省那样，发挥着更为重要的作用。1945年5月，旧工商省撤销，通商产业省根据“产业建设政策”获得了必需的权利。根据日本法律，通商产业省的官员掌控着进出口许可权，由此他们可将国外技术和原料输入给优先的产业部门。而且，由于通商产业省有权批准新工厂的建设，并可向成立于1951年，由私人金融机构提供借贷的日本发展银行建议向某一企业提供低息贷款，因此它对私人企业做出何种决定具有相当影响力。通商产业省也向某些公司提供大量颇受争议的“行政指导”，要求或建议某家企业应该采取何种行动，并且提醒其注意可能发生预料未及的种种情况。使这种“行政指导”获得便利的是存在着“高官下凡”（指日本退职的官僚进入与之有联系的大企业任职。——译注）的社会现实，许多通商产业省的官员通常在他们50岁刚出头时就早早选择从政府机构退休，随后便接受日本大公司的高层管理职位。

20世纪50年代和60年代早期，通商产业省利用其影响力，促进了在日本“经济官僚”的宠儿，即造船业和钢铁冶炼业的发展，为的是使开始于两次世界大战之间的日本经济转型得以完成，即从一个地处东亚的轻工业品生产者向一个重工业的全球竞争者转化。在20世纪60年代，通商产业省开始转向其他据信能够赢得外国消费者的产业部门，由此像火车头一样为日本经济的进一步发展服务。为达此目的，通商产业省的官员们建立起进口壁垒以保护尚未成熟的汽车工业，指导资金投向制造石油化工产品和精密机床的厂家。随着1973年“石油危机”的发生，通商产业省预见到拉丁美洲和太平洋沿岸国家正在建立他们自己的工业基础，来自这些国家的国际竞争将会加剧。为了在竞争中领先一步，通商产业省的官员主张日本应该成为一个“知识集约型”的社会，并将生产重点转向诸如机器人、光学纤维、计算机、软件、激光器和生物工程等高科技领域。

企业社团与战后复兴

对于昭和时代晚期的种种机遇，日本的大企业都热情地加以回应。在战后的最初十年里，人们熟知的造船企业，比如石川岛重工和川崎重工，领取政府提供的贷款，从西方国家进口先进科技，引进新的技术设备，诸如电焊和自动钢板切割机等。到20世纪50年代后期，已经使日本成为世界上领先的造船国。在战时已经变成一片瓦砾的丰田公司，朝鲜战争期间为美军汽车提供修理服务和供应零配件，因此获得了可观的利润。很快，丰田公司和日产等其他汽车公司就雇用了创新型的工程师，使它们新设的工厂实现了自动化，在流水线上安装了机器人，通过与承包商签订代理权协调了生产和配送部门，改善了存货清单控制，并推出了诸如丰田的花冠（1957年）和日产的蓝鸟（1959年）这样的时髦新车型。以上措施取得了非凡的效果，如表16.2所示，1953年，日本的汽车制造商销售了5万辆轿车；仅仅7年之后，它就犹如安装了火箭发射装置，上升了10倍。1973年的石油危机给予日本汽车制造商一个在美国市场站稳脚跟的机会，因为美国消费者开始乐于购买油耗更少而燃效更高的汽车。到1980年，日本已经比任何其他国家生产更多的轿车。三年后，丰田公司和日产公司已经跻身于世界三大汽车制造商的行列。到20世纪80年代末，日本的汽车制造业已经占据了将近25%的美国市场。

同样引人注目的是新兴的电子器件制造商，比如松下公司和索尼公司。松下公司的创办可以追溯到1918年。当时，松下幸之助刚刚20来岁，在大阪开了一家小店，制造和销售供自行车灯使用的电池。20世纪30年代中期，松下幸之助开始生产小型家用器具，给自己的企业起名松下电器工业公司。20世纪50年代，松下公司在国内迅速发展。它与荷兰的飞利浦公司联营，以便获得最新的技术，并且引进了大规模生产的技术设备去构建一种家用电器的生产流水线。在1955年到1960年间，松下公司的产品销售量令人吃惊地增长了7倍，它以Matsushita、National和Panasonic等商标品牌攻占了日本及海外的电视机、收音机、录音机、电冰箱、吸尘器和洗衣机市场。

表16.2　日本汽车产量（1953～1983）

年份	汽车产量	输出数量	输出百分比
1953	49 778	0	0.0%
1957	181 977	6554	3.6%
1960	481 551	38 809	8.1%
1965	1 875 614	194 168	10.4%
1970	5 289 157	1 086 776	20.5%
1973	7 082 757	2 067 556	29.2%
1980	11 042 884	5 966 961	54.0%
1983	11 111 659	5 669 510	51.0%

世界四大汽车制造公司（1983年）

公司	产量
通用公司	5 098 000
丰田公司	3 272 000
日产公司	2 483 000
福特公司	2 476 000

根据米歇尔·A.卡苏曼的《日本汽车工业：日产公司与丰田公司的技术与管理》（剑桥：哈佛大学东亚研究理事会，1985年），第3～4页。

松下公司在收录音机和摄录像机领域最为强劲的对手是索尼公司。索尼公司由井深大和盛田昭夫于1946年创建。井深大是公司的工程技术天才，1950年负责开发日本第一只录音机。后来1953年，索尼公司从西部电器公司取得生产晶体管的专利后，井深大又负责开发晶体管收音机。随后几年里，井深大率先将半导体技术应用在商业用途，生产出造型更小、价格更便宜的电视机、录像机和其他新产品。

盛田昭夫是金融和市场运作专家，他盛赞其搭档具有“伟大的创新天才”，自己则负责将索尼公司的产品推介到世界市场，在世界各地建立起海外制造工厂，并于1970年将索尼公司打造成第一家在纽约股票市场上市的日本公司。盛田昭夫的成就是如此之大，以至于《时代》周刊1997年选举他为20个“本世纪最具影响力的企业天才”之一。1999年，盛田昭夫去世，《纽约时报》称他“改变了世界对‘日本制造’一词的印象，从一种遮阳伞及假冒伪劣商品，变成为精细包装的、高科技的和高可靠性的产品”。[①]

虽然索尼公司更喜欢自己开拓市场，但许多日本公司还是依赖于那些综合贸易公司，或“综合商社”，以尽快将其产品送上零售货架。综合贸易公司为其委托人安排国际和国内的市场机会，向他们提供广泛的财政服务，包括贷款担保、国外交易风险管理，以及公平参与权。在20世纪80年代晚期，9家最大的贸易公司掌握着这个国家大约一半的进出口贸易，它们的交易总额大约高达日本国民生产总值的25%。所有这9家公司，在第二次世界大战前都已经出现，其中有许多人们熟悉的名字。例如以大阪为基地的住友公司，配送着令人惊叹的各种各样工业品和消费品；1989年，大约占到日本外贸总额10%的商品，通过三井公司设在海外80多个国家中的150多个事务所流出或流入；从事一般贸易以及为其顾客安排技术转让的三菱公司，当时正进入一些新领域，比如长途电信和信息处理。

这些最大的综合贸易公司，每家都成为一群附属企业的核心，在某种意义上发挥着类似于战前“财阀”的作用。这些新的企业集团通常被称为“系列公司”，多是在美军占领期间遭到正式解散后又重新积聚起来，每个集团通

① Nick Lyons, *The Sony Vision* (New York: Crown Publishers,1976), p.41, and Hanada Hideji, “If Morita Akio Had Become Japan’s ‘Business Premier’” in *Japan Echo* 27:1(February 2000), Internet edition.

常包括一家银行、各种制造企业、几个工程公司和保险公司。“系列公司”的外在特征引人注目，它们与财阀之间有着重要的区别。例如没有首脑公司来协调一致行动，公司股票为成千上万的股东所拥有，作为其核心的贸易公司在法律上无法强迫加盟公司专门采用它们的服务。然而，构成一个企业集团的各家私人公司确实在相互密切合作，以这种方式增强“系列公司”在国内和国际舞台上的竞争力。

有影响的行业协会，比如“经团联”（经济团体联合会），也在通过帮助确定经济目标和加强与政府沟通，而努力对经济政策的制定产生影响。“经团联”成立于1946年，到20世纪80年代几乎涵盖了1000多家私人公司和100多个行业协会，代表着电子器件公司、汽车制造商、金融机构等等。“经团联”拥有充足的财政支持、大量的工作人员，以及许多专门的研究委员会。它们制定如何促进经济增长的方案，并为其主题在成员中形成一致，后将这些建议传递交给政府。由于“经团联”由日本的主要公司和企业集团组成，因此实际上它能够代表大企业向自民党政府游说。

一个将经济增长作为国家优先目标的政府、众多设计工业政策的官员、浮出水面的强有力的公司和企业联盟，以及倾向于大企业的异口同声的建议，这些看起来关于共同利益的一致性，促使20世纪70年代的一些观察家频繁使用“日本式团结”这一概念，来说明一种导致这个国家战后“经济奇迹”的政府与企业的独特关系。不过，就像许多习惯用语那样，这一概念显得有点太简单化了。试举一例，日本从来不是一个计划经济体，而只是喜欢制订经济计划。同时，通商产业省与其他政府机构之间的矛盾，经常破坏在某些项目背后形成双方默契的企图，20世纪七八十年代的情形就是这样。当时，一些官员，尤其是邮政通信省的官员，他们有自己的如何酝酿电信产业的想法，蓄意阻挠通商产业省促进高科技财团成长的大部分努力。此外，通商产业省在一些产业部门几乎没有起什么作用。例如在汽车工业的发展过程中，除了提供进口保护之外，通商产业省就扮演了一个暂时的难以起到建设性作用的角色。最后，通商产业省的行政指导也并不总是受到大公司的重视。这些公司通常更乐于以他们自己的方式维护他们自己的特殊利益。因此在1956年，当通商产业省介入汽车制造行业，劝告丰田公司不得挑战五十铃公司在柴油动力卡车市场上的垄断地位时，它的理由是日本不需要两家柴油动力卡车制造商；但丰田公司总裁回应说："政府没有权力让我们停止。丰田公司将继续生产和销售柴油引擎卡车，即使通商产业省反对这样做。"①

在促进20世纪60年代到70年代经济高速增长方面，没有人否认通商产业省和其他机构的经济官僚所扮演的角色；但是应该看到，这仅仅是一种拟订计划的行为，在这个国家总体经济成就背后还存在着更为错综复杂的原因。在日本经济高速增长的过程中，那些重要的日本企业应该受到更多的关注，因为它们的努力和创新，才是举世震惊的日本战后复兴的主要推动力量。整个20世纪70年代，国内消费者要求推进日本经济。索尼公司和松下公司率先行动，在主要的零售中心占据了更多的零售货架；而丰田公司和日产公司也在为分享国内市场咬牙苦干。随着这些公司逐渐培育了顾客基础，以及对从国外引进的技术进行精益求精的改善，提高劳动生产率，制造出新的艺术级的商品，使它们的资产负债表情况好转。它们使自己成为能够带领日本尝试跻身国际市场的世界级的竞争者。如图16. 2所示。

中小企业也对日本战后经济复兴做出了巨大贡献。这些中小企业包括各种规模和形式，例如夫妻店、家庭餐馆、建筑公司、区域批发商，以及那些为日本大型企业服务的分包商等等。在经济高速增长年代，中小企业的数量迅速增加，到1989年，已经占到日本所有注册公司的90%以上。中小企业由于多种多样的原因而繁荣昌盛。自从明治时代以来，企业家们一直对经济增长产生着重要影响，他们热情地欢迎科技创新，将受欢迎的新产品推介到消费市场，就像索尼公司在早期所做的那样。其他的中小型企业在日本的产业结构中也自有其适宜的地位；分包商的存在使像丰田公司和松下公司这样的世界级企业得以获得高质量零部件的可靠供应，而无须自己投资设厂或扩充自己的常设车间。经济官僚充分了解中小企业在发展经济和实现充分就业目标上所起的作用，因此以减免税收，提供增强生产力的信息，构建财政支持基础等方式，给予中小企业大量帮助。例如，成立于1953年的中小企业投

① Dennis B. Smith, *Japan since 1945: The Rise of an Economic Superpower* (New York: St. Martin' s Press,1995), p.109

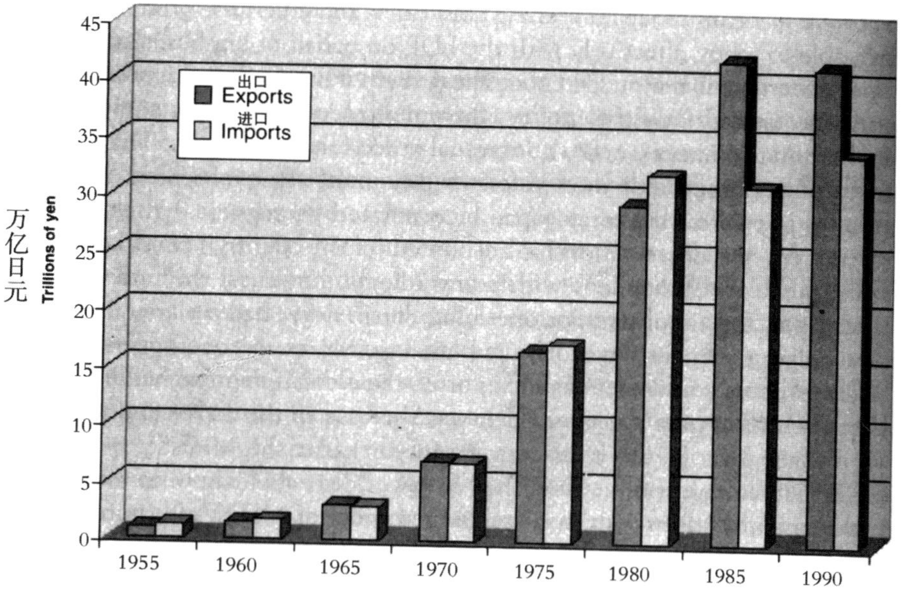

资料来源：朝日新闻社编：《日本年鉴，1999》（东京，朝日新闻社出版，1998年），第292页。

示意图16.2　进出口额比较（1956 ~ 1990年）

资公司，就专门向中小企业提供用于购买设备和实现企业现代化的低息贷款。

日本与其美国指导者的关系，以及一个良好的国际环境，也促进了昭和时代晚期的经济复兴。这一时期，资本主义国家决定以一种开放的国际经济体系，取代战前时代各自独立自足的经济圈，使商品、资本和服务能够超越国境自由流动。作为这一努力的一部分，西欧先进国家和美国建立了国际货币基金组织（IMF）和世界银行，意在促成国际金融合作，帮助战后经济重建。1952年，美国赞助日本成为国际货币基金组织和世界银行成员，三年后又支持日本加入旨在降低贸易壁垒的关税贸易总协定。为了进一步帮助自己在太平洋区域的新盟友，直到1971年之前，美国一直容忍日本绑定360日元兑换1美元的汇率。这是一种对日元价值的人为的低估，极为有利于日本产品的出口。而且，由于《美日安全保障条约》的存在，日本能够以不到国家预算1%的资金用于国防事务。在这种情况下，意味着日本公司比其他国家的公司承受更少的税收负担，使之能将利润尽力投资到那些对于经济发展具有更大直接作用的地方。最后，在20世纪的五六十年代，美国政府未曾反对过日本对诸如汽车等某些进口货物的限制，相反，却允许日本厂商几乎自由自在地进入广大的美国消费市场。总而言之，日本从一种以国际合作和扩大贸易机会、稳定商品价格为特征的新经济秩序中得到了巨大的好处。

没有什么单一的解释能够充分说明日本的战后复兴。更有道理的是，就像在明治时代曾经发生过的那样，一系列因素汇合起来，推动着经济的向前发展。除了有利的国际形势和与美国的特殊关系之外，既往的遗产也具有无可争辩的重要性。一种企业家精神的传统、一个充满有才干的管理者和蓝领工人的劳动力资源库，以及成功组织大型企业的经历，所有这些都支撑着这个国家在战后处于有利的地位。政府通过提供稳定的政治环境，帮助修复国家的交通运输基础设施并使之现代化，稳定银行系统和货币体系，制定有效的政策，设置管理机构，从而促进了经济的高速增长。同时，工人们接受了新机器，掌握了新技术，而公司经理和谦逊好学的企业家则重建了旧公司，创建了新公司，接纳了新科技，果敢前行，在国际国内市场上占尽先机。大多数日本人民都对取得这样的成就感到欢欣鼓舞。农民们宣称，与“从未吃得好，也从未吃得饱”的战前岁月相比，他们的生活“纯属奢侈”。在昭和时代行将结束的最后十年里，几乎所有日本人都逐渐享受到了前所未有的物质充盈和丰裕。

丰裕与新中产阶级

经济高速增长加快了城市化的步伐，人们放弃了以往种田、采矿、伐木和捕鱼的生活，来到中心城市周围寻找从事制造业的工作。1950 年，日本人口的 38% 居住在城市，1972 年，这一数字上升为 72%。到 1990 年，重新分布的日本人口已经极为密集地集中在都市地带。在九州岛北部，百万以上人口的城市福冈和北九州一刻不停地向四面扩展为城市工业地带。在日本中部，名古屋城区作为周围大约 40 个商业和工业卫星城市的核心，人口激增至超过 200 万。人口超过 1500 万的神户—大阪—京都城市网络编织得如此紧密，以至于来此旅行的人们难以识别出城市之间的界限。由此继续朝东北方向前行，大约 3900 万男男女女拥挤在东京大都市地带。总的来说，日本人口的将近一半生活在三大都市（东京、大阪、名古屋）周围的 48 公里之内，这只占这个国家全部陆域面积的 6%。

在这些巨大的中心都市里，战后岁月的黯淡无望逐渐让位于生活的优裕富足。从20世纪50年代晚期开始，日本经济的高速增长带来了更好的居住条件，更有营养且更多样化的日常饮食，以及更为时尚的衣着服饰。每个地方都围绕着一个共同的主题来反映今天与昨天的差别，即那时我们是多么贫困，如今我们又是多么富有。谁能否认这样的对比呢？在经济高速增长时期，建造起的1100万套新的住房和公寓，使这个国家的房屋存量增加了70%。人们迫不及待地扔掉了传统的服饰和战后岁月里缀满补丁的衣服，把家用缝纫机也搁置一旁，开始按照年龄、性别穿戴买来的服饰。在过去的几十年里曾经广为流行的全副穿戴是西服和暗色领带、迷你裙和进口毛衣、蓝牛仔裤配T恤衫和运动鞋、丽资·克莱本套装和古奇围巾。日常饮食也变得更加具有世界性了。人们消费更多的肉、面包和意大利面食，饮用更多的牛奶和果汁。人们在德国式的啤酒屋里放松神经，在具有美国、法国、意大利、西班牙、俄罗斯、希腊、韩国和中国烹饪特点的餐馆里吃喝喧闹。

日本的中心城市大体可以界定为中产阶级的家园，他们在这里以不同的方式过着富足优裕的生活。"新贵"们——成功的企业家、大公司的高层主管，以及那些得以在他们移居城市前继承了一些可以卖给开发商土地的人，能够驾驶奔驰汽车，前往旧金山和巴黎度假，居住在包含着独立起居室和餐厅的两层小楼里。那里宽敞的房间铺设着榻榻米，面朝着一个日本式庭院，还有使用起来得心应手的厨房，配备航天时代电子设施的现代化盥洗室，以及足够多的可供父母和子女享受私密空间的卧室。在另一个街区，蓝领工人、小公司的中层干部，以及刚刚开始生活的年轻家庭，则拥挤在难以走进的公寓房里。每家包括两间小小的榻榻米房间、一个混合使用的厨房兼餐厅，还有一个极小的卫生间兼浴室，总面积很少超过三四十平方米。对于这样一个家庭来说，使用的更可能是国产轿车，度假的地方也更可能只是在国内而不是国外。

在这两个极端之间，一种新的文化图标界定了许多都市中产阶级成员的期望。20世纪六七十年代，受过大学教育的男子极力追求成为大公司办公室中领取薪水的白领职员，如大众传媒给这种所谓"新中产阶级生活方式"的典型所起的绰号那样，被称为"工薪一族"。这种生涯并不轻松，因为这些白领职员将其脑力和精力完全奉献给了公司，他们毫无怨言地接受异地临时调职，极少享受假期，几乎每天都超时工作还要表现得很愉快，即使感到疲惫或心绪不佳也要每周一两次在下班后和同事一起聚会小酌。他的上司希望他能持之以恒地努力工作，忠实履行他的职责，即使最终成为一个看门人，也要无怨无悔。一个白领职员在公司的等级阶梯上攀爬的高度，取决于其是否具备各种相应的才能，一旦到此地步，他就不再能够指望得到进一步的提升。

做出这样的奉献，会得到一个美妙的结局。工薪阶层有把握得到终生雇用，他知道即使他的健康出了问题或经济变得糟糕，他的公司也不会抛弃他。甚至在得到晋升的希望已经十分渺茫之后，他仍然能够得到每年一次的加薪。他可以在周末和节假日与朋友一起打打高尔夫球，或与家人在一起悠闲度日。最后，他还可以指望在退休时得到一笔相当于 3 到 4 年收入的退休金。总之，根据一位学者的说法，努力工作的工薪阶层是日本人的典范，因为他们的生活方式“处于切合实际的希望范围之内，现实足以激起他们最高的工作热情”。①

一个典型的工薪阶层希望能够娶到这样一位女子，即他对她既感到一种罗曼蒂克式的爱恋，同时她的行为举止又符合老一辈人的所谓“贤妻良母”的标准。由于丈夫的收入足以应付家庭开销，所以家庭主妇的主要任务就是提供一个舒适的家庭环境并且为之操劳。如果一个挣钱养家的白领职员能够获得好于一般的职业，那么他的家庭可能就会生活在一个拥有得体的三居室并且带小花园的郊区房子里。如果不是如此，那也会在一栋公寓大厦里拥有一套公寓房。这些现代化的公寓大厦带有文娱康乐设施。一户住家虽然没有楼上楼下的空间，但舒适程度足以与那些一家一户的小楼相媲美。无论在哪种情况下，家庭主妇们都要整天清洁房间，采买烹饪，培植花草，有时也可与朋友在附近聚会，或是去学校旁听些课程。她还要安排家庭收支，按时支付账单，保证每个家庭成员的饮食得当和衣着整洁，并且小心地留出足够的钱，以应付家庭预算和意料之外的开支需要。

一个母亲除了做到妻子应做的一切之外，还必须培养孩子（理想上是两个孩子）。由于父亲待在办公室里的时间太多，有时几乎是母亲独自一人担负

---

① Ezra F. Vogel, *Japan's New Middle Class* (Berkeley: University of California Press,1963, 2nd. ed.), p.268.

▲ 19 世纪 50 年代东京中产阶级的邻居

起培养孩子的重任。特别是那些“受过教育的母亲（教育妈妈）”，更有责任夜里也和孩子们待在一起，直到孩子们完成家庭作业，以使孩子们能够成功地在教育阶梯上攀登，从地区性的小学升入受尊敬的中学，再进入合适的大学。“新中产阶级”的生活带给妇女们的既有挫折感也有满足感。几乎没有哪个家庭主妇不把收拾房间和清洗衣物视为单调乏味之事，有些妇女还会后悔让她们的丈夫在办公室里花费这么多的时间。“我不知道日本男人为什么要结婚，”一位妇女感到疑惑不解，“如果他们从不打算待在家里的话。”[①] 然而，根据大众传媒的大多数报道，典型的家庭主妇—母亲还是能在她们的生活中发现许多令人满意之处，即她嫁给了一个她既爱慕又尊敬的男人，享受着经济上的安全感，享有自己的自由时间和与家人在一起的时间，以有助于丈夫的事业和子女的成长而感到自豪。日本社会通过赞扬现代版的贤妻良母来回报

① Anne E. Imamura, *Urban Japanese Housewives: At Home and in the Community* (Honolulu: University of Hawaii Press,1987), p.67.

妇女们的奉献。正如一位专家所说："日本妇女认为她们作为妻子和母亲的工作是重要的，因为这体现了社会价值。"①

"新中产阶级"的生活方式也强行使年青一代接受了这样的预期，即工薪阶层的父亲和受过教育的母亲的子女不可能指望继承家庭的产业或农庄，但他们能够循着父母的足迹生活。对于男孩来说，这意味着要特别努力地学习，甚至在高中毕业后还要花上一年左右的时间在专门的学校里拼命用功，以便能够通过严酷的大学入学考试跨入日本精英大学的校门。女孩则可以走一条不同的道路进入成年期。许多父母认为她们接受较高教育的合适目标是那些地位较低的学校，因为几乎没有什么公司会议室、政府办公室，或专业社团会向职业女性发出邀请函。当孩子们从学校毕业时，父母亲会鼓励男孩子追求保险而有声望的白领工薪阶层的生活。以往的经验表明，年轻女子或是作为一个专门处理乏味文书事务的"办公室女士"，工作几年，或是学习一些与身份相称的高雅艺术，比如插花和花道，然后与一位循规蹈矩的先生结成理想的婚姻。这种理想婚姻就像一句流行语所讽刺的那样，"有房，有车，没婆婆"。

农民家庭与幸福生活

迅速城市化的相反一端是大量农村人口的离去，成千上万的农村男女青年在期望得到高收入的工作和过上令人兴奋的多彩生活的诱惑下，离开农村进入急速发展的城市。日本人口从农村移居城市的速度令人吃惊。1950 年，初中和高中全部毕业生的一半留在农村从事农业生产；仅仅十年之后，1960 年，就只有 10% 的毕业生回到农村了；在接下来的五年里，这一数字甚至又减少了一半。1950 年到 1970 年间，日本全部农业人口从 3600 万降至 2300 万；到 1990 年，这个国家的劳动人口中仅有 3% ~ 5% 在田里耕作；而当美国占领期行将结束时，还有将近 50% 的劳动人口从事农业生产。

虽然人口减少造成日本比较边远的地区，特别是东北部和日本海沿岸一带缺乏生气，但农业机械化的迅速发展，最终还是使大多数留在农村的家庭得以

① Merry White, "The Virtue of Japanese Mothers: Cultural Definitions of Women' s Lives" in *Daedalus* 116:3(Summer 1987), p.153.

享受比较轻松的生产效率较高的且日渐繁荣昌盛的生活。整个20世纪六七十年代，拖拉机（1955年的使用量为89 000台，1970年为3 500 000台）、除草机、播种机等国产动力耕作机械的购买量不断增长。它们减少了许多像春播那样恼人的劳累农活；手动喷雾器和新型化学杀虫剂阻止了夏季虫害的发生；而脱粒机、谷粒烘干机和小型货车的广泛使用，则帮助农民聚拢收成并将它们运往市场。因此，1950年到1975年间，日本的稻米总产量从大约1000万吨增长到1400万吨。这一生产效率的提高，意味着农民能够满足这个国家全部的稻米消费需求，此外还留有一些时间和土地可用于其他高收入项目，比如为城市消费者栽种水果和蔬菜，培植新鲜花卉，以及饲养价格昂贵的肉用牛。

农业机械化还影响到了生活方式的变化。节省体力的机械层出不穷，将人们从全日制的田间劳作中解放出来。有些人开始逐日往返于附近的锯木厂和铸造厂，成为固定职工，或是被雇用为出租车司机或当地小镇上的售货员；另一

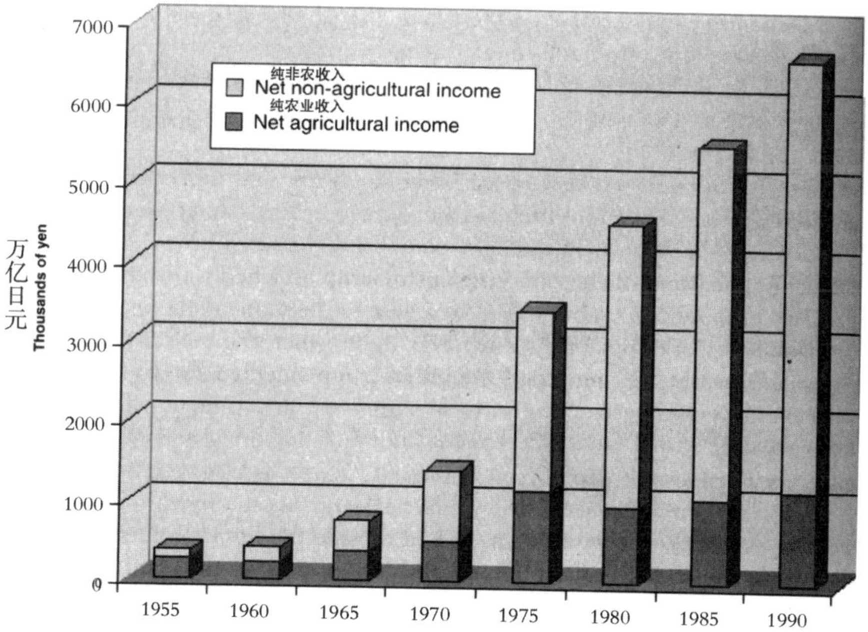

资料来源：载于内阁官房统计局编的《日本统计年鉴》，第25,45卷（东京，每日新闻社编印，1975、1995年），第124¯125页，244¯245页。

示意图16.3　农家年收入构成（1955~1990年）

些人则在冬季农闲期离家外出几个月，在大城市里找一份诸如建筑工人之类的临时性工作。留在家里的妻子、祖父和祖母越来越成为从事田间农活的主力，以至于人们将三者结合起来，形成了一个新词“三老”。而妇女们的工作也并不仅限于田间劳作，因为大多数农家主妇和几乎所有尚未出嫁的农家女儿都尽可能地补充家庭的收入。她们或是担任当地商店和政府机构的雇员，或是在当地睡衣和手套工厂里按件计酬地做兼职工作，甚至在建筑工地上帮忙。

“三老”式的田间劳作将沉重的身体和心理负担转嫁到妇女，特别是那些丈夫外出工作的农家主妇肩上。令人担心的是她们势必会忽略她们的孩子和丈夫。有人为她们辩解说：

> 人们聚集在田里干活时，互相之间都能体会他人的艰辛和快乐；但是若人们在不同的地方干活，就很难理解彼此的感受。干完农活回到家，还有很多家务活等着你。不错，你应该有女人味，但是在像男人一样整天从事户外劳动之后，是不容易立刻恢复女人味的。一次又一次，妇女们疲惫不堪地走进家门，甚至想不起来对丈夫说一句慰藉的话。当妇女们劳碌不堪的时候，你怎么能够要求她时时保持屋子的整洁呢？如果她的丈夫因此责备她，她就会不由得勃然大怒，或许她会为此感到一丝歉意，但她还是要说：“我整天都在干活，你没看见吗！”①

无论农业现代化强迫社会付出了多少代价，生产力的提高和获取非农收入能力的增强，还是使日本农村变得富裕多了。农业收入快速增长，1960 年到 1979 年间增加了 700%，其后在 20 世纪 80 年代几乎再次翻番，如图 16. 3 所示。引人注目的是，1973 年，农户平均收入高于同期的城市工人家庭的 7%。令人吃惊的是，到 1990 年，仅有八分之一的日本农户继续从事全日制农业，绝大多数农村家庭都从非农劳动中获取他们 70% 的收入。

---

① Gail lee Bernatein, “Women in Rural Japan” in Joyce Lebra, Joy Paulson, and Elizabeth Powers, eds., *Women in Changing Japan* (Boulder: Westview Press,1976), pp.44-45.

新型的富裕农户完全而满怀热情地投入日本活力四射的消费社会。他们与生活在城里的中产阶级兄弟姐妹们一样，驾驶着丰田汽车，喜好蓝牛仔裤，建造时新的房屋，用家电产品塞满房间。有意思的是，无论在城市还是农村，人们家里都以“新三件”取代了帝国时代的三件圣物（镜、刀和宝石），来作为他们新的丰裕生活的标志性象征。20世纪50年代末期，据说每户人家都想要电扇、洗衣机和电饭锅；几年之后，消费者的欲望转向了轿车、空调和彩电；而定下20世纪70年代消费基调的更为时尚的三件套则是珠宝，到国外度假和富丽堂皇的现代化住宅。

昭和晚期的难得好运，使得许多农民家庭对于未来感到有点不知所措。虽然几乎无人会放弃已经拥有的省力器械和物质福利，但是农业特征的巨大变化给他们生活带来的冲击，又使绝大多数人有些不安，甚至感到不满。对都市家庭生活方式的渴望，成为一种普遍的反应。摆在人们面前的现实是，许多农家妇女都梦想成为“一个单纯的家庭主妇”，许多农村家庭甚至存入他们从农业和在当地农业合作机构兼职得来的收入，然后按月取出，“就像一个工薪人员”。但是，仿效城市中产阶级并不能抹去对未来生活的担忧，许多农民怀疑乡村的生活环境会一直如此之快地得到改善。几乎每个农户都想要知道，他们是应该鼓励子女待在田里，还是劝告他们寻找其他工作。教育部门的统计数据表明，越来越多的农家女儿和次子、三子正在寻求大学教育和比较舒适的城市生活。显而易见，即使他们对子女毕业后将到远离他们的城市里工作和生活感到有些遗憾，但大多数农民家庭还是认可了生活轨道的这种变化。正如一位学者所观察到的，对于昭和晚期的农家青年来说，“取得事业的成功与留在故乡工作，是一对难以调和的矛盾”。①

昭和晚期经验评说

尽管农业的前景难以预测，许多日本人仍然全心全意地欢呼20世纪50年代中期到20世纪80年代中期农村的迅速变迁，认为这是日本在追求现代化道

① William W. Kelly, “Finding a Place in Metropolitan Japan: Ideologies, Institutions, and Everyday Life” in Andrew Gordon, ed., *Postwar Japan as History* (Berkeley: University of California Press,1993), p.215.

路上的胜利顶点。可以想见，人们积极地评价既往的成就；相信经济奇迹将推动国家实现现代化；工业化世界将缔造一个大众社会；在这个社会里，据一位著名社会科学家所说，“绝大多数人都会过上相当富裕的生活，都能接受良好的教育，并为他们的价值观和生活方式感到自豪”。①许多专家和媒体评论员都相信，自由民主党和中央官僚机构的统治，为日本提供了一个在它的现代史上前所未有的繁荣昌盛且国内稳定和国际安全的时代。在注意到政客与官僚机构之间存在着紧密联系之后，一位权威人士特别指出，“在制定重大社会和经济政策方面所达到的高服务水准”，使日本得以实现“异乎寻常的成功”。②

外国观察家也加入到赞美日本战后复兴和实现繁荣的行列。1979 年出版的《日本第一》一书在日本和美国极为畅销。一位杰出的社会科学家虽然在书中承认日本社会还有相当多的缺陷，但他的结论是“与任何其他国家相比，日本能够越来越成功地解决后工业化社会的各种基本问题”。③同时，埃德温·O. 赖肖尔，25 年前他还是个十足的悲观主义者，如今也称赞日本是“所有重要国家中组织得最好又最具有活力的”④。著名未来学家赫尔曼·卡恩对日本的经济表现是如此之看重，以至于他将日本视为美国显而易见的接班人，宣称 21 世纪将属于这个岛国。

许多普通日本人，包括中产阶级在内，一般也对昭和晚期逐渐展现出来的状况表示满意，从而滋生出一种沾沾自喜的意识。在从 20 世纪 70 年代早期到 20 世纪 80 年代晚期的将近 20 年时间里，尽管收入水平有明显不同，但在由首相办公室进行的每年一次的日本社会调查和由新闻机构举办的现场民意测验中，90% 以上的日本人，包括男性和女性、农村居民和城市居民、工薪阶层和“办公室女士”，认为他们自己属于“中产阶级”。

日本社会所共有的用户至上主义及拥有最时尚物品的渴望，极大地助长

---

① Murakami Yasusuke, “The Age of New Middle Mass Politics: The Case of Japan” in *Journal of Japanese Studies* 8:1(Winter 1982), p.36.

② Kubota Akira, “The Political Influence of the Japanese Higher Civil Service” in *Japan Quarterly* 28:1(January-March 1981), p.45(modified).

③ Ezra F. Vogel, *Japan as Number One: Lessons for America* (Cambridge: Harvard University Press,1979), p.viii.

④ Vogel, *Japan as Number One* (New York: 1980).

了日本只有一个阶级的观念。同样的时装和食品，每个城镇和县市都看得到，也吃得到，这进一步鼓励了一种共同体意识的滋生。电视机也同样如此。1960 年，一半的日本家庭已经有了电视机，其中 90% 以上的人家在他们家里的黑白电视机上观看了东京奥林匹克运动会。到 1975 年，同样比例的日本家庭已经换上了彩色电视机。随着人们平均每天看 4 小时电视，新闻播报、电视连续剧、烹饪节目、体育赛事，以及各种竞赛节目，比如每年除夕之夜在 NHK 电视台播出的“红白歌赛”，都创造了一种每个人共同参与统一的国家文化建设的感觉。甚至连对于那些来自外地乡间的人们来说，在战前可能意味着耻辱也可能意味着骄傲的地区方言，如今也由于“NHK 日本语”成为国家标准发音而越来越不容易听到了。

此外，在美国结束对日占领之后，政府将控制中小学校的权力返还给了文部省。从 20 世纪 50 年代晚期开始，东京的文部省官员就为全国的中小学校设定课程，积极行使他们审查和指定教科书的权威，造成的结果是全国的孩子们差不多在同一天学习完全相同的功课。得到文部省认可的教科书，一般来说灌输着这样的内容，即开明的明治维新领袖们将日本引上了现代化的道路；20 世纪三四十年代是一个脱离了正轨的时期，幸运的是很快就得到了纠正。书中以温和的言辞谈论日本是“进入”而非“侵略”中国，昭和晚期的几十年则见证了人们重返所期望的和平与进步轨道的历程。同时，伦理道德课程也于 1958 年重新在中小学校设立，为学生们提供了讨论家庭关系、社会责任和民族价值观的机会。

尽管学校教育、大众文化和社会生活的物质标准都日渐标准化，但用单一的“中产阶级”观念并不能正确描述家庭、学校和工作的实际情况，就像日本农民家庭的生活史所表明的一样。而且即便在这个国家的主要城市内，尽管许多人赞同和向往工薪阶层的生活方式，但仍然只有不到四分之一的工作人口是享受终生雇用的白领职员，仅仅略多于高中毕业后进入大学学习的人数。所谓的“共同体”观念遮盖了都市与乡村之间、男人与女人之间、青年与老人之间的继续广泛存在的差异，而且，随着昭和时代行将结束，一亿多日本人各自不同的生活经历给不断出现的对昭和晚期的批评增添五花八门的材料。

在一些日本人高度赞扬经济奇迹的同时，另一些日本人则对这种 GNP

增长崇拜表现得不以为然，认为经济高速增长将不公平的社会成本强加在普通男女和孩子头上。几乎无人否认，日本公众的生活水准在战后数十年里有所改进。换句话说，就是经济增长的受益者远超过受害者。然而，人口过于拥挤，上班途中时间太长，居住条件过于狭小等问题，仍在不断困扰着城市居民。而且，失去控制的工业化已经把日本变成如同一个观察家所说的“污染的国度”。在这里，有毒的废弃物毒化了食物链，受污染的废水摧毁了沿海的捕鱼业，汽车尾气与工厂煤烟的混合产生出令人窒息的光化学烟雾云层。①

20世纪50年代晚期和20世纪60年代，成千上万的工业城市居民受到了污染带来的疾病的袭击。例如，三重县受到哮喘及其他呼吸道疾病的困扰，镉污染导致居住在富山县沿岸村民和城镇居民的腿脚残疾。在日本西部，由森中牛奶公司销售的有砷污染的奶粉，造成12 000名婴幼儿腹泻、发烧和患上白血病，其中130人死亡。最为臭名昭著的环境污染事件发生在熊本县水俣市。在这里，化肥公司将汞混合物排入当地捕鱼的水域，结果引发了大量突发的退化疾病，从四肢麻木，视力和听力受阻，失去肢体控制，直到脑部瘫痪。这种疾病第一次出现于20世纪50年代，到1979年，已有300多名水俣病患者死亡，还有1200多人受到各种各样病痛的折磨。

对此，自民党和官僚机构终于做出了反应，制定出世界上最为强硬的反污染法。但是，在那些持怀疑态度的人看来，政府并未迅速采取足够的措施，他们为此发起了群众性的抗议活动，抗议政府未就他们所关心的事态做出充分的反应。1958年，水俣病受害者及他们的亲属首次组织起一个公众运动，而别处的农民、渔民及其他普通日本人也团结起来抗议工业污染和环境破坏。抱有同情态度的律师、医生、科学家和记者们也积极提供帮助，并巧妙地建议受害者如何提出适用的法律诉讼。到1967年，日本国会终于通过了全面的《污染对策基本法》，法庭也做出了几个有利于原告的标志性判决。

① Koji Taira, “Dialectics of Economic Growth, National Power, and Distributive Struggles” in Gordon, ed., *Postwar Japan as History*, p.171.

反污染运动的成功鼓舞了其他各种公众运动的开展。20 世纪 60 年代晚期和 20 世纪 70 年代，冲绳县民众积极行动起来，阻止政府在这里建造一座新机场，认为这将毁灭某个独一无二的珊瑚品种，而其他几个县里的居民也成功地阻止了政府在他们家乡附近建造原子能反应堆的计划。这种新的公众运动的特征是出现了由家庭主妇组成的自愿团体。这些家庭主妇根据她们所称的“母亲逻辑”，投身反对食品价格上涨、交通拥挤、事故增加，以及不恰当的垃圾处理方式。此时的典型公众运动倾向于将自己当成非政治的、无党派的联盟，汇聚在一个临时的基础之上，以达到一个特定的目标。即便如此，各种抗议团体的行动仍然被视为对自民党某些政策的尖锐抨击，是对那些将经济增长列为最高目标的人的无情批判。

对昭和晚期经验的其他批评，则主要针对“新消费主义”的过度浪费行为。这是由日本的暴发户和较富裕的中产阶级成员所信奉和实践的。也许，日本的有钱人可能更乐于看到他们自己成为消费潮流的引导者，使自己无拘无束的消费模式成为那些受到陈旧的等级和阶层规范束缚的人效仿的对象。但是对于批评他们的人来说，昂贵的网球训练，上百美元一只的甜瓜，用于周末兜风的豪华轿车，以及不惜耗费上万美元成为高级高尔夫球俱乐部会员，所有这些并不代表一种令人振奋的新生活方式，而只是一种非常无聊的卖弄，说明一种精神空虚的生活正在郊区和富裕的都市社区里蔓延。

对许多人来说，《虚幻的万花筒》表现了东京有钱的年轻人已经陷入一种“价格不成问题”的噩梦般生活方式。这是一个大学生创作的获奖小说，1980 年 12 月问世以后风行一时，很快就卖掉了 800 000 册。小说描写了一个女大学生两个星期的大学生活，女主人公的音乐家男友外出旅行时，她与一个在迪斯科舞厅遇见的年轻男子发生了漫不经心的性关系。然而，相对于小说的情节来讲，书中附有的 400 多处注释更说明问题，它提醒读者了解这种“万花筒”生活的压力。“万花筒”是作者创造的新词，用来描写信奉物质至上的女主人公这一代人的虚无主义的生活态度。“如果你在午夜想要块蛋糕，”作者写道，“就要去大山町 3 号*的查娜缇点心店*。在那儿，你能找到自己想要的蛋糕，再来杯白葡萄酒。然后，再去‘杀手’大街*上带有旧金山风味的斯威森冷饮店*要杯冰淇淋。”书中以一个个星号提示读者参考详细的注释，内容多是夸耀那些销售时髦商品的商店、街区及品牌名称。[①]特别令那些批判无节制消费主义的人士感到愤怒的是，书中所表现出来的那种毫无意义的浅薄教养和荒唐可笑的自炫自负。例如“买一件科丽杰牌夏季毛衣，如果再配上一只科丽杰购物袋：我喜欢这种势利行为*”，“喝爱斯珀瑞索浓咖啡吃蛋糕固然不错，但偶尔也会像法国人那样来杯白葡萄酒：我就乐意这样矫揉造作”。

那些批评《虚幻的万花筒》中主人公“矫揉造作”和“势利行为”的意见，也用来抨击现实社会中“核心”家庭的生活方式。这几乎已经成为都市中产阶级的典型家庭形态。虽然日本的家庭形态向小家庭的转型比那些浮夸言词所描写的过程要长得多，但还是颇有几分戏剧性的。20 世纪 20 年代，超过 30% 的日本家庭是三世或四世同堂；到 1985 年，已有 61% 的日本家庭是核心家庭，18% 是单身家庭，只有 15% 的家庭是祖孙三代生活在同一个屋檐下。对于那些保守的时事评论家来说，家庭形态的演变标志着传统价值观念的销蚀。单独住在小房子或狭窄的公寓里，工薪阶层及其妻子很难照顾到年迈的双亲，这将增加老人心中“独自一人毫无指望地死去”的无可摆脱的恐惧。[②]而且，身为工薪阶层的男主人不在家里的时间太多，几乎没有时间用来培养孩子；而中产阶级的家庭主妇虽不工作，对此也很难有什么帮助，她已经过多地关注物质生活，花费太多的时间来和圈子里的朋友打网球，然后又精心切出下午茶里糖块的时髦样子，结果丧失了“抚养孩子的天生本能”。于是，在这些批评者的眼中，正是由于父母亲教育责任的缺失，造成日本的孩子尽管学习很用功，但正变得内向而孤僻、胆怯而懦弱、自私而任性。

住在“下町”的家庭则对新型中产阶级的生活方式做出了真实而自觉的批判。“下町”常被译为“商业中心区”，指的是那种挤满了小店主和工匠的城市社区。一个典型的“下町”街区可能包括面包房、米店、书店、理发店、美容店、花店和一些摆着几张桌子的小饭馆和咖啡屋，这里制作和出售豆腐、面条、榻榻米席垫、和服、塑料瓶和机器零部件，还有小店专卖蔬菜、水果、

---

① Norma Field, “Somehow: The Postmodern as Atmosphere” in Masao Miyoshi and H. D. Harootunian, eds.,*Postmodernism and Japan* (Durham: Duke University Press,1989), pp.172-79.

② Margaret Lock, “Restoring Order to the House of Japan” in *Wilson Quarterly* 14:4(Autumn 1990), pp.46-47.

鱼鲜、食品、杂货、玩具、文具、体育用品、家用电器、啤酒和日本酒，以及蒲团（即日本式床垫。——译注）和其他床上用品。“下町”居民大多住在他们店铺的楼上，时常夸耀他们的文化价值和社会身份。这些都源自日本前工业化时期的城堡街市商业生活的传统。

虽然“下町”居民的行为意识依赖于对既往传统的高度选择性阅读，但他们确实坚持着以往的生活路径，与他们的邻居融洽交往。这与中产阶级家庭的条条框框形成了鲜明的对照。一份人类学的研究表明，“小业主家庭”是“下町”理想的典型表现。父亲、母亲，以及成年的儿子儿媳共同经营着家庭的商务活动，即雇几个工人，来织造婚礼时用的昂贵丝绸锦缎。祖母也会来帮一把手，她收拾包装盒，接听电话，烧饭做菜，还要照顾孙儿孙女。这样一种生活方式把家庭和商务、住房和作坊结合在一起，三代合作以维系家业，使之能够完整传承给仍在蹒跚学步的子孙。“下町”的店家喜欢“自主经营”。他们可以根据自己制定的时间表作息，以办公室职员从不可能有的方式与邻居交往，还可以参加从政治俱乐部到志愿消防队和体育运动队的各种社区组织。每当夜幕降临，全家人围桌而坐，乐享天伦。“下町”人家从温暖的社区纽带里感受舒适，从自主经营家业中获取自豪，若是将自己与那些身为工薪阶层而做着乏味工作的人相比，他们就会油然而生几分沾沾自喜。①

怀旧的流行

政府对“下町”家庭和社区的补助和维持，成为一种渴望既往价值准则的怀旧行为。这些过去的价值准则 20 世纪 70 年代开始风靡日本全境，20 世纪 80 年代更是大为增强。在数十年的急剧变迁——战败、被占领和复兴、工业化、城市化、富裕化以及文化准则规范化之后，对于某些有价值的传统将要从他们手中滑落并且永远消失，许多日本人都感到一种深深的惋惜。对他们来说，身怀绝技的“下町”数代同堂家庭代表了日本传统的人与人关系的转世再生。这种人与人关系，既非那些已经侏儒化的工薪阶层家庭所能仿效，亦非正在经历剧变，受到灭亡威胁的现代农民家庭所能维系。

① Theodore C. Bestor, “Tokyo Mom-and-Pop” in *Wilson Quarterly* 14:4(Autumn 1990), pp.28-31.

日本国家铁道会社所搞的“发现日本”活动，把如今几乎已经看不到的历史上的浪漫场景串联到一起。据一位学者研究，发起这项活动的本来目的是为了动员度假的家庭和亲友乘坐列车前往风景名胜，广告口号相当诱人，即“到一代人魂萦梦牵的地方去，到被我们遗忘的发祥地去”。① 大幅的彩色海报醒目地张贴在旅行社的橱窗里和日本国铁会社的铁道站台上，主要吸引年轻人，通常是一两位穿着蓝色牛仔裤，20 来岁的城市单身女性，前去寻找一些比较真实的，几乎被遗忘的日本固有景象：村姑在当地神社里耙扫秋日的落叶，饱经风霜的农夫正在装运蔬菜，孤独的和尚在寂寥的山间庙宇里念经，妇女在岩石嶙峋的海滨采集海藻，等等。这些用来作为自我寻根的微型戏剧性场面的地点，通常不是日本著名的旅游胜地，而往往是名不见经传的自然景象。乍见似乎熟悉，然而又很遥远到足以代表那些较为单纯的时代和地方。每张“发现日本”的海报都仿佛具有某种不可思议的洞察力，在一闪而过的瞬间一瞥中，居然就能将某个短暂的、单独的场景变为永恒的、普遍的描绘，传递着什么象征日本人，如何感知日本人的信息。

具有讽刺意味的是，虽然农民家庭本身已经不再保留原样，但“发现日本”之旅仍然有助于点燃一场“故乡热”，想象农村生活的浪漫化，使得乡村民俗成为日本传统的光辉范例。故乡是一个人曾经生活的地方，或是他的祖辈居住的地方。这个地方，用一个日本人的话来说，“是每个人无论何时都迫切感到想要回去的地方；是每个人心灵都可以歇息的地方；是每日例行公事般的生活可以暂时被放下的地方；是乡风民俗具有高度价值的地方”。② 于是，20 世纪 80 年代，城市居民纷纷深入乡村腹地去寻根，而村民们则通过参加手工艺展览和收获期竞赛，主办业余木偶演出和民间歌舞表演，复兴传统节日（或发明新节日）等活动，为国内观光客们提供满足他们寻根渴望的场所。像那些力图“发现日本”的人一样，那些歌颂“故乡”的人也希望在现代人的心灵中保留一点空间，留给真诚正直的农业劳动、家庭与社区的温情纽带、

① Marilyn Ivy, “Tradition and Difference in the Japanese Mass Media” in *Public Culture* 1:1(Fall 1988), p.21.

② Jennifer Robertson, *Native and Newcomer: Making and Remaking a Japanese City* (Berkeley: University of California Press,1991), p.23.

古色古香的往昔回忆，以及农家房舍的茅草屋顶，使人们懂得这些事物如今仍然具有某种意义。

怀旧的流行是一种方法，它利用昨天的实际经历来为明朝不确定的生活做好准备。当人们对变化了的世界感到没有把握的时候，以往的舒适和惬意往往能够缓解现存的忧虑，并提供一个道德指南，在未知的将来发扬光大。随着昭和时代临近尾声，日本人开始认真思考所处的环境，想要知道经济增长究竟能不能像以往的生活方式一样，让人为之怀想。他们已经看到，业已发生的一些事件可能会带来难料的后果，自由民主党的统治即将被打破，日本将从经济增长的黄金时代坠入经济衰退的深渊，一种新的世界秩序正在出现。就在日本人发现自己正涉险进入一片20世纪90年代的未知水域之时，关于昭和晚期的各种评论层出不穷。这些评论发展成一场持续的大讨论：日本应该如何吸取以往的教训？应该怎样进入又一个新世纪和新千年？

第十七章

又一个新世纪

1989年1月7日，昭和天皇逝世，豪华的葬礼令人回想起1912年国家为其祖父明治天皇举办的盛大葬礼。在20世纪初，葬礼上大炮的轰鸣声对小说家夏目漱石而言，听起来“就像为一个世纪的消逝做最后的哀悼”。世纪末，昭和天皇的去世对许多日本人来说，同样意味着日本历史上另一个重要时期的结束。昭和天皇即位于20世纪20年代，当时，政党第一次要求在国家的决策过程中扮演重要角色，“摩登男孩”和“摩登女孩”阐释了新的文化准则，日本是西方资本主义国家的朋友。在位20年后，日本成了战败国，在世界的眼里，它应该因其军国主义政策和狭隘的心理受到谴责，它的未来黯淡而且没有希望。大约40年后，在日本有文字可考的历史上时间最长的天皇统治时期的尾声，日本重新获得了国际地位，其经济威力使人人惊讶，日本社会更加开放平等，并确定了自己作为地球上先进的、现代的国家之一的身份。随着昭和天皇的逝世，许多事情要停下来反思。对许多人来说，日本似乎已经完成了对现代化的追求。

昭和天皇的儿子兼继承人皇太子明仁，选择“平成”作为自己的年号。“平成”一词，来源于中国古典著作《史记》和《书经》中的两段文章，表达了“地平天成”、“内成外平”的希望。然而，日本的新天皇很快便发现，和平不等于平静安宁。在平成时期的第一个10年，日本看起来势不可挡的经济发展速度变慢，接着在工商业的衰退中停滞不前。自民党眼看着大权旁落，年青一代质疑中产阶级价值的普适性，不满的少数民族对设想的文化同质均一的合理性提出挑战，国际局势也因苏联的解体而重新调整。

20世纪90年代的巨变，使日本面临着一系列新的问题：如何谋划日本未来的民主事业？如何恢复经济的发展？如何在保持社会凝聚力的同时鼓励个人自我实现？如何寻找与外界相互作用的道路？突然之间，对现代化的追求似乎更像是在一条奔流不息、不停变换、永无止境的湍急河流上旅行，而不是追求一个固定的、可以实现的目标。大约100年前，在明治时期和大正时期之交，日本回顾半个世纪的迅速变化，曾经抛开怀旧之情，开始接受挑战，探求新世纪的机遇。如今又该这样做了。

破碎的泡沫

超强的美元使美国人富了起来，20世纪80年代早期，美国人大肆购买日本和其他国家的商品。美国对国外商品的贪婪胃口很快导致了长期的贸易逆差，保护贸易论者开始提倡进口限制和其他措施，以保护美国生产商免遭国外竞争。因为担心这种要求贸易限制的情绪最终可能会危及战后时期的自由贸易体系，1985年9月，主要工业国的代表会聚在纽约的广场旅馆，决定干预外汇市场，以便支持日元，削弱美元。对货币的这种操作，专家们一致认为，可以通过降低美国对昂贵的国外商品的需求，以及鼓励美国的贸易伙伴购买比较便宜的美国商品来调整贸易差额。此外，日本和其他主要出口国同意刺激国内需求，作为鼓励从美国进口的方法。所谓“广场协定”的结果是，日元价值短期内大约上涨了一倍，从1985年2月的260日元兑换1美元，飙升至1988年的121日元兑换1美元。而在日本国内，政府也通过出台包括降低税收和利率和扩大信用的一揽子刺激措施来推动消费。

然而，“广场协定”没有达到预期的结果。强势的日元使日本公司能以比以前更低的价格进口原材料，投资建设现代化的新厂，结果具有讽刺意味的是，生产成本的降低进一步刺激了日本的出口。1985年至1987年间，日本对美国的年贸易盈余从490亿美元大幅度上升到890亿美元。日本公司赚得钵满盆满，开始向国外扩展，从1986年到1991年，日本的海外投资上升到2000多亿美元。由于索尼公司高价购买了哥伦比亚电影公司，松下公司买下了美国音乐公司（MCA），这两个日本公司成为全球娱乐市场上骄傲的竞争者。同时，本田公司和其他汽车生产商在美国腹地开办了汽车厂，日本的房地产公司也把夏威夷和加利福尼亚的著名高尔夫球场和豪华旅馆弄到了手。在日本国内，充分的就业、更高的工资以及增长中的企业投资使投机热达到了高潮，主要股票的日经指数从 1986 年 1 月的 13 000 点以下三级跳跳到 1989 年的近 39 000 点，而主要都市中心区的房屋和土地价格也以同样令人眩晕的速度上升。

1989 年，日本过热的“泡沫经济”破灭。西方工业国家的不景气和东南亚、拉丁美洲、东欧发展中国家的激烈竞争降低了日本企业的销售额。随着利润下滑，日经指数迅速下跌，在 1989 年 11 月到 1990 年底期间，从 39 000 点跌到 24 000 点，跌了近 40%；到 1992 年 8 月又再跌 10 000 点，成了 14 000 点，比最高点下降近 65%。与此同时，公司搁置了它们的扩展计划，想买房子的人犹豫了，房地产市场崩溃了，产生出价值数百万亿日元的不良资产。

随着投机泡沫的破灭，20 世纪 90 年代成了消费下降、生意缩减，停滞不前且充满悲观主义的，最后难以摆脱使人沮丧的工商业衰退的 10 年。在 1992 年至 1995 年期间，经济的实际增长率以每年几乎不到 1% 的速度缓慢爬升，这是战后时期最苍白无力的表现，而索尼公司为了保住哥伦比亚电影公司，忍受着沉重的营业损失。更糟糕的还在后头，当经济滑入萧条期时，那些从银行贷款作为购置股票和不动产资金的投机者不能按时还贷，也无法卖掉他们迅速贬值的资产来偿还债务。根据一些估计，日本的银行有价值 1 万亿美元的不良贷款，而当它们在 20 世纪 90 年代中期减少贷款时，严重的信用恐慌加剧了国家的经济困难。

由于金融部门陷入危机，日本不可避免地被卷入 1997 年夏泰国货币崩溃引起的泛亚工商业衰退（即所谓的“亚洲金融危机”。——译注）。截至初秋，日本的失业率和企业破产的数量已达战后时期的新高。11 月，三洋证券和山一证券，日本的这两家主要经纪人事务所，以及日本北部的大银行北海道拓殖银行破产。用某位分析家的话说，这使那个月成为“日本金融史记录中最不平静的一个月”，让人想起 20 世纪 20 年代晚期的银行危机。[①] 一年后的 1998 年秋，正当一些乐观者认为日本的经济基础是稳固的，并预测最后会有转机之时，结果却听到经济企划厅的领导宣布，国家的经济在 1997 财政年度

---

① Fujiwara Sakuya, “Japan’s Financial Woes and the Hope for Big Bang” in *Japan Echo* 25:1(February 1998), Internet edition.

（1997年4月1日至1998年3月31日）收缩了0.7%，而后又预言进入新千年时情况会更加糟糕。事实上，1999年10月至12月这个财政季度的国内生产总值下降了1.4%，2000年春的失业率保持在战后最高水平，4.9%。

表 17.1　平成早期的首相

首相	党派	组阁次数	任期
竹下登	自民党		1987年11月6日至1989年6月3日
宇野宗佑	自民党		1989年6月3日至1989年8月10日
海部俊树	自民党	第一届	1989年8月10日至1990年2月28日
海部俊树	自民党	第二届	1990年2月28日至1991年11月5日
宫泽喜一	自民党		1991年11月5日至1993年8月8日
细川护熙	日本新党		1993年8月8日至1994年4月25日
羽田孜	日本新生党		1994年4月25日至1994年6月30日
村山富市	日本社会民主党		1994年6月30日至1996年1月11日
桥本龙太郎	自民党	第一届	1996年1月11日至1996年11月7日
桥本龙太郎	自民党	第二届	1996年11月7日至1998年7月30日
小渊惠三	自民党		1998年7月30日至2000年4月5日
森喜朗	自民党		2000年4月5日

平成初期，自民党的政治泡沫也破裂了。1989年春，竹下登首相，他已经接管了自民党内部的田中角荣派，却在公众获悉他接受了里库路特公司（一家出版和房地产公司）1.5亿日元的非法捐赠后辞职。竹下登的继任者宇野宗佑与一名艺妓一直有染，然后又塞给她对他们长期暧昧关系的低俗细节保持沉默的封口费。当消息泄露出去后，对自民党更是雪上加霜。宇野宗佑在位仅6个星期就不光彩地下台了。自民党把党总裁的职位，也是首相一职，交给了不知名的议会议员海部俊树。他的主要优点是没有卷入任何丑闻。尽管海部俊树出乎意料地受到日本公众欢迎，但当他的第二次任期届满时，自民党仍旧恢复常规，选择一名老派的内部人员宫泽喜一来领导该党和国家。这不是个好选择，1993年3月，金丸信——竹下登之后的老田中派头头，也是宫泽喜一的代理首相，因为收受一家经营包裹邮递的佐川急便公司的非法捐献而被捕。当时警察的突击搜查发现，有价值10亿日元的金条隐藏在他的办公室里和家里的地板下。

“里库路特丑闻”和“佐川急便丑闻”，再加上自民党不能有效处理日本的经济困难，削弱了人们对自民党的信任，并引发了政治不稳定时期。许多较年轻的政治家对那些年长者感到幻灭，因此脱离自民党，成立了若干独立的政党，包括日本新党、日本新生党和先驱新党。选民们也抛弃了自民党。1993年7月，自民党在选举中丧失了对众议院的控制。经过复杂谈判后，日本新党的首领细川护熙组织了一个七党联盟，并于1993年8月8日成为自1955年自民党成立以来的第一个非自民党首相。不久，细川护熙和佐川急便公司也有值得怀疑的交易暴露了出来，于是他被迫辞职。在他之后，在自民党由桥本龙太郎领导重新控制内阁之前，还经历了另外两任非自民党首相。

但是，当日本步入新世纪时，自民党依然前途未卜。公众对桥本龙太郎的继任者小渊惠三几乎不抱希望，后者表示自己是个“温和单调”的人[①]。2004年4月，小渊惠三因中风导致脑死亡去世，自民党的老牌党员森喜朗接掌了国家，并宣布在他的任期内将缔造一个“精神丰富”，人民“生活安定”，实现他们“对未来的梦想”，赢得“世界信任”的社会，以此来努力实现“日本的新生”[②]。虽然这些目标看起来崇高，但民意测验表明，大多数日本人并不太相信森喜朗的联合内阁有能力带领日本走出经济和政治困境。（如表17.1所示）

批评与寻找千年末感伤的疗法

森喜朗的口号表明，平成早期的种种事件引起了日本对经济和政治未来前途的严肃讨论。在政治方面，从20世纪90年代一开始，就呼唤有伊藤博文和吉田茂之风的“坚毅”政治家出现，他们常常被描绘成具有巨大的“性格魅力”、“有远见和胆魄”[③]的领导人。在自民党内部，桥本龙太郎和其他设法掌权的政治家喜欢把他们自己宣传为“新领导人”，会把崭新的视野和新生的精力带给这个国家。本着这种精神，1997年11月，仿照1986年英国玛格丽特·撒切尔首相对英国证券业大规模撤销管制规定的做法，桥本内阁宣布

---

① Obuchi Keizō, “From Foreign Minister to Prime Minister”in *Japan Echo* 25:5(October 1998), Internet edition.

② “Prime Minister Mori: A Full Life of Encounters with Remarkable People” ,in the Consulate General of Japan, Boston, July 24, 2000.

③ Tokuyama Jirō, “The Leaderless State”in *Japan Echo* 18:4(Winter 1991), pp.35-41.

了全面改革日本金融制度的计划，并将这次改革喻为“日本式大爆炸”。然而，内阁无法把这种许诺变为“把国家从似乎没有止境的衰退中拯救出来”的具体措施，大多数日本人并没有感到改革取得了什么成果[①]。1998年7月，选民使自民党在参议院大选中惨败，迫使桥本龙太郎辞职。无法振奋人们精神的小渊惠三和森喜朗跃居国家的最高政治职位，这促使许多日本人思考该怎样吸引更有能力的人投身于政治。

有些批评家提出一系列问题，如日本是否应该走向两党制或多党制，而不是关注领导人的人格。一些人指责，自民党一党统治时期，助长了黑金政治，诱惑着政党领导人无视民意，闭门造车，暗箱操作，导致了胆小的“政治家处理小问题，忽视重大问题”[②]的不幸状况。依照这种见解，两党或多党之间更公开的竞争，可以促成“各种思想有意义的交锋”。这种交锋能够引起广泛实在的公众讨论，从而导致其他更有想象力的政策形成，迫使首相和议会成员以更负责的态度为公众服务。[③]

由于这个原因，人们开始猜测自民党是否能够，甚至是否应该在向更多元化制度的转变中幸存下来。选举结果清楚地表明相当一部分日本人已经对自民党失去了耐心，而且令人吃惊的是，自民党本身在这个问题上也有分歧。某些政治家，如桥本龙太郎和小渊惠三，显然希望重新获得昔日的荣耀。但是其他人却认为“如果自民党解散，那是一种解脱”，如一位资深党员所说，“我们老人应该解甲归田，为我们已经完成的事业自豪。年轻人应该成立新党，或者加入其他党，如果他们想那样的话。问题是，这个党迟早会解散。如果事情是那样的，我宁愿它在时机成熟时摆脱牵绊重新起航，而不愿等着整艘船下沉”。[④]

其他一些目睹了20世纪90年代变故的人，则把注意力转向官僚阶层。除了一些不同意见外，几乎每个人都同意，在明治后期和大正时期，还有从

---

① Masuzoe Yōichi, “The LDP’s Electoral Setback”in *Japan Echo* 25:5(October 1998), Internet edition.

② Masanura Kimihiro et al., “The LDP in Crisis” in *Japan Echo* 16:3(Autumn 1989), p.17.

③ Noguchi Yukio, “The Persistence of the 1940 Slump” in *Japan Echo* 24: Special Issue(1997), Internet edition.

④ Iwami Takao, “Japanese Politics in an Age of Realignment” in *Japan Echo* 21:1(Spring 1994), p.9.

占领时期直到昭和后期的半个世纪里，国家机关各省中都有日本“最好、最聪明”的人。这里是制订经济计划、筹划教育体制，进行赢得全世界尊敬的社会立法和能干而且尽责的专业人员的家园。但是不知为什么事情出错了，东京闹市区的霞关，大多数重要省的所在地，已经成了由缺乏想象力又傲慢自大，而且思想僵化的笨蛋占据的泥潭，他们只知“维持现状”，“保护既得利益”。一些人认为，这种缺陷导致的结果是“整个政府丧失活力”，不能再对紧急情况做出敏捷的反应。①

对官僚不称职的普遍不满在关西大地震之后达到了顶峰。1995 年 1 月 17 日，这场地震袭击了神户和附近地区，导致 5000 多人丧生，10 万多座建筑物被毁，40 万人无家可归。在霞关的高位上监控情况的官员大大误判了灾难程度，首相在动员自卫队和消防厅方面也行动迟缓。批评者指出，由于官僚们“可耻的不作为和优柔寡断及惰性”，本来应该很快被扑灭的大火，结果却肆虐了好几天，被困在瓦砾堆中的数百人白白送命②。随着公众对这场灾难的恐慌不断增长，村山富市首相承认政府没有迅速行动，三个月后，孩子们继续背着饮用水和救急食品上学，被毁损的铁轨使大阪至神户和西部地方的高速火车仍然不能通行，而国会议员还在环坐着无休无止地争论救济和重建基金，愤怒的人们纷纷指责政府行动迟缓、效率低下。

官僚的作用也成了有关经济失调讨论的中心。按照一些专家的看法，经济泡沫越来越大变得危险乃至破裂，是因为霞关的“官僚”对银行和经纪人事务所的鲁莽行为视而不见。问题的核心，据说是“管理者和被管理者之间的暧昧关系”。③1995 年和 1996 年，人们发现大藏省官员收受了正是他们应该监督的金融机构的贿赂，大藏省“已成为腐败温床”的看法更为尖锐。这种罪行导致大藏省 4 名高级官员被捕，而 112 名下属则受到了某种形式的“行政处罚”，从书面申斥到减薪和停职。所有这一切都使未来暗淡无光。“只要无能的官僚依然在位，拒绝放弃权力，”一位极为愤怒的批评者写道，“我

① Noda Nobuo, “The Built-in Defects of Japanese Government” in *Japan Echo* 18:4(Winter 1991), pp.44-45.

② Sassa Atsuyuki, “Fault Lines in Our Emergency Management System” in *Japan Echo* 22:2(Summer 1995), p.23.

③ Kishi Nobuhito, “Is MOF to Blame for Japan’s‘Second Defeat’?” in *Japan Echo* 25:5(October 1998), Internet edition.

们的前途就非常暗淡，甚至毫无希望。”①

人们积极提出克服官僚腐败和懒散的办法。人人都希望吸引更有才能和道德的人担任公职，大多数监察人员也同意，应该缩小被认为人员过多，因而笨拙无能且反应迟钝的官僚机构的规模。因此，1997 年 11 月，桥本龙太郎首相专门召集一群专家召开管理改革会议，建议把现有的 22 个省和内阁一级的机构合并为 12 个省和 1 个内阁办公室。桥本首相由于认识到需要“对臃肿的官僚机构实施皮下脂肪切除术”②而受到称赞。另一些人则提出了不同的主张，宣称未来的关键是恢复“结构平衡”，也就是重新确立议会和内阁控制掌管各省官员的权利。所以，1998 年 7 月小渊惠三上台时，他承认“公众对政治的不信任已经到了极高的程度”，因此提倡“恢复政治权威”，意思是“必须”使当选的官员“毫不含糊地改变政治领导人与官员之间的权力平衡”来“行使真正的政治领导权”。③

20 世纪 90 年代，虽然银行家和其他金融机构的首脑受到了攻击，但其他大多数公司的领导人则安然度过了这一时期，他们的尊严和公众对他们的尊敬都毫发未损。当不间断的工商业衰退和反复发作的金融危机造成了损害时，商界的支持者提出了复兴经济的建议。在谋划未来的发展方向上，一些分析家极力主张日本尝试在发展新计算机和软件产业方面超过美国。其他人则建议，最佳选择是继续走作为一个制造国的路线，毕竟，如一位观察者所指出的，“工商业衰退并没有耗竭国家的制造力量”，而用另一个人的话来说，日本人应该记住“造东西是他们国家最擅长的事情”。④

然而，世纪之交发生的事情引起了人们对那些解决方法的极大怀疑。2000 年夏，世界各地的人们发起法律行动，抵制已经被日本轮胎制造商普利司通收购的美国火石轮胎公司。因为它在设计和制造上的毛病造成了 50 起死

---

① Sakaiya Taichi, “The Myth of the Competent Bureaucrat” in *Japan Echo* 25:1(February 1998), Internet edition.

② Yoshida Katsuji, “The Administrative Reform Debacle–Hashimoto’s Nemesis” in *Japan Quarterly* 45:1(January-March 1998), p.30.

③ Obuchi, “From Foreign Minister to Prime Minister”.

④ Fujiwara, “Japan’s Financial Woes and the Hope for Big Bang”, and Takeuchi Yasuo, “Revitalizing Japanese Manufacturing” in *Japan Echo* 23:4(Winter 1996), Internet edition.

亡和数百起人员受伤事故。在此之后，普利司通的股东们发现他们的股票价值跌了一半。事实上，与此同时，当起诉人在一周内两次搜查三菱汽车公司的总部，找到证据证明公司蓄意掩盖制造上的问题时，公众对曾经骄傲的三菱的信任已经烟消云散了。之后不久，1.5 万人在食用了雪印公司——日本一家主要的奶制品公司，被污染的产品后病倒。调查揭露出那家公司惯常伪造新鲜证明，并从商店回收陈奶后销售。这桩丑闻引起了消费者对其他食品公司潮水般的抱怨，很快，大众媒体上就有了各种各样不胜枚举的故事，从罐装果汁中的苍蝇到薯条中的死蜥蜴等等。

20 世纪 90 年代的危机——“失落的十年”，用许多人的话来说，笼罩着全体日本人的未来。关于如何克服千年末感伤的讨论热烈而聒噪，但是倾听沉寂的声音和记住没有说出口的话也很重要。不管平成时期的头十年留下了多少不和谐的迹象，几乎没有日本人怀疑过，当他们准备迈进另一个新世纪时，民主和资本主义仍是日本要走的正确道路。尽管 20 世纪 90 年代的经济表现疲软而令人失望，尽管人们忍受了一连串平庸的，其显而易见的无能有使国家陷入瘫痪危险的首相，但是，却没有要求抛弃议会民主或私人企业制度的严肃呼吁。与之相反，对于这一点的信任几乎是普遍的，即日本在 20 世纪的成功，来自政党政府和建立在市场基础上的资本主义的昌盛；而当国家转向其他方向时，失败就会增多。于是，当平成时期进入新世纪时，问题的核心在于，如何倡导一种更具功能性的宪法制度？如何完善基于私企所有制基础上的自由市场经济？

国际社会中的日本

昭和后期，日本的对外政策建立在数条原则之上。第一，是由吉田茂制定，并由连续几届自民党内阁怀着不同程度热情重申的，日本绝对优先考虑和美国的关系。1951 年签署并于 1960 年修正的《美日安全保障条约》规定，日本在战略上依赖美国，经济上两国互相依赖。实际上这意味着，日本在经济上与西方资本主义国家密切合作，在军事上依靠美国保护它免遭未来敌人的侵害；而当大的世界危机来临时，日本不能公然反对美国的领导。

企图修复与亚洲邻国的外交关系成为战后日本对外政策的第二个特点。然而，冷战的紧张态势和东京想托庇在美国羽翼之下的决定却制造了许多纠纷。1949 年，毛泽东建立了中华人民共和国。此后，美国把中国排挤出了以形成“旧金山体制”而告结束的对日谈判。因此，1951 年 9 月，在日本签订和平协定的当天下午，东京又和台湾单独缔结了条约，并和美国一起承认台湾岛上的政权为中国的正式政府。许多日本人都不接受这样的行为，他们认为，从长远看日本必须和中国交好，无论中国政府的政治倾向是什么。直到 20 世纪 70 年代初，当联合国承认了中华人民共和国，美国在中国问题上做了彻底改变时，这种可能性才成为了现实。不久之后，1972 年的 9 月，田中角荣首相到北京签署了联合声明，规定两国互设大使馆，承认中华人民共和国政府是“中国的唯一合法政府”，说明日本“完全理解”台湾是中国领土“不可分割的一部分”。最后，中日双方于 1978 年 8 月 12 日签订了《中日和平友好条约》，重申此前的协定，并使两国关系完全正常化。

在日韩两国最终于 1965 年 6 月签署《日韩条约》之前，两国代表进行了长期谈判。这个条约和其他一系列补充协定承认大韩民国政府是半岛上的唯一合法政府，双方建立外交和领事关系，并要求文化合作。被搁置一旁的是日本和朝鲜人民民主共和国的关系。1951 年朝鲜战争爆发后，北朝鲜被美国视为“流氓国家”。在整个昭和后期，北朝鲜在日本眼中也几乎是个“非国家”。

日本想和苏联建立新关系的企图则要花费更多的工夫。1956 年 10 月 19 日，这两个老对手签署了《苏日联合宣言》，结束自 1945 年 8 月 9 日以来一直存在的战争状态，恢复了两国的正式外交联系。然而，因日本被包括在美国环绕着苏联建立的防御圈内，以及所谓的北方领土问题——莫斯科和东京对北海道以北海岸附近 4 个小岛有相互不可调和的主权要求，再加上长期的互不信任，使得双方几乎不可能建立友好关系。

在“旧金山体制”的限制下，对日本的决策者来说，第三个指导原则是尽可能让政治远离贸易，以便日本能够成为全世界的贸易伙伴。这种努力在西欧和美洲没有遇到不可逾越的障碍，即便在日本逐步上升的贸易顺差招致了不公平竞争的指控，以及 20 世纪 80 年代后期西方政治家和商人对日本进行情绪化的任性攻击之后。1990 年，西德、英国、加拿大、法国和意大利都在日本的前十位贸易伙伴之列。令人难以置信的是，如表 17.2 所示，日本和美国的进出口贸易额接近其他 9 国的总和。

在亚洲，重建的外交格局为日本公司在除北朝鲜之外的整个亚洲地区，创造了丰富的贸易机会。早在1952年，日本就和中华人民共和国缔结了一系列贸易协定，使得双边贸易到1972年关系正常化时增长到了12亿美元，截至1990年，又达到181亿美元。此外，与台湾的所谓“私人贸易”继续扩大，即便在日本终止了和台湾的正式外交关系，把“私人贸易”纳入官方范围之后。1990年，中国台湾是日本的第四大贸易伙伴，进口了154亿美元的日本商品，向日本出口了85亿美元的商品。日本和韩国的贸易增长得更快。1990年，日本从韩国进口的商品总值计117亿美元，出口总值为175亿美元，使日本成为韩国的第二大贸易伙伴。日苏贸易一直处于低得多的水平，但苏联是日本钢铁产品和建筑工业的主要市场，而西伯利亚诸省也出售石油、木材、金属，如铂、镍等给日本公司。

表17.2　日本的主要贸易伙伴（1970～1990）

	1970年		1980年		1990年	
	日本的出口值	日本的进口值	日本的出口值	日本的进口值	日本的出口值	日本的进口值
美国	5940	5560	31 367	24 408	90 322	52 369
西德	550	617	5756	2501	17 782	11 487
韩国	818	229	5363	2996	17 457	11 707
澳大利亚	589	1598	3389	6982	6900	12 369
中国	569	254	5078	4323	6130	12 054
英国	480	395	3782	1954	10 786	5239
加拿大	563	929	2437	4724	6727	8392
法国	127	186	2021	1296	6128	7590
意大利	192	143	955	939	3407	5008
苏联	341	481	2778	1860	2563	3351

根据《日本：插图本百科全书（第一卷）》（东京：讲谈社，1993年），第399页。

不足为奇的是，贸易问题容易促成与东南亚国家的相互影响，其中大多数国家于20世纪50年代和日本签署了外交协定。在20世纪60年代期间，日本公司的前哨和宣传，从本田汽车到索尼电器的几乎每件商品的广告牌，沿着从马尼拉到新加坡的城市地平线竞相招展。截至昭和晚期，日本已经成为印尼石油和其他国家轻工业产品的老主顾，同时，日本的电器、汽车、机床和钢材等也涌进这些地区。1990 年，日本和东南亚国家的贸易额超过了 500 亿美元，尽管除了印度尼西亚之外，这里每一个国家在和这个亚洲经济巨头的贸易中都出现了严重的贸易逆差。

整个昭和晚期，日本人都在争论“旧金山体制”的价值问题。某些人相信“从属的独立”对他们的国家相当有利。商人们能清楚地看到，与欧洲、美洲的经济往来以及与亚洲恢复和平关系，正以多种方式促进了经济的高速发展，日本人已经开始享有给人深刻印象的国内繁荣了。同时，那些痛恨他们国家在 20 世纪三四十年代对外侵略的人，因为武装部队规模的缩小，再加上宪法第 9 条的规定，也相信这使任何形式的军国主义不可能再死灰复燃。

然而，批评者也很快就注意到，有得必有失。在心理上，日本的国家利益附属于另一个国家，即它的征服者，这不断侵蚀着日本人的骄傲。当 1951 年签订的安全条约同意美国直接管理冲绳岛，承认日本人在该县只有“居住权”时，更加深了这种屈辱感。在 1972 年冲绳归还给日本之前，美国政府管理那里的事务，这里好像是一块殖民地。美国军队在那里建立了许多基地，以致在一些人看来，冲绳就像一艘巨大的美国航空母舰。而且，一些日本人始终怀疑驻扎在冲绳基地和日本各地的美军是否能够有效地阻止来自外部的威胁；相反他们害怕，那些外国军队的存在可能会使日本卷入一场他们不想参与的战争，或者甚至使日本陷入冷战双方可怕的核冲突。最后，对“旧金山体制”的怨恨导致了相当多的国内骚乱，例如 1960 年，数百万人抗议安保条约的重订并推翻了岸信介政府。在 1967 年至 1970 年的反越战运动中，1800 万名日本人走上街头反对战争，并要求立即归还冲绳。

1989 年柏林墙的倒塌和 1991 年 11 月苏联的解体，不断打断了历史的进程。这些事件在欧洲标志着冷战时代的结束，而对许多日本人而言，它们进一步意味着“旧金山体制”已成为一个过去的名词。如果说，昭和天皇的逝世，以及经济、政治泡沫的破裂促使日本人重新思考本国的未来，20 世纪 90 年代早期也提供了评价其外交政策原则和目标的全新机会。摆在每个人面前的第一项议程几乎都是重新审视和美国的关系，其后则是重新考虑未来日本在亚洲和世界舞台上的角色。

在某些一贯批评“旧金山体制”的政治人物看来，新的国际环境代表了等待已久的机会，日本可以从美日联盟中脱身出来，制定比较自主的外交政策。但是，其他一些政府要员和有影响的媒体权威人士，并不如此乐意把过去和未来截然分开；相反，他们认为日本必须继续接近美国，因为把两国联系在一起的复杂的经济关系，使双方合作成了两国今后繁荣的先决条件。而且，当苏联不再像过去那样构成威胁之后，冷战的残余却比在世界任何其地方更加顽固地存留于东亚，即朝鲜半岛依然严重分裂，新的俄罗斯联邦不想解决北方领土争端。鉴于这些不稳定因素，许多人依然认为，和美国的军事联盟是局部冲突不会扩大乃至把触角伸向日本周边的最可靠保障。

在霞关那些要求日本继续保持与美国联系的主要政治家和官员中，许多人都希望日本能在世界舞台上担任与其经济地位更相称的角色。平成初期，一位知名大学教师指出，日本是个国民生产总值比统一的德国高 50% 的“经济强国”，而“这种规模的国家继续扮演政治和军事上的小角色是再也不能接受的”。[①] 这种言论并非指日本应该成为军事上的超级大国，相反，它支持这样的观点，即国家应该参与所谓的“集体自卫”来为全球安全做出贡献。“集体自卫”这个词指的是，宪法第 9 条应被理解为，允许自卫队加入日本的盟友或联合国组织的行动，以维护国际稳定。

最后，一些日本人强烈要求他们的国家在亚洲发挥更大的影响。对一些自民党党员而言，这意味着强调安全问题。该党的某份意见书指出，“作为一个亚洲国家，日本必须努力在亚洲地区维护和平和稳定，始终寻求其他亚洲国家的理解和支持”。[②] 然而，某位作家所称的“日本过去的问题”，使得他的国家要获得对这一立场的赞同还是十分困难的[③]。特别是日本政府顽固拒绝对以前的“慰安妇”表示忏悔，或者赔偿从那场可怕的战争中幸存下来的受害者，更激起了亚洲各地人民的愤怒。此外，日本的邻国从来没有完全接受日本官方的悔罪表现。

---

① Satō Seizaburo, “Time for a Review of Japan’s Security Policy”in *Japan Echo* 17:4(Winter 1990), p.23.

② “Japan’s Role in the International Community: Draft Report”in Japan Echo 19:2(Summer 1992), p.52.

③ Ikeda Tadashi, “Toward an Open Ended Asia Policy” in *Japan Echo* 22:1(Spring 1995), p.21.

社会义务，自我实现

平成时期的头一个十年，也充满了新的社会现象。许多人开始认识到，日本正在迅速变成一个“老年社会”。2000年，日本人口的10%多一点是65岁以上的老年人；而到2025年，65岁以上的人口将达到27%，或者说有3000万人，使日本成为世界上最头重脚轻的人口金字塔。和年老柔弱的日本形象同时并存的是精力充沛、能说会道、自主自立的妇女形象。她们在20世纪末为自己确立了在公司和各种职业事务所里的位置，与她生活中的男子形成了新型关系。年轻人也跻身社会，许多人认为，他们过于经常地破坏传统的社会契约，其言论行动惊世骇俗。世纪之交的变化重新塑造着社会，它们迷惑和困扰着一些人，对其他一些人而言则令人愉快并充满希望，它们打开了关于性别、家庭、工作场所和学校的大胆且新颖的讨论的大门。

照顾老年人，尤其是550万预计到2025年或是有精神疾患或是卧床不起的老人，使全国对妇女作用问题的争论出现了新内容。一种观点认为，变化中的人口状况奏响了熟悉的旋律，它几乎和日本对现代化的追求本身一样古老，即社会的需要要求家庭主妇待在家里照顾家人。这种言论还为许多中产阶级的主妇从创造性地操持家务中获得了满足感和自尊心，规定了轻松自在的角色。这在某种程度上使一些观察者觉得难以理解。她们这样做对国家而言是幸运的，因为虽然大多数老人声称自己不想和孩子生活在一起，但他们几乎没有别的选择余地，所以当日本进入21世纪时，女儿或媳妇仍然是老人主要的照顾者。1999年，总计每15个中年家庭妇女中就有1个在家照顾老人，预计到2025年是令人吃惊的2 ∶ 1，这样政府就无须大量投资给疗养院和其他公共养老设施了。

其他社会批评家对此持有相反观点。他们认为女儿和妻子应该走出家庭，走向工作场所。有研究表明，到2025年，每个退休人员只能由2. 3个处于工作年龄段（15岁至64岁）的人供养，这个数字比1990年的5. 8人要少得多。与这个问题结合在一起的还有另一个新的社会现实，即20世纪90年代，女性不像以前的几代人那样急于结婚，而且她们选择少要孩子。根据厚生省的调查，1994年的生育率已经下降到历史新低1. 46人，比1975年下降了近

30%，大大低于维持稳定状态人口所需的水平。非常清楚，根据许多社会科学家的计算，如果日本想要履行为老龄人口提供足够的养老金和医疗福利的社会义务，那么就应该有更多的妇女参加工作并纳税。

关于自尊的新观念以及对个人自我实现的更有力强调，促使妇女从崭新的视角思考就业和工作场所的问题。女性活动家越来越多地质疑那种女性注定拘囿于家庭的不可避免的命运，她们坚持认为妇女有权选择生活所提供的各种可能性。本着这种精神，学者及杂志《女权主义者》的创办人渥美育子写道，“男人的作用一直是在外创造财富，女子的作用是在家养育孩子。日本的女权主义理论认为二者同等重要。男人应该更多地参与孩子的养育，女子应该更多地参与财富的创造”。渥美育子补充说，“目前的女权运动目标在于，建立那种妇女不仅可以在经济上独立，而且可以自由选择生活方式的社会。在这样一个社会，如果她想当家庭妇女，没问题；但如果她想工作，也不会被歧视。我们的运动不仅想改变女子在家庭中的作用，也想改变她们在社会中的作用”。① 她的话应和了大正时期的活动家与谢野晶子的理想。

1986 年的《平等就业机会法》进一步改变了当代的现实，重新描绘了未来的景象，它呼吁各企业“努力给予妇女”和男人竞争任何工作岗位的“平等机会”，规定每个人都应该同工同酬。两年后对《劳动标准法》的修订，废除了始于大正时期的对妇女加班和从事被认为有害于她们健康和安全的工作的限制。《平等就业机会法》实施十年后，日本妇女还是只能挣到男人的一半多的工资（与此相比，美国大约是 75%，澳大利亚是 90%）。京都一所名校的一位即将毕业的学生向一家大报纸求职，而面试她的报社官员却问她道：“你确信结婚后不会辞职吗？我们不想冒这样的险。”② 不过，《平等就业机会法》和新的劳动标准毕竟把妇女的渴望合法化了，并唤起了对工作和性别的公众意识。

变化中的人口统计状况、新的社会理想和经过修正的法律准则结合在一起，吸引了越来越多的妇女走上工作岗位。在 21 世纪前夕，全职的女性职工

① Kathleen S. Uno, “The Death of ‘Good Wife, Wise Mother’?” in Andrew Gordon, ed., *Postwar Japan as History* (Berkeley: University of California Press,1993), p.314.

② Suzuki Kazue, “Equal Job Opportunity for Whom?” in *Japan Quarterly* 43:3(July-September 1996), p.54.

超过了全职的家庭主妇，有学龄孩子的母亲整整一半仍在工作。但是，妇女依然主要集中在小企业、家庭企业和服务行业，而在大公司里，绝大多数的女性还是被称为“粉领”的办公室女士，或是在生产线上从事没有出路的工作的人。不过与此同时，前所未有之多的女子进入了以前男人的专属领地，成为工程师、建筑师和医生。1998 年，加入电子界巨人 NEC 的 932 名工程师中有 200 名是女性。即使在主要公司的办公室里，也能看到职业女性正以不断增长的数量升迁为经理。在《平等就业机会法》实施后的十年内白领女经理的数量翻了一番，达到了全部经理主管人员的 8%。尽管如此，成功来之不易。“在日本，”一位年轻女经理指出，“玻璃天花板（即不被公开承认的不让女性或少数族群晋升至权力或者责任核心位置的歧视藩篱。——译注）离地板几乎只有几厘米。”①

职业妇女向公司提出挑战，要求公司进行改革以满足更多样化的劳动人口的要求。她们越来越大胆，要求《平等就业机会法》所规定的同等报酬和待遇。随着妇女开始抱怨男同事和男性雇主无礼及歧视性的行为，“性骚扰”一词进入了日本的词汇表。上班的母亲为改革的日程表增添了其他内容，她们特别要求公司提供这样的方便，如弹性的工作时间表、请假回家照看的时间、和学校假期一致的假期、轮班制和设在工作场所的日托幼儿园。这些妇女的未来憧憬包括，值得一做的工作、公平的报酬，以及做一个日本人眼中的好母亲的机会。她们声称，她们不想做男性员工的克隆版，相反，她们秉承与谢野晶子的遗绪，想要人们承认她们在生活中所扮演的许多不同角色。

20 世纪 90 年代，日本妇女也把两性关系和婚姻放到桌面上讨论。当单身女子察觉她们有了较多的工作机会，发现她们能够自己养活自己，用不着在经济或心理上依赖男人时，她们开始晚婚并且庆祝单身生活。1993 年，日本妇女的平均结婚年龄上升到 27 岁，比 20 世纪 50 年代推迟了近 5 岁，结婚之迟在世界上仅次于瑞典女子。而且，在世纪之交，东京有超过 8% 的已过了所谓适婚年龄（18 岁至 44 岁）的妇女从未结过婚，表明单身生活在日本的较大城市中已逐渐成为可以接受的选择。许多单身妇女都靠自己，不受男性

① Jean R. Renshaw, Kimono in the Boardroom (New York: Oxford University Press,1999), p.132.

的支配，为自己创造了自由的、让人回想起20世纪20年代日本城市中心地区的开放生活方式。根据一份报纸的报道，20世纪90年代的年轻女子想要“独立自足地生活，拥有情人，建立以平等为基础的关系”。①

无论终身不婚的选择有多大的诱惑力，大多数20来岁的单身女子（根据政府1992年进行的民意调查显示是94%）认为，她们最终是要结婚、持家和养育孩子的。不过，这些女子对于理想的婚姻生活也有新的憧憬。一个令人惊讶的变化是，在1992年做调查时，近90%有工作的单身女子宣称，她们打算在婚后继续工作。看起来这种女子全部都想要——对事业的自我满足和在家庭中的自我实现。她们向政府和私人企业提出了另一个挑战，即帮助妇女寻找平衡工作与家庭责任的途径。

事情的结果证明，满足对事业和家庭生活的高要求的现实比大多数妇女在婚前所期望的严酷得多，平成早期大约所有为人妻者的一半在有了孩子之后就放弃了工作。日本社会继续尊敬家庭主妇这一“单独的领域”，以及完全肯定她们行使母亲责任的事实，这使得妇女从办公室回归家庭的转变变得轻松自如，并有助于让回到家庭的妇女感到满足。不过，许多全职的家庭主妇都承认这样一个越来越明显的事实，即她们和配偶之间的关系更加平等，也更加恩爱。已婚妇女不管她们有没有在外上班，都前所未有地认为她们的丈夫必须多多参与家庭生活，尽其所能分担照顾孩子和家务劳动的责任。

除了容易找到工作，妇女还利用有关离婚的新观念以便在提出她们的要求时获得一定的优势。在1970年至1995年期间，日本的离婚率大约提高了一倍。到世纪末，每新缔结100桩婚姻就有24起离婚，与之相比，法国是32起，英国是42起，美国是55起。和西方一样，想要从事全职工作并且具有相应技能的日本妇女，在婚姻变味时尤其易于考虑离婚。正如某位专家所指出的，假如一个中年的上班男人醉醺醺地回到家，他的妻子迎上来宣布说：“我已经决定开始上班。”他最好用一杯水醒醒酒，问：“全职还是兼职？”如果答案是“全职”，那么他必须认识到情况“危险”。②

① Merry White, “Home Truths: Women and Social Change in Japan” in *Daedalus* 121:4(Fall 1992), p.70.

② Ogawa Naohiro, “When the Baby Boomers Grow Old” in *Japan Echo* 23: Special Issue (1996), p.19.

变化并不容易，在日本的偏远地区，老一代的男人尤其难以接受关于婚姻的新观念。有人曾经询问东京西南大约 320 公里处的三重半岛上，坐落在起伏群山中的一个小镇上的某个养牛农夫，他是否爱他的 34 岁的妻子。他皱了皱眉，看上去很困惑，然后回答说："是的，也就那样吧，我猜。她就像空气或水，没有它们你没法活，但大多数时候你意识不到它们的存在。"[①] 一位 72 岁的邻居上村优里悲伤地说，"我和我丈夫之间从来没有任何爱"。说她 40 多年的老伴从来没有对她说过喜欢她，或称赞她饭菜做得好，或牵她的手，或送她一件礼物，或者以任何方式对她表示感情。他过去甚至常常打她，上村优里回忆道，"但是，唉，我们活了下来"。

日本较大的人口密集地区的年轻男子比较快地理解了新现实，但是甚至在那里也能听到有些人嘟哝道，"如今做男人真可怕"。[②] 一则双缸洗衣机的电视广告反映了城市中产阶级的丈夫和父亲的地位下降到新的低点：只见一位衣着整洁的家庭主妇，嫌恶地皱着鼻子用一双超长的筷子夹起她丈夫的内衣裤，把它们扔进结实的缸内，而她的年轻女儿则说，"我们把爸爸让人讨厌的东西分开"。不过，无论平成早期大量存在着什么样的媒体形象，还是有相当一部分年轻男子接受甚至欢迎婚姻生活的新趋势。在 1987 年的一项调查中，52% 的男人和 37% 的女人同意"男主外，女主内"的说法；而到了 20 世纪 90 年代中期，只有 35% 的男人和 25% 的女人持有相同观点。

在很大程度上，年轻男女建立新型婚姻的自愿性是和家庭模式的继续演变纠结在一起的。日本各地，在昭和晚期很大程度上象征着中产阶级理想的"核心"家庭，到 20 世纪末几乎已经完全取代了数代同堂的大家庭。在比较传统的安排之下，大多数婚姻是包办的，朋友、家庭和社会期望的夫妻们像上村夫妇那样，把对配偶的私人感情放在一边，为了家庭让这种结合顺顺当当。在平成早期，较小的"夫妻导向"的核心家庭内部，夫妻之间的水平关系优先于世代之间的垂直关系。结果，20 世纪 90 年代的青年男女，比 20 世

① Nicholas D. Kristof, "Who Needs Love? In Japan, Many Couples Don't" in *New York Times*, February 11, 1996, Internet edition.

② White, "Home Truths", p.70.

纪七八十年代的新中产阶级更多地把相互之间的爱情看作结婚的主要理由。到20世纪90年代中期，全部婚姻中的四分之三自称“出于真正爱情的婚姻”。相比较而言，20世纪60年代早期只有大约一半的婚姻自认为如此。现代夫妻更喜欢他们的关系中有比老一代更多的浪漫。

随着世纪之交新态度的出现，人们可以看见越来越多的年轻男子和妻子一起在超市里闲逛，轮流做饭和给婴儿换尿布，星期天驱车全家出游并且在“家庭饭店”吃饭。尽管离婚率在上升，大多数妇女仍然似乎同意，夫妻导向的生活方式产生了更幸福的婚姻和更让人满意的家庭生活。如表17.3所示，20世纪90年代大多数日本妇女认为对妻子和母亲来说，过去的20年里情况已经大有改善。甚至上村夫人也说她的丈夫对她比以前好了。“几天前，他还试着为我倒茶，”她激动地谈论道，“这是个大转变。我告诉了我的所有朋友。”

表17.3　日美两国妇女对婚姻和家庭的态度（1990年）

女性就“自1970年以来，妇女的状况起了怎样的变化？”这一问题所作的回答

单位：百分比

	婚姻		母亲的作用		家庭主妇的作用	
	日本	美国	日本	美国	日本	美国
有所改进	59	34	50	36	56	37
没有改变	28	16	31	20	33	23
每况愈下	10	45	17	41	10	37

根据岩男寿美子的《当今的日本和美国妇女：一种对比》(《日本回声》20：3，1993年秋)，第70页。

男性对公司生活的看法也在改变。早在20世纪80年代中期，一些社会评论者就注意到了“新人类”的出现，他们是“新品种”的日本年轻劳动者。按照创造了这个词的记者的说法，“老一代人发现不可能理解他们或与他们交流”。[①] 批评家说，“新人类”嘲笑由德川时期的思想家石川梅岩阐释，后来又经许多人重申的格言，即生命的意义发现于工作的锻炼之中。观察家们指

① Chikushi Tetsuya, “Young People as a New Human Race” in *Japan Quarterly* 33:3(July-September 1986), p. 291.

出，和公认的智慧形成尖锐对比的是，20 世纪 90 年代的蓝领工人拒绝接受 K 工作，即他们认为肮脏（kitanai）、辛苦（kitsui）、危险（kiken）的工作。与此同时，近来应聘白领职位的大学毕业生想要有充足的假期，不用加班，工作不久就有丰厚的薪水，而不必等到爬上公司资历阶梯的顶层。甚至最负盛名的公司也被越来越多的干了三四年后就辞职的年轻白领雇员弄得很是苦恼。1990 年 7 月发布的一份关于劳工状况的政府白皮书显示，日本的年轻工人对于他们的工资、工作时间、晋升机会和发挥个人才干的机会，不如美国和英国的年轻工人那样感到满意。

一些社会评论者把年青一代对更多闲暇时间、更高工资和更舒适工作环境的要求，视为对昭和晚期一些主要公司强加在白领工作狂身上的，过分强调对工作全身心奉献的抗拒。另一些人则谴责世风日下，一位高层官员指出，上班族“不再被尊为企业的战士”，结果，他们“已变得以习惯性地拼命工作为耻”。① 还有一些人把愤怒发泄在年轻人身上，因为他们“生在对物质的沉溺中”，“长在宽裕的环境里”。一名观察者下结论道，X 一代自然想“过悠闲自在的生活”，利用紧张的就业市场达到他们自己自私的目的②。不管人们把责任归于哪一方，所有人都同意，演变中的工作态度向新世纪提出了严峻的挑战。一些人预见了终生雇佣制的末日；而另一些人，更多的是杞人忧天者，则认为，反对努力工作的新伦理最终意味着“社会衰退，日本，其劳动力丧失了勤劳的品德后，将成为一个二流国家”。

麻烦的年轻人和受攻击的学校

青少年和儿童在平成初期也引人注目。几乎没有社会批评家会否认大多数日本青年是通情达理的、快乐的和适应性强的。民意调查显示，青少年在这样一些问题上，如有必要成为良好的世界公民和维护环境以及哪怕损害经济增长也要提高生活质量等，有着比他们的长辈更强烈的社会责任感。然而，20 世纪 90 年代期间，老一代人越来越烦恼于难以琢磨的，但对他们而言是

① Sugahara Mariko, “Five Fatal Symptoms of the Japanese Disease” in *Japan Echo* 21:2(Summer 1994), p.69.

② Ijiri Kazuo, “The Breakdown of the Japanese Work Ethic” in *Japan Echo* 17:4(Winter 1990), pp.38-40.

显而易见的社会道德的崩溃，其表现就是他们的孩子疏远父母和兄弟姐妹，饮食失调，男女乱交以及游戏性地吸毒。

持续不断的“欺凌弱小”现象也使全国震惊。自20世纪70年代早期以来，“欺凌弱小”就是校园场景的组成部分，典型做法是几乎每天都嘲笑、羞辱和殴打受害人。在一个案例中，有人强迫一个同班同学不停地跑腿，用记号笔在他脸上画上胡须，逼他爬到树上在其他孩子的观看中唱校歌，甚至举行了他的模拟葬礼。分析家在了解到“欺凌弱小”的作恶者通常来自酗酒和夫妻间暴力是家常便饭的不健全家庭时，并不感到吃惊；但是，他们几乎无法理解那些温顺地默许自己被欺负的普通学生的心理。爱知县有一个八年级的学生，在同班同学暴徒似的屡次向他敲诈大笔金钱，包括不可能拿出的12万日元后，于1994年11月27日上吊自杀。他是那年受欺负后自杀的若干心理崩溃的年轻人中的一个。在他长长的遗书中，充满了无情的自责和对自己年轻生命每个方面的痛苦罪恶感。“如果我拒绝给钱，”他写道，“这种事就不会发生。我实在抱歉。请别责怪拿走钱的人，我应该受到指责，因为我是心甘情愿给钱的人。”对他的父母，他补充说，“我实在抱歉我总是让你们担心。我是个如此自私的孩子，有我这样的儿子，你们一定很不容易”。①

被控有罪的青少年数量的激增增加了社会的不安。在战后的数十年里，犯罪率出现了下降趋势，1986年至1996年间，被警方认为是违法者的青少年人数从160万下降到只有80多万；然后，到了1997年，青少年犯罪比前一年增加了20%，达到了自1975年以来从未出现过的水平。而且在1997年，14岁至19岁的年轻人，他们只占日本人口的9%，却犯下了34%的杀人和抢劫案，以及整整45%的暴力犯罪，如攻击和殴打等，其中有2500起是对中年男子的袭击，年轻恶棍们将此称为“偷袭老爹”。

对许多学者来说，大多数年轻违法者出身中产阶级这一事实比犯罪率本身更令人不安。人们可以理解为什么战后几年穷孩子会“偷袭老爹”，那时一年一万件抢劫案是很平常的。1955年日本大约一半的少年犯来自贫困或不健

① Nishiyama Akira, “Among Friends: The Seductive Power of Bullying” in *Japan Quarterly* 43:4(October-December 1996), pp.51-57.

全的家庭。然而，20 世纪 90 年代中期，近五分之四的年轻恶棍和双亲生活在一起，大约 90% 的家庭可以描述为彻头彻尾的中产阶级。使大多数成年人感到震惊的是，据因盗窃被捕的青少年说，他们的主要动机不过是闹着玩。社会评论家说，日本人在物质上变得丰裕的同时，似乎在精神上已经破产了。

青少年卖淫，婉称“援助交际”的剧增，似乎印证了这个判断。迷恋年轻女孩的中年男人只需拨叫商业性的语音邮件服务，就能筛选出这样的留言，如“我是一名 16 岁的高中女生。我希望明天早晨有人因某种援助交际来见我。我身高 165 厘米，体重 49 公斤。我认为自己非常可爱。我的价钱是大约两小时 5 万日元”。[①] 谈好后，这个男人可能就会见到一个活泼且打扮入时，从外表看很普通的学生。她从事性交易只不过是因为她想要一个用家里给的零用钱买不起的 10 万日元的品牌手提包和其他名牌奢侈品。1995 年，警视厅因卖淫和其他与性有关的罪行对 5000 多名未满 20 岁的少女实行保护性拘留；而在 1996 年 10 月东京市政府举行的一次调查中，被询问的高中女生中有 4% 声称她们为了钱进行过“交际”。

随着青少年犯罪和雏妓数量增多，教育体制因为没有教育好国家的未来而备受攻击。也许，青少年犯罪使全国惊骇的主要原因是，如一位专家所说，“全国一致同意，日本最重要的资源是孩子，国家最重要的工作是教育”。[②] 由此指责的利箭漫天横飞，一些家长批评老师过于松懈，而另一些人则认为学校制度太过严厉，结果导致了在犯罪行为中才能缓解被压抑的紧张情绪。老师们也反唇相讥，一名教师写道，“自私顽固的学生的出现，在很大程度上必须归罪于成年人培养他们的方式。孩子们被放任自流，培养孩子的目的不再是造就独立的社会成员，而是强调个性”。[③] 另一位老师谴责父母道，“在他们生活中没有道德规范”；他们溺爱孩子甚至到了抗议老师评价的地步，用一位八年级教师气愤的话说：“(他们）打电话来说：‘我知道他比那样的（评价）好！’”[④]

---

① Mark Schreiber, “Juvenile Crime in the 1990s” in *Japan Quarterly* 44:2(April-June 1997), pp.84-85.

② Merry White, “The Virtue of Japanese Mothers: Cultural Definitions of Women’s Lives” in *Daedalus* 116:3(Summer 1987), p.154.

③ Kawakami Ryoichi, “A Teacher’s Diary” in *Japan Echo* 25:1(February 1998), Internet edition.

④ “Crisis in the Schools” in *Japan Echo* 25:3(June 1998), Internet edition.

20世纪90年代期间，那些被委以教育学生之责的人不得不对付两种不同的传统：一方面，从明治晚期到“大东亚”战争结束，教育政策非常强调道德训练，把人培养为支持政府的忠诚和负责的公民；另一方面，19世纪末植木枝盛等日本人提出，为了培养能帮助推进世界文化的文明自主的公民，教育应该“鼓励和推动天赋能力的发展”。同样地，经盟军最高司令批准，1947年颁布的《教育基本法》宣布，教育体制的基本目标是帮助每个孩子发挥他或她作为一个个体的全部潜力，以便他或她能“通过建设一个民主文明的国家，为世界和平和人类幸福做出贡献”。

在平成早期，历史的双重遗产沉重地压在教师们身上。并不让人惊讶的是，这个职业中的一些人鼓励同行教师使每个孩子充分发挥内在的创造力，而另一些人则坚持这样的观念，即“教师的真正挑战”，如有人所称，“并不是学业上的指导，而是指引——教育孩子们在学校和社会如何做人”。有关教育的争论，也是对如何使婚姻、家庭、工作场所适应新世纪现实等问题关注的一部分。在所有这些情况中，社会义务和个人的自我实现就像两根似乎界定了未来可能性的柱子相对矗立。

少数民族的挑战

弥漫于20世纪七八十年代的中产阶级的同质均一感是始于明治时期的培养普遍民族共同体之感努力的产物。当时，新秩序的支持者谈及经过千秋万世形成的日本人的独特个性，并规定了借鉴于偶像化的神代史的公民伦理准则，以铸就拥护集体目标和期望的国民。战争岁月的论调加深了这种情感，即日本人是一个特殊的种族，其成员是同一祖先的后嗣，说同一种语言，有一套不仅把他们和西方人，也和亚洲邻居区分开来的特殊宗教信仰和文化风俗。

20世纪70年代，在20年的瞬息变迁之后，一些知识分子和社会评论家以“日本人论”为题创作了大量作品，再次开始探索独特的日本文化的本质特征和其民族性格。一些分析家撰写了严肃而富有洞察力的作品，另一些则提出了令人不能容忍的要求，其中就有位主管农业的大臣主张，日本不应该进口澳大利亚的牛肉，因为他的同胞肠子比西方人的短，故而无法消化牛肉及其他西方食品。然而，无论昭和晚期“日本人论”变得如何稀奇古怪和自我陶醉，但他们都对这一观念的形成做出了贡献，即生活在日本列岛的每个人都属于独特的种族文化。实际上，当1979年日本认可联合国的《公民权利和政治权利国际公约》时，其代表报告说，“日本法律保证任何人有享有自己的文化，公开承认并信奉自己的宗教，或使用自己的语言的权利。然而，该公约所提的那种少数民族在日本是不存在的”。①

日本的部落民和其他少数民族社区对此看法不同。昭和晚期，部落解放同盟，即战前的水平社，重新点燃了为平等而奋斗的战火。20世纪五六十年代，部落解放同盟发动了反对地方政府的“行政斗争”，要求通过改善住房条件，铺设街道和供应净水来改善部落民街区的居住环境。1969年，该运动获得了成果，政府颁布了《同和对策事业特别措置法》来作为一系列社区发展计划的基础。从1969年到1993年，国家和地方政府花费了近140亿日元安装排水系统，改良街灯照明和消防服务，建造高层公寓大楼，在特定目标区域设立学校、诊所和社区中心。

虽然政府的努力缩小了部落民街区和主流社会的差距，但是《同和对策事业特别措置法》并没有从法律上禁止许多形式奇特的歧视，因此，社会活动家们发起运动，要求法规明确禁止所有形式的社会褊狭行为。同时，一些社区领导人重新采用过去的“谴责”策略，以便与那些微妙的偏见作斗争。在兵库县一起非常著名的事件中，部落解放同盟的支持者把52名教师关在学校里，并威胁要把他们留在那儿，直到他们签署自我批评的声明，答应为争取批准在学校成立有关部落民问题的研究小组助一臂之力。当老师们拒绝后，部落民抗议者猛烈言辞的折磨使得43名教师心神耗竭住进了医院，其中有13人住院竟长达6周之久。

日本的阿伊努人也认为，关于无所不包的同质均一性的声明是一种危险的误导。整个20世纪中期，阿伊努人社区依然贫困，儿童在战前阿伊努人协会曾为之努力实现的无种族界限的学校里，继续面对负面的成见和公然的歧视，同时成年人在阿伊努圈子外找工作或嫁娶时也会遭遇顽固的偏见。只有到了20世纪70年代，新一代人开始积极面对社会的敌意时，情况才有所

① Richard Siddle, *Race Resistance and the Ainu of Japan* (London: Routledge,1996), p.179.

改变。一些活动家从部落民抗拒被边缘化的努力中汲取灵感，而世界各地原住民运动的出现也刺激了其他年轻阿伊努人团体的活动。国内事件，尤其是1968年为纪念明治维新和“北海道历史”一百年在札幌举行的庆祝会也产生了影响。天皇参加了这些庆祝活动并耗费了一大笔公帑，但它们几乎没有提及阿伊努人的贡献，除了把他们描绘为早期探险者的向导和苦力之外，并没有在新建的“开拓者村”或“发展博物馆”里给他们留下一席之地。

所有阿伊努人都不满1968年的历史健忘症，它似乎否认了他们的存在。一些团体，其前身即阿伊努人协会，迫使中央政府提供120亿日元资助那些与部落民社区正在实施的项目相似的发展计划。相比起来，阿伊努人更激进。他们借鉴了部落民的“谴责”策略，成功地迫使有关方面取消负面描绘他们的电视节目，迫使刊印歧视性卡通画的杂志社公开道歉，并在日本最大的旅行社刊登有关参观“真正的阿伊努村”，体验“因多毛而出名的阿伊努人古老风俗和文化”[①]的广告后，与这家旅行社分庭抗争。

出现于20世纪七八十年代的阿伊努人日益强烈的自我认同感，激起了人们对阿伊努人的历史与文化的迅速高涨的兴趣。前所未有之多的社区举办节日活动以描绘阿伊努语的祈祷，朗诵口头文学，表演经过再创作的舞蹈，以及展示传统刺绣服装，活跃分子甚至创造了“阿伊努人”的新象征。1973年，阿伊努旗出现了，人们开始充满渴望地说起阿伊努人的家园。它既指传说中的黄金时代，也指在被日本殖民者蹂躏之前，阿伊努人共同居住的与自然界和谐共处的理想之地。随着自我感觉的改变，声称代表日本17，000名阿伊努人一半的阿伊努人社团，在1984年5月27日发布的文件中提出了对未来的期望。这份题为《新阿伊努法》的文件提出了一部模拟法，它承认日本原住民的民族和经济“自立”，允许他们保留自己的语言和文化，保证他们的基本人权和对政治过程的完全参与，并且废除所有形式的种族歧视。

朝鲜人成为20世纪末日本人数最多的少数民族。当时居住在日本的大约70万朝鲜人中，约90%是殖民时期自愿或被迫来到日本的朝鲜人的儿孙，以

① Richard Siddle, “Ainu: Japan’s Indigenous People” in Michael Weinen, ed., *Japan's Minorities: The Illusion of Homogeneity* (London: Routledge,1997), p.32.

及他们日渐增多的曾孙。日本曾经把某些公民权利扩大到了朝鲜人，如1910年吞并朝鲜后允许他们在整个帝国境内寻找工作。然而，《旧金山和平条约》生效后，日本政府完全剥夺了留在日本的朝鲜人的公民权，并把他们的身份降为侨民，使他们只具有法律上不能完全保证的在日本的永久居住权。因为日本根据父母的国籍给予公民身份，同时由于加入日本国籍的过程在手续上十分复杂，而且以威吓申请人而自得的冷酷尖刻的官僚使这一过程变得更为可怕，所以1952年后，选择留在日本的大多数朝鲜人虽然生活在日本，却没有公民的全部权利。他们的后裔尽管绝大多数在日本出生，毕业于日本的学校，一生都在日本，而且只说日语，但是情况也是如此。

除了生活在法律上的不确定性中之外，朝鲜少数民族还不得不忍受与其他被边缘化群体相同的社会和经济上的歧视。例如校园里的嘲弄、超市里的窃窃私语，以及空公寓突然全部“租出”，因父母反对而导致婚约告破，蓝领工人因暴露隐瞒的身份而丢掉工作，还有成功的朝鲜族运动员和演艺人员迫于压力假装是日本人，等等。有时法律地位的缺失与社会偏见互相结合，使朝鲜人处于极为艰辛困窘的夹缝之中。1945年秋，据估计广岛和长崎共有7万朝鲜人，其中许多人被征到生产战争物资的工厂做工。他们中大约有4万人在原子弹爆炸中遇难，或在一年内因与轰炸有关的伤病而亡。1959年和1968年，日本政府先后通过立法，把特殊医疗服务、卫生保健补助和税收的免除扩大到那些因原子弹爆炸或残或病的人。虽然那些法案没有一部包含了对国籍的要求，但整整20年里，在仍然居住在日本的7000名左右原子弹爆炸的朝鲜族幸存者中，只有不到500人享受到了这一待遇。

和其他少数民族一样，昭和后期朝鲜族也参加了反对歧视和偏见的斗争。例如社团领导人要求公共建设工程计划的目标区域应该包括朝鲜人的居住区，而且市民团体把反映社会不公的惊人事例公之于众，个人也控告公司的歧视等。1989年，日本的朝鲜青年协会致信联合国人权委员会，概括了朝鲜少数民族的主要要求，其中突出的是，保证朝鲜人作为“日本社会毫无争议的组成成员”的人权和“选择工作和从事经济活动”的自由，并且享有社会保障福利、地方政府选举中的投票权和地方职位的竞选权，以及为因原子弹轰炸而受害的朝鲜人提供救济措施。

尽管被边缘化的群体遭受了诸多不幸，但即使最激进的活动家也承认，在20世纪的最后数十年里，对社会歧视的抗议和比较正面的自我形象的形成，结合起来改善了少数民族的处境。对部落民、阿伊努人、朝鲜人，还有中国人、冲绳人和被遣返回国的日本移民的后裔，以及来自亚洲其他地区构成了日本其他大规模少数民族群体的侨民来说，生活条件已变得较为舒适，所受歧视已不太明显，发展和自我实现的机会也比以前丰富。更准确地说，截至20世纪90年代中期，62.7%的部落民家庭拥有了他们自己的住宅（全国平均数是59.8%），部落民儿童进中学读书的比例接近于主流人口，所有部落民青少年的20%上了大学（其他日本人是28%），而在20世纪60年代只有2%。阿伊努人要求有政治发言权的努力得到了回报，国际上，1992年他们被邀请参加联合国“世界原住民国际年”的开幕式；在国内，1994年萱野茂成为第一位入选议会的阿伊努人。

政府官员的态度似乎也在改变。20世纪90年代，长崎市拨出预算的一大部分帮助遭受原子弹轰炸的朝鲜族受害人，广岛市最终也批准在和平公园建立朝鲜人纪念碑。截至那时，国家政府已经在教育和地方政府的服务中为朝鲜族人留出位置，并把日本公民所享受的社会保障福利扩大到大多数朝鲜族人。甚至加入日本国籍的服务也有了明显变化，如一位主要官员所说：“不用说，拥有相同国籍并不需要人们拥有相同的文化和生活方式。只有当改变了国籍的人能够说‘我是某某裔的日本人’，而不隐瞒他们原先的国籍时，才能说日本社会已经从内部国际化了。”[①]

尽管20世纪90年代出现了明显变化，但观察者一致认为21世纪还有许多事情等待去做。婚姻和就业中的歧视还是普遍的。一些观察者也认为，日本政府忽略了新的形式越来越微妙的隐蔽的歧视。然而，少数民族积极提出的清晰权利要求，已经否定了任何认为日本是个一元单一民族社会的观念。同样地，少数民族向日本社会提出挑战，要求它更加开放和多元，正如一党制政府的批评者呼吁更加多元、更加大众化的政治体制。而且，部落民和其

---

① Chikako Kashiwazaki, “The Politics of Legal Status: The Equation of Nationality with Ethnonational Identity” in Sonia Ryang, ed., *Koreans in Japan: Critical Voices from the Margins* (London: Routledge,2000), p.29.

他少数民族坚决认为，在他们获得更大的自我实现机会时，他们也能为整个社会的福利做出贡献。这一点，与主流社会青年男女在履行社会义务的同时，要求尊重个体需要的更平等的婚姻和工作关系大体相适应。

时间和自我

20 世纪初，许多日本人都期望生活在一个越来越民主和工业化的社会里。与此同时，他们希望日本最后能成为国际社会的一分子，成为“世界的一个省”，甚至像亨利克・易卜生和列夫・托尔斯泰那样的人都“不再是外国人”。在 20 世纪的黎明，大衰退和“九一八”事件以人们预想不到的方式引发了几乎吞没这种梦想和抱负的海啸。但是，在从“大东亚”战争的破坏中恢复的过程中，又出现了人们对以往期望的重新投入。到 20 世纪末，这个太平洋远侧的岛国已经实行了和西方的议会民主及工业资本主义没有根本不同的政治经济体制。而且，日本显然吸收了世界的一切，日本人和其他发达国家的公民一起分享着共同的物质文化，从小镇购物街所售的各种商品到主要城市各种式样的建筑，同时，他们也把西方社会的音乐、艺术和文学本土化了。

有点让人吃惊的是，2000 年的新年庆典不太关注 20 世纪深刻改变了日本的巨大变化，相反，注意的是国家当今面临的问题。《日本时报》的元旦社论指出，“过去的十年是一段灰暗的经历。在经济领域日本已从世界成功的顶点跌落为蹒跚的巨人；管理的艺术摇摇欲坠；当教室变成了战场，青少年以‘援助交际’的名义出卖肉体时，则凸显了国家道德的真空”。[①] 然而，似乎没有人能提供任何激动人心的富于灵感的克服世纪末病症的办法。报纸充斥着寻找“新的目标感”和“绘制世纪的新路线”这种含混不清的老生常谈。2000 年 1 月 1 日凌晨 1 点，小渊惠三首相向全国致辞，温和地报告说日本没有遇到严重的计算机 Y2K 问题（即“千年虫”或“2000 年问题”。——译注）。大多数日本人也同样低调地步入新世纪，一些人游览佛寺，那里的钟声象征着过去一年罪愆的消除；另一些人则前往神社购买护身符，祈求来年神灵的保佑。在日本各地，家人聚集在一起，享用专门的新年食品，观看电视上的

① “Let’s Make a New Start”,in *Japan Times*, January 1, 2000, Internet edition.

"红白歌会"。

没有对激烈的政治变革的呼吁，这一点表明，也许大多数日本人相信，议会民主的手段和原则最终会给他们的国家带来良好的秩序和经济的繁荣。不过，也有一些人想开辟通向未来的新文化之路。如果说大多数日本男女在世纪末以似乎很"日本"的方式庆祝 2000 年的新年，那么，还有一些人则提倡新的世界主义。与流行于世纪初的，日本应该向别国学习，成为一个易卜生和托尔斯泰都不再是外国人的国家的旧观念相比，20 世纪末和 21 世纪初的新国际主义意味着超越国籍，超越目前的困难展望未来，为世界文化做出贡献。

建筑师和城市规划者丹下健三是一位著名的新文化主义者。他于 1955 年事业刚起步时设计了广岛和平纪念厅。十年后，在一场地震破坏了南斯拉夫的斯科普里城之后，他领导了这座城市的重建。他也是 1991 年竣工的令人惊叹的东京都新市政厅的主建筑师。许多评论家盛赞丹下健三毕生的杰作，称赞他运用日式设计中的不对称和其他传统原则以及现代材料，建造了新颖、大胆、富有想象力的大厦，通过把结构主义与生硬的几何风格分离开来，使国际建筑界为之着迷。

前卫的时装设计师三宅一生从事着另一种艺术工作，他希望能作为"第三者"，即没有任何特别国籍身份的人介入世界文化。"远离祖国，在巴黎居住、工作，"有一次他回忆道，"我非常困惑地看着自己，自问：'作为一名日本服装设计师我能做什么？'然后我意识到我的劣势，缺乏西方传统，但这也会是我的优势。缺乏西方传统，"他继续说，"正是我开创当代的和世界的风尚所需要的。但是作为日本人，我是来自一个传统丰富的国度，我认识到我有这两个奇妙的优势。就这样，我开始尝试设计全新风格的服装，既不是西方的也不是日本的，而是超越国籍的。"① 最后，终于在两个世纪之交，两个千禧年接合之时，这种既是日本的又是现代的，甚至是超越国籍身份的创作成为可能。

昭和晚期和平成早期，世界越来越喜欢日本的事物。各地人民吃着寿司，

① Dorinne Kondo, "The Aesthetics and Politics of Japanese Identity in the Fashion Industry" in Joseph J. Tobin, ed., *Remade in Japan: Everyday Life and Consumer Taste in a Changing Society* (New Haven: Yale University Press, 1992), pp.179 and 194.

在当地食品市场购买成包的速食面，练习柔道和空手道，在卡拉 0K 录音的伴奏下唱歌。日本价值的表现和行为引起了各地人民的好奇心，也经常赢得他们的赞赏。20 世纪 60 年代，当诺贝尔奖委员会首次决定颁奖给日本作家时，它选择了川端康成，一个“纯日本的”小说家。其作品被认为在探究关于爱情和人类存在的给人以美感但又脆弱不稳的本质的同时，表达了一种典型的日本式忧郁。临近世纪末，《蒲公英》和《谈谈情，跳跳舞》等电影使日本和国外的影院爆满。前者是关于日本人和食品的一系列幽默小插曲；后者则细腻地描述了一个上班的中年男子，如何通过陷入与一位美丽的舞蹈学校教师的处于萌芽状态的关系，来面对他的孤独，以及他妻子对婚外情的威胁是如何反应的。

在某些情况下，对日本人生活方式和价值观的具体描写包含什么样的普遍意义的问题，激起了日本以外人们的兴趣。因此，就在丹下健三的建筑赢得了世界赞誉之时，大江健三郎成为第二个获得诺贝尔文学奖的日本人。他的著作探查广岛的经历，以及四国岛的山村居民和东京中央政府之间的对抗，还有一位父亲及其残疾儿子的生活。虽然大江健三郎的小说只是关于昭和晚期的特殊经历，但在一位著名文学批评家看来，他建立了“特定环境和普遍观点之间的联系”。大江健三郎的手法，他评论道，“关注的不是日本有多远，而是有多近。大江书写的日本的痛苦，因而也是当代全体人类的痛苦”。[①]

电视连续剧《阿信》塑造了不同类型的形象，在它播放的 41 个国家里也吸引了一大批国际观众。推测起来，许多观众收看的目的是随着阿信的故事了解普通日本人的生活。阿信在日本北部一个贫穷的村庄里度过童年，后来成了住在雇主家的女仆，她克服了一系列障碍，最后成为东京一家超市的所有者。但是《阿信》蜚声国际的真正秘密，按照一位分析家的说法，是主人公展现了超越语言和文化障碍的价值，即“性格力量、热心、毅力、勇气和勤劳”。[②] 至于三宅一生，Elle 杂志给予他法国时尚界所能给的最高赞美，即他的风格超越了时尚。

---

① Katō Shūichi, “Ōe Kenzaburō and the Nobel Prize”in Japan Echo 22:1(Spring 1995), pp.78-79.

② Iwao Sumiko, “Popular Culture Goes Regional” in Japan Echo 21:4(Winter 1994), p.74.

新世界主义未来的路线并不清楚，在新世纪之初也不可能知道日本何时，或者甚至能否找到解决其经济和政治问题的办法。大约在 800 年前的 13 世纪初，诗人鸭长明厌恶对他来说充满了太多不幸和灾难的世界，他想寻求更为安静的生活，于是离开首都京都，居住在附近山区的小屋里。他在那里撰写了对存在本质的短评《方丈记》。他开宗明义地说，“河流永不停息地流动，但河水从不一样。寂静的池子里漂浮的泡沫时聚时散，从不作片刻停留。人类及其存在也是如此”。[①] 鸭长明的思想反映了人生无常的佛家观念。正如他笔下的河水奔流不息，产生旋灭旋生的泡沫，虽然可以辨认但样子已经不同。现在关于何谓“现代的”和何谓“日本的”的观念，也在对周围历史事件的反应中不断改变着。

在此过程中，改变中的身份观念产生了差异与争论，以及对政治、经济和社会之未来的一种多样性的观点。在现代历史进程中，日本人关于他们是谁，他们应该如何与世界其他民族共存的观念已经大大改变。现在，改变还在继续，日本人对于他们步入新世纪时面临的问题和挑战并没有唯一的答案。对历史学家来说，更喜欢把变化看成一种累积和进化，但历史本身告诉我们，时间的流动也会遭遇瀑布和间断，因此把过去和现在割裂，使未来总是无法预测。

---

① A.L. Sadler, tr.,*The Ten Foot Square Hut and Tales of the Heike* (Routledge, Vt.: Charles E. Tuttle, 1972), p.1.

JAPAN 附录 Appendix

词语注释

1. 阿伊努人：居住在虾夷地（包括北海道、千岛群岛一带和库页岛南部）的土著居民，明治维新后成为日本国民。

2. 参觐交代制：规定大名定期（通常是每隔一年）居住于江户，并将他们的正妻、直系继承人，以及重要侍从留在江户作为人质的制度。

3. 天照大神：太阳女神，日本天皇世系的始祖神。

4. 幕府：将军的“帐篷政府”。德川将军从1603年到1868年主持国家政务。

5. 文明开化：“文明和启蒙”，在那些希望将西方文化和思想引进日本的人士中间十分流行的词汇。

6. 部落民：在1871年的法律废除了“秽多”、“非人”等称谓后，用来指那些“贱民”后代的称谓。

7. 武士：日本的武士。

8. 武士道：“武士之道”，用来形成武士阶级的信念和行为的道德规范。

9. 町人：商人和手工业者的通称；住在城市里的所有武士阶级以外的人。

10. 町人道：“商人之道”，用来形成商人和工匠家庭的信念和行为的道德规范。

11. 大名：前近代时期的领主，统治着一块土地，估计生产能力能够达到一万石以上稻米。

12. 太政官：中央政府的行政机构，它的建立代表着“大化改新”成果的一部分；1868年至1895年间（明治维新以后）寡头政府的最高行政官员。

13. 立宪同志会：第二次世界大战前日本的两大主流政党之一，成立于1913年，后改称宪政会（1916年）和立宪民政党（1927年）。一般来说，与其对手“立宪政友会”相比，立宪同志会较为开明，20世纪20年代主张社会立法，削减军事预算。

14. 兰学：18世纪和19世纪上半期日本关于西方科学、医学和数学的统称。当时日本人能够得到的绝大多数教材是以荷兰语写的，或是从其他欧洲语言译成荷兰语的。

15. 虾夷：历史上住在日本本州岛北部的居民，曾经抵抗邪马台国征税。

16. 秽多：前近代时期和近代早期世代相传制作兽皮，并将皮革制成武士装备的贱民家庭；生活在隔离的社区里，常常在城堡外区，他们更愿意被称为皮革制作者。

17. 虾夷地：阿伊努人的故乡，包括北海道、千岛群岛一带和库页岛南部。

18. 福泽谕吉（1835 ~ 1901）：出生于日本西部的低级武士家庭，在长崎学习兰学和西方科学。1858年在江户开办了庆应学塾（即今日庆应大学前身），自学英语，19世纪60年代三度前往欧美游历。作为一位著名教育家和作家，被认为是19世纪七八十年代日本最主要的主张“文明开化”的论者和向西方学习的鼓吹者。

19. 元老：“前辈政治家”，明治时代晚期和大正时代就政治事务向天皇提出建议。

20. 后藤新平（1857 ~ 1929）：出生于日本北部，1883年进入内务省，监管几个公共健康项目。1898年至1906年间执掌台湾民政，其后成为“南满铁道株式会社”首任总裁，督促日本在关东州租借领土上的殖民活动。1920年任东京市长，1923年任内务大臣，并在1923年关东大地震后的城市重建中扮演了极其重要的角色。

21. 原敬（1856 ~ 1921）：故乡在日本北部。1882年进入政府担任公职之前做过新闻记者，1900年帮助建立了政友会，又于1906年至1914年间几次成为内务省大臣，运用“酒肉政治”去扩展党派势力。1918年“米骚动”之后，成为日本历史上第一个在下院拥有席位的首相，使其党派成员占据大多数内阁职位，并在国会选举中获得绝大多数席位。

22. 日比谷公园：1903年，将原大名宅邸开放，很快成为东京的一个“公共空间”。1905年9月，示威者曾在此集会，抗议签订《朴次茅斯和约》。后来，中产阶级家庭将日比谷公园列为他们周日出游的地点。

23. 非人：前近代时期及近代早期以娱乐别人和行乞为生的“贱民”。幕府曾经征用一批“非人”，执行诸如协助行刑和照料罹患传染病者的任务。

24. 北海道拓殖使：日本政府于1869年设立，旨在推进北海道的移民事业及其经济发展；但除了剥夺土著阿伊努人的土地权利之外，取得的成就十分有限。1882年，政府计划将该机构的财产以微不足道的价格卖给具有内部关系的私人，由此激起公愤，该机构随后被撤销。

25. 内务省：1873 年设立，拥有从国外引进科学技术，以及在国内组建新式工业的权利。其后，内务省更有权监管地方政府部门，掌控警察并监督选举。1947 年被撤销。

26. 市川房枝（1893 ~ 1981）：名古屋人。当过教师和新闻记者。1920 年加入著名女权主义者平塚雷鸟组建的“新妇人协会”；1924 年，组建“妇人参政权获得期成同盟会”，激励人们争取妇女选举权；直到 1940 年仍是一个为妇女争取选举权而斗争的女性领袖；第二次世界大战后，建立“新日本妇女联合会”，主张为妇女争取合法权益，先后 5 次被选为参议院议员。

27. 御前会议：有天皇出席的正式会议，此前在军政联席会议上达成的议案于此得到最后批准。

28. 教育敕令：1890 年 10 月颁布，宣传爱国主义、传统儒教价值观，以及对天皇忠诚，国家是一个以天皇为家长的大家庭的观念。直到 1945 年，全日本所有学校的学生都要定期参加朗诵敕令的仪式。1948 年 6 月正式废除。

29. 大政翼赞会：成立于 1940 年 10 月的群众性政治团体，旨在推进“新体制”运动。保守主义者攻击该团体的立足点违背了明治宪法精神，最终，内务省控制了该组织，并利用其动员民众支持“大东亚战争”。

30.《庆安御触书》：即《劝农规定》三十一条，德川幕府于 1649 年颁行。汇编包括 32 章，规定农民辛勤劳作，节俭度日，自给自足和恭顺服从。

31. 伊势神宫：一批重要的神道教神殿的建筑集群的名称，坐落在三重县境内。位于伊势的中心神殿，据说可以追溯至公元前 3 世纪，供奉着日照大神。

32. 维新：一个来自古典汉语的词汇，意味着复兴和万象更新。在明治维新中，具有“王朝复辟”之意。

33. 石原莞尔（1889 ~ 1949）：一个职业军人，1928 年加入关东军，在策划“九一八”事变中扮演了首要角色。1937 年成为陆军参谋本部作战部长，但他与其他将军在日本对华政策上意见分歧，因此倍感孤立。1941 年辞职。

34. 伊藤博文（1841 ~ 1909）：出生于长州藩，“尊王攘夷”运动的积极分子。20 世纪 60 年代在英国留学，归国后主张与西方国家签订条约。作为明治寡头政府的首要政治家，他敦促制定了日本第一部宪法，先后担任过三届首相。他 1890 年创立“政友会”，1895 年，作为日本谈判代表与李鸿章签订《中日马关条约》，并担任日本首任朝鲜总督，1909 年被朝鲜民族主义者刺杀。

35. 伊藤野枝（1895 ~ 1923）：出生于九州，在东京上高中。1915 年成为女权主义杂志《青鞜》的编辑，是一个有奉献精神的无政府主义者。1921 年，她成为社会主义妇女团体“赤澜会”的创始人，与其爱人和无政府主义同志大杉荣一起，在关东大地震的灾后时期中被警察杀害。

36. 岩仓使团：一个由政府重要官员和留学生组成的代表团，由岩仓具视组织和率领。在 1871 年到 1873 年间访问了美国和欧洲，旨在努力与西方国家修订条约，并学习西方的政治和经济制度。

37. 岩仓具视（1825 ~ 1883）：一位宫廷朝臣，成为倒幕运动的领袖，导致 1868 年 1 月 3 日德川幕府向天皇朝廷投降。1871 年率领岩仓使团前往欧美，并任用伊藤博文起草明治宪法。

38. 殉死：一个武士由于主人死亡而自杀。

39. 开国：“打开国门”，19 世纪 50 年代那些希望与西方国家缔结条约关系的人士常用的词汇。

40. 神：居住在高天原或某种自然现象中的神灵，通常供奉在神社中，女神一般都仁慈地降福人间。

41. 神风：13 世纪晚期两次摧毁蒙古入侵舰队的所谓“神风”，强化了神道教神灵护佑日本的信仰。

42. 关西地区：日本西部。传统上，围绕京都和大阪的地区被称为“关西”。

43. 关东地区：日本东部。

44. 河上肇（1879 ~ 1946）：毕业于东京大学，先后任教于东京大学和京都大学，成为著名的古典经济学权威。他关心穷人的状况，后开始研究社会主义思想，最终为马克思主义经济学所吸引。1932 年加入处于地下状态的日本共产党，次年被捕入狱，1937 年释放出狱，但健康受到损害，因此从京都大学辞职。

45. 皮田：皮革制作者。参见“秽多”条。

46. 木户孝允（1833 ~ 1877）：长州藩的低级武士，投身“尊王攘夷”运动，促使长州—萨摩两藩结盟，联合倒幕。明治维新后，起草“五条誓约”，并加入岩仓使团，游学欧美。

47. 畿内地区：紧挨着京都的地区。

48. 岸信介（1896 ~ 1987）：毕业于东京大学，后进入农商省，成为一名领头的革新官员。20 世纪 30 年代晚期，在制定伪满洲国的经济政策中扮演关键角色。1941 年到 1944 年，作为东条英机内阁的阁员指导日本的经济动员，战后，作为战犯被捕，但逃脱了指控；1953 年赢得选举，进入众议院。从 1957 年 2 月到 1960 年 7 月，担任过两届首相。其弟佐藤荣作则担任过三届首相。

49. 近卫文麿（1891 ~ 1945）：京都朝廷贵族之子。1916 年被任为贵族院议员，参加日本代表团出席巴黎和会，20 世纪 20 年代成为著名的泛亚主义者。1937 年 6 月到 1941 年 10 月担任三届首相，对日中战争的扩大负有责任。发起“新体制”运动，创建“大政翼赞会”，并致力于建立“大东亚共荣圈”。

50. 黑田清隆（1840 ~ 1900）：萨摩藩人。20 世纪 60 年代参加倒幕运动，1874 年就任北海道拓殖使。1876 年 1 月，派出一支小型现代化舰队进入朝鲜水域，迫使朝鲜签订屈辱的《江华条约》。1881 年，在因与北海道拓殖使官产出售丑闻有牵连之后辞职。1888 年再度出山担任首相，后来成为政坛元老。

51. 关东军：日本陆军的一个组成部分，创建于 1906 年。20 世纪 20 年代，关东军中从事政治活动的年轻军官力主把中国东北从中国分割出来，并在亚洲北部建立日本控制区，从而挑起了“九一八”事变。

52. 关东州：日本所占领的中国辽东半岛南端战略要地的名称，包括大连港和旅顺要塞等不冻的海军基地。这是依据《朴次茅斯和约》的条文从俄国获取的。

53. 军政联席会议：内阁关键阁员和军队最高指挥机构之间的会议。从 1937 年晚些时候开始，常为讨论和做出重大决策而举行。

54. 松方正义（1835 ~ 1924）：萨摩藩武士。19 世纪 60 年代参加倒幕运动，1868 年后成为县知事，其后加入东京政府，帮助执行 1873 年的地税改革，其后担任过大藏大臣，并担任过两届内阁首相。

55. 松冈洋右（1880 ~ 1946）：生于山口县。1900 年毕业于美国俄勒冈大学法学院，归国后从事外交活动。20 世纪 20 年代晚期成为“南满铁道株式会社”副总裁，

1930年当选为国会议员，在国会里成为币原喜重郎“合作帝国主义”政策的激烈反对者。作为日本派驻国际联盟的代表，在“九一八”事变爆发后，竭力主张日本退出国联。1937年到1940年担任内阁顾问。1940年和1941年担任外务大臣，期间帮助制定了“大东亚共荣圈”的目标，敦促日本进军东南亚，并在外交上将日本与德国和意大利绑在一起。战败后作为战犯被捕，因病被判免于监禁。1946年6月死亡。

56. 南次郎（1874 ~ 1955）：职业军人。1931年进入若槻礼次郎内阁，任陆军大臣。1934年担任关东军司令官兼驻伪满洲国大使，其后担任朝鲜总督。战后被作为战犯起诉，被判终身监禁。

57. 美浓部达吉（1873 ~ 1948）：东京大学教授。“天皇机关说”理论的主要鼓吹者，认为天皇只是国家机器的一个“机关”，其他机关如国会、政府机构、内阁等等，也都享有宪法赋予的特定治理权限。20世纪30年代，右派人士攻击美浓部达吉的思想犯有对天皇不敬罪，因此迫使其从贵族院辞职，他的著作遭到查禁，人身也在1936年的一次暗杀行动中受伤。直到1946年之前，美浓部达吉一直脱离公众生活。此后作为内阁顾问，起草战后宪法。

58. 通商产业省：简称通产省。1949年在此前的商工省（1925 ~ 1943；1945 ~ 1949）基础上设立，旨在促进经济高速发展，有权引进新科技，配置财政和自然资源给经过选择的产业。许多观察家都认为，通产省官员设计了日本战后复兴的有效产业政策。

59. 成金：暴发户。

60.《国家总动员法》：1938年4月1日颁行，授权政府在各产业部门调配劳工，将所有产业组成企业联合以贯彻政府的计划，为战时生产征用工厂和土地等等。1945年被美国占领当局废除。

61. 国学：一场出现在18世纪的学术运动，希望通过对古籍的缜密分析，来发现日本传统文化的本质所在。

62. 新体制运动：1940年由近卫文麿发起，设想重建日本的政治和经济体系，使之成为一个对付西方帝国主义和共产主义双重威胁的堡垒。其内容包括呼吁实行计划经济，建立“大政翼赞会”之类的群众政治组织以支持政府。

63. 新宗教：意在利用以往的宗教传统使神道教或佛教获得独立发展的宗教运动。

允诺信徒在现世就能得到救助，在那些生活在社会底层的人群里逐渐流行。新宗教的第一波浪潮，包括兴起于19世纪早期的黑住教和天理教，其后还有更多教派形成于明治时代晚期和大正年间。

64. 日本放送协会（NHK）：1926年成立，为递信省控制之下的国家广播公司，垄断了所有的无线电广播。1950年，新法律允许成立商业广播机构，NHK被重组为公共公司，经费来源于每户家庭每月缴纳的收听费用。从1953年起，NHK增加了电视播放，如今在教育节目上富有专长。

65. 日本桥：江户城里的主要商业区。位于一座建于1603年的桥梁附近，并因此桥而得名，为东海道的起始地。19世纪晚期和20世纪初，作为商业区而繁荣起来。

66. 二宫尊德（1787 ~ 1856）：乡村建设的鼓吹者，组织了一些项目以促进一些藩国的农业生产。以“农民贤哲”闻名于世，为农民写成30余卷实用的和道德的箴言，敦促人们“报恩”，就是说，以勤奋劳作、勤俭节约和帮助他人，作为对天照大神护佑的报答。在20世纪30年代的学校教科书中，二宫尊德被歌颂为一位美德的楷模。

67. 新渡户稻造（1862 ~ 1933）：毕业于札幌农学院，后留学德国和美国，成为基督教教友派信徒，其后担任东京大学殖民地政策教授，曾出任国联常务副秘书长。自称是国际主义者和反军国主义者，实际上却是日本政府对待阿伊努人政策的公开支持者，也是日本在朝鲜的殖民地政策的坚定辩护者。

68. 小栗忠顺（1827 ~ 1868）：德川幕府的主要官员之一。1860年日本访美使团的成员之一。从1864年到1868年，指导幕府的军事和经济改革，主张惩罚与幕府持异议的藩国。明治维新后唯一被依法处死的原幕府官员。

69. 大久保利通（1830 ~ 1878）：萨摩藩武士。19世纪60年代投身倒幕运动。1868年后成为一名首要的寡头政治家，是1873年地税改革的主要设计师，并致力于推进工业化。指挥军队扑灭了西乡隆盛的叛乱，1878年被西乡隆盛的同情者刺死。

70. 大隈重信（1838 ~ 1922）：武士出身。1868年加入明治政府，帮助建立起现代货币体系和国家铸币厂。1882年组建立宪改进党，1898年成为第一个被任命为首相的政党首脑。1882年建立了一所学校，成为早稻田大学的前身。

71.《治安警察法》：1900年3月由山县有朋内阁公布。目的在于限制反政府的团体活动，特别是正处于萌芽状态的劳工运动。其中有专门条文限制劳工组织工会和举行罢工的权利，禁止妇女、军人和神职人员的政治行为，强调警察有权查禁和解散任何集会或游行示威。对劳工组织的限制1919年后有所放宽，禁止妇女参加政治活动的条文于1922年被取消，而《治安警察法》本身，则于1945年9月被美国占领当局废除。

72.《武家诸法度》：用于界定大名领主和将军家臣行为的规则，包括婚姻、继承人和城堡建筑等方面的限制。1615年初次颁行，此后定期加以修订。

73. 浪人：一个行无定所的人，或一个没有主人的武士。

74. 琉球群岛：日本九州以南的一个群岛，其中最大的岛屿是冲绳。在近代早期，该群岛是一个自治王国，为中国的一个藩属国，也是萨摩藩的属地。明治政府宣布对该群岛拥有主权，并于1879年将其作为冲绳县并入日本版图。

75. 西乡隆盛（1827 ~ 1877）：萨摩藩武士，帮助促成萨摩—长州联盟，1868年率领讨幕军与幕府军作战。1873年，在其他执政寡头否决了他的“征韩论”之后，从明治新政府辞职。1877年，领导了一场反对明治政府的叛乱，以失败告终。

76. 西园寺公望（1849 ~ 1940）：京都朝廷贵族的后裔。学习法律，与伊藤博文建立了密切的关系，并且帮助建立了政友会。1906年至1912年间担任过两届首相，直到去世前一直作为元老保持着政治影响力。

77. 侍从：一种武士，更确切地说，是一种享有照料其主人的特权的武士。

78. 政友会：1900年由伊藤博文创立，成为日本两大主流政党之一。政治倾向保守，并在田中义一领导期间执行了武断的外交政策，对“左派”政治人士采取镇压措施。1940年解散。

79. 战国时代：从1467 ~ 1477年的“应仁之乱”起，直到16世纪末重新统一国家的战争结束。这段时间里不断发生的纷争使得日本成为一个“战乱中的国家”。

80. 涩泽荣一（1841 ~ 1931）：出生于一个富裕农民家庭。1869年加入明治政府，协助进行税制和货币改革，并在富冈缫丝厂的创办中扮演了关键角色。1873年辞去官职，进入工商业界，随后建立了国家第一银行，先后帮助建立了将近300家工商企业，主张企业家不谋私利，唯一愿望是为提高国家的福利。

81. 币原喜重郎（1872 ~ 1951）：大阪人。从东京大学毕业后进入外务省，1919年任驻美大使，曾担任过日本出席华盛顿会议的代表。1924年至1927年以及1929年至1931年间，先后担任宪政会和民政党内阁的外务大臣。认为通过与西方列强合作，保持亚洲的力量平衡，对于促进日本在亚洲的利益最为有利。1945 年 10 月被任命为首相，其内阁主持了战后新宪法的制定。

82. 神道：“神灵之道”，日本的本土宗教。

83. 志士：激进的年轻武士，自诩为“胸怀大志之人”。19 世纪 50 年代晚期和 19 世纪 60 年代，他们主张“尊王攘夷”，赞成采用暴力将外人逐出日本，建立以天皇为本的统治。

84. 庄园：由贵族和宗教业主占有的大片私人土地。16 世纪时，随着大名领主在农村地区强化其权威，庄园逐渐消失。

85. 将军：“征夷大将军”的简称。从中古时代起，天皇便委任将军作为“幕府”首领，动用军事和警察力量，以弥补政府民事行为的不足。1603 年至 1868 年间，德川家族占据了这一职位并不断扩展权力，以至于将军成为一个代表天皇执掌国家事务的全国性霸主。

86. 昭和维新：20 世纪 30 年代早期激进右派人士中流行的口号。希望正直的年轻人仿效 19 世纪 60 年代“胸怀大志”的“志士”行径，推翻被政党政治家和资本家操纵的腐败政治和经济体制，铺设一条由英明大臣以仁慈天皇的名义实行统治的道路。

87. 尊王攘夷：“尊崇天皇，驱逐外夷”。19 世纪 50 年代晚期和 19 世纪 60 年代早期，在渴望推翻幕府统治的人士中流行的口号。

88. 水平社：1922 年由部落民团体建立的全国性组织，主张平等的政治和社会权利以及改进社会边缘群体的生活状况。

89. 太阳女神：参见“天照大神”条。

90. 天皇：天上来的国王，即日本的皇帝。名义上的中央政府首脑和本土神道教的主要司铎者。

91. 寺子屋：寺庙学校，日本中世纪早期一种由私人运营的学校。

92. 三大都市：江户、京都、大阪，日本近代早期的三座主要城市。

93. 东北地区：日本的东北部。

94. 东海道：东部沿海道路。此路沿着太平洋沿岸伸展，从江户到京都，又扩展到大阪，绵延将近 480 公里，沿线设有 53 个驿站，为旅行者提供服务。

95. 宇垣一成（1868 ~ 1956）：职业军人，20 世纪 20 年代到 30 年代早期，担任过数届内阁的陆军大臣，其间成为右派激进人士的英雄。1931 年至 1936 年任朝鲜总督，鼓励发展重工业和军事工业，同时残酷镇压反抗日本占领的朝鲜人民。战后曾遭美国占领当局清洗，其后恢复了正常生活，1953 年被选为参议院议员。

96. 华盛顿会议：1921 年 11 月到 1922 年 2 月在美国华盛顿举行。会议产生了几项协定，特别是“四强条约”，即“华盛顿海军条约”和“九国公约”。其旨在缓和国际紧张局势，减少军备竞赛，维持太平洋地区海军力量的平衡，保持中国的领土主权。

97. 山县有朋（1838 ~ 1922）：长州藩的低级武士。“尊王攘夷”思想体系的狂热鼓吹者。明治维新以后，带头努力推进征兵制，并率军平定西乡隆盛叛乱。19 世纪 80 年代晚期，在促进地方政府系统发展方面起到关键作用。担任过两届首相，日俄战争期间担任日军参谋总长，其后成为一名有影响的元老。

98. 山川菊枝（1890 ~ 1980）：生于东京，积极投身日本妇女运动。1920 年成立社会主义妇女团体“赤澜会”，1947 年成为劳动省中妇女和未成年人部门的首任负责人。

99. 与谢野晶子（1878 ~ 1942）：生于大阪附近。1901 年因诗集《蓬乱的头发》而赢得文学声誉，诗集中包含 400 首感情丰富而又能引起快感的诗。后来她成为一名女权主义领袖，著有多部诗集和社会评论集。

100. 吉田松阴（1830 ~ 1859）：“尊王攘夷”思想的主要倡导者。在家乡长州开办学塾，学生中有伊藤博文和山县有朋。1859 年被幕府处死，罪名是与刺杀幕府高官的密谋有牵连。

101. 吉野作造（1878 ~ 1933）：东京大学教授。大正时期自由民权思想的主要发言人，赞同“民本主义”，认为政党内阁理应成为政府机构的组织形式，因为其允许普通民众决定他们自己的政治命运。

102. 财阀：由银行、工业和商业企业组成的大型企业集团。从明治时代晚期直到“大东亚”战争期间，财阀一直在日本经济发展中扮演着关键角色。

延伸读物

一般读物

Allinson Gary D. *Japanese Urbanism: Industry and Politics in Kariya*, 1872-1972. Berkeley: University of California Press, 1975.

Barnhart, Michael A. *Japan and the World since 1868*. New York: Edward Arnold, 1995.

Bartholomew, James R. *The Formation of Science in Japan*. New Haven: Yale University Press, 1989.

Beasley, William. G. *Japanese Imperialism 1894-1945*. Oxford: Clarendon Press, 1991.

Bernstein, Gail Lee. *Recreating Japanese Women* 1600-1945. Berkeley: University of California Press, 1991.

——, and Haruhiro Fukui, eds. *Japan and the World: Essays in Japanese History and Politics*. New York: St. Martin's Press, 1988.

Boscaro, Adriana; Franco Gatti; and Massimo Raveri, eds. *Rethinking Japan*. 2 vols. Sandgate, Folkestone, Kent: Japan Library, 1990.

Brownlee, John S. *Japanese Historians and the National Myths*, 1600-1945: *The age of the Gods and Emperor Jimmu*. Vancouver: University of British Columbia Press, 1997.

Coaldrake, William H. *Architecture and Authority in Japan*. London: Routledge, 1996.

Davis,Darrell William. *Picturing Japanese:Monumental Style, National Identity Japanese Film*. New York Columbia University Press, 1996.

De Vos, George. *Japan's Minorities: Burakumin, Koeans, Ainu, Okinawans*. London: Minority Rights Group, 1983.

Denoon, Donald, et al. ,eds. *Multicultural Japan:Palaeolithic to Postmodern.*

Cambridge: Cambridge University Press, 1996.

Dower, John W. *Japan in War and Peace:Selected Essays.* New York: New press, 1993.

Eisenstadt, S. N. *Japanese Civilization:A Comparative View.* Chicago: University of Chicago Press, 1996.

Fogel, Joshua A. *The Cultural Dimensions of Sino-Japanese Relations Essays on the Intractions between China and Japan in the Nineteeneh and Twentieth Centuries.* Armonk, N. Y. M. E. Sharpe, 1994.

Franks, Penelope. *Japanese Economic Development: Theory and Practice.* London: Routledge, 1992.

Garon, Sheldon. *Molding Japanese Minds:The State in Everyday Life.* Princeton: Princeton University Press, 1997.

——*The State and Labor in Modern Japan.* Berkeley: University of California Press, 1987.

Giffard, Sydney. *Japan Among the Powers*, 1890-1990. New Haven: Yale University Press, 1994.

Gordon, Andrew. *The Evolution of Labor Relation in Japan: Hevay Industry*,1853-1955. Cambridge: Council on East Asian Studies Havard University, 1985.

Hall, John W. , et al. , gen. eds. *The Cambridge History of Japan*, Cambridge: Cambridge University Press.

Vol. 4: Hall, ed. *Early Modern Japan* (1991).

Vol. 5: Marius B. Jansen, ed. *The Nineteenth Century* (1989).

V01. 6: Peter Duus, ed. *The Twentieth Century* (1988).

Hane, Mikis O. *Peasants, Rebels, and Outcastes: The Underside of Modern Japan.* New York: Pantheon Books, 1982.

Hardacre, Helen. *Kurozumikyo and the New Religions of Japan.* Princeton: Princeton University Press, 1986.

——. *Sbinto and the State,* 1868-1988. Princeton: Princeton University Press, 1989.

Havens, Thomas R. H. *Architects of Affluence: The Tsutsumi Family and the Seibu-Saison Enterprises in Twentieth-Century Japan.* Cambridge: Council on East Asian Studies, Harvard University, 1994.

Heisig, James W. , and John C. Maraldo, eds. *Rude Awakenings: Zen, the Kyofo*

School,and the Question of Nationalism. Honolulu: University of Hawaii Press, 1995.

Hopper, Helen M. *A New Woman of Japan:A Political Biography of Kato Shidzue*. Boulder: Westview Press, 1996.

Hower, Christopher. *The Origins of Japanese Trade Supremacy: Development and Technology in Asia from 1540 to the Pacific War*. Chicago: University of Chicago Press, 1996.

Hunter, Janet, ed. *Japanese Women Working*. London: Routledge, 1995.

Imamura, Anne E. , ed. *Re-Imaging Japanese Women. Berkeley*: University of California Press, 1996.

Irokawa Daikichi. *The Age of Hirohito: In Search of Modern Japan*. Tr. Mikiso Hane and John K. Urda. New York: Free Press, 1995.

Johnson, Chalmers A. *MITI and the Japanese Miracle: The Growth of lndustria Policy,* 1925-1975. Stanford: Stanford University Press, 1982.

Johnston, William. *The Modern Epidemic: A History of Tuberculosis in Japan*. Cambridge: Council on East Asian Studies Harvard University, 1995.

Lee, Changsoo, and George De Vos. *Koreans in Japan: Ethnic Conflict and Accommodation*. Berkeley: University of California Press, 1981.

Linhart, Sepp, and Sabina Fruhstuck, eds. *The Culture of Japan as Seen through Its Leisure*. New York: State University of New York Press, 1998.

Marshall, Bryon K. *Academic Freedom and the Japanese Imperial University*, 1868-1939. Berkeley: University of California Press, 1992.

Maruyama Masao. *Thought and Behaviour in Modern Japanese Politics*. Ed. Ivan Morris. London: Oxford University Press, 1963.

McCormack,Gavan,and Yoshio Sugimoto, eds. *The Japanese Trajectory: Modernization and Beyond*. Cambridge: Cambridge University Press, 1988.

Minami Ryoshin. *The Economic Development of Japan: A Quantitative Study*. Tr. Ralph Thompson and Minami with assistance from David Merriman. New York: St. Martin's Press, 1994, 2d ed.

Morikawa Hidemasa. Zaibatsu: *The Rise and Fall of Family Enterprise Groups in Japan*. Tokyo: University of Tokyo Press,1992. Morris-Suzuki, Tessa. *A History of Japanese Economic Thought*. London: Routledge, 1989.

——. *Rr-Inventing Japan: Time, Space, Nation.* Armonk, N. Y. : M. E. sharpe, 1998.

——. *The Technological Transformation of Japan: From the Seventeenth to the Twenty-first Century.* Cambridge: Cambridge University Press, 1994.

Mulhern, Chieko Irie, ed. *Heroic with Grace: Legendary Women of Japan.* Armonk, N. Y. : M. E. Sharpe, 1991.

Mullins, Mark R. ; Shimazono Susumu; and Paul L. Swanson, eds. *Religion and Society in Modern Japan*. Berkeley: Asian Humanities Press, 1993.

Najita, Tetsuo, and J. Victor Koschmann, eds. *Conflict in Modern Japanese History: The Neglected Tradition*. Princeton: Princeton University Press, 1982.

Nakamura Masanori, ed. *Technology Change and Female Labour in Modern Japan.* Tokyo: United Nations University Press, 1994.

Nakamura Takafusa. *Economic Growth in Prewar Japan*. Tr. Robert A. Feldman. New Haven: Yale University Press,1983.

Ortolani, Benito. *The Japanese Theatre: From Shamanistic Ritual to Contemporary Pluralism.* Leiden: E.J. Brill, 1990.

Pflugfelder, Gregory M. *Crtographies of Desire: Male-Male Sexuality in Japanese Discourse,* 1600-1950. Berkeley: University of California Press, 1999.

Samuels, Richard J. *The Business of the Japanese State: Energy Markets in Comparative and Historical Perspective.* Ithaca: Cornell University Press, 1987.

Seidensticker, Edward. *Low City, High City, Tokyo from Edo to the Earthquake: How the Shogun's Ancient Capital Became a Great Modern City,* 1867-1923. New York: Knopf, 1983.

——. Tokyo Rising: *The City Since the Great Earthquake*. New York: Knopf, 1990.

Siddle, Richard. *Race, Resistance and the Ainu of Japan*. London: Routledge, 1996.

Simethurst,Richard J. *Agricultural Development and Tenancy Disputes in Japan*, 1870-1940. Princeton: Princeton University Press, 1986.

Smith, Thomas C. *Native Sources of Japanese Industrialization*, 1750-1920. Berkeley: University of California Press, 1988.

Steenstrup, Carl. *A History of Low in Japan until* 1868. Leiden: E. J. Bril, 1996.

Takeuchi Johzen, *The Role of Labour-Intensive Sectors in Japanese Industrialization.* Tr. Hiromichi Matsui, Tokyo: United Nations University Press, 1991.

Tanaka, Stefan. *Japan's Orient: Rendering Pasts as History.* Berkeley: University of California Press, 1993.

Tonomura, Hitomi; Anne Walthall; and Wakita Haruko, eds. *Women and Class in Japanese History.* Ann Arbor: Center for Japanese Studies ,University of Michigan, 1999.

Vlastos,Stephen, ed. *Mirror of Modernity: Ievented Traditios of Modern Japan.* Berkeley: University of California Press, 1998.

Wakita Haruko, Anne Bouchy, and Ueno Chizuko, eds. *Gender and Japanese History.* Tr. ed. Gerry Yokota-Murakami, 2 vols. Osaka: Osaka University Press, 1999.

Weiner, Michael, ed. *Japan's Minorities: The Illusion of Homogeneity.* London: Routledge, 1997.

White, James W. ; Michio Umegaki; and Thomas R. H. Havens, eds. *The Ambivalence of Nationalism: Modern Japan Between East and West. Lanham,* Md. : University Press of America, 1990.

Wray, William D. , ed. *Managing Industrial Enterprise: Cases from Japan's Prewar Experience.* Cambridge: Council on East Asian Studies, Harvard University, 1989.

第一篇　传统日本

Bellah, Robert N. *Tokugawa Religion: The Values of Pre-Industrial Japan.* Boston: Beacon Press, 1957.

Bix, Herbert P. *Peasant Protest in Japan,*1590-1884. New Haven: Yale University Press, 1986.

Bolitho, Harold. *Treasures among Men: The Fudai Daimyo in Tokugawa Japan.* New Haven: Yale University Press, 1974.

Brown, Philip C. *Central Authority and Local Autonomy in the Formation of early Modern Japan: The Case of Kaga Domain.* Stanford: Stanford University Press, 1993.

Coaldrak, A. Kimi. *Women's Gidayu and the Japanese Theatre Tradition. London: Routledge*, 1997.

Cooper, Michael. *They Came to Japan: An Anthology of European Reports on Japan,* 1543-1640. Berkeley: University of California Press, 1965.

De Poorter, Erika, ed. As the Twig is Bent…Essays in Honour of Frits Vos. Amsterdam: J. C. Gieben, 1990.

Dore, Ronald P. *Education in Tokugawa Japan.* Berkeley: University of California Press, 1965.

Dunn, Charles J. *Everyday Life in Traditional Japan.* Tokyo: Charles E. Tuttle, 1972.

Elison, George. Deus Destroyed: *The Image Of Christianaty in Early Modern Japan.* Cambridge: Council on East Asian Studies Harvard University, 1988, 2d print.

——, and Bardwell L. Smith, eds. *Warlords, Artists,and Commoners: Japan in the Sixteenth Century.* Honolulu: University of Hawaii Press, 1981.

Gerhart, Karen M. *The Eyes of Power: Art and Early Tokugawa Authority.* Honolulu: University of Hawaii Press, 1999.

Gerstle, C. Andrew, ed. *18th Century Japan: Culture and Society.* Sydney: Allen & Unwin, 1989.

Hanley, Susan B. *Everyday Things in Premodern Japan: The Hidden Legacy of Material Culture.* Berkeley: University of California Press, 1997.

——, and Kozo *Yamamura. Economic and Demographic Change in Preindustrial Japan,* 1600-1868. Princeton: Princeton University Press, 1977.

Harootunian, Harry D. *Things Seen and Unseen: Discourse and Ideology in Tokugawa Nativism.* Chicago: University of Chicago Press,1988.

Hauser, William B. *Economic Institutional Change in Tokugawa Japan: Osaka and the kinai Cotton Trade.* Cambridge: Cambridge University Press, 1974.

Howell, David L. *Capitalism from Within: Economy, Society, and the State in a Japanese Fishery.* Berkeley: University of California Press, 1995.

Ikegami, Eiko. *The Taming of the Samurai: Honorific Individualism and the Making of Modern Japan.* Cambridge :Harvard University Press, 1995.

Jannetta, Ann Bowman. *Epidemics and Morality in Early Modern Japan.* Princeton: Princeton University Press, 1987.

Kalland, Arne. *Fishing Villages in Tokugawa Japan.* Honolulu: University of Hawaii Press, 1995.

Kaempfer, Engelbert. *Kaempfer's Japan: Tokugawa Culture Observed.* Ed. , Tr. , and Annot. Beatrice M. Bodart-Bailey. Honolulu: University of Hawaii Press, 1999.

Kassel, Marleen. *Tokugawa Confucian Education: The Kangion Academy of Hirose Tanso* (1782-1856). Albany:State University of New York Press, 1996.

Kelly, William W. *Deference and Defiance in Nineteenth-Century Japan*. Princeton: Princeton University Press, 1985.

Kornicki, P. F. , and I. J. McMullen, eds. *Religion in Japan: Arrows to Heaven and Earth*. Cambridge: Cambridge University Press, 1996.

Leupp, Gary P. Male Collors: *The Constuuction of Homosexuality in Tokugawa Japan*. Berkeley: University of California Press, 1995.

——. *Servants, Shopbands, and Laborers in the Cities of Tokugawa Japan*. Princeton: Princeton University Press, 1992.

Massarella, Derek. *A World Elsewhere: Europe's in Counter with Japan in the Sixteenth and Seventeenth Centuries*. New Haven: Yale University Press, 1990.

——, and Beatrice Bodart-Bailey, eds. *The Furthest Goal: Engelbert Kaempfer's Encounter with Tokugawa Japan*. Sandgate, Folkestone, Kent: Japan Library, 1995.

McClain,James L. Kanazawa: A Castle Town in Seventeenth-Century Japan. New Haven: Yale University Press,1982.

——, John M. Merriman, and Ugawa Kaoru,eds. *Edo and Paris: Urban Life and the State in the Early Modern Era*. Ithaca: Cornell University Press, 1994.

——, and Wakita Osamu,eds. *Osaka: The Merchants' Capital of Early Modern Japan*. Ithaca: Cornell University Press, 1999.

McMullen, I. J. *Genji gaiden: The Origins of Kumazawa Banzan's Commentary on the Tale of Genji*. Oxford: Ithaca Press, Oxford Oriental Institute, 1991.

McMullin, Neil. *Buddbism and the State in Sixteenth-Century Japan*. Princeton: Princeton University Press, 1984.

Najita, Tetsuo, ed. *Tokugawa Political Writings*. Cambridge: Cambridge University Press, 1998.

——. *Visions of Virtue in Tokugawa Japan: The Kaitokudo Merchant Academy of Osaka*. Chicago: University of Chicago Press, 1987.

Nakai, Kate Wildman. *Shogunel Politics: Arai Hakuseki and the Premises of Tokugawa Rule*. Cambridge: Council on East Asian Studies, Harvard University, 1988.

Nakane Chie and Oishi Shinzaburo, eds. *Tokugawa Japan: The Social and Economic Antecedents of Modern Japan*. Ed. Conrad Totman. Tokyo: University of Tokyo Press, 1988.

Nishiyama Matsunosuke. *Edo Culture: Daily Life and Diversions in Urban Japan,*

1600-1868. Tr. and ed. Gerald Groemer. Honolulu: University of Hawaii Press, 1997.

Nosco, Peter, ed. *Confucianism and Tokugawa Culture.* Princeton: Princeton University Press, 1984

——. *Remembering Paradise: Nativism and Nostalgia in Eighteenth-Century Japan.* Cambridge: Council on East Asian Studies. Harvard University, 1990.

Ooms, Herman. *Charismatic Bureaucrat: A Political Biography of Matsudaira Sadanobu 1758-1829.* Chicago: University of Chicago Press, 1975.

——. *Tokugawa Ideology: Early Constructs*, 1570-1680. Princeton: Princeton University Press, 1985.

——. *Tokugawa Village Practice: Class, Status, Power, Law.* Berkeley: University of California Press, 1996.

Ravina, Mark. *Land and Lordship in Early Modern Japan.* Stanford: Stanford University Press, 1999.

Roberts, Luke S. *Mercantilism in a Japanese Domain: The Merchant Origins of Economic National in 18–Century Tosa.* Cambridge: Cambridge University Press, 1998.

Rubinger, Richard. *Private Acadmies of Tokugawa Japan.* Princeton: Princeton University Press, 1982.

Sakai, Naoki. *Voices of the Past: The Status of Language in Eighteenth-Century Japanese Discourse.* Ithaca: Cornell University Press, 1992.

Sawada, Janine Anderson. *Confucian Values and Popular Zen: Sekimon Shingaku in Eighteenth-Century Japan.* Honolulu: University of Hawaii Press, 1993.

Seigle, Cecilia Segawa. *Yoshiwara: The Glittering World of the Japanese Courtesan.* Honolulu: University of Hawaii Press, 1993.

Smith,Thomas C. *The Agrarian Origins of Modern Japan.* Stanford: Stanford University Press, 1959.

Smits Gregory. *Visions of Ryukyu: Identity and Ideology in Early-Modern Thought and Politics.* Honolulu: University of Hawaii Press, 1999.

Takemura Eiji. *The Perception of Work in Tokugawa Japan: A Study of Ishida Baigan and Ninomiya Sontoku.* Lanham, Md. : University Press of America, 1997.

Toby, Ronald P. *State and Diplomacy in Early Modern Japan:Asia in the Development of the Tokugawa Bakufu.* Princeton: Princeton University Press, 1984.

Totman, Conrad. *The Lumber Industry in Early Modern Japan*. Honolulu: University of Hawaii Press, 1995.

——. *Politics in the Tokugawa Bakufu,* 1600-1843. Cambridge: Harvard University Press, 1967.

Tucker, Mary Evelyn. *Moral and Spiritual Cultivation in Japanese Neo-Confucianism: The Life and Thought of kaibara Eken*, 1630-1740. Albany: State University of New York Press, 1989.

Vaporis, Constantine Nomikos. *Breaking Barriers: Travel and the State in Early Modern Japan.* Cambridge: Council on East Asian Studies, Harvard University, 1994.

Vlastos, Stephen. *Peasant Protests and Uprisings in Tokugawa Japan*. Berkeley: University of California Press, 1986.

Wakabayashi, Bob Tadashi. *Japanese Loyalism Reconstructed: Yamagata Daini's Ryushi Shinron of* 1759. Honolulu: University of Hawaii Press, 1995.

Walker, Brett L. *The Conquest of the Ainu: Ecology and Culture in Japanese Expansion,* 1590-1800. Berkeley: University of California Press, 2001.

Walthall, Anne, ed. and Tr. *Peasant Uprisings in Japan: A Critical Anthology of Peasant Histories.* Chicago: University of Chicago Press, 1991.

——. *Social Protest and Popular Culture in Eighteenth-Century Japan.* Tucson: University of Arizona Press, 1986.

White, James W. Ikki: *Social Conflict and Political Protest in Early Modern Japan.* Ithaca: Cornell University Press, 1995.

Wigen, Karen. *The Making of a Japanese Periphery,* 1750-1920. Berkeley: University of California Press, 1995.

第二篇　革命年代的日本

Akita George. *Foundations of Constitutional Government in Modern Japan,* 1868-1900. Cambridge: Harvard University Press, 1967.

Baxter, James C. *The Meigiunification through the Lens of Ishikawa Prefecture.* Cambridge: Council on East Asian Studies, Harvard University, 1994.

Beasley, W. G. *Japan Encounters the Barbarian: Japanese Travellers in Amercia and Europe*. New Haven: Yale University Press, 1995.

——. *The Meiji Restoration.* Stanford: Stanford University Press, 1972.

Blacker, Carmen. *The Japanese Enlightenment: A Study Of the Writing of Fukazawa Yukichi.* Cambridge: Cambridge University Press, 1964.

Bowen, Roger. *Rebellion and Democracy in MEiji Japan: A Study of Commoners in the Popular Rights Movement*. Berkeley: University of California Press, 1980.

Conroy, Hilary; Sandra T. W. Davis; and Wayne Peterson, eds. *Japan in Transition: Thought and Action in the Meiji Era,* 1868-1912. Rutherford: fairleigh Dickinson University Press, 1984.

Craig, Albert. *Choshu in the Meiji Restoration*. Cambridge: Harvard University Press, 1961.

Duus, Peter. *The Japanese Diiscovery of America: A Brief History with Documents.* Boston: Bedford Books, 1997.

Ericson, Steven J. *The Sound of the Whistle: Railroads and the State in Meiji Japan.* Cambridge: Council on East Asian Studies, Harvard University, 1996.

Esenbel, Selcuk. *Even the Gods Rebel: The Peasants of Takaino and the 1871 Nakano uprising in Japan*. Ann Arbor: Association for Asian Studies, 1998.

Frost, Peter. *The Bakamatsu Currency Crisis*. Cambridge: East Asian Research Center, Harvard University, 1970.

Fujitani, Takashi. *Splendid Monarchy: Power and Pangeantry in Modern Japan.* Berkeley: University of California Press, 1996.

Gluck, Carol. *Japans Modern Myths: Ideology in the Late Meiji Period.* Princeton: Princeton University Press, 1985.

Guth, Christine M. E. *Art, Tea, and Industry: Masuda Takashi and the Mitsui Circle.* Princeton: Princeton University Press, 1993.

Hackett, Roger F. *Yamagata Aritomo in the Rise of Modern Japan*, 1838-1922. Cambridge: Harvard University Press, 1971.

Harootunian, Harry D. *Toward Restoration: The Growth of Political Consciousness in Tokugawa Japan.* Berkeley: University of California Press, 1991, rev. Ed.

Huber, Thomas M. *The Revolutionary Origins of Modern Japan*. Stanford: Stanford University Press, 1981.

Huffman,James L. *Creating a Public: People and press in Meiji Japan*. Honolulu:

University of Hawaii Press, 1997.

——. *Politics of the Meiji Press: The Life of Fukuchi Gen. ichiro*. Honolulu: University Press of Hawaii, 1980.

Ketelaar, James Edward. *Of Heretics and Martyrs in Meiji Japan: Buddhism and Its Persecution*. Princeton: Princeton University Press, 1990.

Kidd, Yasue Aoki. *Women Workers in the Japanese Cotton Millls: 1800-1920*. Ithaca: China-Japan Program, Cornell University, 1978.

Kinmonth, Earl H. *The Self-Made Man in Meiji Japanese Thught: From Samurai to Salary Man*. Berkeley: University of California Press, 1981.

Koschmann, J. Victor. *The Mito Ideology: Discounrse, Reform, and Insurrection in Late Tokugawa Japan,* 1790-1864. Berkeley: University of California Press, 1987.

Jansen, Marius B. Sakamoto Ryoma and the Meiji Restoration. Princeton: Princeton University Press, 1961.

Lewis, Michael L. *Becoming Apart: Natural Power and Local Politics in Toyama,* 1868-1945. Cambridge: Harvard University Asia Center, 2000.

Lincicome, Mark E. *Principle, Praxis, and The Politic of Educatioal Reform in Meiji Japan*. Honolulu: University of Hawaii Press, 1995.

Marshall, Byron K. *Learning to Be Modern:Japanese Political Discourse on Education.* Boulder: Westview Press, 1994.

Motoyama Yukihiko. *Prolliferating Talent: Essays on Politics, Thught, and Education in the Meiji Era*. Ed. J. S. A. Elisonas and Richard Rubinger. Honolulu:University of Hawaii Press, 1997.

Nimura Kazuo. *The Asbio Riot of* 1907: *A Social History of Mining in Japan*. Ed. Andrew Gordon. Tr. Terry Boardman and Gordon. Durham: Duke University Press, 1997.

Nish, Ian, ed. *The Iwakura Mission to America and Europe:A New Assessment.* Richmond, Surrey: Japan Library, 1998.

Ooms, Emily Groszos. *Women and Millenarian Protest in Meiji Japan: Deguchi Nao and Omotokyo*. Ithaca: East Asia Programe Cornell University, 1993.

Pcattie, Mark R. *Nanyo: The Rise and Fall of the Japanese in Micronesia,* 1885-1945. Honolulu: University of Hawaii Press, 1988.

Ramseyer, J. Mark, and Francis M. Rosenbluth. *The Politic of Oligarchy: Institutional*

Choice in Emperial Japan. Cambridge: Cambridge University Press, 1995.

Reader, Ian, with Esben Andreasen and Finn Stefansson, eds. *Japanese Religions*: Past and Present. Sandgate, Folkestone, Kent: Japan Library, 1993.

Roden, Donald. *Scbool Days in Imperial Japan: A Study in the Culture of a Student Elite*. Berkeley: University of California Press, 1980.

Rose, Barbara. *Tsuda Umeko and Women's Education in Japan*. New Haven: Yale University Press, 1992.

Sievers, Sharon. *Flowers of Salt: The Beginnings of Feminist Conscionsness in Modern Japan*. Stanford: Stanford University Press, 1983.

Smith,Thomas C. *Political Change and Industrial Development in Japan: Government Enterprise,* 1868-1880. Stanford:Stanford University Press, 1955.

Strong, Kenneth. *Ox Against the Storm: A Biography of Tanaka Shozo-Japan's Conservationist Pioneer*. Sandgate, Folkestone, Kent: Japan Library, 1995.

SugiYama Shinya. *Japan's Industrialization in the World Economy*, 1859-1899. London Athlone Press, 1988.

Thelle, Notto R. *Buddhism and Christianity in Japan: From Conflict to* Dialogue, 1854-1899. Honolulu: University of Hawaii Press, 1987.

Totman, Conrad. *The Colapse of he Tokugawa Bakufu*, 1862-1868. Honolulu: University of Hawaii Press, 1980.

Tsurumi, E. Patricia. *Factory Girls:Women in the Thread Mills of Meiji Japan*. Princeton: Princeton Unlversity Press, 1990.

Umegaki, Michio. *After the Restoration: The Bedginning of Japan's Modern State.* New York: New York University Press, 1988.

Uno, Kathleen S. *Passages to Modernity: Motherhood, Childhood,and Social Reform in Early Twentieth Century Japan.* Honolulu: University of Hawaii Press, 1999.

Wakabayshi, Bob Tadashi. *Anti-Foreignism and Western Learning in Early Modern Japan: The New Theses of* 1825. Cambridge: Council on East Asian Studies, Harvard University, 1983.

Walthall, Anne. *The Weak Body of a Useless: Woman Matsuo Taseko and the Meiji Restoration.* Chicago: University of Chicago Press, 1998.

Waters, Neil. *Japan's Local Praagmatists: The Transition from Bakmatsu to Meiji in the*

Kawasaki Region. Cambridge: Council on East Asian Studies, Harvard University, 1983.

Westney, D. Eleanor. *Imitation and Innovation: The Transfer of Western Organizational Patterns to Meiji Japan*. Cambridge: Harvard University Press, 1987.

Whitney, Clara A. N. *Clara's Diary: An American Girl in Meiji Japan*. Ed. M. William Steele and Tamiko Ichimata. Tokyo: Kodansha, 1978.

Wilson, George. *Patriots and Redeemers in Japan: Modives in the Meiji Restoration*. Chicago: University of Chicago Press, 1992.

Wray, William D. Mitsubishi and the N. Y. K. , 1870-1914: Business Strategy in the Japanese Shipping lndustry. Cambridge: Council on East Asian Studies, Harvard University, 1984.

Yamamoto Hirofmi, ed. *Technological Innovation and the Development of Transportation in Japan*. Tokyo: United Nations University Press, 1993

第三篇 新世纪的日本

Banno Junji. *The Establishment of the Japanese Constitutionalism System*. Tr. J. A. A. Stock- Win. London: Routledge, 1992.

Bernstein，Gail Lee. *Japanese Marxist: A Portrait of Kawakami Hagime*, 1879-1946. Cambridge: Harvard University Press, 1976.

Brook, Timothy, and Bob Tadashi Wkabayashi, eds. *Opium Regimes: China, Britain, and Japan*, 1839-1952. Berkeley: University of California Press, 2000.

Ching, Leo. *Becoming Japanese: Colonial Taiwan and the Politics of Identity Formation*. Berkeley: University of California Press, 2001.

Crump, John. *Hatta Shuzo and Pure Anarchism in Interwar Japan*. Basingstoke: Macmillan, 1993.

Duus, Peter. *The Abacus and the Sword: The Japanese Penetration of Korea*, 1895-1910. Berkeley: University of California Press, 1995.

——. *Party Rivalry and Political Change in Taisho Japan*. Cambridge: Harvard University Press, 1968.

——, Ramon H. Myers, and Mark R. Peattie, eds. *The Japanese Informal Empire in China*, 1895-1937. Princeton: Princeton University Press, 1989.

Fletcher, William Miles, III. *The Japanese Business Community and National Trade Policy*, 1920-1942. Chapel Hill: University of North Carolina Press, 1989.

Fraser, Andrew; R. H. P. Mason; and Philip Mitchell. *Japan's Early Parliaments*, 1890-1905: Structure, Issues, and Trends. London: Routledge, 1995.

Gordon, Andrew. *Labor and Imperial Democracy in Prewar Japan*. Berkeley: University of California Press, 1991.

Hane, Mikiso, Tr. and ed. *Reflections on the Way to the Gallows: Rebel Women in Prewar Japan*. Berkeley: University of California Press and Pantheon Books, 1988.

Harootunian, H. D. , and Bernard S. Silberman eds. *Japan in Crisis: Essays on Taisho Democracy*. Princeton: Princeton University Press, 1974.

Hastings, Saily Ann. *Neighborhood and Nation in Tokyo,* 1905-1937. Pittsburgh: University of Pittsburgh Press, 1995.

Hirai, Atsuko. *Individualism and Socialism: Kawai Eijiro's Life and Thought* (1891-1944).Cambridge: Council on East Asian Studies, Harvard University, 1987.

Hoston, Germeine A. *Marxism and the Crisis of Development in Prewar Japan*. Princeton Princeton University Press, 1986.

——. *The State, Identity, and the National Question in China and Japan*. Princeton: Princeton University Press, 1994.

Howes, John F. ed. *Nitobe Inazo: Japan's Bridge Across the Pacific*. Boulder: Westview Press, 1995.

Kaneko Fumiko. *The Prison Memoirs of a Japanese Woman*. Tr. Jean Inglis. Intro. Mikiso Hane. Armonk, N. Y. : M. E. Sharpe, 1991.

Kinzley, W. Dean. *Industrial Harmony in Modern Japan: The Invention of a Tradition*. London: Routledge, 1991.

Larger Stephen S. *Organized Workers and Socialist Politics in Inter-war Japan*. Cambridge: Cambridge University Press, 1981.

——. *The Rise of Labor in Japan: The Yuaikai,* 1912-1919. Tokyo: Sophia University, 1972.

Lewis, Michael L. *Rioters and Citizens: And Mass Protest in Imperial Japan*. Berkeley: University of California Press, 1990.

Li, Licoln. *The China Factor in Modern Japanese Thought: The Case of Tacbibana Shiraki,* 1881-1945. Albany: State University of New York Press, 1996.

Lone, Stewart. *Japan's First Modern War: Army and Society in the Conflict with China* 1894-1895. New York: St. Martin's Press, 1994.

Mackie, Vera. *Creating Socialist Women in Japan: Gender, Labor and Activism*, 1900-1937. Cambridge: Cambridge University Press, 1997.

——. *Imagining Liberation: Feminism and Socialism in Early Twentieth-Century Japan.* Nepean, N. S. W. Women's Research Centre, University of Western Sydney, 1995.

Marsland, Stephen E. *The Birth of the Japanese Labor Movement: Takano Fusataro and the Rodo Kumiai kiseikai.* Honolulu: University of Hawaii Press, 1989.

Minichiello ,Sharon, ed. *Japan's Competing Modernities: Issues in Culture and Democracy*, 1900-1930. Honolulu: University of Hawaii Press, 1998.

Miwa Kimitada. *Nitobe Inazo and the Development of Colonial Theories and Practices in Prewar Japan.* Tokyo: institute of international Relations, Sophia University, 1987.

Molony, Barbara. *Technology and Investment*: *The Prewar Japanese Chemical Industrial.* Cambridge: Council on East Asian Studies, Harvard University Press, 1990.

Myers, Ramon H. , and Mark R. Peattie, eds. *The Japan Colonial Empire,* 1895-1945. Princeton: Princeton University Press, 1984.

Najita, Tetsuo. *Hara Kei in the Politic of Compromise 1905-1915*. Cambridge: Harvard University Press, 1967.

Neary, Ian. *Political Protest and Social Control in Prewar Japan: The Origins of Buraku Liberation.* Atlantic Highlands, N. J. Humanities Press International, 1989.

Nolte, Sharon. *Liberalism in Modern Japan: Ishibashi Tanzan and His Teachers*, 1905-1960. Berkeley: University of California Press, 1987.

Notehelfer, F. G. *Kotoku Shusui: Portrait of a Japanese Radical.* Cambridge: Cambridge University Press, 1971.

Raddeker, Helene Bowen. *Treacherous Women Of Imperial Japan*. London: Routledge, 1997.

Shimazu, Naoko. *Japan Race and Equality: The Racial Equality Proposal of 1919.* London: Routledge, 1998.

Smith, Kerry. *A Time of Criss: Japan, the Great Depresson, and Rural Revitalization.* Cambridge: Harvard University Asia Center, 2001.

Stanley，Thomas A. *Osugi Sakae: Anarchist in Taisho Japan: The Creatiyity of the Ego.* Cambridge: Council on East Asian Studies, Harvard University, 1982.

Teow, See Heng. *Japan's Culture Policy Toward China*, 1918-1934. Cambridge

Harvard University Asia Center, 1999.

Tipton, Elise, ed. *Society and State Interwar Japan*. London: Routledge, 1997.

Waswo, Ann. *Japanese Landlords: The Decline of d Rural Elite*. Berkeley: University of California Press, 1977.

Weiner, Michael. *The Origins of the Korean Community in Japan*, 1910-1923. Atlantic Highlands, N. J. : Humanities Press International, 1989.

——. *Race and Migration in Imperial Japan*. London: Routledge, 1994.

第四篇 战争中的日本

Barnhart, Michael A. *Japan Prepares for Total War: The Search for Economic Security,* 1919-1941. Ithaca: Cornell University Press, 1987.

Barshay, Andrew E. *State and Intellectual in Imperial Japan: The Public Man in Crsis.* Berkeley: University of California Press, 1988.

Beger, Gordon Mark. *Parties out Of Power in Japan,* 1931-1941. Princeton: Princeton University Press, 1977

Brooker Paul. *The Faces of Fraternalism: Nazi Germany, Fascist Italy, and Imperial Japan.* Oxford: Clarendon Press, 1991.

Connors, Lesley. *The Emperor's Advisor: Saiongi Kinmochi and Prewar Japanese Politics.* Beckenham, Kent: Croom Helm, 1987.

Crowley, James B. *Japan's Quest for Autonomy: National Security and Foreign Policy,* 1930-1938. Princeton: Princeton University Press, 1966.

Dower, John W. *War Without Mercy: Race and Power in the Pacific War*. New York: Pantheon Books, 1986.

Duuse, Peter; Ramon H. Myers; and Mark Peattie. *The Japanese Wartime Empire 1931-1945*. Princeton: Princeton University Press, 1996.

Fletcher, William Miles III. *The Search for a New World Order: lntellectuals and Fascism in Prewar Japan.* Chapel Hill: University of North Carolina Press, 1983.

Gao Bai. *Economic Ideology and Industrial Policy in Japan: Developmentalism from 1931 to 1965.* Cambridge: Cambridge University Press, 1997.

Gluck, Carol, and Stephen R. Graubard, eds. *Showa: The Japan of Hirohito.* New York: W. W. Norton, 1992.

Harris, Sheldon H. *Factories of Death: Japanese Biological Warfare1* 1932-45, *and the American Cover–up*. London: Routledge, 1994.

Havens, Thomas R. H. *Valley of Darkness: The Japanese People and World War Two.* New York: W. W. Norton, 1978.

Hogan, Michael J. *Hiroshima in History and Memory.* Cambridge: Cambridge University Press, 1996.

Ienaga Saburo. *The Pacific War,* 1931-1945. Tr. Frank Baldwin. New York: Patheon, 1978.

Iriye, Akira. *After Imperialism: The Search for a New Order in the FarEast,* 1934-1941. Cambridge: Harvard University Press, 1965.

——. *The Origins of the Second World War in Asia and the Pacific*. London: Longman, 1987

——. *Pearl Harbor and the Coming Of Pacific War: A Brief History with Documents and Essays*. Boston: Bedford/St. Martin's, 1999.

——. Power and Culture: *The Japanese-American War*, 1941-1945. Cambridge: Harvard University Press, 1981.

Kasza, Gregory J. *The Conscription Society: Administered Mass Organizations*. New Haven: Yale University Press, 1995.

——. *The State and the Mass Media in Japan*, 1918-1945. Berkeley: University of California Press, 1988.

Kiyosawa Kiyoshi. *The Wartime Diary of Kiyosawa Kiyoshi.* Ed. Eugene Soviak. Tr. Soviak and Kamiyama Tamie. Princeton: Princeton University Press, 1999.

Large, Stephen. *Emperor Hirohito and Showa Japan: A Political Bibliography.* London: Routledge, 1992.

Marshall, Jonathan. *To Have and Have Not: Southeast Asian Raw Materials and the Origins of The Pacific War*. Berkeley: University of California Press, 1995.

Minichiello, Sharon. *Retreat from Reform: Patterns of Political Behavior in Interwar Japan.* Honolulu: University of Hawaii Press, 1984.

Mitchell, Richard H. *Censorship in Imperial Japan.* Princeton: Princeton Universit Press, 1984.

——. *Janus-Faced Justice: Political Criminals in Imperial Japan*. Honolulu:

University of Hawaii Press, 1992.

Morley, James W. , ed. *Japan's Road to the Pacific War*. New York: Columbia University Press.

Vol. 1: *Japan Erupts:The London Naval Conference and the Manchurian Incident*, 1928-32 (1984).

Vol. 2: *The China Quagmire: Japan's Expansion on the Asian Continent* , 1933-1941 (1983).

Vol. 3：*Deterrent Diplomacy: Japan, Germany, and the USSR,* 1935-1940 (1976).

Vol. 4: *The Fateful Choice: Japan's Advance into Southeast Asia*, 1939-1941 (1980).

Vol. 5: *The Final Confrontation: Japan's Negotiations with the United States* (1994).

Myers, Ramon H. *The Japanese Economic Development Of Manchuria*, 1932 *to* 1945. New York: Garland, 1982.

Nakamura Masanori. *The Japanese Monarchy: Ambassador Grew and the Making of the "Symbol Emperor System"* 1931-1991. Tr. Herbert P. Bix, Jonathan Baker-Bates, and Derek Bowen. Armonk, N. Y. : M. E. Sharpe, 1992.

Nakamura Takafusa. *A History of Showa Japan,* 1926-1989. Tr. Edwin Whenmouth. Tokyo: University of Tokyo Press, 1998.

Ogata, Sadako N. *Defiance in Manchuria: The Making of Japanese Foreign Policy,* 1931-1932. Berkeley: University of California Press, 1964

Pauer, Erich, ed. *Japan's War Economy.* London: Routledge, 1999.

Pattie, Mark R. *Isbiwara Kanji and Japan's Confrontation with the West*. Princeton: Princeton University Press, 1975.

Pincus, Leslie. *Authenticating Culture in Imperial Japan: Kuki Shuzo and the Rise of National Aesthetics*. Berkeley: University of California Press, 1995.

Rimer, J. Thomas. *Culture and Identity: Japanese Intellectuals During the Interwar Years. Princeton:* Princeton University Press, 1990.

Selden, Kyoko, and Mark Selden, trs. and eds. *The Atomic Bomb: Voices from Hiroshima and Nagasiki.* Armonk, N. Y. : M. E. Sharpe, 1989.

Shillony, Ben-Ami. *Politics and Culture in Wartime Japan.* Oxford: Clarendon Press, 1981

——. *Revolt in Japan: The Young Officers and the February 26, 1936 Incident.*

Princeton: Princeton University Press, 1973.

Silverberg, Miriam. *Changing Song: The Marxist Manifestos of Nakano Shigebare.* Princeton: Princeton University Press, 1990.

Tanaka Yuki. *Hidden Horrors: Japanese War Crimes in World War II.* Boulder: Westview Press, 1996.

Tipton, Elise K. *The Police State: The Tokko in Interwar Japan.* Honolulu: University of Hawaii Press, 1990.

Titus, David A. *Palace and Politics in Prewar Politics.* New York: Columbia University Press, 1974.

Twurumi Shunsuke. *An Intellectual History of Wartime Japan,*1931-1945. London: KPI, 1986.

Wetzler, Peter. *Hirohito and War: Imperial Tradition and Military Decision Making in Prewar Japan.* Honolulu: University of Hawaii Press, 1998.

Williams, Peter, and David Wallace. *Unit 731: Japan's Secret Biological Warfare in World War II.* New York: Free Press, 1989.

Yamanouchi, Yasushi; J. Victor Koschmann; and Ryuichi Narira, eds. Total War and "Modernization." Ithaca: East Asia Program, Cornell University, 1998.

Young, Louise. *Japan's Total Empire: Manchuria and the Culture of Wartime Imperialism.* Berkeley: University of California Press, 1998

第五篇　当代日本

Aldous, Christopher. *The Police in Occupation Japan: Control, Corruption, and Resistance to Reform.* London: Routledge, 1997.

Aller, Matthew. *Undermining the Japanese Miracle: Work and Conflict in a Coalmining Community.* Cambridge: Cambridge University Press, 1994.

Allinson, Gary D. *Suburban Tokyo: A Comparative Study in Politics and Social Change.* Berkeley: University of California Press, 1979.

——, and Yasunori Sone, eds. *Political Dynamics in Contemporary Japan.* Ithaca: Cornell University Press, 1993.

Aoki Masahiko and Ronald P. Dore, eds. *The Japanese Firm: Sources of Competitive Strength.* Oxford: Oxford University Press, 1994.

Bailey, Jackson H. *Ordinary People, Extraordinary Lives: Political and Economic Change in a Tohoku Village.* Honolulu: University of Hawaii Press, 1991.

Bernstein, Gail Lee. *Haruko's World: A Japanese Farm Woman and Her Community.* Stanford: Stanford University Press, 1983.

Bestor, Theodore C. *Neighborhood Tokyo.* Stanford: Stanford University Press, 1989.

Bix, Herbert P. *Hirobito and the Making of Modern Japan.* Tokyo: Harper Collins, 2000.

Braw, Monica. *The Atomic Bomb Suppressed: American Censorship in Occupied Japan.* Armonk, N. Y. : M. E. Sharpe, 1991.

Brinton, Mary C. *Women and The Economic Miracle: Gender and Work In Postwar Japan.* Berkeley: University of California Press, 1992.

Buckley, Roger. *US-Japan Alliance Diplomacy 1945-1990.* Cambridge: Cambridge University Press, 1992.

Buruma, Ian. *The Wages of Guilt: Memories of War in Germany and Japan.* New York: Farrar, Straus, and Giroux, 1994.

Campbell, John Creighton. *How Polices Change: The Japanese Government and the Aging Society.* Princeton: Princeton University Press, 1992.

Calder, Kent E. *Crisis and Compensation: Public Policy and Political Stability in Japan,* 1949-1986. Princeton: Princeton University Press, 1988.

——. *Pacific Defense: Arms, Energy and America's Future in Asia.* New York: William Morrow, 1996.

——. *Strategic Capitalism: Private Business and Public Purpose in Japanese Industrial Finance.* Princeton: Princeton University Press, 1993.

Callon, Scoot. *Divided Sun: MITI and the Breakdawn of Japanese High-Tech Industrial Policy,* 1975-1993. Stanford: Stanford University Press, 1995.

Chalmers, Norma J. *Industrial Relations in Japan: The Peripheral Workforce.* London: Routledge, 1989.

Curtis, Gerald L. *The Japanese Way of Politics.* New York: Columbia University Press, 1988

——,ed. *Japan's Foreign Policy after the Cold War: Coping with Change.* Armonk, N. Y. ; M. E. Sharpe, 1993.

Cusumano , Michael A. *The Japanese Automobil Industry: Technology and Management at Nissan and Toyota.* Cambridge: Council on East Asian Studies, Harvard University, 1985.

——. *Japan's Software Factories: A Challenge to U. S. Management.* New York: Oxford University Press, 1991.

Dale, Peter N. *The Myth of Japanese Uniqueness.* New York: St. Martin's, 1986.

Davis, Wrinston B. *Japanese Religion and Society: Paradigms of Structure and Change.* Albany: State University of New York Press, 1992.

Dees, Bowen C. *The Allied Occupation and Japan's Economic Miracle: Building the Foundations of Japanese Science and Technology,* 1945-52. Richmond, Surrey: Japan Library, 1997.

Dore, Ronald P. *British Factory-Japanese Factory: The Origins of National Diversity in Industrial Relations.* Berkeley: University of California Press, 1973.

——. *City Life in Japan: A Study of a Tokyo Ward.* Berkeley: University of California Press, 1958.

——. *Japan, lnternationalism and the UN.* London: Routledge, 1997.

——. *Land Reform in Japan.* London: Oxford University Press, 1959.

——. *Shinobata: A Portrait of a Japanese Village.* New York: Pantheon Books, 1978.

Dower, John. *Embracing Defent: Japan in the Wake of World War II.* New York: W. W. Norton, 1999.

——. *Empire and Aftermath: Yoshida Shigeru and the Japanese Experience,* 1878-1954. Cambridge: Council on East Asian Studies, Harvard University, 1979.

Edwards, Walter. *Modern Japan Through Its Weddings: Gender Person, and Society in Ritual Portrayal.* Stanford: Star1ford University Press, 1989.

Finn, Richard B. *Winners in Peace: MacArthur, Yoshida, and Postwar Japan.* Berkeley: University of California Press, 1992.

Glaubitz, Joachim. *Between Tokyo and Moscow: The History of an Uneasy Relationship,* 1972-1990s. Honolulu: University of Hawaii Press, 1995.

Gordon, Andrew, ed. *Postwar Japan as History.* Berkeley: University of California Press, 1993.

——, ed. *The Wages of Affluence.* Cambridge: Harvard University Press, 1998.

Green, Michael J. *Arming Japan: Defense Production, Alliance Politics, and the Post-War Search for Autonomy.* New York: Columbia University Press, 1995.

Greenfeld, Karl Taro. *Speed Tribes: Days and Nights with Japan's Next Generation.* New York: HarperCollins, 1995.

Haley, John Owen. *Authority Without Power: Law and the Japanese Paradox.* New York: Oxford University Press, 1991.

Harries, Meirion, and Susie Harries. *Sheathing the Sword: The Demilitarization of Postwar Japan.* New York: Macmillan, 1987.

Hatch, Walter, and Kozo Yamamura. *Asia in Japan's Embrace: Building a Regional Production Alliance.* Cambridge: Cambridge University Press, 1996.

Havens, Thomas R. H. *Fire Across the Sea: The Vietnam War and Japan*, 1965-1975. Princeton: Princeton University Press, 1987.

Hein, Laura E. *Fueling Growth: The Energy Revolution and Economic Policy in Postwar Japan.* Cambridge: Council on East Asian Studies, Harvard University, 1990.

——, and Mark Selden, eds. *Censoring History: Citizenship and Memory in Japan, Germany, and the United States.* Armonk, N. Y. : M. E. Sharpe, 2000.

Hosoya Chihiro et a1, eds. *The Tokyo War Crimes Trial: An International Symposium.* Tokyo: Kodansha, 1986.

Imamura, Anne E. *Urban Japanese Housewives: At Home and in the Community.* Honolulu: University of Hawaii Press, 1987.

Inoguchi Takashi. *Japan's Foreign Policy in an Era of Global Change.* New York: St. Martin's Press, 1993.

Inoue Kyoko. *MacArthur's Japanese Constitution: A Lingurstic and Cultural Study Of its Making.* Chicago: University of Chicago Press, 1991.

Ishida Takshi and Ellis S. Krauss, eds. *Democracy in Japan.* Pittsburgh: University of Pittsburgh Press, 1989.

Iwao Sumiko. *The Japanese Woman: Traditional Image and Changing Reality.* New York Free Press, 1992.

Ivy, Marilyn. *Discourses of the Vanishing: Modernity, Phantasm, Japan.* Chicago: University of Chicago Press, 1995.

Janssens, Rudolf V . A. *"What Future for Japan?" U. S. Wartime Planning for The*

Postwar Era. Amsterdam: Rodopi, 1995.

Johnson, Chalmers A. *Japan, Who Governs? The Rise of The Developmental State.* New York: W. W. Norton, 1995.

Kataoka Tetsuya, ed. *Creating Single-Party Democracy: Japan's Postwar Political System.* Stanford: Hoover Institution Press, Stanford University, 1992.

——. *The Price of a Constitution: The Origin of Japan's Postwar Politics.* New York: Crane Russak, 1991.

Kato Shuichi. *A Sheep's Song: A Writer's Reminiscences of Japan and the World.* Berkeley: University of California Press, 1999.

Kersten, Rikki. *Democracy in Postwar Japan: Maruyama Masao and the Search for Autonomy.* London: Routledge, 1996.

Kohno, Masaru. *Japan's Postwar Party Politics.* Princeton: Princeton University Press, 1997.

Kondo, Dorinne K. *Crafting Salves: Power, Gender, and Discourses of Identity in a Japanese Workplace.* Chicago: University of Chicago Press, 1990.

Kosai Yutaka. *The Era of High-Speed Growth: Noths on the Postwar Japanese Economy.* Tr. Jacqueline Kaminski. Tokyo: University of Tokyo Press, 1986.

Koschmann, J. *Victor, Revolution and Subjectivity in Postwar Japan.* Chicago: University of Chicago Press, 1996.

Koshiro Yukiko. *Trans-Pacific Racisms and the U. S. Occupation of Japan.* New York: Columbia University Press, 1999.

Kumazawa Makoto. *Portraits of the Japanese Workplace: Labor Movements, Workers, and Managers.* Tr. Andrew Gordon and Mikiso Hane. Boulder: Westview Press, 1996.

Lam, Alice C. L. *Women and Japanese Mangement: Discrimination and Reform.* London: Routledge, 1992.

Leblanc, Robin M. *Bicycle Citizens: The Political World of the Japanese Housewife.* Berkeley: University of California Press, 1999.

Lebra, Takie. *Above the Clouds: Status Culture of the Modern Japanese Nobility.* Berkeley: University of California Press, 1992.

——. *Japanese Women: Consteraint and Fulfillment.* Honolulu: University of Hawaii Press, 1984.

Lincoln, Edward J. *Japan: Facing Economic Maturity.* Washington, D. C. : Brookings Institution, 1988.

——. *Japan's New Global Role.* Washington, D. C. : Brookings Institution, 1993.

Lincoln, James R. , and Arne L. Kalleberg. *Culture, Control,and Commitment: A Study of Work Organization and Work Attitudes in The United States and Japan.* Cambridge: Campbridge University Press, 1990.

Masumi Junnosuke. *Contemporary Politics in Japan.* Tr. Lonny E. Carlyle. Berkeley: University of California Press, 1995.

Mathews, Gordon. *What Makes Life Worth Living? How Japanese and Americans Make Sense of Their Worlds.* Berkeley: University of California Press, 1996.

McCormack, Gavan. *The Emptiness of Japanese Affluence.* Armonk, N. Y. : M. E. Sharpe, 1996.

McKean, Margaret A. *Environmental Protest and Citizen Politics in Japan.* Berkeley: University of California Press, 1981.

Mcnamara, Dennis L. *Textiles and Industrial Transition in Japan.* Ithaca: Cornell University Press, 1995.

Mendl, Wolf. *Japan's Asia Policy: Regional Security and Global Interests.* New York: Routedge, 1997.

Milly, Deborah J. *Poverty, Equality, and Growth: The Politics of Economic Need in Postwar Japan.* Cambridge: Harvard University Asia Center, 1999.

Minear, Richard. *Victors, Justice: The Tokyo War Crimes Trial.* Princeton: Princeton University Press, 1971.

Miyoshi, Masao. *Off Center: Power and Culture Relations Between Japan and the United States.* Cambridge: Harvard University Press, 1991.

——, and H. D. Harootunian, eds. *Japan in the World.* Durham: Duke University Press, 1993.

Moore, Joe. *Japanese Workers and the Struggle for Power.* Madison: University of Wisconsin Press, 1983.

Morris-Suzuki, Tessa. Beyond *Computopia: Information, Automation, and Democracy in Japan.* London: Kegan Paul International, 1988.

Mouer, Ross E. , and Yoshio Sugimoto. *Images of Japanese Society: A Study in the*

Structure Of Social Reality. London: Kegan Paul International, 1986.

Nakamura Takafusa. *The Postwar Japanese Economy: Its Development and Structure, 1937-1994*. Tokyo: University of Tokyo Press,1995.

Ogasawara Yuko. *Office Ladies and Salaried Men: Power, Gender, and Work in Japanese Companies*. Berkeley: University of California Press, 1998.

Ohnuki-Tierney, Emiko. *Illness and Culture in Contemporary Japan*. Cambridge: Cambridge University Press, 1984.

Okita Saburo, ed. *The Postwar Reconstruction of the Japanese Economy*. Tokyo: University of Tokyo Press, 1992.

Patrick, Hugh, ed. *Japan's High Technology Industries: Lessons and Limitations of Industrial Policy*. Seattle: University of Washington Press, 1986.

——, and Henry Rosovsky, eds. *Asia's New Giant: How the Japanese Economy Works*. Washington, D. C. : Brookings Institution, 1976.

Pempel, T. J. *Uncommon Democracies: The One-Party Dominant Regimes*. Ithaca: Cornell University Press, 1990.

Pharr, Susan J. *Political Women in Japan: The Search for a Place in Political Life*. Berkeley: University of California Press, 1981.

——. *Losing Face: Status Politics in Japan*. Berkeley: University of California Press, 1990.

——, and Ellis S. Krauss, eds. *Media and Politics In Japan*. Honolulu: University of Hawaii Press, 1996.

Plath, David W. *The After Hours: Modern Japan and the Search for Enjoyment*. Berkeley: University of California Press, 1964.

——, ed. *Work and Lifecourse in Japan*. Albany: State University of New York Press, 1983.

Pyle, Kenneth B. *The Japanese Question: Power and Purpose in a New Era*. Washington, D. C. : American Enterprise Institute Press, 1992.

Reed, Steven. *Making Common Sense of Japan*. Pittsburgh: University of Pittsburgh Press, 1993.

Renshaw, Jean R. *Kimono in the Boardroom: The Invisible Evolution of Japanese Women Managers*. New York: Oxford University Press, 1999.

Richardson, Bradley M. *Japanese Democracy: Power, Coordination, and Performance*.

New Haven: Yale University Press, 1997.

Roberson, James E. *Japanese Working Class: An Ethnographic Study of Factory Workers*. London: Routledge, 1998.

Roberts, Glenda S. Staying on the Line: Blue-Collar Women in Contemporary Japan. Honolulu: University of Hawaii Press, 1994.

Robertson, Jennifer E. *Native and Newcomer: Making and Remaking a Japanese City.* Berkeley: University of California Press, 1991.

——. *Takarazuka: Sexual Politics and Popular Culture in Modern Japan.* Berkeley: University of California Press, 1998.

Rosenbluth, Francis McCall. *Financial Politics in Contemporary Japan.* Ithaca: Cornell University Press, 1989.

Ryang, Sonia, ed. *Koreans in Japan: Critical Voices from the Margins*. London: Routledge, 2000.

Schaller, Michael. *Altered States: The United States and Japan Since the Occupation.* New York: Oxford University Press, 1997.

——. *The American Occupation of Japan: The Origins of the Cold War in Asia*. New York: Oxford University Press, 1985.

Schilling, Mark. *The Encyclopedia of Japanese Pop Culture*. New York: Weatherhill, 1997.

Schonberger, Howard B. *Aftermath of War: Americans and The Remaking of Japan,* 1945-1952. Kent: Kent State University Press, 1989.

Schoppa, Leonard J. *Education Reform in Japan: A Case of Immobilist Politics*. London: Routledge, 1991.

Smith, Robert J. *Kurusu: The Price of Progress in a Japanese Village*,1951-1975. Stanford: Stanford University Press, 1978.

Stevens, Carolyn S. *On the Margins of Japanese Society: Volunteers and the Welfare of the Urban Underclass.* London: Routledge, 1997.

Stockwin, J. A. A. *Japan: Divided Politics in a Growth Economy*. New York: W. W. Norton, 1975.

Tabb, William K. *The Postwar Japanese System: Cultural Economy and Economic Transformanion.* New York: Oxford University Press, 1995.

Tilton, Mark. *Restrained Trade: Cartels in Japan's Basic Materials Industries: Confronting Economic Change in Japan.* Ithaca: Cornell University Press, 1996.

Tobin, Joseph J. , ed. *Re-Made in Japan: Everyday Life and Consumer Taste in a Changing Society.* New Haven: Yale University Press, 1992.

Tsuchimochi, Gary H. *Education Reform in Postwar Japan: The 1946 U. S. Education Mission.* Tokyo: University of Tokyo Press, 1993.

Tsuru Shigeto. *Japan's Capitalism: Creative Defeat and Beyond.* Foreword by John Kenneth Galbraith. Cambridge: Cambridge University Press, 1993.

Tsurumi Shunsuke. *A Cultural History of Postwar Japan 1945-1980.* London: KPI, 1987.

Uriu, Robert M. *Troubled Industries: Confronting Economic Change in Japan.* Ithaca: Cornell University Press, 1996.

Vogel, Ezra F. *Japan's New Middle Class: The Salary Man and His Family.* Berkeley: University of California, 1963.

White, Merry I. *The Japanese Educational Challenge: A Comitment to Children.* New York: Free Press, 1987.

——. *The Material Child: Coming of Age in Japan and America.* New York: Free Press, 1993.

——, and Kristina R. Huber, *Challenging Tradition: Women in Japan.* New York: Japan Society, 1991.

——, and Barbara Molony, eds. *Proceedings of the Tokyo Symposium on Women.* Tokyo International Group for the Study of Women, 1979.

Whittaker, D. H. *Small Firms in the Japanese Economy.* Cambridge: Cambridge University Press, 1997.

Yoneyama, Lisa. *Hiroshima Traces: Time, Space and The Dialectics of Memory.* Berkeley: University of California Press, 1998.

Yoshino Kosaku. *Cultural Nationalism in Contemporary Japan: A Sociological Enquiry.* London: Routledge, 1992.

中日历史大事年表对照

	日本历史大事年表	中国历史大事年表
原始时代		约50万年前，原始人类出现，旧石器时代
		约1万年前，进入新石器时代
	公元前3000年左右，先土器文化	公元前3000年左右，黄河流域新石器文明
	公元前2000年左右，绳文式文化	公元前2200年左右，夏王朝兴起
		公元前1700年左右，商王朝兴起
		公元前1200年左右，周王朝兴起
		公元前771～403年，春秋时代
		公元前550～479年，孔子在世
	公元前300年左右，弥生式文化	公元前403～221年，战国时代
	百余部族分立	公元前221年，秦始皇统一中国
	部族国家成立	公元前202～公元8年，西汉
	身份阶级出现	公元前97年，司马迁著《史记》
	公元57年，倭奴国王遣使赴后汉，接受光武帝所颁“汉倭奴国王金印”	25～220年，东汉67年（一说公元前2年），佛教传入中国
	107年，倭国王师升等遣使赴后汉	
	239年，邪马台国女王卑弥呼遣使赴魏，魏明帝封其“亲魏倭王”，授金印紫绶古坟文化	220～280年，三国时代265～316年，西晋
	350年左右，大和朝廷完成统一	317～420年，东晋
	391年，出兵征服百济、新罗	
	413年以后，倭王时常遣使赴中国朝贡	420～479年，宋

（续表）

	日本历史大事年表	中国历史大事年表
飞鸟时代		439 年，北魏统一北方，南北朝对峙
		462 年，云冈石窟始建
		479 年，宋灭，齐兴
	538（一说 552）年左右，佛教传来	493 年，龙门石窟始建
	587 年，苏我氏灭物部氏	581 年，隋统一中国
	593 ～ 622 年，圣德太子摄政	
	604 年，制定宪法十七条	605 年，挖掘大运河
	607 年，开始派遣遣隋使。建造法隆寺	618 年，隋灭，唐兴
	630 年，开始派遣遣唐使	624 年，制定官制、律令、税制，推行均田制
	645 年，苏我氏灭。大化改新开始。开始采用年号	626 ～ 649 年，唐太宗“贞观之治”
	663 年，白江村之战，日本军败于唐军，从朝鲜半岛撤回	
	672 年，壬申之乱。迁都飞鸟京	
	694 年，迁都藤原京	690 ～ 704 年，武则天临朝
	701 年，大宝律令制定，次年颁布	
奈良时代	710 年，迁都平城京	
	712 年，《古事记》完成	712 ～ 756 年，唐玄宗“开元之治”
	720 年，《日本书纪》完成	
	752 年，东大寺大佛开眼供养	755 ～ 762 年，安史之乱
	759 年，《万叶集》完成	759 年，王维去世
平安时代		762 年，李白去世
		770 年，杜甫去世
	794 年，迁都平安京	780 年，推行两税法
	805 年，最澄归国，开创天台宗	808 年，唐与吐蕃和亲
	806 年，空海归国，开创真言宗	819 年，柳宗元去世
	828 年，畿内推行班田制	824 年，韩愈去世
	858 年，藤原良房行使摄政职务	830 ～ 844 年，唐代党争

（续表）

	日本历史大事年表	中国历史大事年表
平安时代	887 年，藤原基经始任关白之职	875 ~ 884 年，黄巢起义
	894 年，遣唐使制度废止	
	905 年，《古今和歌集》完成	907 年，唐灭，朱温称帝。五代开始
	939 年，天庆之乱	916 年，契丹耶律阿保机称帝
		946 年，契丹灭后晋，国号称辽
		960 ~ 1127 年，北宋
		979 年，宋统一中国
	1016 ~ 1027 年，藤原道长全盛	1004 年，宋辽“澶渊之盟”
		1038 年，李元昊称帝，建西夏政权
		1069 年，王安石变法
	1086 年，院政始行	1084 年，司马光完成《资治通鉴》
		1101 年，苏东坡去世
		1115 年，女真人完颜阿骨打建立金国
		1127 年，靖康之难。宋室南迁
		1138 年，南宋奠都临安（杭州）
	1156 年，保元之乱	1153 年，金奠都燕京
	1159 年，平治之乱	1161 年，宋金采石之战
	1167 年，平清盛成为太政大臣	
	1175 年，法然开创净土宗	
	1185 年，平氏灭。设置守护、地头	
	1191 年，荣西传播禅宗	
镰仓时代	1192 年，源赖朝建立镰仓幕府	1192 年，陆象山去世
		1200 年，朱熹去世
	1219 年，源氏灭，北条氏执政	1206 年，成吉思汗即位，蒙古建国
	1221 年，承久之乱	1227 年，西夏灭
	1232 年，御成败式目（贞永式目）制定	1234 年，金灭
	1253 年，日莲开创法华宗	1236 ~ 1242 年，元太宗窝阔台拔都西征
	1274 年，文永之役，大风吹没蒙古舰队	1271 年，忽必烈定国号为元

（续表）

	日本历史大事年表	中国历史大事年表
镰仓时代	1281 年，弘安之役，大风吹没来袭元军	1279 年，南宋灭
	1297 年，永仁德政令	
	1317 年，文保和谈（两皇统迭立）	1314 年，定官民车服之制
	1331 年，元弘之乱	
	1333 年，镰仓幕府灭	
	1334 年，建武中兴，天皇亲政	
室町时代	1338 年，足利尊氏创立室町幕府	1337 年，禁汉人、南人持有武器
		1348 年，元末群雄蜂起
		1358 年，红巾军占领上都
		1368 年，元灭，朱元璋建立明朝
	1392 年，南北朝合一	1373 年，大明律制定
	1397 年，足利义满营造金阁寺	1399 年，靖难之役开始
	1402 年，足利义满接受明朝国书	1402 ～ 1424 年，明成祖朱棣在位
	1404 年，与明朝勘合贸易始行	1406 ～ 1430 年，郑和下西洋
	1426 年，近江马借起义	1414 年，四书五经及宋儒性理之书修订刊行
	1441 年，嘉吉之变	1449 年，土木之变
	1457 年，太田道灌筑江户城	
	1467 年，应仁之乱开始	
	1489 年，足利义政营造银阁寺	1497 ～ 1502 年，大明会典编纂
	1506 年，雪舟去世	1517 年，葡萄牙舰队炮轰广州
	1543 年，西式火枪从种子岛传来	1528 年，王阳明去世
	1549 年，基督教开始传播	1553 年，葡萄牙人在澳门登陆
	1568 年，织田信长入京	1563 年，俞大猷大破倭寇
	1573 年，室町幕府灭	
织丰时代	1575 年，三河长筱之战，信长军大胜	1580 年，利玛窦到明，生活 27 年
	1582 年，九州使节渡欧。本能寺之变	1583 年，努尔哈赤举兵
	1585 年，丰臣秀吉就任关白	
	1590 年，丰臣秀吉统一全国	

（续表）

	日本历史大事年表	中国历史大事年表
织丰时代	1592 年，文禄之役，出兵朝鲜	1592 年，明军援朝之战
	1597 年，庆长之役，再度出兵朝鲜	1597 年，明军援朝之战
	1600 年，关原之战，东军大胜	
江户时代	1603 年，德川家康就任征夷大将军，德川幕府开始。歌舞伎创始	1602 年，李贽被害至死 1611 年，东林党争激化
	1614 年，以朝鲜活字技术印刷大藏经	
	1615 年，大阪夏之阵，丰臣氏灭	
	1624 年，日光东照宫阳明门建成	1627 年，明末农民起义
	1630 年，禁止输入基督教有关书籍	
	1635 年，参觐交代制确立	
	1641 年，锁国完成	1642 年，荷兰侵占台湾
	1643 年，永禁田地买卖	1644 年，李自成攻占北京，明灭。清军入关
	1649 年，庆安御触书颁布	
	1657 年，江户明历大火	1662 年，郑成功收复台湾
		1661 ～ 1722 年，清圣祖康熙帝在位
		1669 年，传教士汤若望主持钦天监
		1673 ～ 1681 年，三藩之乱
		1683 年，统一台湾
		1688 年，外蒙古臣服于清
	1694 年，松尾芭蕉去世	1689 年，《中俄尼布楚条约》签订
	1715 年，海舶互市新令，限制金银外流	1699 年，允许英国于广东贸易
	1716 年，享保改革	1716 年，《康熙字典》编纂完成
		1717 年，严禁基督教
		1727 年，设置驻藏大臣 2 人，分驻前后藏
		1728 年，《中俄恰克图条约》签订
		1733 年，《大清会典》告成
		1735 ～ 1795 年，清高宗乾隆帝
	1742 年，公式方御定书（刑法部）制定	1740 年，大清律令及大清一统志告成

（续表）

	日本历史大事年表	中国历史大事年表
江户时代	1758 年，宝历事件	1746 年，禁百姓出山海关
	1774 年，《解体新书》刊行	
	1783 ~ 1788 年，天明大饥馑	1782 年，《四库全书》完成
	1787 年，松平定信任老中，宽政改革	
	1791 年，林子平刊行《海国兵谈》	1792 年，放开贫民出山海关之禁
		1793 年，英国使臣马戛尔尼觐见乾隆帝
		1796 ~ 1804 年，五省白莲教徒起义
	1804 年，俄国使节到达长崎	1800 年，禁鸦片输入
	1815 年，杉田玄白著《兰学事始》	1815 年，重申鸦片输入之禁
	1825 年，发布《异国船打拂令》	1827 年，禁满人汉化
	1837 年，大盐平八郎之乱	1839 年，林则徐虎门销烟
	1841 年，水野中邦政治革新	1840 ~ 1842 年，鸦片战争
		1842 年，《中英江宁条约》签订
		1851 年，太平天国金田起义
	1853 年，美国使节佩里到达浦贺	1853 年，太平天国占领南京，改称天京
	1854 年，《日美亲善条约》签订	1856 年，“亚罗”号事件，第二次鸦片战争
	1858 年，《日美修交通商条约》签订	
	1859 年，安政大狱	
	1860 年，樱田门之变	1860 年，英法联军占领北京
	1862 年，生麦事件	1861 年，设立总理各国事务衙门
	1864 年，征讨长州	1864 年，天京失陷，太平天国失败
		1865 年，上海江南制造总局成立
	1866 年，江户、大阪打砸抢运动兴起	1866 年，福州船政局设立
	1867 年，大政奉还。号令王政复古	
明治时代	1868 年，明治维新。五条誓文	
	1869 年，版籍奉还。东京奠都	1870 年，天津教案
	1871 年，废藩置县	1872 年，李鸿章在上海设立轮船招商局。广东南海继昌隆缫丝厂开办
	1873 年，发布征兵令。地租改正	1874 年，日本出兵台湾。《中日天津条约》签订

（续表）

	日本历史大事年表	中国历史大事年表
明治时代	1877 年，西南之役	1875 ～ 1878 年，左宗棠西征，收复新疆
	1882 年，日本银行设立。壬午事变	
	1884 年，甲申事变	1884 年，新疆建立行省，设置州县
	1885 年，内阁制度实施	1884 ～ 1885 年，中法战争。《中法和约》签订
	1889 年，帝国宪法颁布	
	1890 年，第一届帝国议会召开	
	1894 ～ 1895 年，日清战争	1894 ～ 1895 年，中日甲午战争
	1895 年，马关条约。三国干涉还辽	1895 年，《中日马关条约》签订。日本占领台湾
	1897 年，金本位制确立	1898 年，戊戌变法
	1899 年，与外国修订条约	1899 ～ 1901 年，义和团运动
	1900 年，出兵镇压中国义和团	1901 年，《辛丑条约》签订。新政推行。禁女子缠足
	1902 年，日英同盟成立	
	1904 ～ 1905 年，日俄战争	
	1905 年，《朴次茅斯和约》签订	1905 年，孙中山等在东京结成中国同盟会。科举制度废除
	1906 年，“南满洲铁道株式会社”成立	1906 年，清政府预备仿行宪政
	1910 年，大逆事件。吞并朝鲜	1911 年，辛亥革命。外蒙独立
大正时代	1913 年，宪政拥护运动兴起	1912 年，中华民国成立。孙中山在南京就任临时大总统。清帝退位。临时约法
	1914 ～ 1918 年，第一次世界大战	1914 年，中华革命党在东京成立。
		1915 年，日本向中国提出“二十一条”。袁世凯称帝。护国运动。文学革命开始
	1918 年，米骚动。出兵西伯利亚	1918 ～ 1928 年，军阀混战。马克思主义研究会创立
	1920 年，加入国际联盟	1919 年，五四运动
	1922 年，《华盛顿条约》订立	1921 年，中国共产党第一次全国代表大会
	1923 年，关东大地震	1924 年，第一次国共合作。黄埔军校开设
	1925 年，公布治安维持法、普通选举法	

（续表）

	日本历史大事年表	中国历史大事年表
昭和时代	1927年，金融大恐慌发生	1927年，“四一二”政变。南京国民政府成立。
	1930年，《伦敦条约》签订	南昌起义。井冈山革命根据地创立
	1931年，“满洲事变”（日方称谓）	1931年，“九一八”事变
	1932年，“五一五”事件。建立伪满洲国	1934～1936年，红军长征
	1933年，退出国际联盟	1935年，国民政府币制改革
	1936年，“二·二六”事件	1936年，中华民国宪法草案。西安事变
	1937年，日中战争开始	1937年，卢沟桥事变。抗日战争爆发。南京陷落，大屠杀
	1938年，发布《国家总动员法》	1938年，广州、武汉失陷
	1939年，占领海南岛，日军南进	
	1940年，大政翼赞会。日德意三国同盟	1940年，汪精卫组成伪南京政府。百团大战
	1941年，偷袭珍珠港。太平洋战争爆发。攻占香港	1941年，皖南事变。国民政府向日、德、意宣战
	1942年，中途岛海战。强化配给制	1942年，美英宣布放弃在华治外法权
	1943年，“大东亚会议”。瓜岛败退	
	1944年，组建神风特攻队。莱特湾决战失败	1944年，日军发动打通大陆攻势
	1945年，广岛、长崎原子弹爆炸。接受波茨坦公告。签署投降文书	1945年，抗日战争胜利。担任联合国常任理事国
当代	1945年，财阀解体。农地改革。劳动法	1945年，国共《双十协定》签订。内战开始
	1946年，天皇发布神格否定诏书。日本国宪法公布（和平宪法）	1946年，政治协商会议召开。国民政府还都南京
	1947年，教育基本法公布。新学制实施	1947年，中共公布中国土地法大纲
	1948年，远东军事法庭审判结束	1948～1949年，辽沈、淮海、平津、渡江战役
	1949年，通产省设立。初获诺贝尔奖	1949年，中华人民共和国成立。国民党退往台湾
	1950年，朝鲜战争。警察预备队设置	1950年，签订《中苏友好同盟条约》。抗美援朝开始。婚姻法、工会法、土改法等公布

（续表）

	日本历史大事年表	中国历史大事年表
当代	1951 年，《旧金山和平条约》、《日美安保条约》签订。儿童宪章制定	1953 年，抗美援朝结束。“一五”计划开始
	1954 年，《日美防卫互助协议》签订。自卫队成立	1954 年，“和平共处五项原则”声明。中华人民共和国宪法公布。简体字采用
	1955 年，加入关贸总协定。原子能基本法制定	1955 年，货币改革。公布新兵役法
	1956 年，加入联合国。日苏共同宣言	1956 年，“三大改造”完成
	1957 年，签订《日苏通商条约》。造船吨位世界第一	1957 年，中共整风。反右运动
		1958 年，大跃进运动开始。炮轰金门
		1959 年，平定西藏叛乱
	1960 年，《日美新安保条约》签订。安保骚动。彩色电视开始播放	1960 年，中苏论战开始
	1962 年，《日中综合贸易备忘录》签订	1962 年，中印边界冲突。中苏会谈破裂
		1963 年，经济调整
		1964 年，第一次原子弹试爆成功
	1965 年，《日韩基本条约》签订	1965 年，西藏自治区成立
		1966 年，“文化大革命”开始
	1968 年，小笠原群岛归还	1969 年，中共“九大”召开。中苏边境冲突
		1971 年，加入联合国
	1972 年，冲绳复归。日中邦交正常化	1972 年，尼克松来访。中日邦交正常化
	1973 年，石油冲击。证券向外资开放	
	1974 年，《日中贸易协定》签订。	1975 年，四届人大召开。新宪法公布
		1976 年，天安门事件。唐山地震。毛泽东去世。粉碎“四人帮”
	1978 年，《日中和平友好条约》签署	1978 年，《日中和平友好条约》签署。中共十一届三中全会，改革开放路线发端
	1979 年，七国首脑东京峰会	
	1989 年，昭和天皇去世。平成天皇即位。进入平成时代	